SCHRIFTEN ZUR LANDESKUNDE SIEBENBÜRGENS

ERGÄNZUNGSREIHE ZUM SIEBENBÜRGISCHEN ARCHIV

HERAUSGEGEBEN VOM
ARBEITSKREIS FÜR SIEBENBÜRGISCHE LANDESKUNDE E. V.
HEIDELBERG

Band 7/II

JOSEPH TRAUSCH, FRIEDRICH SCHULLER
HERMANN A. HIENZ

SCHRIFTSTELLER-LEXIKON DER SIEBENBÜRGER DEUTSCHEN

Unveränderter Nachdruck der Ausgaben
1868, 1870, 1871, 1902

Mit einer Einführung herausgegeben
und fortgeführt von

HERMANN A. HIENZ

1983
BÖHLAU VERLAG KÖLN WIEN

SCHRIFTSTELLER-LEXIKON DER SIEBENBÜRGER DEUTSCHEN

Band II

von

JOSEPH TRAUSCH

Unveränderter Nachdruck der unter dem Titel

*Schriftsteller-Lexikon
oder
biographisch-literärische
Denk-Blätter
der
Siebenbürger Deutschen*

1870 in Kronstadt erschienenen Ausgabe

1983
BÖHLAU VERLAG KÖLN WIEN

CIP-Kurztitelaufnahme der Deutschen Bibliothek

Trausch, Joseph:
Schriftsteller-Lexikon der Siebenbürger Deutschen / Joseph Trausch. Friedrich Schuller. Hermann A. Hienz. — Unveränd. Nachdr. / mit e. Einführung hrsg. u. fortgef. von Hermann A. Hienz. —
Köln, Wien: Böhlau
  (Schriften zur Landeskunde Siebenbürgens; Bd. 7)
  ISBN 3-412-03883-0
NE: Hienz, Hermann A. [Bearb.]; HST; GT

Bd. 2. — Unveränd. Nachdr. d. unter d.Titel Schriftsteller-Lexikon oder biographisch-literärische Denk-Blätter der Siebenbürger Deutschen erschienenen Ausg. (Bd. 2) Kronstadt 1870.—1983.

Copyright © 1983 by Böhlau Verlag GmbH & Cie, Köln
Alle Rechte vorbehalten

Ohne schriftliche Genehmigung des Verlages ist es nicht gestattet, das Werk unter Verwendung mechanischer, elektronischer und anderer Systeme in irgendeiner Weise zu verarbeiten und zu verbreiten. Insbesondere vorbehalten sind die Rechte der Vervielfältigung — auch von Teilen des Werkes — auf photomechanischem oder ähnlichem Wege, der tontechnischen Wiedergabe, des Vortrags, der Funk- und Fernsehsendung, der Speicherung in Datenverarbeitungsanlagen, der Übersetzung und der literarischen oder anderweitigen Bearbeitung.

Printed in Germany
Satz: Satz und Grafik Helmut Labs, Köln
Druck und Bindung: Proff GmbH & Co. KG, Bad Honnef
ISBN 3-412-03883-0

Schriftsteller-Lexikon

oder

biographisch-literärische

Denk-Blätter

der

Siebenbürger Deutschen

von

Josef Trausch,

k. Finanz-Rath in Pension, Ritter des k. k. Franz-Josef-Ordens, Correspondent der k. k. geologischen Reichs-Anstalt, Ehren-Mitglied des siebenbürgischen Vereins für Naturwissenschaften in Hermanstadt, Curator des Kronstädter Kirchen-Bezirkes A. B. und ehem. Vorsteher des Vereins für siebenbürgische Landeskunde.

II. Band.

Kronstadt.

Druck und Verlag von Johann Gött & Sohn Heinrich.

1870.

T r. **Gaudi Wilh. Karl,**

Sohn des Kronstädter Magistratual-Sekretärs Honorius Gaudi, ist im Jahre 1865 in dem Alter von 50 Jahren als Apotheker in Bukarest gestorben.

    Pharmaceutisch-chemische Abhandlung über das Morphin (Morphium) und die Weinsteinsäure (Acid. tartar.) c. Pest bei Landerer. 1836. 8-vo.

T r. **Gebauer Simon,**

geboren in Kronstadt am 1. September 1757, reiste nach absolvirten Gymnasial-Studien in Kronstadt, nach Preßburg den 19. März 1778, von da nach Tübingen am 1. September 1778, weiter im August 1781 nach Carlsruhe in der Markgraffschaft Baden, dann im Mai 1782 nach Aarau in der Schweitz, und kehrte, nachdem er die Hauptstädte Helvetiens gesehen, den 23. Oktober 1783 nach Kronstadt zurück, wo er den 1. November 1783 als Adjunkt der 7. Classe, den 1. April 1785 als Collega, im Mai 1786 als Lektor, im Februar 1790 als Ministerial-Adjunkt, 1791 als Blumenauer-, 1792 als Martins-Berg-Prediger und 1793 als Stadt-Prediger an der Cathedral-Kirche angestellt, daher aber den 9. November 1806 als Pfarrer nach Zehden berufen wurde, wo er am 9. November 1828 mit Tod abging.

  1. Predigt über den ächten Bürgersinn, bei bedrängten Umständen des Vaterlandes insonderheit, an dem von Sr. Majestät dem Kaiser, unserm allergnädigsten Landesfürsten und Herrn, in Siebenbürgen verordneten Bettage, gehalten in der evang. Pfarrkirche zu Kronstadt am 26. Oktober 1796 von Simon Gebauer, Prediger an ebendieser Kirche. Hermannstadt, gedruckt bei Martin Hochmeister, k. k. priv. Buchdrucker und Buchhändler. 8-vo. 32 S.

  2. Lobrede auf die weiland hochwohlg. Frau Martha verw. v. Schobeln geb. v. Closius, gehalten bei dem feierlichen Leichenbegängnisse der-

selben in der ev. Pfarrkirche in Kronstadt im Jahre 1801 am 25. November. Kronstadt, in der J. G. v. Schobeln'schen Buchdruckerei. 8-vo. Seite 23—44, s. **Mich. Schwarz**.

Tr. ## Geltch Johann Friedrich,

geboren in Mühlbach am 18. Februar 1815 studirte an der Universität in Berlin 1836—1838, wurde als Rektor in Broos im Jahre 1848 Pfarrer in Romoß, und starb daselbst am 7. September 1851 in einem Alter von 36 Jahren.

Den Plan Stephan Ludwig Roths (s. d. Art.) zur Herausgabe einer Schul- und Kirchenzeitung, welchen Roth selbst mittelst eines noch am 21. September 1848 aus seinem Pfarr-Orte Meschen verbreiteten gedruckten Programms veröffentlichte, an dessen Ausführung aber durch die bald darauf erfolgte Revolution und durch gewaltsamen Tod verhindert ward, realisirten nach hergestellter Ruhe im Jahre 1851 Geltch im Verein mit J. Georg **Giesel**, Johann **Michaelis** und Samuel **Schiel**, und nach Geltchs frühzeitigem Ableben im nemlichen Jahre nur die drei Letzteren.

Geltch's Schriften:

1. Lyrische Gedichte. Im Zusammenhange mit einer Abtheilung epigrammatischer und aphoristischer Streiflichter. Kronstadt, gedruckt in Johann Gött's Buchdruckerei. 1841, kl. 8-vo. XVIII. 142 S.
2. Epigrammatische und aphoristische Streiflichter. Ebendas. 1841, kl. 8-vo. XIV. 163 S.
3. Nachruf an die Mitglieder des Vereins für siebenb. Landeskunde, welche sich in der am 8. und 9. Juni 1843 zu Kronstadt abgehaltenen General-Versammlung befanden. Nebst einem Anhang unter dem Titel: Wir und Deutschland. Kronstadt, bei Joh. Gött. (1843) 8-vo. 8 S.
4. Thniston, zwei Parabeln. Ebendas. 1844. 8-vo. 15 S.
5. Lyrisch-humoristischer Janus-Kopf mit folgenden Aufschriften: I. Apologie der Frauen oder das schöne Geschlecht ist das starke Geschlecht. II. Variationen einer grauzöpfigen Matrone über das verhängnißvolle Thema: Warum heiraten die Jünglinge der Neuzeit unsere Mädchen nicht weg. Ebendas. 1844. 8-vo. 16 S.
6. Das Lied von der Oeffentlichkeit. Parodie auf Schiller's Lied von der Glocke. Hermannstadt 1845, gr. 8-vo. 18 S.
7. Weckruf zu geistiger Installations-Feier unseres Nations-Grafen

Franz Joseph v. Salmen. Hermannstadt 1846 v. Hochmeister'sche Buchdruckerei und Buchhandlung. 4-to. 16 S.

8. Liederbuch der Siebenbürger Deutschen. Herausgegeben von J. F. Geltch, Rektor in Broos. Erster Band 1. Heft, Hermannstadt, Druck und Verlag der M. v. Hochmeister'schen Erben. Theodor Steinhaußen (1847). 12-mo. XVI. 352 S. 2. Heft. Ebendas 1851. IV. 258 S. und Pränumeranten-Verzeichniß 19 S.

9. Das Lied von den Magyaromanen. Parodie auf Schillers Lied von der Glocke. Von Dr. W. Julius Faust, Privat-Gelehrter in Frankfurt am Main, Ritter des rothen Adler-Ordens erster Klasse und mehrerer Akademien korrespondirendes Mitglied. Hermannstadt 1849. M. v. Hochmeisterische Buchhandlung (Theodor Steinhaußen). 8-vo. III. 14 S.

10. Deutschländisches Adressen-Album an das Siebenbürger Deutschthum. In der Sturm- und Drang-Periode des Jahres 1848, seinem theuern und heißgeliebten Volksthum überbracht und geweiht. Herstadt, Mart. v. Hochmeister'sche Buchhandlung, Th. Steinhaußen. Kl. 4-to. 28 S.

Vgl. Geltch's und der sächs. Nations-Universität Adresse an die Frankfurter deutsche National-Versammlung in der Beilage der Augsburger Allgemeinen Zeitung Nr. 231 v. 18. August 1848. S. 3691 und 3962.

11. Gefühle am Jahrestage der Hinrichtung unseres deutschen Mannes Dr. Steph. Ludw. Roth. Von J. F. Geltch, Pfarrer in Rams. (Hermannstadt 1851, gedruckt bei Theodor Steinhaußen. 4-to. 36 S. (Enthält S. 3 die Zueignung und S. 5—9 ein Zueignungs-Gedicht des Verfassers an den sächsischen Nations-Comes Franz Salmen.)

Seiv. **Gemmarius Thomas,**

Baccalaurius der freien Künste und Rector der Hermannstädtischen Schule in den Jahren 1528/29. Im letztern Jahre hat er eine lateinische Grammatik herausgegeben, und sie dem jungen Johann Pemflinger, einem Sohne des Grafen der sächsischen Nation und Königsrichters zu Hermannstadt Markus Pemflinger, zugeeignet. Soterius in Transsilv. Celebr.[1]

---

[1] Vgl. diese Denkblätter 1. Bd. S. XIII—XV.

Tr. **Gerlinus** (vielleicht Gierling) **Mathias,**

kommt unter den Pfarrern in Sächsich-Meen, ohne bestimmte Angabe des Jahres, in der entsprechenden Zeitperiode vor. Unter dem Namen „Tatarlaki Transsilvanus vertheidigte er 1641 zu Königsberg die Streitschrift:

Disp. de Justificatione hominis coram Deo adversus errores Papisticos, praes. Abr. *Callovio* d. 28. Octobr. Regiomonti 1641. 4.

Tr. **Gestalter Michael,**

geboren in Mühlbach den 30. April 1801, studirte an der protest. theol. Fakultät in Wien 1822, Rektor in Mühlbach vom Jahre 1836—1837, dann Prediger daselbst und Pfarrer zu Deutsch-Pián 1842, endlich Pfarrer in Reißmarkt 27. September 1855 und Dechant des Unterwälder Capitels seit 10. April 1860.

1. Notatiae quaedam statistico-topographicae Civitatis et territorii Sabesiensis 1831. Mspt.

    Eine dem Ober-Consistorium der A. C. B. eingeschickte, im Manuscript gebliebene Dissertation, in 80 §§ bestehend. Darinnen werden abgehandelt: Fata Civitatis memorabiliora § 1—12. Terra sive Solum Civitatis § 13—28. Populus sive incolae Civitatis § 29—49. Producta terrae sive Soli Civitatis § 50—79 und Conclusio § 80.

2. Die Baden-Durlach'schen Deutschen in Mühlbach. Ein Andenken an ihre am 6. Januar 1843 begangene hundertjährige Einwanderungs-Feier. Kronstadt, Druck von Johann Gött, 1843. 8-vo. 40 S.

Tr. **Gierend Joh. Andr.,**

geboren in Hermannstadt 10. Mai 1796, studirte an der protest.-theol. Fakultät in Wien 1821 ꝛc., wurde als Stadtprediger in Hermannstadt, im Jahre 1836 zum Pfarrer nach Freck berufen, und starb daselbst 1852 den 10. Oktober.

Notitiae Castellanatus Tholmach ex Diplomatibus potissimum Hungariae Regum et Transsilv. Principum erutae. Cibinii, typis J. Barth 1832. 8-vo. 44 S.

S. 23—44 enthält: Appendix, Literas quasdam ad praemissas paragraphos praeprimis spectantes, continens.

— 5 —

Tr. **Girald (alias Gothard) Michael,**

ein Kronstädter, studirte am Gymnasium zu Kronstadt 1737, dann zu Görlitz 1739 und an den Hochschulen zu Wittenberg 1741 ic., Leipzig 1747 ic. und Halle 1749, nachdem er bereits am 17. Oktober 1746 an der Wittenberger Universität Magister der Philosophie geworden war. Seine ferneren Lebensumstände sind mir unbekannt.

Er vertheidigte in Halle unter dem Vorsitz des Professors Büchner die medicinische Streitschrift:

> Dissertatio inauguralis medica de singulari sensibilitate Hypochondriacorum ejusque causis. Halae 1749. 4-ta.

Tr. **Girischer Johann,**

aus Bistritz gebürtig, bezog die Universität zu Wittenberg 1685, diente nachher als Prediger in seiner Vaterstadt und wurde sofort Pfarrer in Bayersdorf 1708. Hier wurde er vom Schlag gerührt und dankte ab im Jahr 1713.

1. Disp. theologica de Oeconomia Salutis aeterna in genere, ex 1. Cor. 11, 7 praes. Joh. *Deutschmann* d. 11. Octobr. 1688. Witeb. 4. 20 Seiten.
2. Diss. moralis de Conscientia, praes. Christ. *Röhrensee*, d. 16 Maj. 1688. Witeb. 4. 20 S.

Tr. **Göbbel Johann,**

Sohn des Marpoder Pfarrers Johann Göbbel, geb. in Hermannstadt 1804 im Mai, studirte in Hermannstadt und Wien, war Mitglied des evang. Landes-Consistoriums und des Hermannstädter Bezirks-Consistoriums, und correspondirendes Mitglied der k. k. geologischen Reichsanstalt zu Wien, wurde Conrektor am Hermannstädter Gymnasium, dann aber Rektor 1847. Zum Pfarrer in Neppendorf berufen am 27. April 1854, starb er daselbst 21. August 1862, alt 58 Jahre und 3 Monate.

1. De facultate cognoscendi, ejusque persvasionibus, scientia et fide. Cibinii 1834. 8-vo. 31 S.
2. Programm des Gymnasiums A. C. zu Hermannstadt für das Schuljahr 1851/2. Veröffentlicht vom Direktor des Gymnasiums J. G. Hermannstadt, Druck von Georg v. Closius 1853. 4-to.

50 S. Enthält: Gründe, welche für die Beibehaltung der altclassischen Studien in unsern Gymnasien sprechen, von J. G. Nebst Nachrichten über den Zustand des Gymnasiums vom Jahre 1835 bis 1850/1, dann vom Jahre 1851/2, Lehrer-Personal, Schülerzahl und Lehrmittel.

3. Programm des Gymnasiums A. C. zu Hermannstadt für das Schuljahr 1852/3. Veröffentlicht vom Director des Gymnasiums J. G. Hermannstadt, Druck von Georg v. Closius 1853. 4-to. 51 S. Enthält: Bemerkungen über einige Differenz-Punkte auf dem Gebiete der Logik, von **Joseph Schneider**, Conrektor. Nebst Lektionsplan von 1852/3. Schülerzahl, Lehrmitteln und Andeutungen für die Eltern der Schüler dieses Gymnasiums.

Tr. **Goebel Johann,**

von Schäßburg, hinterließ in Handschrift eine Chronik der Stadt Schäßburg vom Jahr 1514 angefangen, welche sein am 16. Dezember 1663 verstorbener Landsmann Georg Wachsmann bis zum August des Jahres 1663 fortsetzte, und im Jahr 1840 der Graf Joseph Kemény in dem 2. Bande seiner deutschen Fundgruben der Geschichte Siebenbürgens, S. 92—140 aufgenommen hat.

Vgl. „Die Schäßburger Chronisten des XVII. Jahrhunderts von Karl Fabritius" in dem 2. Bande der Siebenbürgischen Chronik des Georg Kraus. Wien 1864, S. LX.

Tr. **Göbel Wolffgang,**

ein Kronstädter, studirte 1595 ꝛc. die theologischen Wissenschaften in Frankfurt, worauf er das Kronstädter Schul-Rectorat in den Jahren 1597 und 1598 bekleidete, und im Jahre 1601 zum Pfarrer in Nußbach, 1602 nach Wolkendorf, im Jahre 1603 aber zum Pfarrer in Marienburg gewählt wurde, wo er am 6. April 1613 sein Leben beschloß.

1. De vera Ecclesia, ejusque notis, praes. Christophoro *Pelargo*. V. hujus Locor. Theol, Εξεταςιο 1595. Decad. III. Disp. VII.
2. De unione duarum Naturarum et Communicatione Idiomatum. Ibidem Dec. VI. Disp. V.
3. De materia demonstrationis, seu Principiis, praecipue eorum definitione et divisione. (S. den Art. **Leonh. Herrmann.**)

Tr.   **Gödri Johann,**

ungrischer Schullehrer 1763—1771, dann Prediger der evangelischen Ungarn in Kronstadt 1771—1788, endlich Prediger in Neudorf, Kronstädter Distrikts, wo er am 20. Februar 1795 mit Tod abging, war aus Bátsfalu gebürtig und hatte zuerst in Kronstadt, dann auf dem Gymnasium zu Leutschau studirt.

1. Az Erdély Országban gyakorta uralkodo marha-dögéről és annak el-távosztatásának jelessebb eszközeiről. Forditotta Gödri János. Kolosváratt, 1791. 8-vo. 24 S.

    Eine Uebersetzung der Dr. Martin Lange'schen Schrift: Ueber die häufigen Viehseuchen in Siebenbürgen ec. Hermannstadt, 1790. (Quartal-Schrift I. 417—434.)

2. Egy sok probákra ki-tétetett, sok országokat megjárt, sok tudományokban jártas etc. Orvos Doctornak Molnár Ádám Urnak az halálon vett gyözedelméről valo rövid halotti Tanitás, mellyet 1780ban elmondott Gödri János, Brassai Prédikátor. Posonyban 1793. 8-vo. 40 S.

3. A Nötelen és Nehézkéseknek, az az Anyáknak és Gyermekeknek az ö különös nyavalyájokban és változásaikban valo gyogyitásokról és gondviselésekről szolló oktatás, vagy a köz és falu hellyt lako népnek számára iratott könyv, Doctor Marschal Henrich György által. Németből Magyarra forditotta Gödri János a Neudorffi két Natioból allo Ev. Ekklésia Lelki Tanitoja. Kolosváratt és Szebenben 1791. 8-vo.

    (Quartal-Schrift II. 431—433.)

Tr.   **Gokesch Valentin,**

von Kronstadt, Sohn des dasigen Senators Georg Gokesch, wurde Senator 17. Februar 1648 und starb in dieser Eigenschaft daselbst am 24. September 1656.

Er hinterließ in der Handschrift ein geschichtliches Tagebuch der vom 20. Juni 1611 bis 9. Januar 1614 hauptsächlich in Kronstadt vorgefallenen Begebenheiten, wovon sich in der Kronstädter evang. Gymnasial-Bibliothek Auszüge befinden.

Gokesch Valentin,

Tr.

ein Kronstädter, studirte am Kronstädter Gymnasium 1672 ꝛc. und bezog die Universität zu Wittenberg 1680, wo er sich der Theologie und Philosophie weihte. Als Lehrer am Kronstädter Gymnasium starb er in der Blüthe seiner Jahre am 22. Juli 1691.

Dissertatio theol. de Causa materiali SS. Theologiae Praes. Johanne *Deutschmann*. D. 12. Januarii 1682. Wittebergae. 4-to. II. 26 Seiten.

Gorgias Andreas,

Tr.

ein Kronstädter, studirte am Kronstädter Gymnasium 1683 und an der Universität zu Wittenberg 1691 ꝛc. Seine fernern Lebens-Umstände sind mir unbekannt.

Disp. theologica de Officina Occonomiae salutaris, seu de Ecclesia Adami tempore, praes. Joh. Deutschmann. Witteb. 1694 d. 19. April. 4-to. 24 S.

Gorgias Johann,

Seiv.

von Kronstadt, der freien Künste Magister, kaiserlich gekrönter Dichter und Mitglied des deutschen Schwanen-Ordens[1]. Den 31. März 1679 erhielt er das Schul-Rektorat in seiner Vaterstadt, welches er bis an seinen Tod, der den 7. Juli 1684 an der Wassersucht erfolgte, verwaltete. Proben seines dichterischen Geistes habe ich bis jetzt noch keine gesehen, wohl aber einige andere Schriften, als:

1. Opusculum metaphisicum. Coronae 1667 in 4-to.[2]

---

[1] Gorgias begann seine Studien unter dem Kronstädter Rektor M Martin Albrich 1656 und setzte dieselben zu Wittenberg fort den 28. Juli 1659. In der Kronstädter Gymnasial-Matrikel zum Jahre 1679 wird er „Poëta laureatus Caes. nobilissimi ordinis cygnici, Vatumque Albiacorum Consors" genannt; sowie von Thomas Tartler in seinem Elenchus etc. „Mitglied der fruchtbringenden Gesellschaft." Ueber diesen Orden s. Eichhorns Lit.-Geschichte. Göttingen 1814. II. 317, 348. — Jablonski's Lexikon der Künste und Wissenschaften. Leipzig 1721, S. 689. — Krünitz's Encyclopädie CV. 285 und Barthold's Geschichte der fruchtbringenden Gesellschaft, Berlin 1816 u. a. m. Tr.

[2] Richtiger 1657. Der Verfasser ist aber nicht Gorgias, sondern M. Mart. Albrich, s. S. 30 dieser Denk-Blätter. Tr.

2. Gemma quaestionaria ex Synopsi logica. Coronae 1679 in 4-to. 32 Seiten.¹)

3. Syllabus Distinctionum Philosophicarum usitatiorum, exemplis illustratarum, atque ordine alphabetico digestarum, in gratiam studiosae juventutis adornatus, a M. Jo. Gorgia, P. L. C. et Gymnas. Coron. Rectore. Lipsiae 1681 in 8. 80 S.

4. Poliandini, gestürzter Ehrenpreis des hochlöblichen Frauenzimmers.
   Schultzens Schrift: Ehrenpreis des hochlöblichen Frauenzimmers, Frankfurt 1633, entgegen gesetzt. Sie macht aber ihrem Verfasser wenig Ehre.

5. Veriphantor, jungfräulicher Zeitvertreiber. 1678.

6. Ebendess. Die buhlende Jungfrau. — Diese drei Schriften eignet **Dahlmann im Schauplatze der masquirten und demasquirten Gelehrten.** Leipzig 1710, S. 271 und 319, einem Siebenbürger, Johann Gorgias zu. Ich zweifle nicht, daß es eben dieser Gorgias sei; doch weiß ich nichts von dem, was Dahlmann behauptet: daß er wegen einiger Vergehungen aus seinem Vaterlande geflüchtet wäre²).

Seiv. ## Dr. Gorgias Valentin,

von Heilsberg in Wermeland, im Auslande bereits zum Doctor der Medicin promovirt, erwarb auch von der Wiener medicinischen Fakultät den Doctorgrad unter herkömmlicher Feier³) und ließ sich in Siebenbürgen, wo er Generalats-Doctor wurde, nieder. Er starb am 7. October 1734 zu Hermannstadt an der Bräune. Wein und Dichtkunst waren sein angenehmster Zeitvertreib. Deswegen machte Doctor Wanderbech das Epigramm auf ihn:

---

¹) Ist nach Joseph Teutschs aufgerichtetem Denkmal § 278 ein Auszug aus M. M. Albrichs Logik (s. Denkbl. S. 30 Nr. 3) und besteht aus fünf, unter dem Vorsitz des Gorgias durch Kronstädter Studenten vertheidigten Streitschriften, deren 1. de termino, die 2 de Praedicamentis, die 3. de Enunciatione (diese Resp. Mart. Jung, Purimontano p. t. Gymn. Cor. Oratore ejusdemque alumno 4-to, 8 S), die 4-te. de Syllogisma, und die 5. de Topica handelt. Tr.

²) Hingegen zweifelt Schmelzel (in Diss. de statu Ecclesiae Lutheranorum in Transs. S. 109 Note 10, wie auch ich glaube, mit Recht an der Identität unseres und des aus seinem Vaterlande geflüchteten Gorgias. Tr.

³) S. Brückmanni Epist. itenerar. Centur I. Epist. Nr. 51. Tr.

Olim clamanti Plutarchum! reddidit Echo,
  Vt Graji memorant, e latebris: *Sophiam.*
At mihi clamanti Te Gorgi! reddixit Echo.
  Rupibus e vacuis, quid stimulala? *Merum.*

T r. Weszprémi in Biograph. Medicorum etc. Cent. II. P. II. S. 124—127 erzählt, nach Einschaltung des hier unter Nr. 2 bezeichneten Gorgias'schen Gedichtes, daß Gorgias seiner Zeit seinen Namen in Siebenbürgen berühmt gemacht habe, wie dies auch schon die vom Jesuiten Johann Gyalogi [1]) seinem Werkchen: „Daciae spes et deliciae Antonio e Toparchis Lazariis ostensae etc. restitutae per sex Elegiarum Lustra, Tyrnaviae 1730" vorausgeschickte Zueignung an Gorgias beweise.

Von Dr. Gorgias sind im Druck erschienen:

1. Epigrammata variis occasionibus fusa. Honori Illustrissimi ac Excellentissimi Viri Domini Samuelis Kölöséri de Keres Eér, Philosophi et Medici Praestantissimi, Guberniali Transylvaniae Consilio adlecti. Claudiopoli, typis Acad. Soc. Jesu 1728 ff 8-vo, 23 S.
2. Carmen sapphicum in Illustrem Tibulli Corvinioni Editorem D. Samuelem Kölösérium a Keres-éer Med. Doct. et Senatui Dacico a Secretis.
3. Lessus funebris in obitum Samuelis Köleséri. Cibinii 1733.

(Laut Weszprémi a. a. O. Cent. I, S. 84.)

T r. **Gotterbarmet Jakob,**

aus Mediasch, studirte unter dem Rectorat des M. Martin Albrich im Jahre 1655 ic. zu Kronstadt, dann an der Universität zu Wittenberg 1658 ic. und diente als Lector am Mediascher Gymnasium, bis er im Jahre 1661 zum Lector nach Hermannstadt berufen, nach anderthalb Jahre hindurch geführter Verwaltung des Rectorates am 29. April 1662 zum wirklichen Rector [2]) angestellt wurde. Endlich am 14. Febr. 1663 zum Pfarrer in Agnethlen erwählt, beschloß er sein Leben daselbst 1674.

---

[1]) S. Scriptores Provinciae Austriacae Soc. Jesu. Viennae 1855. I. 115.

[2]) Er berichtet selbst in der Matrikel des Hermannstädter Gymnasiums: „Tunc temporis lues dirissima. una cum Andrea Oltardo Past. Cibin Scholae Moderatores atque Ecclesiae Ministros, fere omnes deleverat ita, ut Cibinienses necesse habuerint. Joanni Graffio Past. Requiniensi Pastoratum offerre, et mihi t. t. per semiannum, post regressum ef Academia Wittebergensi in

Er vertheidigte folgende Streitschriften:
1. In Kronstadt: De principio et principiato, Causa et Causato 1657 unter M. Albrich (s. d. Art.).
2. In Wittenberg: Methodica Aug. Confessionis repetitio ex Art. XXIV. Disp. XXV de Missa. Paeside Joh. Deutschmann m. Jun. 1669. Witteb. 4-to. 16 S.

Tr. **Gottschling Daniel Joseph,**

geboren in Hermannstadt 3. November 1774, studirte an der Universität zu Jena 1801 rc. und diente als Lehrer am Gymnasium, dann als Prediger bei der Stadtkirche in Hermannstadt, wornach er zum Pfarrer in Kirchberg, Leschkircher Stuhls am 4. November 1809 berufen, in diesem Berufe am 16. Juli 1850 starb.
1. Indicis Fossilium Musei Gymn. Cib. A. C. Fasciculus I. Metalla complectens. Cibinii, Barth 1804. 8-vo. 15 S.
2. Vorschriften für die Jugend in Stadt= und Land=Schulen, geschrieben und gestochen 1820. Querer 4-to.

Vom Ober=Consistorium der A. C. B. für die sächsischen Schulen vorgeschrieben.

Tr. **Gottschling Paul Rudolph,**

von Hermannstadt gebürtig, reiste den 18. August 1750 nach Wien und von da 1751 nach Breslau. Hier erlernte er die Handlung im Niemer='schen Comtoir, begab sich 1757 nach Nürnberg und kehrte von hier im Jahr 1763 nach Schlesien zurück. Er starb 13. Mai 1805.

Laut dem in Gottschlings Schrift: Die Sachsen in Siebenbürgen

---

Schola Medyeschiana Lectori 1661 d. 15. Febr. primam et d. 9. Martii secundam vocationem in Lectorem primarium Scholae Cibiniensis dare. Transmigravi ignotus Cibinium, in urbem antehac mihl nunquam visam, et solenniter in scholam introductus sum d. 22. Martii. Quia vero Schola et Rectore et Lectoribus aliis prorsus carebat, factum est, ut officium quidem et salarium tantum Lectoris, labores vero et molestias Rectoris per integrum annum cum dimidio magna cura multoque sudore, ob ordinem in Schola turbatum et Lectiones per integrum annum propter obsidionem et pestilentiam suspensas, ferre necesse habuerim, usque dum anno 1662 d. 29. April vocatio ad Rectoratum mihi daretur.

S. 111 und 112 abgedruckten Verzeichniß der von ihm zum Druck beförderten Schriften, welche er zum Theil selbst verfertigt, theils aber nur verlegt hat, hat man von ihm:

1. Betrachtung über die Handlung und Oekonomie des Großfürstenthums Siebenbürgen. 8-vo. Bautzen 1776. (Siehe seine kurze Schilderung ꝛc. S. 5.)
2. Sammlung moralischer Abhandlungen. 8-vo. Bautzen 1778.
3. Encyclopädische Aufsätze. 1. Theil. Görlitz 1778. 8-vo.
4. Bautzner wöchentl. Anzeigen, mit Kupf. 4-to. Bautzen 1781.
5. Kurze Schilderung des überaus gesegneten Großfürstenthums Siebenbürgen, mit patriotischer Feder entworfen von Paul Rudolph Gottschling aus Hermannstadt in Siebenbürgen. Budissin, gedruckt und verlegt von Aug. Heinrich Winkler 1781. 8-vo. 76 S. (Dem Kaiser Joseph II. zugeeignet.)
6. Der Wiener Patriot. 8-vo. Bautzen 1782.
7. Chronologische Tabelle sämmtlicher Brüder-Gemeinen in allen 4 Welttheilen, in Folio. Bautzen 1782.
8. Statistische Tabelle über Größe, Bevölkerung, Einkünfte, Staats-Vermögen ꝛc. Folio. Bautzen 1783.
9. Schreiben des Königs Ferdinand im Jahr 1537 an Dr. Luthern nach Wittenberg. 8. Dresden 1783.
10. Unschuldiger Zeitvertreib in Poesie. 8. Dresden 1783.
11. Nahrungs-Vortheile zum Besten aller Stände. 8-vo. Dresden 1785.
12. Chronologische Tabelle aller römischen Kaiser, von Julius Cäsar an bis auf Joseph II. Folio. Dresden 1785.
13. Münzen aller Länder nach Louisdor und Kaisergeld gerechnet. 4. Dresden 1785.
14. Friedrichs Abholung ins Elysium. 4. Dresden 1786.
15. Die Stimme des Volkes an Friedrich Wilhelm II. 4-to. Berlin 1786.
16. Unterthäniges Flehen an Kaiser Joseph den II. die so schwere Strafe der Schiffziehenden in Ungarn in etwas Allergnädigst zu mildern. 1787 (ohne Druckort). 8-vo. 14 Seiten.
17. Weißhaupts Schicksale. 8-vo. Pirna 1789.
18. Stähleins unglückliche Wanderschaft. 8-vo. Pirna 1790.
19. Gedächtnißtafel von der Götterlehre und andern Merkwürdigkeiten der Welt. Dresden 1794, ein Bogen in Fol.
20. Die Sachsen in Siebenbürgen. Ein Beitrag zur Erd- und Menschen-Kunde. Dresden 1794. 8-vo. 134 S.

Sammt einem Verzeichniß. I. der Rectoren des Hermannstädter evang. Gymnasiums vom Jahr 1552—1776 S. 29—37. II. der Superintendenten vom Jahr 1553—1776 S. 37—64. III. der gelehrten Sachsen S. 88—108.

Recensirt von Johannes Müller in dessen sämmtlichen Werken Stuttgart bei Cotta 1834. 2. Bändchen S. 209. „Der gutmeinende alte Mann zeigt sich in dieser Schrift ganz, wie der Verfasser des Buchs über den National-Charakter der in Siebenbürgen befindlichen Nationen; seine Landsleute schildert er: fleißig, ein eifriger Lutheraner, sonst der Landesherrschaft getreu ergeben, gegen Große (in der Zuschrift und bei Titulaturen) eher zu ceremoniös, übrigens eher etwas niedergeschlagen (S. 110—140). Sein Buch ist keine Geschichte der Sachsen, als wozu viele Hauptsachen fehlen. Es ist ebensowenig eine Geschichte ihres gegenwärtigen Zustandes, da von allem, wonach in der Statistik gefragt wird, wenig, dies aber meist unbestimmt vorkömmt. Genauigkeit scheint seine Sache nicht zu sein. Er läßt einen Patricier von Nürnberg um das Jahr 1000 nach Siebenbürgen wandern und (ebendenselben) im Jahr 1160 Hermannstadt gründen (S. 10, 12), Orthodox ist er. Der junge König, der bei Moháts blieb, ist ihm ein wahrer Saulus, ein Christen-Verfolger ꝛc. Am umständlichsten die Rectores der Hermannstädter Schulen und besonders die Superintendenten. Verläumbung des Jesuiten Makowsky gegen den Superintendenten Schunn 1747. Hartenecks Hinrichtung 1704. Maria Theresia's Wunsch, daß in Siebenbürgen eine Akademie errichtet werde ꝛc."

21. Sammlung einiger moralischen Betrachtungen aus verschiedenen großer Männer. Leipzig, bei Müller 1778. 8-vo. (1781).

22. Anweisung im kaufmännischen doppelten Buchhalten. Dresden, bei Hilscher 1790. 8-vo.[1]

23. Auswahl vortrefflicher Schilderungen, gezeichnet von weisen Männern. Dresden 1795. 8-vo.

---

[1] Nach dem Heinsiusischen Bücher-Lexikon ist Gottschling der Verfasser auch der vorbezeichneten Schriften Nr. 21 und 22. Dieselben fehlen aber in Gottschlings eigenem Schriften-Verzeichniß.

Gräser Andreas,

Tr.

in Almen, Mediascher Stuhls, im Jahre 1814 geboren, studirte am Mediascher Gymnasium und an der Universität zu Berlin 1834—1836, wurde nach seiner Rückkehr Lehrer und 1849 Rector am Mediascher Gymnasium, im Jahre 1855 aber Pfarrer in Wurmloch, gegenwärtig zugleich Schelker Bezirks-Dechant.

1. Geschichtliche Nachrichten über das Mediascher Gymnasium. Programm des Mediascher Gymnasiums für das Schul-Jahr 1851/2. Herausgegeben von A. Gr., Gymnasial-Rector. Hermannstadt 1852. Druck von Joseph Drottleff. 8-vo. 132 S.

2. Programm des Mediascher Gymnasiums für das Schul-Jahr 1852/3, womit zu der im Juli l. J. zu haltenden öffentlichen Prüfung sämmtlicher Klassen des Mediascher Gymnasiums ergebenst einladet A. Gr., Gymnasial-Rector. Hermannstadt 1853. Druck von Th. Steinhaußen. 4-to. 26 S.

Inhalt: Abhandlung über das Verhältniß der Schule zur Kirche und die übrigen bei der Jugendbildung betheiligten Potenzen. Von Gustav Schuster, Conrector. S. 5—16. Jahresbericht S. 17—26.

3. Programm des Mediascher Gymnasiums A. C. für das Schul-Jahr 1853/4. Hermannstadt 1854. Druck von Theodor Steinhaußen. 4-to. 26 S.

S. weiter Karl Brandsch.

4. Dr. Stephan Ludwig Roth nach seinem Leben und Wirken dargestellt. (Veranlaßt durch den Verein für siebenbürgische Landeskunde.) Kronstadt 1852. Druck und Verlag von Johann Gött. 8-vo. 118 Seiten.

5. Umrisse zur Geschichte der Stadt Mediasch von A. G., evang. Pfarrer in Wurmloch. Festgabe zur Erinnerung an die Jahres-Versammlungen des ev. Vereins der Gustav-Adolph-Stiftung in Siebenbürgen, des Vereins für siebenbürgische Landeskunde, des siebenbürgisch-sächsischen Landwirthschafts-Vereins, wie auch an die Versammlung siebenb. deutscher Sänger und Turner in Mediasch vom 5—8. August 1862. Mit einer Ansicht von Mediasch und einer Tafel mit lithographirten Siegeln. Hermannstadt 1862, gedr. bei Theodor Steinhaußen. 8-vo. 114 S.

Einige erhebliche Berichtigungen dazu, nebst einem vollständigeren Verzeichnisse der Mediascher Bürgermeister, als in diesem Buche S. 87—98 Gräser lieferte, gab der Schäßburger Prediger Karl Fabritius in der Transsilvania von Bielz. Jahrgang 1862. Nr. 20, S. 253—256.

Tr.   ## Gräser Daniel,

ein geborner Hermannstädter, starb als Sachwalter in seiner Vaterstadt 2. August 1797. Er war ein Mann von vielen Kenntnissen, besonders in der Geschichte seines Vaterlandes, die er sich unter andern als Hermannstädter Senator und vieljähriger Aufseher des Stadt= und National=Archivs verschaffte. Eine öffentliche Probe hievon legte er in dem nachbenannten in der Siebenbürgischen Quartalschrift Bd. I., S. 317 f. recensirten Büchelchen: „Der Verfassungs=Zustand 2c." ab. — Kurz vor seinem Tode wurde er von der Gesellschaft der deutschen Alterthümer zu Halle in Schwaben zum auswärtigen Mitgliede aufgenommen.

Noch im Jahre 1769 den 22. März wurde Gräser unter die Hermannstädter Senatoren aufgenommen, und bekleidete vom 6. Febr. 1777 bis 23. April 1781 das dasige Stuhls=Richter=Amt, darauf aber bis zu seinem Austritte im Jahre 1790 dasjenige eines wirklichen Rathsmitgliedes daselbst.

Er schrieb:

1. Der Verfassungs=Zustand der sächsischen Nation in Siebenbürgen, nach ihren verschiedenen Verhältnissen betrachtet, und aus bewährten Urkunden bewiesen. Hermannstadt, bei Hochmeister 1790. 8-vo. 115 S. (Verfaßt im Jahre 1776).

Nachdem über dieses Buch in der Ofner lateinischen Zeitung Nr. 15 vom Jahre 1790 eine für die sächsische Nation injurieuse Recension erschienen war, und die sächsische Universität bei dem k. ungarischen Statthalterei=Rath Beschwerde geführt hatte, so wurde in der nemlichen Zeitung unterm 13. Juli 1790 Nr. 28 jene Recension also wiederrufen: Recensionem Libri, autore ut putatur Daniele Graeser Senatore Cibiniensi, Cibinii sub titulo: Verfassungs-Zustand der sächsischen Nation in Siebenbürgen, typis Hochmeisterianis absque scitu et annutu Cibiniensis Magistratus editi, quam in Ephemoridibus Nr. 15, signatis dedimus, ab Anonymo quodam *Claudiopoli* exaratam accepimus. Recensionem hanc Incl.

Saxonum Nationi injuriosam et multis historicis erroribus scatentem nunc revocamus, vehementerque dolemus, quod Anonymi nobis ipsis incogniti censuram Ephemeridibus nostris, a quibus omnis dolus et nocendi animus, quam longissime abest, inserendo in nobilissimae Nationis offensionem incurrerimus.

Auch erschien in einer Beilage auf 2 S. vermuthlich von J. K. Eder eine Antikritik wider jene Recension, wo die Grundlosigkeit der letztern, besonders in Beziehung auf das Grund-Eigenthums-Recht, den Titel Inclyta und den Antheil an den Gubernial-Raths-Stellen der Sachsen kurz und triftig dargethan wird.

2. Abhandlung, daß die sächsische Nation den Fundum Regium jure feudali besitze. Mspt. (Im 6. Bande der Mich. Heydendorfischen Handschriften Sammlung.)

Tr.   ## Gräser Daniel,

geboren in Mediasch 3. September 1752. Sein Vater war Samuel Gräser, Senior der Mediascher Communität und seine Mutter Sophia, Tochter des Johann Mederus. Nach Vollendung der Schuljahre in Mediasch ging er auf die Jenaer Universität, ward nach daselbst zugebrachten drei Jahren 1775 Lehrer an der Mediascher Stadt-Schule und heirathete 1782 Anna Maria Hauer, welche am 19. Mai 1832 starb. Aus dieser Ehe gingen 6 Kinder hervor, von denen 2 Söhne und 1 Tochter den Vater überlebten. Am 1. Januar 1784 wurde er Stadtprediger in Mediasch, 1786 25. März aber Pfarrer in Sáros im 34. Lebensjahre, wo er 36 Jahre verlebte. Vom Jahre 1815 bis zum Jahr 1822 General-Dechant, ward er, nach Neugeborens Tode Pfarrer in Birthelm und Superintendent 27. März 1822, und starb daselbst am 21. August 1833 alt 81 Jahre.

Topographie des Mediascher Stuhls. Ein Manuscript, wovon sich das Original unter den Ederschen Collectaneen im National-Museum in Pest befindet mit dem Titel: „Der Mediascher Stuhl." 37 S. in 4-to.

Enthält: I. Allgemeine Anmerkungen über den Mediascher Stuhl in Ansehung seiner Lage, Beschaffenheit und Geschichte desselben S. 1—13. — II. Einzelne Beschreibung der in dem Mediascher Stuhl befindlichen Orte S. 13—37.

— 17 —

Graff (Graffius) Simon,

Tr.

ein Prediger zu Schandau und geistreicher deutscher Poet in der ersten Hälfte des 17. Seculi von Schäßburg aus Siebenbürgen, war erst Feldprediger, wurde darauf 1634 Pfarrer zu Schandau und schrieb: „Die calvinische Himmelsleiter"; — gab auch ein Gesangbuch, darinnen einige von ihm selbst verfertigte Lieder stehen, unter dem Titel: „Geistlich edel Herz-Pulver" heraus. Schamel in der Historie Hypomnopoeorum [1]).

Auch hat man von ihm:

Centuria thesium theologicarum Analysin Cap. I. Epistolae Pauli ad Titum, continentium. Praes. Henr. *Höpffner*. Lipsiae [2]) Anno In to IesV speraVI non ConfVndar In aeVVM (1629) 4-to. 24 Seiten.

Graffius Andreas,

Seiv.

von Mediasch gebürtig, wo er als Kollege bei der Schule diente. Seine ausschweifende Lebensart, besonders aber eine beißende Satyre zog ihm 1642 den Verlust seines Dienstes zu. Er ging hierauf nach Ungarn. (Soweit Seivert.)

Tr. Graffius verließ noch vor dem Jahr 1642 sein Vaterland. Denn er wurde schon am 5. Juni 1637 zum Conrector an der Bartfelder Schule ernannt, 1639 aber als Rector nach Silein, und endlich 1644 nach Trentschin berufen. Wann und wo er gestorben, ist mir nicht bekannt.

Von seinen Schriften kennt man:

1. Pastor Transylvanus Saxo [3]). — Qui quod vult, facit, quod non vult, audit. Mscr.

    Dieses ist die obengedachte Satyre auf die sächsische Geistlichkeit. Sie enthält viele Galle, aber auch manche unläugbare Wahrheit, und ist recht

---

[1]) S. Jöchers Gelehrten-Lexikon. Leipzig 1750. 4-to. 2 Th. S. 116.

Neuerlich wurde im Jahrgang 1812 der Allgemeinen Kirchenzeitung Nr. 49 unter der Rubrick Geschichtskalender folgende Notiz über ihn ertheilt:

„Gestorben 1659 Graf Simon, Pfarrer zu Schandau in Sachsen, früher Feldprediger, geboren im Jahre 1603 zu Schäßburg in Siebenbürgen. Von ihm sollen sein die beiden Lieder: „Christus der ist mein Leben ꝛc." und „Freu dich sehr, o meine Seele ꝛc."

[2]) Graff studirte im Jahre 1627/8 ꝛc. an der Universität zu Leipzig.

[3]) Diese im Jahre 1638 verfaßte Schrift ist in den theoretischen und praktischen Theil abgetheilt. Ob Graffius auch den letztern oder praktischen Theil ausgearbeitet habe, ist unbekannt.

Tr.

methodisch geschrieben. Der Verfasser handelt 1. de Definitione. 2. De Vocationibus. 3. De Confirmatione. 4. De Functione. 5. De stipendio und 6. de Ordine. Man findet sie sehr selten; weil sie bald nach ihrer Geburt von dem Generaldechanten Johann Fabini, in öffentlicher Versammlung des Kapitels verdammt und unterdrückt wurde.

2. Lex mihi Ars. Studium Eloquentiae absolutum I. Elementali, II. Systemate, III. Gymnasio. Autore Andr. Graffio, Rect. Trentschin Leutschoviae, 1643 in 8. Sollte er bei dieser Ueberschrift: Lex mihi Ars, nicht an seine Landsleute gedacht haben?

3. Methodica Poëtices Praecepta in usum Scholae Solnensis. Solnae, 1642 4.

4. Metaphysica.

5. Therapevtica scholastica, hoc est: Oratio inauguralis insinuatoria Andreae Graffii Mediensis, cum anno 1633 d. 12. Jan. in Rectorem Mediensem introduceretur ab eodem publice recitata. Handschrift. (Befindlich im 24. Bde. der Martin Fab'schen Handschriften-Sammlung S. 195—208.)

6. Sacer centenarius decem fidei articulorum. Trenchinii 1642 4-to. et 12.

7. Lexicon homoeonimicum vocum affinium differentias continens. Trenchinii 1642. 4.

8. Deo illuminante oculus rationis in II. Disputationibus propositus. Leutschoviae 1644. 12.

9. Peripatheticum Theatrum Naturae per $\Sigma\eta\nu o\psi\iota\nu$ erectum 1644. 12.

10. Moralis corona animae adornata 1645. 12.

11. Illustris quinque partium syntaxis 1645. 12.

(S. Kleins Nachrichten von evang. Predigern in Ungarn. I. 250. II. 424 in den Noten.)

T r. **Graffius Daniel,**

aus Girtlen gebürtig, ein Bruder des Martin Graffius, Pfarrers in Reichsdorf und des Osvald Graffius, Pfarrers in Probstdorf.

1. Disp. V-ta. Physiologica de Qualitatibus. M. Christoph. Naendro. Francof. d. X. Kal. Quinctil. 1594. 4. 16 S.

2. De Justificatione peccatoris coram Deo. Praes. Christoph. Pelargo. V. hujus Loc. theol. $E\Xi\varepsilon\tau\alpha\sigma\iota\varsigma$. Francof. 1595. Dec. 3. Disp. 5.

T r. **Graffius Georg,**

Pfarrer in Reps, aus Draas gebürtig, studirte in Tübingen 1789, wurde im Jahr 1805 aus dem Repser Rectorate zum Prediger in Reps, darauf

1807 zum Pfarrer in Weißkirch, und nach dem Tode des Johann Hager, seines Schwiegervaters, den 13. Oktober 1812 in dessen Stelle zum Pfarrer in Reps gewählt, wo er im Jahre 1830 gestorben ist.

  Memoraculum Pastorale alphabeticum, e Doctoribus et Canonistis ecclesiasticis, Legibus item Patriae Statuaribus et Articulis Synodalibus, nec non Ordinationibus Aulico-Gubernialibus et Circularibus Superintendentiae privatum in usum privatim congestum a G. Gr. anno 1817. 233 S. in 4-to.

Seiv.   **Graffius Johann,**
ein Hermannstädter, studirte an der Universität zu Wittenberg 1697, 8. Mai ꝛc., dann zu Altdorf und vertheidigte den 26. Juni 1700 unter dem Vorsitze des Pfalzgrafen und Professors **Dan. Wilh. Moller** folgende Streitschrift:

  De Transylvania, Altdorf. 1700 in 4. 44 S.

  Ob Graffius als ein geborner Siebenbürger, etwas zu dieser Abhandlung beigetragen habe, weiß ich nicht: so viel aber ist gewiß, daß die gelehrte Welt sie wohl hätte entbehren können. Sie ist größtentheils aus dem Reichersdorf, Töppelt und Kelp zusammengetragen, und was der Verfasser Eigenes hat, ist manchmal seltsam genug. Z. E. seine Herleitung des Worts Siebenbürgen. Nichts ist wahrscheinlicher, als daß dieser deutsche Name des ganzen Landes, seinen Ursprung den dasigen Deutschen oder Sachsen, zu danken habe, welche von ihren vorzüglichen sieben Pflanzstädten Siebenbürger genannt wurden. Kein Ungar oder Szekler hat sich jemals, weder in der lateinischen, noch seiner Muttersprache, einen Siebenbürger genannt. Ein gleiches gilt von den Walachen. Wohl aber haben es die Sachsen gethan. So nennt sich Klingsor, der berühmte Dichter des dreizehnten Jahrhunderts unter dem Könige Andreas von Jerusalem, septem Castrensem. Aeneas Sylvius, nachmaliger Pabst Pius der Zweite, lebte in einem Zeitalter, wo ihm vieles Licht sein konnte, welches uns cimmerische Finsternisse bedecken. Warum sollte denn seine Nachricht in dem Leben Kaiser Friedrichs des Dritten, nicht Beifall verdienen? Teutones in Transilvania e Saxonia originem habent, viri fortes et bello exercitati; a septem civitatibus, quas habitant Siebenburgenses, patrio sermone appellati. — Doch, Moller wendet dagegen ein, der Name Siebenbürgen, sei eher gebräuchlich gewesen, als die sieben Städte erbauet worden. Er führet aber keinen Beweis, kein Beispiel davon an. Auf ein bloßes Wort werde ich es also nimmermehr glauben. Ist denn seine eigene Meinung wahrscheinlicher? Er schreibet: Meam ut sententiam quoque heic aperiam, originem vocis Siebenbürgen, ab antiquo urbis Sibinii, vel Cibinii nomine arcessendam esse judico, hanc praecipue ob rationem, quod vetustis Sueviae populis Sibinis, in eo loco, ubi hodie Cibi-

nimm in Transylvania¹) situm est, considentibus et burgo et fluvio prae-
terlabenti Sibini nomen adhaerere cooperit; unde postea vox Sibinerburg et tractu temporis, Siebenbürger enata et ad posteros facile potuit esse derivata. Wie viel wird hier nicht vorausgesetzt! Ist es denn
so gewiß, daß die alten Sibini die Gegend von Hermannstadt bewohnt
haben? Wann und von wem ist denn Hermannstadt die Sibinerburg genannt
worden? und wie sind denn die Sachsen zu den Zeiten des Königs Andreas
von Jerusalem Septem Castrenses genannt worden?

§ XXII. Handelt der Verfasser von den Städten und merket außer
den sieben sächsischen Städten zugleich 50 der vorzüglichsten Orte im
Lande an; woraus aber nichts deutlicher erhellt, als daß Grafius in seinem
Vaterlande ein eben so großer Frembling, als sein Lehrer, gewesen sei.
Welche Unrichtigkeiten! welcher Mischmasch! Die Frage: welche Anfangs
die sieben sächsischen Pflanzstädte oder Burgen gewesen, wovon der Name
Siebenbürgen entsprossen, bleibt noch immer aus Mangel nöthiger Urkunden,
ein gordischer Knoten, leicht zu zerschneiden, schwer aber aufzulösen. Nach
der gemeinen Meinung sind es: Hermannstadt, Schäßburg, Kronstadt, Medwisch, Bistritz, Millenbach und Klausenburg, welch letztre im 16. Jahrhunderte wegen der unitarischen Religion von der sächsischen Universität ausgeschlossen worden. Allein, nach der berühmten Andreanischen Urkunde vom
Jahre 1224, gehörte damals wenigstens der Bistritzerische Distrikt, Klausenburg und Burzenland, nicht zu dem Gebiete der sächsischen Völkerschaft,
wie sich denn heute noch die Burzenländer nicht zu den Siebenbürgern
rechnen. Ich würde also Kronstadt, Klausenburg und Bistritz aus der Zahl
der sieben ersten sächsischen Pflanzstädte ausschließen. Doch mit leeren
Muthmaßungen ist der Geschichte und der Wahrheit wenig gedient. Aus
diesem Grunde will ich lieber meine Unwissenheit bekennen, als ohne Beweise die ersten Hauptpflanzstädte bestimmen, die unsere Ahnen bei ihrer
Hereinkunft unter dem Könige Geisa dem Zweiten, errichtet haben. Ihr
Gebiet ist unläugbar von größerm Umfange gewesen, als jetzt. Szeps,
jetzt ein Szellerischer Stuhl, ist die terra Sebus, die nach dem Andreanischen Nationalprivilegium, zu dem sächsischen Gebiete gehörte, und wer
weiß, wie manches die Komitatenser davon besitzen! — Herr Fridwalsky
hat in seiner Mineralogie S. 8, einen ganz besondern Einfall. Er schreibt:
Siebenbürgen habe seinen Namen von den sieben Burgen, Karlsburg,
Klausenburg, Schäßburg, Törzburg, Marburg, Tornburg und Salzburg. Sollte
aber das Land von solchen Orten, die Burgen genannt werden, den
Namen erhalten haben: o! so weiß ich nicht, ob es nicht Vierzehnbürgen heißen
müßte. Haben wir nicht auch ein Stolzenburg, Rockelburg, Miehburg,
Sommerburg, Burgberg? — Marburg ist kein Ort in Siebenbürgen
wohl aber ein Marienburg im Burzenlande; Karlsburg hieß vorher Weis-
senburg.

---

¹) Ueber den Namen Cibinium s. die Anfänge des walachischen Fürstenthums von Robert Rösler, Wien 1867", S. 29—33.   Tr.

Graffius Johann,

T.r.

Sohn des Almer Pfarrers gleichen Namens, ward geboren in Almen am 9. August 1614, reiste im Juli 1633 nach Deutschland und kehrte, nachdem er an mehreren Universitäten daselbst studirt hatte, im Jahre 1639 in die Heimath zurück. Hier bekleidete er vom 24. November 1639 angefangen durch 9 Monate und 6 Tage den Rectorsdienst in Mediasch, damit ebendaselbst durch nicht ganz 2 Jahre das Predigeramt, erhielt den Beruf zur Pfarre nach Arbegen 24. April 1642, ferner nach Prethey 1643, nach Reichesdorf 29. Dezember 1647 und endlich zur Hermannstädter Stadt-Pfarre 1661. Da raubte ihm der Tod den 23. Dezember 1662 seine Gattin Barbara, Tochter des Mediascher Königs-Richters Bell, welche er 1640 geheirathet hatte, weswegen er im Jahre 1663 die Anna Hunyadi ehelichte. Doch hinterließ er blos eine Tochter Agnetha aus der ersten Ehe, als er den 17. Juni 1668 mit Tod abging. Von seinen Streitigkeiten mit dem Bürgermeister Johann **Simonius** s. d. Art. Nach Seiverts Verzeichniß der Hermannstädter Stadtpfarrer in den Siebenb: Provinzialblättern 2. Bd. S. 112, starb Graffius als Dechant des Hermannstädter Kapitels.

Siebenbürgische Ruin, beschreibts in Wahrheit nach dem, was er während der Belagerung in der königlichen Hermannstadt jämmerlich gesehen, vernommen und erlebt, Johannes Graffius, ehestens Pfarrer in Reichsdorf, derzeit aber Pfarrer in der kön. Hermannstadt. 1658—1661.

Diese Handschrift gab im Jahre 1840 Gr. Josef Kemény heraus im 2. Bde. S. 148—233 der Deutschen Fundgruben der Geschichte Siebenbürgens, und begleitete dieselbe mit einem Vorwort S. 143—147, wo er die Nachrichten des Ur-Enkels des Verfassers (ebenfalls Hermannstädter nachmaligen Stadtpfarrers Christian Ziegler) über das Leben unseres Graffius mittheilt, in welchen Ziegler unseren Graffius zugleich wider die Angabe des Pfarrers Georg Soterius in seinem Werke Cibinium: als seien die Kläger'schen Schmähschriften (s. den Art. Kläger) unter dem Pfarramte und durch die Schuld des Graffius in Hermannstadt gedruckt worden", — rechtfertigt.

Graffius Lukas,

Seiv. Superintendent der sächsischen Kirchen und Pfarrer zu Birthälm. Ein gelehrter und besonders in orientalischen Sprachen wohl erfahrner Mann. Er stammte aus einem Geschlechte, das der Kirche verschiedene verdiente Männer geschenkt hat. Sein Großvater Paulus Graffius von Mehburg wurde 1632 Stadtpfarrer zu Mediasch und starb als General-Dechant den 3. Juni 1645. Sein Vater Lukas Graffius bekleidete gleiche Würde, die er nach dem Tode des Stadtpfarrers Johann Zekeli 1668 erhielt, aber nach wenigen Jahren, und viel zu früh für diesen seinen Sohn, 1671 im September gleichfalls ein Opfer der Sterblichkeit ward. Unser Graffius sah sich, ehe er noch vier Jahre alt war, in dem traurigen Stande einer Waise, doch sorgte die göttliche Vorsehung so wohl für ihn, daß er die schöne Laufbahn seiner Väter betreten konnte. Nach seiner Zurückkunft von Wittenberg, woselbst er sich zum Dienste der Kirche vorbereitet hatte, diente er nach ländlicher Gewohnheit zuerst bei der Schule seiner Vaterstadt; 1690 den 11. November erhielt er das Diakonat, ward nachgehends Archidiakonus und den 5. April 1695 Pfarrer zu Kleinschelken. Als aber Stephan Gundhart zu Mediasch 1699 starb, beriefen ihn die Bürger den 24. März zu dessen Nachfolger in der Stadtpfarrerwürde. Im Jahre 1711 hatte er bei der Superintendentenwahl gleiche Stimmen mit dem Stadtpfarrer zu Schäßburg Georg Kraus. Das Loos entschied zwar die Sache für den Letztern, allein Kraus starb den 5. August des folgenden Jahres, und so erhielt Graffius, damals zugleich Generaldechant, durch einstimmige Wahl den 17. November die Superintendentur. Diese Würde verwaltete er bis 1736 mit großer Wachsamkeit und Treue [1]).

Tr. Graffius wurde geboren den 2. September 1667 in Hetzeldorf, wo sein Vater damals Pfarrer war. Sein Großvater Paul Graffius, ein eifriger Verfechter der christlutherischen Wahrheit wider die Crypto-Calviner seiner Zeit, wurde nach Stephan Gundharts Nachricht Angelus Dei benannt. Seine Mutter war Catharina, Tochter des Daniel Baumann, Communitäts-Verwandten in Mediasch. Des Letztern Vater Namens

---

[1]) Die Gründe, aus welchen Graffius im Jahre 1733 bei K. Karl VI. seine Erhebung in den Adelstand (jedoch ohne den gewünschten Erfolg) ansuchte, s. in dem Aufsatze J. K. Schullers: „Das Adelsgesuch des Superintendenten Lucas Graffius" in der Transsilvania, Beiblatt zum Siebenbürger Boten, Jahrgang 1863 Nr. 1, Seite 7—9.

Daniel Baumann war Königs-Richter in Mediasch, ein Sohn Leopold Baumanns, Kaufmanns in Wien.

Im Jahr 1672 studirte Graffius in Mediasch unter Peter Helner, begab sich zur Erlernung der ungrischen Sprache 1681 nach Kis-Sáros und 1682 auf die Mediascher Schule unter Laurent. Vagners Rektorat. Im August 1683 ging er nach Enyed und 1685 nach Schäßburg, wo er unter dem Rektor Martin Kelp sich zur Akademie vorbereitete. Dahin reiste er im Januar 1687, kam im März nach Wittenberg und hörte unter dem Pro-Rector Anbr. Quenstädt, die Professoren Balther, Röhrensee, Lubovici, Schurzfleisch, Dason und Meyer an. 1689 begab er sich nach Hamburg, hörte Edzard und Meyer, disputirte und erhielt als Candidatus Ministerii die Freiheit zu predigen. 1690 ging er über Magdeburg und Halle nach Leipzig, hörte einige Wochen Rivini über Homiletik an, kehrte dann nach Mediasch zurück und traf hier am 10. Juli 1690 ein. Der damals im Lande herrschenden Tökölischen Unruhen wegen mußte er sein deutsches Kleid mit einem Studentenkleid vertauschen, um nicht der Wuth der Anführer zu unterliegen, die alle Deutschen niedermachten. Als Diaconus, welches Amt er 4 Jahre und 4 Monate bekleidete, lehrte er noch täglich 2 Stunden auf dem Gymnasium. Er heirathete den 6. Februar 1692 Anna, Tochter des Stuhls-Richters Joh. Anner, welche am 15. Juli 1705 starb; hierauf heirathete er im Oktober 1707, während der Pekriischen Ausplünderung der Stadt Mediasch, die Sophie verw. Brenner, und starb an der Abzehrung den 30. Oktober 1736. Aus der ersten Ehe hinterließ er 2 Söhne, Johann und Lukas und die Töchter Anna Catharina und Rebecca; aus der zweiten Ehe zwei Söhne, Christian und Paulus, sowie zwei Töchter, Anna Sophia und Catharina Elisabetha.

Unter seiner Superintendentur erreichte die Confirmations-Sache der evangelischen Geistlichkeit ein Ende. Während seiner Amtswaltung erhielten 451 Lehrer die geistliche Weihe und wurden (mit Ausnahme einer Anzahl von 33) durch ihn selbst ordinirt.

Seiv: Wir haben von ihm, außer einer Streitschrift: de Versione, quam vocant LXX. Virali ΙΣΤΟΡΟΥΜΕΝΑ, Isaaco Vossio potissimum opposita, die er unter dem Vorsitze des M. Gerhard Meyers den 24. Nov. 1687 zu Wittenberg vertheidigte, 4. 24 S. folgende Werke in der Handschrift:

1. Annales Ecclesiastici, ab A. 1659, quo Clariss. Dn. David Hermannus suos finivit, ad finem usque Saeculi illius, ex documentis

publicis, adeoque authenticis et indubiis, continuati a Luca Graffio, Ecclesiarum Aug. Confess. addictarum per Transilvaniam Superintendente.

2. Bedenken über die Frage: Ob ein Prediger, dessen Hausgenossen von der Pest angesteckt worden, sich seines Amtes enthalten, und weichen könne? [1])

3. Απoδειξις, sive Demonstratio plena, plana et perspicua, testimoniis et argumentis evidentissimis, quod Reges et Principes Transilvaniae exercitium Jurium Episcopalium vi Transactionis Passayiensis ad se devolutorum, Superintendenti, et non alii cuiquam concrediderint?).

Das Hermannstädtische Kapitel gehörte ehemals zu dem Bisthume Millowa, an den Gränzen der Moldau und Walachei, dessen Bischöfe Suffragane der Erzbischöfe zu Gran waren. Nachdem aber dieser Ort gänzlich zerstört, und das Bisthum vernichtet worden, erhielt das Kapitel wegen der großen Entfernung von Gran, vom Pabste Eugen dem Vierten 1436, den Genuß bischöflicher Rechte, welche auch die Erzbischöfe den Dechanten als ihren Vikarien, bestätigten. Dieser Vorrechte und Gerichtsbarkeit hat sich auch das Kapitel beständig bedient Als die sächsische Geistlichkeit im sechszehnten Jahrhunderte für gut befand, die Superintendentur einzuführen; so überließen sie zwar dem erwähnten Superintendenten die höchste Gerichtsbarkeit, doch so, daß jedes Kapitel in seinen alten Freiheiten und Rechten ungekränkt bleiben sollte. Also blieb auch das Hermannstädtische im Genusse seiner bischöflichen Rechte. Diese suchte nun Graffius demselben streitig zu machen, und durch diese Schrift zu erweisen, daß solche ihm, als Superintendenten, allein zukämen. Allein Stephan Hermann, Dechant und Pfarrer zu Stolzenburg, beantwortete sie 1723, im Namen des Kapitels mit gleich großer Bescheidenheit, als Gründlichkeit (siehe den A. Hermann)

Graffius veranstaltete auch zum Dienste seiner Kirchspiele eine neue Auflage des Seidelischen Katechismus, der 1727 zu Kronstadt in 8 gedruckt wurde.

4. Demonstratio, quod Vener. Capitula Cibiniense et Barcense, respectu

---

[1]) Diese Schrift hat Graffius, nach dem Berichte Schmeizels, in dem Entwurf der vornehmsten Begebenheiten ic. zum Jahre 1717 auf Verlangen M. Georg Haners, damaligen Mediascher Stadtpfarrers, verfaßt. Dabei bemerkt Schmeizel weiter, es sei dieses Bedenken in 4 (wo? und wan? gibt Schmeizel nicht an) gedruckt worden, „darinnen Graffius adfirmando geantwortet, daß aber die rationes, so beschaffen zu sein schienen, daß, wer dabei scharf raisoniren wollte, Verschiedenes einzuwenden finden dürfte." —

[2]) Auszüge aus dieser Apodixis stehen in Benkö's Milkovia II. 538—551.

Jurium Episcopalium nulla, gaudeant praerogativa. Auch diese Schrift wurde beantwortet.
5. Succinta Explicatio Jurium Superintendentis.
6. Untersuchung und Erklärung, wie sich der Glauben in der Rechtfertigung verhalte.
7. Historisches Tagebuch, vornemlich auf die Stadt Mediasch und die während der Kurutzen-Zeit vorgefallenen Neuigkeiten gerichtet. 1704 bis 1710.
8. Prüfung des Leipziger Unterrichts vom Pietismo.
9. Anmerkungen über Herrn Schäffers Abbildung des lebendigen Glaubens.
10. Katechismusfragen von Stephan Chrestels.
11. Anweisung zur lateinischen Sprache.
12. Tr. Monitum circa Responsum V. Capituli Cibiniensis ad Apodixin de exercitio jurium episcopalium 1722 m. Febr. eidem exhibitam, per quae argumenta, quibus V. Capitulum Cibin. probare conatur, a Regibus et Principibus Transilvaniae jura episcopalia inde a reformatione Ecclesiarum Transilvanicarum in Capitulis Cibiniensi, Schenk et Leschkirch sibi concredita fuisse, notis necessariis ad pleniorem rerum iis contentarum cognitionem ex monumentis publicis et domesticis V. Capituli Cibin. testimoniis illustrantur, ut tandem eo facilius feliciusque impartiales quilibet arbitri de infelici hacce controversia judicare finaliterque eandem dirimere valeant. Mspt.

Im Auszug in Benkö's Milkovia II. S. 574—588 enthalten, woselbst II. 588—603 auch die hierauf gepflogene Synodalverhandlung und die im Jahre 1729, erfolgte Beilegung dieser Streitigkeit sich befindet.

Vermuthlich mit der von Seivert Nr. 4 erwähnten Demonstratio, ein und dasselbe Werk. Ueber das ausschließliche Ordinationsrecht des Superintendenten tauchte in der Folge zwischen dem Burzenländer Capitels-Dechanten Lange und Superintendenten Neugeboren wieder ein Streit auf, worüber die Artikel Lange, Marienburg und Neugeborn nachzulesen sind.
13. Studium Concordiae.
14. Oratio encomiastica Providentiae divinae ob conservatam Augustanam Confessionem dicta. 1730.

Grau Valentin,

T r.

ein Hermannstädter, studirte an der Hochschule zu Wittenberg im Jahre 1686 ꝛc., wurde als Pfarrer in Reußen im Jahre 1705 zum Pfarrer in Hahnebach gewählt und starb daselbst im Jahre 1716 [1])

1. Disp. theol. ex Rom. I. 7 de Causa impulsiva S. Scripturae ex parte Dei, praes. Joh. Deutschmann d. 8. Jul. Witeb. 1687 4. 24 Seiten.
2. Disp. de aeterna Creationis Oeconomia ex Esa XL. 12—14. Eodem Praeside. Ibid. d. 15. Octobr. 1688. 4. 16 S.

Greger Jakob,
Lehrer in Kleinscheuern.

T r.

1. Liedersträußchen für die Volks-Jugend, herausgegeben von J. Greger, Volksschullehrer. Hermannstadt 1852, gedruckt bei Josef Drotleff. IV. 56 Seiten 12-mo.

    Angezeigt in der Kronstädter Schul- und Kirchen-Zeitung vom 25. Juni 1852 Nr. 25, S. 171.

    Wieder: Liedersträußchen für die Volks-Jugend. Gesammelt und herausgegeben von — 2. verm. Auflage. Hermannstadt 1853. Druck und Verlag von Josef Drotleff. 3 Bl. und 88 S. 8-vo.
2. Kurz gefaßte Anstands-Sitten und Klugheits-Lehren für die Volks-Jugend. Nach Seiler, Herder, Naman u. A. Zusammengestellt und herausgegeben von — Hermannstadt, Druck von Josef Drotleff. 1853. 8-vo. 32 S.

Greißing Karl von,

T r.

Sohn des Kronstädter Gymnasial-Professors gleiches Namens, geboren in Kronstadt am 11. Juli 1828, studirte am Gymnasium seiner Vaterstadt und an der Universität in Wien, wo er im Jahre 1855 zum Doctor der Medicin und Chirurgie befördert, zum Magister der Geburtshilfe ernannt, als Spitals-Arzt im k. k. allg. Krankenhause practicirte, und dem zoologisch-botanischen Vereine als Mitglied beitrat. Seit seiner Rückkehr von

---

[1]) Ueber die Verhaftung des Comes Zabanius v. Harteneck, welche Grau durch seine Anzeige bei dem General-Commando-Adjutanten Acton veranlaßte, s. b. Art. Zabanius.

Wien übt er die ärztliche Praxis in Kronstadt und dient als Spitals-Arzt bei dem dasigen bürgerlichen Krankenhause.

Die Mineralquellen zu Zaizon in Siebenbürgen, sowie die berühmten Kurorte Siebenbürgens Borszék, Árapatak und Baaßen. Naturhistorisch und medicinisch dargestellt. Wien 1855. Wilhelm Braumüller, k. k. Hofbuchhändler. 8-vo. X. 97 S.

(Dem k. k. Primar-Arzt im allgemeinen k. k. Krankenhause zu Wien Dr. Ludw. Sigmund zugeeignet.)

T-r. **Greißing Christoph v.,**

geboren in Kronstadt den 14. März 1778, studirte in Kronstadt bis 1798 und dann auf den Universitäten zu Leipzig und Jena. Er wurde Adjunkt in Kronstadt 1800, Collega 1803, Lector 1810, Stadtprediger 1812, dann Pfarrer in Sárkány im nemlichen Jahr, in Rothbach 1815, in Heldsdorf 1816, in Zeiden 1828 und in Kronstadt 1835. Er war Dechant des Burzenländer Kapitels vom 22. Juli 1833 bis 2. Juli 1849 und starb als Stadtpfarrer in Kronstadt am 8. Februar 1860, als beliebter Kanzelredner, mit Hinterlassung eines Sohnes, des nunmehr pensionirten k. k. Finanz-Ministerial-Raths Ludwig von Greißing.

1. Oratio de ingenio et spiritu, quo agatur necesse est futurus juventutis doctor, et nunc et olim officiis sibi incumbentibus satisfacturus. Professionem Philosophiae etc. in Gymnasio Coronensi auspicaturus d. 24. Octobr. 1809, recitavit C. L. de Greissing Lector Gymnasii praedicti. Pesthini typis Nob. Joh. Thomae Trattner de Petroza 1823. 8-vo. 15 S.

2. Abschieds-Predigt über Ebr. 13, 14, gehalten in dem k. fr. Dorfe Heldsdorf den 30. November 1828. Ebendas. (1829). 8-vo. 23 S.

3. Antritts-Predigt über Lucä 12., V. 42—44, gehalten in dem k. fr. Markte Zeiden den 7. Dezember 1828. Ebend. (1829). 8-vo. 24 Seiten.

4. Antrittspredigt über 1 Corinther 1, 17 und 18, gehalten in seiner Vaterstadt Kronstadt am Sonntage Septuagesimä 1835. Kronstadt 1836. 8-vo. 27 S.

5. Schulreden, gehalten den 8. und 10. Febr. 1836 in dem großen Hörsaale des beinah von Grund aus neu erbauten Gymnasiums zu Kronstadt, als an den Tagen der öffentlichen Einweihung dieses Gymnasial-Gebäudes, womit zugleich eine allgemeine Schulprüfung

verbunden war, welche den 8., 9. und 10. Februar, jeden Tag von 8—12 Vormittag und von 2 bis 5 Uhr Nachmittag stattgefunden. Kronstadt 1836. 8-vo. 25 S.

(Enthält a) Eröffnungs=Rede in lateinischer Sprache von Greißing S. 3—10. b) Lateinische Rede des Rektors Kaiser S. 11 bis 18. — c) Deutsche Rede zum Beschluß der Schulprüfung, gehalten vom Chlamhdaten Eduard Plecker, S. 19—25.)

6. Trauerrede bei der Todesfeier weil. Sr. k. k. apost. Majestät Franz I., vorgetragen in der Cathedral=Kirche zu Kronstadt den 15. April 1835. Kronstadt (1836) 8-vo. 17 S.

7. Heilige Rede in der Cathedral=Kirche zu Kronstadt, am Tage der Einweihung der daselbst neu aufgebauten großen Orgel, gehalten den 17. April 1839. Kronstadt, bei Joh. Gött. 8-vo. 19 S.

8. Zur Glockenweihe. Rede, gehalten den 14. Oktober 1841 in der Cathedral=Kirche zu Kronstadt. Kronstadt bei Johann Gött. 8-vo. 10 Seiten.

T r. **Greißing Johann,**

ein Kronstädter, studirte an der Universität zu Wittenberg, und diente sofort vom Jahre 1679 bis zu seinem Tode 1685 als Lector am Gymnasium seiner Vaterstadt.

Disputatio de vita universi corporis naturalis. Praesid. Sim. Frid. Frenzel. Wittebergae 1688. 4-to. 32 S.

T r. **Greißing Joseph v.,**

geboren in Kronstadt 1. August 1798, bezog, nach gewöhnlichermaßen auf dem Ober-Gymnasium seiner Vaterstadt beendigten Studien, im Jahr 1816 die Universität in Wien, wurde daselbst 1823, zum Doctor der Medizin graduirt, und practicirt seither in Kronstadt. Am 2. Mai 1832 wurde er als Physicus des Kronstädter Distrikts angestellt, von allerh. Orten für seine Dienstleistung während den Cholera-Anstalten im Jahre 1831 mit der kleinen goldenen Verdienst-Medaille belohnt, und hat sich um die Beschreibung und Hebung der Kur-Anstalten in dem Kronstädter Distrikts-Orte Zaizon sehr verdient gemacht. Den 23. Dezember 1858 von Sr. Maj. Kaiser Franz Joseph zum kaisl. Rath ernannt, widmet er fortwährend mit vieler Aufopferung seine Dienste dem Heil der leidenden

Menschheit, wofür ihm, aus Anlaß seiner Thätigkeit in den durch die im Jahre 1866 in Kronstadt wieder ausgebrochenen Cholera nothwendig gewordenen Sanitäts-Vorkehrungen das Ritterkreuz des hohen k. k. Franz-Joseph-Ordens verliehen, und die Allerhöchste Zufriedenheit wiederholt zu erkennen gegeben worden ist.

1. Diss. inaug. medica sistens Vaccinae Historiam. D. 11. Januar. 1823. Vindobonae. 8-vo. 32 S.
2. Zaizoner Erinnerungsblätter. Kronstadt bei Joh. Gött 1842. 8-vo. 32 S. Zweites Heft, ebendas. 1844. 8-vo. 24 S.
    (Eine walachische Uebersetzung des 2. Heftes durch die Kronstädter walachischen Lehrer Baritz und Marusán erschien ebendaselbst 1844, unterm Titel: Foio do Suvenire din Zaizon, 8-vo. 28 S.
3. Analyse der Ferdinands- und Franzens-Quelle in Zaizon. Vorgenommen im Jahre 1842 durch Dr. J. v. Greißing und die Kronstädter Apotheker Joseph Miller und Peter Schnell. Kronstadt, gedruckt bei Joh. Gött (1843) 8-vo. 16 S.
4. Was ist Job und welches sind seine Heilwirkungen? Mit Kurbildern aus dem Bade-Orte Zaizon. Buchdruckerei von J. Gött & Sohn Heinrich. Kronstadt (1868) 8-vo. 12 S.
5. Welches sind die Heilwirkungen des Eisens? Als Fortsetzung der Kurbilder aus den Trink- und Bade-Kur-Anstalten von Zaizon. Ebendas. 1868. 8 vo. 26 S.
    Diese Abhandlung ist auch in die Kronstädter Zeitung vom Jahr 1868 Nr. 189 bis 194 aufgenommen worden.

Tr.   **Greißing Paul,**

Sohn des Kronstädter Senators Christoph Greißing († in Hermannstadt 25. Nov. 1655), studirte am Kronstädter Gymnasium 1650 ꝛc. und sofort an der Universität zu Straßburg, erhielt seine Anstellung als Gymnasiallehrer in Kronstadt im Jahre 1659, und wurde daselbst im nemlichen Jahre zum Bergprediger befördert. Von hier im Februar 1667 zum Pfarrer nach Honigberg berufen, beschloß er daselbst seine irdische Laufbahn am 25. Juni 1687, nachdem er im Jahre 1671 mit seinen Zuhörern, wegen der einem Lästerer verweigerten Leichenbestattung [1]) in einen

---

[1]) Nachdem die Verwandten des Verstorbenen drei Tage lang vergeblich um Beerdigung angesucht hatten, stellten sie den Sarg vor die Wohnung des Pfarrers, wodurch dieser genöthigt wurde, von seiner Weigerung abzustehen.

heftigen Streit gerathen war, der ihm den Namen „der böse Paul" zuzog, und weder vom Kronstädter Kapitel, noch von der Synode (f. Synodal=Akten der 10—17. Sitzung vom Jänner 1672) beigelegt werden konnte, sondern erst durch eine von der sächsischen geistlichen und weltlichen Universität in Hermannstadt am 6. Februar 1672 gefällte Entscheidung beendigt wurde.

Disputatio solennis de αυτοχειρια. Praes. Jacobo Schallero S. S. Theol. Doct. et in Argent. Athenaeo Prof. — in solenni congressu Eruditorum examini exponit Paulus Greissingh von Kronstadt, Transylv. ad d. 11. m. Sept. H. L. Q. S. Argentorati e Chalcographeo Eberhardi Welperi Anno q. haeC terra VaLDe Meta est. (1655) 4-to. IV. 36 S.

Dem Mich. Goldschmidt, Mich. Hermann, Colmann Gotzmeister, Johann Greißingh, Peter Weberus, Marcus Dietrich, Johann Gotzmeister und Mart. Herbert aus Kronstadt zugeeignet.

T r. **Greißing Valentin,**

Magister der freien Künste und der Philosophie, Halb=Bruder des Vorhergehenden, aus einem patricischen Geschlechte in Kronstadt. Von ihren Vorfahren [1]) waren **Stephan** Greißing 1549, 1552, 1554 Stadthann, **Cyrillus** 1584—1586 Stadthann, dann 1589 und 1592—1595 Stadtrichter, **Johann**, Stadthann 1612, Stadtrichter 1614, **Stephan**, Communitäts=Orator 1640—1647 daselbst, und wurden **Cyrillus** vom Fürsten Sigismund Báthori am 3. December 1588 und **Stephan** vom Fürsten Mich. Apafi den 6. März 1671, nebst ihren Nachkommen in den Adelstand erhoben.

Valentin Greißing wurde im Jahre 1653 zu Kronstadt geboren, studirte am hasigen Gymnasium 1668 ɾc. und an der Universität zu Wittenberg 7. April 1674 ɾc. Am 12. April 1679 von der Akademie, wo er Adjunkt der philosophischen Akademie geworden, und eine Zeitlang Professor am Gymnasium zu Stettin gewesen war, — heimgekehrt, wurde er Rektor des Kronstädter Gymnasiums am 7. Juli 1684 [2]), sofort aber am 11. Novemb. 1694 Pfarrer zu Rosenau [3]) und starb am Schlagflusse in Kronstadt am 17. September 1701 im 48. Lebensjahre.

---

[1]) S. Christoph v. Greißing's Antritts=Predigt in Zeiden ɾc. S. 3—4.

[2]) Dück's Geschichte des Kronstädter Gymnasiums S. 63.

[3]) Seine Einführung in das Rosenauer Pfarr=Amt feierten die Lehrer und

1. Sal ΜΩΡΑΝΘΞΙΣ, quem e *Matth.* V. Comm. 13. Exercitatione philosophica erutum declaratumque — Resp. Matthia Götzke, Otterndorfio Hadelensi d. 24. Febr. 1677. Witebergae, in 4-to. 20 S.
   von diesem Jahre sind auch folgende drei:
2. Disquisitio Philosophiae Naturalis, de Partu septimestri. Resp. 28 Seiten.
   Mich. Gütschio, Kisdino-Transylv. d. 31. Mart. Ebendas. in 4-to.
3. ΛΥΩΔΕΚΑΣ positionum Physicarum — Auctor et Resp. M. Theodorus Thomas von Peſtervitz. Ebendas. in 4-to. 15. Aug.
4. Exercitatio Academica *Prior*, de Atheismo, oppositia inprimis Renato des Cartes et Matthiae Knutzen. Resp. Georgio Tutio, Kis-Schenkino-Transylv. d. 24. Nov. Ebendas. in 4.
5. Exercitatio Academica *Posterior*, de Atheismo — Resp. Georg. Tutio — d. 18. Decemb. 1677. Ebendas. in 4. 44 S.
6. Diss. de Theologica Naturali, Auctore Resp. M. Christiano Fridr. Braun. Witeb. 1678 12. Jan. in 4-to.
7. Disp. Theologia, de aeterna verbi Dei duratione, ut et de vera justitia, juxta *Matth.* V. comm. 18—20. Praeside Joh. Deutschmann. Witeb. 1678 in 4-to. 32 S.
8. Immolatio Liberorum Molocho facta, juxta *Levit.* XX. comm. 2. Exercitatione Philologica — Resp. Nicolao Joh. Michaelis, Revalia — Liv. Ebendas. 1678 in 4. 56 S.
9. Sylloge Controversiarum selectarum ex Philosophia rationali, *Prima*. Resp. Michaele Euser, Muschnonsi-Transylv. Ebend. 1679 in 4. 16 Seiten.
10. Sylloge Controversiarum selectarum — *Altera*. Resp. Joh. Georg. Hornigio, Dresd. Ebendas. 1679 in 4. 16 S.
11. Disputationes exegetico — polemicae in Compendium LL. theologicorum Leonhardi Hutteri in 4.
    a) Praeliminaris Prima, Resp. Martino *Jeckelius*, Purimontano

---

Studenten des Kronstädter Gymnasiums durch die nachbenannte Druckschrift: Parnassus Coronensis exultans, seu gaudia publica, quum M. Val. Greissing etc. a virga ad pedum vocatus viduatae Rosonensis Ecclesiae novus Antistes constitueretur, laetitiae pariter ac debitae venerationis contestandae ergo ipso inaugurationis die 11. Novembr. 1694 carminibus votivis exposita ab Athenaei Coronensis Rectore, Lectoribus, Collegis, Civibus. Coronae. 4-to. 15 S.

Gymn. Praefecto, Ad diem 18. Novembr. Coronae 1687. 8 Seiten.

b) Praelim. altera de Theologiae Prolegomenis Resp. Joh. *Abrahami* Prásmár. Ibid. 1687. 8 S.

c) Praelim. III. de Religione, Resp. Luça *Fernengel*, Alb. Ecclesiensi d. 24. Decembr. 1687. Ibid. 8 S.

d) Praelim. IV. de Articulis fidei Resp. Andrea *Conradi*, Mediensi d. 20. Decembr. 1688. Ibid. 10 S.

e) Exegetico Polemica V. de Scriptura sacra in genere. Resp. Sim. *Westher*, Lapidens. Gymn. hactenus Orat. nunc Reip. Rupensis Not. d. 20 Aug. 1689. Ibid. 10 S.

f) Disp. VI et VII de Essentiali divisione Libb. Biblicorum in Canonicos et Apocryphos. Resp. Georgio *Nussbaecher*, Coron. et Simone *Roth*, Mariae vallensi. ad diem 6. et 7. Januar. — Anno ineunte 1693. Coronae, typis Lucae Seuleri, M. D. 16 Seiten.¹)

 Die Kronstädter Buchdruckereien, die uns ehemals ganze griechische Werke geliefert haben, müssen damals gar keine griechischen Lettern gehabt haben, denn in diesen Streitschriften sind die griechischen Wörter alle eingeschrieben.

12. Paradoxa Logica quadraginta, Resp. Georgio Waad, Scholae Oratore Coronae, 1692 in 4.

13. Donatus Latino-Germanicus. Coronae, 1693 in 8. Dieses sehr brauchbare Buch für Schulkinder, ist bei allen sächsischen Schulen eingeführt, und sehr oft, auch zu Hermannstadt gedruckt worden.

 Tr. Dasselbe Buch erschien in Kronstadt in der 5. Auflage 1730. VIII. 80 Seiten in 8-vo.

 In dem an die Lehrer gerichteten, von Greißing, als scholae Coronensis Rector constitutus" unterschriebenen Vorbericht gibt Greißing die Ursache an, warum er sich zur Verfertigung dieses Kinder-Donats, an Stelle des vorher in den Kronstädter Schulen gebräuchlichen weitläuftigern, theueren und weniger zeit- und zweck-

---

¹) Ich besitze von M. Val. Greißing in Urschrift: „Compendium Grammaticae Ebreae ex monte praecipuorum Philologorum olim Wittebergae et Stetini in gratiam Auditorum propositum a M. Valentino Greissing Ampliss. Facultatis Philosoph. Wittebergensis antae Adsessore et Adjuncto atque Gymnasii Regii Stetinensis in Pomerania Prof. publico." 4-to. 25 S.

gemäßen Rehner-Donats veranlaßt gesehen habe. Hierauf folgen praktische Anweisungen zum Gebrauche des Buchs für die Lehrer, wornach im 39. (oder letzten) § den Eltern Dankbarkeit gegen die Lehrer empfohlen und gesagt wird: „obwohl unsere löbl. Obrigkeit „vor Alters, da alles sehr wohlfeil, auch die Mildthätigkeit gegen „die Praeceptores gemein war, nur 2 fl. zum jährlichen Salario „bestimmt hat, da denn fast nur ein Heller oder halber Pfennig „auf den Tag kömmt, so ist damit doch nur auf die sehr armen „Eltern gesehen, hingegen den begüterten und dankbaren Eltern ein „mehres zu geben, gar nicht verboten, vielmehr von Gott ernstlich „geboten werden."

Der ganze Titel lautet: Donatus latino-germanicus tyronum captui accomodatus oder Kinder-Donat, darinen die angehenden Schulknaben bald nach gebrauchtem ABC-Buch zum rechten Aussprechen, Buchstabiren und Lesen, fürnemlich aber zum Decliniren und Conjugiren, und dann zum Wortfügen, durch allerhand Exempel, Latein und Deutsch, aufs Vortheilhafteste und Deutlichste angeführt und zur Grammatik fort angewiesen werden. Coronae 1693.

Am Schlusse der Vorrede steht: MagIster ValentInVs GreIssIngIVs Corona TranssILVanVs, schoLae CoronensIs ReCtor ConstItVtVs.

Eine umständlichere Beschreibung des Greissing'schen Donats, und mit welchem Nutzen derselbe auch am Schäßburger Gymnasium gebraucht wurde, gibt und erzählt D. G. Teutsch in dem Programm des Schäßburger Gymnasiums für 185²/₃ S. 23—26.

14. Disputatio de ταξει poenitentiali. Praeside Joh. Deutschmann. Witeb. d. 18. April. 1678. 4.
15. Compendium metaphysicum 1694. Mspt.
16. Compendium Grammaticae Ebreae ex mente praecipuorum Philologorum olim Wittebergae et Stetini in gratiam Auditorum propositum a M. Val. Gr. Ampliss. Facultatis philosoph. Wittebergensis antea Assesore et Adjuncto atque Gymnasii Regii Stetinensis in Pomerania Prof. publico. Mspt. 4-to. 25 S. [1]

---

[1] Schmeizel in seinem Entwurf der vornehmsten Begebenheiten, die sich in Siebenbürgen von 1700—1746 zugetragen, schreibt von ihm bei dem Jahr 1700: „In lingvis orientalibus hat er eine starke Forçe gehabt, zum Gebrauch der Jugend

Grell Andreas,

Tr.

von Schäßburg gebürtig, studirte in Kronstadt 1655, sofort aber vom Juli 1658 ꝛc. in Wittenberg, und bekleidete das Schäßburger Schul-Rectorat im Jahr 1663.

Methodica Augustanae Confessionis repetitio:
    De Confessione, praes. Joh. *Deutschmann*. Witeb. 1659. 4. 16 S.

Grimm Joseph A.,

Tr.

Doctor sämmtlicher Rechte, ehemals Professor des allg. bürgerl. Gesetzbuchs, des Handels- und Wechsel-Rechtes zu Hermannstadt, dann von der Zeit der Errichtung bis zur Auflösung der für Siebenbürgen bestandenen k. k. Statthalterei (1854—1861), k. k. Statthalterei-Rath, wie auch Referent der siebenb. Grund-Entlastungs-Fonds-Direction seit ihrer Errichtung bis zum Jahre 1861, Ritter des Ordens der eisernen Krone, Mitglied verschiedener Vereine, wurde nach Auflösung der k. k. Behörden in Siebenbürgen als Statthalterei-Rath zur böhmischen Landesstelle übersetzt vom Gf. Belcredi bald nach dessen Ernennung zum Staatsminister pensionirt und lebt gegenwärtig als Advokat in Prag.

1. Tabellarisches Verzeichniß sämmtlicher Ortschaften in Siebenbürgen, nebst Angabe ihrer Lage nach Kreisen und Bezirken. (Hermannstadt, bei Theodor Steinhaußen). 1854. Ein Regal-Folioblatt.
2. Statistisch-topographische Gerichts- und Finanz-Karte des Großfürstenthums Siebenbürgen, entworfen und Sr. Durchlaucht Fürsten Karl zu Schwarzenberg, Militär- und Civil-Gouverneur zugeeignet. Hermannstadt, lithographirt bei Krabs 1855.

    Groß-Regal-Format 24" breit, 18" hoch. Mit 1 Tabelle der Landes-Eintheilung in 10 Kreise und 79 Bezirke, 1 statistische Uebersicht über die productive Bodenfläche, den einjährigen Natural-Er-

---

„die ersten Capita ex Genesi nach dem Original-Text drucken lassen, darüber er „sodann die Studenten (auf dem Kronstädter Gymnasium) exercirte. Er war ein „fleißiger, stiller und sehr freundlicher Mann, aber von einer sehr zarten Leibes-Con- „stitution und von dem Podagra beständig geplagt." Sowie Bod im Ungrischen Athen, eignet auch Schmeizel a. a. O. die Disputationen: Positiones philologicae ex Novo Testamento, dann de Potentia Dei und de Miscellaneis Physicis Greissingen als Verfasser zu, und führt überdas von ihm noch an: Controversiarum selectarum ex Philosophia naturali Sylloge II, ohne dabei Druckort und Jahr der Erscheinung weder der erstern noch der letztern anzugeben.

    Die Exercitationes de Atheismo werden (oben Nr. 4 und 5) in Bayle's Dictionario critico II pag. 1721 nota, sehr gelobt.

trag, die einheimische Bevölkerung, die Behörden und öffentlichen Organe, die Geistlichkeit, öffentliche Lehr-, Sanitäts- und Wohlthätigkeits-Anstalten, Staats-Einkommen, Fabriken und Gewerbe, endlich über den Handel und die Märkte. Mit Grad-Eintheilung und Gebirgszügenbezeichnung.

3. Praktische Anweisung zur Verfassung der Anmeldungen für aufgehobene, aus Landesmitteln zu entschädigende Urbarial-Leistungen in Siebenbürgen, mit Beigabe von Beispielen, Formularien und Entwürfen von Anmeldungs-Tabellen, Hauptnachweisungen, Summarien, Vollmachten, Eingaben, Fristgesuchen u. s. w. nach Maßgabe des allerh. Grund-Entlastungs-Patents vom 21. Juni 1854 (Nr. 151 R.-G.-Bl.) und des Ediktes sammt der bezüglichen Belehrung der k. k. Grund-Entlastungs-Landes-Commission vom 10. April 1855 Nr. 237 G.-L.-C. Verfaßt von einem praktischen Juristen. In deutscher und ungarischer Sprache. Hermannstadt 1855. Gedruckt bei Theodor Steinhaußen. Folio, 24 S. Hierauf: Edikt der siebenbürgischen Grund-Entlastungs-Commission für die Anmeldung der aus Landesmitteln zu entschädigenden Urbarialbezüge ddto. Hermannstadt 10. April 1855. Deutsch und ungrisch 15 S., nebst 3 Tabellen 9 Seiten.

4. Die politische Verwaltung im Großfürstenthum Siebenbürgen. Ein Hilfsbuch für den politischen Verwaltungsdienst nach Maßgabe der bezüglichen, hier vollinhaltlich aufgenommenen Gesetze und Verordnungen, mit besonderer Rücksicht für das praktische Bedürfniß verfaßt von J. A. Grimm, Doctor sämmtlicher Rechte.

 1. Band. Inhalt: Erster Theil. Geschichtliche Uebersicht der bis zum Jahre 1848 bestandenen politischen Administration, Landes-Eintheilung und Verwaltungs-Organe, und ihrer Gestaltung während der Uebergangsperiode (1849—1854). Zweiter Theil. Darstellung der definitiven Organisation der politischen Verwaltung (Landes-Eintheilung, Einrichtung und Wirkungskreis der Polizeidirektionen, der Finanz-Procuratur, der Bergbehörden, der Baubehörden und der Staatsbuchhaltung. Anhang. Amts-Instruktion für die k. k. Bezirksämter. Nebst einer Karte von Siebenbürgen. Hermannstadt 1856. Druck und Verlag von Theodor Steinhaußen. 8-vo. III. 194 S. Die beigefügte Karte auf einem Blatt hat 3 Abtheilungen u. z. „Großfürstenthum Siebenbürgen I, nach der bis 1848 bestandenen Landes-Eintheilung; II. nach der provisorischen Einthei-

*

lung; III. nach der neuesten politisch-gerichtlichen Eintheilung. Mit Angabe zu I der Comitate, Stühle und Distrikte, — zu II der Militär-Distrikte, Bezirksämter und Gerichte, — und zu III der Kreise, Bezirke, Gerichte und Bevölkerung. 2. Band. Inhalt: Erster Theil. Allgemeine rechtshistorische Darstellung des Gemeindewesens. Erster Abschnitt: Das Gemeindewesen im Lande der Ungarn, Szekler und in der Militär-Gränze. Zweiter Abschnitt: Das Gemeindewesen im Lande der Sachsen. Zweiter Theil. Das Gemeindewesen in seinem jetzigen Bestande. Ebendas. 1856. 8-vo. III. 286 S. 3. Band. Inhalt: Das Handels- und Gewerbewesen in Siebenbürgen nach seiner legalen Ausbildung. Erster Theil. Rechtsgeschichtliche Darstellung des Handels- und Gewerbe-Wesens seit dem 12. Jahrhundert bis 1848. Zweiter Theil. Das Handels- und Gewerbewesen seit 1848. Ebendas. 1857. 8-vo. III. 382 S., nebst einer vergleichenden Uebersicht der in Siebenbürgen gangbaren Maße und Gewichte zu den N.-Oe. (Wiener)Maßen und Gewichten.

5. Die Entschädigung aus Landesmitteln für aufgehobene Urbarialleistungen in Siebenbürgen. Ein Handbuch für die urbarialberechtigten ehemaligen Grundherrschaften, für politische und Gerichtsbeamte, Advokaten, Notäre, Bevollmächtigte ꝛc., kurz für alle welche die Geschäfte in Grundentlastungs-Angelegenheiten, als da sind: Einschreiten um Urbarialvorschüsse und Abschlagszahlungen à conto der Rente in Obligationen, Ausmittelung, Flüssigmachung und Empfangnahme des Entschädigungs-Kapitals und der definitiven Rente, Anmeldung der Darleihen und sonstigen Forderungen durch die Schuldner und die Gläubiger zur Befriedigung aus dem Entschädigungskapital, gerichtliche Zuweisung des Kapitals, Behebung, Verpfändung und Veräußerung der Grund-Entlastungs-Obligationen u. s. w. zu besorgen haben. Im Anhange: I. Codex der wesentlichsten auf die Entschädigung der Urbarial-Leistungen Bezugnehmenden Gesetze und Verordnungen vollinhaltlich. II. Ortschaftsverzeichniß mit Angabe der Klasse nach der Conscription 1819/20 und der früheren Landes-Eintheilung. Verfaßt von einem praktischen Juristen. In deutscher und ungrischer Sprache. Hermannstadt 1857. In Commission der Buchhandlung S. Filtsch. Gedruckt bei J. Drotleff. Kl. 8-vo. 100 S. und dazu Anhang: Verzeichniß sämmtlicher im Jahr 1819/20 der Classificirung unterzogenen Ort-

schaften mit Angabe der Klasse und des Komitats, Stuhls oder Distrikts der bis 1848 bestandenen Landes-Eintheilung XLVII S.

6. Die Zehnt-Entschädigung in Siebenbürgen. Ein Versuch für alle im Zehntbezuge gestandenen Partheien, zur leichteren und richtigen Verfassung der Zehntanmeldungen zum Zwecke der Erlangung der Zehnt-Entschädigung, verfaßt von einem praktischen Juristen. A tized Kárpótlás Erdélyben. Vezényfonal minden tized járandóságot élvezett felek számára a tized bejelentéseknek könyebb és helyesebb szerkesztésére. Szerkezté egy gyakorlott Törvénytudó. Hermannstadt 1859. Druck von Theodor Steinhaußen. 8-vo. 62 S.

Enthält: S. 3—4 Vorwort. 5—6 Előszó. 7—17 Einleitung: Kurze rechtsgeschichtliche Darstellung des Zehntrechtes in Siebenbürgen. 7—21 Kaisl. Patent vom 15. September 1858 über die Aufhebung und Entschädigung der Zehntbezüge (R.-G.-Bl. Nr. 153). 22—25. Ebendasselbe ungrisch. 26—32. Kundmachung der k. k. Grund-Entlastungs-Fonds-Direktion über die Ermittlung und Liquidirung ꝛc. Präs.-Z. 204. 33—38. Ebendieselbe ungrisch. 39—43. Anmerkungs-Tabelle. 44—45. Haupt Ausweis (blos Formulare). 46—56. Erläuterungen. 57—60. Kaisl. Verordnung vom 26 Juni 1857. R.-G.-Bl. Nr. 126 über die Anwendung der Patente vom 16. Januar 1854 und 1. Januar 1856. (R.-G.-Bl. Nr. 21, 22, 23 1854 und 7 1856.) 61—62. Kaisl. Verordnung vom 12. Jan. 1859 (R.-G.-Bl. Nr. 18) über die Anwendung des Patentes vom 1. Januar 1856 Nr. 7 auf die geistlichen Güter. —

7. Karl Fürst zu Schwarzenberg, Gouverneur von Siebenbürgen. Ein Denkblatt v. J. G. „Sein Denkmal ist kein Stein, nicht Erz sind seine Thaten, die goldnen Früchte der von ihm gestreuten Saaten." Wien, Druck und Verlag von Friedr. Förster & Brüder 1861. 4-to. Mit lithogr. Bildern. 70 S.

8. Das Urbarialwesen in Siebenbürgen. Wien 1863. Druck von Friedrich & Moriz Förster. Commissions-Verlag der Buchhandlung Johann Stein in Klausenburg. 8-vo. Inhalt II S., Einleitung VI S., Text 167 S. Namens-Verzeichniß sämmtlicher Grundherrschaften ꝛc. zur Aufsuchung der Besitzthümer S. 1—63. I. Verzeichniß sämmtlicher urbarialer Besitzthümer, mit Angabe der Namen der ehemaligen Grundherrschaften¹), der Anzahl der entschädigten

Ansässigkeiten, ihres urbarialen Flächenmaßes, der Größe des ermittelten Entschädigungs-Kapitals und der Benennung der Besitzthümer nach Gemeinden S. 65—198. II. Verzeichniß sämmtlicher Pfarren evang.-augsb. und der unter dem e.-a. Ober-Consistorium stehenden helv. Confession, die im Bezuge des geistlichen Pfarrzehnten gestanden, mit Angabe des für jede Pfarre ermittelten Zehnt-Entschädigungs-Kapitels und des von einzelnen Pfarren jährlich gezahlten Census cathedraticus S. 199—202. III. Verzeichniß sämmtlicher Gemeinden im fundo regio (Sachsenland) und in den Comitaten wo der Fiscalzehnt theils in natura, theils in vertragsmäßig bestimmten Zehntpauschalien oder gesetzlich fixirten Zehnt-Arenden entrichtet wurde, nebst Angabe des Umfanges und des Gegenstandes dieses Zehnten, nach Maßgabe der bezüglichen Gesetze und des faktischen Zustandes von 1848. S. 203—208.

9. Der siebenbürgische Landtag. Separatabdruck aus der Const. österreichischen Zeitung. Vermehrt mit erläuternden Anmerkungen und mehreren einschlägigen Gesetzen und Verordnungen. Wien 1863. Druck und Verlag von J. Löwenthal. 8-vo. 16 S.

Seiv. ## Grosse Andreas Karl,

Sanitätsdoktor in Siebenbürgen. Er war ein Sohn des Michael Grosse, Pfarrers zu Großau, unweit Hermannstadt, der als Aeltester des Kapitels 1735 starb. Er studirte die Arzneikunst zu Halle im Magdeburgischen, woselbst er 1732 die höchste Würde in derselben erhielt. In seinem Vaterlande bekannte er sich zur katholischen Kirche, diente Anfangs als Stabmedicus in der kaiserlichen Walachei, nachgehends in Siebenbürgen als Pestmedikus, welche sonst Doctores sanitatis genannt werden.

Tr. Grosse starb — laut dem Herrmannstädter katholischen Leichen-Protokoll — als Physikus der k. k. Sanitäts-Kommission in Hermannstadt am 8. Dezember 1757.

---

[1]) Die Gesammtzahl der entschädigten Grundherrschaften ist 3610. Schade, daß der Verfasser nicht auch ein alphabetisches Verzeichniß der Ortschaften mit Bezeichnung der Namen der Grundbesitzer in jedem Orte, nebst individueller Anführung des Flächenmaßes und der Culturgattungen bei jeder Ortschaft beigefügt hat, wodurch der Werth dieses schätzbaren Werkes an statistischem Interesse bedeutend erhöht worden wäre.

1. Seiv. Dissertatio Philosophico-Medica inauguralis, Methodo scientifica conscripta, qua sistitur: Verum universae Medicinae Principium in structura corporis humani Mechanica reperiendum, pro gradu Doctoris d. 2. M. Maii 1732, Halae Magdeb. in 4. 40 S.
2. Observatio de coctura Mercurii vulgaris in aqua simplici, eaque postea virtute Anthelminthica praedita. Cibinii 1734 in 8. 8 S.

Grotovsky Johann Stanislaus,

Tr.

ein aus Broos (Szászváros) gebürtiger Sachse, Augsburgischen Bekenntnisses, jedoch polnischer Herkunft von väterlicher Seite, befand sich bei dem Ausbruch des Krieges der Türken wider die Oesterreicher im Jahr 1716, als Provisor der Spatarischen Apotheke in Bukarest. Er wollte mit seinen Landsleuten in sein Vaterland zurückkehren, allein der Fürst Nikolaus Mauroforbato erlaubte es ihm nicht. Ja, Grotovsky sah sich gezwungen, den Dienst als ungrischer und deutscher Dolmetsch bei dem Ober-Dolmetsch der Pforte, einem Bruder des Fürsten, anzunehmen. 1719 kam er nach Siebenbürgen zurück und starb am 25. November 1772, in einem Alter von 80 Jahren als Pro-Regius zu Broos, nachdem er die Würde eines wirklichen Königs-Richters des Brooser Stuhles in den Jahren 1763, 1764 und 1765 bekleidet hatte.

Er hat in Handschrift hinterlassen ein Tagebuch seiner Reisen und erlebten Begebenheiten, wovon ein Theil unter dem Titel: „Die Feldzüge der Türken wider die Kaiserlichen in den Jahren 1716—1718" in dem Ungrischen Magazin III 301—319 gedruckt worden ist.

Gündesch Johann,

Seiv.

von Hermannstadt. Daß er sich zu Altdorf zum Dienste der Kirche 1665 zubereitet habe, ist alles, was meine Bemühungen von seiner Lebensgeschichte haben entdecken können.[1]) Michael Gündisch starb als Pfarrer zu Großscheuern 1652 und Paulus Gündesch als Pfarrer zu Großau 1691. Diese nennen sich von Heltau: ich kann also nicht entscheiden, ob unser Gündesch aus ihrem Geschlechte gewesen.

Diss. Theol. de Peccato in Spiritum S. praes. Joanne Weinmann D. Th. qua auctor respondens. Altdorfii, 1665 in 4. 32 S.

---

[1]) Er studirte an der Universität zu Straßburg 1663 den 6. Juni ɛc. Tr.

T r. **Guist Joh. Karl,**

Sohn des Urweger Pfarrers Johann Guist († 1819), Pfarrer der A. C. B. in Karlsburg seit 1825, dann in Bolkatsch 1833 und in Neppendorf 21. November 1846, starb am 9. April 1854 im 57. Jahre.

Historiam reviviscentis ecclesiae Alb. Carolinensis Aug. Conf. add. scripsit J. C. Guist. Cibinii, typis Sam. Filtsch 1832. 8-vo. 78 Seiten.

T r. **Gütsch Michael,**

ein Schäßburger, studirte die theologischen Wissenschaften an den Hochschulen zu Wittenberg (l. Universitäts-Album im Jahre 1686) und, nachdem er, laut folgenden Versen seines Landsmannes Bartholom. Bausner:

„Quid Tubingatuis, quidque Argentina decoris
Contulerit studiis, Leucoris ista probat" —

auch die Akademien zu Tübingen und Straßburg besucht hatte, wieder zu Wittenberg, wo er im Jahr 1689 unter Deutschmann eine Streitschrift vertheidigte. Als Prediger bei der Schäßburger Stadt-Kirche wurde Gütsch im Dezember 1697 zum Pfarrer in Dennorf gewählt, und starb daselbst am 16. März 1709.

Disputatio prima [1]): Primum, vereque Paradisiacum SS. Trinitatis festum protopolastorum ex Gen. III ostendens — praes. Joh. Deutschmann V. Id. Aug. Wittebergae 1689. 4-to. 20 S.

T r. **Gull Andreas,**

bei der Wittenberger Universität immatrikulirt am 24. Februar 1693, studirte daselbst die Rechtswissenschaften und nennt sich: Schinkino-Transsilvanus in der nachbenannten von ihm vertheidigten Streitschrift:

Quaestiones Criminales in puncto Blasphemiae, sortilegii, homicidii, adulterii, Bigamiae, incendii ac veneficii. Praes. Joh. Casp. *Jung Michel* d. 20. Jun. 1694. Witteb. 4. 16 S.

---

[1]) Disp. secunda f. Steph. Hermann.

Gundhart Johann Samuel,

Tr.

geboren in Hermannstadt am 13. August 1777, studirte an der Universität in Jena 1802 ꝛc. und Göttingen 1804 ꝛc., diente zuerst als öffentlicher Gymnasial-Lehrer, dann als Prediger der evang. Stadtkirche in Hermannstadt und vom 7. Januar 1819 weiter als Pfarrer in Dobring, wo er im Jahr 1832 29. Dezember sein Leben endete.

Auctorum Graecorum classicorum in Bibliotheca Gymn. Cib. Aug. Conf. obviorum Index. Cibinii, Barth 1805. 8-vo. 19 S.

Gundhart Stephan,

Soiv.

Stadtpfarrer zu Mediasch, seiner Vaterstadt und Generaldechant. Vorher bekleidete er gleiche Würde zu Mühlbach und war zugleich Dechant des Unterwälder Kapitels. Im Jahre 1691 wurde er nach Mediasch berufen und das folgende Jahr zum Generaldechanten[1]) erwählt. Gundhart starb den 25. Dezember 1698 und hatte den Lukas Graffius zum Nachfolger in seinem Amte.

1. Ezechielis des Propheten Augenlust, aus dem 24. Kap. V. 15 ꝛc. den 19. Januar 1692. Kronstadt, in 4. 24 S.

   Eine Leichenrede bei Beerdigung der Frau Anna, gebornen Tötelt und Gemahlin des Bürgermeisters zu Mediasch Samuel Konradi.

2. Annales Transylvaniae Ecclesiastici. Ein handschriftliches Werk, das ich aber niemals gesehen.

Gunesch Andreas,

Soiv.

Stadtpfarrer zu Mühlbach und Dechant des Unterwälder Kapitels. Dieser um die vaterländische Geschichte verdiente Gelehrte wurde 1648 zu Hermannstadt geboren, wo sein Vater Christian Gunesch Bürger und Mitglied der Hundertmannschaft war.

Er studirte am Hermannstädter Gymnasium und reiste 1669 nach Deutschland, um sich auf hohen Schulen zum Dienste der Kirche vorzubereiten. Im Jahre 1670 den 1. Juli wurde er in die Zahl der akademischen Studirenden zu Wittenberg aufgenommen und kehrte im Jahre 1674 in sein Vaterland zurück. Nach sechs Jahren er-

---

[1]) Er hatte an der Universität zu Wittenberg 1659 27. Juni ꝛc. studirt. Tr.

hielt er die Pfarre zu Petersdorf unter dem Walde. Von hier ward er 1685 nach Kelineck berufen und 1702 nach Mühlbach. Er lebte aber nicht lange mehr. Denn, das folgende Jahr befiel ihn zu Hermannstadt eine heftige Krankheit, daran er den 27. Dezember seine Tage, im 25. Jahre, vollendete. Von seinen Handschriften sind mir bekannt geworden:

1. Das sehnliche Verlangen eines Christen, aus dem Paulinischen Briefe an die Philipper, K. 1, Vers 23, den 9. Okt. 1696 in 4. 40 Seiten.

    Eine Leichenrede auf Daniel Femger, Stadtpfarrer zu Mühlbach und Dechant des Unterwälder Kapitels.

2. Fides Saxonum in Transylvania d. i. der Sachsen in Siebenbürgen Treue und Beständigkeit, aus historischem Grunde, von den zwei nächst verflossenen Säkulis hervorgestellt, durch einen der Historien-Liebhaber. 1697.

    Dieses handschriftliche Werkchen ist dem damaligen Grafen der sächsischen Nation und Königsrichter zu Hermannstadt Valentin Frank von Frankenstein zugeschrieben. In der Vorrede beklagt sich der Verfasser über die ungleichen Urtheile, welchen die Sachsen bei den damaligen kriegerischen Unruhen ausgesetzt waren. Es ging ihnen, schreibt er, wie demjenigen, der im mittelsten Stockwerke wohnt, vom obersten wird er mit braunem Wasser begossen, und vom untersten mit Rauch gequält. Die ungrischen Mißvergnügten beschuldigten sie, daß sie die Deutschen ins Land gerufen; die deutschen Soldaten, stimmte das Glück nicht zu ihren Wünschen, schalten sie Specktürken und Rebellen. Sie hätten die Türken berufen, verlangten nach dem Tököli u. dgl. — Dieses bewog den Verfasser zur Rettung der Ehre seiner Völkerschaft, ihre unverbrüchliche Treue gegen ihre rechtmäßigen Beherrscher, aus der Geschichte, seit den großen Revolutionen nach dem unglücklichen Tode König Ludwigs bei Mohács zu 'erweisen. Seine Nachrichten sind zum Theil so gemein nicht. In Wahrheit! sollten die Berichte sächsischer Geschichtsschreiber der gelehrten Welt bekannter werden; so würde nicht so viel Rauch unsere vaterländische Geschichte decken.

2. Supplementum in Libros IV. Rerum Transylvaniae, a *Spectab. ac Generoso D. Joanne Bethlenio* conscriptos ac editos, adjectum ac collectum, per quendam *Historiophilum*. 1697. Mskr.

    Diese Handschrift enthält: 1. Zusätze zu der siebenbürgischen Geschichte des Kanzlers Johann Bethlen, die aber größtentheils aus dem Ortelius und andern ausländischen Nachrichten entlehnt sind. 2 Eine Fortsetzung dieser Geschichte von 1663—1689. Man findet darinnen manche nicht gemeine Denkwürdigkeiten, doch ist sie mit der eigenen Fortsetzung des Grafen Bethlens gar nicht zu vergleichen.

Tr. In der Folge gedruckt in dem 2 Bande des Chronicon Fuchsio-Lupino-Oltardinum (s. d. Art. Trausch) und zwar S. 1 135. Die Zusätze und S. 135—287, die Fortsetzung von Gunesch.

4. Continuatio rerum Transsilvanicarum Soeculi XVII oder: Weitere Vorstellung des 17. Saeculi, derer Sachen, so sich in Siebenbürgen zugetragen haben.

In dieser handschriftlichen Fortsetzung des Siebenbürgischen Würgengels vom Jahre 1600—1630, erzählt Gunesch die ungrischen und siebenbürg. Begebenheiten aus diesen Jahren nach Ortelius, Nadányi's Florus hung. Adolph Brachel, Istvánfi und einheimischen schriftlichen Annalen in deutscher Sprache. Den Schluß bildet eine deutsche Uebersetzung des Testamentes des Fürsten Gabriel Bethlen.

5. Soiv. Triga Aphorismorum de Saxonum in Transylvania Origine. Da der Verfasser mit alten Urkunden, als ächten Quellen der Geschichte, ziemlich unbekannt war: so konnte er uns wenig Neues, noch weniger Zuverläßiges sagen. Mslpt.

6. Decas Aphorismorum in libellum: Historia Ecclesiarum Transylvanicarum. Mspt.

Hier ist M. G. Hauers Kirchengeschichte gemeint.

7. Antiquitates Capituli Saxopolitani, sive brevis Commemoratio Actorum Capitularium, Pastorum Szászváros, hinc inde ex Litteris transmissionalibus, relatoriis, aliisque ultro citroque missis epistolis, comparata, ac in ordinem redacta, per Andr. Gunesch, Kelniciensem Pastorem, Capitulique Antesilvani Decanum. 1697. M. Aug. Mscr.

8. Kleinwinzige Medwischer Chronica. 1700. Mscr.

9. Res antiquae Gothicae, Hunnicae et Longobardicae. A. 1701. Mscr.

10. Tr. Ruina Hungariae hoc est: Brevis Narratio, ex quibus causis et occasionibus florentissimum et amplissimum Panoniae Regnum ex summo sui culminis apice decidit, et de supremo felicitatis gradu in profundissimum servitutis carcerem detrusum est. Conscripta horis subcisivis annis 1702 et 1703 per quendam Historiophilum. Manuscript mit Einleitung und 12 darauf folgenden Kapiteln, welche folgende Ueberschriften haben:

    Cap. I. De Hungarorum innata inquietudine et inconstantia.
    Cap. II. De infelici divisione Regni Hungariae.
    Cap. III. De Coronae Regiae mala custodia.
    Cap. IV. De Bonis ecclesiasticis nimiis.
    Cap. V. Opum ostentatio et profusio.

Cap. VI. Defectus seminis virilis regii, Regiorumque coelibatus.

Cap. VII. De cladibus variis hinc inde acceptis.

Cap. VIII. Plebejorum et infimae sortis hominum ad publica officia promotio, Nobilium nimia exaltatio, unde simultates, odia et ambitiosa regnandi libido.

Cap. IX. Rei militaris neglectus. Divitiarum cultus.

Cap. X. Sacrilegia, Rapinae, Stupra.

Cap. XI. Pacta non observata et perjuria, jus gentium violatum.

Cap. XII Varia ad eandem rem facientia.

Das Ganze ist eine Compilation aus Bonfin, Istvánfi, Wolffg. Bethlen und einigen Andern.

11. Seiv. Oratio de Rerum publicarum corruptelis et medelis. Mscr.

    Schmeizel in Bibl. Hungarica, gedenkt zweier Bände historischer Schriften des Gunesch, die Thomas Fritsch zu Leipzig 1718 von einem siebenbürgischen Studenten in sehr geringem Preise erhandelt habe. Die Sache verhielt sich also: Andreas Gunesch, ein Sohn desselben, wollte in Gesellschaft eines Petrus Salmen, der im Jahre 1760 als Pfarrer zu Baránykut gestorben ist, nach Universitäten reisen, und benannte Bände für einen billigen Käufer mit sich nehmen. Er starb aber, und so wurden sie dem Salmen anvertraut, durch dessen Fürsorge die Guneschischen Erben einen großen Gewinnst davon hofften, allein, sie erhielten sehr wenig. Fritschens Sohn war damit glücklicher. Herr Szilágyi, nachmaliger Beisitzer bei der königlichen Gerichtstafel in Siebenbürgen, gab ihm dafür 100 Dukaten Ob einige, und wie viele von den hier angeführten Schriften des Gunesch, in diesen historischen Bänden vorkommen mögen, kann ich nicht sagen.

Tr.   Samuel Szilágyi, einst Hof=Agent, dann Tabulae Regiae Assessor, wurde in den letzten Jahren seines Lebens in den Freiherrnstand erhoben, und starb, nachdem er lange in Mediasch[1]) gelebt hatte, in Klausenburg (beil. 1778) ohne Kinder. Sein ansehnliches Vermögen, und somit ohnfehlbar auch seine Bibliothek vermachte er dem Klausenburger reformirten Collegium, wohin demnach auch die Gunesch'schen 2 Bände Handschriften gekommen sein mögen. Deren Inhalt gibt Professor Schmeizel in seinem Collegium privatissimum

---

1) S. Heydendorfs Note in Felmers Abhandlung vom Ursprung der sächs. Nation S. 450.

de rebus ad Transsilvaniam pertinentibus vom Jahr 1737 Capite VIII an, wie folgt:

1. Chronicon seu Annales ab a 969—1529. Fuchsio-Lupinno-Oltardianum.
2. Wolfg. Bethlen Historia Transsilvaniae ab a. 1526—1601, typis expressa Keresdini in Fol. a. 1687, cum continuatione incerti Auctoris mspta, usque ad anno 1630.
3. Joh. Bethlen Historia rerum Transs. ex Impresso descripta 1664, quam vero ab anno 1663, usque ad 1689, continuavit in Mspto. Andr. Gunesch.

12. Noctes Kelnicenses. Mspt. (f. G. J. Hauers Bibliotheca Hung. et Transs. hist.)
13. Expeditio Schirmeriana etc. wird von Einigen, doch mit Unrecht, dem Gunesch zugeschrieben. (S. den Art. Thomas Bordan S. 161 dieser Denkblätter.)
14. Supplementum in Ruinam Transsilvaniae a Davide Hermann conscriptam. Handschrift in 5 Kapiteln.
15. Annales Sabesienses. Mspt. (Erwähnt im 2. Bande des Chronicon Fuchsio-Lupino-Oltard S. 127.)

T r. **Gunesch Andreas,**

geboren in Mediasch, studirte in Göttingen 1818 ꝛc., wurde Prediger der Gemeinde A. B. in Wien, und von Kaiser Ferdinand I. am 31. Oktober 1836 zum geistlichen Rath bei dem evangelischen Consistorium A. C. in Wien ernannt. — Er erhielt im August des Jahres 1861 vom König von Preußen den rothen Adlerorden 3. Klasse, — nachdem er im April 1861 zum prov. Stellvertreter der Inner= und Niederösterr. Superintendentur A. C. in Wien ernannt worden war. In dieser Würde wurde er, nach erhaltener Stimmenmehrheit bei verfassungsmäßig vollzogener Wahl, am 22. August 1862 allerhöchst bestätigt.[1]

---

[1] In Wurzbach's biograph. Lexikon des Kaiserthums Oesterreichs 6 Band. Wien 1860, S. 31 heißt es: „Andr. Gunesch, k. k. Consistorialrath und Prediger, geb. aus Mediosch. Die Illustrirte Zeitung Anfangs 1819 und nach dieser die Gallerie denkwürdiger Persönlichkeiten der Gegenwart, nach Original=Zeichnungen, Gemälten, Statuen und Medaillen, Leipzig, J. J. Weber, Folio, Sp. 129 des Textes und Taf CXXXIII, wo sein Porträt zugleich mit jenem von Ernst Pauer und

1. Empfindungen bei dem Rückblick auf die 40-jährige Regierung des Kaisers. Eine Predigt über Psalm 20, gehalten bei der Feier des vollendeten 40. Jahres der Regierung Sr. Majestät des Kaisers von Oesterreich am 4. März 1832, in dem Bethause der evang. Gemeinde A. C. in Wien v. A. G., dritten Prediger und Katecheten bei der ev. Gemeinde A. C. in Wien. Wien, bei Gerold (1832). 18 S. 8-vo.
2. Gebet um Erhaltung des kostbaren Lebens Sr. Maj. des Kaisers Franz I. unmittelbar nach der Predigt gehalten am 1. März 1835.
3. Gebet am Schlusse des Trauer-Gottesdienstes für weil. Se. Maj. den Kaiser Franz I. vor dem Altar gehalten.

   (Beide Gebete in dem Büchelchen: „Gebete um Erhaltung des Lebens Sr. Maj. Franz I. ꝛc. ꝛc. Wien 1835. 8-vo. S. den Titel Heyser, — und zwar ersteres Seite 6—9 und letzteres S. 27—30.)

4. Rede und Gebet bei der Einsegnung Sr. Hochwürden des Herrn Christian Heyser, Superintendenten der evang. Gemeinde A. C. in Nieder- und Inner-Oesterreich, Triest und Venedig und ersten Predigers der evang. Gemeinde A. C. in Wien, am 28. Juni 1839 gesprochen von Ernst Pauer und Andr. Gunesch, k. k. Consistorial-räthen und Predigern der evang. Gemeinde A. C. in Wien. Wien, gedruckt bei Carl Gerold. 8-vo. 14 S. (nemlich Rede S. 3—9 von Pauer, Gebet S. 10—13 und Einsegnung S. 13—14 von Gunesch.)

5. Rede bei der Constituirung der evang. Kirchengemeinde in Wiener-

---

Gustav Porubsky, — berichten das Folgende: „Am 2. Januar 1849 feierte die evang. Gemeinde A. C. in Wien das Fest der Einweihung ihrer neuerbauten Kirche. Ohne fremde Unterstützung war dieser Bau aus den Liebesgaben der Gemeindeglieder hervorgegangen. Die Pfleger dieses christlichen Sinnes, welche die Herzen mit Glaubenswärme, mit freudiger Opferwilligkeit und thatkräftiger Liebe erfüllten, die 3 Geistlichen nemlich, welche durch die schöne Gabe der Rede, die Treue des Berufes und das gegebene edle Beispiel im Glauben und Leben, die größten Verdienste um Gründung dieser Stätte des Herrn sich erworben, und ihm nicht blos einen Tempel von Stein errichteten, sondern die unsichtbare Kirche im Innern der Gläubigen lebendig erhielten, verdienen es wohl, vom deutschen Volke gekannt zu werden, daher wir nicht versäumten, ihre Bildnisse in unsere Gallerie aufzunehmen. Es sind dies: Ernst Pauer, Superintendent und erster Prediger, Andreas Gunesch, k. k. Consistorial-rath und zweiter Prediger, und Gustav Porubsky, dritter Prediger, ein Landsmann des Erstern."

Neustadt und Neunkirchen für die evang. Glaubensgenossen A. und
H. C. Durch die Wahl des Presbyteriums gehalten am 27.
Januar 1861 in der evang. Kirche in Wiener-Neustadt von A. G.,
k. k. Consistorial-Rath und evang. Pfarrer A. C. in Wien. Wien,
Druck von Jakob & Holzhausen (1861), 8-vo. 10 S.

6. Rede bei der Einsegnung der Leiche Sr. Hochwürden des Herrn
Ernst Pauer, k. k. Consistorialrath, Superintendent und erster
Pfarrer der evang. Gemeinde A. C. in Wien, gehalten in der
evang. Stadtkirche am 15. Febr. 1861 von A. G., k. k. Consisto-
rial-Rath und evang. Pfarrer A. C. Wien, Druck von Jakob &
Holzhausen (1861), 8-vo. 8 S.

7. Predigt, gehalten bei dem feierlichen Trauergottesdienste in der evang.
Kirche A. C. in Gumpendorf über das Hinscheiden Sr. Hochwürden
des Herrn **Ernst Pauer**, k. k. Consistorial-Rath, Superintendent
und erster Pfarrer der evang. Gemeinde A. C. zu Wien am 17.
Februar 1861 von A. G., k. k. Consistorialrath und evang. Pfarrer
A. C. Wien, Druck von Jakob & Holzhausen (1861), 8-vo. 8 S.

Tr. **Gunesch Johann,**

von Hermannstadt, machte zu Utrecht folgende medicinische Streitschrift
bekannt:

    Medicatio viri arthritide vaga de Baren Belgice dicta labo-
rantis. Praeside Clariss. Viro D. Henrico Regio, Medicinae in Academia Ultrajectina Professore. D. 18. Decemb. 1658. Trajecti
ad Rhenum typis Gisberti a Zyll et Theodori ab Ackersdyk. 1658.
4-to. 8 S.

Tr. **Haas Johann,**

geboren in Hermannstadt am 10. Mai 1792, wurde, nach daselbst absolvirten Gymnasialstudien, immatrikulirt an der Universität in Leipzig den
4. Mai 1812, nach seiner Heimkehr aber Gymnasial-Lehrer und Custos
des B. Samuel Bruckenthalischen Museums, darauf Prediger in Hermannstadt, sofort zum Pfarrer in Romoß 1829, dann in Großpold 1848
und zum Stadtpfarrer in Mühlbach erwählt am 5. Februar 1860, bekleidete das Amt als Dechant des Unterwälder Kapitels vom Monat

Oktober 1854 bis zum 10. April 1860 und starb als Mühlbächer Stadtpfarrer am 15. Jänner 1861.

Numophylacii Gymnasii Cib. A. C. add. Descriptio. Fasciculus III. Cibinii Barth 1818. 4-to. 24 S.

T r. **Haasenwein Johann,**

lebte zu Hermannstadt im 15. Jahrhundert und hinterließ in Handschrift:
1. Die Kunst der Archeley. Es enthält dieselbe die Anfangsgründe der Feuerwerks-Kunst und die Lehre von allen Arten Kriegsgewehren, nebst Zeichnungen solcher Gewehre und der mathematischen Berechnung ihrer Wirkungen, ist mit neugothischen Buchstaben geschrieben und wird auf dem Hermannstädter Rathhause aufbewahrt [1])

Auf der Hof- und Staats-Bibliothek zu München werden ebenfalls dergleichen Handschriften bewahrt. In einer Abhandlung: „Ueber die kriegswissenschaftlichen Werke des 15. Jahrhunderts", — welche in dem „Anzeiger für Kunde der deutschen Vorzeit" N. F. 4. Band, Jahrgang 1857 Nr. 12, S. 401—404 enthalten ist, und in welcher auch der Haasenweinischen Handschrift, nach einer von G. D. Teutsch aus Schäßburg ertheilten Nachricht, umständliche Erwähnung geschieht, heißt es: „Eine eingehende Beschreibung dieser Handschriften ist unnöthig, da sie unter einander im engsten Zusammenhange stehen, und, obgleich durch weiten Zeitraum getrennt, mit dem 4. Buch des *Flavius Vegetius* „von der Ritterschaft" fast wörtlich übereinstimmen. — „Die Siebenbürger (d. i. die Haasenweinische Handschrift), die Aufzeichnungen aus drei verschiedenen Zeiten enthält, welche von der Mitte des 15. bis ins 16. Jahrhundert reichen, trägt als Titel die Inschrift: „dieses hernach „geschriebene Kunstbuch ist zusammengetragen und gerissen worden „durch Hans Haasenwein aus dem Haasenhoff bei Landeshut, ge-

---

[1]) S. Grundverfassungen S. 54 und Eders Observationes crit. S. 219.

Unbekannt ist mir, ob und in wie weit diese Handschrift übereinstimmt mit folgendem seltenem Druckwerke: „Archeley d. i. gründlicher und eigentlicher Bericht von Geschütz und aller Zugehör, item wie Batterien, Brücken zc. wohl anzuordnen. Durch Diegum Uffanum. Jetzt in deutscher Sprach mit schönen Kupferstichen geziert durch Johann Theodor de Bry. Frankfurt 1614." Folio.

„boren im Bayerland. Angefangen im 1417. Jahr, vollendet im „Jahr der wenigern Zahl 1460." Zwar rührt diese Inschrift erst vom Verfasser der 3. Abtheilung (177 Blätter in Klein=Quart mit zahlreichen Abbildungen) her; aber wir entnehmen wenigstens daraus, daß das Buch aus Bayern stammt, und erst später nach Siebenbürgen gekommen ist, und zwar durch den erwähnten Verfasser des dritten Theils selbst, welchen wir aus dessen Aufschrift kennen lernen: „Dieses Kunstbuch ist gerissen und zusammengetragen und zum theil erfunden durch Conrad Haasen von Dornbach aus Oesterreich vom Geschlecht aus dem Haasenhoff bei Landshut. Angefangen im Jahr 1529 und vollendet im Jahr der wenigeren Zahl im 70. Und ist gewesen der römisch-kaiserlichen und königlichen Majestäten auch der Krone Ungarn Buchsengies, Zeugenwart und Zeugmeister."

Auch ein anderes Schriftstück desselben Verfassers liegt im sächsischen National=Archiv zu Hermannstadt. Es trägt die Aufschrift:

2. „Mein Conrrad Haas von Dornbach Röm. khon. Majestät ꝛc. Zeug-„wart in der Hermenstadt in Siebenburgen aller und jeder Empfa-„hung des Geschütz und aller Munition . . ." Dasselbe enthält, neben vielen andern lehrreichen Daten ein Verzeichniß des unter seine Obhut gestellten Ferdinandischen Geschützes aus den Jahren 1553—1556. Wie dieses, nach dem Verlust des Landes für Ferdinand (1556), so blieben des Zeugwarts Schriften, worunter auch jenes Manuskript sich befand, gleichfalls in Hermannstadt zurück. —

Tr. **Hager Johann Daniel,**

von Reps gebürtig, wurde, nachdem er das Hermannstädter Gymnasium absolvirt hatte, am 30. September 1794 immatrikulirt an der Universität in Leipzig, und daselbst nach zwei Jahren unter die Mitglieder der Linneischen Societät aufgenommen, in der Folge vom Conrektor im Jahre 1807 Prediger in Reps, sofort aber am 6. September 1818 zum Pfarr=Substituten in Katzendorf, Koßder Kapitels bei Leben des alters=schwachen Pfarrers Bayer erwählt, und trat in die Wirklichkeit, nachdem sein Schwiegervater und Vorgänger Jakob Bayer am 5. April 1819 mit Tod abgegangen war. Er selbst starb in dieser Eigenschaft, nachdem er viele

Jahre hindurch das Amt des Koßder Capitels-Officials bekleidet hatte, zu Katzendorf am 21. Oktober 1842 im 72. Lebens-Jahre.

1. Ueber das Vorkommen des Goldes in Siebenbürgen. Im Namen der Linné'schen Societät zu Leipzig entworfen. Nebst einigen Beilagen (d. i. Freiesleben's mineralog. Reisebeschreibung durch die Schweiz und einige äußere Beschreibungen seltener Foßilien.) Leipzig 1797. (Sammt der Vorrede 67 Seiten.) 8-vo.
   Recensirt in der Quartal-Schrift VI. 185—189.
2. Skizze zu Hedwigs Biographie. (In der Siebenb. Quartal-Schrift. VII. 218—224.)
3. Reisebeschreibungen naturhistorischen Inhalts 1803. (In den Siebenb. Provinzial-Blättern I 55—76. IV 31—58.)

Tr.   **Hager Michael,**

geboren in Hermannstadt im Jahre 1795, bezog 1816 die Universität in Wien, wurde Doktor der Medizin und Chirurgie 1822, sodann aber im Dezember 1825, k. k. Rath, Stabs-Feld-Arzt, ordentlicher öffentlicher Professor der praktischen Chirurgie und Operationen, dann der chirurgischen Klinik an der k. k. medicinisch-chirurgischen Josephs-Akademie zu Wien, Beisitzer der permanenten Feld-Sanitäts-Kommission und Mitglied der medicinischen Fakultät in Wien. Er starb im Pensions-Stande zu Wien an der Wassersucht den 24. November 1866.

1. Dissertatio inaug. medico oculistica de Conservatione oculorum et debito conspicillorum usu. M. Aug. 1822. Vindobonae, ex typographia Ferd. Ullrich. 8-vo. VIII. 53 Seiten. (Nur der Titel und die angehängten 16 Theses sind in lateinischer, die Abhandlung selbst aber ganz in deutscher Sprache verfaßt unter folgendem eigenen Titel: „Ueber die Erhaltung der Augen und den zweckmäßigen Gebrauch der Brillen und Augengläser.")
2. Die chirurgischen Operationen. Mit 4 Kupf. Wien, bei Gerold 1831, gr. 8-vo.
3. Die Brüche und Vorfälle, beschrieben und durch Beispiele erläutert. Wien bei Fr. Beck 1834, gr. 8-vo. (26 Bogen) mit 2 Kupfertafeln. 2. Theil. Ebendas. 1850. Mit 37 Holzschnitten.
4. Die Entzündungen, beschrieben und durch Beispiele erläutert. Wien, bei Beck 1835, gr. 8-vo.

5. Die Knochenbrüche, beschrieben und durch Beispiele erläutert. Mit 6 Kupfertafeln. 1. Band. Die Verrenkungen und die Verkrümmungen, beschrieben und durch Beispiele erläutert. Mit 2 Kupfert. 2. Band. Wien, bei Carl Gerold in Commission bei Fr. Beck. 1836, gr. 8-vo.

6. Die Wunden, Risse, Quetschungen und Erschütterungen, beschrieben und durch Beispiele erläutert. Auf Kosten des Verfassers in Commission bei Fr. Beck. Wien 1837, gr. 8-vo. 2 Theile.

7. Die Geschwülste. Beschrieben und durch Beispiele erläutert. Wien, bei Carl Gerold, in Commission bei Fr. Beck. 1842, gr. 8-vo. 1. Band XVI, 620 S. 2. Band unter dem Titel: Die Blut-Geschwülste. Ebendas. 1842, VIII, 851 S. nebst 1 Kupfert.

8. Die allgemeine Pathologie und Therapie, in Uebereinstimmung abgehandelt und durch Beispiele erläutert. Wien, bei Fr. Beck 1843, gr. 8-vo. 514 S.

9. Die fremden Körper im Menschen. Beschrieben und durch Beispiele erläutert. Wien bei Fr. Beck 1844, gr. 8-vo. 746 S.

10. Die Entzündungen im menschlichen Körper, beschrieben und durch Beispiele erläutert. Wien 1844. Auf Kosten des Verfassers, in Commission bei Fr. Beck. 8-vo.

11. Die Anzeigen zu Amputationen, Exartikulationen, Resektionen und Trepanationen, die Nervenkrankheiten und die Auswüchse am menschlichen Körper, beschrieben und durch Beispiele erläutert, nebst einer Uebersicht der Entzündungen im Allgemeinen. Wien, in Commission bei Beck 1848, gr. 8-vo. XVI. 272 S.

Tr. **Haltrich Joseph,**

geboren in Sächsisch-Reen am 22. Juli 1822, studirte am evang. Gymnasium in Schäßburg vom Jahre 1836—1845, dann an der Universität zu Leipzig vom Jahre 1845—1847, war im Jahre 1848 Hauslehrer bei den Kindern des Grafen Johann Bethlen d. ä. in Klausenburg, und dient seit dem Herbst 1848, als Professor am Schäßburger Ober-Gymnasium. Mitglied des Ausschusses des Vereins für siebenbürgische Landeskunde.

1. Zur deutschen Thiersage. In dem Programm des evang. Gymnasiums in Schäßburg 1854/5. 4-to. S. 1—74 s. den Art. G. D. Teutsch).

Ein Auszug steht in der Transsilvania, Beiblatt zum Siebenb. Boten vom Jahre 1855 Nr. 7 und 9.

2. Teutsche Volksmärchen aus dem Sachsenlande in Siebenbürgen, gesammelt von J. H., Professor am evang. Gymnasium zu Schäßburg. Berlin 1856. Verlag von Julius Springer. 8-vo. Vorwort XVI S. Inhalt S. XVII—XX. Acht und siebenzig Märchen 337 Seiten [1]).

H. meldet in dem Vorworte, daß Wilhelm Schuster aus Mühlbach sächsische Volkslieder, Räthsel ꝛc. Friedrich Müller, Professor in Schäßburg, sächsische Sagen, und Johann Mätz, Professor in Schäßburg Sitten, Gebräuche, herkömmliche Reden und Redensarten ꝛc. der Siebenbürger Sachsen gesammelt hätten, und Johann Albert aus Großschenk für die Anderen Beiträge versprochen habe. H. selbst verheißt nach 2, höchstens 3 Jahren aus seiner größeren handschriftlichen Sammlung eine neue Aushebung von Volksmärchen zu liefern, darunter auch im Zusammenhange eine Reihe von Thiermärchen, und als Anhang eine wissenschaftliche Abhandlung über den gesammten Inhalt, nebst Anmerkungen und Erläuterungen zu allen gelieferten einzelnen Stücken ꝛc.

Angezeigt im Kronstädter Satelliten vom Jahr 1856 Nr. 20 und 28. Recensirt in Westermanns illustrirtem Monatsheft 2 vom Jahre 1856. — In dem deutschen Museum vom 7. August 1856. Leipzig bei Brockhaus Nr. 32, S. 233 und urtheilt Robert Prutz darüber: „Eigentlich Neues scheint unter den mitgetheilten Stücken „nicht zu sein, vielmehr stellen sie sich sämmtlich als Variationen „und Umschmelzungen von Geschichten dar, die wir auch im eigent„lichen Deutschland besitzen und auch die lokalen Zuthaten sind im „Ganzen weit sparsamer, als man erwarten sollte. Auffallend da„gegen ist es uns gewesen, daß kein einziges dieser Mährchen auf „einer einzigen in sich geschlossenen Erzählung beruht, vielmehr sind „alle aus verschiedenen, oft sehr zahlreichen Mährchen und Frag„menten von Mährchen zusammengesetzt, wobei es denn natürlich „auch nicht an einzelnen selbsterfundenen Zügen und Ausschmük„kungen fehlt, wiewohl dieselben im Ganzen nicht häufig sind. Die

---

[1]) Recensirt in Franz Pfeiffer's Germania Jahrgang II, S 119 fg. von J. V Zingerle I. Transsilvania 1858 Nr. 15.

„Darstellung des Herausgebers ist vortrefflich; er hat ten Volkston „mit vorzüglicher Treue und Wahrheit getroffen, und sehen wir „seinen ferneren Arbeiten auf diesem Gebiete mit Theilnahme ent- „gegen."

3. Die Stiefmütter, die Stief= und Waisenkinder in der siebenbürgisch= sächsischen Volks=Poesie. Den Mitgliedern des Vereins für sieben- bürgische Landeskunde zu dessen General-Versammlung in Schäßburg im August 1856 die Stadt Schäßburg. Wien aus J. B. Wallis- haußers k. k. Hoftheaterdruckerei 1856. 8-vo. 36 S.

Enthält nach einer philologisch-literarischen Einleitung acht Mährchen aus der (hier Nr. 2) angeführten Sammlung Haltrichs und als Anhang S. 24—34. Lieder und Sprüche, die von Stief= und Waisen=Kindern handeln.

Beurtheilt in dem Notizblatt, Beilage zum Archiv für Kunde österr. Geschichtsquellen, Jahrgang 1857 S. 20—21 von Josef Chmel, — und S. 82—83 von J. Karl Schuller.

4. Zur Geschichte von Sächsisch=Regen seit den letzten 100 Jahren. Größtentheils vorgelesen in der General=Versammlung des Vereins für siebenb. Landes=Kunde in Sächsisch=Regen am 21. August 1857. (Separat=Abdruck aus dem Vereins=Archiv 3. Band S. 275—332.)

5. Plan zu Vorarbeiten für ein Idiotikon der siebenbürgisch=sächsischen Volkssprache. Kronstadt 1865, gedruckt und im Verlag bei Joh. Gött. 8-vo. X. 150 S.

6. Negative Idiotismen der siebenbürgisch=sächsischen Volkssprache. (In dem Programm des Schäßburger evang. Gymnasiums vom Jahre 1865/6 S. 3—56, s. den Art. Friedr. Müller.)

7. Zur Kulturgeschichte der Sachsen in Siebenbürgen. I. Grundlage zur Sammlung und Bearbeitung der volksthümlichen Spiele unter den Sachsen in Siebenbürgen. II. Grundlage zur Sammlung von sächsischen Sprichwörtern, bildlichen Redensarten, Regeln der Bauern= Praktik, dann von sächsischen Gedichten, Volksliedern, Kindergebeten, Sprüchen, Räthseln, — ferner von Gruß=, Dank=, Abschieds=, Schwur= und Betheuerungs=, Fluch=, Verwünschungs= und Droh= Formeln, Interjektionen ec., endlich von gemeinem Aberglauben. Von Joseph Haltrich. (Separatabdruck aus der Hermannstädter Zeitung vereinigt mit dem Siebenbürger Boten. (Hermannstadt 1867. Druck und Verlag von Theodor Steinhaußen. 8-vo. 38 Seiten.

8. **Deutsche Inschriften aus Siebenbürgen.** Ein Beitrag zur epigrammatischen Volks-Poesie der Deutschen. 1867. 8-vo. 52 S.

Ist auch beigedruckt S. 7—58 der Festgabe: „Den Mitgliedern „der am 31. Juli, 1. und 2. August 1867 in Schäßburg tagenden „Vereine: des Vereins für siebenb. Landeskunde und des siebenb. „Haupt-Vereins der Gustav-Adolph-Stiftung, gewidmet von der „Stadt Schäßburg. Hermannstadt, Buchdruckerei von S. Filtsch „1867." 8-vo.

Tr. **Hammer Franz,**

Sohn des Samuel Hammer, Pfarrers in Kleinpold und Dechanten des Unterwälder Kapitels, geboren in Mühlbach am 28. Juli 1815, Physikus in Broos von 1849—1861.

Diss. inauguralis medica de Adiaphanosibus oculi, in Universitate Vindobonensi publicae disquisitioni submissa. Vindobonae, typis Caroli Ueberreuter 1843. 8-vo. 32 S.

Seiv. **Hammer Nikolaus,**

ein Kronstädter, hatte 1585 das Unglück, in einen Brunnen zu stürzen, und endlich darin umzukommen. Seiner gedenkt König in der Bibl. Vet. et Nova S. 378 und führt von ihm eine Schrift an:

De Propositionum Natura[1].

Seiv. **Haner Georg,**

Magister der freien Künste und Weltweisheit, und Superintendent der sächsischen Kirchen in Siebenbürgen, wurde am 28. April 1672 in Schäßburg geboren[2]. Die gute Anwendung seiner natürlichen Fähigkeiten setzte

---

[1] Nikolaus Hammer war aus Schonen in Dänemark (nicht aus Kronstadt oder Cronen, wie die Alten sagten) Doktor der Medicin und Professor zu Kopenhagen. Dieses berichtet Bartholin in seinem Werk de Scriptoribus Danorum und daraus Adelung in der Fortsetzung des Jöcherischen Gelehrten-Lexikons II S. 1772. Tr.

[2] Haners Vater war Schneider und sein Großvater Goldschmied in Schäßburg, beide Georg Haner genannt. Seine Mutter Sara war die Tochter des Schäßburger Königrichters Georg Hirling, welcher Anna g-b. Mangessus zur Ehe hatte und bei der ottomanischen Pforte siebenbürgischer Abgesandter war (s. G. J. Haners Ad-

ihn in den Staub, die hohe Schule zu Wittenberg ziemlich frühzeitig zu besuchen. Daselbst erhielt er 1691 die Magisterwürde. Nach seiner Zurückkunft verwaltete er von 1695—1698 das Rektorat der Schäßburger Schule mit Ruhm und Nutzen. Hierauf diente er im Predigeramte bis er nach Absterben des *Bachar Filkenins*, die Pfarre zu Trappold erhielt. Von hier berief ihn die Gemeinde zu Keisd zu ihrem Seelenhirten und 1708 Großschenk. Doch die Vorsehung hatte ihn noch zu wichtigern Diensten der Kirche bestimmt. Im Jahre 1713 erwählte ihn Mediasch zum Stadtpfarrer, 1719 ward er Generaldechant und 1736 den 13. Dez. Superintendent. Allein die Zahl der Jahre war schon zu groß, als daß die Kirche in diesem wichtigen Amte lange Dienste von ihm hoffen konnte. Die göttliche Vorsehung rief ihn den 15. Dezember 1740 in seinem neun und sechszigsten Jahre aus dieser Sterblichkeit.

Tr. Hauers Gattin Anna, Tochter des Schönberger Pfarrers Jeremias Henrici, die er 1696 heirathete, starb 1733. Zum zweitenmal heirathete er 1736 Sara geb. Barth, Witwe des Joh. Waldhüter, Senators in Schäßburg.

Er litt an katharrhalischen Zufällen und starb 14. Dezember 1740 an einem Lungen-Geschwür, zu dem sich ein abzehrendes Fieber gesellt hatte. Aus der ersten Ehe hinterließ er 7 Söhne: Georg, Georg Theodor, Johann Albert, Georg Jeremias, Michael Erhard, Samuel Stephan und Daniel Martin, wie auch eine Tochter Anna Sara.

I. Gedruckte Schriften M. G. Hauers.

1. Subjectum Philosophiae moralis speciale, seu Orationis affectus et actiones morales. Praeside Abrah. Henr. Deutschmann. Wittebergae 1691. 4-to. 16 S.
2. Pentecostalis Pnevmatologia paradisiaca h. e. Mysteria pentecostalia

---

versaria de Scriptoribus rerum hung. et transs. II 391). Unser Hauer studirte unter Mag. Martin Kelp, während dem Rektorate desselben in Schäßburg, und vom Jahre 1687, in welchem Kelp zum Pfarrer nach Bodendorf berufen wurde (wohin ihm Hauer folgte), daselbst bis zum Jahre 1691, reiste 1691 den 31. Jänner durch Polen nach Wittenberg, wo er am 4. April ankam und unter Donati, Schurzfleisch, Knorr, Meyer, Falk, Walther, Neumann, Deutschmann, Dasov und Röschel studirte, bis er im Jahr 1694 zum Rektor nach Schäßburg berufen wurde, und diesen Dienst zu Anfang des Jahres 1695 antrat. Als Prediger (seit Anfang des Jahres 1697) führte er auch wegen Mangel eines tauglichen Subjektes das Rektorat bis zum Jahre 1700, und wurde 1701 zum Pfarrer in Trappold berufen u. s. w. (s. Hauers Adversaria a. a. O. S. 400—402 und Dr. G. D. Teutsch's Programm des Schäßburger Gymnasiums vom Jahre 1852/3 S. 14.)

de Spiritus S. beneficiis divinitus in Paradiso Gen. Cap. I, II, III revelata. Praes. Joh. Deutschmann 1692 d. 22. Julii. Witteb. 4-to. 16 S.

3. Lustratio Hebraeorum ad explicanda commata Psalm. LI. 9 Hebr. IX. 13, 14. Praes. Theod. Dassov. 1692, 21. Decembr. Witteb. 4-to. 16 S.

S. 4. Dissertatio philologica de Literarum hebraicarum origine et $αυθεντια$ Respondente *Paulo Brellft* [1]) Cibinio Transylv. d. 24. Decembr. 1692. Wittebergae 4-to. 16 S.

5. Diss. Historico Philologica de Punctorum Hebraeorum cum Literis coavitate et $Θεοπνεοσια$. Respond. Joanne Helgy, Peschino Transylv. d. 28. Oct. 1693. Ebendaf. in 4. 16 S.

6. Historia Ecclesiarum Transylvanicarum, inde a primis Populorum Originibus ad haec usque tempora, ex variis iisque antiquissimis et probatissimis Auctoribus, abditissimis Archyvis et fide dignissimis Manuscriptis IV. Libris delineata, Auctore M. Georgio Haner, Schaesburgo Transylvano Saxone. Francofurti et Lipsiae, Apud Joh. Christoph. Fölginer, An. 1694. In 12. 314 S.

Der Verfaſſer handelt darinnen von dem Heidenthume der alten Gothen von ihrer Bekehrung zu dem unlautern Chriſtenthume nach der Lehre des Arius; von der Verbeſſerung derſelben unter dem Geiſa, und dem heiligen

---

[1]) Dieſer Brelfft wurde als Hermannſtädter Kloſterprediger 1705 den 14. März zum Pfarrer nach Talmatſch berufen und ſtarb daſelbſt in ſeinen beſten Jahren 1708 den 29. Mai. (Seiv.)

Paul Brelfft aus Hermannſtadt, welcher am 24. Jänner 1624 zum Pfarrer in Großſcheuern, den 17. Mai 1628 aber zum Pfarrer in Großau gewählt wurde, und am 20. Febr. 1641 ſtarb, nachdem er das Dekanat des Hermannſtädter Kapitels in den Jahren 1638 und 1639 bekleidet hatte, — mag der Großvater, — der jüngere Paul Brelfft, welchem die in Möfeſch's „Pfarrkirche der A. E. B. in Hermannſtadt" S. 62—63, enthaltene Grabſchrift gewidmet iſt, der Vater, — Paul Brelfft, welcher zu Ende des 16. Jahrhunderts als Gold-Arbeiter und Hundertmann in Hermannſtadt lebte, der Urgroßvater des obgenannten Haner'ſchen Reſpondenten geweſen ſein. Dieſer Letztgenannte wurde (consideratis fidelibus servitiis, quae jam a compluribus annis huic Regno, Principibusque ejus praestitit omnibusque in rebus fidei et iudustriae suae commissis utilem saepe operam locavit) nebſt ſeinen (nicht genannten) Nachkommen in den Adelſtand erhoben vom Fürſten Sigm. Bathori zu Weißenburg 26. April 1592 — und dieſer Adel (attentis et consideratis meritis, quae sacrae primum Regni nostri Hungariae Coronae et deinde Majestati nostrae exhibuit) erneut durch K. Rudolph zu Prag 1. Febr. 1595. Tr.

Stephanus, und dann von den Religionsveränderungen des 16. Jahrhunderts, und den Schicksalen der Kirche bis 1652. — Czwittinger setzt unrichtig 1694. In Absicht des Ursprungs der sächsischen Völkerschaft in Siebenbürgen und der Religionsveränderung zu Hermannstadt, verdienen seine Nachrichten den Beifall ihrer Leser nicht. Töpelt, Kelp, Ollard und Parizpapai haben ihn verführt, uns Rauch für Licht zu verkaufen. Beweise hievon werde ich in dem Art. Ollard und Töpelt geben. [1]

7. Acroasium theologicarum, Disputatio prima ex Theologia de Theologia in genere, sub moderamine S. S. Trinitatis, Praeside M. Georgio Haner, Schaesburgensi, Gymnasii patrii Rectore, publice disputabit Andreas Gerger Balastelk. Coetus ibidem Orator, in Auditorio Studiosorum, Anno 1696, die 26. Novembr. Cibinii, recudit Johann Barth in 8. 16 Seiten.

    Diese und verschiedene andere Streitschriften hielt Haner zur Uebung seiner Schüler über Konrad Dietrichs Institutiones Catechet. die zu Kronstadt gedruckt wurden.

8. Tr. De Theologiae objecto sive de Religione; sub moderamine S. S. Trinitatis Praeside M. G. H. Schaesb. Gymn. patrii Rectore publice disputabit *Thomas Bulchsch* Schaesb. Scholae patriae Stud. anno 1697 die . . . Recudit Johann Barth. 8-vo. 18 S.

    Dem Schäßburger Stadtpfarrer Georg Krauß, Pro-Consul Michael Deli, Consul Johann Schuller, Königs-Richter Stephan Gölbner, Stuhls-Richter Georg Hirling, den Senator Georg Fabricius, Michael Schmitt, Stabthann Johann Hetzdorfer, Simon Matthiä, Michael Schell, Georg Rausch, Andreas Göbbel, Bartholomäus Bartha, Michael Schnabel, Johann Thomä, Johann Bauing, Michael Helwig, den Notär Hartwig Pancratius, Erkeder Pfarrer Andr. Schenker, Schäßburger Centumvir Thomas Bulkesch und Schäßburger Bürger Dan. Bulkesch, zugeeignet vom Respondenten.

9. Acroasium theologicarum ex D. Cunradi Dieterici Institutionibus, catecheticis, Discentibus Gymnasii Schaesburgensis ostensarum *Disputatio 1-ma.*, post binas praeliminares *de Scriptura sacra*, quam sub moderamine S. S. Trinitatis Praeside M. G. H. Schaeb. Gymn. patrii Rectore, publicae disquisitione submittet Respondens *Georgius*

---

    [1] Ueber diese Kirchengeschichte Haners s[mehr in seines Sohnes Adversaria a. a. O. Seite 393 fg., wo auch die Berichtigung vieler Stellen und vorkommender Druckfehler zu finden ist. — Auch hat man Bemerkungen dazu von J. K. Eder s. I. S. 275 dieser Denkblätter.   T r.

Seraphinus, Schaesb. S. S. Theol. et Philos. Stud. anno 1697. Coronae, Typis Seulerianis, impressit Nicolaus Molitor. L. 8-vo. 23 Seiten.

Dem Schäßburger Stadtpfarrer Georg Krauß, Großschenker Pfarrer Johann Kisch, Hundertbüchler Pfarrer Georg Seraphin, Reidhauser Pfarrer Laurenz Wagner, Seligstädter Pfarrer Jakob Orendi, Neustädter Pfarrer Johann Keller, Morbischer Pfarrer Georg Roth, Prosdorfer Pfarrer Joh. Balthasar, Consul Michael Deli, Proconsul Johann Schuler, Königsrichter Stephan Gölbner, Stuhlsrichter Georg Hirling, Großschenker Königsrichter Paul Sutorius, Stadthann Georg Fabricius, Senator Michael Schnabel und Notär Hartwig Pancratius in Schäßburg, zugeeignet vom Respondenten.

Seite 22 und 23 steht ein an Haner gerichtetes Gedicht von Joh. Langius S. S. Theol. Stud. Academicus.

10. Acroasium theologicarum ex B. D. Cunradi Dietrici Institutionibus catecheticis, Discentibus in Gymnasio Schaesburgensi ostensarum *Disputatio 2-da* post binas praeliminares, *de Deo uni-trino,* quam sub moderamine Dei uni-trini Praeside M. G. H. Schaesb. Diac. Lun. et Gymn. Patrii Rectore, publice defendet *Andreas Helwig* Rupensis S. S. Theol. et Phil. Stud. Schaesb. in Audit. Studios. d. . . Coronae Typis Seulerianis, praesentavit Nicolaus Molitor. F. 8-vo. 17 S.

Dem Draser Pfarrer Johann Binz, Schäßburger Stadtpfarrer Georg Krauß, Repser Pfarrer Andreas Lang, Katzendorfer Pfarrer Georg Sifft, Meburger Pfarrer Joh. Arzt, Repser Prediger Joh. Lang, Repser Rektor Mich. Lang, Schäßb. Consul Mich. Deli, Repser Königs-Richter Georg Ewä, Repser Consul Georg Nimethz, Repser Stuhls-Richter Joh. Drotlauf, Repser Notär Mart. Pilber, Schäßburger Centumvir Stephan Matthiä und Repser Organister Joh. Thellmann zugeeignet vom Respondenten.

11. Acroasium theologicarum Disputatio *tertia* super Articulo: De Scriptura Sacra. Praes. M. G. Haner Schaesb. Gymn. patrii Rectore. Coronae Typis Lucae Seuler 1697. 8-vo. 24 S.

II. Handschriftliche Werke:

1. Seiv. Continuatio Historiae Ecclesiarum Transylvanicarum.

Schmeizel berichtet uns in seiner Bibl. Hung. Haners Sohn, der den Fußtapfen seines Vaters so glücklich gefolgt, habe diese Handschrift mit nach Jena gebracht; aber wegen Mangel eines Verlegers wieder in sein Vaterland zurück geführt.

Tr. Nicht den Titel: Continuatio Historiae Ecclesiarum Transsilvanicarum, wie Seivert angibt, führt die handschriftliche Kirchengeschichte Hauers, noch ist dieselbe eine Fortsetzung der gedruckten Historia Eccl. Transs. Hauers, wie man aus diesem Titel glauben müßte. Sie ist ein für sich bestehendes ziemlich weitläufiges und mehrere gleichzeitige Urkunden enthaltendes Werk unter dem Titel: Delineationis Historiae Ecclesiarum Transsilvanicarum Libri IV. Das erste Buch fängt von Noah und seinen Söhnen, das zweite von der Zeit Philipps, König von Macedonien, das dritte vom ersten christlichen König der Ungarn Gehsa, und das vierte mit der Geschichte der Reformation Luthers an, und endet mit des Superintendenten Unglers Rede an die am 10. April 1595 zu Mediasch versammelte Synode der evang. sächsischen Geistlichkeit.

2. Sciv. Compendium Privilegiorum Ordini Ecclesiastico Saxo-Evangelico in Transylvania, variis ab Imperatoribus, Regibus, Principibus, eorumque denique Locumtenentibus clementissime concessorum. Anno 1717.

3. Der privilegirte siebenbürgische Priesterstand.

4. Historia Daciae Antiquae et Ecclesiarum Transylvanicarum.

5. Tr. Nota bene Majus Pastoris Saxo-Transilvani et Aug. Conf. invariatae ore et corde addicti in III Partes divisum, quarum

Pars I continet Articulos tam doctrinam, quam Politiam partim ecclesiasticam, partim secularem concernentes, Acta item synodalia 1) et alia notatu digna, hinc inde interspersa 1192 S.

Pars II. Privilegia utplurimum generalia, speciala tamen etiam immo et singularia exhibet. 1186 S.

Pars III. Singularium quorundam Capitulorum, specialiumque Decanatuum Constitutiones tradit (omnium contenta sequentes proxime pagellae in Syllabo ostendunt) magno labore conquisitum, descriptum et ordinatum a M. G. Hanero Schaesburgensi t. t. Pastore Apoldianorum a. 1701 et 1702. 1211 S., sämmtlich in 4.

Der zweite Theil enthält 167 und der dritte 184 Urkunden, besonders die zur Kirchengeschichte gehören.

---

1) Die Acta synod. enthalten Hauers Fortsetzung des Scharsiusischen Compendium Actorum Synodalium Sax. etc. 1708—1732, s. d Art. Andreas Scharsius.

5. Treuherzige Warnung an die auf Akademien befindlichen Siebenbürger.
   Wegen des damals so berufenen Pietismus, in welchen Streitigkeiten Haner viele Briefe an ausländische Gelehrte geschrieben hat.
7. Schriftsgrund der h. zehn Gebote.
8. Nöthige Anmerkungen über den Katechismus Horbii.
9. Schriftmäßige Beantwortung der sogenannten Ueberzeugung von der Wiederbringung aller Dinge Johann Dietrich's, Past. Bolgatzions.
   Dieser Dietrich, Pfarrer zu Bolgatsch, war ein gelehrter und frommer Mann, aber ein besonderer Freund des Chiliasmus. Doktor Petersens Schriften und Siegvolk's ewiges Evangelium hatten seinen Verstand und sein Herz ganz erobert. Vielleicht wären seine Grundsätze noch lange verborgen geblieben, wenn man nicht unter den Papieren eines verstorbenen Studenten, einen Brief von ihm gefunden hätte, darin Petersens Schriften sehr gelobt wurden. Allein dieser Brief bewegte den Superintendenten Lukas Graffius 1726 eine Versammlung der Geistlichkeit nach Großprobstdorf zu berufen, woselbst Dietrich sich über 51 Punkte von der Wiederbringung aller Dinge erklären mußte. Er übergab hierauf ein schriftliches und ausführliches Bekenntniß von dieser Lehre, welches denn von dem Superintendenten und einigen andern Geistlichen gleichfalls schriftlich widerlegt wurde. Die Sache machte großes Aufsehen in der Kirche. Andreas Teutsch, Graf der Nation und Königsrichter zu Hermannstadt, ließ zwei Bedenken, von der theologischen Fakultät zu Jena und Helmstädt, über diese Streitigkeiten kommen. Endlich aber befand es Dietrich doch für besser, seine Wiederbringung, als seine Pfarre zu verlassen. Das war wohl das Klügste. Um der Teufel zukünftiges Wohl sein gegenwärtiges Glück aufzuopfern, wäre eine große Thorheit! — Indessen hat Dietrich viel Gutes in seiner Gemeine gestiftet. Seit seiner Amtsführung wissen die Bolgätser nichts von Diebstählen, Tänzen und andern unordentlichem Leben und Wesen. —
10. Diarium Decanale. Dieses enthält seine öffentlichen Reden und Briefe, die er als Generaldechant gehalten und geschrieben hat.
11. Tr. Ordinata Digestio Status Saxo-ecclesiastici etc. s. b. Art. Andreas Scharsinus.

Haner Georg Jeremias,

Seiv.

Superintendent der sächsischen Kirchen und Pfarrer zu Birthälm, ein würdiger Sohn des Vorhergehenden, wurde am 17. April 1707 in Großschenk geboren. Er wählte die Laufbahn seines Vaters und vollendete sie mit Ruhm und Ehre. Nach seiner Zurückkunft von der Universität Jena, 1730 diente er bei der Schule und Kirche zu Mediasch, 1735 aber erhielt

er den Beruf zur Kleinschelter Pfarre. Im Jahre 1740 ward er Stadt=
pfarrer zu Mediasch und als Generalsyndikus 1759 Superintendent.
Seine beiden letzten Amtsführungen sind für ihn und die sächsische Geist=
lichkeit denkwürdige Perioden. Erniedrigung, Freundlichkeit und allgemeine
Menschenliebe waren Hauptzüge von Haners Charakter. Allein nicht selten
sah er sich schlecht genug belohnt. Dem in unserer Geschichte herostra=
tisch unvergeßlichen **Makovsky**, erzeigte er 1747 viele Liebe; was ärndtete
er aber davon? — daß ihn dieser seiner Sackuhr, die er nachgehends mit
12 Dukaten in Bukarest auslösen mußte, heimlich beraubte, und zuletzt
in Verhaft und Gefahr, den Kopf zu verlieren, brachte. Doch rettete ihn
die göttliche Vorsehung und die Gerechtigkeitsliebe der Kaiserin Maria
Theresia (s. diese Denkblätter I. 220). Im Jahre 1772 hatte Ihre k.
k. Apostolische Majestät die unschätzbare Gnade für die sächsische Nation,
ihr einen freien Zutritt zu Ihrem allerhöchsten Thron huldreichst zu er=
lauben. Von Seiten der geistlichen Universität waren die Abgeordneten,
unser Haner und **Johann Müller**, Pfarrer zu Großau und Dechant des
Hermannstädter Kapitels. Den 18. Mai traten sie ihre Reise nach Wien
an, und kamen im August des folgenden Jahres voller Zufriedenheit und
Bewunderung der huldreichsten Gnade der großen **Theresia**, in ihr Vater=
land zurück. Noch auf seinem Sterbebette floß Haners Mund von Ihrem
Lobe, Ihrem Ruhme, Ihrer Gnade über; er betete für Sie und Ihr
allerdurchlauchtigstes Haus und entschlief. Der 9. März 1777 war nach
einer Brustentzündung der letzte seiner Tage, die er Gott, dem Vaterlande
und der gelehrten Welt mit unermüdetem Fleiße fast siebenzig Jahre ge=
lebt hatte. Seine historischen Schriften werden Liebhabern der vaterlän=
dischen Geschichte allemal nöthig und nützlich sein. Sie sind folgende:

1. Das königliche Siebenbürgen, entworfen und mit nöthigen Anmer=
kungen versehen von — Erlangen, gedruckt und verlegt von Wolf=
gang Walther, 1763 in 4. 298. S.

   Betrachtet man dieses Werk als ein Handbuch für Schulen und ge=
   denkt dabei der Verhältnisse des Verfassers, so wird man gewiß davon billig
   urtheilen. Das fürstliche Siebenbürgen ist unausgeführt geblieben, doch hat
   Haner zur Probe davon, das Leben des Fürsten Gabriel Báthori, voll=
   ständig hinterlassen. Schade! daß die besten Nachrichten gemeiniglich in
   den Anmerkungen vorkommen[1]).

---

[1]) Obschon Haner das „fürstliche Siebenbürgen" nur in einem, gleichwohl
umfangreichen handschriftlichen Entwurfe (der mit dem 21. Juli 1510 beginnt und

Tr.   In dem Vorbericht S. 13 Note f verspricht Hauer auch eine lateinische Ausgabe des „königlichen Siebenbürgens", zu deren Ausarbeitung das k. Gubernium den Verfasser in dem Dekret vom 6. September 1760, welches dem Werke vorgedruckt ist und eine Belobung desselben enthält, aufgefordert hatte. S. weiter unten Nr. 6 unter Hauers Handschriften.

2. Seiv. De Scriptoribus Rerum Hungaricarum et Transylvanicarum, scriptisque eorundem antiquioribus, ordine chronologico digestis, adversaria. Viennae, typis Joan. Thomae Nob. de Trattnern. 1774 in 8-vo. XXIV. 284 S. und zwei Indices 26 S.

Tr.   Ueber den zweiten Theil: De Scriptoribus-recentioribus etc. totius Operis Tomus II. Cibinii typis et sumtibus Mart. Hochmeister Typogr. dicast. et Bibliop. priv. 1798, 8-vo. und zwei Indices 506 S. nebst II Seiten Vorrede des (damaligen) Pfarrers zu Heltau Johann Filtsch, als Herausgebers, s. I. Seite 324 dieser Denkblätter.

Der noch in Handschrift befindliche 3. Theil: „de Scriptoribus recentissimis" in 4-to. 328 S., handelt von den Schriftstellern vom Jahre 1701—1773, wozu Hauer auch ein doppeltes Register hinterlassen hat.

In dem ersten Bande ist Seite 130 die Numer LI ausgeblieben und also zu ergänzen: LI. *Vicentius Pribaenius* Tractatum reliquit de Origine et successibus Slavorum, qui anno 1532. Venetiis in 4-to. prodiit. Vid. Ludewig in Lexico universali Tomo IX. Fol. 1867."

3. Wohlverdientes Tugenddenkmal der in Wahrheit tugendsam gewesenen Jungfer Marien Elisabethen edelgeborenen Klausenburgerin, bei Gelegenheit ihrer trauervollen Beerdigung, gestiftet in folgenden, öffentlich gehaltenen Trauer= und Trost=Reden. Hermannstadt, gedruckt bei Joh. Barth. 4-to. III. 33 S.

(Die Verstorbene war die Tochter des Mediascher Königs=Richters und siebenbürgischen Pulver= und Saliter=Inspektors Petrus Clausenburger und der Susanna geb. Adami, welcher am 9. März

---

mit dem 19. April 1690, Apafi's I. Todestage endet) hinterlassen hat, — so ist doch auch dieser Entwurf rücksichtlich seiner chronologischen und geschichtlichen Daten und Quellenangaben für den siebenbürgischen Geschichtsforscher von bedeutendem Werth.

Tr.

1747 vor dem Thor des Trauer-Hauses die S. 24—33 enthaltene vom Stadt-Prediger **Michael Hilsch**; dann in der Mediascher Pfarrkirche die S. 1—23 abgedruckte Rede: „Jesu Trostversicherung vor leidtragende Christen" vom damaligen Stadtpfarrer **G. J. Hauer** gehalten wurde).

„Adsertiones quaedam de Privilegio Saxonum Transs. Nationali etc. Diese Schrift wird im Leipziger Universal-Cataleg vom Jahre 1762 unter den Buchstaben G. J. H. P. M. E. G. S. U. S. als gedruckt angeführt, ist aber, soviel bekannt, im Druck bisher nicht erschienen.

Hauers übrige handschriftliche Werke sind:

1. Isagoge in Historiam Transylvanicam trium recentissimorum Saeculorum, Ecclesiasticam, supplendae partim, partim continuandae Historiae Ecclesiarum Transylvanicarum Hanerianae, destinata. Tom. III. Der erste enthält das XVI. Jahrhundert nebst einem Anhange, der II. das XVII. und der dritte das XVIII. bis 1771.
2. Analecta historica defectuum historiae Transilvaniae, imprimis ecclesiasticae supplendorum gratia congesta et Tomis Nota Bene Maj. Haneriani III-bus Appendicis loco addita a G. J. H. Eccl. Medien. Ev. Pastore Primario A. R. S. 1741 et sequ. 4-to. 4 Bände.
   Tomus I pag. 109. (Continens Acta Synodalia. nec non Copias Privilegiorum, Mandatorum Nr. 105 etc. cum Indice illorum.) Tomus II. pag. 967. (Continens plane similia, in specie Privilegia aliaque Documenta Nro. 152) etc. etc.
3. Annales ecclesiastici Hermanno-Graffiani continuati. (S. die Art. **David Hermann** und **Lukas Graffius**.)
4. Bibliotheca Hungarorum et Transylvanorum historica [1])
5. Diarium syndicale ab a. 1749—1759.
6. Transylvania regalis.
7. Index rerum et personarum memorabilium.
8. Alphabetum historicum Hungaro-Transylvanicum.
9. Miscellanea Historiam Hungariae et Transylvaniae in primis ecclesiasticam illustrantia. Collecta A. R. S. 1744 sequ. 4-to. III

---

[1]) Dürfte identisch sein mit G. J. Hauers Sammlung in eilf Bänden unter dem veränderten Titel: „Sylloge historico-politica sive Scriptorum Historiam Hungariae et Transylvaniae civilem tractantium Collec. Tr.

Bände. Eine Sammlung von allerhand Urkunden und Nachrichten. Im ersten Theile (952 S.) kommen u. a. auch die chronologischen Tafeln der Kirchen zu Hermannstadt, Muschen, Prethey, Hetzeldorf, Bistritz und auf dem Rathhause zu Mediasch vor.

10. Conservatorium Documentorum ad Historiam Transylvaniae Ecclesiasticam spectantium Novantiquorum conquisitorum, hucusque reconditorum. Tom. III, der erste enthält 265 Stücke, der zweite 257 und der letzte 166.

11. Haneriana Mixta, Tom. II. Diese enthalten einige Abhandlungen und Arbeiten Hauers.

Tomus I, Ecclesiasticus, begreift in sich:

1. Jurisdictio Saxonum Transylvanorum Ecclesiastica, contra ejus impetitores adserta.
2. Subsidium Nationale Pastorum in Transylvania Saxonicorum onus esse contributionale.
3. Entwurf einer siebenbürgischen Kirchenhistorie.
4. Catalogus Episcoporum Transylvaniae Szentivánianus, recognitus et continuatus.
5. Opinio de modo constituendae novae in Transylvania Academiae.
6. Christliche Gedanken von den Herrnhutern.
7. Quaestionum Aulicarum de usu dispensandi Cleri in Transylvania Saxonici Analysis.
8. Circumstantialis Synodorum Transylvaniensium Declaratio.
9. Tr. Historiae Transsilvaniae sui temporis Ecclesiasticae, indubiis ex Documentis ordine chronologico concinnatae *Synophis*. Mspt. in 4-to. 95 S.

(Enthält in 599 §§ einen Exhibiten Auszug aller in ecclesiasticis und statum ecclesiasticum concernentibus erflossenen hohen und höchsten Verordnungen vom 20. Okt. 1740 bis 16. Sept. 1774 mit beigefügter Andeutung, wo jede dieser Verordnungen in Hauers *Cartophylax*[1]),

---

[1] Cartophylax in drei Foliobänden befindet sich in der Superintendential-Bibliothek. Der erste Band enthält: Monumenta utplurimum impressa, — der zweite recentiora manuscripta, Nationem imprimis Saxonicam ferientia, — und der dritte similia recentissima itidem manu exarata.

Conservatorium ¹), *Annales* ²), *Collectanea* ³), und *Miscellanea* ⁴) vollinhaltlich steht.

Tomus II Politicus, enthält:

1. Scriptorum Res Transylvaniae civiles tractantium Catalogus.
2. Gynecaeum Augustale Numismaticum, a Julio Caesare usque ad Carolum M. descriptum.
3. Dasselbe deutsch unter dem Titel: das ausgemünzte römisch-kaiserliche Frauenzimmer, von Julio dem ersten röm. Kaiser bis auf Karl den Großen.
4. Ad quaestionem nuperam: Num Fundus Regius sit bonum Fisci? succincta Responso.
5. Positionum de Terra a *Város* usque ad *Baralt* Andreano-Privilegiali tessera.
6. Quaestiones quaedam dubiae de Privilegio Saxonum Andreano, Littorisque ejus confirmationalibus motae, resolutae.
7. Index Articulorum Transylvaniae Diaetalium.
8. Potiora Nationem in Transylvania Saxonicam ferientia Fisci Procuratorum Praejudicia.
9. Der siebenbürgische Fürst Gabriel Bathori, aus unverwerflichen Urkunden und glaubwürdigen Nachrichten historisch beschrieben. (Die Jahre 1608—1613 in 291 §§.) Nebst Anhang unter dem Titel: „Etliche (d. i. 19) zu der Gabriel Báthori'schen Lebens-Beschreibung gehörige nöthige Beilagen", — und „Register der Beilagen, der gebrauchten Schriftsteller und der Personen und Sachen." ⁵)
10. Catalogus Regum Hungarium Szentivanianus recognitus et ad nostra usque tempora deductus.

---

¹) S. oben Nr. 10.

²) Vermuthlich nicht die oben Nr. 3 angeführten Annales, sondern die ebenfalls oben Nr. 2 citirten Analecta historica.

³) Unter dem Titel: „Collectanea impressa" befinden sich vier Bände in den Hauer'schen Sammlungen. Der oben angeführte Titel „Collectanea" aber scheint sich nicht auf diese gedruckte, sondern auf eine der handschriftlichen Sammlungen zu beziehen.

⁴) Miscellanea etc. oben Nr. 9.

⁵) Diese mit Hauerischer Gründlichkeit verfaßte Arbeit bildet die Grundlage zu Lebrechts Geschichte des Gabriel Báthori'schen Zeitalters im 2. Theil von Lebrechts „Siebenbürgens Fürsten" S. 63—127. (S. daf. S. 128 Nr. 13 und Note.)

11. Acta Transylvanica.
12. Haneriana Decimalia Tomi II.

Im ersten kommt vor:

1. Fundamenta Juris, quo Clerus Saxonicus ex Fundo Saxonico Decimas olim integras, postmodum autem, pro locorum diversitate, unam pluresque earum quartas percipiendas habuit.
2. Fundamenta Juris Pastorum in Transylvania Saxonicorum, in Decimas Incolarum Fundi Regii Valachorum.
3. Adsertiones quaedam de Privilegio Saxonum Transylvanicorum Nationali, deque Decimis eorum Historico Politicae. 1753.

    Diese Schrift wird im Leipziger Universal-Catalog vom Jahr 1762 unter den Buchstaben G. J. H. P. M. E. G. S. U. S. als gedruckt angeführt, ist aber, soviel bekannt, nie im Druck erschienen.
4. Adserta Fisci Transylvanici nupera, necessariis ad defendendam Causam Capituli Barcensis Decimalem, observationibus praevisa.
5. Decimae Peregrinorum integrae, Pastoribus Capituli Mediensis adsertae.
6. Tres Decimarum Quartae, Fundi Saxon. Pastoribus in Transylvania Saxonicis adsertae.
7. Sucincta, ast genuina Juris Pastorum in Transylv. Saxonicorum decimalis Repraesentatio.
8. Juris Parochorum Catholicorum in Fundo Saxonum Transylvanorum Regio Decimalis thetica Expositio Patauoriana, necessariis observationibus collustrata.
9. Puncta Iustructionis Decimalis Frendeliana, neccessariis quibusdam Observationibus collustrata, Thesiumque quarundam scitu necessariarum Appendice aucta. 1769 m. Majo.

Im zweiten Bande:

1. Theses de Decimis Fundi Saxonum Regii, Quartisque ejus Fiscalibus, notis necessariis illustratae.
2. Prisca et recentiora quaedam Regum Hungariae, Transylvaniae Principum: Oracula, Mandata, Factaque publica; item Statuum et Ordinum Regni conclusa, observato, quoad ejus fieri potuit ordine chronologico, cum nuperis Fisci Transylvanici Regii adsertis, Ordinationibus et attentatis collata; insignisque illorum horumque Contrarietas ad oculos posita. 1770.

3. De Decimis Peregrinorum Birthalbensibus et Muschnensibus, gemina facti species.
4. Positiones de Privilegii Gabriele-Bathoriani validitate, nobis quibusdam comprobatae.
5. Thesis, quod Decimae Pastorum Saxon. nunc actionatae, non sint bona Fiscalia, Demonstratio.
6. Etliche neue Sätze, auf welche das in der Barzenser Zehentsache A. 1752 gesprochene Deliberat gegründet worden, aus alten Urkunden als unrichtig erwiesen.

Tr.   Diese Schrift ist blos ein Auszug in deutscher Sprache aus den oben I. Nr. 4 angeführten: „Adserta Fisci nupera" etc.

7. Potiora de Decimis, uti in genere, ita illis Fundi Saxon. Regii in specie, deque Censu Pastorum Saxonicorum cathedratico, Fisci Procuratorum Praejudicia, ex recentissimis eorum contra Nationem Saxonicam Allegationibus excerpta debiteque dijudicata a G. J. H. S. Mit dreifachem Register.

(Dieses Werk ist es, welches Benkö unter dem allgemeinen Titel: „De Decimis" in seiner Milkovia I 274 anführt und an vielen Stellen z. B. 276, 342, 349, 352, 357, 360 u. a. m. citirt).

8. Privilegii Gabriele-Batoriani et Articulis Diaetalis coaevi cum Approbatarum Constit. Part. II. Tit. X. Art. IV, Conciliatio.
9. De Privilegio Gabriele-Batoriano usu reprobato, Observationes.
10. De Decimarum ademptione et restitutione, Quaestiones resolutae.
11. Antiqus Pastorum in Transsilvania Saxonicorum Decimas percipiendi modus, coaevis ex documentis contra novitia quaedam Procuratoris fiscalis Adserta comprobatus a *Gallo Innocentio Hebenstreitio* p. t. Notario Anno Christi 1775 m. Majo sequ. (Enthält 242 §§ und ein alphabetisches Register.) Die Anfangsbuchstaben des Namens des Verfassers *G. J. H.* bezeichnen den Namen Georg Jeremias Haner, der den Namen Hebenstreit wählte, um ungenannt zu sein. Unter dem letztern Namen erscheint diese Handschrift auch im Gr. Sam. Teleki'schen Bibliotheks-Katalog III 255.
13. Quod Pastorum Szászvárosiensium Decimae non sint Bona Fiscalia, Argumentum Heprade demonstratum dedit Georgius Jer. Haner, Superint. 1770. Mscr.
14. Rationes procuratoriae, Privilegii Saxonum Nationalis validitati oppositae, ennnaexoque cum iis Adsertiones mediantibus quibusdam Obser-

vationibus breviter dilucidatae et invalidatae a Saxophilo. Accedit de Literis Andreae Confirmationalibus Mantissa. Mscr.

15. Articuli Transilvaniae diaetales a primordio separatae ab Hungaria Transsilvaniae ad nostra usque tempora conditi, diversis publicis ex Archivis, privatisque nonnullorum Collectionibus sollicitissime conquisiti, Universitatisque Saxonum Ecclesiasticae usibus destinati a Georgio Jeremia Hanero, A. C. addictorum per Transsilvaniam Superintendente. Tomi II in Folio. Der erste hat in der Abschrift 1060 Seiten und geht vom Jahre 1540—1629. Der Zweite 968 Seiten und geht vom Jahre 1630—1690.

16. Historia de Decimarum Pastorum in Transsilvania Saxonicorum Arenda, e publicis Cleri Saxonici Documentis in apicis redacta. 1765. Mscpt.

17. Quod Pastorum Saxonicorum Decimae in Fundo Saxonum Regio, nec ante annum 1556 nec (exceptis duabus Schelkensium Quartis) anno 1556, nec anno 1558 sint secularisatae, privilegialibus ex positionibus probatum dedit G. J. H. 8. Mspt. 4-to. 10 S.

18. Opinio Nonneminis, de attentata Ecclesiae Lutherano-Evangelicae in Transsilvania cum Romano-Catholica Unione (1770)[1]

---

[1] Ueber die Veranlassung zu dieser Schrift erzählt Dr. Freiherr von Hock: „In demselben Jahre (1770) trat ein Ereigniß ein, das nicht ohne Interesse für die Geschichte der Einigung der Confessionen ist. Die Kaiserin hatte aus einem Schreiben des Freiherrn v. Bruckenthal, Statthalters von Siebenbürgen vom 29. Oktober 1770 ersehen, daß der dortige katholische Bischof Freiherr v. Baitai zum Zweck dieser Einigung ein Religions-Gespräch mit den Superintendenten der beiden protestantischen Confessionen des Landes eingeleitet habe. In der Freude ihres Herzens schrieb sie am 19. November an den Statthalter, wie sehr sie wünsche, daß die Einigung der Religionen zu Stande gebracht werde, was sie „bei allen denjenigen, die an diesem großen Geschäfte Theil genommen, ganz besonders erkennen werde." Als das kaiserliche Handschreiben dem Staats-Rathe mitgetheilt wurde, machten Gebler und Binder aufmerksam, wie wenig Erfolg der Versuch verspreche, mit welcher geringen Vorsicht der Bischof in das bedenkliche Unternehmen sich eingelassen habe. Nur mit Unmuth mochte die Kaiserin die entzaubernden Bedenken aufgenommen haben, sie fragte noch die Grafen von der Mark und Blümegen um ihren Rath, aber endlich am 29. November erließ sie an den Bischof die Weisung: Er möge zu dem Gespräche noch einige katholische Theologen beiziehen, anhören und widerlegen, aber nicht Zugeständnisse machen, und über den Ausgang, besonders in der Beziehung berichten, welche Vorschläge in Rom zu machen wären. Daß der Erfolg die Ansicht der Staats-Räthe rechtfertigte, ist selbstverständlich, es kam nicht einmal zu einem

19. Hungarisch und siebenbürgische Geschichte (1578—1637) aus Kheven=
hüller's Annalibus Ferdinandeis ausgezogen, 1755, Mspt., nebst
Extract aus ebendesselben Conterfet-Kupferstichen in 4-to.
20. Orationes binae, fata occasiones tristes, et impetitiones, — quibus
obviam eundi causa (Auctor G. J. Hauer) varias suscepit lucubra-
tiones inde ab anno 1747, — enumerantes habitae in Synodis
d. 19. Sept. 1769 et 1. Octob. 1771.

T r.   **Hauu Friedrich,**

geprüfter Landes=Advokat und ordentl. öffentlicher Professor des ungarischen
Geschäfts=Styls und der doppelten Buchhaltung an der juridischen Lehr-
Anstalt zu Hermannstadt, welcher Beruf ihm vom Ober-Consistorium der
Augsb. Conf.=Verwandten am 1. Febr. 1844 übertragen wurde, geboren
in Marktschelken, wo sein Vater Prediger war, 1817 am 8. Juni.

Er endete sein Leben in Wien am 10. Dezember 1852 an den
Folgen eines Rasirmesser-Schnittes in die Kehle. Darüber berichtet die
Wiener Zeitung Austria und aus derselben der Siebenbürger Bote Nr.
201 vom 18. Dezember 1852:

Die Redaktion der „Austria" hat einen herben Verlust zu bedauern:
der Tod riß einen ihrer Mitarbeiter jählings aus ihrer Mitte. Erst

---

bestimmten Vorschlag." (Aus Dr. Carl Freih. von Hock's „der österreichische Staats-
Rath." Wien 1868. W. Braumüller S 52—53).

Dennoch scheint die fromme Kaiserin ihre Hoffnungen damals noch nicht
ganz aufgegeben zu haben. Denn — nach der unter den Nachkommen der Brüder
Hauers (er selbst hinterließ von seiner Gattin Anna Justina v. Heydendorf, welche
als seine Wittwe am 6. Mai 1780 starb, nur zwei Töchter) erhaltenen Tradition —
wurde Hauer bei einer im Jahre 1772/3 gehabten Audienz von der Monarchin der
Conversions=Antrag für ihn und seinen Clerus mündlich gemacht und eine neue Bestätigung der vom k. Fiskus im Rechtswege bekämpften geistlichen Zehnden desselben
in Aussicht gestellt. Hauer begegnete der Zumuthung mit der Erklärung, er sei
dessen gewiß, daß selbst in dem Fall, wenn er derselben entspräche, er allein bastehen
und sein Beispiel von der ihm untergeordneten Geistlichkeit nicht würde befolgt
werden. — B. Sam. Bruckenthal dagegen entschuldigte seine Verweigerung der
ähnlichen Zumuthung in Bezug auf seine Person — (nach der Erzählung eines ihm
nahe gestandenen Geistlichen, der dessen Vertrauen besaß) — damit, daß ein etwaiger
Uebertritt das Ende seines häuslichen Glückes unbedingt zur Folge haben, ja seine
dem elterlichen Glauben mit Leib und Seele anhangende geliebte Gattin zur Trennung
von ihm veranlassen würde.

vor wenigen Tagen zeigte derselbe Spuren einer Geistesverdüsterung, welche ganz unerwartet rasch binnen 24 Stunden ohne jeden sonstigen äußern Anlaß zu der erschütterndsten Katastrophe führte. **Friedrich Hann** stand in der Blüthe der Lebens-Jahre im 36. und obgleich er kränklich war, schien doch eine nüchterne, streng geregelte und sittliche Lebensweise seiner schwankenden Gesundheit zu Hülfe zu kommen. Indeß war nach ärztlichem Befunde das Uebel, dem er erlag, in seinem Organismus manigfach angedeutet.

Gebürtig aus Siebenbürgen, wo er als ehemaliger Professor und Verfasser einiger Schriften wesentlich statistischen Inhalts unter seinen sächsischen Landsleuten eines bedeutenden Ansehens genoß, trat er vor ungefähr tritthalb Jahren als Ministerial-Concipist in das Handels-Ministerium, und ward bald Allen, mit denen er in nähere Berührung kam, trotz seines Eifers, seiner treuen und ernsten Bestrebungen, lieb und werth. Bevor er an der Redaktion der Austria Theil nahm, war er eine Zeitlang im statistischen Bureau zur Seite des gleichfalls zu früh dahin geschiedenen trefflichen Häufler an dem großen ethnographischen Werke über Oesterreich beschäftigt, dessen Herausgabe das Handelsministerium vorbereitet. Er redigirte fortlaufend unsere **politische Revue**; **die meisten Arbeiten**, welche die **Austria** über **Ungarn und Siebenbürgen** brachte, flossen aus seiner Feder, auch sonst lieferte er manche **Beiträge**, und war thätig selbst noch am Vortage des Unfalls, der ihn so plötzlich hinwegraffen sollte.

Seine irdischen Reste werden heute zur Ruhe bestattet, und indem wir ihm den letzten Beweis unserer Freundschaft und Hochachtung zollen, haben wir, neben der aus dem Jenseits strahlenden Hoffnung, auch den Trost, daß keine Hinterlassenen an seinem Grabe weinen werden. Ihm sei die Erde leicht!"

Vgl. die Art. Joseph **Czekelius** S. 32 und **Hintz** in diesen **Denkblättern.**
Megvilágítása azon Vádiratnak, mellyet a két Oláh Püspök Urak a Szász Nemzet ellen az 1841—1843-béli Erdélyi Ország Gyülésen a Rendeknek benyujtottak. Németül szerkeszté Schuller Károly János, a Szebeni Ágostai hitvallású Oskola Köz-Oktatója és a Berlini Német nyelv ügyébeni Társaság tiszteletbéli tagja. Magyarra forditá Hann Fridrik, a Szebeni Jogtudományi Intézet Közoktatója. Szeben nyomatott a Hochmeister Márton örököseinél. 1844. 8-vo. II. 151 S.

Hann Michael.

Tr.

In der siebenbürgischen Quartalschrift 7. Jahrgang S. 107—108 heißt es: „Michael Hann" (Vater des 1627 verstorbenen Mediascher Bürgermeisters Petrus Hann) „war Notarius zu Hermannstadt, der nämliche, der die zu seiner Zeit verfaßte und dem König **Stephan Báthori** zur Bestätigung nach **Polen** überschickten sächsischen **Municipalgesetze** oder **Statuten** eigenhändig, als Urschrift, auf Pergament geschrieben, auch denselben eine kurze Geschichte des deutschen Volkes in Siebenbürgen vorausgeschickt hat. Sie steht in dem nemlichen Pergamentbuch, das, nach der Bestätigung der darin enthaltenen Gesetze, dem sächsischen Volke wieder zurückgegeben ward, und noch im Hermannstädter National-Archiv in der Urschrift aufbewahrt wird.

Harth Johann,

Tr.

geboren in Ungarn, wo sein Vater Notär war, am 22. Februar 1795, studirte in Tübingen und Jena 1816 ꝛc. Vom Prediger an der Mediascher Stadtkirche berufen zum Pfarrer in Mortesdorf 1823, dann in Hassäg 1834 und in Markscheiten 1840, starb Harth an der Wassersucht am 7. August 1851, alt 54 Jahre. Er war 11 Jahre hindurch Syndicus des Schelker Capitels und hinterließ Vieles in Handschriften, unter andern die Gesetze des Schelker Capitels aus dem Capitelsbuche abgeschrieben und der neuen Zeit angepaßt.

1. De Librorum N. T. rite interpretandorum ratione recentiorum quorumdam Commentis opposita Dissertatio. Cibinii, Hochmeister 1821. 4-to. 30 S.
2. Beiträge zu einer Geschichte des Schelker Capitels. Handschrift, in Folio 45 S., wovon der Inhalt des 1. § angegeben ist in der Kronstädter Schul- und Kirchen-Zeitung vom Jahre 1852 Nr. 2, Seite 15.

v. Hauenschild Edler v. Révár Friedr. Leop.,

Tr.

k. k. Gubernial-Rath, Ritter des russischen S. Annenordens mit Brillanten, des Wladimir-Ordens 3. Klasse, dann des päbstlichen Christus-Ordens und des großherzog-toskanischen St. Joseph-Ordens, Correspondent der kaisl. Akademie der Wissenschaften zu St. Petersburg, Mitglied mehrer gelehrten Gesellschaften im In- und Auslande, letztlich General-Consul in

Corfu, starb in Hermannstadt am Blutschlag den 18. November 1830, im 47. Lebensjahre.

Er war der Sohn des ehemaligen siebenbürgischen Cameral-Inspectors Matthaeus von Hauenschild († 1795) und der Catharine geb. Orendi aus Hermannstadt, wo er am 19. Mai 1784 geboren wurde. Den ersten Unterricht erhielt er in den Normalschulen seiner Vaterstadt, vorzüglich vom Direktor derselben Abbé Eder, bei welchem er nebst dem öffentlichen, auch Privat-Unterricht genoß. Nach seines Vaters Tode ward er von seinem Vormund Martin Hochmeister in die orientalische Akademie zu Wien geschickt und brachte in Wien beinahe 12 Jahre zu. Wie er seine Zeit anwendete, schreibt er selbst in einem Briefe an seine Schwester Francisca verehl. Lang (nachmaliger Provincial-Rait-Rath) ddto. Zarskoeselo 21. April 1821. „Sehr weise rieth mir mein Vormund an, fleißig „zu sein. Es war aber dies grade in einer Zeit, wo ich mir durch „Griechisch, Latein, Spanisch, Englisch, Französisch und Italienisch, durch „Philosophie, Mathematik und Geschichte von früh Morgens um 4 bis „in die Nacht, beinahe die Schwindsucht an den Hals studirte und die „Aerzte mir ganz ernstlich riethen, nicht zu fleißig zu seyn." In ebendemselben Briefe beschreibt Hauenschild einen Theil seines Lebens, wie folgt: „Den 20. August 1809 reiste ich mit der Mutter des Feld-Mar-„schall-Lieutenants Baron Loudon, mit seiner Schwester, beiden Nichten „und Neffen von Wien über Prag, Dresden, Berlin und Königsberg nach „Riga. Die jüngere, damals noch nicht 16. jährige Nichte des Generals, „in Wien schon von mir geliebt, ward die Bedingung meines Glücks. „Ich sprach um sie an und erhielt die Zusage ihrer Hand, wenn ich in „Petersburg ein Amt erhalten würde. — 1810 ging ich also nach Peters-„burg, wurde zuerst zum Professor der Philosophie an der Alexander „Newskiischen geistlichen Akademie bestimmt, wo ich meinem abtretenden „Freunde Feßler im Amte folgen und die Weltweisheit in lateinischer „Sprache vortragen sollte, aber ich erhielt statt dieser Anstellung eine „Professur der deutschen Literatur am kaisl. Lyceo allhier, mit der Er-„laubniß, Französisch vorzutragen, 2500 Rubeln Gehalt und dem Range „eines Hof-Rathes. Dies geschah den 25. August 1811, aber schon den „16. April 1810 war meine geliebte Johanna meine Gattin geworden. „Im Jahre 1812 machte ich den Entwurf zu der adelichen Pension des „Lyceums. Dieses Institut kam trotz der damaligen Kriegs-Unruhen „schon 1813 zu Stande, und ich ward mit Beibehaltung meiner Professur „am Lyceo Direktor dieser Anstalt, wobei ich auch noch eine Professor-

"stelle übernahm, und für diese zwei Plätze anfänglich 2000, in der Folge
"aber 3000 Rubel erhielt. Die Gründung dieser Anstalt, in welcher
"nun 172 Adeliche erzogen werden, zog die Aufmerksamkeit Sr. Majestät
"auf mich. Ich erhielt 1817 den 9. Juli mit Uebergehung geringerer
"Orden den St. Annen=Orden 2. Klasse um den Hals, wurde dann
"durch eine namentliche Ukase des Kaisers an den Senat zum Collegien=
"Rathe erhoben, mit dem Befehle, daß ich vom 1. August 1817 in diesem
"Range sollte gerechnet werden. Den 29. Juni 1819 ertheilte mir der
"Kaiser für die Vollendung der ersten 6-jährigen Erziehung der Zöglinge
"meiner Anstalt den St. Annen=Orden mit Diamanten-Insignien und
"eine goldene Dose mit Diamanten verziert. Als im Jahr 1820 der
"**erste Theil meiner Uebersetzung der russischen Geschichte** erschien, erhielt
"ich vom Kaiser, von der regierenden Kaiserin, von der Großfürstin
"Alexandra und vom Könige von Preußen, welchem letztern diese Ueber=
"setzung zugeeignet ist, vier brillantene Ringe. Im Monat Juni des=
"selben Jahres schlug mir der Curator der neuerrichteten Universität die
"damals erledigte Direktor-Stelle in Verbindung mit einem andern Platze
"vor. Se. Majestät der Kaiser waren aber so gütig, mir zu sagen, daß
"ihm mein Dienst am Lyceo angenehmer sei; er hatte darauf die Gnade,
"mir am Tage seiner Abreise ins Ausland hier in Zarskoeselo den 8. Juli
"1820, zu meinem Gehalte noch eine lebenslängliche Pension von 2000
"Rubeln zu ertheilen. — Mein sehnlichster Wunsch wäre nun vor dem
"Ende meines nicht unthätigen Lebens, noch einmal den Süden, vor allem aber
"mein Vaterland und dich theuere Schwester mit den Deinigen zu sehen.
"Ich bin ein ganz leidenschaftlicher Mineralog, und seufze oft tief, daß
"ich von den herrlichen vaterländischen Sachen, von den schönen Schörlen,
"blauen Chalcedonen, Schwer= und Flußspaten, Spießglas, Gold u. s. w.
"nichts auftreiben kann zc." — An seinen Schwager fügt Hauenschild die
Bitte bei: "Es wäre mir überaus erfreulich, wenn Sie mir von meinem
"Vaterlande, das Sie ja auch in literärischer Hinsicht gewiß genau kennen,
"ausführliche Nachricht gäben; denn wie mich Siebenbürgen als Jugend=
"land vor allen anspricht, so kann mir auch sein Fortschreiten in Kunst
"und Wissenschaft nie gleichgültig werden; ja ich faßte sogar einmal den
"Entschluß, von Decebalus Zeiten an ein geschichtliches Gemälde bis auf
"unsere Zeiten von diesem, selbst von Schlözer geschichtlich hochgestellten
"Lande zu geben, aber ich ward in meinem Unternehmen bis jetzt nicht
"hinlänglich unterstützt, und habe mich vorzugsweise dem Studium der
"nordischen Geschichte hingegeben." — In Betreff seines Siegels be-

bemerkt Hauenschild in dem Briefe an seine Schwester: „Unseres Vaters „Siegel ist weg. Mein jetziges Siegel hat mir die hiesige Heroldin ge= „geben, du siehst meinen Orten, die Adelsmedaille von 1812 und die „österreichische Aufgebots=Medaille darauf." — Soweit Hauenschild selbst in seinem Briefe vom Jahre 1821.

Allein schon im folgenden Jahre 1822 wurde er wegen Mangel an Disciplin unter den Zöglingen des seiner Leitung anvertrauten Lyceums, durch die k. Regierung der Direktors=Stelle an derselben enthoben und begab sich darauf mit seiner Familie nach Wien, um k. k. österreichische Dienste zu suchen. Er erhielt solche bald, indem er zum V.=Consul in Banet und, nachdem er auf diesem Posten kurze Zeit zugebracht hatte, zum General=Consul in Corfu ernannt wurde. Unterdessen litt hier seine Gesund= heit derart und sein fortdauerndes Brustübel nahm so zu, daß er eine andere Stelle wünschen mußte. Er begab sich daher wieder nach Wien, und von da mit der ihm vom Fürsten Metternich gegebenen Versicherung, in die Stelle des zu pensionirenden Hof=Agenten in der Walachei von Hackenau, und nach dem etwaigen Ableben des kränklichen Hofraths Genz in die Stelle des letztern befördert zu werden, sammt seiner Familie nach Hermannstadt im Spätherbst des Jahres 1829. Doch die fortdauernde Occupation der Walachei durch die Russen hinderte die Rückkehr der nach Hermannstadt übersiedelten k. k. Agentie nach Bukurest und die Pensionirung Hackenaus unterblieb. Nichtsdestoweniger brachte Hauenschild das Jahr 1830 in Hermannstadt zu, wo ihn zu früh für den Staat und seine Familie am 18. November der Tod ereilte.

Da Hauenschilds Vater bereits am 27. April 1791 vom Kaiser Leopold II. den deutschen Adel erhalten hatte, so wurde ihm selbst vom K. K. Franz im Juni 1827 auch der siebenbürgische Adel ertheilt, und er er= hielt das Prädikat von Révár. Von seiner erwähnten ersten Gattin hin= terließ er 3 Töchter und 2 Söhne, von der ihn überlebenden zweiten Gattin Julie Orendi aber eine Tochter. Kaiser Franz bewilligte seiner Witwe eine Pension jährlicher 1100 fl. C.=M. und der k. russische Hof beließ ihr die seither von ihrem Ehegatten bezogene Pension jährlicher 2000 Rubel, welche sie in Petersburg genoß.

Schlußlich wird bemerkt, daß Hauenschild ein geschickter Maler und in seiner Jugend auch ein guter Dichter war.

Von seinen Schriften kenne ich:
1. N. v. Karamsins Geschichte des russischen Reichs. Nach der 2. Original-Ausgabe Deutsch übersetzt von F. v. Hauenschild. Riga

bei C. J. G. Hartmann, 1820—1827. 8-vo. Drei Bände. Die Fortsetzung ist von August **Oldekop** vom 4—6. Band und von D. **Oertel** in St. Petersburg vom 7—10. Bande übersetzt worden. Den 11. Band gab nach des Verfassers Tode heraus der Minister des Innern Blubow. Ebendas. 1833, gr. 8-vo.

   (1. Bd. XL Vorwort des Uebersetzers VIII S.¹), 383 S. Vom Uebersetzer Hauenschild Sr. Maj. Friedrich-Wilhelm III., König von Preußen zugeeignet. — 2. Bd., ebenfalls 1820, X. 268 S. und Anmerkungen dazu 85 S. — 3. Bd., ebendas. 1823, XII. 332 Seiten. Gedruckt bei J. B. Hirschfeld in Leipzig.)

2. Ad quaestionem: quid de Ecclesiae Graecae et Ruthenicae Sanctis statuant Ecclesia Romana et rerum ecclesiasticarum periti? paucis historice respondere conatus est F. de H. Transylvanus Imperatoris et Autocratoris totius Rutheniae a Consiliis Collegiorum; Professor publ. ordin; Ordinum S. Wolodimiri tert. S. Annae cum adamant. insign. secundae classis etc. eques; Complur. societ. lit. sodalis. Viennae 1823. Apud J. G. Binz. 8-vo. 30 S. (Dem Freiherrn Aubr. Josef Stifft zugeeignet.)

Tr.   **Hausmann Wilhelm,**

geboren in Ulm am 21. Dezember 1822, kam im Jahre 1847, aus den preußischen Rheinlanden, wo er als Turn- und Fecht-Lehrer gewirkt hatte, nach Siebenbürgen. Hier ertheilte er zu Kronstadt vom Jahre 1847 bis 1853 am evang. Gymnasium, — und von hier als zweiter Lehrer an die zu Hermannstadt neuerrichtete k. k. Schule für Leibesübungen berufen, daselbst bis zum Jahre 1859, Unterricht im Turnen. Nach Auflösung dieser Anstalt kehrte er nach Kronstadt zurück und widmet sich seither fast ausschließlich literarischen und naturwissenschaftlichen Studien, als thätiges Mitglied des Vereins für Naturwissenschaften in Hermannstadt. In diesem Fach hat Hausmann viele Beiträge zu den „Verhandlungen und Motthei=

---

¹) In diesem Vorwort rühmt Hauenschild die ihm gewordene Aufmunterung des kaisl.-russischen Staats-Rathes v. Turgeneff (Schlözers Schülers) und des Präsidenten der Petersburger Akademie der Wissenschaften und Staats-Rathes von Duwaroff, dann des k. russischen Ministers der geistlichen Angelegenheiten und des öffentl. Unterrichts, Fürsten Alexander v. Golyzin, welch Letzterer Hauenschild zur Anschaffung der bei seiner Arbeit benützten nicht-russischen Schriften mit 6000 Rubeln unterstützte.

lungen des genannten Vereins", sowie Aufsätze naturgeschichtlichen und ethnographischen Inhaltes in in- und ausländischen Zeitschriften (**Globus** redig. von Dr. K. Andree, — **Natur** redig. von Dr. Ule, — **Oesterr. Gartenlaube,** — **Waldheims Illustrirte Blätter,** — **Oesterr. Revue,** — **Wanderer,** — **Pester Lloyd,** — **Hausfreund in Berlin,** — **Ueber Land und Meer in Stuttgart,** — **Pester Bote,** — **Victoria,** — **Hermannstädter und Kronstädter Zeitungen,** und einen Aufsatz „der letzte Sachse" S. 24—45 in L. A. Staufe's zu Kronstadt gedruckten Illustrirten siebenbürgischen Volkskalender für 1868) geliefert, und außerdem veröffentlicht:

1. Der Scharfschütz. Theoretisch-praktisch Anleitung, ein solcher zu werden, sowie genau Kenntniß über Gebrauch und Führung der Handfeuerwaffen zu erlangen. Von W. H., Kronstadt 1863. Gedruckt bei Johann Gött. 12-mo. 63 S.
2. Schützenlieder. Allen Freunden der edlen Schießkunst nah und fern freundlichst gewidmet von W. H. Kronstadt 1863. Druck und Verlag von Römer und Kamner. 12-mo. 14 S.

Seiv. ## Hebler Mathias,[1]

der fr. Künste Magister, Superintendent der sächsischen Kirchen und Stadtpfarrer zu Hermannstadt. Czwittinger, Schmeizel u. a. sind in ihren Nachrichten von diesem Manne gar nicht zuverlässig. Es würde aber überflüssig sein, ihre Fehler anzuzeigen, da ich zu Heblers Geschichte sichere Quellen habe.[2] Dieser unvergeßliche Gelehrte war von Karpfen aus der Altsoler Gespanschaft in Ungarn. Er studirte zu Wittenberg, erhielt auch daselbst die Magisterwürde. Nach vollendeten akademischen Jahren kam er nach Siebenbürgen und Hermannstadt. Hier fand er eine willige Aufnahme, wurde 1551 Collège bei der Schule, und das folgende Jahr Rector. Nach zwei Jahren aber verwechselte er auf Verlangen des Stadtpfarrers **Wiener** und des ganzen Raths 1554, die Schuldienste mit dem

---

[1] Umständlichere Nachrichten über Heblers Leben und Wirken und die Geschichte der religiösen Streitigkeiten in Siebenbürgen damaliger Zeit s. in Karl Schwarz's „die Abendmahls-Streitigkeiten in Siebenbürgen" in dem Vereins-Archiv N. F. II. 246 fg. und besonders in Heblers Biographie von Dr. D. G. Teutsch in dem statistischen Jahrbuch der evang. Landes-Kirche A. B. in Siebenbürgen. 1. Jahrgang 1863, S. 5-7. Tr.

[2] Unter andern: Protocollum Plebanatus Cibiniensis von Pergament.

Diakonate¹). Doch **Wiener** starb das folgende Jahr, und so wurde Hebler zu dessen Nachfolger im Amte erwählt. Darauf ihn denn auch die sächsische Geistlichkeit 1556, am Feste der beiden Apostel Petrus und Paulus, zum Superintendenten erwählte.

Seine Amtsführung war eine der unruhigsten, aber desto glorreicher für seinen Ruhm. Jetzt wurde Siebenbürgen ein Staat, da jeder herrschen und jeder ein Glaubensverbesserer sein wollte. **Franz Stankarus, Martinus Kalmanchäi**, zuletzt **Franz Davidis** und **Kaspar Helth**, waren die Feinde, mit welchen Hebler allezeit zu kämpfen hatte. Konnte er hiebei nicht ihre Herzen erobern, so verhinderte er sie doch, ihre Lehrsätze unter seinen Kirchspielen auszubreiten, Sieg genug! Unter so mancherlei Streitigkeiten, vollendete Hebler 1571, seinen Lauf mit Freuden. Den 12. August verfiel er nach gehaltener Sonntagspredigt, in eine tödtliche Schwachheit, an welcher er den 18. September Morgens um 8 Uhr in den Armen seines Beichtvaters sanft entschlief. Sein Leichnam wurde den folgenden Tag in die Kathedralkirche neben den Altar beigesetzt. Man sieht noch daselbst, sowohl seinen Grabstein, als an der Mauer, das ihm von seinen Freunden: **Jakob Mellembriger**, Stadtpfarrer zu Kronstadt und Doktor **Paul Kerzius**, schriftlich errichtete Denkmal. Der Grabstein hat unter einem kleinen Schilde mit drei Rosen und den Buchstaben: M. H. C. folgende Aufschrift:

  Matthiae Hobleri sita sunt hoc ossa sepulcro,
   Quem rapuit celeri mors inimica manu.
  Saxonicae Superintendens dignissimus orae,
   Et vigilans ista Pastor in Urbe fuit.
  Sectarum Furias rabiemque perosus iniquam,
   Defendit firma dogmata sancta fide;
  Et varios inter de Religione tumultus
   Asseruit laudes, Maxime Christe! tuas.
  Pro quibus aeternae coelestia munera vitae,
   Perpetuisque capit gaudia plena bonis.

Die Randschrift ist etwas verloschen: SEPULT - - MATTHIAE HEBLERI ECCLAE CIBINIENSIS VERBI DIV - - OBIIT IN CHRISTO. 18. SEPT. AN. 1571. Mellembrigers Epicedium auf Heblers Tod:

---

¹) Hebler wurde bereits 1551 von Dr Pomeranus in Wittenberg zum Geistlichen nach Hermannstadt ordinirt. Laut Klein's Nachrichten von evang. Pretigern in Ungarn. Leipzig 1789, 1. Band S. 475   T r.

Ergo jaces, venerande Pater! dignissime Praesul!
  Eloquio praestans et pietate gravis:
Quem supera nobis divinum Numen ab arce,
  Munus ut eximium, nemo dedisse negat.
Quam fuerit tali gens Transylvanica digna
  Munera, multorum corda profana docent.
Ast aliquando Deus pensabit, ut arbiter aequus,
  Singula pro merito cuilibet acta suo.
Namque tuos procul hinc licet olim duxeris ortus,
  Carpatus hic ubi mons terminat Hungariam:
Fidus eras patriae tamen, ac ecclesia sensit
  Sincera pro se te vigilasse fide.
Jussa Dei summi, sacrasque Melanthonis artes
  In nostris constat te docuisse Scholis.
Cum grassaretur passim mors saeva Cibini,
  Et statui nulli parceret atra lues:
Intrepido proprium gerebas pectore munus,
  Turpe tuam Spartam deseruisse putans.
Cumque senex Praesul superas remeasset ad aerces,
  Paulus, cui nomen clara *Vienna* dedit;
Sollicitaque diu versaret mente Senatus,
  Quem sibi praeficeret, quem populoque virum,
Te, prius excultum variisque dotibus auctum
  Obtulerat nostris, quem Deus ante locis,
Occulto nutu jam nunc desinat, et a se
  Electum pridem te monet esse virum.
Sic Domini jussu tibi se se Ecclesia subdit,
  Offers huic contra teque tuamque fidem.
Mox Superintendens communi nomine dictus
  Auspiciis laetis munia tanta subis.
Proponens populo Mosen sanctosque Prophetas,
  Ac Evangelii Semina pura serens,
Arcebas subito sinceri dogmatis hostes,
  Ne rueret vigilans trux in ovile lupus.
Saepe lacessitus pellebas longius hostem,
  Optabas quocum conseruisse manus.
Saepius ex acri rediens certamine victor,
  Ponebas nostris laeta tropaea locis.

Atque haec eloquio tanto, sacra bella gerebas,
  Quanto non alius, qui loca nostra colit.
Dixeris Heblerum Hyblaeis in montibus ipsis
  Nutritum quondam dulcibus esse favis.
Tantus erat lepor et talis facudiae linguae,
  Divino veluti nectare tincta foret.
Non ergo immerito cuncti suspeximus unum,
  In quo donorum copula tanta fuit.
Scandala tollebas, lites et jurgia fratrum,
  Ut pacem colerent omnibus auctor eras.
Ast ubi pugnato sat erat compluribus annis,
  Et data pax fuerat Coetibus alma piis:
Ceu pugilem lassum mandato munere functum,
  Ultima te Christus claudere fata jubet.
Ergo satur vitae sponte haec terrena relinquis,
  Sanctorumque Patrum gliscis adire chorum.
Hic licet optata placide jam pace fruaris,
  Exemtus curis, liber ab invidia.
Pectore te moesto tamen orba Ecclesia luget,
  Obque tuam mortem nocte dieque gemit.
Multaque commemorans profert haec ultima tandem:
  Vix feret Heblero patria nostra parem!
Nos quoque, qui colimus praeclarae Barcidos oram,
  Quos quondam sacro glutine junxit amor:
Te multis lacrymis nobis lugemus ademptum,
  Tristia de querulo pectore signa damus.
Dicimus ingenue, dicturi semper id ipsum:
  Quando ferent similem Saecula nostra virum?
Et quia te Christus patriam revocavit in illam,
  Quae venit aeterno foedere danda piis:
Nos tibi cum sanctis coelestia dona favemus,
  Dona ea, quae curis invidiaque carent.
Vive igitur longum. Praesul dignissime! vive
  Laetus et in Christi jam requiesce sinu.
Donec ab excelso veniens Mediator olympo,
  Ad vitae aeternae gaudia pandat iter,
Et scelerum vindex hostes deturbet ad orcum,
  Sistat et ad dextram teque suamque gregem.

>Huc ades. Heblero fueras, qui fidus amicus,
>   Atque pii defles tristia fata viri.
>Has voces puro nobiscum pectore prome:
>   In gremio Christi vivito, charo pater!
>Utere concessa requie nunc, inclyte Praesul!
>   Vive, vale, aeternum vive, iterumque vale!

Ich komme auf Heblers Schriften, welche die Freunde des Kalvinismus veranlaßten.

1. Brevis Confessio, de Sacra Coena Domini, Ecclesiarum Saxonicarum et conjunctarum in Transylvania, An. 1561. Una cum judicio quatuor Academiarum Germaniae, super eadem Controversia. — Psalm. CXIX. *Servus tuus — testimonia tua.* Cum gratia et privilegio Sereniss. Principis nostri, Electi Regis Hung. etc. M. D. LXIII. in 4. Auf dem letzten Blatte: Excusum Coronae in Transylvania. 92 S.

Dieses Bekenntniß setzte Hebler in der Synode zu Medwisch vom 6. Februar 1561 auf, welches von der gegenwärtigen Geistlichkeit, in ihrem und der Mitbrüder Namen unterschrieben wurde. Weil nun Franz Davidis ausbreitete, seine Lehre wäre die allgemeine Lehre der protestantischen Akademieen: so sah sich die sächsische Geistlichkeit genöthigt, dieses ihr Glaubensbekenntniß von dem h. Abendmahl, an die berühmten Universitäten zu Leipzig, Wittenberg, Frankfurt an der Oder und Rostock zu überschicken, um ihr Gutachten darüber zu vernehmen. Die Abgeordneten waren: Georg Christiani, Pfarrer zu Hellau und Dechant des Hermannstädter Kapitels; Nikolaus Fuchs, Pfarrer zu Honigberg und Dechant des burzenländischen Kapitels; wie auch Lukas Unglerus oder Ungleich, Schulrektor zu Hermannstadt, welche nach glücklicher Verrichtung ihrer Geschäfte den 8. März 1562 wieder zurückkamen.

Von diesem Werke veranstaltete Nikolaus Selneccerus 1584 eine neue Ausgabe, die unter der Aufschrift: Confessio Ecclesiarum Saxonicarum in Transylvania, de Coena Domini: Anno 1561, missa, allata et exhibita Academiis, Lipsiensi, Witebergensi et Rostochianae. et harum de illa Confessione Censura — zu Leipzig 58 S. in 4 herauskam. Das Bekenntniß ist hier von viel mehreren sächsischen Geistlichen unterschrieben, als in der ersten Ausgabe; auch zu Ende des Schesäus Gedicht: Imago boni Pastoris, X 8 S. beigefügt.

Diese Bedenken der Leipziger und Wittenberger Theologen, hat auch Joh. Dietrich Winkler, Superintendent der Hildesheimischen Kirchen, seinen Anecdot. Historico-Ecclesiasticis Nov-antiquis. St. VI. No. XLI. einverleibt [1]).

---

[1]) Gegen die brevis Confessio gab der Debretziner Pfarrer Peter Melins

2. *Elleboron* ad repurganda Phanaticorum quorundam Spirituum Capita, qui primum in Transylvaniam Calvinismi semina spargere ceperunt, authore Martino Calmanchaei, sub patrocinio Petrovitz, Locumtenente Reginae Isabellae, An. 1556. Recens editum a Pastoribus Saxonicis in Transylvania, 1560. *Rom. 16. Obsecro autem vos fratres — corda simplicium.* Ich habe es nur in der Handschrift gesehen.

T r. **Hederich Carl,**

geboren in Bonesdorf, Kockelburger Comitats, im Jahre 1814, Sohn des Bonesdorfer Pfarrers Christian Hederich, studirte an der protest.-theol. Fakultät in Wien 1837 und in Berlin 1838/9, — wurde nach mehrjähriger Dienstleistung als Lehrer der ersten Elementar-Klasse und Lektor des Gymnasiums in Mediasch, den 29. Juli 1849 zum Pfarrer in Fellborf (Fületelko) gewählt und bekleidete diese Stelle, bis er am 28. Februar 1858, zum Mortesdorfer Pfarrer an Stelle des verstorbenen Karl Gräser erwählt wurde, wo er im Februar 1868 gestorben ist.

1. De Seminariis, seu de Institutis, quae futuris in patria nostra

---

heraus: Refutatio Confessionis de Coena Domini Matthiae Hebler Dionysii Alesii, et his conjunctorum, una cum judiciis quatuor Academiarum Vittebergensis, Lipsiensis, Rostochiensis et Francofurt, quae Saxonibus Transsilvanicis Diplomatis Papalis instar missa sunt an. Domini 1561 Debreceni ex officina Michaelis Török 1564. 8-vo. plag. 11 (S. Bod Magyar Athenás pag. 172 und Weszprémi Biogr. Medicor. Hung. Cent. I. pag. 110, in welch letztern l. c. pag. 104—113 und Cent. II. P. II. pag. 455—457 das Leben und sämmtliche Schriften des Mellus aufgezählt werden.)

Zu bemerken kömmt Valentin Wagners (s. d. Art.) Ausgabe der Melanchthonischen Sammlung: „Sententiae veterum de coena Domini etc. Coronae 1556" 4-to. nebst Judicium Academiae Witteberg. de controversia Coenae Domini a Clarissimo et doctissimo Viro Philippo Melanthone conscriptum, Ecclesiisque Transylvanicis transmissum A. D. 1558" und „De Coena domini difficilius est certamen ddto. 16 Januar 1558, unterschrieben von Philippus Melanthon." Dieses Judicium ꝛc. ist gedruckt in den „Unschuldigen Nachrichten von alten und neuen theologischen Sachen ꝛc. auf das Jahr 1718, Leipzig J. F. Braun 8-vo. S. 931—938 und kömmt auch in den evangelisch-lutherischen siebenbürgischen Synodal-Verhandlungen vor, hinter: „Confessio Pastorum utriusque Nationis in Transylvania Philippo Melanthoni anno 1557. Wittebergam transmissa: de coena Domini."   T r.

scholarum magistris formandis inserviunt, in melius mutandis, nec non eorum cum ceteris institutis ad rem scholasticam pertinentibus necessaria conjunctione Dissertatio. Quam pro loco inter publicos Gymnasii Mediensis Professores obtinendo scripsit et coram Inclyto Consistorio domesticali Aug. Conf. addict. praesentibusque praefati Gymn. Professoribus Mediae d. 21. Sept. 1842, publice defendet C. H. Theol. Candidatus Marus - Vásárhelyini 1841. Impressit Simeon Kali. 8-vo. 24 S. Auf der letzten Seite stehen 8 „Theses defendendae."

2. Handfibel für den ersten Unterricht im Lesen, nach der Lautirmethode, auch bei jeder andern Lesemethode brauchbar. Für die Elementarklassen der evangelischen Volksschule in Siebenbürgen. Herausgegeben von K. H., evang. Pfarrer zu Fellborf.

Dritte, vielfach vermehrte und verbesserte Auflage, 1857. (Hermannstadt in Commission bei Theodor Steinhaußen.)

Tr. **Hedjesch Andreas,**

geboren in Kronstadt am 30. November 1578. Seine Eltern waren Joh. Hedjesch aus Schäßburg gebürtig (welcher bei K. Ferdinand I., bei EH. Karl, und dessen Bruder dem K. Maximilian II. als Leib-Garbist mehrere Jahre lang gedient hat, und — vom EH. Karl mittelst Wappenbrief ddto. Grätz 21. Sept. 1567 geadelt — mit eigenem Geleitbriefe K. Maximilians II. ddto. Wien 17. Juni 1568, worin er Hedtisch genannt wird, nach Siebenbürgen zurückkehrte und sich in Kronstadt niederließ), — und Anna, Tochter des Petr. Armbruster. Theils in den Schulen zu Kronstadt, theils durch Reisen in fremde Länder suchten ihn diese Eltern zu einem nützlichen Manne zu bilden. Im Jahre 1608 heirathete er Catharina Greißlerin, wurde 1613 in den Magistrat aufgenommen, 1626 zum Stadthannen erwählt, und starb als Senior des Magistrats am 27. August 1627.

1. Chronica ab anno Christi 1038 — 24. Decembr. 1601, deutsch. Manuscript.
2. Fortsetzung der Historien Ostermeyers vom Jahre 1562—1570. Manuscipt.

(Vgl. den Art. Ostermeyer.)

3. Auszug aus der Chronik eines Ungenannten vom Jahre 1603 bis 1612. Mspt.

4. Diarium, in welchem die Kronstädter Magistrats-Personen vom Jahre 1614 an, namentlich angeführt werden, vom Jahre 1613 bis 1617. Mspt.

(Die beiden Letztern citirt Lebrecht in den siebenbürgischen Fürsten. Hermannstadt 1792, II, 127, unterm Titel: A. Hegyesch Res memorabiles.)

Da Hebjesch seit 1613 selbst eine Hauptrolle in Kronstatt spielte, so sind seine Nachrichten ächt und verläßlich. Im angeführten Jahr begab sich Hebjesch mit dem Kronstädter Forgátsch zum Fürsten Báthori nach Salzburg, wo sie am 4. Juni dessen Aussöhnung mit den Kronstädtern zu Stande brachten, obwohl ihr Verbündeter Andr. Götzi treulos bevor schon zu Báthori überging und sich sodann sogar feindselig gegen sie bezeigte. Aehnliche Feindseligkeiten mußte Hebjesch mit den das Heer des türkischen Feldherrn Magyarogli Bassa nach Hermannstadt begleitenden Truppen den 28. September 1613, von Seiten der in Fogarasch liegenden Gabriel Báthori'schen Mannschaft im Durchzug erfahren, die er selbst im angeführten Diarium umständlicher erzählt.

Die oben Nr. 2, 3 und 4 angeführten Fortsetzung 2c., Auszug 2c. und Diarium 2c. hat Anton Kurz mit je einem besondern Vorworte zum Druck bereitet, und nach dessen Tod Dr. Eugen v. Trauschenfels im Auftrag des Vereins für siebenbürgische Landeskunde veröffentlicht, in der „Neuen Folge der deutschen Fundgruben zur Geschichte Siebenbürgens, Kronstadt 1860, S. 50—56, 266 bis 272 und 273—332.

Tr. **Hedwig Johann,**[1)]

Doktor der Medizin, Professor der Botanik an der Universität in Leipzig, Mitglied der römisch-kaiserlichen Akademie der Naturforscher, sowie der kön. Gesellschaft der Wissenschaften zu London und Stockholm (Siebenb.

[1)] Von Hedwig's Leben und zum Theil von dessen Schriften handeln: Leipziger gelehrtes Tagebuch 1797 S. 117 2c. — 1799 S. 25 28. — Elwerts Nachrichten von dem Leben und den Schriften jetztlebender Aerzte I 217—227. — Denkwürdigkeiten aus dem Leben ausgezeichneter Teutschen des 18. Jahrhunderts S. 154 bis 158 — Schlichtegrolls Nekrolog auf das Jahr 1799, X. 2, S. 221—256 — Neue Schriften der Gesellschaft naturforschender Freunde 1799, 2. Bd. und daraus

Quartalschrift II. 105), der Leipziger ökonomischen, der naturforschenden Gesellschaft zu Berlin, der medicinisch-chirurgischen zu Zürich und mehrer Anderer, — wurde geboren in Kronstadt am 8. Dezember 1730. — Im Jahre 1744, an das Ober-Gymnasium seiner Vaterstadt befördert, verlor Hedwig schon in seinem 16. Lebensjahr seinen Vater Jakob Hedwig, Bürger und Mitglied des äußern Rathes in Kronstadt. Bald nach dessen Ableben im Jahre 1747 verließ der Sohn seinen Geburtsort und begab sich nach Wien, kehrte aber von da bald nach Preßburg zurück, wo er zwei Jahre weiter studirte. Darauf besuchte er das Gymnasium in Zittau und bereitete sich während drei Jahren unter dem Rektor Gerlach zur Beziehung einer Universität vor. Dazu wählte er jene zu Leipzig und widmete sich vom 24. Januar 1752 an der Arzneikunde mit so gutem Erfolg, daß er 1756 unter dem Vorsitz des Professors Hebenstreit die Abhandlung: „De calore etc." vertheidigte und dadurch das medicinische Baccalaureat erhielt. Diese den Vorstehern und damaligen Aerzten seiner Vaterstadt zugeeignete Dissertation hatte unter den Bedrängnissen, in welchen sich die Bewohner und Obrigkeit von Kronstadt und deren Umgebung durch die daselbst vom Jahre 1755—1757 herrschende Pest (s. diese Denkblätter I 24) und langdauernde Pestsperre befanden, — leider nicht die gewünschte Wirkung einer öffentlichen Unterstützung von daher, und da ihm solche auch von seiner Mutter nicht zu theil wurde, daß er seine akademische Laufbahn hätte fortsetzen und den medicinischen Doctorgrad erwerben können, so gerieth er in große Noth. Da geschah es, daß er in dieser Verlegenheit eines Tages in einer Gasse Leipzigs einen heftigen Streit vernahm, welcher aus dem 3. Stockwerke eines Hauses, vor dem er vorübergehen sollte, zu seinen Ohren drang, mit den Worten: „So mag auch ich das Geld nicht haben, und es gehöre denn dem, dem

---

Im Separatabdruck: „Kurze Lebensgeschichte des Prof. J. Hedwig. Berlin 1799. 4-to. — Klein's Leben und Bildnisse großer Deutschen — Meusels Lexikon der von 1750 bis 1800, verstorbenen teutschen Schriftsteller, Leipzig 1802 ꝛc. 5. Bd., S. 279—282 — Hedvigii vita in seinem Werke „Species muscorum Frondoforum etc. Lipsiae 1801 S. 301—317. Siebenb. Quartalschrift VII. 218—224 (von Daniel Hager). — Hedwigia, ein Notizenblatt für kriptoganische Studien, redig. von L Rabenhorst. 1. Jahrg., Dresden 1852. — Ersch und Grubers Encyclopädie II. 4. S. 31. — Wurzbach's biographisches Lexikon VIII 190—193. Notice sur la vie et les ouvrages d'Hedwig par Deleuze in den Annales du Muséum T. II. 382—403 und noch andere zum Theil von Wurzbach a. a. O. angeführte Schriften.

es zufallen wird"; worauf Hedwigen vom Fenster des Hauses eine gefüllte Börse vor die Füße fiel. Hedwig hob die Börse auf, trug sie in das Zimmer des Hauses, aus welchem sie heruntergeworfen worden war, und erfuhr, zu nicht geringem Vergnügen, daß er recht gehört hatte und im redlichen Besitz der Börse zu bleiben habe. — Also war seiner Noth mit einemmale unverhofft abgeholfen und er in die Lage versetzt, seine dringendsten Bedürfnisse zu befriedigen, worauf er seine akademische Laufbahn vollendete und im Jahre 1759 auch seine Doktordisputation „de emesi in febribus acutis" vertheidigte. Nun wäre Dr. Hedwig gerne in Leipzig geblieben, um dereinst auf eine akademische Stelle Anspruch machen zu können, hätten seine Mittel hingereicht, dieses zu bestreiten, und hätte er nach der in Leipzig eingeführten Sitte magistriren und sich habilitiren können. Das Schicksal hatte es aber anders beschlossen, erst sollte er der Entdecker eines der größten Geheimnisse der Natur, nemlich der Geschlechtstheile der cryptogamischen Gewächse werden, um nachher desto gegründetere Ansprüche auf eine akademische Stelle machen zu können.

Sein Lehrer, der Professor Bose, gab ihm unter diesen Umständen den Rath, lieber als praktischer Arzt an einem kleinen Ort sein Glück zu versuchen. Er wählte daher Chemnitz im Erzgebirge, wohin er 1762 abging, nachdem er sich vorher mit Sophia Teller aus Leipzig, einer Schwester des Consistorial-Raths Teller verheiratet hatte. Seine kleine medicinische Praxis ließ ihm Muße genug, das rühmlichst angefangene Studium der Botanik fortzusetzen. Da er aber hier wenige neue Gewächse fand, so schränkte er vorzüglich auf die Moose seine Untersuchungen ein. Es konnte seiner Aufmerksamkeit nicht entgehen, daß Linné, der bei allen mit sichtbaren Blüthen versehenen Gewächsen das Geschlecht derselben auf das neue entdeckt hatte, bei den Gewächsen der letzten Klasse, nemlich bei der Cryptogamie, nur unsichere Muthmaßungen aus unrichtigen Beobachtungen gefolgert, vorgetragen hatte. Er beobachtete alle vergänglichen Theile der Moose fleißig unter einem guten Mikroscop, was er zu seinem Zweck noch mannichfaltig verbesserte, und seinem Scharfblick enthüllten sich nun auch die Theile, welche zwar schon lange vor ihm Micheli, aber ohne hier das Geschlecht zu ahnden, gesehen hatte. Er fühlte hiebei den Mangel eines geschickten Malers, und unterdessen legte er selbst Hand an, und lernte so vortrefflich diese Kunst, daß er in der Folge die schönen richtigen Zeichnungen, welche in allen seinen Werken sind, selbst besorgte.

Der 17. Januar 1774 war der für die Botaniker so wichtige Tag, an dem Hedwig zuerst das Geschlecht der Moose, welches man längst kennen zu lernen gewünscht hatte, am Bryo pulvinato des Linné entdeckte. Er sah die männlichen Staubbeutel, die sich zufällig unter seinem Mikroscop öffneten, und hielt sie gleich für das, was sie waren. Jetzt war die Bahn gebrochen und nun folgte eine wichtige Entdeckung der andern. Im Jahre 1778 machte er zuerst das Publikum auf seine Entdeckung im 3. Stück des 1. Bandes der Leipziger Sammlung zur Physik und Naturgeschichte Seite 259 in einer Abhandlung aufmerksam, die den Titel führt: „Vorläufige Anzeige meiner Beobachtungen von den wahren Geschlechtstheilen der Moose und ihrer Fortpflanzung durch Saamen."

Im Jahre 1776 starb Hedwig's Gattin, die ihm 6 Kinder zurückließ, von denen ihr aber bald zwei nachfolgten. Da die Ueberlebenden[1]) noch die Pflege einer sorgsamen Mutter benöthigten, so erwählte er dazu Clara Benedikta Sulzberger aus Leipzig, ein sehr gebildetes Frauenzimmer, das seine Bestimmung treu und vollkommen erfüllte. Diese seine zweite Gattin überredete ihn, Chemnitz zu verlassen und nach Leipzig zu ziehen, welches mit nicht geringen Schwierigkeiten zu Ostern 1781 geschah.

Ein Jahr nachher, 1781 erschien sein wichtiges Werk: Fundamentum historiae naturalis muscorum frondosorum im 2. Quartalbändchen, was die Naturforscher mit den Blüthen und Früchten der Moose so genau, wie mit den andern Pflanzen bekannt machte, und wodurch ein Zweig des botanischen Studiums, der so lange in tiefem Dunkel vergraben lag, mit einemmale aufgehellt wurde. Im Jahre 1783 setzte die kaisl. Akademie zu St. Petersburg auf die Entdeckung der Befruchtungsorgane cryptogamischer Gewächse einen Preis aus, den unser Hedwig durch eine Abhandlung, die das Motto führte: ingeniorum commenta delet dies, errang. Diese Preisschrift wurde 1784 in Quart zu St. Petersburg unter dem Titel: Theoria generationis et fructificationis plantarum cryptogamicarum Linnaei, gedruckt. Hierin lehrte er die Botaniker nicht nur die Beobach-

---

1) Nemlich zwei Töchter und zwei Söhne. Der ältere Sohn lebte als Maler zu Magdeburg; der jüngere Romanus Adolph Hedwig (geboren 1772, gestorben 1. Juli 1806), trat in des Vaters Fußstapfen, indem er eine Abhandlung Disquisitio ampullularum Lieberkühni physico — microscopica Lips. 1797 und de tremella Nostoch. Diss. inaug. Lipsiae 1798. 4-to., ferner Filicum genera et species recentiori methodo accommodatae, analytice descriptae Iconius ad naturam pictis illustratae Fascic. I—IV. Lipsiae 1799 -1803, Folio 69 S. mit 24 Kupf. Aphorismen über die Gewächskunde Leipzig 1800 und (die unvollendeten) Observationes botanicae Fasc. I 1802, lieferte.

lungs-Organe der Moose, sondern auch alle die zur Cryptogamie gehörigen Gewächse kennen. Wie sehr das Studium dieser Gewächse dadurch gewonnen hat, um wieviel gründlicher und fester ihre Kenntniß hiedurch geworden ist, und was für Riesen-Schritte das Studium der Botanik überhaupt durch diese Entdeckung hat machen können, ist zu bekannt, als daß es unserer Bestätigung bedürfte.

Zur Zeit als Linné das Geschlecht der mit sichtbaren Blüthen versehenen Gewächse aufs neue bei allen gründlich erwies, fand er nicht wenige Gegner und hatte an Siegesbeck einen der heftigsten, ebenso Hedwig. Gärtner und Necker erklärten sich gegen ihn. Der erstere, nemlich Dr. Gärtner, der größte Saamenzergliederer des 18. Jahrhunderts that es auf eine ihm würdige, sehr bescheidene Art, die auch Hedwig ebenso gründlich widerlegte. Gegen den gall- und streitsüchtigen Necker vertheidigte er sich aber wenig, da dessen Behauptung zu sehr gegen alle, seit Hedwigs Entdeckung gemachte Erfahrung stritt. Im Jahre 1784 stellte der Rath zu Leipzig Hedwig als praktischen Arzt bei der Stadt-Compagnie an. Im Jahre 1786 wurde er außerordentlicher Professor der medicinischen Fakultät, und als der ordentliche Professor der Botanik Dr. Pohl dem Ruf als Leibarzt mit dem Hofraths-Titel nach Dresden folgte, so war wohl unstreitig keiner würdiger diese Stelle zu bekleiden, als eben Hedwig. Er erhielt sie 1789, wo er zugleich die Amts-Wohnung bezog und die Aufsicht über den botanischen Garten erhielt. Im Jahre 1791 ward er noch vom Rath zu Leipzig als Arzt bei der Thomas-Schule angestellt.

Die 6 Kinder, welche ihm seine Gattin schenkte, starben alle, bis auf eine Tochter, jung dahin; dies war ein Mädchen ganz nach der Art, wie er sich gewünscht hatte. Sie hing mit ganzer Seele an ihm. Leider aber wurde ihm diese den 24. December 1797 durch den Tod entrissen. Den Gram über diesen Verlust verbarg er tief in seiner Brust, und nur dann, wenn er sich allein glaubte, widmete er ihr eine stille Zähre. Von der Zeit an wurde seine Gesundheit zerrüttet, und seine Kräfte schwanden allmählig. Seine ununterbrochene Thätigkeit, sein unermüdender Eifer für sein Lieblingsfach, die treue Erfüllung seiner Berufsgeschäfte, der harte kalte Winter, der ihm um Weihnachten ein katarrhalisches Fieber, welches 4 Wochen dauerte, zuzog, erlaubte ihm bei dem stillen Gram seines Herzens keine Erholung, und kaum war er etwas genesen, so warf am 7. Februar 1799 ein heftiges Nervenfieber ihn wieder aufs Krankenlager, welches einer der berühmtesten Leipziger Aerzte Doctor Kappe nicht zu heilen vermochte, und woran er den 18. Februar 1799 in einem Alter von 68 Jahren, 4 Monaten und 16 Tagen verschied.

Seine Verdienste um die Botanik[1]), worin er Epoche machte, und als classisch zu betrachten ist, sind kürzlich diese: Er entdeckte das wahre, vorher ganz unbekannte Geschlecht der cryptogamischen Gewächse, zeigte eine richtigere Methode, diese natürliche Familie zu ordnen, räumte viele physiologische und anatomische Vorurtheile weg, als die Wirklichkeit des Marks der Pflanzen, die Vorherbildung ihrer Blumen, lehrte uns die Gefäße der Gewächse näher und richtiger kennen, bestimmte genauer das Wesen der Befruchtungs-Organe, zeigte den wahren Nutzen der Blätter u. s. w. Alle seine Werke tragen das Gepräge reifer Erfahrung und werden, wenn einst der immer forschende Geist der Botaniker alle Systeme umwerfen sollte, ein bleibendes und brauchbares Denkmal für ihn sein. Seine großen Verdienste erkannten nicht nur Deutsche, sondern auch Ausländer, wie die zahlreichen Akademien und gelehrten Gesellschaften, die ihn in die Reihe ihrer Mitglieder aufnahmen, beweisen. Wie sehr man aber insbesondere die Größe seiner Entdeckungen im Auslande einsah, dazu mag folgendes als Beleg dienen. Als einst die Frau Landräthin von Itzenplitz, eine eifrige Liebhaberin der Botanik England besuchte, und der großmüthige Beförderer der Naturkunde, Sir Joseph Banko ihr von Hedwig sprach, gerieth er in Enthusiasmus über dessen Verdienste um die Botanik und brach in viele Lobsprüche aus.

Hedwigs Andenken wird nicht verlöschen und wo in allen Welttheilen (so schließt sein Biograph in Schlichtegrolls Nekrolog S. 255) ein gelehrter Pflanzenkenner jetzt lebt und leben wird, da wird auch Johann Hedwig genannt, so daß die Hedwigia balsamifera — ein nach ihm genannter immer grüner Baum in Hispaniola's Wäldern das sprechendste Monument ist, das ihm seine dankbare Wissenschaft setzen konnte." — Sein Name wird geehrt bleiben in den botanischen Namen:

Hedwigia Sw. Prodr. Eine Pflanzengattung aus der natürlichen Familie der Trikoken und der ersten Ordnung der 8. Linné'schen Klasse. Ihr Charakter besteht in einem viergezähnten Kelch, einer viergespaltenen Koralle, keinem Griffel und einer breikernigen Samenkapsel. Die einzige bekannte Art *Hedwigia balsamifera* Sw. ist ein Baum, welcher auf

---

[1]) Darüber s auch Bischofs, Blums ꝛc. Naturgeschichte der 3 Reiche, Stuttgart 1839 5. Bandes 2 Theil (Allgemeine Botanik) Seite 510, 578, 590, 592, 593 und 799.

S. Domingo wächst und befiederte unbehaarte glattrandige Blätter und weiße Blüthentrauben hat. S. Sprengel Syst. II 202.

Hedwigia Spr. Neue Entdeckung. — S. Trichilia L. Simplifolia Sprengel Syst.)

Hedwigia Ehrh., Hedw. und Hook. — Siehe Harrisonia Adans (Ersch und Grubers Encyclopädie 2. Sektion 3. Bd. S. 10.) und Auoectangium Hedw. (Ebendas. 1. Section, 4. Bd. S. 190.)

Hedwig's Porträt verdankt man der Dankbarkeit V. H. Schnorrs 4-to. Rab. Es hat die Unterschrift: „S. K. fecit 1795 Nr. 84. D. Joan. Hedwig. Animo pio fecit et grato. V. H. Schnorr v. K."

Ein Verzeichniß der Büchersammlung Dr. Johann Hedwig's ist in „Leipzig mit Löperischen Schriften 1799" auf 304 Oktavseiten herausgekommen.

Seine Schriften sind (außer vielen schriftlichen Recensionen der Schriften anderer Verfasser, in mehreren Zeitschriften):

1. Epistola de praecipitantiae in addiscenda medicina noxis. Lipsiae 1755. 4-to.

2. Aetiologiae chymicae Dissertatio prima *de Calore* ut causa Sanitatis ad rationes chymicas. Praes. Jo. Ernesto Hebenstreit. D. 21. Aug. 1756 Lipsiae. 4. VI. 16 S. (Dem Dr. Johann v. Seulen, Stadtrichter; Georg Rheter, Stadthann; Georg v. Herrmann, Senator; Johann Fr. Mylius, Physicus, und den Doctoren der Medicin Andr. Fronius und Steph. Closius in Kronstadt zugeeignet.)

3. Dissertatio inauguralis de emesi in febribus acutis. Praeside Ernest. Gottlob Bose. Lipsiae 1759 in 4-to. 44 S.

4. D. Christian Gottlob Ludwigs Einleitung in die Pathologie. Aus dem Lateinischen übersetzt. Erlangen 1777. 8v-o.

5. Vorläufige Anzeige meiner Beobachtungen von den wahren Geschlechtstheilen der Moose und ihrer Fortpflanzung durch Saamen. In den Leipziger Sammlungen zur Physik und Naturgeschichte. I. Bd. 3. Stück. 1778.

6. Abhandlung vom wahren Ursprunge der männlichen Begattungswerkzeuge der Pflanzen, nebst einer diese letztern erläuternden Zerlegung der Herbstzeitlosen, Colchicum autumnale mit 1 Kupf. Leipzig. Magazin 3. Stück 1781 S. 319, 297.

7. Fundamentum historiae naturalis muscorum frondosorum, concernens eorum flores, fructus, seminalem propagationem, adjecta dis-

positione methodica iconibus illustrata (XX) Pars I. Lips. ap Crusium 1782 XXIII 112 S. Pars II 1783 in 4-to. XI 107 S.

8. Was ist eigentlich Wurzel der Gewächse? Einigermaßen erörtert und besonders durch die Herbstzeitlosen erläutert. Leipziger Magazin zur Naturkunde, Mathematik ꝛc. 1782 S. 319 fg.

9. Beobachtungen an den Saamenlappen. Leipziger Sammlung zur Naturgeschichte T. II 1782 S. 1.

10. Von einem sehr kleinen bei Chemnitz gefundenen Bovist (Lycoperdon pusillum). Leipziger Sammlung l. c. S. 273.

11. Ueber die lebendigen Geburten der Gewächse. Leipziger Magazin zur Naturkunde 1783, 4. St. S. 625.

12. Von den Ausdünstungen der Pflanzen. Mit 1 Kupf. Leipziger Magazin zur Naturkunde 1783 S. 148.

13. Karl Bonnets Werke der natürlichen Geschichte und Philosophie, mit Kupf. Aus dem Französischen, nach der neuesten Ausgabe seiner Werke übersetzt. Leipzig 1783—1785. 8-vo. 4 Bde. (Oeuvres d'histoire naturelle et de Philosophie Neufchâtel et Paris. 1779—1783. XI voll. 4-to. et XVIII voll. 8-vo.)

14. Versuch zur Bestimmung eines genauen Unterscheidungskennzeichens zwischen Thieren und Pflanzen. Leipziger Magazin zur Naturkunde. 1784. 2. St. S. 215.

15. Vom Auswintern des Getreides. Schriften der Leipziger ökonomischen Gesellschaft. VI. Th. Dresden 1786 S. 60.

16. Ueber das Bemoosen der Bäume und in wie weit es ihnen schädlich ist. Schriften der ökon. Gesellschaft. — Ueber die Wässerung der Wiesen. Ebendas. T. VI. S. 70.

17. Beantwortung der von Herrn Arthur Young in England an die Leipziger ökon. Societät gemachten Anfrage über die Bewässerung der Wiesen mit Quell-Wasser und über die Ursache des Mehlthaues im Getreide. Schriften der Leipziger ökon. Gesellschaft. T. VI. Seite 166.

18. Theoria generationis et fructificationis plantarum cryptogamicarum Linnaei, mere propriis observationibus et experimentis superstructa. Dissertatio, quae praemio ab Academia imperiali Petropolitana pro anno 1783 proposito, ornata est. Petrop. 1784. Cum tab. 37. 4-to. 164 Seiten.

19. Abbildung neuer und zweifelhafter cryptogamischer Gewächse, nebst ihrer analytischen Geschichte. 1. Heft, Leipzig 1785. 2. und 3.

Heft, ebend. 1786. 4. Heft, ebend. 1787. — 2. Bandes 1. und
2. Heft, ebend. 1788. 3. und 4. Heft, ebend. 1789. — 3. Band.
1. Heft, ebend. 1790. 2. und 3. Heft, ebend. 1791. 4. Heft,
ebend. 1792. — 4. Bandes 1. Heft, ebend. 1793. 2. Heft ebend.
1794. 3. Heft, ebend. 1795 gr. Folio. Auch lateinisch unter dem
Titel: Stirpes cryptogamicae. Cum tab. aeneis ib. 1785 et sequ.
Fol. maj. Auch unter dem Titel: Descriptio et adumbratio micro-
scopico-analytica muscorum frondosorum, nec non aliorum Vege-
tantium[1]), e classe cryptogamica Linnaei novorum, dubiisque vexa-
torum. IV Tomi cum figuris coloratis. In Folio maj. Lipsiae,
1787—1797. Lat. et germ. Tom. I. 227 S. 40 Tab. T. II
240 S. 40 Tab. T. III 212 S. 40 Tab. Tom IV 118 S.
40 Tab.

20. Programma de fibrae vegetabilis et animalis ortu. Sectio I, Lipsiae 1789. 4-to. 32 S.

21. Behandlung der Egelkrankheit der Schaafe. Rims Sammlung
öfon. Schriften 1789. T. I. S. 94 fg.

22. Verbesserte Behandlungsart bei Erziehung und Versetzung der Weiß-
krautpflanzen. Riems Sammlung vermischter ökonom. Schriften.
1790 S. 62 fg.

23. Verfahren mit den Saamenpflanzen des Weißkrautes a. a. O.
Seite 67 folg.

24. Weißkraut und andere Kohlsaamen in Menge zu ziehen a. a. O.
S. 70 fg.

25. Gegenerinnerungen auf die zufälligen Gedanken des Herrn D. Wilbown
In Ustori. Annalen der Botanik 3. St. 1792 S. 43—52.

26. Die wahre Bestimmung und Nutzen der Blätter von den Pflanzen
und ihrer blattartigen Theile. Ebendas. 1 St. 1793. (Libellus ab
Hedwigio Societati physiophilorum Turicensi missus.)

27. Sammlung seiner zerstreuten Abhandlungen und Beobachtungen
über botanisch-ökonomische Gegenstände. Leipzig 8-vo. 1793, mit
8 illustr. Kupfertafeln, 1. Theil 208 S., 2. Th. 1797, 175 S.

28. A. v. Humboldt's Aphorismen aus der chemischen Physiologie der

---

[1]) Auch deutsch unterm Titel: Microscopisch-analytische Beschreibungen und
Abbildungen neuer Laub-Moose. 4 Bde. Mit 160 illustr. Kupfertafeln. Leipzig
1787—1797.

Pflanzen. Aus dem Lateinischen übersetzt von G. Fischer, nebst Zusätzen von J. Hedwig und einer Vorrede von D. C. F. Ludwig. Leipzig 1794, gr. 8-vo.

29. Belehrung, die Pflanzen zu trocknen und zu ordnen. Sie frisch nach dem Linné zu untersuchen und im System ausfindig zu machen. Für junge Botaniker. Gotha bei Ettinger 1797. 8-vo. 206 S. 2. Auflage. Gotha 1801. 8-vo. VIII. 206 S.

30. Theoria generationis et fructificationis plantarum cryptogamicarum Linnaei retractata et aucta. Lipsiae 1798 c. tab. aen. color. 42. Venalis Lipsiae apud venerabilem Hedwigii viduam et apud Christ. Gottl. Hilscher bibliopolam. 4-to. XII. 268 S.

31. Filicum genera et species recentiori methodo accomodatae analytice descriptae a Joanne Hedwig Med. D. etc. iconibus ad naturam pictis illustratae a Romano Adolpho Hedwig Med. et Philosoph. D. Lipsiae ap Schaeffer. Fasc. I c. tab. aen. color. 6. 1799 in Folio. (Der II., III. und IV. Fasc. von des Verfassers Sohn Romanus s. die obige Note S. 86.)

32. Fragmenta ad Physiologiam vegetabilem spectantia. Handschrift.
33. Flora Chemnizensis. Ebenfalls Handschrift. Beide unvollendet.

Nach Hedwigs Tod erschienen:

a) Genera plantarum secundum characteres differentiales etc. Lipsiae 1806. b) *Hedwig* Species muscorum frondosorum discriptionis. Opus posthumum. *Suppl. I.* Eddit Dr. Fr. Schwaegrichen. Cum Tubulis aeneis 150 color. Lipsiae apud Barth 1811. 4-to. *Suppl. II.* Tabb. 151 usque 175 continens. Ebendas. 1826 und *Supplementi II. Sectio 2-da.* Tabb. 176—200. Ebendas. 1827. *Suppl. III.* Tab. 201—300. Ebendas. 1830.

Die erste Ausgabe dieses Werkes kommt vor unter folgendem Titel: „Hedwig species muscorum frondosorum desoriptae et Tabulis aeneis LXXVII coloratis illustratae. Opus posthumum ed a Friderico *Schwaegrichen*. Lipsiae. Sumtu Joannis Ambrosii Barthii 1801. Parisiis apud Amand König, Quay des Augustins Nro. 18. 4-to. IV. 353 S. und 77 Kupfer.

Tr. **Hedwig Johann,**
Mitglied der Tonkünstler-Societät in Wien, Stadtkantor und Musikdirector an der evang. Pfarrkirche in Kronstadt, Gesanglehrer am Gymnasium und an der öffentlichen Musik-Schule der Kronstädter Musikfreunde, geboren

in Heldsdorf, Kronstädter Distrikts, am 5. August 1802, starb in Kronstadt am 8. Jänner 1849 im 45. Lebens-Jahre.

Nachdem er bis 1819 in den Kronstädter Schulen und am Gymnasium studirt hatte, lernte er in Wien unter Joseph Drechslers und Johann Blumenthals Leitung den Generalbaß und die Compositionslehre, und schon 1822 wurden einige Concert-Ouverturen Hedwig's im Leopoldstädter Theater zur Ausführung gebracht. — 1823—1840 war er Mitglied des k. k. Hofoperntheater-Orchesters, und ward im Juni 1840 als Cantor und Chordirector zum Kronstädter evang. Gymnasium und Stadtkirche berufen. Hier bildete er durch Unterricht der Gymnasialschüler, durch eigene Compositionen, besonders zur Kirchenmusik, und Anschaffung neuer Tonkunstwerke, wie auch durch Privat-Unterricht tüchtige Jünger seiner Kunst, die er in Kronstadt glücklich auf eine höhere Stufe erhob.

Ueber sein Familienleben und seine theils in Handschrift vorhandenen, theils unvollendet hinterlassenen Compositionen, seinen Fleiß, gediegenen Charakter ꝛc., lese man seinen Nekrolog in dem Satelliten zum (Kronstädter) Siebenbürger Wochenblatt 1849 Nr. 19 und 20 S. 73—74 und 78—79, besonders aber seine — von seinem Schwiegersohne Carl Frätschkes, Gymnasial-Lehrer in Kronstadt, verfaßte — gutgeschriebene Biographie, welcher auch sein Porträt aus der xylographischen Anstalt von Waldheim in Wien beigefügt ist, in dem Kronstädter Kalender „Sächsischer Hausfreund für das Jahr 1863 S. 54—66.

Abschied von meiner Heimath Burzenland. Von Christ. Heyser. In Musik gesetzt für eine Singstimme mit Begleitung des Pianoforte, und seinen Freunden zum Andenken gewidmet von J. L. H. Wien bei Theob. Weigl (1829). Quer-Fol. 11 S. (Desgl. die Composition für die Guitarre.)

„Wir sind ein Volk aus deutschem Blut." Lied im Geiste der Siebenbürger Sachsen gedichtet von M. L. Moltke. In Musik gesetzt für vierstimmigen Chor von J. Hedwig. Kronstadt bei W. Nemeth. 8-vo.

Sopran-Solo: „Erstrahle Licht!" mit Begleitung des Pianoforte, gedichtet von J. G. Giesel, componirt von J. Hedwig. 2 Bögen. Kronstadt bei W. Nemeth.

Siebenbürger Volkslied: Siebenbürgen, Land des Segens", gedichtet von M. L. Moltke, in Musik gesetzt für 2 Tenore und Baß v. J. Hedwig. Folio, ½ Bogen. Kronstadt bei Wilhelm Nemeth.

Kronstädter theoretisch=praktische Gesanglehre für öffentliche Schulen. Herausgegeben von J. H. ꝛc. „Ohne Sang, was ist das Leben." Kronstadt, Verlag von Wilh. Nemeth 1848. 12-mo. VIII. 68 S. Hinten ist der Druckort angegeben in den Worten: „Druck der J. B. Metzler'schen Buchdruckerei in Stuttgart."

Dem Kronstädter Stadtpfarrer und Dechanten Christoph v. Greißing gewidmet.

Eine zweite Auflage ist im Jahre 1868 in Leipzig erschienen.

Ueberdas componirte Hedwig: 1. Im Jahre 1841 eine Cantate zur Einweihung der neuen Orgel in Kronstadt. 2. Eine Oster=Cantate, zu der er den Text vom Wiener Superintendenten Heyser erhielt, 1842. 3. Eine Fest=Cantate zur Feier der Versammlung des Vereins für Landeskunde in Kronstadt 1843, wozu Pfarrer Giesel den Text lieferte. 4. Zu Anfang Mai 1845 wurde von einer Gesellschaft von Musikfreunden eine Schule für den Violin= und Gesang=Unterricht gegründet, bei welcher Hedwig die Abtheilung der Gesangs=Classe übernahm, zu der sich im 2. Jahr eine zweite und im 3. eine dritte Abtheilung gesellte. 5. Componirte er ein größeres Oratorium „der Allmacht Wunder", wobei ihm Haydn's Schöpfung als Muster vorschwebte, konnte aber nur den ersten Theil ausfertigen. 6. Fest=Cantate zur dreihundertjährigen Jubelfeier der Gründung des Kronstädter Gymnasiums, 1845.

Tr. **Hegenitius Trostfried,**

ein aus Görlitz gebürtiger Arzt, ließ sich in Kronstadt nieder und versah den Dienst eines Stadt=Physicus. Im Jahr 1660 wählte ihn die Communität zu ihrem Vormund und nun erfüllte er mit besonderer Thätigkeit und Treue beiderlei Berufspflichten zu einer Zeit, wo Kronstadt von Krieg und Pest schrecklich verheert wurde. Allein der Gefahr des Pestübels als Physicus am meisten ausgesetzt, mußte er den unerschrockenen Muth, mit welchem er diesen Dienst verrichtete, mit dem Leben büßen. Er selbst erkrankte den 30. August und war am 10. September 1660 nicht mehr unter den Lebenden.

1. Traktat von der Pest. Gedruckt im Jahr 1643. (Nach Thomas Tartlers Bericht in Collectan. zur Part. Historie von Kronstadt.)

2. Nota pro Anno 1660. Mspt.

Eine dem Kronstädter Communitäts-Protokoll von ihm eigenhändig einverleibte Geschichte der merkwürdigen Ereignisse vom 13. Januar 1660 bis 30. August des nemlichen Jahres, welche umsomehr vollen Glauben verdient, da der Verfasser als eine Hauptperson in Kronstadt mithandelte, somit von Allem hinlänglich und genau unterrichtet war. Dieser Nota ist etwas aus D. Nekesch's Diarium bis zum Schluß des Jahres 1660 beigefügt. Gedruckt und mit einem Vorworte von Anton Kurz begleitet in den deutschen Fundgruben zur Geschichte Siebenbürgens. Neue Folge, herausgegeben von Trauschenfels, Kronstadt 1860, S. 395—414.

Tr. **Heilmann Samuel,**

aus Bistritz. Er war der Sohn des Andreas Heilmann, Rektors des Bistritzer Gymnasiums und nachmaligen Pfarrers zu Mettersdorf, welcher zwölf Jahre hindurch insgeheim der Lehre Sozins zugethan, sich endlich öffentlich dazu bekannte, seine Pfarre verließ und nach Klausenburg ging, wo er nach längerer Zeit und Information zur früheren Glaubenslehre bekehrt, sein Leben beschloß¹)

Samuel Heilmann's Lebensumstände sind mir nicht bekannt, ausgenommen, daß er im Jahre 1642 zu Königsberg die nachbenannte Streitschrift vertheidigte:

De necessitate doctrinae de Satisfactione Christi Dissertatio e Joh. 17, 3 et Act. IV. 12. Praeside Abrahamo Calovio, m. Sepi. 1642. Regimonti. 4-to.

Tr. **Heinrich Daniel Gottlieb,**

geboren zu Großprobstdorf im Jahre 1774, studirte in Leipzig 1796 ic., war Prediger in Hermannstadt und wurde als solcher am 11. Septemb.

---

¹) Siebenb. Prov.-Blätter IV. 198 und Hermanns Protocollum Actorum Synod. S. 95.

Johann Heilmann, gleichfalls aus Bistritz, studirte an den Universitäten zu Straßburg 1672 10. Mai ic. und zu Jena 1675 und wurde Magister der freien Künste und der Philosophie, darauf Lector am Gymnasium zu Bistritz, endlich zu Anfang Juli 1682 Stadtprediger daselbst.

1808 zum Pfarrer in Holzmengen, im Februar 1811 aber zum Pfarrer in Alzen erwählt, wo er am 21. Juni 1828, mit Tod abging.

De Ludimagistorum paganorum Institutione et Officio. Cibinii typis Martini Hochmeister 1803. 8-vo. 13 S.

(Siebenb. Prov.-Bl. II. 175—179.)

Tr. **Heinrich Franz Karl,**

geboren in Alzen am 8. Juli 1811, ist der Sohn des Alzner Pfarrers Daniel Gottlieb Heinrich, studirte 1833/4 in Wien und 1834/5 in Berlin, Rector in Hermannstadt 1836, Prediger daselbst 6. Juni 1843, Pfarrer in Magarei 1846 22. November, Pfarrer in Leschkirch 5. November 1858.

Historiam Reformationis in Transsilvania inde ab anno 1521 ad annum usque 1573 beviter enarravit F. C. H. Cibinii 1837. 8-vo. 22 Seiten.

Seiv. **Heldmann Andreas,**

Lektor der deutschen Sprache zu Upsala und Gantmeister der Universität. Er war von Birthälm gebürtig, und studirte zu Hermannstadt. Als aber König Karl der Zwölfte, aus Demirtocca durch Siebenbürgen nach Schweden reiste, nahm ihn ein schwedischer Offizier mit sich hinaus [1]), da er denn in der Folgezeit den gemeldeten Dienst zu Upsala erhielt, auch daselbst heirathete. Nach Schmeizels Nachricht war er ein Vater von vielen Kindern, dabei aber doch reich, und hatte immer eine Sehnsucht nach seinem Vaterlande. Seine Völkerschaft in diesen mitternächtigen Gegenden bekannter zu machen, gab er heraus:

2. Disputatio Historica, de Origine septem Castrensium Transylvaniae Germanorum, quam Praeside M. Fabiano Törner, Eloqu.

---

[1]) Dieses berichtet Felmer in seinen Annotat. ad Notitiam Rer. Patriar. Allein die Sache ist mir sehr zweifelhaft. König Karl reiste 1714 durch Siebenbürgen*) und mit solcher Eilfertigkeit, daß wenige zu Hermannstadt das Glück hatten, diesen außerordentlichen Helden zu sehen. Heldmann lebte auf dem Hermannstädter Gymnasium von 1709—1711, da er den 6. des Christmonds Abschied nahm, um nach Universitäten zu reisen. Diesen Entschluß müßte er nun entweder geändert haben; oder aber mit einem durchreisenden schwedischen Offizier hinausgezogen sein, welches mir desto wahrscheinlicher ist, weil ihn Schmeizel in Schweden gesprochen hat, dieser aber 1713, nach Schweden reiste, und noch in demselben Jahre zurückkehrte.

*) S. Blätter für Geist rc. 1838 S. 321, 1858 Nr. 6. 7 und Transsilvania 1840

Profess. Reg. et Ord. Rectore, h. t. Magnifico, ventilandum publico sistit Auctor, Andreas Heldmann, Saxo-Transylvanus, Lingv. Ger. in Acad. Vps. Magister, Anno 1726 die 14. Dec. Vpsaliae, Typis Joh. Hen. Werneri, Typogr. Succiae Directoris, in 4. 36 S.

Mit einer Zueignungsschrift an den Grafen Gustav Kronhielm, Kanzler der Upsalischen Universität. — Diese Abhandlung ist eine der besten, die wir vom Ursprunge der sächsischen Nation in Siebenbürgen haben, und verdiente in der gelehrten Welt bekannter zu sein. Sie enthält zwei Hauptstücke. Das I. ist Chorographisch und handelt:

§ 1. De Aetate et origine vocabuli Transylvaniae.
2. De varia ejus Adpellatione.
3. De Situ, Terminis et Amplitudine.
4. De Divisione generali.
5. De Divisione Regiminis Saxonum Septemcastrensium.
6 Distributio Saxonum ratione Regiminis Civilis et Ecclesiastici.
7. Cur non plura persequantur Chorographica.
8. De Transylvaniae dotibus.
9. De Incolis, ratione et religione diversis et quae inde incommoda.
10. Natio praecipua est Germanica, cujus originem suscepimus investigandum.

Das II. Hauptstück handelt de Septemcastrensium Origine.
§ 1. Diversae de Origine Septemcastrensium sententiae.
2. Vero similior ea, eos esse Germanos Saxones, a Rege Hungarorum, Geysa II. in Transylvaniam evocatos.
3. Diversi Germanorum in Hungariam accessus, cum Nostrorum non confundentur.
4. Argumentum 1 quod Septemcastrenses probat Saxones esse Germanos, a nominibus gentilibus, quibus gaudent, petitum.
5. Argument II. a similitudine morum, regiminis, insignium et linguae desumtum.
6. Quo sensu nostri dici queant Colonia.
7. Argument. III. e diplomate Regio et Annalibus Septemcastrensium depromtum; ubi, quo auctore, quove tempore in Transylvaniam venerint, ostenditur.
8. Quibus caussis commoti venerint.
9. In quem finem et qua occasione.
10. Quorum auctoritate sententia nostra nitatur.
11 Contrariae sententiae indicantur et quibus laborent difficultatibus, generatim ostenditur. [1]

---

[1] Aus einem in Abschrift vorhandenen Briefe des Superintendenten Lukas Graffius an den Bischof von Schweden ddto. Birthälm am 25. Sonntag nach Trinitatis 1714, worinnen Graffius unsern Heldmann dem Schwedenkönig zu einer

2. Grammaticam Germanicam Suethizantem, aller den bäste Genwägen till Tyska Spräket, für en Schwänsk. Stockholm und Upsal, 1726 in 8-vo. ¹)

3. Schwedische Grammatik. Upsala 1738.

Heldmanns Todesjahr ist unbekannt, doch hat er im Jahre 1738 noch gelebt, da in diesem Jahre diese seine schwedische Grammatik im Druck erschien.

Tr.   **Hellwig Wilhelm,**

geboren in Sächsisch-Reen den 21. Dezember 1832, absolvirte die Gymnasialstudien zu Schäßburg 1854, studirte Theologie und Naturwissenschaften an der Universität zu Tübingen 1854 und Berlin 1854—1856, diente vom 5. Oktober 1856 bis Ende April 1857 als Lehrer an der oberen Mädchenschule seiner Vaterstadt, und vom Anfang Mai 1857 bis zum Juni 1859 als evang. Volksschul- und zugleich Handels-Schullehrer in Maros-Vásárhely, worauf er am 13. Juni 1859 zum Conrektor der Sächsisch-Reener Bürgerschule berufen, als solcher im Jahr 1864 in Hermannstadt die Lehramts-Candidaten-Prüfung ablegte und seit dem letzterwähnten Jahr, nunmehr das Amt eines Direktors der Unterrealschule und der damit verbundenen Lehr-Anstalten in seinem Geburts-Ort bekleidet.

1. Programm der evang. Unterrealschule und der damit verbundenen Lehranstalten in Sächsisch-Regen am Schlusse des Schuljahres 1864/5, veröffentlicht vom Director W. H. Inhalt: a) Die Entwicklung der Sächsisch-Regner evang. Knabenschule seit dem Jahre 1848. Vom Direktor. 31 S. b) Schulnachrichten vom Direktor. S. 35—46. Hermannstadt, Buchdruckerei S. Filtsch 1865. 8-vo. 46 Seiten.

Unterstützung, aus Rücksicht der Armuth seiner Eltern, zu empfehlen bittet, geht hervor, daß Heldmann in seinen Studien durch Mangel an den nöthigen Subsistenz-Mitteln unterbrochen worden, und mit Hülfe der gewünschten Unterstützung der Theologie weiter obzuliegen gesonnen war. Hiedurch wird die Glaubwürdig'eit der von Seivert erwähnten Felmerischen Nachricht erhöht, daß nemlich Heldmann wirklich im Jahre 1714 nach Schweden gereist sei.   Tr.

¹) Nach Adelungs-Fortsetzung des Jöcher'schen Gelehrten-Lexikons II. 1889 im Artikel Heldmann. S. auch Adelungs Mithridates II. 310. Ersch und Grubers Encyclopädie 2. Section 5. Theil S. 71 und Wurzbach's biogr. Lexikon VIII 247.

2. Programm ꝛc. 1865/6. Inhalt: a) Der Floßhandel auf dem Mieresch, vom Director (S. 7—22). b) Schulnachrichten, vom Director (S. 23—59). Hermannstadt, Buchdruckerei S. Filtsch 1866, 8-vo. 59 Seiten.

3. Programm ꝛc. 1866/7. Inhalt: a) Einige Bemerkungen über die Anordnung des mathematischen Lehrstoffs an der Realschule, von Gust. Fr. Kinn (S. 5—10.) b) Schulnachrichten, vom Director. (S. 13—43). Hermannstadt, Buchdruckerei S. Filtsch, 1867. 8-vo. 43 S.

4. Programm ꝛc. 1867/8. Inhalt: a) Ein Wort über Kindergärten an Eltern und Lehrer von Hugo Capesius, S. 3—35. b) Schulnachrichten vom Director S. 37—78. Hermannstadt, Buchdruckerei S. Filtsch, 1868. 8-vo. 78 S.

Tr. **Helner Georg,**

von Kronstadt, ein geschickter Humanist des 16. Jahrhunderts, dessen Vater Valentin[1]) als Kronstädter Stadthann (Quaestor) auf einer Reise zu Großau am 1. Dezember 1590 starb.

Er studirte am Kronstädter Gymnasium 1574 ꝛc., sofort aber an der Universität zu Wittenberg, und kehrte im Jahre 1580 nach Kronstadt zurück. Vom 12. April dieses Jahres an lehrte er als Lector am dasigen Gymnasium 14 Jahre hindurch, ohne Rektor werden zu wollen, stand aber als Exarch den damaligen Rektoren mit Rath und That helfend, zur Seite. In dem Nachruf, den ihm der Rektor Johann Zelius in der Kronstädter Schulmatrikel (Seite 26—27) weihte, nennt ihn derselbe: „Theologum optimum Philosophum acutissimum, Oratorem facundissimum — anno 1594, 12. Cal. Aprilis defunctum." (S. auch a. a. O. S. 32.)

---

[1]) Dessen Sohn Valentin Helner aus Kronstadt wurde als: „Notarius Cancellariae majoris Principis Sigismundi Bathori, ob industriam, studium et eruditionem suam" — nebst seinem Bruder Georg vom K. Stephan Báthori am 3. Februar 1583 in den Adelstand erhoben. — Ein Georg Helner aus Bistritz studirte im Jahre 1551 in Kronstadt und wurde in der Folge Pfarrer in Zeiden. Von ihm meldet die Kronstädter Schul-Matrikel S. 15 „Decessit, Czydini Pastoratum agens, Apoplexia correptus, anno domini 1576. Martii 16, postquam Corona a Steph. Bathoreo et Magnatibus, eum in Regnum Poloniae evocantibus, reversus esset."

Seiv.   In dem letzten seiner Universitäts-Jahre gab er heraus:
1. ΕΛΕΓΕΙΟΝ, in quo inter caetera, vera Domini nostri Jesu Christi, Dei et Mariae semper Virginis, Filii Majestas asseritur, ad Rever. Dnum, Georgium Hyrscherum, Antistitem Ecclesiae Dei in oppido Czeyden — Witebergae, excud. Clemens Schleich. 1580. 31 S. in 4. Zu Ende sind verschiedene Zeugnisse der Kirchenväter für die Ehre des Gottmenschen beigefügt worden, aus dem Augustin, Hieronymus, Cyrillus, Hilarius, Justinus, Amphilochius, Sophronius von Jerusalem, Beda, Bulgarius und Sedulius.
2. Apologia de Luthero — Witebergae 1580 in 4. 24 S. Man findet sie auch in folgender Sammlung.
3. ΠΡΟΠΕΜΤΙΚΑ in abitum et reditum Georgii Helneri, Coronensis Transylv. una cum Responsione ejusdem ad quaestionem Dn. Andreae Perlitii, Quedelburgensis valedictionem ad praecipuos fautores et amicos complectente, a quibusdam eorum scripta.
Tr.   Ad finem adjecta est Apologia de Reverendo Patre, veritatis illo Evangelicae repurgatore, ac Antichristi Romani domitore, D. D. Martino Luthero. Witebergae, Excudebat Clemens Schleich, MDLXXX. in 4. 42 S.
4. Συντομος του Ησαίου πεντηκοστε τριτε κεφαλαιε, μετρική μετάφρασις: συγγεγραφηα πρός χαριν, και τιμην, τε 'ελλογιμε, ευπιζημορεςάτε και Θεοφιλεςάτε τε ανδρός, ΠΑΥΛΟΥ του ΚΕΡΤΖΙΟΥ, Μηκιvατος 'αυτου Διαπαντος τιμητε. Witebergae, Haeredes Joannis Cratonis excudebant, Anno 1579. 4-to. 7 S. Ein lateinisches und ein griechisches Gedicht mit der Unterschrift: Γεοργιος 'ο Ἥλνηρος Τραισσυλυανος 'εγραφεν 'εν τῇ Ουιτεμβεργᾷ.
5. Ad Serenissimum Regem Poloniae Stephanum Bathori ejus nominis I. Victorem et Triumphatorum potentissimum. Ein den lateinischen Ausgaben des siebenbürgisch-sächsischen Municipal-Gesetzbuchs vorgedrucktes Gedicht G. Helners.
6. Epos in Historica Sommeri Carmina etc. s. d. Art. **Sommer**.

   Von Helners Freunden hat man aus dem Jahr 1580.
1. Epigramma et Elegia in Carmen et Apologiam Doctiss. D. Georgii Helneri Coronensis, amici multis mihi nominibus colendi. Witebergae, Excudebat Clemens Schleich 1580. 4-to. 4 S. (Drei

lateinische Gedichte von Georg Medicus, Augustinus Junius, Petrimont. Transsilvanus und Fridr. Dedekind.)

2. Εφοδια in felicem discessum eruditione, virtute et singulari vitae integritate praestantissimi Juvenis Dni. G. Helneri, Coron. Witeberga in patriam proficiscentis, amicitiae ergo scripta. Witebergae, Exc. Cl. Schleich, 1580. 4-to. 8 S. (Zwei lateinische Abschieds-Gedichte von Jonas Richter aus Meißen und Andreas Wiener aus Dresden.)

Seiv. **Helth (Heltai) Caspar.**

Dieser berufene Gelehrte in der siebenbürgischen Kirchengeschichte war wahrscheinlich ein Sachse[1]), wenigstens kein Ungar. Das Letztere erweiset sowohl sein Beruf zur Kronstädter Pfarre, als auch das Zeugniß seines Sohnes, der ausdrücklich sagt, er wäre kein Ungar[2]). Wann und wo er aber geboren worden, habe ich nicht entdecken können. Klausenburg kann sein Geburtsort nicht sein, weil er es selbst seine zweite Vaterstadt

---

[1]) Der Klausenburger evang. Pfarrer Andr. Thorwächter hat in seiner Abhandlung „von den alten Buchdruckereien der Unitarier in Siebenbürgen" in dem 4. Bande der Siebenbürgischen Quartalschrift S. 272 gründlich dargethan, daß Helth (was auch die Worte seiner akademischen Immatriculirung zu Wittenberg: „Caspar Heltensis Transsilvanus 17. Febr. 1542/3" und selbst ungarische Schriftsteller, wie Székely in Unitária vallás Történetei Kolozsv. 1839 S. 91. — Ferenczy in Magyar Irodalom és tudományosság története, Pesten 1854 S. 95. — Mailáth in der Geschichte der Magyaren 2. Ausg. III. S. 485, ja sogar auch Helth in der Zueigung seines ungrischen Katechismus (s. die Note zu Nr. 3 seiner Schriften) bestätigen) ein aus Heltau gebürtiger Sachse war, und das Amt eines evang. Stadtpfarrers an der großen Michelskirche (Pfarr- und Hauptkirche) zu Klausenburg, in welcher der Gottesdienst ununterbrochen in sächsischer Landessprache gehalten wurde, vom Jahr 1545—1557 (Denkblätter I. 236) mit vielem Ruhm bekleitete. Nach dem Uebertritt der Klausenburger Sachsen zur unitarischen Glaubenslehre und ihrer Union mit den ungarischen Mitbürgern im Jahre 1568 blieb Helth's Amts Nachfolger Franz Davidis, Pleban oder Stadtpfarrer in Klausenburg (s. Kemény's deutsche Fundgruben I. 81) und Helth begnügte sich mit der Stelle eines Stadtpredigers, als welcher er der Disputation zu Großwardein im Jahre 1569, beiwohnte. Siebenb. Quartalschrift IV. 276—277. T r.

[2]) Ein ungrisches Rechenbuch, das er gedruckt hat, schließt mit den Worten: Verzeihe mir die Fehler, denn ich bin kein Ungar. Gott erhalte dich! den 31. Oktob. 1591. Der Buchdrucker.

nennt, und daß es Heltau, im Hermannstädter Stuhle, gewesen, ist mir sehr zweifelhaft¹) Ueberhaupt ist die Geschichte dieses Gelehrten nicht wenig mit Wolken der Vergessenheit bedeckt. Im Jahre 1542/3 studirte er zu Wittenberg²) und kehrte 1545 nach Siebenbürgen zurück, wo er zu Klausenburg sein Glück fand. Im vorhergehenden Jahre war der dasige Pleban, Abrhanus, der Arzneikunst Doctor und Canonicus zu Weißenburg, den 7. Hornung gestorben; und vielleicht ward Helth sein Nachfolger im Amte. So viel ist gewiß, daß er nach Honters Beispiele eine Buchdruckerei anlegte, welche viele Schriften auch nach seinem Tode verbreitete.

Seine Pfarre verwaltete er mit solchem Ruhme, daß ihn die Kronstädter nach dem Tode des berühmten Wagners 1557 zu ihrem Oberseelensorger beriefen, welchen Beruf aber Helth ausschlug³). **Miles im Würgengel** S. 68 meinet, er habe es gethan, weil er schon ein heimlicher Freund der Blandratischen Irrthümer gewesen wäre. Allein, wer kannte damals auch nur die Religion dieses Arztes? Die wahre Ursache mag die sein, weil sich Helth allen öffentlichen Dienste entziehen wollte. Denn bald darauf legte er auch seine Pfarrwürde nieder, zufrieden mit dem Titel eines **Aeltesten der Klausenburgischen Kirche**⁴), worauf denn

---

¹) Dieses gründet sich bloß auf seinen gewöhnlichen Namen: Heltai, so viel als: von Heltau. In diesem Falle hätte er sich aber Holtanus oder Heltensis heißen müssen, er nennt sich aber Lateinisch allezeit: Heltus und im Deutschen, wie es aus seinen Schriften erhellet: Helth.

²) S. Vereins-Archiv N. F. II 136 und Magyar törtenelmi Tár 6. Band. Pest 1859, S. 207. Hiernach wäre Seivert's S. 271 des 4. Bandes der Siebenb. Quartalschrift von Thorwächter bestrittene Behauptung dennoch richtig. Tr.

³) Ostermeyer in Gr. Joseph Keménys deutschen Fundgruben I, 63 und Chronicon Fuchs etc. I 60. Neun Jahre früher (Dezember 1548) wählte und berief die Bistritzer Gemeinde Helth zu ihrem Stadtpfarrer, allein auch diesen Beruf nahm derselbe nicht an Rührend ist Helth's Absagebrief und Entschuldigung, und bemerkenswerth das gleich darauf auch vom Klausenburger Rath, wegen Belassung Helth's, an die Bistritzer gerichtete Schreiben, aus welchen Schriftstücken Heinrich Wittstock in seinen „Beiträgen zur Reformationsgeschichte des Nösnergaues, Wien 1858" Seite 36 einige Stellen mitgetheilt hat. Tr.

⁴) Eodem anno, quo Heltus vocationem Coronensium acceptare noluit, officio etiam Pastoris Claudiopolitani renunciavit, titulo senioris Ecclesiae ejusdem contentus. Franciscus Davidis ei in Pastoratu successit, atque Superintendens Ecclesiarum Hungaricarum per Transylvaniam electus est eodem anno. Hermann in seinen Annal· Eccles. Auch unterschreibt Helth den Consensus Doc-

Franz Davidis die Pfarre erhielt, und zum Superintendenten der ungarischen Kirchen in Siebenbürgen erwählt ward.

Hätte er sich doch auch nicht mehr in Religionsgeschäfte gemischt! Denn seine Gelehrsamkeit wird sogar von seinen Gegnern gerühmt, allein für die Religion hatte Helth weder Muth, noch Standhaftigkeit genug. Von Melanchtons Gemüthsart war ihm vieles eigen, schüchtern, beugsam, allen Streitigkeiten feind, und bis auf Unkosten der Wahrheit zum Frieden geneigt. Davidis hinreißende Beredsamkeit hatte Gewalt über seine Seele. Kaum war dieser ehrgeizige Gelehrte ein Schüler des Melius, so ward es auch Helth, kaum schwor Davidis zur socinischen Glaubenslehre des Blandrata, so wankte auch Helth, und folgte bald seinen Fußstapfen nach. Ich glaube, Helth hätte eher alle Religionen angenommen, als deswegen sich viel gezankt. Auf dem Religionsgespräche zu Weißenburg den 8. März 1568, wurde ihm das Geräusch der Streitenden so unerträglich, daß er die Versammlung nach drei Tagen unter dem Vorwande einer Unpäßlichkeit verließ. Jetzt war er noch ein Gegner der Unitarischgesinnten, aber nicht lange hernach, wenigstens 1570, nicht mehr. Bod in seinem Magyar Athonás sagt uns, was er will, wenn er behauptet: Helth habe es gethan, um als Pleban zu Klausenburg die Zehnden nicht zu verlieren, indem die Unitarier sich sehr ausbreiteten, auch Johann der Zweite, für ihre Lehre eingenommen, anfing, denselben die Zehnden zu geben. — Denn damals lebte Helth schon lange ohne öffentliche Dienste. Von gleichem Werthe ist dessen Nachricht: es habe das Ansehen, als hätte Helth sowohl sein Plebanat, als die Zehnden verloren, und deswegen eine Buchdruckerei errichtet. — Bod muß vergessen haben, daß Bücher in der Helthischen Druckerei herausgekommen sind, ehe er noch zum Lager der Reformirten überging, schon 1550. Endlich vollendete Helth 1577 [1]) seine Laufbahn, und

---

trinae de Sacramentis Christi, Pastorum — welche in der Klausenburgischen Synode 1557 bekannt gemacht ward: Caspar Heltus, Senior Ecclesiae Claudiopolitanae.

1) Helth starb nicht 1577. — denn bereits 1576 erscheint seine Gattin als Witwe auf dem Titelblatte des in seiner hinterlassenen Buchdruckerei gedruckten Buches. „Genealogia historica Regum Hung. von Valkai András. 4-to. 132 S., an dessen Ende die Worte stehen: „Nyomtatot Colosvárat Heltai Gáspárné mühelyében 1576 esztendöbe." Székely am a. O. sagt: Helth sei um das Jahr 1575 gestorben. Tr.

hinterließ einen Sohn gleiches Namens, der Rathsherr und Buchdrucker[1]) war, wie auch eine Tochter, Anna, Gemahlin des dasigen Rathsherrn Mathias Rau. Diese erbte nach dem Tode ihres Bruders[2]) die Buchdruckerei[3]). Doch ich wende mich zu den Helth'schen Schriften:

1. Ritus explorandae veritatis in dirimendis Controversiis. Colosvarini, M. D. L. in 4. 160 S.

> Der berufene Georg Martinusius, ließ dieses aus dem Wardeiner Archiv genommene sehr schätzbare Monument durch Helthen drucken, wozu dieser eine schöne Vorrede machte. Wegen der großen Seltenheit dieses Werkes hat es Math. Bel in seinem Adparatus ad Historiam Hungariae, wieder auflegen lassen. Decad. I Monument. V, von Helth's Vorrede hat er aber nichts gewußt. S. auch Haner Advers I 141 und Horányi Memoria etc. II 587.

2. Eine ungarische Uebersetzung der H. Schrift. Klausenburg, in 4, fünf Bände.

> Sie kam Stückweise von 1551—1561 in seiner Druckerei heraus. Dabei waren seine Gehilfen: Stephan Gyulai, Prediger der dasigen ungarischen Gemeine; Stephan Oscrai; Georg Visaknai, Rektor der Schule u. a. m. Peter Bob handelt davon ausführlich in seiner Szent Bibliának Historiája. Cibinii 1748. S. 153. — Nach der Zueignungsschrift des N. Testaments, an Anna Nádaschdi, verwittwete Stephan Majláth 1561 ist sowohl sein Schwager, als Bruder Pfarrer zu Déés gewesen[4]).

---

[1]) Vom jüngeren Helth entlehnte und benützte eine Zeitlang die griechischen Lettern der Helthischen Buchdruckerei Alerius Rabeß laut einer gleichzeitigen Urkunde der Klausenburger Richter Stephan Pullacher und Mich. Kathonai (1593). Tr.

[2]) Helth hinterließ außer dem Sohne, drei Töchter: Barbara verehl. Georg Ottmann, Sophia verehl. Eppel, welche kinderlos starben und Thomas Langin, deren eine Tochter den Mathias Rau ehelich'e, welcher eine Zeitlang die Buchdruckerei unter seinem eigenen Namen fortsetzte (Wallaszky S. 272). Mit der Zeit fiel dieselbe dem Andr. Lang zu, der 1644 von der lutherischen zur calvinischen Lehre überging und von ihm dem Abraham Szenczi. Sieb. Quart.-Schrift IV. 279—280. Tr.

[3]) Ein unvollständiges und ungenaues Verzeichniß der in Helth's Buchdruckerei bis zum Jahre 1597 gedruckten Bücher steht in dem 4. Bande des ungar. Magazins S. 453—455. Hiernach und nach Sándor's Magyar Könnyvesház S. 1 soll Sebast. Tinódi's „Buda vára megvételének s Török Bálint elfogatásának Históriája" noch im Jahre 1541 in Klausenburg gedruckt worden sein. Das ist aber unrichtig, indem Helth seine Buchdruckerei, die älteste in Klausenburg im Jahre 1550 errichtete — und Helth erst 1545 von Wittenberg nach Siebenbürgen zurückgekehrt war. Es dürfte das Jahr 1551 sein sollen. Tr.

[4]) In Sándor's Magyar Könyvesház S. 1 heißt es. Helth habe schon 1540 herausgegeben: „Moses öt könyve. Forditotta Heltai Gáspár. 4-to.

3. **Summa chriſtlicher Lehre; anderſt, der kurze Catechismus, durch Caspar Helth, Pfarrer zu Klauſenburg 1551, in 8. Zu Ende:**

Laut e'uer Nachricht des Gr. Joseph Kemény führt Helth's Bibelüberſetzung folgenden Titel: „A Bibliánac elsö Része, azaz: Mosesnek öt Könyve, Mely Magyar nyelvre forditatot, a Régi és igaz szent Könyvekböl. 1. Genesis, 2. Exodus, 3. Leviticus, 4. Numeri, 5. Deuteronomium. Cum gratia et Privilegio reginalis Majestatis. Colosvárba 1551. Am Ende ſteht: Colosvárban nyomtatot Helthai Gáspár és Hoffgreff által, 1551. Gedruckt in 4-to. auf 3 Alphabeten und 4 Bögen bis e ohne Seitenzahlen und ohne Verſen-Abtheilung.

Ferner: „A Bibliánac másodic Része, mellybe e Következendö sz. Irásnak Historiás Könyvei vadnak befoglalva, t i 1. Josue Herczegnec Könyve. 2. A Birákról valo könyve. 3. A Ruth Aszonnak könyve. 4. Samuelnec elsö könyve. 5. Samuelnec másodic könyve. 6. A királyokról valo második könyv. Mellyeket megtalmáczolt és Magyar nyelvre forditott a régi és igaz szent könyvekböl Heltai Gáspár, Colosvárot 1565 in 4-to. Am Ende ſteht: Colosvárot nyomtatot Héltai Gáspar mühelyébe. A Messiásnac test szerént valo születésének utánna 1565 esztendöbe. Zwei Alphabete ohne Seitenzahlen.

A Jesus Sirak könyve magas nyelven. Colosvárba nyomtattatott Heltai Gáspár és György Hoffgreff által, 1551. Irta Gyulai István, fl. 8-vo. 224 S.

A bölts Salamon Könyvei Colosvárba nyomtatot Heltai Gáspár és György Hoffgref által. Irta Gyulai István 1552. Kl. 8-vo. 241 S.

Den erſten Theil der Helth'ſchen Bibelüberſetzung beſaß auch Gr. Joseph Kemény und die vollſtändige Ueberſetzung in dieſer Ausgabe findet man bei dem Franciscaner-Convent in Csik-Somlyo. Kemény berichtet in dem Vereins-Archiv N. F. II. 118—119, jener erſte Theil beſtehe aus 75½ Bögen in 8-vo., und es erhelle aus der Vorrede, daß dieſe Ueberſetzung durch Geld-Unterſtützung des Kanzlers Mich. Csáki zu Weißenburg bewerkſtelligt worden ſei. Auch ſei den Ueberſetzern durch dieſen Gönner das k. Privilegium verſchaft worden.

Dr. Stephan Weszprémi in ſeiner Abhandlung: „Von ungriſchen Ueberſetzungen der heiligen Schrift" in dem Ungar. Magazin III 491—501 und in Biogr. Medicorum Hung. et Transs. Cent. III S. 31—32, gibt den Inhalt der einzelnen fünf Bände der Helthiſchen Ueberſetzung des A. und neuen Teſtaments alſo an:

Der 1. Band enthaltend die 5 Bücher Moses auf 4 Alph. 4 Bogen erſchien 1551.
Der 2. Band enthaltend Joſua bis zu den Büchern der Chronik, erſchien 1556.
Der 3. Band enthält Esdra und ſchließt mit dem Hohenliede.
Der 4. Band enthält den Propheten Eſaias und endet mit Malachias. Er erſchien 1557 auf 5 Alph.
Der 5. Band enthaltend das Neue Teſtament, erſchien 1561.

Hiernach haben die Ungarn die erſte in ihrer Mutterſprache gedruckte ganze Bibel dem Sachſen Helth zu verdanken.

S. mehr in dem Ungar. Magazin III S. 491—495 und in Nik. Jankovics's

zu Klausenburg in Siebenbürgen, burd) Kaspar Helth und Georg Hofgref [1]) 1551.

Ungarisch: Catechismus, mellybe a mennyei tudománnac sommáia a deréc szent Irásból és sok keresztyén Tanitocnak irásból röviden egybö szerzettetett és béfoglaltatott Heltai Gáspár által. Colosvárba nyomtatot Heltai Gáspár mühelyébe 1553." 8 vo, 162 S. [2])

4. Trostbüchlein mit christlicher Unterrichtung, wie sich ein Mensch bereiten soll zu einem seligen Sterben. Gesammelt und zusammengesetzt aus christlichen Prediger Schriften. Durch Casparem Helth, Pfarrherrn zu Klausenburg, 1551. Zu Ende: Gebruckt zu Klausenburg in Siebenbürgen durch Caspar Helth und Georg Hoffgreff. MDLI., fl 8-vo. 134 S.

In ungrischer Sprache: Vigasztaló könyvetske, keresztényi intéssel és tanitással, miképpen kelien az embernek készülni keresztényi és bóldog e világból való kimuláshoz. Szerzette Heltai Gáspár. Colosvárba nyomtatot Heltai Gáspár mühelyébe, 1553. 8-vo. 262 S. Die 2. Auflage mit ebendemf. Titel erschien 1593, an deren Ende steht: Siczbon (heute Ober-Schützen im Eisenburger Comitat) nyomtatta Manlius János 1593. 12-mo. 110 S. (vom Buchdrucker Manlius, dem Thomas Czipnik und Benedikt Koronghi, Obersten Dreißigstbeamten im Königreiche Slavonien zugeeignet.)

5. Wider die Trunkenheit, Ungarisch. Ebendas. 1551 in 8.

6. Confessio de Mediatore generis humani, Jesu Christo, vero Deo et

---

"Biblia t. i. a Szentiras különb és eredeli magyar forditásainak öt Példái. Pesten 1834. (Ujabb Nyomtatás a Pesti egyházi Folyoirás 4-dik Füzetéből), wo Seite 59—75. Paralellen der vier ungr. Bibelübersetzungen Helth's vom Jahre 1551 — Károli's vom Jahre 1590, — Káldi's vom Jahre 1626 und Komáromi's vom Jahre 1685 verkommen. T r.

[1]) Georg Hofgref der Helth's gleichnamigen Sohn zum Buchdrucker bildete (Siebenb. Quartalschrift IV 278), besaß im Jahre 1557 ic. eine eigene Buchdruckerei zu Klausenburg. S. diese Denkblätter I 240. T r.

[2]) In der Zueignung an den Nagybányaer Bürger Peter Deák Szentgyörgi sagt Helth selbst, daß er ein Sachse sei, mit den Worten: "Akartam én is tisztembeli "hivségét mutatni, nem tsak az én tulajdon (német) nyelvemen való prédiká- "lásommal, mert az szerént S z á s z v a g y o k; hanem tisztességes magyar "nyelvben való munkámmal, avagy Irásomnul is: gyüjtöttem ez okáért egy rövid Catechismust" etc. T r.

homine, contracta nomine et voluntate Ministrorum Ecclesiae in urbe Claudiopoli in Pannonia, a Gasparo Helto, ejus loci Pastore, ex veterum et recentium Theologorum Scriptis. Witebergae, A. 1555 in 8. 64 S.

Zu Ende liest man: Carmen de dulcissimo nomine Margaridos, scriptum a Joanne Langero. In der Vorrede entdeckt Helth die Bewegungsgründe zu dieser Schrift, nämlich, nicht durch Stillschweigen den Verdacht zu erwecken, als billigten sie des Stankrus (s. Denkbl. I. 239) Irrthümer, die er jetzt auszubreiten suchte. Dieser berüchtigte Arzt, durchschwärmte von Königsberg verbannt, Polen und Ungarn, und kam endlich 1553 den 22. März nach Klausenburg. Hier erwarb ihm seine Arzneikunst die mächtige Freundschaft des Grafen Petrus Petrowitsch. Er hätte glücklich werden können, wenn er nur nicht immer ein Apostel hätte sein wollen, allein dieses ward überall sein Unglück. Durch seinen Bekehrungsgeist angefeuert, suchte er bei dem Grafen Georg Bátori die Freiheit zu erhalten, öffentlich zu lehren. Der gewarnte Graf aber hielt eine Versammlung von Geistlichen, um dessen Theologie zu prüfen. Hier ward Stankarus ganz entdeckt, und mußte nach hitzigen Gefechten, insonderheit mit dem Franz Davidis, endlich 1557 die Stadt räumen Hierauf nahm er seine Zuflucht nach Hermannstadt, woselbst er sich durch einen Entwurf zu einer besseren Einrichtung der dasigen Schule bekannt gemacht hat. Er betheuerte, nur ein Arzt und kein Bekehrer sein zu wollen. Also erlaubte ihm der Bürgermeister Augustin Hedwig, den Aufenthalt in seinem Hause. Allein, kaum war Stankarus etliche Monate daselbst, so suchte er Proseliten zu machen, und zog sich dadurch das Schicksal zu, daß er von dem Rathe nebst Weib und Kindern auf Ewig aus Hermannstadt verbannt ward. So unstät und flüchtig auf Erden, begab er sich wieder nach Klausenburg, fand aber an dem Davidis den 1. des Christmonds desselben Jahres, abermal einen so siegreichen Gegner, daß er beschämt die Stadt räumen mußte. Von hier zog er nach Bistritz, fand aber keine Aufnahme, darauf er denn nach Neumark ging, wo ihn endlich Alexander Kendi als Feldarzt gebrauchte. Dieses kleine Glück erweckte seinen alten Stolz und Verfolgungsgeist wieder. Den 25. Hornung 1558 schrieb er einen Brief an die Königin Isabella, darinnen er von ihr, als eine Pflicht forderte, seine Gegner Heblern, Davidis, Helthen und ihre Anhänger mit Feuer und Schwert aus=

zurotten. Diese Raserei wurde nach Verdienst beantwortet. Nach dem Tode des Petrowitsch und Kendi fand Stankarus keine Freunde, noch Zufluchtsort mehr, verließ also Siebenbürgen, und reiste nach Polen. Mit seiner Entfernung verschwanden auch die Irrlichter seiner Glaubenslehre.

7. Agenda, az az, Szent-egy-házi tselekedetek, mellyeket követnek közönséges-képen a Keresztény Ministerek és Lelki Pásztorok. Ujonnan nyomtattatot, cum gratia et privilegio Serenissimarum Majestatum Hungariae. Kolosváron 1559 in 4. (Agenda, das ist: kirchliche Verrichtungen. Von Neuem gedruckt cum — Klausenburg.)

Es wird darin gehandelt: von der Taufe, dem Kirchengange der Sechswöchnerinen, der Absolution, der Besuchung kranker Personen und Zubereitung der Gefangenen zum Tode.

8. Soltár, az az, Szent Dávidnak, és egyéb Profetáknak Psalmusinac, avagy Isteni dichireteknek Könyve: Szép summátkackal és rövideden-való ärtelmöckel, Magyar Nyelven Heltai Gaspar — Colosvárat 1560 in 8. (Der Psalter das ist: das Buch der Psalmen und göttlichen Loblieder des H. Davids und anderer Propheten. Mit schönen kleinen Summarien und kurzen Erklärungen in ungrischer Sprache von Kaspar Heltai. — Klausenburg.

Die Zueignungs-Schrift an Johann Zápolya den Zweiten ist den 20. Februar 1560 unterschrieben, als an demjenigen Tage, da vor acht Jahren der Kardinal **Martinusius** zu Alvinz ermordet worden. Datae Colosvarini, Anno Domini, M. D. LX. die XX. Februarii, quo ante annos octo, Frater Georgius Dalmata, Thesaurarius, hostis veritatis Christi et Majestatis tuae Serenissimae, in castro Alvintz perfidiae suae — justas poenas dedit. So denkwürdig diese blutige Scene in der siebenbürgischen Geschichte ist, so sehr wundert es mich, daß der Tag derselben bei unsern Geschichtsschreibern so verschieden angegeben wird. Nach einigen war es der 17. Oktober. S. Timon Epit. Chronol., nach dem Petrus von Reva der 8. December 1551, nach dem Istwánfi der 13. December, nach dem Siegler und Miles der 17, nach dem Pater Schmith, in Archiepisc. Strigon. der 18. und nach Bechets Histoire du Cardinal Martinusius, Liv. VI. S. 405 der 19. December. Helth setzt nun sogar das Jahr 1552. Wie unrichtig aber dieses sei, beweiset ein Brief des kaiserlichen Feldherrn Baptist Kastaldi, den der berühmte Pray in seinem Specim. Hierarchiae Hungaricae, P. I. S. 180, aus dem Orginale bekannt gemacht hat. Die Unterschrift ist: Ex Zazsebes, die XVII. Decembr. 1551 und Kastalbi berichtet darin dem Thomas Nádasdi die Ermordung des Karbinals [1]).

9. Troporum, Schematum ac Figurarum communium Libellus, ex variis authoribus in usum studiosorum Theologiae et bonarum Artium collectus, una cum indice — Editus in Officina Casparis Helti, in urbe Claudiopolitana 1562 in 8. 112 S.

Der Verfasser ist Bartholomäus Westheimer aus Pforzheim. Helth ließ dieses Werkchen mit einer Zueignungsschrift an den jungen Balthasar Czaki, zum Gebrauche der dasigen Schule wieder auflegen.

10. Historia inclyti Matthiae Hunyadis, Regis Hungariae Augustissimi, ex Antonii Bonfinii, Historici diserti, Libris, Decadis primum tertiae, deinde quartae (quae latuit hactenus, nullibique impressa fuit) in unum congesta ac disposita, a Caspare Helto, Claudiopolitanae Ecclesiae Ministro et Typographo. — Vaticinium *Anton. Bonfinii,* de perturbatione et concussione Regni Hungarici, exstat *Libr.* IV. *Decad.* III. p. 426. Barbaram igitur Scythiae, inquit, gentis immanitatem, quae tantopere concordiam et ocium abominatur, diu iste furor exercuit et eousque (ni mentiar) exercebit, donec se quisque metiri, cohercere ambitionem, aliena dimittere, invidia carere, mutuamque concordiam amare didicerit. Claudiopoli in Transylv. 1565. Folio.

Zu Ende ist beigefügt: Elegia Matthiae Regis, ad Antonium

---

[1]) Ueber das Leben, das Zeitalter und die Ermordung des Cardinals Martinusius (Frater Georg) sind in neuerer Zeit wichtige Nachrichten und Urkunden zur Oeffentlichkeit gelangt, von welchen ich die mir bekannten vorzüglichern hier bemerke:
 Budai Ferencz Polgári Lexicona. Pest 1866, 2. Bd., S. 417–432.
 Buchholz Geschichte K. Ferdinands I. Wien 1838. Urkundenbuch S. 582 fg und 7. Bandes 4. Abschnitt. S. 233–358.
 Martinuziának Podhratzky Jozseftől. In Magyar történelmi Tár. Pesten 1855. 1. Bd. S. 237–266.
 Utyeszenich Frater György (Martinuzzi bibornok) Élete in Hatvani Mihály történelmi Zsebkönyv. Rajzok magyar történelemből, irta Horváth Mihály. Uj olcsó kiadás. Pest 1866, ebenso und neuerlich abgedruckt in: Horváth Mihály kisebb történelmi munkái. Pest 1868. 4 Bd. S. 1–429.
 Die Verhandlungen von Mühlbach im Jahr 1551 und Martinuzzi's Ende. Von J. Karl Schuller. Hermannstadt 1862.   Tr.

Constantium. Der Vorredner **Basilius Fabricius** berichtet: Helth habe bei dieser Ausgabe eines Theils der Bonfinischen Geschichte, nur eine einzige Handschrift und diese von Michael Csáky, erhalten können, und auch diese sei durch Unwissenheit und Nachlässigkeit der verschiedenen Schreiber so mißhandelt und verdorben gewesen, daß er oft den Verstand nur errathen müssen. Doch hätte er nicht alles nach seinem Gefallen geändert. Denn die Kühnheit in einem fremden Werke alles nach seinem eigenen Gutachten ändern und verbessern zu wollen, werde mit Recht von allen Gelehrten getadelt. — Zugleich meldet er, Helth würde den ganzen Bonfin in einem Auszuge der gelehrten Welt mittheilen. Dem Werke selbst sind Randglossen, oft seltsame! beigefügt, und was dem Helth nicht gefallen, hat er mit umgekehrten Lettern drucken lassen.

Czwittinger S. 167 eignet Helthen ein Werk de Rebus praeclare gestis Matthiae I. Hung. Regis, in lateinischer und ungarischer Sprache zu. So schreibt auch **Schmeitzel** in *Bibl. Hung.* Sect. I. Class. VI. Theca VII, § 14: Pleniorem historiam inclyti Regis Mathiae, ex Bonfinio aliisque Scriptoribus compilavit Caspar Heltus, Ecclesiae Claudiopolitanae Protestantium Minister, quam Latine et Hungarice, edidit Claudiopli 1565 in 4-to. Ein gleiches thut **Bod**, S. 107 aber so, daß er sie nicht gesehen haben muß. Ich müßte mich sehr irren, daß das Werk, von welchem diese Schriftsteller reden, nicht eigentlich dieses sei, dessen ich hier gedenke, das aber nicht in Quart, sondern in Folio gedruckt worden, auch hat es Helth nicht aus verschiedenen Schriftstellern zusammen getragen, sondern es ist ganz des Bonsinius Arbeit, außer daß Helth desselben Herleitung des Korvin'schen Geschlechts widerlegt, und behauptet, **Johann Korvin** sei ein natürlicher Sohn des Königs Siegmund gewesen. Eine Nachricht, die auch weit mehrere Wahrscheinlichkeit für sich hat, als die gegenseitigen[1]). Welche den Korvin noch vor 1379 in den Diensten des Zagraber Bischofs **Demetrius** sein lassen, mögen zusehen was sie ihm für ein Alter beilegen wollen, da er mitten auf seiner Heldenbahn den 10. September 1456 ein Opfer der Sterblichkeit ward. Sollten diejenigen nicht mehr Glauben verdienen die ihn 1392 geboren werden lassen? und ist es nicht merkwürdig,

---

[1]) S. hierüber Literatur, Geschichte und Urkunden in G. Fejér's genus, incunbula et virtus Joh. Corvini de Hunya. Budae 1744 und Gr. Joseph Teleki's Hunyadi János eredete. Pest 1851. **Tr.**

daß die walachischen Hospodaren die bekannte Geschichte vom Raben mit dem Ringe im Schnabel, der von einem Baume geschossen wird, in ihren Siegeln führen?

Dieses Helth'sche Werk beurtheilt der berühmte Gottfr. Schwarz in seiner Abhandlung: Decadum Antonii Bonfinii editio nupera Posonio-Viennensis justo pretio aestimata, Osnaburgae 1745 in 4. Er führt darinen verschiedene von den abweichenden Lesearten in dieser Helthischen und der Frankfurter Ausgabe des Bonfius, von 1581 an, und gibt den letztern den Vorzug. S. 45. Sie verdienen es auch größtentheils, und bei einer kritischen Ausgabe des Bonfius, wäre dieses Helthische Werk unentbehrlich. In der merkwürdigen Stelle des VI. Buchs: Stephanus turmatim rem inprimis divinam fieri edidit. Mox omnibus mysticam terram Eucharistiae loco impartiri, ambulatorioque jentaculo quotum quemque militem corpora aliquantulum reficere — jubet, steht bei Helth für terram, coenam.

Ob endlich diese Geschichte des Königs Mathias Kervinus auch in ungarischer Sprache herausgekommen sei, kann ich weder bejahen, noch verneinen [1]).

11. Disputatio in caussa Sacro Sanctae et semper benedictae Trinitatis, indictione Serenissimi Principis — inter Novatores, D. Georgium Blandratam, Franciscum Davidis, eorumque asseclas et Pastores Ministrosque Ecclesiae Dei catholicae ex Hungaria et Transylvania, qui divinam veritatem ex scriptis Propheticis et Apostolicis, juxta continuam Ecclesiae sanctae catholicae consensum, defendendam susceperunt per decem dies, Albae Juliae in Transylvania habita, Ordinatione et voluntate eorundem Pastorum ac Ministrorum catholicae partis, revisa ac publicata, Claudiopoli a Caspare Helto — A. D. 1568 in 4. 104 S. [2])

---

[1]) Von zwei ungarischen historischen Gedichten über Leben und Thaten des Königs Mathias Corvinus von Helth und Bogathi, beide in der Helth'schen Buchdruckerei gedruckt, habe ich Nachrichten gefunden. Das erstere oder Helth'sche hat den Titel: „Historiás Ének a Felséges Mátyás Királynak az Nagyságos Hunyadi János fiának jeles viselt dolgairól, életiről, vitézségiről, végre az ő ez világbó való Kimulásáról. Nyomtatott Colosvárat Heltai Gáspárnó mühelyében, 1577 4-to. (S. Engels Geschichte der Walachei I. 82.) Das zweite von einem gewissen Ambrosius mit der Fortsetzung des Nikolaus Bogathi, — im Jahre 1580 und 1581 gedruckt, hat Seivert in der Siebenb. Quartalschrift VI. 160—161 umständlich beschrieben. T r.

[2]) In dem Archiv für siebenb. Landeskunde N. F. II 122 führt Gr. Joseph

Dieses zehntägige, und wie gewöhnlich, fruchtlose Religionsgespräch, ward im fürstlichen Palaste in Gegenwart des Fürsten Johann des Zweiten, und der Landesstände gehalten, und den 8. März 1568 damit der Anfang gemacht. Die bestimmten Richter dabei waren von Seiten der Rechtsgläubigen: Mathias Hebler, Superintendent der sächsischen Kirchen; Sebastian Károli; Kaspar Helth und Nikolaus Fabricius, Pfarrer zu Großau. Von Seiten

---

Kemény, als Beweiß des „ruhigen, humanen und toleranten Gemüths*) des Kanzlers Michael Csáki", den Schluß dieses Religionsgesprächs vom Jahre 1568 an, mit dem Beifügen, daß Helth diese Ausgabe dem Michael Csáki gewidmet habe, mit folgenden Schlußworten: „Tu, Reverende Pater, operamtuam Ecclesiae Dei noli denegare; oramus Deum omnipotentem, ut te diu Ecclesiae suae servet. Amen." Kemény fährt fort: „Helthai bekannte sich öffentlich als Unitarier erst im Jahre 1570 als er die hier (Nr. 12 angeführte) Ausgabe Disputatio etc. neuerdings edirte, darin aber seine frühere Dedikation an Csáki und auch seine frühere Vorrede ausließ, wobei K. einen Auszug aus Helth's Vorrede mittheilt. Endlich sagt K. a. a. O. S. 121 „Was der sonst so verdienstliche Seivert in seinen Nachrichten S. 150—153 über Heltai schrieb, enthält manche Irrthümer. Die Charakterschilderung ist ganz unrichtig. Seivert mag wohl die Titelblätter der Heltaischen Werke oberflächlich überlesen haben, hat aber die Werke selbst nicht durchgelesen oder höchstens nur ganz leicht und schnell überblättert. Ich kann ihm diesen Fehler kaum verzeihen denn wer ihn in dieser Hinsicht citirt, führt den Leser auf gewaltige Irrwege. Vielleicht nehme ich mir einmal Zeit, die Biographi Helthai's auszuarbeiten. So etwas erfordert viele Arbeit und mühsames Durchlesen und Combiniren seiner und auch sonstiger gleichzeitiger Werke. — Sonderbar! liest man dasjenige, was Seivert über einzelne Werke Helthai's schrieb, so müßte man glauben, Seivert habe dieselben gelesen, — indessen ist es doch nicht so." —

Obschon, nach meiner Meinung, der humane Kemény hier in seinem Urtheil über Seivert zu weit geht, so ist es doch zu bedauern, daß er durch seinen schon am 17. September 1855 erfolgten Tod an der Ausarbeitung und Veröffentlichung seiner beabsichtigten Monographie über Helth verhindert worden ist, in welcher er seine Behauptungen über Seivert auch bewiesen hätte. — Jedenfalls müssen, um in dieser Beziehung über Seivert's Leistung richtig zu urtheilen, seine Artikel Helth S. 150 f, Davidis S. 54 f. in seinen Nachrichten ꝛc und Blandrata S. 316 f. des h. Bandes der Siebenbürg. Quartalschrift genau miteinander verglichen werden.

*) Dieses Urtheil über Csáki's Gemüth wird man wohl zu günstig finden, wenn man die von K. selbst a. a. O S. 111, 112, 126 citirten Stellen aus der Feilchischen Chronik. — Diles Siebenb. Würg-Engel — und besonders aus David Hermann's Annales politici zum Jahr 1560 und aus Kemény's eigenen deutschen Fundgruben 1. Bd. näher erwägt Zu diesen letzteren möge es an diesem Orte gestattet sein, den Seite 149 fehlenden Schluß der „Erzählung, wie sich die hungarische wider die sächsische Nation in Klausenburg empöret und sie durch An-

— 113 —

der Socinischgesinnten: Ludwig Szegedi, Stephan Czaschmai, Nikolaus Starius und Paul Karabi. Die streitenden Personen Petrus Melius, Superintendent und Pfarrer zu Debreczin, Georg Czegledi, Pfarrer zu Warbein, Paul Turi, Pfarrer zu Bihar; Lorenz Klein, Pfarrer zu Bistritz und Peter Károli, Schulrektor zu Warbein. Von den Unitariern: Franz Davidis, Hofprediger bei Johann dem Zweiten, Georg Blandrata, Leibarzt desselben, Paul Julanus, Schulrektor zu Weißenburg, Stephan Basilius, ungrischer Pfarrer zu Klausenburg und Demetrius Hunyadi. Dieses Religionsgespräch verursachte dem Blandrata eine theologische Heiserkeit und nöthigte ihm, das ihm selbst unbekannte Geständniß ab, er sei kein Theolog, sondern ein Arzt. Doch machte er mit seinen Freunden dasselbe sogleich zu Weißenburg durch den Druck bekannt. Weil sie aber Melius dabei der Untreue beschuldigten, so veranstaltete er durch Helthen diese Ausgabe. Die Unitarier vertheidigten sich zwar in einer Schrift: Demonstratio falsitatis doctrinae P. Melii et reliquorum Sophistarum — aber schlecht genug. Helth nennt sich in der Vorrede: Ecclesiae quondam Claudiopolitanae Pastorem et Ministrum, nunc vero ejus urbis et Ecclesiae Christi Catholicum.

Bod S. 106 führt die Aufschrift dieses Werks gar nicht richtig an, indessen kann er Recht haben, daß es Helth unter den Titel: A' Fejérvári tiz napi Disputátzió az Istenről a Király-előtt 1568 in 4. (Zehntägige Weißenburgische Disputation vor dem Könige gehalten) auch in ungrischer Sprache herausgegeben. Ich weiß es nicht, wenn aber Hauer in Adversar. S. 264 behauptet, daß es in beiden Sprachen zu Weißenburg gedruckt worden, so irrt er. Dafür

---

schläge, Rath, Praktik und Hilf Michaelis Cziaki Canzlers und anderer bissiger und gehässiger Ungar in Hoff um ihr altes Freythumb der Hauptkirchen und Pfarr gebracht 1568" — zu ergänzen. Er erinnert an das, ohne Angabe des Jahres, gegen Ende des 17. Jahrhunderts auf 4 Quartseiten gedruckte Gebet der Sachsen: „Andacht zu Landtagszeiten" und lautet wörtlich: „Suspirium. Ewiger Gott vom Himmel, Du gerechter Richter, Du wollest es in dem verderblichen Mann und an seiner Rotte und an dem giftigen Geschlecht rechnen und suchen. Wir sein arme Sünder und sein Dir, lieber Gott und Vater undankbar gewest, und haben Deine geschenkten Gaben gemißbraucht. Aber wir haben Cziaki Mihály und seiner giftigen Rott nichts gesündigt, sondern Dich, lieber Vater, Dich bitten wir um Vergebung. Amen! Den armen Fürsten können wir nicht beschuldigen. Der Namen muß sein für, aber er hat keinen Buchstaben von unserer Verantwortung gesehen. Er muß es bleiben lassen, wie es Cziaki machet. Gott wolle unser Schutz sein. Amen! Gott allein die Ehre."
Tr.

hätten Blandrata und Davidis schon gesorgt. Bod setzt noch hinzu: bei der erstern Ausgabe dieses Religionsgesprächs wäre Helth ein Mitglied der reformirten Kirche gewesen, bei der andern aber ganz anderer Gesinnung. Das Folgende wird dieses erläutern und berichtigen.

12. Disputatio de Deo, per decem dies continuos, indictione Serenissimi Principis — inter partes habita in urbe Transylvana Alba Julia. Denuo cum nova Praefatione edita Claudiopoli, An. 1570 in 4. 96 S.

Keine neue Ausgabe, sondern die vorhergehende mit einem neuen Titelbogen. Denn zu Ende steht wie vorher: Impressum Claudiopoli in Transylvania, in Officina Casparis Holti, A. D. 1568. Die Vorrede entdeckt uns, warum dieser Rauch der Welt verkauft worden. Helth suchte Gelegenheit, öffentlich widerrufen zu können, was er Blandraten und dessen Freunden, und mit ihnen versöhnt und vereinigt, in der Ausgabe von 1568, Beleidigendes gesagt hatte. Er bereut es, sie Neulinge und Ketzer gescholten zu haben, und dankt ihnen feierlich für seine Bekehrung.

13. Decretum az az: Magyar és Erdély Országnac törvény könyve. Claudiopoli per Steph. Heltai 1571. 4. [1])

Uebersetzung des **Stephan Verböczi**, Decretum tripartitum Juris consuetudinarii Regni Hungariae. In der Vorrede meldet er: Er sei von vielen ersucht worden, die Schreibart der ungarischen Uebersetzung, die **Blasius Veres** 1564 zu Debreczin herausgegeben, zu verbessern, welches er denn in dieser neuen Uebersetzung gethan habe. In der Originalsprache gab er dieses Werk ebenfalls 1572 in 4 heraus unter dem Titel: „Stephani de Verböcz Opus tripartitum juris consvetudinarii inclyti Regni Hungariae voluntate serenissimi Regis Wladislai ex consensu Regnicolarum publice editum ac confirmatum anno Domini MDXIV. nunc vero impressum Colosvarini in officina Casparis Holti 1572. 4-to.

14. Chronika a Magyaroknak dolgairól, mint jöttek-ki a nagy Sztziliából Pannoniába és mint foglalták magoknak az Országot. Es mint birták azt Hertzegről Hertzegre, Királról, Királyra, nagy sok tuda-

---

[1]) S. über diese Ausgabe Pray's Index rariorum Librorum Bibliothecae Budensis II. 427 — und über den ersten Uebersetzer des Verböczi'schen Decr. tripart. **Blasius Veres** Danielik's Magyar Irók II. 871.   T r.

kodásokkal, és számtalan sok viaskodásokkal. Mellyet Heltai Gáspár meg-irt Magyar nyelven, és ez rendre hozta a Bonfinius Antalnak nagy könivellől nem kitsiny munkával. Kolosvár 1575 in Folio, nicht in 4 wie Czwittinger setzt.

Eine Chronik von den Begebenheiten der Ungarn, wie sie aus Großscythien nach Pannonien gekommen sind, und wie sie sich des Reiches bemächtigt, und von Herzogen zu Herzogen und Königen zu Königen unter großen Kriegen geherrscht haben. Von Kaspar Helth in ungarischer Sprache beschrieben, und nicht mit weniger Mühe aus dem Anton Bonfinius nach der Ordnung herausgezogen. — Wahrscheinlich der Auszug des Bonfius, welchen Fabricius in der Vorrede zur Historia incl. Mathiae Regis, verheißet, doch findet man in diesem Werke Manches, das man bei dem Bonfin vergebens sucht. Unter andern, eine weitläufige Beschreibung des Risses von den akademischen Gebäuden, die König Mathias zu Ofen aufführen wollte, welchen er beim Bischof Stephan Broderich gesehen.

Nach einer kurzen Vorrede von Bonfius Leben und Schriften, handelt der Verfasser von Scythien, dem ersten Ausgange der Ungarn aus Scythien, ihrem ersten Heerführer Attila, dessen Auszug, Heirathen und Tod, von Attila's Söhnen: Chaba und Alabar, deren Zwietracht und Zurückkehrung des Ersten nach Scythien, von den Szeklern, vom zweiten Ausgange der Ungarn aus Scythien, ihren Kriegen mit Karl dem Großen und den Sachsen, von ihren folgenden Herzogen und Königen bis auf König Ludwig den Zweiten.[1]

15. Tr. Evangeliumok és Epistolák. Forditotta Heltai Gáspár s. anno 12-mo.

16. Imádságos Könyv. Kolosv. s. anno. 12-mo.

(Beide citirt in Sándor's Könyvesház S. 14.)

17. Historia continens verissimam excidii Trojani causam, ipsum vide-

---

[1] Die 2. Auflage der Chronica etc. Helths kam mit Kupfern in Raab heraus im Jahr 1789. 8-vo. 1. Bd. 472 S. und 2. Bd. 384 S. — Die 3. Auflage erschien in Ujabb Nemzeti Könyvtár. 3-dik Folyam 16 Századbeli magyar Történet Irók Régi Kiadások és Kéziratok után szerkeszté Toldy Ferencz. Pest, Emich Gusztáv bizománya 1854. Lexikon 8-vo. 614 S. und Register S. 614—618. Voraus geht: S. 1—66 Székely István magyar Krónikája anno 367—1557 (Kivonva Világ Krónikájából) dann folgt: „Heltai Gáspár Magyar Krónikája S. 68—618.
Tr.

licet Helenae captum per Paridem Trojanum, cum finali utriusque exitu, non ita pridem idiomate hungarico per Anonymum quendam ex Scriptis Poëtae Nasonis causa voluptatis in rhytmos diligenter coacta A. D. 1576. Colosvárat Nyomtatott 1576 esztendőben. 4-to. 48 Seiten.

18. Hispaniai Vadásság v. J. Ein vom Gr. Joseph Kemény in dem 2. Bande des Vereins-Archivs S. 116—117 angeführtes, äußerst seltenes Buch, welches die Beschreibung des im Jahre 1538 zu Schäßburg unter der Leitung des bischöfl. Vicars Abrianus (von Geburt aus eines Siebenbürger Sachsen) gegen Stephan Szántai, einen eifrigen Lutheraner¹) gehaltenen Religionsgesprächs enthält. Einen Auszug in ungarischer Sprache theilt Kemény a. a. O. mit.

19. Cancionale az az Historiás éne es Könyv, melyben külömbkülömbféle szép lett dolgok vadnak nyomtatva a Magyar Királyokról és egyébb szép lett dolgokról. Gyönyörűségesek olvasásra és hallgatásra. — Az Énekeknek lajstromát megtalálod a Köveskező Levelen. Psalm XLVI. Jöjetek el és lássátok meg az Urnak nagy cselekedetit, mely igen csodállatosok az Embereknek fiaji között. — Heltai Gáspár Kolosvárott. 1574. 4-to. (54½ Bögen ober) 436 S.

Enthält: S. 1 eine kurze Vorrede. S. 3—4. Az Énekőknek Lajstroma: 1. A Béla királyról: mint jöttenek bé a Tatárok Magyarországba. 2. Zsigmond Királynak és Császárnak Chronikája és annak cselekődeti. 3. A nagy ur Bánkbánról, mint ölte meg a Királyné asszonyt András Király feleségét. 4. Az nagy vitéz Hunyadi Jánosról, az ő eredetiről és jeles diadalmiról. 4. Az vitéz Vajdafi Lászlóról, Mátyás Királynak bátyáról. 6. A Felséges Mátyás Királynak egész Historiája és jeles tselekedeteiről. 7. A kenyérmezöi Historia, mint adta az Isten a diadalmot Báthori István Vajdának a Törökek ellen. 8. Isabella Királyné asszonyak Historiája. 9. János Herczegnek uz János Királyfiának lött dolgai. 10. Frater György kéncstartónak Historiája. 11. Az Lippa Várásnak elvesszéséről valo Historia. 12. Az Lippa visszavevéséről valo Historia. 13. Az Temesvárnak első vitatása. 14. Az Temesvárnak második vitatása és a Törökek által megvevése. 15. A

---

¹) Also nicht Jesuit Stephan Szántó, der sich Arator nannte s. Horányi Memoria I 70 und ungar. Magazin III 491, 501.

Szegedi veszedelemről valo Historiája, 16. Az Ali Basának diadalmiról, mint vette meg a 8 várat egymásután. 17. A palásti veszedelemről valo Historia. 18. Eger várának vitatásának Historiája. 19. A Barbarossának és Károly Császárnak historiája. 20. A szép Indiáról valo Historia. Die Verfasser sind: *Johann Temesvári, Sebastian Tinodi, Andr. Valkai, Mathias Nagy-Baczai* und *Steph. Temesvári*. Von Helth selbst ist das Gedicht: IV. Chronica, avagy historiás Ének az jeles vitéz Fejedelemről az Hunyadi Jánosról, Erdélyi Vajdáról és egész magyar Országnak Gubernátorról, annak eredetiről Nemzetségéről, sok jeles hadairól, győzedelmiről, és jeles vitéz tselekedetiről. Nem Bonfiniusból tsak, hanem az igaz Historiából egybegyüjtetett és egybe szörzetett. (Der 1. Theil von Helth, der 2. von Mathias Nagy-Baczai.) 32 S. — und außerdem: XV. Historiás Ének a felséges nagy Fejedelemről az Mátyás Királyról, ennek eredetiről, életiről, jeles tselekedetiről és vitézségiről az ö ez világból valo kimulásáról. I. Az Hunyadi Lászlóról, az vitéz Hunyadi Jánosnak nagyobik fiáról, Mátyás királynak bátjáról. II. A felségés Mátyás királyról etc. Ob dieses Gedicht von jenem oben in der Note Nr. 10 angeführten Gedicht verschieden oder identisch ist? kann ich nicht angeben.

S. mehr darüber in Kolozsvári Köszlöny Nr. 25 vom 27. März 1859 und Nr. 27 vom 3. April 1859. Ein in der Gr. Ráda'schen Bibliothek zu Péczel befindliches Exemplar beschreibt Franz Tolby in seinem Werke: A magyar nyelv és irodalom Kézikönyve. Pest 1855. 1 Theil S. 98—102.

Ueber die obengenannten historischen Dichter s. Dr. Franz Tolby's verdienstliche Geschichte der ungarischen Dichtung übersetzt von Gustav Steinacker, Pest 1863 und insbesondere über Sebast. Tinodi, ebendas. S. 143—153. Tinodi's im Jahre 1554 bei Georg Hoffgreff in 4 zu Klausenburg in 2 Theilen gedrucktes, und dem K. Ferdinand I. zugeeignetes Buch: „Chronica etc."[1]) wird zwar von P. Joh. Szegedi in Rubrica titulorum Juris ung. Tyrnawiae 1734 II. 115 ten „Libris haereticis" zugezählt, hingegen von J. K. Eber der erste Theil: „János Király testamen-

---

[1]) Den ganzen Titel und Inhalt s. in dem Catal. Bibliothecae C. Széchényi P. II. S. 459—460.

toma" in den Noten zur 2. Ausgabe der Schesäusischen Ruinae panonicae (f. daf. S. 284) häufig benützt, und in Eber's Appendix dazu S. 249—266 Tinodi's Gedicht: „Az vég Temesvárban Losonci Istvánnac haláláról" wieder veröffentlicht.

Endlich ist es, wenn nicht des Vaters, so doch seines gleichnamigen Sohnes **Caspar Helth,** Senators und nachmaligen Klausenburger Stadtrichters, Verdienst, daß er ein Mitgehülfe der Uebersetzung des Verböczi'schen Decr. trip. in die ungarische Sprache war (f. Siebenb. Quartalschrift IV. 279) und außerdem herausgab:

1. Epicteti Philosophi Stoici Enchiridion, in quo ingeniosissime docetur, quemadmodum ad animi tranquilitatem, beatitudinemque praesentis vitae perveniri possit: quam ingeniosus Lector profecto consequetur, si adjectas quoque Commentationes in pectus admiserit. Claudiopoli apud Casparem Helti anno 1585. 8-vo. S. Pray's Index Bibl. Budens. I. 363.
2. Aesopus Fabuláji, forditotta Heltai Gáspár. Gedruckt in Gilßing (Német ujvár) 1593. 8-vo. (l. Sándor's könyvesház S. 12.) — Eine neuere Auflage hat den Titel: „Száz Fabula, mellyeket Aesopusból és egyebbünnen egybe gyütet es öszve szörzet a Fabuláknak értelménél egyetembe. Nyomtatot Német Vjvarat Manlius által 1596. 8-vo. 144 S. (f. Catal. Bibl. C. Szechónyi T. I. Suppl. I. 242).

Tr. **Hendel Isaak,**
Pfarrer in Seiburg, Repser Stuhls, vom Jahr 1587 an, hinterließ eine Chronik vom Jahr 1143—1593. Mspt.

(Nach Eders Bericht im Schesaei Ruinis-Pannonicis Cibinii 1797. S. 24, 275 und 291 ist diese Chronik ohne Urtheil geschrieben, und enthält manche bedeutende historische Unrichtigkeiten.)

Aus einem vom ehemaligen Provincial-Commissariats-Assistenten Martin Binder entlehnten Bande vaterländischer Manuscripte des Meschuer Pfarrers Martin Kelp, in welchem sich eine Abschrift der Hendel'schen Chronik befindet, hat Eder im Januar 1793 einige Data dieser Chronik bis 1557 in seine handschriftlichen Adversaria ad Historiam Transsilvaniae S. 417—421 aufgenommen und denselben seine kritischen Bemerkungen beigefügt. Von Lebens-Umständen Hendels berichtet Eder aus verschiedenen Stellen der Chronik entnommen zu haben, daß Hendel 1548 in Reps geboren, 1570 Cantor in Tekendorf, 1575 Rektor irgend einer Schule, 1579 Notarius des Hermannstädter Jubikats, 1586 Mediascher Stadt-Notarius und 1587 Pfarrer in Seiburg wurde. Eder schließt mit der Bemerkung, daß diese Chronik ohne Schaden für die Wissenschaften, Handschrift geblieben, und was dieselbe für die Geschichte Brauchbares enthalte, in der Kronstädter Wand-Chronik und umständlicher in der Sigler'schen Chronologie zu finden sei.

Henning Gottfried W.,

Tr.

von Schäßburg, Sohn eines dasigen Bürgers, geb. daselbst am 21. Jänner 1829. Seine Schriften:

1. Oesterreichs Festfrühlingsfeier. Hermannstadt 1854.

2. Das neue Gebühren-Gesetz vom 13. December 1862 nebst den noch in Kraft bleibenden Bestimmungen der Gesetze vom 9. Februar und 2. August 1850. Ein Beitrag zur rascheren Orientirung von G. W. Henning, k. k. Finanz-Commissär. Broos 1863, gedruckt bei A. Nagel. 8-vo. 39 S.

   2. Ausgabe, ebendas. 1863.

3. Der Goldschmiedthurm in Schäßburg, seine Lehren 1848 und sein Vermächtniß 1862, als die Ruine zur Umwandlung in eine Turnhalle bestimmt wurde. Von dem Verfasser von „Oesterreichs Fest-Frühlingsfeier 1854." Preis 20 kr. österr. W. Der ganze Ertrag ist dem Fonde für die Errichtung der neuen Turnhalle gewidmet. Broos 1863. Druck von August Nagel in Broos. 8-vo. 14 Seiten.

   Gewidmet: „Der Vaterstadt Schäßburg von einem ihrer Söhne." Die Gedichte selbst umfassen S. 5—14.

Henrich Friedrich Christian,

Tr.

Sohn des Retscher Pfarrers Christian Henrich, wurde als Prediger in Hermannstadt zum Pfarrer in Klein-Pold berufen am 27. November 1837 und starb daselbst 1841 den 27. März, 50 Jahre alt.

Baptismatis subcincta historia. Cibinii 1832. 8-vo. 21 S.

Tr. ## Henrich Johann Daniel,

Sohn des Talmatscher Pfarrers Georg Henrich, geboren am 1. Januar 1792, studirte am evang. Gymnasium in Hermannstadt und an der Universität zu Jena 1814, bekleidete 1815—1817 eine Haus-Lehrerstelle bei einer evang. Familie in Wien und 1817—1819 in der Familie des Gr. Emerich Teleki zu Hoßufalu, wurde sofort Lehrer am Hermannstädter ev. Gymnasium, ferner Prediger in Hermannstadt, dann 10. Januar 1833 Pfarrer in Doborka, Reußmärkter Stuhls, und am 23. September 1854 in Stolzenburg, nachdem er vom Jahre 1849—1854 das Amt eines Dechanten des Unterwälder Capitels bekleidet hatte. Im Jahr 1863 trat Henrich wegen fortwährender Kränklichkeit in den Ruhestand und übersiedelte nach Hermannstadt. In seine Stelle ward Martin Malmer zum Substituten erwählt.

1. Prima Colonia teutonica in Hungaria Szatmár et Némethi ex duobus Privilegiis originalibus nondum typis vulgatis diplomatico illustrata. Dissertatio ad Historiam Saxonum in Transsilvania spectans. Cibinii, Hochmeister 1822. 8-vo. 49 S.

    Mit dem lithographirten Bilde K. Andreas II. und dem Situations-Plan von Szatmár.

2. Worte des Trostes am Sarge der unvergeßlichen Fräulein Carolina Kleinkauf. Gehalten von ihrem Lehrer und Freund J. D. H., Laubenprediger am 15. März 1828. Hermannstadt, gedruckt bei Sam. Filtsch. 4-to. 7 S.

3. Erinnerungen an Albrecht Huett, aus seinem eigenhändigen Tagebuche und aus sicheren Quellen geschöpft. Motto: Ad retinendam Coronam. Hermannstadt, Verlag der M. Edler v. Hochmeister'schen Buchhandlung. Theodor Steinhaußen, 1847. 8-vo. 96 S. Mit 1 lithogr. Tafel.

    Dem sächs. Nations-Comes Franz Joseph v. Salmen zugeeignet.

4. Ansicht über die Zehnt-Ablösung der sächsischen Geistlichen. Im August 1848. s. l. (Hermannstadt) 4-to. 10 S.

5. Geschichtliche Nachrichten vom Unterwälder Capitel. Handschrift in Folio. 30 S. (Im Superintendential-Archiv zu Birthälm).

Tr. ## Henrich Samuel Valentin,

Sohn des am 5. März 1834 im 97. Lebensjahre verstorbenen Henndorfer Pfarrers Michael Henrich, studirte an der Universität zu Tübingen 1807 ꝛc. und starb als Frühprediger an der großen Pfarrkirche in Hermannstadt am 9. November 1818, 33 Jahre alt.

Diss. theologica, qua doctrina de peccato originali modesto examini subjicitur. Cibinii typis Joh. Barth 1811. 8-vo. 28 S.

Tr. ## Herbert Johann,

geboren in Hermannstadt 1786 den 13. September, bezog, nachdem er auf dem Hermannstädter Gymnasium studirt hatte, 1807 die Universität Jena, weiter jene zu Leipzig 1808 und zuletzt die zu Göttingen, wo er am längsten verweilte und besonders Herren und Blumenbach hörte. Daher kehrte er 1809 heim. Zu Anfang des Jahres 1810 wurde er als Lehrer am Hermannstädter Gymnasium angestellt und sofort nach mehrjährigen Schul=Diensten Stadtprediger in Hermannstadt, den 28. Januar 1824 Pfarrer in Giereisau und 1836 28. September in Burgberg. Er starb am 21. September 1858 in Hermannstadt.

De Cultura Regni Hungariae Dissertatio. Cibinii, Barth 1810. 8-vo. 18 S.

Seiv. ## Hermann David,

einer unsrer verdientesten Gelehrten, von unermüdetem Fleiße, und ohne Furcht und Scheu für die Wahrheit. Schade! daß seine Verdienste der Welt so unbekannt sind, und theils sein müssen. Mediwisch war seine Vaterstadt. Anfangs weihte er sich der Rechtsgelehrtheit und ward Stadt=notarius zu Mediwisch. Nachgehends aber wählte er den geistlichen Stand, erhielt 1648 die kleine Pfarre Arbegen, auch diese in Absicht der Kirche und der Pfarrerwohnung ganz wüste. Allein, er wußte beide, bei allem Widerspruche der eigensinnigen Gemeine, wieder herzustellen. Hier hatte er das empfindliche Schicksal, sowohl seiner Gemahlin Sara Sanger 1651, als im folgenden Jahre seines noch einzigen Sohnes Samuel, durch den Tod beraubt zu werden. Im Jahre 1668 ward er nach Wurmloch be=rufen, wo er bis an seinen Tod 1682¹) lebte. Dieses bezeugen die Kirchenbücher dieser Dörfer. Schmeitzel, Bod und Benkö haben sie niemals gesehen. Sind sie also nicht zu entschuldigen, wann der erstere

Herman die gute Pfarre zu Meschen, und die Letzteren die noch bessere von Mühlbach verleihen?

1. Judicium liberale et sobrium de *Israelis Hübneri*, Calendariographi temerario: 1. Novissimi diei calculo et ex II. solis praevisa totali Ecclipsi anno 1654, nec non III. Cometa pridem sub finem anni 1652 viso, quorundam Astrologorum, *Prognostico*, in gratiam eorum, qui non a quovis agitantur vento; sed solis et solidis S. Scripturae, rectae rationis et experientiae vestigiis, firmo et immoto, quod dicitur, talo, insistere consueverunt. Authore: D. H. M. (Davide Hermann Media) Transylvano. Herbornae Nassoviorum, 1656 in 8. 44. S.

Der Verfasser eignet sein Werkchen dem Johann Simonius, damaligen Provincialnotarius zu Hermannstadt zu, welchen er Litteratorum ipsum Litteratissimum nennt. Israel Hübner, von Schneeberg gebürtig, lebte zu Hermannstadt, und hatte den jüngsten Tag auf das Jahr 1666, im öffentlichen Drucke verkündigt. Dieses machte unter dem gemeinen Volke Aufsehen. Deswegen setzte ihm Hermann diese Schrift entgegen, dabei er seine vernünftigen Absichten in folgenden Worten entdeckt: Divina Oracula, seu temporum Novissimi diei mysteria ab absurda et inepta expositione religiose vindicare: Maculam concionatoribus a Calendariographo publice et immerito impressam studiose eluere: Mortales alias terque quaterque infelices, idololatrico Syderum metu liberare et a Chaldaicis superstitionibus ad Mosen et Prophetas auscultandos fideliter exhortari: Principes neglectis Astrologorum ex pelvi minis consolari, et ad obeundam alacriter vocationem incitare: Studiosos literarum a vetitis verbo Dei divinandi scientiis, ceu impio Astronomiae abusu arcere ac dehortari: denique dulcissimam veritatem ab inveteratis superstitionum nebulis suppressam, in lucem producere, firmisque rationibus eandem exornare, hoc mihi propositum habui. Er handelt also I. de Novissimi diei Calculo, II. de Eccliphis solis Praesagio und III. de Cometarum Prognostico.

In der Handschrift haben von ihm:

2. Jurisprudentia Ecclesiastica, seu Fundamenta Jurisdictionis Ecclesiasticae Saxonum in Transylvania.

Der Verfasser hat sie als Pfarrer zu Arbegen 1665 geschrieben, und in drei Theilen abgehandelt. Im I. handelt er de Jure Personarum Ecclesiasticarum, im II. de Rebus Ecclesiasticis, causisque spiritualibus mixtis und im III. de Foro, seu Judicio, Processu et Poenis Jurisdictionis Ecclesiasticae. Von einem Ungenannten haben wir: Dav. Hermanni Jurisprudentia Ecclesiastica, aucta et limitata, a J. S. C. T. N. P. S. S Simonius.

3. Annales Rerum Politicarum in Transylvania, inde a Reformatione Religionis, anno scilicet Christi, 1520 gestarum. An.. 1655.

4. Annales Ecclesiastici Rerum Transylvanicarum inde a Reformatione Religionis A. 1520, auctore Davide Hermanno, Past. Wormlochensi.
   Diese Annalen gehen bis zum Jahr 1659. Lukas Graffius hat sie bis 1703 fortgesetzt.

5. Devastatio Urbis Cibiniensis sub Gabriele Bátori, Princ. Transylv.

6. Codex memorabilium Actorum publicorum Status Ecclesiastici Saxonum in Transylvania, inde ab anno Reformationis Religionis An. 1520 ad praesentia usque tempora elaboratus, in quo continentur: I. Privilegia quaedam Pastorum Saxonicorum. II. Constitutiones Regni Transylvaniae in latinum translatae.¹) III. Thesaurus Differentiarum Juris Civilis et Canonici. IV. Articuli utriusque Universitatis Saxonum, An. 1557 conditi, rursus approbati 1607. V. Acta Synodica aliquot annorum cum Articulis. VI. Doctrina graduum consanguinitatis et affinitatis; et VII. Annales Rerum gestarum in Ecclesia et Politia. *Volumem Primum*, industria Dav. Hermanni, Med. A. 1660.

7. Protocollum Actorum publicorum Status inprimis Ecclesiastici Saxonum in Transylvania, inde ab anno Reformationis Religionis 1520, ad praesentia nostra tempora: annexis etiam quibusdam negotiis Politicis, seu saecularibus, memoria perpetua dignis, *Volumen Alterum*. Industria Dav. Hermanni, Med. in gratiam posteritatis concinnatum. Cum indice rerum et titulorum utriusque voluminis. ²)

---

¹) Diese Constitutiones scheinen mit dem Nr. 9 vorkommenden: „Approbat Const. Systema" Dav. Hermann's identisch zu sein. — Die Doctrina graduum oben Nr. VI. verfertigte Hermann auf Verlangen des Superintendenten Stephan Adami. Man findet sie auch bei seiner Jurisprudentia ecclesiastica.
Die Urschrift des Codex memorabilium Actorum etc. befindet sich unter Eders Handschriften-Sammlung Nr. 69 im Pester National-Museum, mit dem durch Eder vorgesetzten Titel: Dav. Hermann Adversaria idiographa." Vgl. Engels Geschichte des ungarischen Reichs I. 21.   Tr.

²) In der Graf Ignatz Battyáni'schen Bibliothek zu Karlsburg s. Kovachich Scriptores minor. rerum hung. Tom. I. Append. p. 41, Nr. 70.   Tr.

8. Ruina Transylvaniae. 4-to. ¹)

9. Approbatarum Constitutionum Regni' Transsilvaniae annexarumque Partium Hungariae ab anno 1540 ad pr. 1653 usque suffragiis Principum ac trium Regni Nationum diversis temporibus conditarum *Systema*. Auspiciis quidem et Edicto Illustrissimi ac Celsissimi DD. Georgii Rákoczi Principis Transsilv. II conciunatum, a Regni Consiliariis revisum, atque in Diaeta Albensi sub anno 1653 in praesentia Dnor. Regnicolarum publice praelectum et confirmatum. Ex Hungarico vero in latinum memoriae juvandae gratia compendiose et fideliter, habito tamen respectu earum rerum, quae maxime Saxones concernunt translatum, opera Cl. Viri Dav. Hermanni Past. Vormloch. bene meriti a. 1654 m. Dec.

10. Georg Rákoczi des Andern dieses Namens mit den Simeniern²) in der Walachei gehaltenen Krieges=Beschreibung 1655. 4-to. 10 S. (Von mir veröffentlicht in den Blättern für Geist, Gemüth ꝛc. 1840 Nr. 27, S. 213—216.)

Seiv. **Hermann Leonhard,**

Doctor der Weltweisheit, der fr. Künste Magister und Pfarrer zu Hammersdorf bei Hermannstadt. Er wurde, nach Felmers Nachricht, im Jahre 1567 den 20. Dezember zu Reichesdorf, im Mediascher Stuhle geboren, woselbst sein Vater Johann Hermann, vielleicht Diakonus war, denn, als Pfarrer starb er zu Prethei 1595. Weil er sich nach dem Beispiele seines Vaters und Großvaters dem geistlichen Stande bestimmte, reisete er 1590 nach Frankfurt an der Oder, auf die hohe Schule. Hier vertheidigte er 1595 eine öffentliche Streitschrift de Aetherea mundi regione et Stellarum differentiis, praes. M. Davide Organo, Glacensi, Mathem. Prof. Das folgende Jahr 1596 erhielt er die höchste Würde in der Weltweisheit, ver-

---

¹) Die Urschriften von Nr. 8 und 10 befinden sich gleichfalls unter den Eder'schen Handschriften im Pester National=Museum, mit J. K. Eder's Bemerkung: „Dav. Hermann in Ruina Transylveniae opere Joannis Betlen liberaliter usus est, pluribus ipsis saepe retentis, licet quandoque solaecis e. c. nec valedicto Principe L. II. c. 3 sub finem. Conf. Betlen I. 46." Dazu hat Andr. Gunesch (s. d. Art.) geschrieben: „Supplementum in Ruinam Transylvaniae Dav. H. conscriptum"

²) Ueber die Simenier s. Chronicon Fuchs. II. 53.

theilbigte als Vorsitzer zehn Streitschriften über den Aristoteles, und kam nach einer sechsjährigen Abwesenheit in sein Vaterland zurück.¹) 1598 erhielt er das Schulrektorat zu Hermannstadt, in welchem er auch die Schulmatrikel angefangen, darinnen die Schulgesetze und Namen der Rektoren, wie auch der übrigen Lehrer und Lernenden enthalten sind. 1599 folgte er dem Stephan Groß in der Pfarre zu Hammersdorf; allein er hatte nicht das Glück, das Alter dieses ehrwürdigen Greises zu erreichen, indem er den 5. Nov. 1602, ein frühzeitiges Opfer der damals wüthenden Pestseuche ward.

1. Aristotelis Analytici posteriores, Decade Disputationum methodice comprehensi ac propositi a M. Leonhardo Hermanno, Transylv. Reichviniano. Francof. ad Oderam 1596. 4. 80 S.

Sie sind dem Stephan Botskai, damaligen Hofmarschall und geheimen Rathe des Fürsten Sigmund Báthori zugeeignet, und enthalten:

a) De fine demonstrationis seu scientia demonstrativa, quod sit, quid sit, circa quae sit. Respondet *Michael Adelphus*¹) Transilv.

b) De Scientiae demonstrativae divisione cognitis et pugnantibus, respondet *Petrus Fronius*, Coronensis Transilv.

c) De Demonstratione in genere imprimis ejus definitione et divisione, respondente *Joanne Zelio*. Transilv.

d) De materia demonstrationis, seu Principiis, praecipue eorum definitione et divisione. Respond. *Wolffgango Goebelio* Transilv.

e) De causarum generibus, per quae demonstratur, cum appendice de Propositionibus immediate negantibus, interrogantibus denique Scientialibus Resp. *Mich Vietoris* Rhetensi Trensilv.

---

¹) ΠΡΟΟΔΙΚΑ ad Virum Clariss. Literaturae tum honestioris, tum sanctioris ornamentum, Praestantiss. M. Leonardum Hermannum Transylv. ex Ill. Acad. Francofurtana, Patriam Transylv. repetentem, scripta ab amicis. Francof. 1596 in 4.

²) Mich. Abelphus (Ablef), in diesen Denkblätter I. 9 schon erwähnt, auch Weißkircher genannt, vermuthlich ein Sohn des aus Jakobsdorf gebürtigen Weißkircher Pfarrers Johann Abelphus, studirte 1593 am Gymnasium zu Kronstadt, und 1595 ꝛc. an der Universität zu Frankfurt, und starb als Pfarrer in Vogeschdorf.

f) De ευπορια seu locis propositionum demonstrativarum και πιντος κατ 'αυτό ετ καθόλв. Resp. *Georgio Seemanno* Holsato.

g) De Principiorum Proprietatibus, quae hactenus tradita consequuntur, Resp. *Friderico Jentsch,* Silesio.

h) De definitione, an et quomodo sit demonstratio. Resp. *Adamo Wolphio*, Saganensi-Silesio.

i) De definitione an ullo modo probari possit, et quomodo demonstratione innotescat. Resp. *Jacobo a Mohle*, Nobili Marchico.

k) De investigatione definitionis alicujus rei. Resp. *Daniele Nigrino,* Glacensi-Files.

2. Chorus Musarum de novo honore atque onere Reverendiss. et Excelentiss. Viri, Christoph. Pelargii, SS. Theolog. Doct. et P. P. in Academia Francof. diverso carminis genere gratulantium, cum illi circa initium Anni 1596. Dei O. Max. et Ill. Elect. Brandeburgici voluntate επισκοπη Generalis totius Marchiae commendaret, in scaenam productus, a Leonh. Hermann. Transylv. in 4.

In des Christoph Pelargi, Locc. Theologic. ΕΞΕΤΑΣΙΣ Decad. III. — VIII. Francof. 1595 befinden sich auch einige Streitschriften, die Leonhard vertheidigte, als: De Peccato originali. De Libris S. S. vero Canonicis. De Versione et Translatione Bibliorum und Ευξητησις — De admiranda et aeterna Spiritus sancti a patre et filio processione, in gratiam juventutis suscepta. eodem S. ductore a Christophoro Pelargo Theol. D. et Profess. a. d. 3. Nov. Quintil, in qua respondere pro virili conabitur Leonh. Hermanus Transylvanus. Accessit non inelegans nec indocta Leontii cujusdam hactenus nondum edita hujus argumenti tractatio. Francofurti typis Andreae Eichorus Anno 1592. 4-to. 23 S.

Seiv. **Hermann Lukas,**

Superintendent der sächsischen Kirchen und Pfarrer zu Birthelm, welche Würden auch sein Vater gleiches Namens[1]) bekleidete. Vorher war

---

[1]) Ueber den Vater Lukas Hermann's gleichen Namens s. diese Denkblätter I. 73 und das statistische Jahrbuch der evang. Landeskirche A. B. in Siebenbürgen, Jahrgang 1863, Seite 12—13, wozu ich blos beifüge, daß dieser ältere L. H. aus Reißb gebürtig 1618 in Kronstadt und sofort 1659 den 31. Dezember an den Hoch-

er Pfarrer zu Eibesdorf, Wurmloch und von 1687 Stadtpfarrer zu Mediwisch. Er verwaltete das Generaldechanat, als er 1691 den 28. Jänner, nach dem Tode des Superintendenten Michael Pankratius, zu dessen Nachfolger erwählt ward. Unter den Rákóczi'schen Unruhen mußte er viel leiden, denn den 25. März 1704 kamen die Mißvergnügten oder so genannten Kurutzen, unter der Anführung des Johann Etscheri nach Birthelm, beraubten die Burg, doch nicht gänzlich, weil sie Hermann mit 100 Gulden befriedigte. Sie kamen aber bald wieder und plünderten die Burg, Kirche und Sakristei rein aus. Hermann saß vor dem Altare, dieses schützte ihn aber so wenig, daß sie ihn vielmehr ganz entkleideten, und nur im Hemde und Niederkleide ließen. Sogar die Gräber der ruhenden Superintendenten wurden erbrochen, weil sie sich aber in der Hoffnung, Schätze zu finden, betrogen sahen, plünderten sie die Einwohner, und wenn Jemand ein gutes Kleid oder nur gute Schuhe hatte, mußte er sie hergeben. Dieses war auch das einzige Feld, wo die Kurutzen Helden waren. Hermann überlebte diese traurige Periode für Siebenbürgen nicht, sondern starb den 11. September 1707, und hinterließ in der Handschrift:

1. Protocollum Actorum publicorum Synodalium Status Ecclesiastici Saxonum in Transylvania, inde ab anno 1545 ad praesentia nostra tempora anni currentis 1682 a Luca Hermanno, Juniore, in ordinem redactum.

2. Protocollum Diplomatum privilegialium pro Pastoribus Ecclesiarum

---

Schulen zu Wittenberg und 1666 ꝛc. zu Jena studirte. Nachdem bereits ein Sohn des jüngeren L. H. gestorben war, wurde dessen noch einziger Sohn Namens Andreas Hermann das Opfer eines Zweikampfs in Curland, laut der Meldung des Lukas Graffius in den Annales ecclesiasticis: „A. 1699. Octobri expedit Herrmann Superintendens Georgium Vad Schönensem SS. Theol. Studiosum, non pridem ex Academiis reversum in Curlandiam, ob filium suum unicum Andream ad Goldingam in duello extinctum, ad inquirendas tragici casus circumstantias erigendumque in templo ejus civitatis monumentum in memoriam ibidem sepulti. Itinere confecto anno sequente rediit cum Attestato M. Joh. Adolphi Hollenhagen Superint. Mietauiensis corpus exanimati in aede sacrae Goldingensi honeste tumulatum, concessumque esse a Duce Curlandiae, ut monumentum cum honorifica Inscriptione Ei erigeretur. Interfector a Duce absolutus est, quia moderamine inculpatae tutelae adversus eum ex improviso se adortum usum esse deprehendebatur.

Mit dem unglücklichen Andreas Hermann erlosch die männliche Nachkommenschaft beider Superintendenten Hermann. T r.

Saxonicalium in Transylvania 1682. *Cicero*. Privilegia ignorare, est iisdem penitus carere. Diese Sammlungen sind desto schätzbarer, weil sich Hermann der chronologischen Ordnung bediente.

Sciv. **Hermann Petrus,**

der fr. Künste und Weltweisheit Magister und Pfarrer zu Großschenk. Sein Geburtsort war Hermannstadt. Zu Wittenberg erhielt er die Magisterwürde, nachdem er verschiedene Proben seines Verstandes in Vertheidigung öffentlicher Streitschriften gegeben hatte. Unter Johann Deutschmann vertheidigte er zwei: de Peccato per ignorantiam, ex Act. III. 17 im Jahre 1699 und den 8. Oktober 1700, Jubilaeum Apostolicae praedestinationis piis meditationibus, ex Ephes. I. 3, 4. In seinem Vaterlande erhielt er 1702 den 29. September das Schulrektorat, ward 1709 den 28. September Archidiakonus, und 1713 den 21. April Pfarrer zu Großschenk, woselbst er 1739 den 3. Juli im sechs und sechszigsten Jahre in die Ewigkeit überging. Von seinen Schriften habe ich gesehen:

1. Disp. Physica altera, de Fontium origine, Resp. Gabriele Klun. Witeb. 1701 in 4. 12. S.
2. Disp. Moralis, de Natura et constitutione Ethicae. Resp. Mich. Hermann d. 2. Aug. 1702. Cibinii, in 4. Hermann war damals Lector primus.
3. Theses Theologicae, de Christo Servatore nostro. Resp. Dan. Agnethler, Rege Adoloscentium et Christiano Schmidt, Bibliothecario, A. 1709 d. 15. Jul. Cibinii, per Michaelem Helzdörfer, in 4-to. 8. S.
4. T r. Templum honoris, seu Matricula Ministerii Cibiniensis Lutherano Evangelici, sub vigilanti inspectione ac pastoratu Viri plur. Venerabilis Clarissimi D. D. Joannis Klein , Antist. Ecclesiae, Vener. Capituli Decani et Gymnasii Inspectoris A. 1711 d. 1. Jan. Manuscript.

Darin wird gehandelt: 1. De Pastoribus a Reformationis tempore. 2. De Archidiaconis Cibin. quorum primus Hermannus ipse fuit. 3. Ritus subalternantes ac mutui labores, ut et consuetudines.

Seiv. Hermann Stephan,

Pfarrer zu Stolzenburg und Dechant des Kapitels. Dieser Gelehrte war von Alzen gebürtig, welches ehemals der Hauptort im Stuhle und dem Kapitel war, die jetzt von Leschkirch der Leschkircher genannt werden. Er studirte gleichfalls zu Wittenberg, wo er den 16. August 1689 unter Johann Deutschmann, Primum vereque Paradisum SS. Trinitatis festum protoplastorum, ex Genes. III. 4. S. vertheidigte. Als er zu Hermannstadt das Archidiakonat verwaltete, erhielt er 1699 den Beruf zur Rothberger Pfarre. Nachgehends ward er 1707 nach Großau berufen und den 4. März 1714 nach Stolzenburg. Hier starb er 1731 den 11. März. Im Namen des ganzen Hermannstädter Kapitels und zur Vertheidigung dessen bischöflicher Gerichtsbarkeit schrieb er:

> Plena, perspicua, proque tuenda charitate fraterna in spiritu lenitatis formata, atque secundum postulatum Viri S. Vener. atque Clariss. nec non Doctis. Dni. *Lucae Graffii,* Superintendentis Eccles. Saxonic. per Transylv. spectatissimi, contra ejus αποδειξιν, sive: Demonstrationem plenam, duobus Vener. Capitulis, Cibiniensi cum adpertinentibus e Sede Schenk et Leschkirch, et Barcensi insinuatam, quod Reges ac Principes Transylvaniae, exercitium Jurium Episcopalium, vi Transactionis Passaviensis ad se devolutorum, in Ecclesiis Saxo-Evangelicis per Transylvaniam Superintendenti et non alii cuiquam concrediderint, a Capitulo Cibiniensi exhibita Responsio. A. 1723. Mspt. [1])

Tr. v. Herrmann Georg Michael Gottlieb [2]),

einer von den um die sächs. Nation und um seine Vaterstadt verdientesten Männern, unter ihnen ebenso durch wissenschaftliche Bildung, wie durch sittlichen Wandel hervorragend, wurde in Kronstadt geboren am 29. Sept. 1737. Georg von Herrmann, Kronstädter Stadthann und Sara geb. Scheipner waren seine Eltern. Der Urgroßvater seines Vaters, Namens

---

[1]) Diese Responsio findet man im Auszuge in Benkö's Milkovia II. 553 bis 573. — Tr.

[2]) S. Nekrolog von Joseph Plecker in den siebenb. Provinzialblättern IV. 63—79 und daraus im Auszuge von Benigni in dem Vorwort zur 2. Ausgabe von Herrmanns Grundverfassungen der Sachsen, Hermannstadt 1839.

Michael Herrmann, 1602 im Schlosse Murau geboren, kam im Gefolge der Fürstin Catharina von Brandenburg, Braut des Fürsten Gabriel Bethlen, im Jahre 1626 nach Siebenbürgen, heirathete im Jahre 1629 die Witwe des Zeidner Pfarrers Markus Benkner, Barbara, Tochter des Tartlauer Pfarrers Peter Fronius und wurde als Stadt-Organist in Kronstadt angestellt. Er wurde im Jahre 1632 in den äußern und 1641 in den innern Kronstädter Rath aufgenommen, schon vier Jahre darauf zum Stadthannen und im Jahre 1646 zum Stadt-Richter erwählt. In letzterer Eigenschaft erwarb er sich das Vertrauen des Landesfürsten und der siebenbürgischen Landes-Stände in dem Maaß, daß diese in dem zu Mediasch im Jahre 1658 gehaltenen Landtage ihn nebst dem Hermannstädter Bürgermeister Johann Lutsch zum fürstlichen geheimen Rathe erwählten. Im nemlichen Jahr wurde er nebst Achatius Bartschai und Stephan Petki für die Zeit der Abwesenheit des Fürsten in Ungarn, zu Landesverwesern (Locumtenenten) ernannt. Durch seine und des damaligen Stadtrichters Michael Goldschmidt und Notars Lorenz Berger Vertretung brachten die Kronstädter den, nachher von der siebenbürgischen Gesetzgebung (Approb. Const. P. III. lit. 82) inarticulirten Contrakt über die Törzburger Herrschaft vom 25. April 1651[1]) zu Stande, und er war es, der im Jahre 1658 in Begleitung des Stadthannen und eines Rathsverwandten dem mit einem Heere eingefallenen Tataren Chan, unter eigener Lebensgefahr entgegenging, und durch seine Vorstellungen die Verheerung der Kronstädter Vorstädte glücklich abwandte; endlich aber im Jahre 1660 mit dem fürstlich Rákoczy'schen Generalen Mikos einen Frieden zum Wohl seiner Mitbürger bewirkte. Vom Fürsten Georg Rákoczy am 2. März 1653, nebst seiner Gattin und Nachkommenschaft bereits geadelt, — und von dem Fürsten Achaz Bartsai 12. Februar 1659 mit dem Fiscal-Zehend-Antheile von Buzd (Mediascher Stuhls), sowie vom Fürsten Mich. Apasi den 6. Juli 1678 mit der inscriptionsweisen Verleihung der im

---

[1]) Ueber die Veranlassung zu diesem Contrakt s. die historischen Anmerkungen eines gleichzeitigen Kronstädters in den deutschen Fundgruben zur Geschichte Siebenbürgens N. F. S. 335 und vergl. Joh. Betlen rerum Transylv. Lib. I, Sect. 4 und Joh. Kemény's Authobiographie in Rumy's Monumentis hung. III 95 — und analogbezüglicher Fälle den 2. Theil des Taschenbuchs Árpádia, Kaschau 1833 Seite 242—247, wie auch des Gr. Emerich Bethlen Második Rákóczi Élöte Seite 15 und 141 ꝛc. und Siebenbürgische Chronik des Georg Kraus in den Fontes rerum Austriacarum: Scriptores III. 128 etc.

Pfandbesitze des in die Acht erklärten Paul Belbi von Uzon befindlich gewesenen Tartlauer Gründe beschenkt, endete Michael Herrmann seine verdienstvolle Laufbahn an der Pest zu Kronstadt am 28. August 1660. — Sein Sohn **Martin**, der die Familie fortpflanzte, starb als Kronstädter Senator und Physicus am 24. März 1692, und dessen Sohn gleichen Namens, zuletzt Oberprediger zu Bartholomä bei Kronstadt, endete sein Leben, gleich seinem Großvater, an der Pest am 26. Juli 1719, beide in getreuer Erfüllung ihrer Berufspflichten, ersterer im 48., letzterer im 45. Lebensjahre.

Solcher Vorfahren hat sich Georg Mich. Gottl. v. Herrmann durch eigene Verdienste vollkommen würdig gemacht. Seine braven Eltern und zwei gebildete ältere Schwestern ertheilten ihm den ersten, und nach ihnen 3 akademische Männer, — unter diesen der gelehrte **Paul Roth**[2]) den ferneren Unterricht mit einem so glücklichen Erfolge, daß er sehr frühzeitig den Zutritt zu den höheren öffentlichen Lehrstunden am Kronstädter Ober-Gymnasium erhielt. Dafür vergalt er seinen Eltern, daß er in der Folge seinen zwei jüngern Brüdern, von welchen der **erste Martin** (geb. 1740 30. Mai) als Hauptmann im k. k. Generalstab in Wien, 29. Oktober 1787, und der zweite **Johann Theodor** (geb. 1743 den 26. Juli) als k. Gubernial-Secretär in Hermannstadt 1790 den 8. Juni mit Tod abgegangen sind, in der lateinischen Sprache, Dichtkunst, Geographie, Geschichte und Redekunst täglich vier Stunden Unterricht ertheilte. Als Herrmann daran war, zu seiner Ausbildung für den geistlichen Stand eine Akademie zu beziehen, brach im Jahre 1756 die Pest in und bei Kronstadt aus, und hinderte ihn an der Ausführung seines Vorhabens. Daher mußte er, weil er keine Aussicht hatte, einen Paß in das Ausland zu erhalten, blos zu Hause weiter studiren und den Unterricht seiner Brüder fortsetzen. Sofort blieb Herrmann bis zum Anfang des Jahres 1759 daheim, wo er, auf die theologische Laufbahn verzichtend, dem vom siebenbürgischen Hofrath Freiherrn v. Seeberg erhaltenen Beruf zum Kanzlisten des, zur Verbesserung der Gemeinde-Wirthschaften in der sächsischen Nation errichteten, ökonomischen Directoriums bereitwillig folgend, diesen Dienst in Hermannstadt antrat, und bis zur Auflösung des Directoriums im Jahre 1762 mit großem Diensteifer bekleidete. Zu Ende dieses Jahres erhielt er eine Secretärsstelle bei dem Kronstädter Magistrat

---

1) Siebenb. Quartalschrift IV. 91—95.

und setzte in der Vaterstadt das in Hermannstadt angefangene Privatstu=
dium, besonders der Rechtswissenschaften, mit Benützung der Kenntnisse
und Erfahrungen seines Vaters, eifrig fort. Doch starb dieser schon am
24. Juni 1763 zwar mit dem Nachruhm eines verdienten und redlichen
Beamten, jedoch mit Hinterlassung eines geringen Vermögens und mehrerer
Kinder und unmündiger vater= und mutterloser Enkeln. Nun war Herrmann ihre und seiner Mutter einzige Stütze, und bewährte seine kindliche
Dankbarkeit gegen die Letztere bis zu ihrem, in dem von ihr erreichten
87. Lebensjahre (1793) erfolgten Tode auf die gewissenhafteste Weise. Im
Jahre 1764 zum Archivar und 1768 zum Allodialperceptor in Kronstadt
befördert, brachte Herrmann das Stadtarchiv in Ordnung, wodurch er sich,
ebenso wie durch die Betreibung und Einsammlung beträchtlicher Aktiv-
rückstände bereits nicht geringe Verdienste erwarb. Einen größeren Um=
fang gewannen diese, als Herrmann, im Jahre 1772 zum Obernotär
ernannt, diesen zumal in damaliger Zeit, wo ihm die Referaden, Führung
der Protokolle und die Concepte sozusagen allein oblagen, schweren und
und wichtigen Dienst 12 Jahre hindurch pünktlich und gewissenhaft führte.
Endlich wurde er zu Ende des Jahres 1783 wirklicher Senator, schon zu
Anfang 1784 aber zur Revision der sächsischen Allodial=Rechnungen nach
Hermannstadt berufen, wo er in diesem Geschäft 5 Monate zubrachte.
Ein ähnliches Geschäft wurde ihm durch das Präsidium bei einer in
Kronstadt zur Prüfung der Stadtrechnungen und besseren Einrichtung der
städtischen Wirthschaft zusammengesetzten Commission nach seiner Nach-
hausekunft zu Theil, das er jedoch schon im Oktober 1784 mit dem durch
verfassungsmäßige Wahl ihm übertragenen Stadthannen=Amte vertauschte.
Seine nun im Justizfache bewiesenen theoretischen und praktischen Kenntnisse bewirkten bei Gelegenheit der nach zwei Jahren geschehenen neuen
Einrichtung der siebenbürgischen Gerichte seine Ernennung zum Apella-
tionsrathe bei der neuerrichteten königl. Gerichtstafel zu Hermannstadt,
deren Wirksamkeit am 1. Mai 1786 ihren Anfang nahm. Sowie in
seinen frühern Aemtern erwarb sich Herrmann auch in diesem neuen
Wirkungskreise allgemeinen Beifall und Anerkennung. Allein schon mit
dem letzten April 1790 hörte die Amtswaltung der königl. Tafel mit der
Wiederherstellung der alten Landesverfassung auf, und Herrmann kehrte,
bald nachher von König Leopold II. mit dem Titel eines „königlichen
Rathes" beehrt, nach Kronstadt, wo ihn seine Mitbürger am 23. April
1790 wieder zum Stadthannen gewählt hatten, zurück. Ohngeachtet seiner
Gehörschwäche, die schon im 16. Jahre seines Alters ihren Anfang ge=

nommen und nachher bedeutend zugenommen hatte, erfüllte er, wie gewohnt, alle seine Pflichten mit der angestrengtesten Thätigkeit und seltener Gewissenhaftigkeit. Das erkannte die Kronstädter Kommunität und wählte ihn in den Jahren 1795 und 1796 zu zweimalen zum Stadtrichter oder ersten Beamten der Stadt und des Distrikts. Wegen der damals der sächsischen Nation und mithin auch dem Kronstädter Publikum bevorstehenden Regulation konnte jedoch eine höhere Bestätigung dieser Wahlen nicht erfolgen. Inzwischen hatte Herrmann schon seit dem Jahr 1790 verschiedene Sendungen, als Deputirter des Kronstädter Distrikts zur sächsischen Nations-Universität nach Hermannstadt und zum siebenbürgischen Landtage in Klausenburg, angenommen und in dieser Eigenschaft, sowie nachher die vorzugsweise ihm übertragenenen Ausarbeltungen in Landes- und National-Angelegenheiten, mit ungetheiltem Beifall verfaßt[1]). Allein in dem nemlichen Jahrzehnt, — dem letzten seiner öffentlichen Wirksamkeit, die ihm die höchste bis zu seinem Tode erhaltene Anerkennung und Hochachtung seiner Nationsgenossen und Mitbürger erwarb, — mußte Herrmann auch die schmerzlichsten Erfahrungen in seinem Leben machen. Als er in Gesellschaft seines Mitdeputirten, des damaligen Kronstädter Senators Johann Jakob Mylius, nach Kronstadt zurückkehrte, kam ihm ein Eilbote entgegen mit der Nachricht, daß seine einzige Tochter in Kronstadt mit dem Tode ringe. Er eilte daher, soviel nur möglich, nach Hause, ohne eine Ahnung von einem unglücklichen Zwischenfall, der seine schleunige Rückkehr verzögern sollte. In dem Walde nemlich zwischen Persány und Vledény wurden beide Reisende am 17. August 1791 auf der Poststraße von Räubern angefallen und ihrer Kleider, Baarschaft ꝛc. beraubt. Nach längeren Aufenthalte, konnten sie erst in der Nacht nach Kronstadt gelangen, wo Herrmann seine Tochter schon nicht mehr am Leben fand, da sie bereits am Tage vorher begraben worden war. Die tiefe Wunde, welche dieser Todesfall seinem väterlichen Herzen schlug, konnte weder die Zeit heilen, noch die Vermehrung seiner Amtsgeschäfte, — welche sich dadurch ergab, daß er vom Anfang 1798 an, zuerst während der Abwesenheit, und dann nach dem Tode des Stadtrichters Michael Fronius (starb am 28. Juni 1799 s. Denkbl. I. 373) nebst den Stadthannen- auch

---

[1]) Sollte die sächsische Nation und die Stadt Kronstadt den Apologeten ihrer Verfassung und Geschichte einst Gedenktafeln errichten, so würde unter denselben die unserem Hermann gewidmete Tafel in die erste Reihe gehören, wie dies das nachfolgende Verzeichniß seiner Schriften beweiset.

die Stadtrichtersgeschäfte besorgen mußte, — im Geringsten mindern. Das feindliche Schicksal war bestimmt, ihn aus dieser vermehrten, aber zerstreuenden Thätigkeit gewaltsam herauszureissen. Sein falscher Ankläger Michael v. Kronenthal, welcher vor ihm das Stadthannenamt in Kronstadt bekleidet hatte, und wegen unerlaubten Handlungen von seinem Amte durch die höhere Behörde nach vorhergegangener Untersuchung beseitigt worden war, — ruhte nicht, einflußreiche Personen zur Befriedigung seiner Rachsucht zu gewinnen, und endlich die Entfernung Herrmanns und anderer Kronstädter Beamten aus dem öffentlichen Dienste zu bewirken[1]). So geschah es, daß mit diesen Beamten auch Herrmann am 29. Juli 1799 vom öffentlichen Dienste enthoben, ihre Gehalte eingestellt, und sogar auf ihr unbewegliches Vermögen Beschlag gelegt wurde. Die vielen Vorstellungen und Bitten, welche die von dem harten Schlage Betroffenen gehörigen Orts machten, blieben jahrelang erfolglos, bis es ihnen endlich gelang, ihre Beschuldigungen zu erfahren, sich zu rechtfertigen, und wieder dienstfähig erklärt zu werden. In diesem Zusammenhang wurde Herrmann erst zu Anfang des Jahres 1807 mittelst h. Hofdecret von den wider ihn vorgebrachten Beschuldigungen freigesprochen, und ihm in Rücksicht seiner vieljährigen treuen Dienste, vom 1. Juli 1806 — als dem Tage der Restauration des Kronstädter Magistrats in Folge der neuen Regulation, — eine Pension jährlicher 500 Rfl., Allerhöchst bewilligt. Doch — zu spät! Denn noch in der Mitte des Jahres 1804 hatte sich bei Herrmann in Folge fünf Jahre anhaltender Spannung und vergeblicher Erwartung seiner Freisprechung, eine Art Geistesverwirrung geäußert, welche unter Abwechslung heller Augenblicke, endlich in Geisteszerrüttung überging. In diesem traurigen Zustande lebte er noch als kinderloser Wittwer (seine Gattin Susanna Sophie geb. v. Heydendorf war bereits am 13. April 1780 gestorben) bis am 31. Juli 1807 der Tod seinen Leiden ein Ende machte. Wenige Stunden darauf wurde seiner Schwester Anna Rosina, Witwe des Kronstädter Stadpfarrers Samuel Schramm, die amtliche Mittheilung des Magistrats über die Einlangung der Bewilligung seiner Pension eingehändigt. —

Den Schluß dieses Artikels möge die Charakteristik dieses Mannes bilden, mit welcher sein Biograph Joseph Plecker (der als vieljähriger

---

[1]) s. Denkblätter I. 373. Ausführlich erzählt von Herrmann selbst in dem 2. und 3. Bande seines handschriftlichen Werkes: „Das alte und neue Kronstadt".

Senator in Kronstadt am 9. Juli 1845 starb, und was Schwäche des Gehörs betrifft, ein Leidensgefährte Hermanns, durch Rechtschaffenheit und unermüdete Arbeitsamkeit sich gleichfalls ein ehrenvolles Andenken gestiftet hat) — seinen Nekrolog schließt:

„Der thätige, unermüdete Diensteifer, die größte Anhänglichkeit an seinen guten Landesfürsten und an die Verfassung seiner Nation und seines Vaterlandes, Religiosität, thätige Menschenliebe, und die reinste Humanität in allen seinen Verhältnissen, waren Herrmann's Hauptcharakterzüge. Seine Verdienste um seine Vaterstadt, deren Wohlfahrt ihm jederzeit nahe am Herzen lag, sind groß und mannichfaltig. Auch um seine Nation, welche er enthusiastisch liebte, und um sein Vaterland, hat er sich in seinen verschiedenen Dienstverhältnissen, und bei seinen mehrmaligen Deputationen zu sächsischen Universitäts-Versammlungen und zu siebenbürgischen Landtägen, manche bleibenden Verdienste erworben. Ohngeachtet ihm während seiner Dienstjahre das Gehör, dieser besonders auch für einen Beamten so unschätzbare Sinn, größtentheils mangelte, ohngeachtet er fast bei jedem Schritte die durch diesen Naturfehler entstandenen Hindernisse und Schwierigkeiten bekämpfen mußte: so wirkte und nützte er doch in vielen Fällen mehr, als mancher seiner von der Vorsehung mehr begünstigten Nebenmenschen".

Die unfreiwillige Muße nach dem Austritt aus dem öffentlichen Dienste benützte Herrmann zur Lektüre lateinischer Klassiker sowohl, als auch der ungarischen und siebenbürgischen Geschichtschreiber und dieser Muße verdanken wir Herrmanns unten angeführtes Hauptwerk: „das alte und neue Kronstadt", außer welchem er sich als Schriftsteller auch durch folgende Schriften verdient gemacht hat:

1. Uebersicht der Grundverfassungen der sächsischen Nation in Siebenbürgen. Wien bei Johann G. Edler v. Mösle 1792, kl. 8-vo. 40 S.
2. Die Grundverfassungen der Sachsen in Siebenbürgen und ihre Schicksale. Ein Beitrag zur Geschichte der Deutschen außer Deutschland. Offenbach bei Ulrich Weiß und Karl Ludwig Brede 1792, 8-vo., 277 S. (Vergl. Marienburgs Geographie Siebenbürgens I. 90 S., II. 292 S.)

„Dieses Buch ist in Siebenbürgen selten, weil dessen Einführung in die österreichische Monarchie von der Regierung verboten wurde. Graf Alexius Bethlen in seinen handschriftlichen Erläuterungen über das Privilegium Andreanum § 10 Note 2, nennt dieses Buch: „die gründlichste und mit dem größten Scharfsinn entworfene Schrift, die je zum Vortheil der sächs. Nation erschienen ist."

Die zweite veränderte Auflage erschien in Hermannstadt 1839, nemlich

3. Die Grundverfassungen der Sachsen in Siebenbürgen und ihre Schicksale. Ein Beitrag zur Geschichte der Deutschen außer Deutschland. Zweite mit Anmerkungen und Berichtigungen vermehrte Auflage. Hermannstadt 1839. W. H. Thierry'sche Buch- und Kunsthandlung. 8-vo. II., 220 S.

Das Vorwort, die neuen Anmerkungen und Aenderungen im Texte, nebst der S. 188—210 mit einer kurzen Einleitung vorzüglich aus den 1795—1806 erflossenen Regulationsvorschriften für die sächsische Nation gegebenen kurzen Schilderung der dermaligen Nationalverfassung und Verwaltung, wie auch der S. 210—220 hauptsächlich nach den neueren Consistorial-Instruktionen beschriebenen sächs. Kirchenverfassung, — sind aus der Feder des Herausgebers Joseph Benigni v. Mildenberg geflossen. In dem Vorwort wird Herrmanns Lebenslauf im Auszuge aus dem 4. Band der Siebenbürgischen Provinzialblätter erzählt, in den Anmerkungen aber sind viele Daten aus neueren Nationalschriften benützt worden. Uebrigens fehlt in der zweiten Auflage die Uebersicht des Werkes und die Ueberschriften der Abtheilungen desselben, nebst der Beschreibung der Veränderungen in der Verfassung der Sachsen unter Kaiserin Maria Theresia und Joseph II., welche S. 249—277 der Originalauflage enthalten sind. Dies und die häufige Verstümmelung des Textes der vorhergehenden Seiten, machen die erste Auflage keineswegs entbehrlich, sondern erhöhen vielmehr deren Werth.

4. De Decimis Parochorum Saxonicorum Decanatus Barcensis et Processu desuper cum Fisco regio agitato. Cibinii typis Mart. Hochmeister C. R. Typogr. et Bibliopolae privil. 1784. Fol. 16 S.[1])

5. Verhältniß der Stadt Kronstadt gegen die umliegenden Dörfer. In der Siebenb. Quartalschrift VII. 247—255 u. 285—298.

6. Vom Entstehen der Stadt Kronstadt. Ebendas. S. 299—320.

7. Ueber die Gerichtsbarkeit der ersten Kronstädter. In den Siebenbürgischen Provinzialblättern I. S. 23—54. (s. diese Denkbl. I. 55.)

---

[1]) S. Denkblätter I. 259.

Herrmanns Handschriften:

1. Diarium rerum memorabilium in R. civitate Coronensi alibique circa negotia ejusdem civitatis gestarum, aut aliqua saltem ratione eam attinentium, inchoatum anno domini 1730. Endet mit dem 23. August 1758. 4-to. 66 S. als erster Theil.

    Tagebuch vom 30. des Heumonats 1758 bis auf gegenwärtige Zeiten b. i. bis 1762 incl. so unter andern Neuigkeiten, besonders dasjenige enthält, was in meinen Zustand den merkwürdigsten Einfluß gehabt. 4-to. 483 S. und Inhaltsverzeichniß 10 S. als zweiter Theil.

    Diarium vom J. 1763. 4-to. 116 S. Fortsetzung 1764. 4-to. S. 117—122. Vom J. 1764—1800 hat Herrmann keine Tagebücher geschrieben, wohl aber als *opus posthumum*: „Tagebuch vom 1. Jänner 1801 anzufangen, das merkwürdigste von den Alltagsgeschichten von Kronstadt, vornemlich aber meine eigenen in meinem Lebenslauf nur bis 1799 fortgeführte Lebensumstände umfassend." Fol. 55 S. Endet mit dem J. 1805 und mit den Worten: „Virtus laudatur et alget".

2. Historische Nachrichten von der im Jahr 1755—1757 in Burzenland grassirten Pestilenzialischen Seuche. (Beschrieben im J. 1757.) in Fol. 104 S.

3. Index Privilegiorum, Instrumentorumque publicorum, ut et literarum quarundam missilium Regum Principumque Transsilvaniae priscorum ad Brassovienses exaratarum, inque Archivo publico civitatis Coronensis existentium confectus die 5. Aug. 1765.

4. Observationes quaedam circa Jura Saxonum in Transilvania et Fori Productorii ex Documentis in Archivo Coron. reperibilibus, collatis Juris Naturae principiis excerptae d. 18. Martii 1771.

5. Deductio historica de Censu Scti Martini, ex antiquioribus Documentis in Archivo Coronensi adservatis excerpta. A. 1771. Nebst den in dieser Schrift angeführten urkundlichen Beweisen aus dem Kronstädter Archiv, hat dieselbe benützt und weiter ausgeführt Bedeus in seiner Abhandlung: das *lucrum camerae*. (Denkbl. I. 87.)

6. Historische Verfassung der Sächsischen Nation in Siebenbürgen, aus denen im Kronstädter Archive vorfindigen Dokumenten, in wie weit solche zur Beleuchtung der allgemeinen National-Geschichte dienen. Ausgearbeitet 1774.

    (Erste Anlage der gedruckten: „Grundverfassungen" ic. s. oben S. 135.

7. Brevis Deductio contraversiarum Publici Coronensis cum Bolgarszegiensibus.
8. Gedächtnißschrift, welche im Jahre 1781 in den Knopf des Kronstädter Rathhausthurmes gelegt wurde.
9. Uebersicht der Constitutionum Approbatarum und Compilatarum 1787. Fol. 115 und Register 29 S.
10. Anmerkungen zu einem nach der Restauration im Jahre 1790 vom Hermannstädter Senator Conrad gemachte Entwurf zu den in oder außerhalb dem Landtag von der Sächs. Nation einzureichenden Postulatis in 40 Punkten 1790.
11. Anmerkungen zu drei verschiedenen durch die Gubernialräthe Michael v. Fronius (1) und v. Sachsenheim (2) ausgearbeiteten Schriften die Geschichte und Verfassung der Siebenbürger Sachsen betreffend. 1790 u. 1791.
12. Bemerkungen über die von der L. Universität den sächsischen Publicis pro opinione mitgetheilten Gegenstände. 1790.

Nach den vom Gubernialrathe Soterius angegebenen Punkten, im Auftrag des Provinzialbürgermeisters Friedrich v. Rosenfeld, durch Herrmann mit Zuziehung des Aktuars Johann Andreas Brenner in Hermannstadt für die Sächsische Nationsuniversität, als Vorbereitung zum damals bevorstehenden Landtage, ausgearbeitet und von der Universität mit wenigen Aenderungen angenommen.
13. Unio in Transsilvania ex antiquis monumentis delineata. 1790.
14. Abhandlung über das Andreanische Privilegium. (S. Marienburgs Geogr. von Siebenbürgen II. 291, 292 und vergl. Quartalschrift VII. 319—320.)
15. Ausführliche Widerlegung der im Namen der Wallachischen Nation in Siebenbürgen unter dem Landtag 1791 Sr. k. k. Majestät unterlegten und sodann den 18. Mai 1791 den Landständen herübergegebenen Klag- und Bittschrift

Nachdem der Kronstädter Stadtrichter Fronius die Unmaaßgeblichen Gedanken ꝛc. des Hermannstädter Stuhlsrichters Bransch (s. d. Art.), und der Kronstädter Magistrat (unterm 12. Jan. 1792 M.=Z. 71) einige vom erwähnten Fronius „aus der Geschichte und diplomatischen „Urkunden gesammelte Materialien zur Beantwortung der Bittschrift „der gesammten Wallachischen Nation in Siebenbürgen, um Aufnahme „in die Concivilität der drei andern Nationen", — (welch letztere Fronius dem Magistrat vorgelegt und dieser zuvor einer Commission mitgetheilt) an den Stadthannen v. Herrmann übergeben hatte, arbeitete Herrmann den vorstehenden Aufsatz aus. Solcher wurde am 26. Jänner 1792 der Sächs. Universität, als die Meinung des Kronstädter Magistrats und der Communität, unterlegt, und von der Universität in Begleitung einer an Se. Majestät den K. Leopold II. gerichteten Gegenvorstellung der Sächs. Nation unterm 9. Febr. 1792 den Ständischen National=Hofdeputirten Friedrich von Rosenfeld, Michael Soterius v. Sachsenheim und Johann Tartler zum Gebrauche bei jeder Gelegenheit mit dem Beifügen übersendet: „daß die vom Kronstädter Publikum hierüber eingesendete ganz zweckmäßige Deduktion, als die dießfälligen Aeußerungen und Bewegsgründe der mehresten gleichgesinnten Sächsischen Publicorum in gehöriger Form ganz umfassend, fürgewählt und vorzüglich zum Grund gelegt, und nach wiederholter Berathschlagung dieser ausführlichen Widerlegung des wallachischen Volksgesuchs, von der Universität nur einige kleine Abänderungen beigefügt worden seien".

Ein Auszug dieser Widerlegung ist in der Folge in den Blättern für Geist, Gemüth und Vaterlandskunde 1842, S. 227—275 mit einigen Anmerkungen des Einsenders und der Uebersetzung einer hieher einschlagenden Gubernialverordnung vom 22. November 1821 auch durch den Druck veröffentlicht worden unterm Titel: **Geschichtliche Widerlegung der 2c. 2c. Klag= und Bittschrift.**

16. Deduktion des den Kronstädtern zugekommenen aber seit 1766 aufgehörten Stapelrechtes. 1791. Mit 16 Stück Urkunden und andern Beilagen.

Eine besondere Begünstigung für die Handels= und Gewerbsleute in Hermannstadt, Kronstadt und Bistritz war das diesen Städten von den ungarischen Königen verliehene **Stapelrecht** oder die **Niederlagsgerechtigkeit** seit K. Ludwigs I. Zeiten herwärts. Den Griechischen und Walachischen Kaufleuten, welche seit dem J. 1636 hauptsächlich zur Schwächung dieses Vorrechtes sich einige Handelsfreiheiten erwarben, gelang es, einen Hofbefehl vom 27. Sept. 1766 — und eine Gubernialverordnung vom 13. Juli 1767 zu erwirken, in deren Folge im J. 1767 die Ausübung des Stapelrechtes gänzlich aufgehört hat. Die Bemühungen aber der griechischen und walachischen Kaufleute zum Umsturz der noch übrigen Zunftrechte haben bis zu den 1850=ger Jahren fortgedauert, in welchen die ausschleßenden Zunftrechte durch die neuen Gewerbe=Ordnungen (1851

u. 1859) beschränkt worden sind; und hat seither auch die Handels- und Gewerbekammer in Kronstadt ihre Bestrebungen mehr zu Gunsten des Handelsstandes, als der Gewerbsleute entwickelt.

Außer **Christophs** (f. Denkbl. I. 215) „Ausführlichem Berichte vom Staffelrecht," — kenne ich als einheimische Monographie über diesen Gegenstand nur die unter Georg v. Herrmanns Schriften Nr. 21 angezeigte Deduktion vom J. 1791.

Man vgl. übrigens Grundverf. S. 51, 109 und Schlözer S. 680.

17. „Plan zu einer Regulirung sämmtlicher siebenbürgisch = sächsischen Zünfte". Fol. 95 S.

Ausgearbeitet im Jahre 1792.

Dieser „Plan ꝛc." wurde der Sächs. Nationsuniversität vom Kronstädter Magistrat unterlegt den 16. Juli 1792 und bildet die Grundlage des eigenen Universitätsplanes unter ebendemselben Titel, welcher durch die von der Universität ernannten Commissäre: Daniel Müller, Hermannstädter, — Friedrich Wultschner, Schäßburger, — Markus Tartler, Kronstädter — und Georg Binder, Mediascher Senatoren, in ihrer Versammlung zu Hermannstadt, nach Vergleichung der ihnen von den Hermannstädter, Schäßburger und Mediascher Zünften vorgelegten Privilegien und Artikel (jene der Kronstädter Zunft hatte Herrmann bereits benutzt und angewendet), den Zeitumständen gemäß weiter ausgeführt, und nach eigener Prüfung durch die Nationsuniversität 1793 höhern Orts einbefördert wurde; wornach dann auch der dem Kronstädter oder Herrmann'schen Plan im Wesentlichen gleichkommende, die Zünfte betreffende Theil des Operats der im 1791=ger 64. Gesetzartikel verordneten systematischen Regnikolar=Deputation in Comercialibus (f. Denkbl. I. 81), wie dies bei der Vergleichung der Eintheilung, Form und Bearbeitung des Planes mit dem Operate sich ergibt, verfaßt worden ist[1]).

---

[1]) Eine Geschichte der Rechte und Einrichtungen der Sächsischen Zünfte ist zur Zeit noch ein frommer Wunsch, und eine Lücke in unserer Nationalgeschichte. Etwas Weniges über die Zunftverfassungen f. in der Quartalschrift III. 47—50. Ausführlicher und sehr dankenswerth ist inzwischen die Abhandlung: „Das Handels- und Gewerbewesen nach seiner legalen Ausbildung" im 3. Bande von J. A. Grimms „Politischer Verwaltung im Großfürstenthum Siebenbürgen". S 1—21, 77 ꝛc. ꝛc. Mühsam wäre die Arbeit, wozu so wenig vorgearbeitet ist, besonders bis zur Auf-

18. Anmerkungen über Engels Recension der Schlötzerischen kritischen Sammlungen zur Geschichte der Deutschen in Siebenbürgen.

findung der zerstreuten und verborgenen Quellen, aber desto größer das Verdienst des Verfassers. Wie viele Urkunden gingen bei den Zünften selbst durch Sorglosigkeit, Feuersbrünste u. s. w. verloren?! Daher der Verfasser nicht nur die noch vorhandenen, meist schwer zugänglichen, Urkunden aus den Zunftladen, sondern auch die Stadtarchive, das Sächsische Nationalarchiv, und die Landesarchive zu Karlsburg und Kolos-Monostor, nebst dem Gubernialarchiv benutzen zu dürfen Gelegenheit haben müßte. Welch eine Arbeit!

Unterdessen will ich zur Geschichte des sächsischen Zunftwesens hier einige Andeutungen in chronologischer Reihe machen, deren Mängel ich bald ergänzt zu sehen recht sehnlich wünsche.

Im J. 1376 am nächsten Sonntage vor dem Martinsfest gab die Universität der VII sächs. Stühle zufolge kön. Befehl und darauf vom Bischof Goblinus und Landsfrouer Castellan Scharfeneck erhaltenem Auftrage, den Handwerkern von Hermannstadt, Schäßburg, Mühlbach und Broos, neue Artikel. Nach deren Inhalt hätten schon Zünfte bestanden, denn es heißt im Eingange: „Quod universis fraternitatibus Mechanicorum nostrorum per gratiam domini Ludovici R. de novo restitutis et concessis, sanis maturisque deliberationibus et consiliis praehabitis, de voluntate et pleno consensu omnium Mechanicorum nostrorum, — multas Mechanicorum nostrorum constitutiones et consvetudines antiquas et malas abolentes, infrascriptas constitutiones et ordinationes pro singulis Fraternitatibus Mechanicorum in Cibinio, Castro Schez, Mulubach et Varasio existentium et futurorum duximus ordinandas" etc.

S. Archiv des Vereins III. 156. Schlözer S. 37, 638 besonders aber Ungr. Magazin II. 280—283. Feßlers Gesch. Ungarns III. 750—752. Grimm a. a. O. S. 5—8.

1444. Johann Hunyads Befehl, daß die Kronstädter Handwerker die Kaufleute nicht beeinträchtigen sollten Ed. Obs. 219.

1496. K. Vladislaus bestätigt die Zunftgesetze vom J. 1376 U. M. II. 283.

1514. Vermöge dem in diesem Jahre zu Stande gekommenen Tripartital-Gesetzbuche 3. Th. 2. Tit. 7 §. wurden auch die sächsischen Zünfte befähigt, (sie waren es schon 1376 laut obigen ihren Willen und Zustimmung ausdrückenden Worten), unter sich giltige, den Rechten Anderer nicht zuwiderlaufenden Statuten zu errichten, jedoch mit der Verbindlichkeit, dazu die Zustimmung des Landesfürsten einzuholen. In neuerer Zeit hat diese Bestätigung das k. Gubernium und bei geringern Gegenständen (z. B. Artikel für Gesellenbruderschaften rc.) auf Grund der bestehenden allgemeinen Vorschriften der Ortsmagistrat zu ertheilen die Befugniß ausgeübt.

1539 wurden den sächsischen Zünften in der ganzen Nation, durch die sächsische Nationsuniversität, nach angestellter Prüfung der bis dahin bestandenen Zunftartikel und Privilegien, neue Artikel ausgestellt. Grimm S. 16—17. Eben dieselbe

19. **Wahre Geschichte von Siebenbürgen vom Jahr 1661 anzufangen beschrieben von Michael Cserei von Nagy - Ajta in seinem Exil zu Kronstadt im Jahre 1709. Aus dem Ungarischen übersetzt von**

Universität, als Organ der eigenen National-Privatgesetzgebung war es, welche auch nachher die meisten Zunft-Einrichtungen in Form eigener Artikel für die Zünfte in der sächsischen Nation ausstellte, — was aber nicht hinderte, daß solches auch von den Kreismagistraten unter den eigenen Namen giltig und verbindlich geschah. Grimm Seite 75.

1545. Universitätsstatut, die auf dem Lande lebenden Handwerker, mit Ausnahme der Eisenschmiede, nicht mehr in die Zünfte aufzunehmen; — dreijährige Lehrzeit; — und Einführung gleicher Maaße und Gewichte auf dem Sachsenboden, mit Ausnahme von Bistritz.

1549. Universitätsstatut: Ohne Vorwissen der Magistrate dürfen keine neuen Zünfte gebildet werden; — Kaufleute und Handwerker dürfen auf den Jahrmärkten ungehindert ihre Waaren absetzen.

1550. Universitätsbeschluß: In Märkten und andern Orten, wo bis dahin Zünfte bestanden, sollen ohne ihre Zustimmung keine neuen mehr errichtet werden. Archiv III. 272.

1558. Universitätsbeschluß: Die auf den Dörfern lebenden Handwerker dürfen keine Lehrjungen halten, außer sie hätten bereits die Erlaubniß dazu; — und wird der Vorkauf von Artikeln, welche die Handwerker zu ihren Gewerben bedürfen, den Fremden untersagt.

1559. Universitätsbeschluß: Union der Schneiderzünfte aus Burzenland und den übrigen Theilen des Sachsenlandes. (Aehnliche Unionen haben in der Folge mehrere andere Zünfte geschlossen.) Archiv III. 272.

1578. Universitätsbeschluß: Die auf den Dörfern wohnenden Handwerker dürfen keine Gesellen halten.

1580. Universitätsbeschluß: Niemand darf ohne obrigkeitliche Bewilligung auf Dörfern ein Handwerk treiben. Transsilvania II. 106–107.

1583. Privilegium des K. Stephan Báthori vom 23. März 1583, daß ohne Zustimmung der sächsischen Nationsuniversität den in Dörfern lebenden Handwerkern keine Zunftprivilegien zugestanden werden sollten. Transsilvania II. 106. Archiv III. 272. Verfaß.-Zust. S. 18.

1583. Statutargesetz I. B. 12 T. 3 §. Bei gerichtlichen Erekutionen soll zuletzt an das Handwerkzeug Hand angelegt werden.

1610. Universitätsbeschluß: Die Ertheilung von Zunftbriefen steht nur der Universität zu.

1620. Universitätsbeschluß: Den Titel Universität dürfen sich die Landmeister, wenn sie zu einer gemeinschaftlichen Berathung zusammentreten, bei Strafe nicht anmassen; die Universität cassirt das durch den Schäßburger Magistrat den Müllern

G. M. G. v. H., königl. Rath, den 26. September 1799. Großfolio III. 572 Seiten, nebst einem ausführlichen alphabetischen Register. Handschrift.

---

ertheilte Privilegium, weil sich der Magistrat des hängenden Siegels in praejudicium Universitatis bedient hatte.

1653. Bestätigung der ausschleßlichen Zunftrechte Approb. Const. P. III. t. 85 a. 1.

1659. Mit den Handwerksgesellen soll es nach Gebrauch gehalten werden und dieselben wandern dürfen. Compil. Const. P. III. t. 9. a. l. Vergl. Novell. Gesetz I/752.

1666. 1. Februar Art. 9. Verkauf der Manufakte, da wo Landtag gehalten wird, soll frei sein. Landtagsbeschl. Compil. Const. P. V. Ed. 16 (s. 1693.)

1691. 4. Dezember. Leopoldsdiplom, nebst Gesetzen II/791 und I/837. Bestätigung der Privilegien der Zünfte.

1692. 23. April. Accorda der drei Nationen } Aufhebung des Landtags
1693. 7. April. Leopolds Bestätigung derselb. } beschlusses vom J. 1666 wegen Manufaktenverkauf während Landtägen.

Um 1747 Rangvorzug für Handwerker, welche drei Jahre lang in Deutschland wandern, wird vorgeschlagen. Transsilvania I. 84.

Nach 1749. Vorzug gewanderter vor andern Gewerbsleuten und Bestimmung von 3 Wanderjahren in neuen Zunftartikeln. Grimm S. 75.

1755. 8. Mai K. Resc. 2. Punkt: Dem Hofrath Seeberg wird die Entwerfung neuer Zunftartikel aufgetragen, und von demselben am 16. August 1755 die Zünfte zur Einsendung ihrer Vorschläge, Privilegien und Artikel aufgefordert. Die Nationsuniversität verfaßte einen Entwurf und verlangte durch die Magistrate die Bemerkungen der Zünfte darüber, um dann die allerh. Bestätigung anzusuchen.

1759. 1. November 12. Punkt des Militär-Landesregulaments. In Siebenbürgen liegenden Militär-Regimenter sollen ihre Monturen und Geräthschaften von siebenbürgischen Producenten anschaffen.

1767. Allerh. Befehl, die 1732 für die deutschen Erbländer festgesetzten Handwerks-Generalien auf Siebenbürgen anzuwenden ꝛc. Transsilvania I. 110. Grimm S. 75.

1769. 21. Juni. Rescr. Auch ungarische und walachische Lehrlinge aufzudingen. Vergl. 1802.

1769. 30. Juni. Gubernialbefehl, der Commercial-Commission alle ZunftArtikel zur Prüfung einzuschicken.

1770. 9. März. Gubernial-Mittheilung der in den deutschen Erbländern üblichen Zunftartikel zur Anhörung der Zünfte über deren Anwendbarkeit. Herrm. a. u. n. Kronst. II. 412.

1771. 19. März. Rescr. Allen Zünften werden Inspektoren vorgesetzt. Quartalschrift III. 49.

Die Vorrede auf den ersten III Seiten ist vom Uebersetzer, und handelt von dessen unverschuldeter Dienstbeseitigung und Veranlassung zu dieser Uebersetzung.

1773. 13. März. Aufding-, Freisprech- und Einnahmsgebühren Regelung. Grimm S. 76.

1780. 8. Juni. G.-D. Zunftangelegenheiten nicht mehr in gerichtlichem, sondern politischem Wege zu entscheiden. Vgl. 1796.

1783. 4. November. G.-D. Zunftfreiheiten werden auf den Umfang des Zunftortes (oder Stadt) beschränkt.

1783. 12. November. Hofdecret. Durch die Zünfte verweigerte Zunftaufnahmen kann das Gubernium bewilligen und Meisterzahlenbeschränkungen aufheben Grimm S. 77.

1784. 4. Oktober. Rescr. Auch unehelich gezeugte Kinder sollen die Zünfte zu Lehrlingen aufbingen.

1787. Befehl zur Einsendung der Zunftartikel und Privilegien.

1787. Freiheit außer der Zunft Gewerbe zu treiben. Herrm. a. u. n. Kronst. III. 229.

1791. 27. Juni. Landtagsbeschluß: Einen Plan zur Regelung der Zünfte durch eine Landtagsdeputation, welcher die Privilegien eingeschickt werden sollten, verfassen zu lassen. Landtagsprotokoll 1791, S. 49, 496, 516 und Gesetzartikel 64 1791. Grimm S. 77.

16. Juli 1792. Herrmann'scher Plan, und
18. Februar 1793. Plan der sächs. Universität } s. oben Grimm S. 78.

1794/5. Landtagsdeputationsentwurf s. Denkbl. I. 81.

1796. 16. Dezember. Hofdecret. Altschaften bei den Zünften werden aufgehoben.

1796. 3. Dezember. Gub.-D.: Zunftdifferenzen nicht in Rechts-, sondern politischen Weg zu verhandeln. (s. 1780.)

1797. 7. Juli. Hofsecret: Da die sächsische Nation ihre besondere Municipalverfassung habe, so sollten durch den eine eigene Aktivität in Zunftsachen ausübenden Nationscomes die Privilegien und Erklärungen aller Zünfte mit Berichten der Magistrate und des Comes eingeschickt werden. Herrmanns a. u. n. Kronst. III 626. Grimm S. 79.

1802. 8. Oktober. Gub.-Decret: Walachische Lehrlinge aufzubingen. (s. oben 1769). Eder Obs. 223.

1803. 23. Juni. Hofsecret: Dem f. Gubernium wird gestattet, bis zur Regelung aller siebenb. Zünfte, nach der bestehenden Vorschrift den Zünften neue Zunft-Artikel zu ertheilen Grimm S. 79—80.

1804. 24. Dezember. Antwort des f. Guberniums auf die Verwendung der sächsischen Universität, um Schutz bei ihrem Privilegium vom Jahre 1583 hinsichtlich der Ertheilung der Zunftbriefe: daß dieß nicht geschehen könne, weil die Universität in die Bestellung der landesständischen Commercialdeputation gewilligt und dieser

20. **Mein Lebenslauff verfaßt den 21. August 1800.** Fol. 169 S. mit dem Motto: „Durum, sed levius fit patientia
   Quidquid corrigere est nefas."

   Horat.

---

ihren Entwurf eingeschickt habe, daher die weitere Berathschlagung über das Deputationselaborat den Ständen und die Bestättigung Sr. Majestät zustehe. Jedoch werde das zur Ertheilung provisorischer Zunftartikel (1803) ermächtigte Gubernium, immer die Ortsmagistrate bevor anhören. Grimm S. 80.

1805. Gub.-Z. 2385. Vorschrift der Zunftartikel, nach welcher sowohl neu errichteten Zünften Zunftartikel bewilligt und von der Landesstelle herausgegeben, als auch schon bestehenden Zünften ihre alten Zunftartikel auf Verlangen umgeändert und bestätigt werden. Grimm S. 80—90.

1819. 5. Febr. Zufolge Anordnung des k. k. Staatsraths Philipp Ritter von Stahl, als Präsidenten der k. k. Commerzhof-Commission, hat, zur Feststellung der Grundsätze eines neuen Gewerbsystems für die ganze österreichische Monarchie, mit Beachtung der bestehenden Provinzialstatuten, auf Befehl des siebenbürgischen Guberniums der Kronstädter Senator Joseph von Wentzel die für Siebenbürgen bestehenden Gewerbs- und Handelseinrichtungen, — nach der Analogie der Graf Barth Barthenheim'schen österreichischen Gewerbs- und Handelsgesetzkunde, — in einem eigenen Werke dargestellt. Dieses der Commerzhof-Commission eingeschickte Werk benützte W. Gustav Kopetz, indem er daraus die Gewerbsverfassung Siebenbürgens in dem Werke „Allgemeine österreichische Gewerbsgesetzkunde ic. Wien 1829 und 1830" 8-vo. in zwei Bänden — und zwar in dem ersten Bande in einem Anhang S. 476—535, dann aber im zweiten Bande in gehöriger Verwebung mit den übrigen Provinzen beschrieb. (Wentzels Quellen waren die [obenangeführte] Vorschrift vom J. 1805 entnommen aus den Artikeln für die deutschen Schneider in Kronstadt vom Jahre 1802, — dann die Artikel der Kronstädter Handelssocietät vom J. 1809, — einige Gubernialverordnungen, - der Artikel für Siebenbürgen 37 ex 1791 — und die Instruktion für die Kronstädter Marktrichter.)

1824. 15. Oktober. Hofdecret: Bis zur Ausarbeitung der neuen Organisationsnorm für sämmtliche Zünfte der ganzen Monarchie und deren a. h. Bestätigung auch in Siebenbürgen nicht die mindeste Aenderung in Zunftsachen vorzunehmen. Grimm S. 90. Diese Vorschrift ist mittelst a. h. Entschließung unter H.-Z. 3204 ex 1845 erneut worden.

1829. Anstatt der Kundschaften werden Wanderbücher eingeführt.

1846. Wurde durch eine von der sächsischen Universität in Hermannstadt zusammengesetzte National-Commission ein Entwurf zu einer neuen Zunftverfassung gemacht, und davon für die sächsischen Zünfte Abschriften genommen. Grimm S. 91—116.

1851. 20. Januar. Errichtung der Kronstädter Handels- und Gewerbekammer. Landes-Regierungsblatt 1851, Nr. 49, S. 75. Grimm S. 129—138, 327 - 332.

21. Das alte und neue Kronstadt, beschrieben in den Jahren 1801 und 1802. Mscrpt. in Fol.
    1. Band IV. 459 S. enthält die Geschichte von Siebenbürgen,

---

    1851. 25. November. Vom Militär- und Civilgouverneur erlassene provis. Instruktion über die Regelung der Handels- und Gewerbsverhältnisse in Siebenbürgen, vom 1 Januar 1852 mit Beseitigung der damit nicht in Einklang stehenden bisherigen Vorschriften zu befolgen. Im Landesregierungsblatt 1851, Nr. 303. S. 668—716. Grimm S. 161—215.
    1859. 20, Dezember. Gewerbeordnung für den ganzen Umfang des österr. Kaiserthums, mit Ausnahme des venetianischen Verwaltungsgebietes und der Militärgrenze, in Wirksamkeit gesetzt vom 1. Mai 1860 angefangen. (Im Reichsgesetzblatt vom J. 1859, Nr. 227, S. 619—650.)
    Außer den bei den betreffenden Jahren angeführten Landtagsbeschlüssen und Gesetzen, die Zünfte betreffend, gibt es deren noch sehr viele andere, welche theils **Preistabellen oder Limitationen** vorschreiben, theils deren Befolgung verordnen. Ich verweise hinsichtlich dieser, in Bezug auf die Preise der Dinge zu verschiedenen Zeiten, gangbare Waarengattungen u. s. w. interessanten Satzungen, welche nunmehr ohnehin keine bindende Kraft haben, auf die Sammlungen der siebenbürg. Landtagsartikel, und will hier blos die Jahre derselben anführen:
    1540. Sonntag Jubila 20 Art.
    1551. 26. Juli 17. Art.
    1556. 24. April 18. Art. — 1656 im August 12. Art. — 1556. Reminisc. S. 20. Art.
    1560. Sonntag Reminiscere 18. Art. — 1570 im Januar 8. Art.
    1558. Dreifaltigkeitsfest 27. Art.
    1559 im Juni 19. Art. — 1569 im Juni 17. u. 18. Art.
    1571. 19. November 38. Art. — 1573. 24. Mai 6. Art. 1575. 6. Dezember 8. Art.
    1578. 21. Oktober 5. Art. — 1578. 27. April 29. Art. — 1589. 21. Oktober 9. Art.
    1591. 1. November 42. Art. — 1592. 20. September 3. Art. — 1593. 30. April 3. Art.
    1596. 19. April 4. Art. — 1595. 13. Dezember 15. Art. — 1596. 21. April 28. u. 29. Art.
    1599. 21. März 38. Art. — 1597. 27. April 19. Art. — 1595. 16. April 31. April 31 Art.
    1609. 26. April 14. Art. — 1609. 9. Oktober 6. Art. — 1619. 5. Mai 10. Art.
    1610. 25. März 21. Art. — 1615. 3. Mai 12. Art. — 1615. 27. Sept. 26. Art.
    1624. 23. Juni 26. Art. — 1626. 24. Mai 2. Art. — 1622. 1. Mai 12. Art.

besonders Kronstadts bis zum J. 1688 und handelt in besonderen Abschnitten auch von der Geschichte der deutschen Ritter in Burzenland, ferner von den Kronstädter öffentlichen Gebäuden und Stadtmauern, — von der politischen, kriegerischen, wirthschaftlichen und

---

  1627. 4. April 1. Art. — 1638. 12. Mai 11. Art.
  1631. 5. Juni 8. Art. — 1632. 1. Mai 5. Art. — 1635. 13. Mai 11. Art.
  1642. 1. August 2. Art. — 1649. 23. Januar 28. Art.
  1656. 20. Februar 7. Art. — 1665. 1. Mai 12. Art.
  1653. S. Appr. Const. P. V. Ed. 35.
  1670. 1. Dezember 20. Art.
  1668. 15. Juli 4. Art. — 1683. 10. Februar 12. Art. — 1684. 8. März 4. Art.
  1687. 13 Februar 6. Art. — 1689. 27. September 5. Art.
  1696. 19. Oktober 1. Art. — 1697. 9. März 9. Art.
  1714. 16. Januar 9. Art.
  1809. Landtagsprotokoll S. 80.
  1811. Landtagsprotokoll S. 842, 846, 877—882.

  Merkwürdig ist die Verhandlung über die Limitation, welche Fürst Rákótzy am 7. April 1642 vornehmen wollte, wegen Widerspruch der Handwerksleute aber unterließ. S. Fuchsii Chronic. II. 19.

  Außerdem hat man Limitationen für einzelne Orte und Kreise, welche theils im Jahre 1811 theils vor und nach diesem Jahre durch die betreffenden Kreis- und Ortsobrigkeiten, im Einvernehmen mit den Zünften, über einzelne Artikel, und nach Umständen auch im Ganzen festgesetzt, aber — selten eingehalten worden sind; ausgenommen die Artikel, welche die Bäcker und Fleischhacker verkaufen, deren Preise die Ortsobrigkeiten von Zeit zu Zeit im Verhältniß zu den Früchte- und Viehpreisen bestimmen. Desgleichen die Arbeitslöhne der Maurer und Zimmerleute, und Mauthgebühren der Müller.

  Im Jahre 1761 fg. belangte der k. Fiscal-Direktor mehrere sächsische Zünfte, wegen ihren ausschließenden Rechten, einzeln vor der Siebenbürgischen kön. Gerichts-Tafel, unter diesen namentlich die Kronstädter Schmid-, Leinweber-, Fleischhacker-, Rothgerber-, Zinngießer- und Seilerzünfte. Durch gerichtliche Sprüche der k. Tafel aber wurden die Zünfte, (mit Ausnahme der Kronstädter Leinweberzunft, wider welche die kön. Tafel am 27. Jänner 1774 ein ungünstiges Urtheil fällte, die Zunft aber brachte dasselbe durch das Rechtsmittel der Appellation vor das k. Gubernium) in ihren Rechten geschützt; und also unter andern die Rothgerberzunft den 22. März 1764, ferner die Schmidzunft den 8. Februar 1774, die Seilerzunft den 27. Januar 1774 und die Repser Schmidzunft auch durch das kön. Gubernium den 8. Februar 1776 gänzlich freigesprochen. Der k. Fiscal-Direktor aber hat vermuthlich die Prozesse stufen lassen.

kirchlichen Verfassung, sowie von den merkwürdigsten Männern Kronstadts und von den vom Verfasser benützten Chroniken oder Tagebüchern.

2. Band 474 S. vom J. 1688—1780.
3. Band 646 S. vom J. 1780—1800.

Der zweite und dritte Band enthalten die Geschichte Siebenbürgens, der sächsischen Nation und der Stadt Kronstadt von den angeführten Jahren nach glaubwürdigen Quellen. Jedem der 3 Bände hat der Verfasser ein alphabetisches Register beigefügt.

22. **Genealogie der angesehensten Familien in Kronstadt.** Ausgearb. im J. 1803.

Ergänzt, fortgesetzt und mit neuen Tabellen vermehrt von mir.

Tr.   **Hertel Johann,**

ein Siebenbürger Sachse aus Hermannstadt, studirte 1766 u. fg. in Jena.

Disertatio inaug. medica de doloribus post partum, et agendi modo Remediorum eos aut lonientium, aut oxcitantium, Praeside Baldinger. Jenae 1770 in 4-to. 26 S.

Tr.   **v. Heydendorf Michael,**

Sohn des Mediascher Bürgermeisters Daniel v. Heydendorf, wurde geboren in Mediasch am 26. November 1730. Nachdem er auf dem reformirten Collegium zu M.-Vásárhely einen soliden Grund wissenschaftlicher Bildung gelegt hatte, wurde er am 11. Januar 1750 als Honorär-Kanzellist in die Gubernialkanzlei aufgenommen, den 7. September 1753 zum Provinzial=Commissariatskanzelisten befördert, weiter als Kanzellist bei dem in der sächsischen Nation aufgestellten Directorium oeconomicum angestellt und ging von da im Jahre 1761 als Vice=Notarius zum Mediascher Magistrat über, wo er in der Folge zum Notarius befördert bis 1775 fortdiente. In dieser Zeit wurde er erstlich bei Errichtung der Grenzmilitz vom Allerh. Hof zum Commissions=Aktuarius in Csik und Háromszék ernannt, wo er die Jahre 1764 und 1765 hindurch diente, — dann aber, während seines Notariats, mit dem Gubernialrath Graf Wolfgang Kemény zur Stillung der Unruhen unter den Unterthanen im Kloser und Dobokaer Comitat vom Kaiser ausgeschickt. Vom Jahre 1775 an, diente er durch anderthalb Jahre als Senator in Mediasch,

— 149 —

hierauf aber bis 1784 als Königsrichter. Von 1784 weiter bekleidete er das Amt eines Vicegespans im Hermannstädter Comitat, als welcher er auf Allerhöchsten Befehl die Seelenbeschreibung in der diesseits des Marosflusses (gegen Hermannstadt) gelegenen Hälfte von Siebenbürgen besorgte. Als 1786 ein Appellationsgericht für Siebenbürgen neu errichtet wurde, ernannte ihn Kaiser Joseph II. zum wirklichen Apellationsrath, und Kaiser Leopold II. verlieh ihm, nach Erlöschung des Appellationsgerichts und hergestellter alter Verfassung, taxfrei den k. Rathstitel. Bei Wiederherstellung der Nationalverfassung wurde Heydendorf als Gubernialcommissär mit der Reorganisation der drei Stühle Neußmarkt, Mühlenbach und Broos beauftragt, während er aber noch mit der Mühlbächer Restauration beschäftigt war, von der Mediascher Communität zu ihrem Bürgermeister erwählt. In dieser Eigenschaft stand er dem Mediascher Publikum sofort durch 27 Jahre rühmlich vor und genoß die besondere Achtung selbst des umher begüterten ungarischen Adels. Als Deputirter des Mediascher Publikums, wohnte er seit 1790 allen National-Confluxen[1]) sowohl, als siebenbürgischen Landtägen bis einschlüßig 1817 bei, und erhielt in einem der letztern von den Ständen unter den Sachsen die Stimmenmehrheit zum Gubernialrath. Mit welchem Eifer er als Oberbeamter sich die Vollziehung der höhern Befehle, und unter andern die Lieferung der Kriegssubsidien, Stellung der Rekruten und Jäger während den französischen Kriegen angelegen sein ließ, beweisen die diesfalls von der h. Landesstelle an ihn erlassenen Belobungsdekrete, und da auch der Allerh. Hof die ersprießlichen und langjährigen Dienste Heydendorffs nicht verkannte, so wurde er im Herbst 1813 vom Kaiser Franz I. mit dem Kleinkreuze des k. k. Leopoldordens begnadigt. Zwar fortwährend thätig, wurde er doch durch das bereits eingetretene hohe Lebensalter und die dadurch herbeigeführte Schwäche des Körpers in der gewohnten Energie mehr und mehr gehemmt, und aus dieser Ursache geschah es, daß die Mediascher Bürgermeisterwahl im Jahre 1816 nicht mehr zu seinen Gunsten ausfiel. Er suchte demnach selbst seine Enthebung und eine seinem Charakter angemessene Pension Allerh. Orts an, und Kaiser Franz genehmigte die von der sächsischen Nationsuniversität ertheilte Bewilligung

---

[1]) In der am 17. November 1812 zusammengetretenen Nationsuniversität äußerte er nach einer Bemerkung auf der im Kronstädter Magistratsarchiv befindlichen Abschrift des Universitätsprotokolles dieser Session: daß er zum fünfzigstenmal dem Catharinal-Conflur beiwohne.

derselben aus ihrer Nationalkassa unterm 1. Februar 1817, so daß er den vollen Bürgermeistersgehalt von 800 Rfl. bis an sein Lebensende bezog. Nach 66 Dienstjahren brachte er nun seine übrigen Tage in Zurückgezogenheit theils zu Mediasch theils in Meschen, wo er ein Landhaus besaß, mit literarischen Beschäftigungen zu, bis er am 9. November 1821 in einem Alter von 90 Jahren, 11 Monaten und 14 Tagen an den Folgen eines Fiebers sein Leben beschloß. Er hinterließ eine ansehnliche Manuscripten-Sammlung, welche er noch während seinem Leben Joseph K. Etern, Ballmann (vergl. Siebenb. Provinzialblätter I. 260) und andere Gelehrte bereitwillig benützen ließ.

In der Ehe lebte er mit Susannen geb. v. Hannenheim 1758 bis 1809 und zeugte mit ihr sechs Kinder, von denen jedoch nur drei den Vater überlebten, nemlich **Peter**, Second-Wachtmeister und Adjutant bei der k. ungarischen adelichen Leibgarde, als Major pensionirt 1828 (gest. 2. September 1836), **Michael**, k. Steuereinnehmer und nachmals Bürgermeister in Mediasch († 29. August 1857) und eine Tochter Susanna Witwe des Mediascher Senators Johann Georg **Schuster**.

In Handschrift hat man von ihm:

1. De originibus Nationum in Transsylvania, wozu man auch Observationes Georgii Aranka hat.
   (Catal. Biblioth. Samuelis C. Teleki III. 81.)
   In der Pester Universitätsbibliothek Tom. C. XIX. der Stephan Kaprinai'schen Sammlung befindet sich (l. Fejérs Codex dipl. Tom. VI v. I, S. 30) ebenfalls eine Handschrift: „Origines Nationum ac potissimum Saxonicae in Transsylvania e ruderibus Historiarum erutae".
2. Gedanken von der Herkunft und dem Ursprung der Verfassung der Sächsischen Nation in Siebenbürgen.
3. Betrachtungen über die Aufhebung der Sächsischen Nationalverbindung auf hohe Veranlassung aufgesetzt. Anno 1784 diebus Martii.
4. Memorial an S. M. Joseph II. Namens der Sächsischen Nation vor ihrer Aufhebung. A. 1784.
5. De veteri conditione Sedis Mediensis. Epistola ad Jos. Benkő anno 1776 exarata.
6. Die Erzählung eines Phänomens, wie Heybendorf auf dem Gebirge Pojána Drakului ohnweit Freck und Rakovitza eine Schrift ohne Brille

ganz beutlich lesen konnte, was ihm tiefer unten unmöglich war, hat
Aranka der Sammlung „A Magyar Nyelv mivelő Társaság munkáinak" 1-ső Darabja. Szobenben 1796. S. 164—166 eingeschaltet.

7. Inscriptio globo turris majoris Mediensis imposita. 1784.
8. Bemerkungen über die von den Wallachen angesuchte Concivilität in
der Sächs. Nation 1791 zum Gebrauch der Sächs. Universität und
Wiener Landtagsdeputation.
9. Historisch-diplomatische Abhandlung der Frage: Woher es komme,
daß die Vorfahren der Sachsen von den damaligen Ungarischen Königen aus Deutschland auf den Fundum, den sie jetzt besitzen, berufen wurden? wie ferner eben dieser, und kein anderer Fundus den
Sachsen gegeben worden sei, und woher er den Namen Fundus regius
erhalten habe?

Tr. **Heyser Christian,**

geboren in Kronstadt am 11. März 1776 studirte in den Schulen und
dem Gymnasium seiner Vaterstadt, sodann aber von 1796 bis 1798 in
Jena. Nach seiner Rückkehr 1798 ward er Abjunkt, dann 1800 Collega,
weiter 1807 Lektor am dasigen Gymnasium, 1811 zum Blumenauer
und Spitalsprediger, 1814 zu einem Stadtprediger, im nemlichen Jahre
aber zum Martinsbergprediger befördert. Am 25. August 1816 wählte
ihn die Wolkendörfer und am 26. August 1821 die Marienburger
Gemeinde zu ihrem Pfarrer. Endlich aber wurde er ebenfalls durch eine
am 2. Juli 1828 in Wien stattgefundene Wahl zum ersten Prediger
A. C. daselbst berufen, und am 2. Mai 1834 vom Kaiser Franz I.
zum Superintendenten der evangelischen Gemeinden in Inner- und Niederösterreich, in den illyrischen Provinzen und im venetianischen Gebiete
ernannt. Ueber die von Heyser im August 1836 gehaltene Visitation
der evangelischen Gemeinden A. C. in Oberkärnthen, liefert die Allgemeine Kirchenzeitung, Darmstadt 1836 4-to. oder Aprilheft S. 441
bis 414 den Bericht, wo es S. 443 heißt: „Außerdem hat auch der
„Ernst, mit welchem er seine schwere Aufgabe vollzog; der Eifer,
„womit er bis in die kleinsten Details eindrang, die Weisheit, womit
„er seine Urtheile, Reden und Gespräche würzte; die vielseitige Er-
„fahrung, die er für alle Zweige dieses Geschäftes mitbrachte; die Theil-
„nahme, womit er sich über das Vorgefundene aussprach; die Liebe und
„Freundschaft, womit er dem geistlichen Stande zugethan sich zeigte; kurz,

„seine ganze Persönlichkeit, welche ihm die Herzen seiner Untergebenen „und in gleichem Maße Ehrfurcht und Vertrauen gewann, — Alles dazu „beigetragen, in den Gemüthern sämmtlicher Pastoren die süßesten Hoff„nungen auf seine entschiedenste thatkräftige Verwendung für deren Wohl „und auf eine bessere Zukunft zu wecken und festzugründen."

„Schon im J. 1834 besuchte Heyser als Superintendent die Ge„meinden Steiermarks, und visitirte 1835 außer den Gemeinden Kärnthens „die zu Venedig und Triest, und machte durch dieses rasche Auftreten dem „Zustande der Verwaisung, worin sie sich seit dem Tode des zu früh „verblichenen Consistorialraths und Superintendenten J. Wächter befanden, „ein Ende".

Auf gleiche rühmliche Art bekleidete Heyser auch sein Amt als erster Prediger A. C. in Wien bis zu seinem am 26. Juni 1839 erfolgten Ableben. Seinen Verlust betrauerten, nebst der Witwe und einem einzigen Sohne und den Gliedern der Wiener, ihm als Prediger, und der anderen ihm als Superintendenten untergebenen Gemeinden, besonders die in Wien studirenden Siebenbürger, welchen er ebenso, wie den die Erlaubniß, im Auslande studiren zu dürfen, bei dem allerhöchsten Hofe in Wien ansuchenden, Siebenbürger-Sächsischen Theologen in allen Fällen, wenn sie seinen Rath und Hilfe ansprachen, stets bereitwilliger Rathgeber, Unterstützer und Beförderer war.

1. Klage am Grab des edelsten Menschenfreundes rc. Kronstadt. 4-to. 11. S. s. diese Denkbl. I. 60.
    Enthaltend drei deutsche und ein lateinisches Gedicht.
2. Die Kultur der Sachsen in Siebenbürgen oder über die Landschulen der Sachsen in Siebenbürgen. (In den vaterländischen Blättern für den österr. Kaiserstaat Nr. 29 vom 29. April 1816 S. 113—116.) Auch in den Kronstädter Blättern für Geist, Gemüth und Vaterlandskunde vom 19. Oktober 1838 Nr. 42, S. 341—343.
3. Freudige Bewillkommung JJ. k. k. Majestäten am ersten Abend Allerhöchst Ihrer beglückenden Gegenwart zu Kronstadt den 13. Sept. 1817. (Kronstadt) Fol. 2 S.
4. Ein Blümchen Ihrer k. k. Majestät Karolina Augusta auf Allerhöchst Ihrer Reise durch Siebenbürgen auf den Weg gestreut. (Kronst. 1817), fol. 2 S.
5. D. Joseph Benjamin Barbenius. Eine biographische Skizze. (In den Siebenb. Provinzialblättern V. 174—192.)

6. Aussicht auf dem hangenden Stein am 19. August 1815 oder das Panorama von Burzenland. (Ebend. V. 193—200.) Auch in Krickels Fußreise durch den größten Theil der österr. Staaten. Wien 1830. 2 Bde. S. 332—336.

7. Ode an Trajans Schatten. Ebend. V. 212—221.)

8. Abschied eines römischen Colonisten von Dacien, als solches auf Aurelians Befehl den Gothen preisgegeben wurde. (Ebend. V. 222—229.)

9. Abendphantasie im Eichenhain bei Wolkendorf dem Andenken meines zu früh verblichenen Freundes Johann G. Pauer geweiht. (Kronst. 1816) 8-vo. 4 S.

10. Die Leiden der Tugend. Ein Traum. (In der Wiener Zeitschrift für Kunst, Literatur, Theater und Mode. Herausg. von Schickh. 1826, Nr. 96, S. 765—770). Auch für sich gedruckt 1828 bei Gerold in Wien unterm Titel: Gedichte S. 3—13 nebst dem zweiten Gedicht: An einen jungen Freund bei seinem Eintritt in die große Welt S. 13—16.

11. Ode an den Kaiser Probus, der den Weinstock in Pannonien pflanzte. (In der a. Wiener Zeitschrift von Schickh. 1826, S. 513—515.)

12. Der Frühling. (Ebend. 1826, S. 525—526.)

13. Abschied von meiner Heimat Burzenland. (Kronstadt 1828) 8-vo. 4 S. Wieder unter dem nemlichen Titel und: In Musik gesetzt für eine Singstimme mit Begleitung des Pianoforte (und der Guitarre) und seinen Freunden zum Andenken gewidmet von Johann Lukas Hedwig aus Heldsdorf, Kronstädter Distrikts gebürtig, später Cantor bei der Kronstädter evang. Stadtkirche. Wien bei Thab. Weigl. (1829). Querfolio. 11 Seiten. (Desgleichen die Composition für die Guitarre.) S. Denkbl. II 93.

14. Briefe über Siebenbürgen. (Eingerückt in die erneuerten vaterländischen Blätter für den österr. Kaiserstaat. Jahrg. 1817, Nr. 23, 38, 54 und 74, dann 1818, Nr. 30, 32, 74, sowie 1819, Nr. 8, 20, 22 und 53, 1820, Nr. 31 und 33 (12 Briefe.)

15. Die Heltenburg. (Eine Ruine in Siebenbürgen.) Historisch-topographische Beschreibung davon. (In der Iris, Zeitschr. für Wissen, Kunst und Leben. 1827. 3. Jahrgang, Nr. 127, S. 505—506.)

16. Abschiedspredigt gehalten in der evang. Kathedralkirche zu Kronstadt (1811.) Wien bei Gerold 1828, 8-vo. 15 S.

17. Antrittspredigt Sr. Hochw. des Herrn C. H., ersten Predigers der ev. Gemeinde A. C. in Wien. Gehalten am 30. November als am ersten Sonntage des neuen Kirchenjahres 1828/9. Herausgegeben von einigen Mitgliedern der Gemeinde. Wien, bei Gerold 1829, 8-vo. 19 S.

18. Einige Worte gesprochen am Sarge der weil. Wohlg. Frau Catharina verw. Angermayer am 23. Oktober 1830 zu Oberdöbling nächst Wien. Von Chr. H., ersten Prediger der A. C.=V. in Wien. Hermannstadt bei S. Filtsch 1831, 8-vo. 12 S.

19. Gebete um Erhaltung des Lebens Sr. apost. k. k. Majestät Franz I. Kaisers von Oesterreich und Gedächtnißpredigt, nebst den Gebeten bei bei dem Trauergottesdienste für weil. Se. k. k. Apost. Maj. Kaiser Franz I. Gehalten in dem Bethause der evang. Gemeinde A. C. von den Predigern der gedachten Gemeinde am Sonntage Estomihi und Invocavit. Wien 1835 bei J. G. Heubner. 8-vo. 30 S.

Darinnen sind von Heyser S. 3—5. Gebet in der Betstunde während der Krankheit weil. Sr. Majestät des höchstsel. Kaisers Franz I. gehalten am 28. Februar 1835. S. 11—24. Gedächt- nißpredigt auf weil. Se. Majestät den Allerdurchl. Kaiser Franz I. gehalten im evangelischen Bethause A. C. am 8. März 1835. — S. 25—27. Gebet nach der Predigt.

20. Die Kirchenverfassung der A. C.=Verwandten im Großfürstenthume Siebenbürgen. Dargestellt und mit Urkunden belegt v. C. H., Su- perintendenten der A. C. in Inner= und Niederösterreich, im König- reich Illyrien und Venedig und ersten Prediger A. C. in Wien. Auf Kosten des Verfassers. Wien 1836. 8-vo. IV. 263 S.

(Dem k. siebenbürgischen Hofrath und Präses vom Vorsteher= Collegium der evang. Gemeinde in Wien Joseph Bedeus v. Scharberg gewidmet.)

Enthält: I. Einleitung von der allgemeinen sowohl, als Kirchen- Landesverfassung und insbesondere von der bürgerlichen Verfassung der Siebenbürger Sachsen S. 1—45. II. Von der kirchlichen Ver- fassung der Siebenbürger Sachsen S. 46—57 und insbesondere a) Vom Kirchenregiment S. 57—75. b) Von der Geistlichkeit S. 75—122. c) Vom Cultus S. 122—144. III. Verordnungen, nemlich a) Instruktion für die Consistorien S. 149—164. b) In- struktion für die Domestikal=Consistorien S. 165—169. c) Instruktion für die Orts=Consistorien S. 170—181. d) Kirchen=Visitationsordnung

S. 182—204. e) Visitationsartikel S. 205—246. f) Candidations- und Wahl-Normativ S. 247—263.

Die Veranlassung zur Ausarbeitung der zwei ersten Abschnitte und Herausgabe dieses Buches gab Heyser'n die Aufforderung mehrerer ausgezeichneten Theologen Deutschlands, ihnen nähere Nachrichten vom Zustande der evang. Sachsen in Siebenbürgen zu verschaffen.

21. Nach seinem Tode kam heraus: „Vaterländische dramatische Schriften von E. H. ꝛc. Kronstadt 1842. Druck und Verlag von Joh. Gött" 8-vo. VIII. 233 S., enthaltend: Hans Benkner oder die Lebendigbegrabene. Ein Schauspiel in 5 Aufzügen, nach einer alten Volkssage[1]). Den Ertrag widmete der Verleger den am 25. August 1841 durch Brand verunglückten Inwohnern des Dorfes Wolkendorf Kronstädter Distrikts, welchem Heyser 1816 als Pfarrer vorgestanden hatte.)

S. den Artikel Joseph Trausch.

In Handschrift, außer vielen kleinen Gedichten:

1. Herrmann und Plecker. Eine Scene aus dem Reiche der Todten.
2. Panorama von Klausenburg oder Aussicht vom Klausenburger Schloßberge an einem Mai-Morgen im Jahre 1824.
3. Die Heldenburg oder die Kreuzritter im Burzenland. Ein Trauerspiel in 5 Aufzügen. Umgearbeitet mit dem neuen Titel: Meinhard oder die Kreuzritter in Burzenland. Ein dramatisches Gemälde aus der Vorzeit Kronstadts in 5 Aufzügen.

    Ist auf der Kronstädter Bühne im Jahre 1868 aufgeführt worden.
4. Hans Benkner oder die Scheintodte. S. oben Heysers Druckschriften Nr. 21.
5. Báthori und Weiß. (Ein Heldengedicht nach Lucan in 6 Gesängen und achtzeiligen Jamben, mit historischen Noten, vorzüglich mit Beziehung auf die zweite Schlacht des walachischen Fürsten Rádul mit Gabriel Báthori 1612). In Molike's „deutscher Dichterhalle S. 2 ff. zu drucken angefangen. Ein Bruchstück brachte der Sächsische Hausfreund im Kalender für 1854. Kronstadt bei J. Gött, 8-vo.,

---

[1]) Ist auf den Bühnen von Kronstadt, Hermannstadt und Pest mehrmals aufgeführt worden.

S. 11—25 und den Prolog die Blätter für Geist, Gemüth und Vaterlandskunde vom 7. Sept. 1838 Nr. 36.
6. Die gerettete Fahne oder die Schlacht auf dem Brotfeld. Historisches Drama in 5 Akten. (Zeitraum 1479, 12—14. Oktober).
7. Das Opfer der Freundschaft oder Bela's Blendung. Trauerspiel in 5 Aufzügen.
8. Trajan und Longin oder die Eroberung von Dacien. Historisches Trauerspiel in 5 Aufzügen.
9. Die Blinde oder belohnte kindliche Liebe. Ländliches Schauspiel in 3 Aufzügen. Nebst einem (auf der Kronstädter Bühne am 15. Sept. 1817 zur Bewillkommung JJ. Majestäten in Kronstadt zu deklamiren bestimmten, weil aber die Aufführung unterblieb, nicht deklamirten) Prolog. (Orig. 4-to. 36 S.
10. List gegen List, oder die ausgespielte Braut. Lustspiel in 2 Aufzügen.
11. Glück und Unglück. Eine heroische Oper in 3 Aufzügen.
12. Alonso. Eine Oper in Musik gesetzt vom Klausenburger Musikus Ruschizka.
13. Das Jahr 1817 und seine Folgen. Ein Traum. (Orig. 16 Seiten in 4-to. Der Inhalt ist politisch-philosophisch und zum Theile moralisch.)
14. Seneca's Trauerspiele. Metrisch übersetzt.

Tr. **Hiemesch Johann Friedrich,**

geboren in Kronstadt 1793, studirte auf dem Gymnasium seiner Vaterstadt, dann von 1815—1817 auf den Universitäten Tübingen und Jena, wurde in Kronstadt angestellt als Collega 1817, Lector 1821, Stadtprediger 1829 und zum Pfarrer in Rosenau erwählt 1841, war Dechant des Burzenländer Kapitels vom 2. Juli 1849 bis 5. October 1856, und starb in Rosenau am 10. Jänner 1869.

De Theologiae biblicae studio ejusque utilitate Diss. Cibinii. Hochmeister 1818. 8-vo. 15 S.

Tr. **Hill Georg,**

geboren in Rosenau, Kronstädter Distrikts, am 13. Jänner 1805, besuchte die evangelischen Schulen in Kronstadt und wurde im Oktober

1819 auf das dasige Gymnasium befördert. In den Jahren 1822 bis 1824 war Hill Hauslehrer der mit ihrem Vater und den anderen Bojaren der Walachei, — der Ypsilantischen Revolution wegen, — nach Kronstadt geflüchteten jungen Marie Vakaresku. Durch sie wurde Hill, nachdem er im Jahre 1827 aus dem Gymnasium als Präfekt ausgetreten war, und sich als Privatlehrer nach Bukarest begeben hatte, mit Constantin Ghika, den sie in der Folge heiratete, und mit der fürstlich Ghika'schen Familie und darauf, nach erfolgter Trennung jener Ehe, mit dem zweiten Ehegatten Mariens, dem Fürsten Georg Bibesco näher bekannt.

Hill lehrte in Bukarest die deutsche, lateinische und französische Sprache, und wurde 1832 als öffentlicher Professor der lateinischen Sprache am dasigen Collegium zum heil. Sabbas[1]) angestellt. Als Const. Ghika's Bruder, Alexander IX. im J. 1834 regirender Fürst der Walachei wurde, erhielten die Professoren des Collegiums von diesem Freunde und Beschützer der Wissenschaften, welchem die Walachei das Aufblühen derselben zu verdanken hat, ihre lebenslängliche Anstellung mit systemisirten Gehalten und wurden pensionsfähig.

Im Jahre 1834 übersetzte Hill aus der deutschen in die walachische Sprache „Deprindere asupra Schititului", — welches Buch in allen öffentlichen Schulen der Walachei eingeführt wurde, und mehrere Ausgaben erlebt hat. — Vom Jahre 1845 bis 1848 war Hill Chef der walachischen und deutschen Censur im Fürstenthume Walachei. Durch dieses Amt und dazu gekommene anderseitige Beschäftigungen wurde er längere Zeit hindurch an weiteren literarischen Arbeiten verhindert. Nachher aber beschäftigte er sich mit der Ausarbeitung eines walachisch-französischen Lexikons, — wie auch eines lateinisch-walachischen und walachisch-lateinischen Wörterbuchs für die walachischen Schulen.

Zwanzig Jahre hindurch erwarb sich Hill als Präsident des Kirchen-Vorstandes der A. C.-B. in Bukarest viele Verdienste um das Wohl und Aufblühen dieser Gemeinde und war namentlich ein Hauptbeförderer des

---

[1]) Dieses Collegium ist ein vollständiges Gymnasium mit philosophischer und juridischer Fakultät, zu welchem im Jahre 1852 eine reichhaltig mit Pariser Instrumenten eingerichtete medizinische Schule nebst anatomischen Museum hinzugekommen ist.

in den Jahren 1851 — 1853 zu Stande gebrachten Baues der neuen Kirche derselben¹).

Im Jahre 1863 wurde Hill als Professor des Bukarester National-Collegiums mit vollem Gehalte pensionirt, und lebte sofort als Privatmann in Bukarest bis zu seinem Tode, 19. Oktober 1868.

1. Vocabulaire francais-valaque d'aprés la derniére edition du Dictionnaire de l'Académie francaise, augmenté de plusieurs autres mots Recuellies dans différents Dictionnaires par P. Poyenar Directeur des écoles nationales F. Aaron et G. Hill, Professeurs au Collége St. Sava. Boucourest Imprimerie du Collége St. Sava. 1840. Gr. 8-vo. Tome premier A—H. VII. 824 S.
   „   second I—Z. 836 S.

Laut der Kronstädter walachischen Zeitung Gazet'a Transilvaniei vom Jahre 1845, Nr. 42, S. 166, erhielt jeder der drei Verfasser dieses Wörterbuchs auf Befehl des Fürsten der Walachei Bibesko dafür ein Geschenk von 300 Dukaten.

2. Grammatike latine de George Hill, Professoru. Partea etimologike. (l. Katalog des Bukarester Buchhändlers Georg Joanid v. J. 1852) d. i. Anfangsgründe der lateinischen Sprachlehre, verfaßt von Georg Hill, Professor der lateinischen Sprache. Bukarest, Buchdruckerei des Collegiums von St. Sava 1842.

(L. Neigebaurs Beschreibung der Moldau und Walachei S. 330.) Der zweite Band wurde in Bukarest gedruckt 1853, der erste ebend. 1851. 8-vo. Von dieser als Lehrbuch in den öffentlichen Schulen der Walachei eingeführten Sprachlehre sind vier Auflagen erschienen. Die vierte hat folgenden Titel:

Grammatica limbei latine in comparatia cu limba románe de G. Hill, Prof. Editia a pátra. Bucuresci, Imprimeria Statului numita Nifon 1861. Gr. 8-vo. 315 S.

3. Grammatica limbei romane de Prof. G. Hill. Bucuresci in tipografia Collegiului nationale 1858. Kl. 8-vo. 130 S.

„Unter der Redaktion der Professoren Hill und Florian Aaron erschien zu Bukarest bei Wallbaum vom 1. Januar bis 31. De-

---

¹) S. seine „Worte des Dankes" in der Brochure: „Die Einweihung der „neuerbauten evangelischen Marienkirche in Bukarest". Buchdruckerei Frohn 1853 8-vo. (48 S.) Seite 10—12.

zember 1838 die Zeitschrift *Romania* in 4-to. täglich. Sie enthielt politische Nachrichten des In= und Auslandes, kurze literarische Aufsätze als Anhang, und Anzeigen aller Art mit vielen Supplementen, wenn Stoff dazu vorhanden war. Dieselbe mußte wegen Mangel an hinlänglichen Abonnenten mit Schluß des Jahres aufhören". (L. Neigebaur a. a. O. S. 338 u. 339.)

Als Mitarbeiter aber betheiligte sich Hill an den vier Jahrgängen der Zeitschrift: „Universulu", welche vom Professor J. Genilie als erstem Redakteur, in der Buchdruckerei des Bukarester National-Collegiums, wöchentlich in 4 Quartblättern vom Jahre 1845 bis 1848 gedruckt, — herausgegeben worden ist.

Tr. ## Himesch Johann,

geboren in Kronstadt am 30. Dezember 1731, studirte in Jena 1751 und starb als Notarius zu Kronstadt am 1. November 1771.

Dissertatio Juridica de Restitutione in Integrum contra Praescriptionem ex Capite Ignorantiae non competente, quam Praeside Ioanne Wunderlich publicae Eruditorum disquisitioni submittit Auctor Ioannes Himesch, 1754 m. Septembri. Jenae, 30 S. in 4-to.

Tr. ## Hintz Georg Gottlieb,

geboren in Schäßburg am 28. Januar 1808. Pfarramts=Substitut der Gemeinde A. C. in Klausenburg 1833, studirte auf dem Gymnasium seiner Vaterstadt und 1827 an der protestantisch=theologischen Lehranstalt in Wien und ist seit Liedemanns Tode (14. April 1837) wirklicher evangelischer Pfarrer in Klausenburg.

1. Worte des Andenkens, des Trostes und der Erbauung an dem Sarge des selig verstorbenen Herrn Daniel Slaby, bürgerlichen Apothekers, Mitgliedes des äußern Stadtrathes und verdienstvollen Curators der evang. Gemeinde allhier (Klausenburg) gesprochen in dem Gotteshause der Evangelischen am 23. Januar 1835. Klausenburg 1835. 8-vo. 30 S.
2. Gedächtnißpredigt auf Kaiser Franz I. gehalten den 29. März 1835 in der Klausenburger evang. Kirche. (Der Ertrag ist zum Wohl der Gemeinde bestimmt.) Klausenburg 1835. 4-to. 15 S.

3. Die Empfindungen chriſtlicher Staatsbürger beim Zuſammentritte ihrer Vaterlandsvertreter um den Thron des Fürſten. Predigt gehalten vor Eröffnung des Landtags über Math. 22, 15—22. Klauſenburg 1841. Mit Lyceiſchen Schriften 8-vo. 14 S.
(Der Ertrag war zum Beſten der Orgel beſtimmt.)
4. Die letzten Lebensmomente des am 11. Mai 1849 in Klauſenburg hingerichteten Meſchner Pfarrers Stephan Ludwigs Roth, dargeſtellt von G. H., evang. Pfarrer in Klauſenburg. Der Ertrag dieſer Broſchüre iſt zur Gründung eines Denkmales für den Verewigten beſtimmt. Kronſtadt 1850. Gedruckt bei J. Gött. 8-vo. 23 S.
5. Gedächtnißrede auf den am 8. April 1860 verſtorbenen Grafen Stephan Széchenyi, gehalten am 13. Mai 1860 in der evangeliſch-lutheriſchen Kirche in Klauſenburg von G. H. Klauſenburg mit röm.-kath. lyc. Schriften 1860. 8-vo. 14 S.

Tr. **Hintz Johann,**

geboren in Mühlbach am 30. November 1815, Sohn des Sächſiſchen Univerſitäts-Notärs gleichen Namens, ſtudirte am evangeliſchen Gymnaſium zu Schäßburg und am Klauſenburger katholiſchen Lyceum, diente als Acceſſiſt bei dem Comitial-Reviſorat, dann 1849—1850 bei dem Hermannſtädter Diſtriktsamte, und bekleidete nachher die Stelle eines Sekretärs bei der Kronſtädter Handels- und Gewerbekammer bis 1853, wo er ſiebenbürgiſcher Landesadvokat mit dem Amtsſitze in Kronſtadt ward, und noch gegenwärtig als ſolcher praktizirt.

Außer mehreren, meiſt ſtatiſtiſchen, Arbeiten in der Transſilvania (Beiblatt zum Siebenbürger Boten), ſowie in den Blättern für Geiſt, Gemüth und Vaterlandskunde (Beiblatt zur Kronſtädter Zeitung) und beſonders in der Kronſtädter Zeitung ſelbſt, dann in dem Archiv des Vereins für ſiebenbürgiſche Landeskunde, und zwar in dem letzteren: „Volkszählung in Siebenbürgen" in 3. Band, 1. Heft 1847, S. 45 ꝛc. und „Zur Statiſtik der höheren Lehranſtalten der Latein-, Volks- und Privatſchulen unter den Glaubensgenoſſen A. C. im ſiebenbürgiſchen Sachſenlande" 3. Band, 2. Heft, S. 209 ꝛc. „Ueber Riehls Naturgeſchichte des Volkes mit Beziehung auf die topographiſch-ſozialen Verhältniſſe in Siebenbürgen" in dem Archiv ebendeſſelben Vereins, N. F. 8. Band, S. 123—144 ſchrieb er:

1. Vorschlag zu einem zweckentsprechenden System des Feldbaues auf Hermannstädter Gebiet ꝛc. Zu den von den Brüdern Daniel und Joseph Czekelius (s. Denkblätter I. 232) gelieferten und von Fr. Hann (s. Denkblätter II. 69) für den Druck eingerichteten hieher gehörigen Arbeiten, kamen Ausarbeitungen verschiedener Fachmänner hinzu, aus welchen nach Hann von Hintz, als nachgefolgtem Sekretär des Hermannstädter landwirthschaftlichen Kreisvereins, das Ganze zusammengestellt und in solcher Vollständigkeit gedruckt worden ist.

2. Geschichte des Bisthums der griechisch-nichtunirten Glaubensgenossen in Siebenbürgen. Ein Beitrag zur Kirchengeschichte Siebenbürgens von Johann Hintz. Hermannstadt 1850. Auf Kosten des Vereins für Siebenbürgische Landeskunde. Gedruckt bei Joseph Drotleff. 8-vo. II. 60 nebst Urkundenbuch S. 61—121 und Inhalt sammt Urkundenverzeichniß S. 123—124.

Großen Werth gibt diesem Buche das beigefügte Urkundenbuch, doch hätte der Verfasser auch dem Texte mehr Werth und Interesse verschafft, wenn er bei der Ausarbeitung Csaplovics's Slavonien und zum Theil Kroatien, Pest 1815. 2. Bd., — als die beste Beschreibung der orientalischen Kirche in Ungarn in historischer und hierarchischer Beziehung, benützt hätte.

3. Anregungen und Bilder von einer Geschäftsreise in Siebenbürgen. Hermannstadt 1863. Druck und Verlag von Theodor Steinhaußen. 8-vo. 135 S.

(Erschien als Separatabbruck aus der Hermannstädter Zeitung vom J. 1863.)

4. Zum Fortschritt in der Landwirthschaft. Vorgetragen in der allgemeinen Versammlung des Burzenländer landwirthschaftlichen Bezirks-Vereins am 10. Dezember 1868. Gedruckt bei Johann Gött & Sohn Heinrich in Kronstadt, 8-vo. 18 S.

Hirsch Georg,

Seiv.

aus Ungarn, und Pfarrer in der Bergstadt Topschau. Nach dem Verluste seiner Pfarre, nahm er wie viele andere seiner unglücklichen Mitbrüder, seine Zuflucht nach Siebenbürgen, und kam 1675, nach Hermannstadt, fand auch eine mitleidige Aufnahme. Da kein Dienst eben frei war; so erklärte ihn der Rath 1677 zum zweiten oder Vesperprediger bei der Klosterkirche. Er war der erste in diesem Diakonate, welches nachgehends, so lang die Evangelischen diese Kirche im Besitze hatten, bei derselben beibehalten wurde. Hirsch starb in diesem Dienste. Er schrieb bei Gelegenheit der feierlichen Einführung des Königsrichters Semriger:

Ein Regimentshut — den dem neuen Ehren Regenten, Herrn Matthias Semriger, bestätigten Grafen der Sächsischen Nation, kürzlich und einfältig beschreibet — den 7. März 1676. Hermannstadt, gedruckt bei Stephan Jüngling, 4-to. 12 S.

T r. **Hirscher Lucas,**

eines der würdigsten Glieder der Familie Hirscher, welche bis zu ihrem Erlöschen[1]), soweit die Geschichte reicht, in Kronstadt die höchsten Ehren-

---

[1]) Eine, dem im Jahre 1674 verstorbenen Stadthannen Lucas Hirscher gesetzte Inschrift auf dessen im Chor der großen Pfarrkirche in Kronstadt befindlich gewesenen Grabstein sagt:

„Lucas Hürsher (postquam direxerat annos
Inclyta quingentos Hirscheriana domus)
Hic sua tam generis, quam vitae stemmata claudit
Judex, et morbo torrida membra locat".

Nach der gewaltsamen Entfernung der deutschen Ritter aus Burzenland und der Erfolglosigkeit der bis zum Jahre 1234 fortgesetzten Verwendungen der Päpste Honorius und Gregors zur Wiedereinsetzung des deutschen Ordens in seinen vorgehabten Besitz, — blieben die fünf Burgen (quinque castra fortia) Kreuzburg, Marienburg, Schwarzburg, Rosenauer und Braschovia-Burg im Gebiete von Tartlau, Marienburg, Zeiden, Rosenau und Kronstadt im Besitz dieser Gemeinden, auf deren Gebiet sie errichtet waren. Dagegen wurden die Heldenburg und Törzburg königliche Burgen unter königlichen Castellanen auf Komitatsboden. Die genannten Gemeinden erhielten eigene Gerichtsbarkeit und wählten selbst ihre Richter, welche die Rechtspflege über ihre Gemeinden und rücksichtlich über die blos mit Hannen versehenen sächsischen Ortschaften im Burzenland bis auf die jüngste Zeit ausgeübt haben. (Quartalschrift VII. 217 ꝛc. und meine übersichtliche Darstellung der Kronstädter älteren Gemeindeverfassung. Kronstadt 1865.)

So wurde namentlich Lucas Hürser (seine Nachkommen schrieben sich Hirscher) — im Jahre unserer Zeitrechnung 1235 und in seinem 53. Lebensjahre — der erste Richter in Kronstadt (damals Braschovia), und verwaltete dieses Amt nach dem auf die Tradition gestützten Berichte Thomas Tartlers bis zum Jahre 1250. Er war der Stammvater der Kronstädter Familie Hirscher, dessen Gedächtniß nebst der angeführten Grabschrift, die einheimischen alten Richterverzeichnisse und besonders sein

ämter bekleideten[1]). Durch das Vertrauen seiner Mitbürger dazu erwählt, bekleidete er die Würde eines Stadthannen vom Jahre 1556—1559 und eines Stadtrichters, oder ersten Beamten, in den Jahren 1561, 1562, 1564, 1567, 1568, 1571—1576 und 1579—1588, mithin durch eine so lange Reihe von Jahren, wie vor und lange nach ihm kein Anderer. Er starb am 30. April 1590 in einem Alter von 71 Jahren.

Das Beispiel des Stadtrichters Johann Benkner (s. diese Denkblätter I. 103), dessen Witwe Apollonia geb. Knecher er am 16. Juni 1566 geheiratet hatte, befolgend, ließ Hirscher, als er im Jahre 1580 in Kronstadt Stadtrichter war, — einen guten Erfolg des Versuchs, das walachische Volk aufzuklären hoffend, — ein walachisches Evangelien- und Predigtbuch 630 S. in Kleinfolio, mit cyrillischen Lettern auf eigene Kosten in Kronstadt drucken. Dieses Buch erklärt Dr. Popp in Dissertatie despre Tipografiilo Romanesti. Hermannstadt 1838, S. 13 für das erste Produkt nicht nur der Kronstädter walachischen Buchdruckerei, sondern auch überhaupt für das älteste in walachischer Sprache gedruckte Werk[2]), und führt dessen Titel also an: „Kártye, tso sze tyámo Evangelie ku em-

---

nun in dem Baron Bruckenthal'schen Museum zu Hermannstadt aufbewahrtes Brustbild (s. die Gemäldegallerie des Freiherrn v. Bruckenthal'schen Museums, Hermannstadt 1844, S. 100), sowie sein noch unbeschriebenes Porträt in Lebensgröße, — an welchen u. a. die zur Zeit dieses Richters üblichen Schnabelschuhe*) bemerkenswerth sind, — der Nachkommenschaft erhalten haben.

Nebenbei sei es erlaubt zu bemerken, daß die Gemeinden des Burzenlandes ihre Unabhängigkeit vom siebenb. Bischof vom Anbeginn aufrecht erhielten. (Firnhabers und Teutschs Urkundenbuch S. 60, 63 und meine Geschichte des Burzenländer Kapitels S. 1.) —

1) Siebenb. Provinzialblätter II. 29 u. ff.

2) S. diese Denkbl. I, 104. — Sowie das älteste walachische Buch, also ist auch der erste walachische Kalender in Kronstadt gedruckt worden im Jahre 1733 unter folgendem Titel:

Kalendari: ákum entei rumeneszk. Áschezát depe tsel Szerbesk pe limba rumenecászke. Ká entru 100 de ánni sze szlu'scászke, ká schi tschel slobeneszk, entratseszt Kip au foszt lá Kief szkosz de un máre Dochtor Muszkál. Szau telmetsit entratseszta Kip ákum izvodit, schi prekum l'ám áflaté en stámp noao szau dat. En Braschov Febr. 20. 1733. Am Ende

*) Als Erfinder der Schnabelschuhe nennen Einige den Grafen Fulco IV. von Anjou (l. Falke's deutscher Trachten- und Modenwelt, Leipzig 1858, I. 245 fg.) dessen Name uns an Lukas Hirschers Zeitgenossen, den Sachsen Fulkun, Grundherrn der terra Zék (s. Firnhabers und Teutschs Urkundenbuch S. 70) erinnert.

„vetzeture tiperite en zilele Meriilui Batori Kristof schi en zilele márelui „de dumnezeu luminát Archi-Episcopul Genádie tse au foszt szpre tot „deszpul Merii lui. Atuntse erá Deszpoitoru en toato Zárá Rumeneszke „bunul Krestin, schi dultse Michne Voevodul. E ku ájutoriu Dumnezeu, „schi ku Voie atsesztor tuturor, schi áláltor, en Supenul Chreschil Lucats" (b. i. Lucas Hirſcher), „Sudetzul Braschovului schi a tot Czinutul Bre-„sen" (Burzenland) „dedi dele tiperi lá o mie φπ." (1580.) b. i. **in deutſcher Sprache:** „Evangelienbuch mit Erklärungen, gedruckt zur „Zeit Sr. Hoheit Christoph Báthori's und des großen von Gott erleuch-„teten und Seiner Hoheit in Allem zu dienen bereitwilligen Erzbiſchofs „Genadius, ſowie des damals die ganze Walachei regirenden ächt chriſtlichen „und beliebten Woiwoden Michne. Mit Gottes Hilfe, und mit Einwilli-„gung aller dieſer und Anderer durch mich **Lucas Hirſcher**, Richter von „Kronſtadt und ganz Burzenland in Druck gegeben 1570". Der Druck dieſes Buches, deſſen zwei Vorreden und Inhalt in „meinen Beiträgen und Altenſtücken zur Reformationsgeſchichte von Kronſtadt S. 21" be-ſchrieben ſind, wurde am 14. Dezember 1580 begonnen, und am 28. Juni 1581 beendigt.

Dr. Popp ſagt a. a. O. S. 15 man wiſſe nicht, wer zu jener Zeit Eigenthümer der Buchdruckerei in Kronſtadt geweſen ſei? und räth auf Mathias Fronius, den Verfaſſer des ſächſiſchen Munizipal-Geſetzbuchs, welches in desſelben Verlag drei Jahre ſpäter (nemlich 1583) in Druck erſchien, um ſo mehr, weil nach ſeiner Vermuthung die Druckerei der Fronius'ſchen Familie gehört haben möge.

Da in dem Verlag des Mathias Fronius nichts anders, als die lateiniſchen und deutſchen Statuten der ſächſiſchen Nation gedruckt worden ſind, ſo bezweifle ich, daß derſelbe je Eigenthümer der Kronſtädter Buch-druckerei war. Im Jahre 1580 heißt die Buchdruckerei in einer Ode von Dekani aus dieſem Jahr: Prelum Honterianum und im nemlichen Jahr ſowie 1581: Officina Johannis Nitrei (Niro) Cibinensis. (S. dieſe Denkblätter I, 249 u. 331.) Aus den Jahren 1584 bis 1627 ſind mir — außer Vogners tröſtlichen Gebeten vom Jahre 1586 und 1594 —

ſteht: Szferschitu Kelindáriului prin osztencála Daszkalului Petku 'Soanul, dela Braschov, schi lui Dumnezeu laude.

Vom Peter Major in dem Büchelchen: Ortographia latino-valachica Budae 1825, S. 5 angeführt, ſowie vom Dr. Popp a. a. O. S. 14—16.

dann der zweiten Auflage des Val. Wagner'schen Gesangbuchs vom Jahre 1588 — keine Produkte der Kronstädter Buchdruckerei, und weder ein Besitzer derselben, noch ein Kronstädter Buchdrucker, bis auf Martin Wolfgang namentlich bekannt. Vermuthlich waren es Niro's Erben, welche (laut Miles Siebenb. Würgengel S. 26) die Buchdruckerei, oder richtiger deren bessern Theil nach Hermannstadt führten. Den zurückgelassenen schlechteren Theil ließ der neue Besitzer Michael Hermann durch den Schriftgießer Conrad Krämer umgießen und verbessern (s. Trauschenfels Deutsche Fundgruben S. 335.)

Auf der letzten Seite des Hirscher'schen Buches sieht man das Kronstädter Wappen mit der Wurzel.

Auch befindet sich dem Titelblatte gegenüber ein eigenes Blatt, welches das Hirscher'sche Wappen in einem Holzschnitte darstellt, mit der Inschrift: „'Supáne Lukats Hirschol 'Sudetzul Bráschovului schi a totz Czinutul Burszi ku milá lui Dumnezou". Ueber dem Wappen sieht man die Buchstaben C. H.

Außer dem Dr. Popp a. a. O. erwähnen dieses Buch auch Sulzer in der Geschichte des transalpinischen Daciens II. 273, Peter Major in der zu Ofen gedruckten Kirchengeschichte der Siebenbürger Walachen S. 144—146 und Észrevételek Schwartner Márton az Oláhokról tett Jegyzésekre, Pesten 1812, S. 9.

Die Bemühungen und die Opfer, welche die würdigen Kronstädter Richter **Johann Benkner** und **Lucas Hirscher** anwendeten, um Griechen und Walachen in Kronstadt und in den Nachbarländern das evangelische Christenthum und religiöse Bildung auf dem Wege der Verbreitung religiöser Bücher näher zu bringen, sind in der allgemeinen sowohl, als auch in der siebenbürgischen Reformations-Geschichte bisher nicht gewürdigt worden, weil sie ohne Erfolg blieben. Einer Erwähnung dürften dieselben aber doch wohl werth sein auch in der Geschichte der Verhandlungen, welche gleichzeitig die Tübinger Theologen mit dem griechischen Patriarchen zu Konstantinopel, zu gleicher Absicht, nachdem dem letzteren Melanchton die Augsburgische Confession im Jahr 1559 zugeschickt hatte, — gepflogen haben, denen indessen der Erfolg ebenso wenig entsprach. Wer über diesen Tübinger Schriftenverkehr, und die wegen Union der griechischen mit der katholischen Kirche von den polnischen Jesuiten im weitern Verfolg gemachten Einleitungen Vergleichungen anstellen will, lese nebst Stäudlin's Universalgeschichte der christlichen Kirche S. 317 hauptsächlich Schröckhs christliche Kirchengeschichte seit der Reformation 5. Th. Leipzig 1806.

S. 387—394 und Krasinski's Geschichte der Reformation in Polen, Leipzig 1841, S. 214—216.

Im Allgemeinen habe ich Benkners und Hirschers, und der ein Jahrhundert nachher geschehenen Bestrebungen des Kronstädter Geistlichen Martin Albrich's in dieser Beziehung gedacht in meiner Geschichte des Burzenländer Capitels, Kronstadt 1852, S. 36, vgl. Denkbl. I. 30. — S. mehr in meinen bereits erwähnten Beiträgen und Aktenstücken zur Reformations-Geschichte von Kronstadt S. 20—23.

Tr. **Hißmann Michael**[1],

war der einzige Sohn wohlhabender Eltern in Hermannstadt, wo er am 25. September 1752 geboren wurde. Er begab sich nach vollendeten Gymnasialstudium und mit Beifall abgelegter Consistorial-Prüfung am 19. März 1773 auf die Reise zur Universität Erlangen, und im Frühjahr 1774 nach Göttingen, um sich für die Heimat zum Theologen auszubilden. Hier änderte er aber, durch die Professoren Kästner, Feder und Meiners aufgemuntert, seinen Vorsatz, und widmete sich vorzugsweise dem Studium der Philosophie. Zugleich setzte er seine Uebungen in der französischen, italienischen und englischen Sprache, die er schon in Erlangen angefangen hatte, eifrig fort. Sein vertrauter Umgang mit Gelehrten, wie Weber (gest. als Professor in Jena), Helwing v. Einsiedel, Loder (Prof. in Halle), Richerz (gest. als Superintendent in Gifhorn) und vorzüglich mit Dohm (k. preuß. Minister), u. a. bewog ihn zu dem Entschlusse, sich ganz der Philosophie und dem akademischen Lehramte zu widmen. Zu diesem Ende wurde er Magister der Philosophie[2], und erhielt im J. 1776 die Erlaubniß über philosophische Wissenschaften öffentliche Vorlesungen an der Göttinger Universität zu halten. Diese über verschiedene Theile der theoretischen und praktischen Weltweisheit, besonders aber die seit dem Jahr 1778 über seine gedruckte „Anleitung zur Kenntniß der auserlesenen Literatur der Philosophie" gehaltenen Vorlesungen fanden großen Beifall. Dagegen litt durch übermäßige Anstrengung im Studiren, wobei er sich zur Erholung zu wenige Nachtruhe gönnte, seine Gesund-

---

[1] Siebenb. Provinzialblätter I. 88—104. Meusels Lexikon der vom J 1759—1800 verstorbenen deutschen Schriftsteller V. 547—549. Wurzbachs biograph. Lexikon IV. 56—59.

[2] Archiv des Vereins N. F. VI. 201—203.

heit also, daß er schon zu Anfang September 1776 dem dringenden Rathe seines Arztes zufolge in warmen Bädern Stärkung suchen mußte. Nach seiner Rückkehr hätte er seine Gesundheit schonen sollen. Aber der verdiente Beifall, der ihm von allen Seiten zu Theil wurde, ließ ihn auf seine geschwächten Kräfte vergessen, und die Folge ihrer Wiederanstrengung nöthigte ihn schon im Jahre 1778 aufs neue Erholung und Zerstreuung zu suchen. Diese fand er in einer mit dem Freiherrn Joseph v. Podmanitzky durch Obersachsen nach Berlin gemachten Reise. Hier und in Leipzig erwarb er sich neue Freunde und knüpfte auf seinen Reisen daselbst, sowie in Hannover, Rinteln, Pyrmont, Münster 2c. Verbindungen mit hervorragenden Männern der Wissenschaft an. Durch seine Vorlesungen sowohl, als auch durch seine Schriften wurde Hißmann's Name in der Literatur immer mehr bekannt, was die Regierung zu Hannover bewog, ihn dem König zum außerordentlichen Professor der Philosophie in Göttingen vorzuschlagen. Darauf erfolgte seine Ernennung zu dieser akademischen Würde von London aus im Mai 1781[1]) und er nahm seit dieser Zeit vielen Antheil an der Ausarbeitung der philosophischen Artikel in den Göttingischen Gelehrten-Anzeigen u. a. m. Nunmehr wurde Hißmanns Name in ganz Deutschland, und insonderheit in Oesterreich so vortheilhaft bekannt, daß Kaiser Joseph II. auf ihn, als einen gebornen Siebenbürger aufmerksam gemacht, den damaligen k. k. Oberstudien-Direktor Freiherrn v. Swieten beauftragte, Hißmann, obgleich er Protestant war, zu dem eben erledigten Lehrstuhle der Philosophie an der Universität zu Pest einzuladen. Swieten that es mittelst einer ehrenden Zuschrift vom 15. Juli 1784 worin Hißmann das Amt mit einem jährlichen Gehalte von 1200 Gulden angetragen wurde. Auf die erste Nachricht hievon suchte die Hannover'sche Regierung Hißmann dadurch, daß sie ihm den Charakter eines ordentlichen Professors mit einer Gehaltvermehrung von 200 Thalern[2]) auswirkte, an Göttingen zu fesseln. Die Hoffnung

---

1) Nach dem Berichte J. Filisch's in den Siebenb. Provinzialblättern I 94 erlangte Hißmann gleichzeitig vom König einen jährlichen Gehalt; und wird ebendaselbst S. 88 und 91 gesagt, daß Hißmann den Grad eines Doktors der Philosophie erworben habe. Wiewohl das Letztere mit dem Titelblatte der (untenangeführten) Streitschrift „De Infinito" vom Jahre 1776 übereinstimmt, so bestreitet doch Joh. Karl Schuler, auf Grund glaubwürdiger Briefe aus Hißmanns Nachlaß, die Richtigkeit beider Angaben in dem Archiv des Vereins 2c. N. F. VI., S. 207 u. 201.

2) Siebenb. Prov.-Bl. I. 96. Demnach muß Hißmann denn doch schon bis dahin bestimmten Professorsgehalt von der Hannover'schen Regierung bezogen haben.

auf Besserung seiner in Göttingen sehr geschwächten Gesundheit in einem anderen, jenem seines Vaterlandes, ähnlicheren Klima entschied aber und bewog Hißmann zu dem Entschlusse, den Ruf nach Pest vorzuziehen. Aber zu spät! Denn mittlerweile hatte sich seine Krankheit in förmliche Schwindsucht verwandelt, welche, der von den berühmtesten Aerzten Richter und Zimmermann angewandten Mühe und Kunst trotzend, seinem thätigen und nützlichen Lebenswandel schon in dem Alter von 32 Jahren am 14. August 1784 ein Ende machte.

Drei Briefe dieses merkwürdigen Gelehrten an **Franz Joseph Sulzer**, den Verfasser der „Geschichte des transalpinische Daciens", aus den Jahren 1782, 1783 und 1784 hat Anton Kurz in den Blättern für Geist, Gemüth und Vaterlandskunde Nr. 22 und 23 vom Jahre 1845 mitgetheilt, wozu Johann **Filtsch**, Pfarrer in Schellenberg (Denkbl. I. 325 eine Zugabe[1]) geliefert, und darin, — unter Mittheilung von zwei Zuschriften Sulzers vom Jahre 1782 an Hißmann, welche die hier erwähnten drei Briefe oder Antwortschreiben Hißmanns an Sulzer veranlaßten, — die Namen der berühmten Gelehrten Garve, Ewald, Musäus, Wieland, Zimmermann, Bruns, Feber, Heyne, Blessig, Manwillens, Kästner, Irwing, Meiners, Lober, Eichhorn, Dohm, Büttner, Brandes, Bonstetten, Freiherr v. Swieten, Baron Sam. v. Bruckenthal, Berutti, Lösch und Weber, — deren Originalbriefe an Hißmann auf den Einsender Filtsch vererbten, — bekannt gegeben.

Aus diesen zur Charakteristik Hißmanns dienenden Briefen hat Joh. Karl Schuller sehr interessante Auszüge geliefert in dem Archiv des Vereins für siebenb. Landeskunde. N. F. VI. S. 201—230.

Eine sehr ähnliche Silhouette von Hißmann steht in Lavaters physiognomischen Fragmenten 3. Theil, S. 336, Nr. 3 mit der Bemerkung Lavaters: „Ein trefflich gerades Gesicht. Der Stirne fehlt noch ein Haar in der Biegung und sie gehörte zu den großen. Treuherzigkeit, Dienstfertigkeit, Sanftheit sind besonders in der untern Hälfte des Gesichts auffallend."

Seine Schriften sind:
1. Rede vom Flor Siebenbürgens unter Theresien und Joseph, in der k. deutschen Gesellschaft zu Göttingen bei der Aufnahme in dieselbe

---

[1] Enthalten in Anton Kurz Magazin für Geschichte ꝛc. Siebenbürgens. — 2. Band, S. 239—245.

abgelesen von M. Hißmann aus Hermannstadt in Siebenbürgen den 24. Febr. 1776. Göttingen, gedruckt mit Barmeier'schen Schriften. 1776, 4-to. 18 S.
(Dem Prof. Abraham Gotth. Kästner zugeeignet.)
2. Do Infinito. Dissertatio metaphysica prima pro gradu Doctoris Philosophiae d. 24. Maji 1776. Göttingae 23 S. 4-to.
3. Geschichte der Lehre von der Association der Ideen nebst einem Anhang vom Unterschied unter associrten und zusammengesetzten Begriffen und den Ideenreihen. Göttingen 1776, 144 S. 8-vo.
4. Ueber Sprache und Schrift aus dem Französischen des Präsidenten von Brosse's übersetzt und mit Anmerkungen begleitet. 2 Theile. Leipzig bei Wigand 1777. 8-vo.
5. Psychologische Versuche, ein Beitrag zur esoterischen Logik. Franks. und Leipzig 1777. 279 S. 8-vo. Mit einem neuen Titelblatt, worauf steht: Neueste Auflage.¹) Hannover und Göttingen 1788. 8-vo.
6. Briefe über Gegenstände der Philosophie an Leserinnen und Leser. Gotha bei Carl Wilh. Ettinger. 1778. 8-vo. VIII. 296 S.
7. Anleitung zur Kenntniß der auserlesenen Literatur in allen Theilen der Philosophie Göttingen und Lemgo 1778. 8-vo. 477 S. Mit einem neuen Titelblatte, auf dem steht: Neue Auflage 1790.
8. Magazin für die Philosophie und ihre Geschichte aus den Jahrbüchern der Akademien angelegt aus den Jahrbüchern verschiedener Akademien der Wissenschaften (vornemlich derer zu London, Paris und Berlin.) 1. Band Gotha und Lemgo 1778. 2. Band 1779. 3. Band 1780. 4. Band 1781. 5. Band 1782. 6. Band 1783. (Joh. Herm. Pfingsten setzte dieses Magazin mit einem 7. Bande fort 1789.)
9. Untersuchungen über den Stand der Natur. Berlin 1780. 8-vo.
10. Neue Welt- und Menschengeschichte. Aus dem Französischen übersetzt vom Hrn. Bibliothekar Benzler, und mit Zusätzen und Anmerkungen versehen v. Hißmann. Alte Gesch. 1. Bb., Münster und Leipzig 1781. 2. u. 3. Bb. Ebb. 1782. 4. Bb. Ebb. 1783. 5. Bb. Ebb. 1784.

---

¹) Hißmanns Biograph J. Filtsch bemerkt zur neuesten Auflage: „Schade, daß der unbekannte Herausgeber die vielen und sehr beträchtlichen Zusätze nicht kannte, die Hißmann seinem Handexemplar beigeschrieben hatte, welches in meinen" (Filtsche) „Händen ist".

Neuere Geschichte 1. Bd. Ebend. 1781. 2. Bd. Ebend. 1782, gr. 8-vo.

Vermuthlich ist es dieses nemliche Werk, welches unterm Titel Hißmann's Geschichte der Römer. 5 Bände 8-vo. Münster 1806. wieder vorkommt.

11. Abhandlungen und Auszüge der kön. Akademie der Inschriften und schönen Wissenschaften zu Paris, in Klassen gebracht. Alte Geschichte und Zeitrechnung Asiens. 1. Bd. Aus dem Französischen übersetzt und mit Anmerkungen begleitet. Leipzig 1782, gr. 8-vo.
12. Versuch über das Leben des Freiherrn von Leibnitz. Münster 1773 8-vo. 80 S.
13. Demeunier über Sitten und Gebräuche der Völker; Beiträge zur Geschichte der Menschheit, herausgegeben und mit einigen Abhandlungen vermehrt. Aus dem Französischen 2 Bände. Nürnberg 1783 bis 1784 gr. 8-vo.

(Die Abhandlungen sind nicht erschienen.)

14. Bemerkungen über einige Regeln für den Geschichtschreiber philosophischer Systeme; über Dutens Untersuchung und über die angebornen Begriffe des Plato, Deskartes und Leibnitz; in Teutschen Merkur 1777. Nr. 10. T. 22—52.
15. Versuch über den Ursprung der menschlichen Erkenntniß. Aus dem Französischen des Abbé Condilac. Leipzig 1780 8-vo. (ohne Namen des Uebersetzers.)
16. Ueber das Gefühl des Wahren im Teutschen Museum 1776.
17. Ueber den Hauptzweck der dramatischen Poesie; im Teutschen Museum 1778. Dec. 553—564.
18. Ueber die Shanscrita, in dem Götting. Magazin von Lichtenberg und Förster 1780. St. 5. S. 269—295.

In den Jahren 1776 und 1777 war Hißmann Mitarbeiter an der „Frankfurter gelehrten Anzeigen" und an der „Gothaer Gelehrten-Zeitung."

Recensionen in der Lemgo'schen auserlesenen Bibliothek (mit der Zahl 4 unterzeichnet), und in den Göttinger gelehrten Anzeigen, in welch' letztern Hißmann im Jahre 1784 50 neu erschienenen Schriften philosophischen Inhalts aus verschiedenen Sprachen recensirte.

„Ueber die eleusinischen Geheimnisse; — über den Ursprung der Sprache; — über Isaac Newton" im 1776ger, — und Bemerkungen über die alte Geschichte von Indien" im 1777=ger Jahrgang des Hannover'schen Magazins.

Ueber die angeborenen Begriffe des Plato, Descartes und Leibnitz" in Wielands deutschem Merkur 1777. 8-vo.

Ferner besorgte Hißmann (ohne Nennung seines Namens) die verbesserte, bei Porronou in Münster gedruckte Ausgabe von: Schubarts Lehrbuch der schönen Wissenschaften".

Auch war Hißmann in den Jahren 1775 und 1776 fleißiger Mitarbeiter an Prof. Wedekinds „Hauslehrer" und dessen „Heilsamen Vorträgen", worin alle Aufsätze Hißmanns mit „M. H." unterzeichnet sind.

J. G. Zimmermann im 2. Buch 5. Capitel seines Werkes über die Einsamkeit schreibt über Hißmann:

„Herr Hißmann ist ein Professor ohne Professorsvorurtheile; ein Professor, zu dem man aus ganz Deutschland hinreisen sollte, um Philosophie von ihm zu lernen."

Tr. **v. Hochmeister Martin,**

geboren in Hermannstadt am 19. April 1767 war der Sohn des dasigen k. k. privil. Buchdruckers und Buchhändlers Martin Hochmeister und der Marie geborne Plantz. Nachdem er den ersten Unterricht im elterlichen Hause erhalten hatte, wurde er durch besondere Gnade der Kaiserin Maria Theresia in das damals in Waitzen bestehende, für Adeliche bestimmte, Erziehungsinstitut (Theresianum) aufgenommen, beendete, nach seinem Austritt aus dieser Anstalt, die juridischen Studien am Klausenburger Lyceum, praktizirte sofort kurze Zeit bei dem siebenbürgischen k. Gubernium, und begann im J. 1786 seine öffentliche Dienstleistung bei dem Hermannstädter Magistrat. Von seinem im J. 1788 (f. Quartalschrift I. 22) verstorbenen Vater[1] erbte Hochmeister eine gut bestellte Buchdruckerei, aus welcher, — besonders solange die Landesregierung (bis 1790) ihren Sitz in Hermannstadt hatte, — die meisten siebenbürgischen Dikasterial=Druck-Arbeiten hervorgingen. Die Leitung dieser Buchdruckerei setzte der junge

---

[1] Hochmeister d. ä. lernte die Buchdruckerkunst bei Johann Barth, kaufte die Sárdi'sche (ehemals Stadt=)Buchdruckerei in Hermannstadt, trat zur röm=kath. Kirche über, wurde privilegirter Dikasterialbuchdrucker und legte den Grund zu seinem und seines Sohnes Wohlstand.

Hochmeister, in Verbindung mit einer bis zum Jahre 1815 in Siebenbürgen einzigen und fast nur auf Selbstverlag beschränkten Buchhandlung bis zu seinem Tode fort. Auf seines Vaters, und weiter auf seine Kosten ging vom J. 1784 an die, Anfangs v. Lerchenfeld, Eder und Lebrecht (s. d. Art.) redigirte — bis zum J. 1837 einzige deutsche „siebb. Zeitung" aus seiner Druckerei hervor. Diese hieß seit 1787 der „Hermannstädter Kriegsbote", vom J. 1791 an aber der „Siebenbürger Bote"[1]); und wird bis auf die Gegenwart nach verschiedenen Veränderungen des Formats und Umfangs, sowie der Redaktionen und ihrer Qualität (seit 1. Jänner 1863 unter dem Titel: „Hermannstädter Zeitung vereinigt mit dem Siebenbürger Boten") fortgesetzt. — Mit nicht geringen Opfern vollendet Hochmeister im J. 1793, die von seinem Vater im J. 1782 begonnene Herausgabe der neuen und vollständigen; — im J. 1688 nur bis zum 11. Buche gedruckten und sehr selten gewordenen, — Geschichte Siebenbürgens von Wolfg. Bethlen in 16 Büchern oder 6 Oktavbänden[2]), (Die Jahre 1526 bis 1609 umfassend). Auch verdanken wir ihm den Druck mehrer anderer zur Kenntniß Siebenbürgens dienlicher Werke z. B. der „Siebenb. Quartalschrift" in 7 Bänden (1790 — 1801) sowie der „Siebenbürgischen Provinzialblätter" in 5 Bänden (1805 — 1824) beide von Johann Filtsch (s. Denkbl. I., 320, 322) redigirt u. a m. Erwägt man die in Siebenbürgen zu jener Zeit für literarische Unternehmungen ungünstigen Umstände[3]) und die selbstbestimmten billigen Preise besonders der Schul-, Gebet- und Gesangbücher, so wird man Hochmeisters Verdienste in dieser Hinsicht richtig würdigen.

Indessen vermehrte Hochmeister seine Verdienste auch in dem öffentlichen Dienste seiner Vaterstadt, dem er sich nach dem Wunsche sowohl seiner Mitbürger, als auch seiner Vorgesetzten widmete und sich reichliche Kenntnisse der politischen Landesgesetze erwarb. Die praktischen Briefe davon gab er durch seine uneigennützige und gerechte Amtswaltung, und durch Herausgabe der untenbenannten obrigkeitlichen Verordnungen in

---

[1]) Zu welchem das „Siebenbürgische Intelligenzblatt zum Nutzen und Vergnügen" in 8-vo. vom Jahre 1792—1805 hinzukam.

[2]) S. Ungarisches Magazin I. 68 74 und Siebenb. Quartalschrift V. 306 316, besonders Benkös Vorrede zu Wolfg. Bethlens Geschichte 5tem Bde.

[3]) S. Ballmanns statistische Landeskunde Siebenbürgens I., S. 116. In dem Siebenbürgischen Intelligenzblatte vom 16. Juni 1800 wird gesagt: daß auf den bei Hochmeister gedruckten 1. Band der Geschichte des Simigianus im In- und Ausland nur vier Pränumeranten bestanden haben! —

eigenen Verlage, gegen höchst billige Preise, zu nicht geringem Nutzen aller derjenigen, welche deren Kenntniß sich anzueignen berufen waren.

Nachdem H. der sächsischen Nationalverfassung gemäß Mitglied des äußern Rathes (der Hundertmannschaft — Centumviral=Communität) seiner Vaterstadt geworden war, wurde er im Jahre 1797 in den Magistrat einbezogen, 1805 zum Stadthannen und im Jahre 1811 zum Stuhls=richter, sowie endlich im J. 1818 zum ersten Beamten d. i. zum Bürger=meister von Hermannstadt erwählt, nachdem er inzwischen im Jahre 1814 in Angelegenheiten der sächsischen Nation in eigenen Kosten eine Reise nach Wien gemacht hatte. Alle genannten Aemter bekleidete H. mit rühmlicher Thätigkeit und Aufopferung, und verwaltete in der Zeit der durch den Tod des Sächsischen Nationscomes Johann Tartler erledigten Stelle bis zur Ernennung Johann Wachsmanns zu dessen Nachfolger, auch diese hohe Würde als verfassungsmäßiger Stellvertreter in den Jahren 1825—1827.

Darauf machte Hochmeister noch im nemlichen Jahre 1827 eine wiederholte Reise in Nationalangelegenheiten nach Wien, und wurde im Oktober 1829 auf eigenes Ansuchen und mit freiwilliger Verzichtleistung auf jedwede Pension, nach 48=jährigem Dienstleben, mit Belassung von Sitz und Stimme im Senat, in den Ruhestand versetzt und durch tax=freie Verleihung des königl. Rathstitels belohnt.

Seinen patriotischen Sinn bekunden:

Die Schenkung seiner Buchhandlung und Buchdruckerei zu Klausen=burg im Schätzungswerthe von 26,000 fl. an das dasige Lyceum, im J. 1809; als Erkenntlichkeit für seine Erziehung im Waitzner adelichen Theresianum;

Die Schenkungen in den Jahren 1812 und 1813 von je 2000 fl. an die Militär=Erziehungshäuser der beiden k. k. Infanterie=Regimenter Nr. 31 und 51 [1]), — an den Beamten=Witwenfond, — und an das Seidl'sche Spital zu Hermannstadt.

Die Stellung von 10 Jägern ins Feld auf eigene Kosten gelegentlich der Insurrektion im Jahre 1813 nebst ihrer Montirung und Verabfolgung monatlicher Zulagen bis zur Dissolvirung;

Beträchtliche Bücher= und Geldschenkungen an die siebenbürgischen und insbesondere an die sächsischen Schulanstalten;

Veranlassung und thatsächliche Mitwirkung zur Verschönerung von Hermannstadt durch vielfältige, sowohl eigene, als andere Privat= und

---

[1]) S. den k. k. Militär=Schematismus vom J. 1816. S. 504 u. a. m.

öffentliche Bauten des Theaters, des Reissenfels'schen Institutshauses, der Kirche der Ursulinerinen ꝛc.

Unterstützung gemeinnütziger Unternehmungen, vieler Armen und Nothleidenden u. s. w.

Im Jahre 1810 von Sr. k. k. Majestät Franz I. mit der großen goldenen Ehrenmedaille mit Oehrl und Band ausgezeichnet, und im J. 1813 in den ungarisch-siebenbürgischen Adelstand erhoben, vollendete Hochmeister sein dem Wohl seiner Nation und Familie (2 Söhne, 2 Töchter, 1 Stiefsohnes und 1 Stieftochter) gewidmetes rühmliches Leben zu Hermannstadt am 9. Jänner 1837.

Er hinterließ ein bedeutendes Vermögen[1]). Die Buchdruckerei nebst erweiterter Buchhandlung verkauften seine Witwe und Kinder im J. 1843 an Theodor Steinhaußen, welcher, mit Beibehaltung der Buchdruckerei, die Buchhandlung im J. 1864 an ihren jetzigen Eigenthümer August Schmiedicke weiter verkauft hat.

Das zum Theater hergerichtete Gebäude an der Stadtmauer in Hermannstadt dagegen, — dessen durch einen nächtlichen Brand zerstörte innere Bestandtheile Hochmeister in seinen Kosten herstellen und besser einrichten ließ, hat im J. 1867 die Stadt Hermannstadt von seiner Erbin durch Kauf an sich gebracht. —

Die Verzeichnisse der aus Hochmeisters Buchdruckerei hervorgegangenen Druckschriften in deutscher, ungarischer ꝛc. Sprache enthalten die vom Verleger im J. 1819, 8-vo. 28 S. und 1832, 12-mo. 23 S. veröffentlichten deutschen, — sowie die im J. 1825, 8-vo. 24 S. und 1834 12-mo. 38 S. kundgemachten ungarischen Cataloge, zu welchen im J. 1830 ein größerer Sortimentscatalog in 7 Abtheilungen, und im J. 1784 (8-vo. 100 Seiten) sowie 1790 und 1796 (8-vo. II. 207 S.) — wie auch 1831 größere Verzeichniße der vormaligen Buchhandlungs-Artikel überhaupt (8-vo. 148 S.) mit dem Antrag zu Bestellungen von anderweiten literarischen, sowie Musikalischen und Kunstartikeln hinzugehören.

Von den durch Hochmeister selbst im eigenen Verlage herausgegebenen gemeinnützigen Schriften bezeichne ich:

---

1) Er hatte seine, an sich bedeutende elterliche Erbschaft durch eine einträgliche Holzwirthschaft, weise Oekonomie, und durch den Gewinn einer Ablösungssumme von 200,000 fl. W. W. für die im J. 1828 mittelst Lotterie ausgespielten böhmischen Herrschaften Schönwald und Peterswald, — und von 24,000 fl. W. W. aus einer Silberlotterie vom J. 1833 sehr ansehnlich vermehrt.

1. Die jährlich seit Ankauf der Buchdruckerei herausgegebenen kleinen Volkskalender, 12-mo. unter welchen ich hervorhebe: die Jahrgänge 1790 und 1791 (enthaltend u. a. die Geschichte des österr.-russisch-türkischen Krieges und die Regierungsgeschichte K. Josephs II.¹) — den Jahrgang 1793 Gesch. der sächs. Nation nebst Abbildung des ältesten Nationalsiegels; — 1796 Beschreibung Siebenbürgens und Abbildung des Landeswappens; — 1798—1800, sowie 1803 und 1804. Beschreibungen von Bistritz, Kronstadt, Klausenburg, Hermannstadt, Schäßburg und Mediasch ꝛc.
2. Geschichts- und Wirthschaftskalender, nachher unter dem veränderten Titel: Schreib- und Wirthschaftskalender vom J. 1801—1809 in 4-to. (enthaltend u. a. 1801 Chronologie der siebenb. Fürsten ꝛc.; — 1802 Kuhpocken-Katechismus ꝛc. von Mich. Neustädter Protomedicus; — 1803 und 1804 „Die Grafen der sächs. Nation ꝛc.)
3. Neuer gemeinnütziger Kalender für Siebenbürgen. 10 Jahrgänge 1828—1837, 8-vo. (enthaltend u. a. 1829 Grundriß und Beschreibung von Hermannstadt; — 1831 Kriege in Siebenbürgen bis 1700. — Hermannstädter Kleiderordnung vom J. 1766. — Ueber die Kultur Siebenbürgens, besonders in Rücksicht des Handels (vom Grafen Alexis Bethlen, Auszug);—1832 Hermannstädter Hochzeits-Regulament vom J. 1755; — 1834. Verzeichniß siebenb. Generale bis 1826; — 1835. Topographie der Hermannstädter Stuhlsortschaften; — 1836. Beschreibung der siebenb. Mineralquellen und Höhlen; — 1837. Geschichte der Sachsen in Siebenbürgen, Ballade vom J. 1790. — Sächsische Feldjäger — Aufruf und Kriegslied J. 1809 ꝛc.)
4. Sittenbüchlein für die Jugend in den Städten. Kostet ungebunden 9 fr. Gebunden in steifen Deckel 12 fr. Hermannstadt im Verlag bei Martin Hochmeister, privil. Buchdrucker 1798, 8-vo. II. 100 S.
5. Anweisung zum Briefschreiben und zur zweckmäßigen Abfassung anderer im gesellschaftlichen und bürgerlichen Leben nöthiger Aufsätze. Hermannstadt, im Verlag bei Martin Hochmeister, priv. Buchdrucker 1802, II. 164 S.

---

¹) Die siebenb. Landesstände conflscirten am 11. Januar 1791 wegen dieser Regierungs- und der darin enthaltenen kurzen Geschichte des Horaischen Aufruhrs vom J. 1784 diesen Kalender, mit Bedrohung des Verlegers. S. darüber das Siebenbürgische Landtagsprotokoll vom J. 1791.

6. Briefsteller für alle Menschen und auf alltägliche Fälle des bürgerlichen Lebens. Zum Gebrauche derer, die schriftliche Aufsätze aller Art verfassen, Briefe schreiben und vielfache Geschäfte besorgen wollen. Dritte vermehrte, aufs neue umgearbeitete Auflage. Hermannstadt, im Verlag bei Martin Hochmeister priwil. Buchdrucker 1810. 8-vo. 152 S.

7. Taschenbuch für junge Handwerker und Künstler in allen Verhältnissen; welches lehrt: wie junge Leute es anfangen müssen, um in der Welt ihr Glück zu befördern. Nebst Anweisung zum Briefschreiben, — dann einer Liedersammlung. Hermannstadt bei Martin Edlen v. Hochmeister, k. k. priv. Buchdrucker 1814, 12-mo. II. 168 S.

8. Praecipuarum cuivis Patriae Civi scitu digniarum necessariarumque Ordinationum Normalium Collectio Excessi R. Gubernii adnutu impressae Cibinii apud Mart. nobilem de Hochmeister typographum C. R. privilegiatum. Pars I. — Sammlung einiger Normalverordnungen, deren Kenntniß jedem Staatsbürger unentbehrlich ist. Erster Band. Mit Genehmigung der hohen königlichen Landesstelle gedruckt und zu finden in Hermannstadt bei Martin v. Hochmeister, k. k. priv. Buchdrucker 1830, 4-to. 333. S.

I. Band.

Auswanderungspatent vom 2. April 1787 . S. 4— 44 D. u. U.
Bequartirungs-Regulament v. J. 1784 . „ 45— 72 D.
Bettelwesen-Beschränkungsvorschrift v. 27. Dezember 1816 . . . . . „ 73—127 L. u. D.
Beerdigungsvorschrift v. 21. August 1788 . „ 128—133 U. u. D.
Contumazvorschrift . . . . „ 134—189 D.
Cribalnorm v. 4. Juli 1772 . . . „ 189—233 L. u. D.
Dienstbotenordnung v. J. 1793 u. 1822 . „ 234—269 U. u. D.
Fallitenordnung v. 7. Oktober 1772 . „ 270—304 L. u. D.
Feuerlöschordnung v. 26. Juni 1788 . „ 305—333 U. u. D.

II. Band. 1833. 217 S.

Siebenbürgisches k. k. Militär-Regulament v. 1. November 1759 . . . . S. 4— 95 D. u. L.
Aufsatz über die Holzausmaß für das Militär v. J. 1806 . . . . „ 96—107 D. u. U.
Militär-Exekutionsgebühr v. J. 1787 u. 1793 „ 108—111 D. u. L.

Vorspanns=Anweisungsvorschrift v. J. 1782
6. Mai . . . . . . S. 112—127 D. u. L.
Instruktionsauszug die Contributionseinhebung
und Ablieferung betreffend v. 18. Febr. 1802 „ 124— 163 L.
K. Steuergelder = Einlieferungsvorschrift vom
29. Oktob. 1787 . . . . . „ 164—165 D. u. U.
Rettungsmittel in Todesgefahren v. J. 1785 „ 166—197 D. u. U.
Auszüge aus den allerh. Postpatenten weil.
Ihrer röm.=kath. Majestät Maria Theresia „ 198—217 D.

III. Band 1836. 219 S.

K. k. Finanzpatent vom J. 1811 sammt Scala „ 4— 37 D. u. U.
Vorschrift für die Untersuchungskommissäre v.
J. 1786 . . . . „ 38— 49 L.
Anleitung zum Straßenbau v. J. 1807 . „ 50—109 D. u. U.
K. k. Wechselpatent v. 1. August 1771 . „ 110—177 D. u. U.
Art. 37/791 nebst Wechselordnung v. 1. Okto-
ber 1763 . . . . „ 178—201 D.
Vorschrift für Pachtnachlasse v. J. 1788 . „ 202—207 D. u. L.
Vorschrift, nach welcher die Pachtkontrakte über
Allodialgefälle und Realitäten auszufertigen
sind, v. J. 1835 . . . . . „ 208—219 D.

IV. Band 1841 (Typographia haeredum Martini nobilis de Hochmeister.) 187 S.

K. k. Siebenb. Grenz=Szekler=Reglement vom
J. 1764 . . . . S. 4— 65 D. u. U.
K. k. Siebenb. Walachen=Grenz=Reglement v. J.
1766 . . . . „ 66—139 D. u. U.
Vorschrift zur Verhandlung der zwischen Pro-
vinzialisten und Grenzsoldaten entstehenden
Streitigkeiten v. 18. November 1820 . „ 140—177 D. u. L.
Fiscal=Zehent=Verordnungen v. 20. Nov. 1771 „ 178—187 D. u. L.

9. Unterricht für Bürger und Ortsbewohner über die der Regierung,
dem Vaterlande, den Mitbürgern und sich selbst schuldigen Pflichten;
oder Sammlung derer zur allgemeinen Befolgung kundgemachten

---

*) Die Buchstaben D. L. U. deuten an, daß die betreffenden Verordnungen
in deutscher, lateinischer oder ungarischer Sprache in dieser Sammlung enthalten sind.

ämtlichen Verhaltungsbefehle, im Auszuge und in alphabetischer Ordnung. Zugesetzt sind lehrreiche Winke zur zweckmäßigen Lebensweise und Abwendung einiger Lebensgefahren. Hermannstadt 1832 zu finden bei Martin v. Hochmeister. 8-vo. 70 S.

Hat S. 3 den besonderen Titel: „Uebersicht derer auf die Angelegenheiten des bürgerlichen Lebens Bezug habenden Verfügungen und Verordnungen".

10. Sammlung aller vom Jahre 1795 bis zum Jahre 1805 für die sächsische Nation in Siebenbürgen von allerh. Orten erlassenen Regulationsvorschriften. Nebst einem möglichst ausführlichen und deutlichen alphabetisch geordneten Register. Hermannstadt, verlegt und zu finden bei Martin v. Hochmeister. 4-to. II. 91 S. (1832).

Die 2. unveränderte Auflage: Hermannstadt, Druck und Verlag der M. v. Hochmeister'schen Buchhandlung (Theodor Steinhaußen) 4-to. I. 88 S. (1846).

Enthaltend: 1. Regulativpunkte vermöge k. k. Rescript vom 22. Juni 1795. 2. Desgl. v. 22. Sept. 1797. 3. Regulativpunkte für die Stühle und Distrikte vermöge Rescript vom 22. Sept. 1797. 4. Regulationsrescript vom 11. Oktober 1804 über die neue Regulirung im Jahre 1805. 5. Auszug daraus für die Ortschaften vom Jahre 1806. 6. Alphabetisches Register auf 16 S. 7. Vorschrift zur Behandlung der Walachen, die in sächsischen Ortschaften angesiedelt sind, d. i. Uebersetzung des Gubernialdekretes v. 22. Dezember 1821, Z. 361/1820.

Unter dem Titel: „Die Regulation" hat Benignt dem „Siebenbürger Boten" vom Jahre 1845 Nr. 37 bis 56 einen lesenswerthen leitenden Artikel eingeschaltet. Wünschenswerther als die, mitunter unreifen Beurtheilungen der Regulation, wäre eine Geschichte derselben, wozu der Verfasser — hinsichtlich des Rescriptes vom Jahre 1804 — die Vorträge des k. Kommissärs Stephan v. Ghürky, auf Grund deren diese letzten Regulations-Vorschriften erfolgten, und welche dazu nothwendig sind, um die letzteren in ihrem Zusammenhange zu verstehen, benützen müßte. Vielleicht würden die vom Ghürky'schen Aktuar, und nachmaligen Hofsecretär Michael Fronius (s. Denkbl. I., 378 ꝛc.) dem Hermannstädter Capitel geschenkten impuren Regulationsschriften nebst jenen Vorträgen auch andere Hilfsmittel dazu gewähren. Ueber die Regulation in den Jahren 1795 und 1797 hat Herrmann im 3. Bande seiner Handschrift: „Das alte und neue Kronstadt" bereits umständlich, obwohl nicht ohne Bitterkeit in Folge erfahrener Kränkungen berichtet [1])

---

[1]) In älteren Zeiten war es die Aufgabe jeder Stadt und eines jeden Kreises in der Sächsischen Nation, ihre wirthschaftlichen Angelegenheiten selbst zu ordnen, ohne daß höhere Behörden Einfluß in dieselben nahmen. Die noch vorhandenen Statuten der Städte und Kreise enthalten die Belege dafür. Der Schuldenstand, in welchen die Sachsen besonders zu Anfang des 18. Jahrhunderts durch die Ungunst der Verhältnisse gerathen waren, machte jedoch gleichmäßige Reformen nicht nur ihrer Gemeinwirthschaften, sondern auch der dieselben bedingenden öffentlichen Verwaltung erforderlich. Die mir bekannten Hauptaktenstücke, auf welche in einer Monographie über die Regulation Rücksicht genommen werden muß, wenn nemlich die Monographie die Geschichte von jener Zeit herwärts enthalten soll, seit welcher die hieher gehörigen Verordnungen unmittelbar von dem Comes der Sächsischen Nation, oder doch unter dessen Mitwirkung ausgingen, — sind folgende:

1. Die vom Comes Andr. Teutsch zufolge Gubernialverordnung vom 13. Febr. 1712 den von der Sächsischen Nationsuniversität ausgeschickten Conumeratoren unterm 25. Juni 1712 ertheilte Instructio pro dominis Deputatis authoritate publica et Comitiali ad investigandam praeteriti temporis oeconomiam publicam, aliaque statum publicum et justitiae administrationem concernentia negotia in Civitates et Sedes Saxonicales exmissis".

In kurzem Auszug in Herrmann's „a. u. n. Kronstadt" II. 128–129. — Ueber die speziellen Verordnungen s. jene für Bistritz vom nemlichen Comes Teutsch vom 13. März 1720 in den Kronstädter „Blättern für Geist, Gemüth und Vaterlandskunde vom J. 1848 Nr. 46, S. 295-299

2. Verordnungen des Sächs. Nationscomes Simon von Baußnern z. B. für Kronstadt, herausgegeben in Kronstadt am 21. Mai 1733.

3. Verordnungen des Comes Stephan Waldhütter von Adlershausen, des M. Schüller v. Sonnenberg, Mediascher Bürgermeisters, und Mich. Bruckenthal, Leschkircher Königsrichters für Magistrat und Kommunität in Kronstadt, in zwei Erlässen herausgegeben zu Kronstadt am 19. Dezember 1750.

4. Die sogenannten Seebergischen Regulations-Vorschriften, herausgegeben durch den siebenb. Hofrath Martin Zacharias Wankel v. Seeberg (s. den Artikel), welcher von der K. K. Maria Theresia als kön. Commissär in die Mitte der Sächs. Nation ausgeschickt wurde. Dieselben beruhen — so weit mir bekannt — hauptsächlich auf folgenden königlichen Rescripten:

a) vom 28. Februar 1753, Aussendung Seebergs,
b) vom 18. November 1753, welches zugleich die besondere Regulation des Neußmärkter Stuhles enthält, in einem Rescript und einem Hofdekret bestehend.
c) vom 9. April 1754.
d) vom 25. April 1755
e) vom 8 Mai 1756 Errichtung eines Directorii oeconomici.

11. Ausführliche und leichtfaßliche Anweisung, wie Waldungen gepflanzt, erhalten und wirthschaftlich benützt werden können. Ein nützliches

---

f) vom 6. Dezember 1755. Seebergs Zurückberufung.
g) vom 15. Dezember 1755. Verschiedene Anordnungen.

(Am 6 Februar 1856 trat Seeberg seine Rückreise nach Wien an, nachdem er vom Frühjahr bis zum Herbst 1753, dann während dem Sommer 1754 und die Zeit vom Juni 1755 bis 6. Febr. 1756 in Siebenbürgen dem Regulationsgeschäfte obgelegen hatte.)

S. Herrmanns a. u. n. Kronstadt II. 330—334.

5. Das Directorium occonomicum unter dem Vorsitz des Nationscomes Stephan v. Adlershausen, dessen Mitglieder Sam. v. Baußnern, B. Lambert von Mösringer, Michael v. Bruckenthal, Joh G. v. Honnomann, der Aktuar aber Honor. Fichtel und Registrator Zacharias Offner waren.

a) Rescr. vom 1. Juli 1757. Einrichtung und Instruktion des Direktoriums.
b) R. vom 4. August 1759.
c) R. vom 18. August 1761.
d) R. vom 4. Sept. 1761. Aufhebung des Direct. occonom.
e) R. vom 7 April 1762, daß das Directorium bis Ende 1762 seine Geschäfte enden solle.
f) R. vom 20. Juni 1763. Verweis an das Direct. occonom.

S. Herrmanns a. u. n. Kronstadt II. 305—307, 313—314.

6. Allodialkommission unter dem Vorsitz des Gr. Niklas Bethlen (welche aber nur die Rechnungen des Schäßburger und Hermannstädter Stuhls revidirt hat.)
a) R. vom 30. Juni 1767 über die Einrichtung der Kommission.
b) R. vom 23. Oktober 1771. Auflösung der Kommission.

7. Der Landesbuchhaltung wird die Prüfung aller Rechnungen der sächs. Nationsuniversität, VII-Richter, sowie aller sächs. Kreise und Ortschaften, nach vorausgegangener Domestikal- und Comitialcensur, übertragen mittelst k. Rescript vom 18. August 1774 — und in einem Rescript vom 3. Sept. 1777 die Rechnungs- und Prüfungsmethode vorgeschrieben, — ferner eine Instruktion in einem anderen Rescripte vom 29. Juli 1778 für die allerhöchst angeordnete Allodial-Commission, — und die Erledigung der Commissionsprotokolle in Bezug auf die ganze Nation und die einzelnen sächsischen Kommunitäten in dem Hofdekret vom 20. März 1784.

8. Regulationsrescript für Hermannstadt vom 27. Febr. 1780.

9. Rescript vom 6. April 1787, vermöge welchem der Hofbuchhalterei Rait-Offizier Karl Dachauer als Liquidationskommissär ausgeschickt wird, und die Gläubiger der sächs. Nation einberufen werden; — und das über die Dachauerische Untersuchung hinsichtlich der Regulation der sächs. Nationalkassen erflossene Hofdekret vom 15. Oktober 1791.

Handbuch für Waldeigenthümer, Gemeindevorsteher und Förster. (Nach **Theodor Theuß** theoretisch-praktischer Land-

10. Hofdekret vom 8. August 1792 über die Errichtung des Sächs. Comitial-Revisorats;

Die Amtsinstruktion über die Obliegenheiten, welche das Comitialrevisorat unter Oberaufsicht des Comes nationis in Vollzug zu setzen hat, vorgeschrieben mit k. Rescript vom 10. November 1803, H.-3. 3313, Gub.-Z. 7071/1804 in Grimm's politischer Verwaltung II. 123–127.

11. Die Regulationsvorschriften von 1795–1805, welche in der obenangeführten Sammlung enthalten sind, wurden vom Kaiser Franz II. erlassen mittelst dreier kön. Rescripten:
a) vom 22. Juni 1795,
b) vom 22. September 1797,
c) vom 11. Oktober 1804. Mit diesem letzteren Rescript sind die Regulationsvorschriften sowohl für die sächsische Nationsuniversität überhaupt, als auch in Anhängen für jeden sächsischen Stuhl und Distrikt insbesondere, erlassen worden.

Die allgemeinen Vorschriften wurden durch das k. Gubernium im Drucke veröffentlicht, nämlich:

a) Z. 6117/1795 Regulativpunkte, welche in Absicht auf die ordentliche Bestellung der den sächsischen Communitäten nach ihrer constitutionsmäßigen Verfassung gebührenden Theilnahme und Wirksamkeit bei ihrer öffentlichen Verwaltung vermöge höchsten Rescripts den 22. Juni 1795 zur genaueren Beobachtung festgesetzt worden sind. Fol. 16 S.

b) Ohne Zahl. Zweite Abtheilung der Regulativpunkte, welche im Verfolg jener vermöge höchsten Rescripts vom 22. Juni des 1795. Jahres festgesetzt, in Absicht auf die ordentliche Bestellung der den sächsischen Communitäten und auch ihrer constitutionsmäßigen Verfassung gebührenden Theilnahme und Wirksamkeit bei ihrer öffentlichen Verwaltung vermöge höchsten Rescripts vom 22. September 1797 zur allgemeinen Richtschnur nachgetragen worden sind. Fol. 14 S.

(Beide Abtheilungen findet man auch gedruckt in Greßmanns statistischen Aufklärungen über die österreichische Monarchie. 3. Band, Göttingen 1802, S. 423 bis 456 unter dem Titel: „Neuesten Grundakte zur Munizipalverfassung der Teutschen in Siebenbürgen".)

c) Z. 6008/1797. Regulativpunkte, welche zur ordentlichen Bestellung der öffentlichen Verwaltung der Stühle und Distrikte der sächsischen Nation vermöge höchsten Rescripts vom 22. September 1797 festgesetzt worden sind. Fol. 7 S.

d) Ohne Zahl. Auszug aus den für die städtischen sächsischen Communitäten unterm 22. Juni 1795 und 22. September 1797 festgesetzten Regulativpunkten, an deren genaue Beobachtung die Stuhls- und Distriktsgemeinden angewiesen werden. Fol. 11 S.

Beide unter c) und d) angeführten Vorschriften wurden auch in Uebersetzungen veröffentlicht, und zwar:

wirthschaft). Hermannstabt zu finden in M. Hochmeister's Verlagshandlung. (1835.) 8-vo. 99 S.

Ungrisch: 6800/1797. Regulativum Punctumok, mellyeket a Szász Nemzetben lévő Székek és Vidékek Közönségés Igazgatásának rendbe szedésére nézve ő Felsége 1797-dik esztendőben Septembernek 22-dik napján Költ Kegyes Rescriptuma által megállittani méltoztatott S. 1—8 unb: A Városi Szász Közönségek számára 1797-dik esztendőben Juniusnak 22-dik és 1797-dik esztendőben Septembernek hasonloképpen 22-dik napján megálitott Regulativum Puntumoknak ollyan czikellyei, — mellyeknek szoros megtartására a Székek és Vidékek Közönségei is utasitatnak S. 9 – 20 Fol.

Walachisch: 6800/1797. Punctururi endreptetore, káre preá encltzátul Emperát prin ál szeu din 22 de zile a' lunii lui Dekemvrie en ánul 1797 dát milostiv Rescript szpre endreptáreá Administratii de Obste a Szkaunelor schi a Districtuschilor tse sze álle en Názia Szeszázke ále enteri szau milostivit S. 1—9 unb Extractuschul átselor Paragráphuschuri din Punktumurile tselá endreptetoare, káre pe szamá Obstelor Szeszesti din Orásche en ánnul 1795 Iunie en 22 de zile, schi en ánnul 1797 áschischderea en 22. de zile alui Septemvrie szau choterit, lá káre schi obstele Szkaunelor schi á Districtuschiloru sze endrepteáze ká sztrenz (de meruntul) sze le tzie. S.10 bis 22 fol.

e) Der Kronstädter Magistrat veröffentlichte durch den Druck: ad Nrum 1069 anni 1797 eine deutsche Uebersetzung des über einen im nemlichen Jahr vollzogenen Kronstädter Communitäts - Organisationsakt erfolgten Hofbekrets vom 1. September 1797. Fol. 4 S.

Ueber alle von a) bis e) angeführten Vorschriften f. Herrmanns a. u. n. Kronstadt III. 479, 486—489, 525 - 527. 576.

f) 10040/1804. Allgemeine Punkte, wornach die sächsische Nation in Siebenbürgen auf landesherrliche Verordnung im J. 1805 neuerdings regulirt wurde. Fol. 29 S.

Diese neueste und wichtigste unter den Regulationsvorschriften ist zwar im Jahr 1809 in den Siebenbürgischen Provinzialblättern II. S. 1 – 30 und 137—160 veröffentlicht, von der Regierung aber nie im Druck herausgegeben worden. Die obige Herausgabe in Folio war ein Privatunternehmen der Hochmeisterschen Buchdruckerei im Jahr 1832. Nachher hat Benigni in die 2. Ausgabe der Grundverfassungen der Sachsen, Hermannstabt 1839, S. 194 — 210 das Wesentlichste aufgenommen.

g) 2939/1806. Auszug aus den Regulativpunkten, für die Ortschaften. Fol. 13 S.

Als in dem zu Klausenburg 1811 abgehaltenen Siebenbürgischen Landtage die Landesstände die Regulation der sächsischen Nation besprachen, und darüber Sr. Majestät Vorstellung machen wollten, erklärten die sächsischen Deputirten im Namen ihrer Sender, daß die sächsische Nation, bis auf die Angelegenheit der Wiederherstellung der Königsrichterämter zu Hermannstabt, Mediasch und Schäßburg, welche im

12. der verständige Hausschreiber nach dem neuesten Geschmack als Brief= fertiger und Geschäftsmann. Eine praktische Anweisung zur guten Schreibart in Briefen, Kauf=, Tausch=, Pfand=, Mieth= und Pachtver= trägen, Schuldverschreibungen, Dienst=, Lohn=, Leih= und Bauver= trägen, Cessionen, Anweisungen, Quittungen, Testamenten, Lehrbriefen, Zeugnissen ic. nach den Vorschriften, nebst dem Unterricht über die Titulaturen. Hermannstadt bei Martin von Hochmeister 8-vo. 120 S. (1836.)

13. Der unfehlbare Raupen=, Insekten= und Würmervertilger. Oder die neuesten und bewährtesten Mittel, um die den Gärten, Wäldern, Feldern und Früchten schädliche Insekten und Würmer zu vertreiben und gänzlich zu vertilgen. Hermannstadt bei Martin v. Hochmeister 1836, 8-vo. 72 S.

Tr. **Hoffinger Johann Georg,**
geboren in Kronstadt 9. Juli 1756, starb in Wien 1792 nachdem er als Dr. der Medizin und Physicus zu Zalathna, dann zu Orabitza im Temeser Banat und zuletzt k. k. erster Berg=Cameralarzt und Physikus zu Schemnitz gewesen war[1]).

Hoffingers Schriften:
1. Dissertatio inaug. medico practica de Volatica seu Erypsipelate er ratico. Viennae 1780, 8-vo. 37 S.

Lauf der Regulation 1797 abgeschafft worden waren, — mit der Regulation zufrieden seien; und in einem auf die Land=ständische Repräsentation vom 27. August 1811 erflossenen kön. Rescripte vom 9. Juli 1837 wurde, gestützt auf diese Erklärung, er widert: „quod in Regulatione Nationis Saxonicae, qua se eadem contentam esse declaravit, nihil quidquam alteratum habere volumus."

(S. das Siebenbürgische Landtagsprotokoll vom Jahre 1810—11 S. 888, 912. und Iromány könyve zum Landtagspr. vom J. 1837. S. 85.)

Hieher zähle ich endlich die Vorschriften, welche der siebenbürgische Gubernial= Rath Daniel v. Straussenburg, als kön. Commissär zur Untersuchung der Mängel in der öffentlichen Verwaltung auf allerh. Befehl vom Jahre 1817 in die sächsischen Kreise ausgeschickt, für die einzelnen Kreise und ihre Beamten in den Jahren 1817 bis 1819 herausgegeben, das kön. Gubernium aber, nach genommener Einsicht seiner Geschäftsprotokolle, in den nachfolgenden Jahren gutgeheißen und wiederholt hat.

[1]) Meusels Lexikon der vom J. 1750—1800 verstorbenen teutschen Schrift stell r VI. 22—23 und Wurzbachs biographisches Lexikon IX. 159. — Nach Kayfers Bücherlexikon III 162 soll Hoffinger im J. 1790 gestorben sein.

2. Sendschreiben an Herrn J. G. Wolstein über den Gebrauch des Tabaks. Schemnitz 1790 8-vo. 45 S.

3. Sendschreiben über den Einfluß der Anquickung der gold= und silber= hältigen Erze auf die Gesundheit der Arbeiter. Schemnitz 1790, 8-vo. 45 S.

Ist auch eingerückt in Johann Jacob Ferbers Schrift: Ist es vortheilhafter die silberhältigen Erze und Schmelzhüttenprodukte an= zuquicken, als sie zu schmelzen? Leipzig 1787, 8-vo. von Seite 138 bis 144.

4. Vermischte medizinische Schriften. 1. Band mit des Verfassers Bild und 3 Kupfertafeln. Wien 1791. 8-vo. 270 S.

Enthalten: a) Medicinische Topographie der k. f. Bergstadt Schemnitz. b) Beschreibung einer Krankheit, die bei dem Bergwerke in Schemnitz sehr häufig vorkömmt. c) Entwurf über ein Kranken= haus für das Bergwerk in Schemnitz.

Tr. **Honigberger Johann Martin,**

gewesener Leibarzt der Könige Rendschit-Sing, Karrek-Sing, der Rani-Tshend Kour-Schir-Sing und Dhelib-Sing zu Lahore in Ostindien[1]), wie auch Aufseher des kön. Arsenals (Büchsenschäftereien) daselbst, als Auf= seher der königlichen Marine auch Admiral genannt, — wurde von sächsischen bürgerlichen Eltern in Kronstadt geboren am 10. März 1795. Er legte den Grund zu seiner Ausbildung in den untern Klassen des Kronstädter Gymnasiums, widmete sich der Apothekerkunst bei Boltosch in Kronstadt und Karl in Bistritz, und begab sich, um eine Condition zu suchen, durch die Bukovina und Moldau in die Walachei. Hier wurde er von dem Wunsche erfüllt, den Orient kennen zu lernen, reiste nach

---

[1]) S. „Siebenbürger Wochenblatt" (d. i. „Kronst Zeitung") Nr. 11 vom 14. März 1839 und oft nachher. Honigberger's „Früchte aus dem Morgenlande" rc. Titelblatt S. 23 fg — J. Ackersdyck, J. M. Honigberger Haarlem 1836, 8-vo. Malve's Blätermagazin für allg. Weltkunde. 2. Jahrg. Pest 1835. S. 316—317 mit den Porträten Rendschit-Sing's und Honigberger's von E. Mahlknecht Oester= reichische National Encyclopädie VI. 487—488. — Jurendes Vaterländischer Pilger. Brünn 1839. S. 135 136, wo auch das Porträt Honigbergers, gestochen v. Höfel zu finden ist. — Wurzbachs biogr. Lexikon (in welchem die Angabe, daß Honigberger „von israelitischen Eltern stamme" ganz unrichtig ist) IX. 255—258. u. a. m.

einem Jahre nach Varna am schwarzen Meere, und schiffte sich nach Konstantinopel ein, wo er im Dezember 1816 nach manchen überstandenen See-Abenteuern ankam. Daselbst benützte er eine Gelegenheit, seine Reise in der Eigenschaft eines Leibarztes des Gouverneurs von Tokat ostwärts fortzusetzen, und begab sich mit dessen Karavane über Ismid und Angora nach Tokat, von da aber, nach einem einjährigen Aufenthalte über Kaisari, Tharsus, Adana, Alexandretta und Antiochia nach Aleppo oder Haleb. In Aleppo übte er ärztliche Praxis, verfiel aber, in Folge überstandener Reisebeschwerden, selbst in eine längere Krankheit. Um davon befreit zu werden, verließ er Aleppo, kehrte indessen, nach erreichter Absicht, wieder zurück, wurde aber auch gleich wieder vom Fieber befallen, und erst nach der zweiten Entfernung aus Aleppo, davon gänzlich befreit. Nun reiste Honigberger über Tripoli, Beiruth, Nazareth, Jerusalem, Betlehem ꝛc. nach Jaffa, Damiette, und auf dem Nilflusse nach Kairo. Während er hier ärztliche Kuren und Operationen verrichtete (1820—1821) brach die Pest aus, was ihn zur Rückkehr nach Syrien bewog. Dort machte er den Anfang mit der Kuhpocken-Impfung, verlebte sieben Jahre vornemlich in Tripoli, in Beiruth und im Libanon-Gebirge, wanderte sofort von weiterer Reiselust ergriffen, von Damaskus in Gesellschaft des Niederländers Heinrich de Turk durch die Wüste nach Bagdad, und von hier über Bassora, Buschir und Schiras bis Ispahan, um bis La-hore zu bringen. Als Beide wegen Mangel an Erwerb, und wegen den Reisegefahren während des russisch-persischen Krieges, nach Bagdad hatten zurückkehren müssen und de Turk nach Europa heimgekehrt war, nahm Honigberger seinen Reiseplan wieder auf, verließ Bagdad aufs neue und gelangte endlich nach einer viermonatlichen Reise über Muscat, Sind und Multan denn doch glücklich nach Lahore, dem Ziele und Glanzpunkt seiner Wanderschaft.

Durch die Empfehlung der daselbst am Hofe des Königs Maharadscha-Rentschid-Sing angestellten Generale Allard und Court (Franzosen), sowie Ventura und Avitabile (Italiener), welchen Honigberger aus Bagdad empfohlen war, erhielt er den sehr einträglichen Dienst als Hofarzt, Wundarzt, Apotheker und Mechaniker, und erwarb in 4 Jahren [1]),

---

[1]) Die Beschreibung einer in dieser Zeit von Lahore nach Kabul gemachten Reise und auf dieser Reise gesammelten Münzen von Sir C. M. Wade und Char. Masson hat die asiatische Gesellschaft Calcutta's gut einer Landkarte im 3. Band von

nebst werthvollen Münzen und Alterthümern, Pflanzen und andern wissenschaftlichen Schätzen u. s. w. einen Reichthum, mit dessen Hilfe er in der Heimat gemächlich leben zu können hoffte. Darauf verließ er im Jahre 1833 Lahore und kehrte über Multan, Kabul, Bucharo, Orenburg, Moskau, Petersburg und (nachdem er von hieraus auch das russische Kronstadt besucht hatte) durch die Bukovina nach Kronstadt zurück[1]), nachdem er zwei Jahre auf dieser Reise zugebracht hatte. Nach Zurücklegung des Winters 1834/5, reiste Honigberger in seiner beibehaltenen malerischen orientalischen Tracht in Begleitung seines Bruders Josef H. zuvörderst nach Wien, dann nach Triest, Venedig, Mailand, Genua, Nizza, Marseille und Paris. Hier überließ Honigberger mehrere gesammelte Münzen und Alterthümer an die asiatische Gesellschaft. Außerdem haben die Münzsammlungen in St. Petersburg, Wien, Paris und London viele von Honigberger gesammelten Münzen und Steine aufzuweisen[2]). Von Paris reiste Honigberger nach London, wo er einen Theil seiner Sammlungen verwerthete, und dann über Hamburg, Berlin ꝛc. nach Wien zurückkehrte, sofort aber in europäischer Tracht wieder nach Kronstadt kam. Nachdem ferner Honigberger die Zeit vom Frühjahr bis zum Herbste 1836 in Wien zugebracht hatte, entschloß er sich, zur Ausübung der homöopatischen Heilart, für welche er durch persönliche Bekanntschaft mit

---

The Journal of the asiatic Society of Bengal, Calcutta St Andrews Library 1834 gr. 8-vo. S. 153 — 178, veröffentlicht, (die von Honigberger gesammelten Münzen sind Pl. XII. Kadphisys abgebildet, die unter Honigbergers Leitung in Afghanistan ausgeführten Nachgrabungen b. i. Oeffnung von Kuppeln (alten Grabmälern) von E. Jaquet im Journal asiatique Paris 1836 2. Bd., 1837 2. Br., 1838 1. Bd und 1839 1. Bd. beschrieben), und wird in diesem Journal auch an andern Stellen z. B. 246, 313, 321, 325—331, 436, 444, 564 ꝛc. Honigberger häufig erwähnt. — Nichtminder haben mit einem Theile der von Honigberger auf der Reise nach Kabul gesammelten und in Wien an B. Jacquin überlassenen Pflanzen Stephan Endlicher und Eduard Fenzl die Liebhaber der Botanik im J. 1836 (s. unten im Schriftenverzeichnisse Nr. 1) bekannt gemacht.

[1]) Sehr rührend beschreibt der gemüthliche Honigberger seine Freude des Wiedersehens seiner nach 20jähriger Abwesenheit am Leben gefundenen Eltern und Geschwister in seinen „Früchten aus dem Morgenlande" S. 92–93.

[2]) Die Beschreibung der Münzen hat E. Jacquet im Journal asiatique Paris 1836 Bd. 2, — 1837 Bd. 2, — 1838 Bd. 1, — und die Beschreibung der Reise nach Kabul Honigberger selbst im 3. Bde 1832 des Journal of the Asiatic Society of Bengal" in einer „Relation d'une voyage de Dereh Ghazikhan a Caboul" veröffentlicht

Dr. Hahnemann in Paris und Dr. Lehmann in Köthen eingenommen und nachdem er von dem Verein homöopatischer Aerzte in Leipzig zum Ehrenmitgliede aufgenommen worden war, sich in die Hauptstadt der Türkei zu verfügen. Die geringere Entfernung von seiner Vaterstadt, als jene während seines früheren Aufenthalts und die Absicht, die bedeutenden Verluste, welche er an dem aus Asien gebrachten Vermögen auf seiner Heimreise in und außerhalb Rußland erfahren hatte, einzubringen, waren seine Motive. Somit reiste Honigberger über Kronstadt, Bukurest und Galatz nach Konstantinopel und begann die homöopathische Praxis, bei gerade damals dort herrschender Pest, in dem Pesthospital zu Pera, mit soviel Glück, daß ihn die Vorsehung am Leben erhielt, und daß er durch menschenfreundliche und theilweise erfolgreiche Behandlung der Kranken zu einigem Rufe gelangte und nach dem Erlöschen der Pest zu den verschiedenartigsten Kranken in die angesehensten Privathäuser gerufen wurde. Durch den Beifall, den seine homöopathischen Curen, bei zunehmender Praxis sofort fanden, aufgemuntert, verbrachte Honigberger die Jahre 1837 und 1838 in Konstantinopel, bis er vom Generalen Ventura von Malta aus im Auftrage des Maharatscha die Einladung erhielt, wieder nach Lahore zu kommen, wo ihm ein monatlicher Gehalt von 1000 Ruples zugesagt wurde. Dem Rufe folgend, reiste demnach Honigberger über Alexandrien durch Bombay, Gogo, Palith (Paleo), wo er in große Gefahr der Ansteckung an der Pest gerieth, den geraden Weg nach Lahore. Er fand seinen Gönner den König auf den Tod krank, ohne ihm mehr als eine kurze, doch reichlich belohnte, Erleichterung verschaffen zu können. Demohngeachtet blieb Honigberger bis zum Jahre 1849 im Dienste der dasigen kön. Regierung, unter vielen gewaltsamen Veränderungen dieser Letztern[1]), und ihren mehr und minder großen Einfluß auf seine eigenen Schicksale. Seinen Bruder, den Uhrmacher Joseph Honigberger, welchen er im Jahre 1843/4 auf Verlangen des Maharadscha Schir-Sing in dessen Dienste als Mechaniker nach Lahore berief, mußte er jedoch, weil sich bis zu dessen Ankunft die Verhältnisse geändert hatten und Maharadscha selbst ermordet

---

[1]) Umständlich beschreibt dieselben, sowie die zu seiner Zeit vorgekommenen Krankheiten, ihre Behandlungsart, Heilmittel, sowie seine eigenen Kuren, ferner die dasigen Gebräuche, Militärwesen, die im J. 1845 in Lahore grassirende Cholera-Epidemie, den Krieg der Shits mit den Engländern, welcher das Sind und Pendschab unter die englische Herrschaft brachte ec. ec. Honigberger selbst als Augenzeuge, in seinen „Früchten aus dem Morgenlande". S. 105—171.

worden war, nach kurzem Aufenthalte, nach Europa zurückkehren lassen, ja endlich auch selbst, mit dem Aufhören seiner amtlichen Beziehungen das Pendschab verlassen. Vorläufig besuchte er nun das Gebirgsland Kaschimir zwischen Pendschab und Tibet, wo er zur Bereicherung seiner medizinischen, und besonders Pflanzen[1])-Kenntnisse und Erfahrungen, die Monate Juli und August 1849 zubrachte, und trat alsdann im September die Heimreise über Lahore, den Setlusch, Feruzpur, Ludiana, Amballa, Saharenpur, Ratschpur, Mussuri (wo sich seine beiden Töchter Marie (geb. 1841) und Adelaide (geb. 1843) in einer von französischen Nonnen geleiteten Erziehungsanstalt für Zahlung eines monatlichen Kost und Lehrgeldes von 200 Rupien befanden), Meerut, Gurmuktisser, Calcutta, Kapstadt rc. an. In Lahore blieb ein neu erbautes Haus, nebst dem darin befindlichen früheren Spital sein Eigenthum, und er erhielt von der englischen Regierung, für seine der königlichen Regierung in Lahore geleisteten Dienste, von des „maharaj Dellibsing's reserve Fund" eine lebenslängliche Pension von jährlichen 1000 Rupien == 1000 Gulden öst. Währ. Einen Theil seines Vermögens ließ er, als Mitglied (oder Sharholder) der Nordwestbank, in der Lahorer Bank auf Interessen liegen. Im Juni 1850 berichtete Honigberger seinen Freunden in Kronstadt seine glückliche Ankunft in London, und kam, nachdem er sich dort und in Paris und Wien, — wo er zur Veranlassung der Herausgabe seiner „Früchte aus dem Morgenlande" in englischer Sprache — sich längere Zeit aufgehalten hatte, am 3. August 1851 wieder nach Kronstadt. Nach kurzem Aufenthalte daselbst, während welchem er am 20. August mit Dr. C. J. Andrä aus Halle das Hochgebirge Butschetsch[2]) bereiste, verfügte er sich nach Wien und von da im Oktober wieder nach London, um die Vollendung des Druckes der englischen Uebersetzung seines Reisewerkes zu bewirken; kehrte jedoch, nachdem er im August 1852 die zweite vermehrte deutsche Ausgabe seiner „Früchte aus dem Morgenlande" in Wien dem Druck übergeben und mit einer neuen Vorrede begleitet hatte,) — zurück nach

---

[1]) Dr. Fenzl und Dr. Unger in Wien gewährten Honigbergern ihre Hilfe bei Beschreibung dieser nach Europa mitgebrachten Pflanzen, von welchen sich lithographirte Abbildungen in dem ebenangeführten Buche befinden.

[2]) Siehe Verhandlungen des naturwissenschaftlichen Vereins vom Jahre 1855. Seite 40 -- 52. Vergleiche die „Kronstädter Zeitung" vom 10. August 1859, S. 778.

Kronstadt¹), um von hier aus den 27. September d. J. die **dritte
Reise** nach dem Orient anzutreten. Er nahm seine Richtung wieder
durch die Walachei, über Konstantinopel, die Landenge von Suez, Bombay, Stube nach **Kaſhmir**, wo er im Jahre 1853 ankam und die
Stelle eines Leibarztes des König Maharadscha Gulab-Singh mit Beibehaltung seiner Pension und der Verpflichtung, eine Runkelrüben-Zuckerfabrik in Kaſhmir zu errichten, annahm. — Da jedoch die Runkelrüben-Zuckerfabrik, wegen Nichterfüllung der Unterſtützung, welche König Gulab-Singh mittelſt eines auf 10 Jahre geſchloſſenen ſchriftlichen Vertrages
verheißen hatte, nicht zu Stande kommen konnte, vielmehr Honigberger
ſeinem Bruder, den er zum zweitenmale zu ſich in den Orient, nebſt
einem Gehilfen, Namens Steiner aus Europa zum Fabriksbetriebe berufen
hatte, die von Gulab-Singh zu zahlen verſprochenen anſehnlichen Belohnungen und Koſten der Hin- und Heimreiſe aus dem eigenen Vermögen
zu bezahlen ſich genöthigt ſah, wodurch Honigberger im Ganzen einen
Schaden von 30,000 Rupies erlitt; — ſo verließ er Kaſhmir ſchon zu
Anfang des Jahres 1855 und überſiedelte nach **Calcutta**. Hier ſetzte
er ſeine ärztliche Praxis fort, und berichtete ſeinen Verwandten im November 1857, daß er ein ſicheres Heilmittel gegen die daſelbſt herrſchende
Cholera entdeckt habe und mit beſten Erfolge anwende. Sein Geheimmittel (nemlich Quassia-Einimpfung) habe er in einer unter dem Titel
„Cholera und die Epidemien" in Calcutta und in England gedruckten
Brochüre veröffentlicht u. ſ. w. Die Hoffnung für dieſes von ihm vielfach erprobte Mittel von der mediziniſchen Facultät in Paris eine in
Ausſicht geſtellte Belohnung von 100,000 Franken zu erhalten, bewog
Honigberger zu Ende Auguſt des Jahres 1858 Calcutta zu verlaſſen und
über Egypten nach London und von da nach Paris zu gehen, wo wir ihn
im Oktober 1848 finden. Da aber ſeine gehegte Hoffnung ebenſowenig,
wie der bereits an die oſtindiſche Regierung gerichtete Anſpruch auf Erfolgung des feſtgeſetzten Preiſes Lak ruppies (100,000 Gulden) erfüllt
wurde: ſo verließ er, mißmuthig und in die Nothwendigkeit verſetzt, ſeine

---

¹) Seine in der Nähe ſowohl, als in weiteſter Entfernung ſtets bezeigte
Liebe zur Vaterſtadt bewies Honigberger auch in dieſer kurzen Zeit u. a. damit, daß
er zu den Schulzwecken ſeiner daſigen evang. Glaubensgenoſſen 500 fl. CM. und
der evang. Gymnaſtalbibliothek, außer verſchiedenen ſchon im J. 1835 überlaſſenen
indiſchen Merkwürdigkeiten 100 Exemplare ſeiner „Früchte aus dem Morgenlande"
u. a. m. zum Geſchenk machte.

durch Reisen und ärztliche Anstrengungen geschwächte Gesundheit in einem milderen Klima zu stärken, Paris schon im November 1858 und reiste nach Algier ab.

Hier besserte sich seine Gesundheit so, daß er eine Reise in das Innere Algeriens, sowie an der Küste nach Philippeville, Konstantin, Tunis unternehmen konnte, und von Tunis am 3. April 1859 über Sardinien, Genua, Mailand, Venedig und Triest nach Wien zurückkehrte, während sein, auf seine Kosten nach Algier gereister Neffe Wilh. Honigberger am letztern Orte zurückblieb, und daselbst durch Quassia-Impfungen materielle Vortheile erwarb. Er selbst besuchte bald nachher wieder sein Vaterland auf kurze Zeit, brachte den darauf folgenden Winter in Wien zu, reiste nach einem Ausfluge nach St. Petersburg, um daselbst Proben seines Choleraheilmittels abzulegen, — im September 1860 über Kopenhagen, London, Dower und Calais nach Paris, suchte in Saint-Barnabé bei Marseille seinen ehemaligen Freund General Court auf, und schiffte im November 1860 nach **Bombay** (das er in seinem Briefe an einen Freund **seine zweite Heimat** nennt) hinüber. Diese Seereise rühmte Honigberger als sehr angenehm und vom besten Erfolge für seine Gesundheit. Bombay verließ er indessen, weil da die Cholera im Erlöschen war, schon nach 5 Wochen und begab sich im Jänner 1861 zu seinem Neffen **Wilhelm Honigberger**[1]), der in Calcutta der Heilung der Cholera-

---

[1]) Wilhelm Honigberger, Sohn des Uhrmachers und Photographen Joseph Honigberger, wurde 1837 in Kronstadt geboren, widmete sich nach beendetem Schulunterricht dem Handelsstande, ging dann in seinem 20. Jahre in die Donaufürstenthümer, begab sich, nach kurzem Aufenthalte in Braila und Galatz, nach Konstantinopel, und schiffte sich von hier, nach einem Aufenthalte von wenigen Wochen, nach Alexandrien ein, wo er einige Zeit conditionirte, bis er von seinem Onkel J. Martin Honigberger aus Calcutta die nöthigen Mittel erhielt, um dahin abzureisen. Wilh. Honigberger hielt sich längere Zeit bei seinem Onkel in Calcutta auf und begab sich dann nach dem 500 englische Meilen entfernten Allahabad, wo er sich das Vertrauen des reichen Missionärs Metzger Superintendent, der im Jahre 1863 in sein Vaterland nach Preußen zurückkehrte, erworben hatte. Durch diesen Protektor erhielt der junge Honigberger, als tüchtiger Geschäftsmann einen großen Kredit, und es gelang ihm eine Buchdruckerei sich anzuschaffen und eine Zeitung, den „Allahabad Observer" herauszugeben. Das Blatt erschien unter Honigbergers Redaktion wöchentlich zweimal. Außerdem hatte derselbe auch ein blühendes Manufakturgeschäft, das ihn mit den ersten europäischen Handlungshäusern in Verbindung brachte. Eben dieses Geschäft nöthigte den jungen, strebsamen Mann, eine Reise nach Calcutta zu machen, die ihn das Leben kostete. Am Abend des 4. April 1865 kam

kranken sich widmete und viele Wohlthaten von seinem Onkel und dessen dritter Gattin genossen hatte, dann aber nach Allahabad übersiedelte. Martin Honigberger selbst begann aufs neue die ärztliche Praxis in Calcutta und veröffentlichte am 5. Februar 1861 in dem Calcuttaer Blatte The Compass seine Preisliste für ärztlichen Beistand und Arzneien[1]). Nachdem er inzwischen die Erzieherin seiner Töchter, eine Engländerin, in Calcutta geheiratet hatte, begleitete er diese zu Ende Juni 1862 nach London, und von da, um den folgenden Winter mit ihr in Italien zuzubringen, über Calais, Paris, Lyon, Turin, Mailand und Genua nach Neapel (zur Hälfte November 1862). Beide verlebten sodann den Sommer des Jahres 1863 in Venedig und Wien und kamen durch die Schweiz über Turin und Genua wieder nach Neapel. Sie brachten den Juni und Juli des Jahres 1864 in den Schwefelbädern Eaux-bonnes und Eauxchaudes in den untern Pyrenäen zu. Da aber der Gebrauch dieser Väter die für die sehr geschwächte Gesundheit der Gattin gehoffte Wirkung nicht

---

Honigberger mit seinen Reisegefährten Bovill, Hughes und Fist Williams mit dem Eisenbahnzuge von Calcutta nach Chandenagore, der östlichen Bengallinie, an, wo ein Kahninhaber (Manjer) harrte, um die obbenannten Reisenten über den Fluß zu setzen. Der Manjer bemerkte den Reisenden, er könne die Fahrt nicht antreten, indem ein großer Sturm im Anzuge sei. Mit Schlägen bedroht, barsirte er die Reisenden ein, und als die Barke bei Soleenparah ankam, war auch der Sturm angelangt; die Barke bekam einen heftigen Stoß, stürzte um, und alles, was in derselben sich befand, fiel ins Wasser. Der Manjer hatte vier Ruderer, und nur er und zwei von diesen retteten sich. Honigberger, Bovill, Hughes und zwei Ruderer wurden ein Opfer der Fluthen. Die Verunglückten schwammen eine Weile, dann sanken ihnen die Kräfte und sie gingen unter. Der Magistrat von Hooghty und das französische Consulat von Chandernagore trafen Anstalt, um die Ertrunkenen aufzufischen. Bovill und Fist Williams wurden von der Hugli-Polizei bei Badassur, Hughes bei Chandernagore und Honigberger bei Malajore aufgefunden. Die Behörde von Chandernagore und Serampore ließen Särge anfertigen, die Todten hineinlegen, und am 6. April 1865 wurden die Verunglückten auf Kosten der französischen Regierung in Chandernagore beerdigt. Einiger Schmuck, welcher bei den Leichen gefunden wurde, wurde dem Magistrat von Serampore übergeben. Der Generalgouverneur sprach in herzlicher Anerkennung der französischen Behörde Dank aus, daß sie zur Auffindung der Leichen so schnell zur Hand war und die Kosten bei der Beerdigung in liberaler Weise getragen hatte.

1) Deutsch in der Kronstädter Zeitung vom 20. März 1861 Nr. 44 S. 292, wo zugleich Honigbergers 3. Brochüre über Epidemie, Cholera, Fieber ꝛc. angezeigt wurde.

hatte, so folgten sie der Sehnsucht der Kranken nach ihrem Vaterlande und reisten über Paris nach London. Im folgenden Jahre bewog Honigberger seine Gattin ihre Herstellung in den jodhältigen Bädern von Zaizon zu suchen, wohin er sie nebst ihrer Tante Mistreß Robinson begleitete. Allein der verschlimmerte Zustand, der die baldige Auflösung der Kranken befürchten ließ, nöthigte sie, Zaizon bald zu verlassen und die Heimat der Kranken in London über Wien ꝛc. aufzusuchen. Glücklicherweise besserte sich da die Krankheit, so daß die Gesellschaft zu Ende des Jahres 1866 England verlassen, und die Reise nach Nynéo-Thal (einem Badeorte am Fuße des Himalajagebirges, wo seine Gattin Haus- und Grundbesitzerin war) über Paris, wo sie im Januar 1867 weilten, antreten konnte, und, wenn gleich nicht ohne Mühseligkeit, auch ihr Reiseziel erreichte. Die vorletzte Nachricht, welche Honigberger von dort an seine Freunde in Kronstadt am 28. Juli 1868 schrieb, brachte die Trauerbotschaft, daß die kranke Frau am 16. d. M. ihrem Leiden erlegen sei, und daß Honigberger wegen einem, bei vorgeschrittenem Alter sein Leben bedrohenden körperlichen Uebel in Zaizon für sich selbst Hülfe zu suchen und deswegen im Juni 1869 nach Kronstadt heimzukehren und zu seiner Pflege im Alter seine jüngere Tochter Adelaide mitzubringen entschlossen sei[1]).

Die erste Honigbergern in Konstantinopel angetraute Gattin war die Kronstädterin Lisette geborne Sutoris. Sie wollte ihn im Jahre 1837 auf der Reise in den Orient nicht begleiten, verließ ihn in Konstantinopel und lebte seit der Zeit getrennt von ihm bei ihrer Mutter zu Jassy in der Moldau von der ihr und ihrem Sohne Constantin[2]) zugekommenen Unterstützung Honigbergers. Seine zweite Gattin, eine zu Lahore Eingeborne, die ihn treulos verließ und nicht lange nachher starb, hinterließ ihm die schon erwähnten zwei Töchter. Die dritte Ehe, in welcher er mit der Engländerin Jeannette Robinson 1861—1868 lebte, blieb kinderlos.

Schon im Jahre 1834 auf der Heimreise aus Lahore nach Kronstadt hat Honigberger durch Diebstahl, Betrug ꝛc. an seinen gesammelten

---

[1]) Kronstädter Zeitung vom 12. September 1868 Nr. 145. Eben diese im Nr. 50, 1869, 31. März berichtet, daß Honigberger in dieser Absicht am 6. März 1869 mit seiner zweiten Tochter in Marseille angekommen und von da aus nach Paris, London, Newyork reisen, dann nach Kronstadt kommen und im Herbst über Konstantinopel nach Indien zurückkehren wolle.

[2]) Gegenwärtig fürstlich moldauischer Justizbeamter in Jassy.

Schätzen große Verluste erlitten, und ist in der Folge durch nicht zurückgezahlte Darlehen und beträchtliche Unterstützungen seiner Verwandten, Kosten, welche ihm sein Sohn, Neffen und die zwei ersten Gattinnen, sowie die Erziehung beider Töchter verursacht haben, und vielfache für sich und für Angehörige und Verwandte bestrittene Reisekosten ꝛc. des größten Theils seines Vermögens verlustig geworden, so daß er für sich selbst nach so vieljährigen Mühen und Beschwerden, außer der englischen Pension, den für ein behäbiges Alter angestrebten Reichthum nicht hat erübrigen können[1]).

Schließlich verdient bemerkt zu werden, daß Honigberger die deutsche, ungarische, englische, italienische, französische, walachische, neugriechische, türkische, arabische, persische, indische und tartarische Sprache vollkommen versteht und spricht, und daß er, als er zuerst nach 20jähriger Abwesenheit, und wiederholt nachher nach Kronstadt zurückkehrte, den reinsten Kronstädter sächsischen Dialekt wie zu jener Zeit sprach, als er die Vaterstadt zum erstenmale verließ.

Deutsche, französische und englische Zeitungen haben von Zeit zu Zeit, besonders in den Jahren 1834 und 1835 nach seiner Rückkehr nach Europa, über seine Reise-Erlebnisse und seinen Aufenthalt in europäischen Städten vielfältige, wenngleich meist vereinzelte Nachrichten gebracht, wie z. B. die St. Petersburger deutsche Zeitung vom Jahre 1834 Nr. 197—199, 224, 233, dann 250 (letztere Honigberger's berichtigende Bemerkungen zu Burnes Beschreibung ihrer „Reise nach Buchara" enthaltend), und 262; — sowie vom Jahre 1835 Nr. 210 (diese u. a. eine Nachricht über die von Honigberger an Rollin in Paris verkaufte Münzen, unter welchen sich zwei Goldstücke des bis dann noch unbekannten Königs Καδφησις befanden, enthaltend) u. a. m., welche die Aufmerksamkeit der Leser auf Honigberger richteten.

Der Veröffentlichung der Schriften Honigbergers ging voraus:

1. Sertum Cabulicum Enumeratio Plantarum, quas in itinere inter Dera-Ghazee-Khan et Cabul, mensibus Majo et Junio MDCCCXXXIII. collegit Dr. Martinus Honigberger. Accedunt novarum vel minus cognitarum Stirpium Icones et Descriptiones Auctoribus Stephano

---

[1]) Glücklicher war sein Landsmann Franz Bluder aus Mühlbach, der nach einem mehr als zwölfjährigen Aufenthalte und Handelsverkehr zu Chartum in Afrika in seine Vaterstadt zurückkehrte und nun, im Genuß seines unter mancherlei Gefahren und Anstrengungen erworbenen und geretteten Vermögens, ruhigere Tage verlebt. S. Transsylvania herausgegeben von E. A. Bielz 1862, Nr. 17-22.

Endlicher et Eduardo Fenzl. Fasc. I. Vindobonao, apud P. Rohrmann et Schweigerd Bibliopolas Aulicos 1836. Groß-Quart IV. Kupfer und 8 S. (Es wurden noch 9 Fascikel versprochen.)
Darauf folgen Honigbergers eigene Schriften.

2. Früchte aus dem Morgenlande oder Reise-Erlebnisse, nebst naturhistorisch-medizinischen Erfahrungen, einigen hundert erprobten Arzneimitteln und einer neuen Heilart dem Medial-Systeme von J. M. Honigberger, gewesenen Leibarzte der k. Majestäten: Reudschit-Sing, Karrek-Sing, der Rani Tschendkour, Schir-Sing und Dhelib-Sing. Mit vierzig lithographirten Tafeln: Porträte, Pflanzenabbildungen, sonstige Natur- und Kunstprodukte, Facsimile, Landkarte und Ansicht der Citadelle von Lahor; endlich als Anhang ein medizinisches Wörterbuch in mehreren europäischen und orientalischen Sprachen. Wien 1851. Druck von Carl Gerold und Sohn. Großoctav, 590 S.

(Inhalt: Vorwort S. 1—22. Reise-Erlebnisse S. 23—185. Einleitung zum Medialsystem nebst einigen hygienischen Regeln S. 187—203. Medizinischer Theil S. 205—387. Materia medica S. 389—509. Medizinisches Wörterbuch S. 511—569. Verzeichniß der deutsch und lateinischen Wörter S. 570—581. Krankheitsliste von Lahor S. 582. Erklärung der Tafeln S. 583—586. Schlußwort S. 587—589. Namen der Krankenhäuser des Ordens der barmherzigen Brüder in den k. k. Kronländern S. 590.)

Beigegeben ist das Porträt des Verfassers lithographirt von Bauer 1850, gedruckt bei J. Rauh in Wien.

Dieses Werk sollte auf des Verfassers Kosten auch in englischer und französischer Uebersetzung in Druck erscheinen und obwohl diese Kosten sich auf 30,000 Gulden CM. beliefen, widmete doch der Verfasser (l. S. 22) „den Ertrag seines Werkes den Lehranstalten seiner „geliebten sächsischen Landsleute in Siebenbürgen und der Förderung „anderer gemeinnützigen Zwecke seines Vaterlandes".

Indessen ist eine französische Uebersetzung nicht herausgekommen.

3. Früchte aus dem Morgenlande ꝛc. Vermehrte Auflage. Mit zahlreichen lithographirten Tafeln: Porträte, Pflanzenabbildungen ꝛc. Ebendaselbst 1853. gr. 8-vo. XVI. 590 S. und 47 lith. Bildern.

Das vorige, mit dem Unterschied, daß S. III.—IV. ein Vorwort des Verfassers an den Leser, S. VII.—XIV. ein umständliches Inhalts und XV. bis XVI. ein Druckfehler-Verzeichniß, ferner sieben neue Tafeln, nebst deren Erklärung auf einem Blatte

S. 586 beigefügt, und alle Bilder, welche in der vorhergehenden Ausgabe am Schluße des Werkes vorkommen, den betreffenden Druckseiten des Textes beigegeben worden sind[1]).

4. Die englische Ausgabe des vorangeführten Werkes hat den Titel: Thirty five Years in the East. Adventures, Discoveries, Experiments and Historical Sketches, relating to the Punjab and Cashmere; in connection with Medicine, Botany, Pharmacy etc. together with an original Materia medica, and a medical Vocabulary, in four European and five Eastern Langvages: by John Martin Honigberger, late Physician to the court of Lahore. Two volumes in one. Illustrated with numerous Engravings containing Portraits, Plants, Facsimiles, Vixweof the Fortress of Lahore etc. London: H. Bailliére 219 Regent St. et 290. Broadway, New-York (U. S.) R. C. Lepage et Co. Calcutta. 1852. gr. 8 - vo. XXX. 206 S. Second Volume. Illustrated with numerous engravings. Ebendas. 1852. gr. 8-vo. XVI. 448 S.

5. Cholera, its cause and infallible cure and on epidemics in general. By J. M. Honigberger, late Physician to the court of Lahore. Price one Rupee. The proceeds of the sale of the first one thousand copies will be divided between the two Relief Funds. Calcutta

---

[1]) Die erste Beschreibung seiner Reise=Erlebnisse hatte Honigberger in Kronstadt in den Jahren 1834 und 1835 aus dem Gedächtniß verfaßt, und übergab dieselbe im Jahre 1835 in Wien dem Censor Ruprecht, welcher sich zur Redaktion anheischig machte. Die Handschrift Honigbergers gerieth in Verlust, ohne daß Ruprecht seine Verheißung erfüllte. Nach einer zweiten Ausarbeitung veranstaltete nachher Leopold Naubniz (Mitredakteur des Ebersbergerischen Oesterreichischen Zuschauers) im Jahr 1850 die Redaktion, wobei der siebenbürgisch=sächsische Candidat der Theologie Martin Malmer in Wien bis zur Vollendung 1851 Hilfe leistete.

Die Erzählung Honigbergers von der Beerdigung eines lebenden Fakirs in Indien und dessen Wiederaufleben nach 40 Tagen (s 2. Ausgabe S. 137—141),— zog Honigberger von mehreren Seiten den Vorwurf zu großer Leichtgläubigkeit zu. Doch wird ein ähnliches Beispiel nicht blos in den (ebendas. S. 141) angeführten „Philosophical transactions for 1694", — sondern auch in „Stugaus unbegreiflichen Geschichten. Neue Folge. Wien und Leipzig 1861. S. 227—232" in einer historisch beglaubigten Anekdote von einem Hindu erzählt, welchen der brittische Generalgouverneur von Ostindien Lord Robert Clive, Baron v. Plassey im Beisein vieler Zeugen begraben, und nach 50tägiger strenger Bewachung ausgraben ließ, worauf derselbe wieder zum Leben erwachte und so gesund war, wie zuvor.

Published by R. C. Lepage and Co. british Library and printed by Sanders, Cones and Co. 1857 8-vo. 26 S. 2. Titel: Quassin-Inoculation destroys the Cholera-Flies in the Bloodvessels.

Die Vorrede an die Bevölkerung Indiens ist vom Verfasser datirt aus Calcutta 1. September 1857.

6. Cholera, its cause and infallible cure and on epidemics in general. By J. M. Honigberger, late Physician to the Court of Lahore. Price one Rupee. Second Pamphlet. Calcutta published by R. C. Lepage and Co. British Library and Printed by Sanders, Cones and Co. 1858, 8-vo. XXII. 22 S. mit 1 Kupfer.

Die Vorrede zu diesem 2. Theile an die indische Bevölkerung hat der Verfasser datirt aus Calcutta 15. August 1858.

(Lobend angezeigt in dem Frankfurter Conversationsblatte vom 3. September 1859. Vergl. die Kronstädter Zeitung vom 25. Febr. 1860, S. 196.)

7. Heilung der indischen Brechruhr durch Einimpfung des Quassins von J. M. Honigberger, gewesenem Leibarzte der Könige von Lahor und Kaschmir. (Aus dem Englischen übersetzt.) Mit einer lithographirten Tafel. Wien, Druck und Commissionsverlag von L. C. Zamarski und C. Dittmarsch, Schaufflergasse Nr. 24, 1859 8-vo. 96 S.

Enthält S. 3—10 die Vorrede des Verlegers aus Wien im Mai 1859. S. 11—40 die Uebersetzung des ersten und S. 41 bis 91 des zweiten Heftes des englischen Textes, — dann S. 93 bis 96 eine Nachschrift Honigbergers.

Eine französische Uebersetzung ließ der Verfasser in Paris drucken 1859. 8-vo. unter folgendem Titel: Le Choléra. Traitement et Guérison par J. M. Honigberger, ancien Médecin de la Cour de Lahore Notices accompagnées de figures esplicativos. Paris J. B. Baillière et fils, Libraire de l'Académie imperiale de Medecine. Place Haute feuille 19. 1859 — 55 S. mit 1 lithographirten Tafel.

8. Die Cholera, deren Ursache und unfehlbare Heilung und die Epidemien im Allgemeinen von J. M. Honigberger, vormaligem Arzte am Hofe zu Lahore. 3. Brochüre. Eine Uebersetzung aus dem Englischen mit einem Zusatze von neueren Erfahrungen. Wien 1865. Verlag der literarisch-artist. Anstalt von C. Dittmarsch. Druck von L. C. Zamarski 8-vo. 100 S.

Honterus Johann[1]),

8 civ. der freien Künste und Weltweisheit Magister und Stadtpfarrer zu Kronstadt. Dieser für Siebenbürgen unvergeßliche Gelehrte wurde im Jahre 1498 in Kronstadt geboren. Sein Vater ein Lederermeister hieß Georg Graß[2]); er aber führte den Namen Honterus; wie man sagt: zum Andenken seiner Errettung aus einem Flusse, darin er verloren gewesen wäre, wenn er nicht noch eine Hollunderstaude hätte ergreifen können. Den Hollunder aber nennen unsere Sachsen: Hontert. Die Erzählung bleibe bei ihrem Werthe. Soviel ist gewiß, daß die schädliche Gewohnheit für die Genealogien, seinen Namen in Griechische und Lateinische zu verwandeln; oder ganz unbekannte anzunehmen, oder auch sich nach dem Geburtsorte oder dem Handwerke zu nennen, unsern Vätern ebenfalls nicht ungewöhnlich war. Doch es sind noch mehrere Knoten in Honterus Geschichte aufzulösen! Zwittinger behauptet: er habe zuerst zu Krakau, dann zu Basel studirt; Kelp aber[3]) läugnet das erstere, und setzet dafür Wittenberg. Aus einem gewissen Gesichtspunkte haben beide Recht. Honterus ist auch Luthers Zuhörer in Wittenberg gewesen. Dieses erweisen uns die Verse des Jonas Nikolai, in des Georg Helners ΕΛΕΓΕΙΟΝ — Wittenberg, 1580.

    Dacicus Honterus tua, clara Corona! corona,
        Cosmographus praestans, Theologusque bonus.
    Saxoniam veniens ad nobilis Albidos urbem,
        Discipulus fidus — Luthere! tuus.

Nur ist die Frage, wo er zuerst gelebt, zu Wittenberg oder Krakau? Ich dächte das erstere, und zwar wegen der Nachrichten, die uns Schesäus und Flechner, beide Gelehrte des 16. Jahrhunderts, von unserm Honterus mittheilen. Ersterer schreibt: Honterus habe sich einige Zeit zu Krakau

---

[1]) Ueber Honterus s. noch: Schesaei Elegia in obitum 3. illustrium virorum Honteri, Wagneri et Mellembergeri, Claudiop. 1573. — In obitum Rev. — Cornelii Honteri Past. Prásmár etc. Sohnes des oben Genannten. Elegisches Gedicht in Handschrift. — Die Reformation im Sachsenland von Dr. G. D. Teutsch. Dück's Geschichte des Kronstädter Gymnasiums. — Meine Beiträge und Aktenstücke zur Reform.-Geschichte von Kronstadt u. a. m.

[2]) Oder Goß.

[3]) In Natal. Saxonum Transylv. Cap. I. §. X 2.

aufgehalten, nachgehends sei er durch milde Unterstützung des Königs Sigmund, nach Basel gereist. — Der Letztere: Honterus sei der Prinzessin Isabella, nachmaligen Königin von Ungarn, Lehrmeister gewesen, er selbst habe dessen Elementa Grammatices prima, zu Krakau gedruckt, die noch in einigen Schulen gebräuchlich, gesehen.—Nach Basel reizte ihn insonderheit der große Ruf des gelehrten Johann Reuchlin¹); von da kam er 1533 auf erhaltenen Beruf nach Kronstadt zurück, brachte zugleich geschickte Leute und alle Bedürfnisse zur Errichtung einer Buchdruckerei²)

---

¹) Obwohl das Abgangsjahr des Honterus in das Ausland nicht mit Bestimmtheit angegeben werden kann, so ist es doch höchst wahrscheinlich, daß Honterus vor Reuchlins Ableben († in Stuttgart 30. Juni 1522) sich von Kronstadt nach Krakau und von da nach Basel begeben hat, da er zur Zeit dessen Todes schon 24 Jahre alt war, und vor seiner Heimkehr auf Reisen zu Land und zu Wasser und an den genannten Hochschulen viele Jahre zugebracht hatte (s. der eigenen Vorrede zu seiner Geographie unter Nr. 18 seiner Druckschriften) Auf seine Seereisen deutet das Schiff, in dem von ihm und seinen Nachkommen geführten Siegel. Soviel ist sicher, daß er noch im Jahr 1521 den 23. April unter dem Namen „Joannes Goss de Dacia" unter die Wittenberger akademischen Studirenden (in deren Reihe vom Jahre 1515 an bis 1529, auch andere Siebenbürger unter dem Namen Daci und de Dacia vorkommen) aufgenommen wurde (Förstemann, Album Academiae Vitebergensis Lipsiae 1841 S. 103); und daß er im Jahre 1532 wieder in Krakau anwesend, seine Grammatik (unter Nr. 1) herausgab, darauf nach Basel abging und von da im Jänner des Jahres 1533 nach Kronstadt zurückkehrend seine Buchdruckerei, und als Gehilfen den Magister Theobaldus Griffius, Medicinae Doctorem et artis typographicae Licentiatum dahin mitbrachte, der aber schon am 7. Dezember 1540 in Kronstadt starb. (Album Oltard in den Deutschen Fundgruben ꝛc. N. F. S. 9 und 12 Vergl. meine Beiträge zur Reform.-Gesch. von Kronstadt S. 2 und 17.) Bei seiner Rückkehr fand Honterus seinen Vater nicht mehr am Leben. Zur ansehnlichen väterlichen Erbschaft aber gehörte ein Haus in der sogenannten Schwarzgasse, wo er Predigten in Luthers Sinne hielt, bevor er dieß in der Stadtkirche zu thun Gelegenheit erhielt und seine Buchdruckerei aufrichtete.

²) S. meine Geschichte der Kronstädter Buchdruckerei (der ältesten in Siebenbürgen) im Auszuge in dem Satelliten des Siebenb. Wochenblattes vom 14. November 1841, S. 366—367 und Kurz Magazin für Geschichte Siebenbürgens II. 310—356. — Honters Buchdruckerlettern und Papier sind denjenigen des Buchdruckers Johann Froben in Basel (s. Brockhaus Convers.-Lexik. Leipzig 1830 II 440) vollkommen gleich, wie sich bei Vergleichung unter andern des von Froben 1540 zu Basel in 8-vo. gedruckten Erasmischen Moriae Enconium mit den Honterusschen Druckschriften ergibt. Die Correctheit hat Honterus mit Froben gemein, weniger aber Val. Wagner, dessen Druckschriften mit den größeren Lettern des erwähnten Frobenischen Buchs übereinkommen.

mit sich. Welcher Dienst für das Vaterland! auch dieser allein verdiente es, daß sein Name der dankbaren Nachwelt unvergeßlich sei. Nimmermehr würden Künste und Wissenschaften sobald über Unwissenheit und Irrthum triumphirt haben! — Im folgenden Jahre wurde mit dem Drucke verschiedener Bücher der Anfang gemacht. Die Augsburgische Confession und Luthers Schriften waren die Erstlinge.

Was für Dienste Honterus vor seiner Stadtpfarrerswürde zu Kronstadt verwaltet, oder vielleicht gar keine öffentlichen, ist mir bis itzt noch unbekannt¹). Daß er aber Leonhard Stöckels Schulrektors zu Bartfeld Nachfolger²) und zugleich Superintendent der dasigen fünf königl. freien Städte gewesen wäre, läßt sich mit unsern Annalen nicht vereinigen, ja es ist an sich unmöglich. — So viel ist gewiß, daß er von seinen Tagen den nützlichsten Gebrauch machte. Die Ausbreitung der Augsb. Confession war seine Hauptbeschäftigung, obgleich mit vielem Widerspruche und großen Gefahren nicht selten verbunden. Johann Fuchs, Richter zu Kronstadt, Matthias Glatz oder Calvinus, Pleban im Marktflecken Reps und der gelehrte Magister Valentin Wagner, unterstützten ihn dabei mit vielem Muthe, Klugheit und Eifer. Endlich sah sich Honterus 1542 so glücklich, daß nicht nur Kronstadt, sondern ganz Burzenland die Augsb. Confession öffentlich annahm und einführte. In diesem Jahre heiratete der Stadtpleban Jeremias Jeckel, ein redlicher

---

¹) Honterus hat vor seiner Erwählung zum Stadtpfarrer (22. April 1544) kein öffentliches Amt in Kronstadt bekleidet, sondern sich mit Unterricht, den er Anfangs im eigenen Hause, und dann in der auf seinen Betrieb von der Stadtobrigkeit errichteten öffentlichen Schule bis zum J. 1544 über griechische und lateinische Grammatik und darauf über Theologie, Philosophie, Geographie und Poesie ertheilte besonders mit seiner Druckerei beschäftigt. S. meine Beiträge ꝛc. a. a. O. 2, 7, 17. Ueber seine Verdienste um das Schulwesen insbesondere s. Siebenb. Prov.-Bl. I. 161 ꝛc. Dück's Gesch. des Kronst. Gymn. S. 17.

²) Die irrige Stelle der Leutschauer Chronik — der einzigen Quelle dieser Nachricht in Wagners Analect. Scepusii II. 15. „Ihm" (nemlich Leonh. Stöckel) „ist gefolgt Johannes Honterus Transylvanus der zugleich Superintendent dieses Trakts gewesen" — wird genugsam widerlegt durch den Bericht des Mag. Steph. Xylander, den Verfasser der Leutschauer Chronik in der Matricula 24. Regalium S. 208, welcher unter die ersten Reformatoren 1. den Leonhard Stöckel, „der in Bartfeld Rektor gewesen; 2. Johann Honter, den er daselbst einen Siebenbürger aus Kronstadt nennt, der Prediger daselbst und des dortigen Trakts Superintendent gewesen; und 3. den Matthias Devan zählt." S. Kleins Nachrichten von ev. Predigern in Ungarn II. 56—57.

Mann, aber ohne die nöthige Tüchtigkeit zu einem so wichtigen Amte. Er war von Birthälm und warb als ein armer Schüler, aus Mangel geschickterer Leute, Diakon und darauf Stadtpfarrer. Er wählte daher 1544 das Landleben und erhielt die Pfarre zu Tartlau.

Unser Honterus ward durch allgemeinen Beifall am 21. April 1544[1]) zu Zeckels Nachfolger gewählt. So sehr sich hiedurch seine Geschäfte häuften, so blieb sein Eifer für Religion und Wissenschaften immer gleich gespannt. Zu ihrem Dienste veranstaltete er eine Papiermühle[2]), welche 1547 das erste Papier lieferte. Die schöne Bibliothek zu Kronstadt[3]), welche nicht nur wegen der Menge, sondern auch wegen der Seltenheit ihrer gelehrten Schätze aus der zerstörten Ofner, und andern Bibliotheken, berühmt war, erkennet ihn gleichfalls für ihren Stifter. Allein, klägliches Schicksal! 1689 den 21. April ward sie zum unersetzlichem Verluste der Raub einer schrecklichen Feuersbrunst, die Kronstadt verheerte.

Von allen Redlichen geliebt und beklagt, beschloß er seine schöne Laufbahn den 23. Jänner 1549, nachdem er über Kopfschmerzen geklaget hatte. Er hinterließ 7 Kinder. Seine 3 Söhne waren Kalixtus, der 1571 den 26. April als Pfarrer zu Petersberg starb. Marcellus ward als Diakon seiner Vaterstadt, in eben dem Jahre, so wie der dritte Kornelius, zu Tartlau, 1603, den 13. August ein Opfer der Pestseuche[4]).

Seine Gebeine sollen in der Folgezeit aus ihrem Grabe genommen und an einem anderen Ort beigesetzt worden sein[5]). Dies sagt uns

---

[1]) Richtiger 22. April 1544. Ostermeyer in den deutschen Fundgruben I. 29. Chron. Fuchs. I. 542 u. a. m.

[2]) Kurz Magazin I. 146 II. 351. Denkbl. I. 103.

[3]) Denkbl. I. 103.

[4]) Ueber die im Jahre 1824 ausgestorbene männliche Nachkommenschaft des Reformators Honterus s. m. Beiträge zur Kronst. Reformationsgeschichte S. 6. Seine Gattin Anna, Tochter des Johann Neutze, (aus einer flandrischen Familie), welche er, vor seiner Rückkehr nach Kronstadt, im Ausland geheiratet hatte, starb nach 35jährigen Wittwenstand in Kronstadt im J. 1584.

[5]) In Kronstadt bestand der Gebrauch, die Leichen der Stadtpfarrer in das Grab vor dem Altar der großen Stadtkirche zu versenken. Da wurden bei dem Tode des Nachfolgers die Ueberreste des Vorgängers herausgenommen und in ein anders Grab in die Reihe der Stadtrichtersgräber gelegt. So geschah es zuletzt bei der Beerdigung des Stadtpfarrers Georg Preidt. — Die vermoderten Gebeine des Reformators Honterus wurden bei

Czwittinger[1]) Vielleicht waren damals die Beinhäuser noch gebräuchlich[2]), wo aber nicht, so ist seine Nachricht eben so wahr, als wann er seinen Leser überreden will: daß in Siebenbürgen die Gräber vorzüglicher Personen, anstatt der Grabsteine mit kostbaren Teppichen bedeckt werden. In Kronstadt ist der Gebrauch, daß der Sarg bei Leichenbegängnissen mit einem Teppiche bedeckt wird, nicht aber das Grab. Für diese Teppiche wird gezahlt, und sie bezahlen sich reichlich, bis sie abgenützt werden[3]). Zu Hermannstadt war es nie gebräuchlich. Hier werden die Särgedeckel vornehmer Personen mit seidnem Zeuge überzogen und mit kleinen breitköpfigen vormals auch silbernen Nägeln beschlagen und damit der Name und das Alter des Verstorbenen bezeichnet. Kurzes Denkmal unseres Gedächtnisses! Befinden sich halbvermoderte Gebeine in den Gräbern, so werden sie sorgfältig gesammelt, und nicht an einen andern Ort, sondern in eben das nämliche Grab wieder beigelegt.

Tr. Zum Zeichen nicht erloschener dankbarer Erinnerung haben die Nachkommen der Kronstädter Reformationszeitgenossen, außer der Abhaltung der Säcularfeier der Gründung des Gymnasiums[4]):

1. An dem Hause, in welchem Honterus geboren worden, eine Gedächtnißtafel mit der Inschrift: „An dieser Stätte wurde Johannes Honterus im Jahre 1498 geboren", — im Jahre 1857 aufgerichtet;

Gelegenheit, als das Richtersgrab, in welches der im Jahr 1691 verstorbene Stadtpfarrer Johann Honterus d. j. also versetzt worden war, geöffnet wurde, neben dem schon größtentheils in Verwesung übergangenen Sarge des Letzteren in einem kleinen Behältniß gefunden, und dieses zu dem im Juni 1763 dahin eingesenkten Sarge des am 24. Juni deff. J. verstorbenen Kronstädter Stadthannen Georg v. Herrmann hinzugelegt.

[1]) Aus Fröhlichs Medulla Geographiae pract. 1639, S. 373.

[2]) In Kronstadt wurden die an der Kirche angebauten hölzernen Beinhäuser, so lange die Todten in und um die Kirche herum begraben werden durften (1784) und zum Theil noch bis zum J. 1806 ihrer Bestimmung gemäß verwendet, dann zum Besten des Kirchenfonds on Obstverkäuferinnen vermiethet, im J. 1859 aber völlig abgeschafft.

[3]) Mit Teppichen waren vor Alters die vornehmsten Leichensteine in der großen Kronstädter Stadtkirche bedeckt, welche bei Beerdigungsfeierlichkeiten die Stelle des jetzt noch bei letzteren auf die Särge zu legen üblichen Sammts, der den Stadtpredigern überlassen oder vergütet wird, vertraten.

[4]) S. deren Beschreibung bei Dück a. a. O. S. 58, 81 und 99 und im Siebenb. Wochenbl. vom J. 1845, Nr. 62 u. 63.

2. Einen Verein gestiftet (1858) zur Bildung eines Fondes zu einem Stipendium, womit immer ein an Geist, Herz und Willen ausgezeichneter Jüngling der am Kronstädter evang. (Honterus)-Gymnasium seine Studien vollendet und sich auf einer Hochschule des deutschen Mutterlandes zum Dienste an der Kirche und Schule, die Honterus gründete, vorbereiten will, unterstützt werden soll; — und

3. Ein Fest gestiftet, welches im Sommer am Schluße jedes Schuljahres die männliche und weibliche Jugend aller evangelischen höheren und unteren Schulen in der freien Natur ohnweit der Stadt in Begleitung ihrer Lehrer begeht, wobei ausgezeichnete Schüler und Schülerinen zur Aufmunterung des Fleißes und der guten Sitten mit Prämien, von der Pietät jugendfreundlicher Wohlthäter gespendet, betheilt werden.

Das Bildniß des Honterus, nach einem alten Holzschnitte lithographirt in der artistischen Anstalt von L. Förster in Wien 1845 mit der Ueberschrift: „Vigilate et orate Johannes Hont." (früher auch von Neuhauser in Hermannstadt lithographirt) bildet das Titelkupfer zu Dück's Gesch. des Kronst. Gymnasiums.

Seiv. Die Schriften dieses verdienstvollen Gelehrten verdienen desto sorgfältiger aufgezeichnet zu werden, je seltener sie vorkommen und immer mehr und mehr ein Opfer der Vergessenheit werden:

1. De Grammatica, Libri duo. Impressi Cracoviae, per Hieronymum Vietorem. Anno partus Virginei M. D. XXXII. 8-vo. Eigentlich nur für die polnische Jugend, indem die beigefügten Vocabeln nur eine polnische Uebersetzung haben. Mit welchem Beifalle diese Sprachlehre aufgenommen worden, bezeugen die öftern Ausgaben derselben. Ebendaselbst: ex Officina Floriani Ungleri, Anno Dom. M. D. XXXV. Wieder in der Victorischen Buchdruckerei: M. D. XXXVIII. von dem Verfasser auf das Neue übersehen, und mit den besten Regeln und Beispielen vermehrt. — Per Mathiam Scharffenborgum, ebendas. M. D. XXXIX. und wieder M. D. XLVIII. in 8-vo. Der Kronstädter Ausgaben werde ich hernach gedenken.

Tr. Die Ausgabe vom Jahre 1549 hat folgenden Titel: „Joannis Honteri Coronensis de Grammatica Libri duo. Quorum prior est de octo partibus Orationis, posterior de Sintaxi, figuris et oratione carminum. Nunc demum diligenter ab autore recogniti, et supra omnes, quae hactenus in publicum prodierunt, editiones optimis regulis et exemplis locupletati. Adjecta est vocabulis expositio polonica.

Cracoviae Hieronimus Scharffenbergus 1549". Kl. 8-vo. 88 S. Von S. 87—88 befinden sich Leges scholasticae jambicis trimetris conscriptae. Am Ende des Buches steht: Cracoviae impressum in Officina Hieronymi Scharffenbergi die 29. mensis Augusti Anno a Christo nato 1549.

Simon Strawolski in „Scriptorum Polonicorum Ecatontas Venetiis 1617, S. 57 und 98,— sowie Felix Benkowski in seiner Geschichte der polnischen Literatur Historya literatury polskies. Warszowa 1814 I. 203 erwähnen Honterus, und Ersterer auch seiner Observationum grammaticarum Libr. II. Dagegen Czvittinger in Hungaria literata S. 182. Observat. grammat. Libr. XXX.

2. Rudimenta Cosmographiae Libri II. Basileae apud Henricum Petri 1534 in 4-to. Chartis 5 una cum Dionisii Afri versione[1]). Gesner Biblioth. Bl. 426. Dieses Werkchen ist auch der Margarita philosophica einverleibt und in Hexametern geschrieben. (S. auch weiter unten Nr. 18.)

3. Rudimenta cosmographica Libris IV. distincta cum annotationibus Bernardi Fromerii ac Tabulis geographicis aeri incisis per Mich. Mercatorem. Basileae 1535 in 4-to. Diese Ausgabe war zu Zürch bei Froschofer 1548 8-vo. ferner gleichfalls in Zürch 1565 in 8-vo. 64 S. zu Duisburg 1595 in 4-to. zu Antwerpen 1610 in 8-vo. wieder aufgelegt.

Darüber urtheilte Johann Pomeranus[2]): „In hoc parvo opusculo comprehensus est totus Plinius et totus Aristoteles.

4. Rudimenta cosmographica cum vocabulis rerum. MDXLI Coronae. Kl. 8-vo. 84 S. und wieder Rudimenta cosmographica MDXLII. Kl. 8-vo; 56 S. und dazu die Landkärtchen 28 S. Darauf folgt S. 29. Impressum in Inclyta Transylvaniae Corona, und darauf das Kronstädter Stadtwappen: die Krone mit der Wurzel[3])

---

[1]) Ueber Dionysii Aphri Buch: De totius orbis situ. Basileae 1534. 4-to. s. Jöchers Gelehrten-Lexikon II. 139. Funkes Real-Lexikon II. 177 und Catal. Biblioth. Sam. C. Teleki III. 418.

[2]) D. i. Johann Bugenhagen, von seinem Vaterlande Pomeranus genannt. S. Jöcher I. 1470.

[3]) S. Siebenb. Provinzialblätter I. 193 ꝛc. — Ueber die von Honterus selbst verfertigten Holzschnitte zu den Landkärtchen s. ebendas. S. 165 besonders aber Fröhlichs Prognosticon astrologo-physicum vom Jahre 1634 bei

Eine neue Ausgabe ist 1564 in Zürch erschienen. Ebendaselbst auch unter dem Titel: „Rudimenta cosmographica rhytmice" im Jahre 1564.

5. Rudimentorum cosmographicorum Joan. Hontori Coronensis Libri III. cum Tabellis geographicis elegantissimis. — De variarum rerum Nomenclaturis Liber I. in 8-vo. Ohne Meldung des Ortes. 1590. 84 S.

Graf Joseph Kemény sagt in Kurz Magazin für Geschichte 2c. Siebenbürgens I. 391—392. „Diese Cosmographia machte zu seiner Zeit in der literarischen Welt eine förmliche Epoche. Denn Gilbertus Cognatus sagt in seiner Descriptio Burgundiae p. 9 folgendes: Honterus „Cosmographicorum Rudimentorum auctor dignus, quem dies atque noctes studiosorum manus atterat", — und David Chytraeus in seiner Chronologia pag. 13: „Itaque nullus sit studiosus, qui . . . . . Honteri Tabellas non habeat et quotidie inspiciat." Es ist daher nicht zu wundern, wenn von der ersten Erscheinungszeit dieser Cosmographie bis zum J. 1600 sich wenigstens 20 verschiedenartige Auflagen derselben aufzählen lassen, — die allerletzte scheint mir die vom J. 1600 zu sein[1]), welche zu Köln erschien (s. Catalogus Bibliothecae Ebnerianae Vol. II. Norimb. 1713 S. 186, Nr. 3039). Bemerkenswerth ist ferner der Umstand, daß Honter nicht nur unser erster Buchdrucker, sondern auch unser erster Holzstecher war: Wenn man das seiner Cosmographie beigefügte Bildniß Circuli Sphaerae cum V. Zonis in einem entgegengehaltenen Spiegel zurückscheinen läßt, und es im Spiegel selbst betrachtet, so wird man gar bald am untern Rande des Bildes die Jahreszahl 1530 entdecken[2]); ein Zeichen, daß Honter

---

Weszpremi Biogr. Medicorum Hung. Cent. II. P. II. pag. 810. Ebenderselbe Weszpremi Cent. II. P. I. pag. 169 erzählt weiter, daß Honterus nach seiner Heimkehr in der Vaterstadt sich den Namen „Varro et Evangelista Dacicus" erworben habe. — Luther selbst nannte ihn: „Evangelista Hungariae," s. Dück a. a. O. Zugaben S. 30.

[1]) Neuer ist die in der Kronstädter Gymn.-Bibliothek befindliche Zürcher Ausgabe vom J. 1602, sowie diejenige in der Hanauer Ausgabe des Albert Molnarschen Lexikons vom J. 1611, S. 313—334.

[2]) Diese verkehrte Jahreszahl fehlt in der Kronstädter Ausgabe vom J. 1542. Dagegen finde ich dieselbe allerdings in meiner Zürcher Ausgabe vom J. 1558 am untern Rande des beigefügten ersten Holzschnittes.

dieses Bild schon 1530 schnitzte, und daß vielleicht schon 1530 (wahrscheinlich zu Krakau) seine Cosmographie zum erstenmal im Druck erschienen sei. — Sonderbar ist indessen auch der Umstand, daß Joh. Heinr. Alstedius[1]) in seinem Thesaurus Chronologiae Herbornae 1628, S. 274 gerade auf dasselbe Jahr folgendes angibt: 1530 Coronensis schola in Transylvania inclaruit (hier ist noch von keiner Begründung, sondern nur von einer Verherrlichung die Rede) per Johannem Honterum Theologum et Mathematicum.

Eine ältere Ausgabe, unter dem Titel: J. Honteri de Cosmographiae rudimentis omnium fere rerum nomenclatura Libri IV. Basileae 1561 8-vo. befindet sich in der Bibliothek des Hermannstädter evang. Gymnasiums, nicht minder ebenda auch die obenangeführten Ausgaben vom J. MDXC. 60 S. und 13 Blätter Charten von Holzschnitten, auf deren zweitem unten gedruckt steht: Tiguri MDXLVI. (unfehlbar das Jahr der ersten Ausgabe). Bei dem Druckjahre dieser Ausgabe vom J. 1590 sind von unbekannter Hand die Jahre anderer Ausgaben, nemlich: „1546—1558[2])—1561— 1581 und 1585 cum Proclo, Arato et Dion. Afro[3]) angemerkt. — Eine Ausgabe vom J. 1578 8-vo. erwähnt der Catal. Biblioth. Sam. C. Teleki II. 332 ohne Angabe des Druckortes. — Endlich sind mir noch vorgekommen: Eine Ausgabe Basileae 1562 8-vo cum figuris et mappis geographicis; und andere Tiguri 1570 8-vo., dann eine ohne Druckort v. J. 1573 8-vo. und desgleichen v. J. 1583 8-vo.[4])

Die Jahreszahl 1520, welche die in Pray's Index Libb. Bibl. Bud. I. 517, ohne das 4. Buch de variarum rerum nomenclaturis, angezeigte Ausgabe haben soll, ist offenbar unrichtig.

Das letzte Buch de variarum rerum nomenclaturis ist auch den älteren Ausgaben des Basilius Faber'schen Thesaurus, sowie Albert

---

1) Siebenb. Quartalschrift V. 219.
2) In dieser Ausgabe „Tiguri apud Froschovarum fl. 8-vo. 60 S. und die Landkarten auf 14 Blättern", — steht ebenfalls auf der 4. u. 5. Seite der Landkarten: „Tiguri MDXLVI."
3) S. unten Nr. 18.
4) Cornides Biblioth. hung. p. 251 — und Catal. Bibl. Szechény I. p. 499.

Molnar's Lexicon latino - graeco - hungaricum Seite 313 — 326 (letzterem wieder in der Hanauer Ausgabe vom J. 1611 S. 313 bis 334) beigefügt.

6. Enchiridion Cosmographicum, continens praecipuarum orbis regionum Delineationes, elegantissimis tabulis expressas. Tiguri, 1697 in 8-vo.

So Czwittinger. Bei Gesner lese ich: Enchiridion totius Orbis terrarum comprehensum, tabulis aliquot elegantissimis, in libello Chartis 2. impresso, nuper in Corona, urbe Transylvaniae. Et Rudimenta Cosmographica versibus Hexam. — Dieses schreibt Gesner 1545. Diese Kronstädtische Ausgabe, wohl die erste, ist mir unbekannt. Einer Zürcher von 1537, gedenket Bentö in seiner Transylv. von 1602. Georg Draubius in Biblioth. class. S. 1136[1]) gleichfalls in 8-vo. — Cum nova instructione Sphaerae et compendio universalis Chronici, opera Matthei Quadi cum notis et Tabulis Bernardi Formeri, Coloniae 1600 8-vo. Accessit ejusdem Honteri Liber de variarum rerum nomenclaturis in Classes distributus. Tiguri 1597 8-vo.

7. Tabulae II. in Aratum Solensem [2]) cum ejusdem versione, impressae Basileae 1565. — Gesner's Bibl. Bl. 426. — Bei Czwittinger muß also das Jahr 1553 ein Druckfehler oder das Merkmal einer neuen Ausgabe sein.

8. Compendium Grammatices latinae Libri II. Coronae 1535, 12-mo, 12 Bögen 2. A. Ebendaselbst 1567, 8-vo. 94 S. — 3. A. Ebend. 1577 8-vo. 94 S.

9. und 10. Rudimenta praeceptorum Dialectices ex Aristotele et aliis collecta (19 S.) — und: Compendium Rhetorices ex Cicerone et Quintiliano (38 S.) Coronae 1539. 8-vo. zus. 58 S.

---

[1]) Sie führt den Titel: „Enchiridion Cosmographiae, contineus praecipuarum orbis Regionum delineationes elegantissimis Tabulis expressas, solidisque declarationibus illustratas Carmine heroico Libris III. Auctore Johanne Hontero Coronense. Accessit ejusdem Liber de variarum rerum nomenclaturis in Classes tributus. Christus pacificator noster. Esa II. Tiguri apud Joh. Wolphium. Anno MDCII. 8-vo. 54 S. mit den Laubfärtchen auf 14 Blättern. (In der Kronft. Gymn.-Bibliothek.)

[2]) Jöcher I. 496. Catal Bibl. Sam. C. Teleki I. 32.

11. Sententiae ex Libris Pandectarum juris civilis decerptae. Coronae 1539. 8-vo. 101 S. mit einer Zuschrift an den König Johann I. von Ungarn.

In Bezug auf dieses Werk schreibt der Siebenbürgische Probst und nachmalige Graner Erzbischof Anton Verantius im März 1540 aus Weißenburg an unsern Honterus (Katona Hist. crit. Regum Hung. XX. 1336) — „binas litteras meas, Buda ad „te datas — quarum ultimis scripseram, quam et Regi et toti con„silio grata probataque extiterit tua in jure civili epitome; aderam „quidem, quum et allati, et distributi fuere libelli". Mit Unrecht bezieht Katona a. a. O. S. 873 diese auf Honters Compendium Juris civilis etc., welches erst vier Jahre später im Druck erschien f. Seivert S. 180.

So rühmlich für Honterus die Worte sind, welche nach dessen Tode im Jahr 1549 ebenderselbe Verantius an Val. Wagner in Kronstadt schreibt, wo er Honterus „optimum et praeclarum virum omniumque hominum lacrimis deplorandum felicissimiae memoriae Joannem Hontherum — und virum in amicitia singularem et officiorum plenum, summaque diligentia votis meis satisfacientem nennt ebenso ehrend sind dieselben für Verantius selbst, wenn man erwägt, wie Verantius aus Liebe für die Wissenschaften, über persönliche Rücksichten gegen die Reformatoren Honterus und Wagner, diesen Gelehrten seine Achtung zu zollen kein Bedenken trug!

12. Sententiae ex omnibus operibus divi Augustini decerptae Coronae 1539 8-vo. 103 S. mit einer Zueignungsschrift an die Königin Isabella.
13. Civi Aurelii Augustini Hipponensis Episcopi [1]) Hiereseon Catalogus. Coronae 1539, 8-vo. 61 S.

Das Auffallendste bei diesem Werkchen ist wohl die Zueignungsschrift. An wen denn? — an den Bischof zu Fünfkirchen Johann Esseck, kön. Rath.
14. Mimi Publiani Enchiridion Christi Pythagorici [2]). Dicta Sapientum ex Graecis. Coronae 1539 8-vo. (und zwar Mimi Publiani

---

[1]) Jöcher I. 643. Cat. S. C. Teleki I. 276.
[2]) Jöcher IV. 545. Cat. S. C Teleki I. 225.

juxta literarum ordinem 11 S. am Ende steht: Publii Mimographi finis." Darauf folgt: Enchiridion Christi Phytagorici Rufino interprete 26 S. und Dicta Sapientum ex Graecis (i. e. Periandri, Biantis, Cleobuli, Chilonis, Solonis et Thaletis) 5 S.

15. Hermogenes¹). Davon mir weiter nichts bekannt ist; gründet sich auch wohl auf einen Mißverstand der Worte Kaspars von Pest, in den Adagiis — Aristotelem, Hermogenem, Ciceronemque et Quinctilianum, earum disciplinarum facile principes, sequutus, ea in quibus tota vis praeceptorum (Dialecticorum et Rhetorum) consistere videbatur, ad usum omnium Studiosorum, in utraque lingua legendum proposuit.

16. Epitome Adagiorum graecorum et latinorum juxta seriem Alphabeti Ex Chiliadibus Erasmi Roterodami. Coronae 1541. 8-vo. 112 S.²)

In der Vorrede Kaspars von Pest werden alle bisher in Kronstadt gedruckten Honterus'schen Schriften erzählt, darunter auch folgende zwei sich befinden:

17. Sententiae cathol. Nili³) Monachi graeci. Coronae 1540 8-vo 35 S. Honterus überschickte sie auch dem Michael Neander⁴) nachmaligem Rektor zu Jlefeld, der sie mit seiner Uebersetzung, unter der Aufschrift: Nili,

---

¹) Jöcher II. 1647. Cat. S. C. Teleki I. 53.

²) Eine ältere Ausgabe führt den Titel: „Epitome Adagiorum Erasmi Roterodami ad commodiorem Studiosorum usum per Hadrianum Barlandum conscripta a. 1540 s. l. 324 S. nebst Register 42 S. 8-vo.

³) Jöcher III. 841 und 953.

⁴) In der Vorrede zu „Nili Episcopi et Martyris Capita — a M. Neandro. (Jöcher III. 810) Soraviense conversa et exposita. Basileae 1569 fol. berichtet der Herausg. Neauber: Meum Auctorem (Nilum) reperiit aliquando in Bibliotheca quadam vetustissima apud Barbaros plane homines in Valachia Joan. Honterus Coronensis, vir doctissimus et de litteris in patria sua Transylvania optime meritus, linguarum et totius antiquitatis studiosissimus, dum ejus regionis et vicinae Moldaviae Bibliothecas excussit; plura autem procul dubio reperturus et cum studiosis communicaturus fuerat, si eum virum, quemadmodum etiam Wagnerum, utrumque doctissimum et linguarum cognitione eximium, et Transylvaniae suae lumina clarissima fata minus aequa terrae et publicae etiam utilitati non invidissent — Eum auctorem (Nilum) — cum amici ex Transylvania ad nos misissent, ut publici eum usus faceremus, ex graeco in latinum convertimus.

Episcopi et Martyris, Capita, seu Praeceptiones de Vita pie, christiane et honeste exigenda, graeco-latine — 1559 in Fol. zu Basel herausgab. Honterus hat diesen Schriftsteller zuerst durch den Druck bekannt gemacht.

Der Titel des Buches lautet: Νειλου Μοναχου Κεφαλαια. Αββα Θαλασιυ ἐκ τῶν περὶ ἀγάπης και εγκρατειας κεφαλαιω. MDXL. II. 8-vo. 35 S. (Kronst.) Enthält: Κεφαλαια του οσιυ πατρος ημων Νειλυ Μοναχου S. 1—23 dann: Του εν αγιοις πατρος ἡμῶν Αββᾶ Θαλασἰυ, ἐκ τῶν κεφαλαίων, περι ἀγάπης, καὶ τῆς κατὰ νοῦν πολιτυίιας S. 24—32, ferner Γρηγοριου του Θεολογου γνῶμαι μονὀςιχοι κατα ἀλφάβητον ἰαμβικον S. 33, endlich: Στιχοι Σιβυλλας τῆς ερυϑραιας περὶ τῦ κυρίυ ἡμῶν, ἔχοντες ἀκροςιχιδα τήνδε. Ιησους, Χριστος, Θεου υιος, σωτηρ, σταυρος S. 34 u. 35.

18. Geographia universalis, una cum imaginibus Constellationum. — Teutsch, im aufgerichteten Denkmale — schreibt hievon: „Diese führet zwar erwähnter Pesthiensis auch an, ich habe aber keine Nachricht davon einnehmen können; es sei denn, daß er die Cosmographie darunter verstünde. — Daß der hochgelehrte Mann geographische Tabellen in Holz geschnitten, ist bekannt, welche ziemlich groß gewesen, schon 1540 verfertigt worden, und zwar mit einer kurzen Erklärung, welche die Anfänger gelernt.

Tr.   Wann und wo die erste Ausgabe der Honterus'schen Geographie während dem Leben des Verfassers im Druck erschienen sei? habe ich nicht ermitteln können. Nach des Verfassers Tod wurde sie gedruckt in dem Sammelwerke:

Procli[1]) de Sphaera Liber I. Cleomedis de mundo, sive circularis inspectionis meteororum Libri II. Arati Solensis Phaenomena sive apparentia Dionysii Afri Descriptio orbis habitabilis Omnia graece et latine ita conjuncta, ut conferri ab utriusque linguae studiosis possint. Adjectis doctorum virorum annotationibus. Una cum Jo. Honteri Coronensis de Cosmographiae rudimentis duplici editione, ligata scilicet et soluta. Cum gratia et privi-

---

1) Ueber Proclus Lycius s. Jöcher III. 1784 und Catal. Bibl. Sam. C. Teleki I. 74,

legio Caes. Majestatis. Basileae per Henricum Petri. Ohne Aus=
gabe des Jahres in 8 - vo. Jedoch ist die Zueignung des Heraus=
gebers Marcus Hopperus[1]) an die Söhne des Verlegers Heinrich
Petri auf 9 Seiten datirt zu Basel 1. März 1561 und wird darin
ausdrücklich gesagt, daß zwischen der älteren und neuern Ausgabe
vom J. 1561 auch die (im Titel angeführten) zwei Honterus'schen
Werckchen in Versen und in Prosa hinzugekommen seien, deren
Werth Hopperus beschreibt. Die zweite Ausgabe dieser Sammlung
kam ebenfalls zu Basel im Jahre 1585 in 8-vo. heraus, beide auf
986 Seiten. Die beiden Honterus'schen Werkchen sind Seite 845
bis 986 (litt. MM. bis FF. der Bögenbezeichnung) enthalten unter
den eigenen Titeln:

a) Joannis Honteri Coronensis de Cosmographiae rudimentis et omnium prope rerum nomenclatura Libri III. una cum Tabellis geographicis praecipuis. Adjectis ejusdem Autoris tam Astronomiae
quam Geographiae principiis.

 Coelorum partes, stellas cum flatibus, amnes
  Regnaque cum populis, parve Libelle tones. Bezeichnet mit
den Seitenzahlen 845—892. Darauf folgen die Charten in Holz=
schnitten von S. 893—940. Diese Charten sind völlig verschieden
von jenen in den anderen Honterus'schen Cosmographien, die vier
Bücher Verse hingegen von S. 845—892 ebendieselben.

b) Joannis Honteri Coronensis Rudimentorum Cosmographiae Libri II.
Quorum prior Astronomiae, posterior Geographiae principia
brevissime complectitur. In quibus habetur diversorum locorum
nova nomenclatura, veteribus nominibus juncta. 8-vo. Bezeichnet
mit den Seitenzahlen 941—986. Auf der letzten Seite (986)
steht: Basileae per Henricum Petri Anno Domini MDLXI. Chartarum series α β ꝛc. bis CC. Honterus' Vorrede von S. 943
bis 944 ist folgende: „Joannis Honteri Coronensis Rudimentorum
Cosmographiae ad Transylvanos Liber primus. Postquam procul
a patria multis ultro citroque jactati sumus erroribus, perchari
Transylvani, nec officium, quod amicis debemus: hactenus ex voto
praestare potuimus, operae pretium facturi videamur, si, quos in
tantis discordiarum furoribus adire nequivimus, saltem nostris
scriptis aliquando inviseremus; non tam ut hanc peregrinationis

---
[1]) Jöcher II, 1703.

molestiam falleremus, quam ut nostram erga vos voluntatem hac ratione testaremur. En igitur mittimus vobis Cosmographicae artis rudimentum, ex probatissimis autoribus utcunque congestum, breve quidem et perexiguum, sed generalissima quaeque ac scitu dignissima in se complectens. In quo tametsi nova vetustis, graeca latinis et nonnunquam Barbaris admiscuimus, minime tamen haec omnia perplexe involvimus. Itaque si vos adhibitis Tabulis ac notatis rebus ubique locorum gestis diligenter in his (quantulacunque sint) versati fueritis, non diffidimus, quominus caetera ex iis consecuta, quae nos brevitatis causa silentio pressimus, olim vestro marte pervestigaturi sitis. Quae vero demonstrationibus ac viva voce magis indigere videbuntur, fido Praeceptori committimus: nos enim praeter compendiariam introductionem, nihil supervacaneum noviciis tyronibus obtrudendum censuimus, eam si diligenti ratione (ut speramus) consecuti fueritis, neque vos studii vestri, neque nos industriae posthac unquam poenitebit".

19. Formula Reformationis Ecclesiae Coronensis et Barcensis totius Provinciae, Coronae 1542 in 8-vo 32 S. Das folgende Jahr erschien eine neue Auflage unter der Aufschrift: Reformatio Ecclesiae Coronensis, ac totius Barcensis Provinciae 32 S. Zugleich gab sie Melanchthon mit seiner Vorrede zu Wittenberg in 8-vo. heraus. Wieder und viel vermehrter ließ sie Honterus 1547 in seiner Buchdruckerei im 8-vo. mit dem Titel: Reformatio Ecclesiarum Saxonicarum in Transylvania auflegen. 56 S. Nach dieser Ausgabe erschien auch in eben dem J. 1547, daselbst eine deutsche Uebersetzung: Kirchenordnung aller Deutschen in Siebenbürgen, gleichfalls in 8-vo. 88 S. — Vor Zeiten mußten alle Kronstädter Richter und Stadthauen (Quaestores) bei Uebernehmung ihres Amtes auf dieses Buch den Eid ablegen.

Die Ausgabe vom Jahre 1543 ist wieder gedruckt worden:
a) In Dück's Geschichte des Kronstädt. Gymnasiums. Zugabe S. 1—22.
b) In meinen Beiträgen und Aktenstücken zur Reformationsgeschichte von Kronstadt, S. 25—41 und zwar in diesen letzteren mit Hinzufügung der Melanchthon'schen Vorrede S. 41—43.

Die Wittenbergische Ausgabe hat den Titel: „Reformatio Ecclesiae Coronensis ac totius Barcensis Provinciae. Cum Praefatione Phil. Melanthon. Wittenbergae An. MDXLIII. 8-vo. 36 S.[1])

---

[1]) S. Unschuldige Nachrichten von alten und neuen theol. Sachen ꝛc. auf das Jahr 1707. Leipzig 1709. S. 892—893

Einen sehr genauen, in Typen und Seitenzahlen übereinstimmenden
Nachdruck veranstalteten zu Ehren des k. k. Hofrathes Joseph Andr.
Zimmermann im J. 1865: Conrad Schmidt, Dr. G. D. Teutsch, Jos.
Gull, Mich. Binder, Fr. v. Schuler-Libloy und Eugen Trauschenfels,
mit dem Zusatze auf der Rückseite des Titelblattes: Novam primam
plane reddens Editio. Vindobonae die XIX. Mart. MDCCCLXV.,—
und auf der letzten Seite des Umschlags: Vindobonae sumtibus propriis descripserunt typis Jacob et Holzhausen.

Die lateinische Ausgabe vom Jahre 1547 wurde
abgedruckt a) in Hornyansky's Protestantischen Jahrbüchern für
Oesterreich 4. Jahrg. Pest 1857, S. 244—263 und b) in Dr. G.
D. Teutsch's Urkundenbuch der evang. Landeskirche A. C. in Siebenbürgen S. 6—36.— In den Erstern werden 2 und in dem Letzteren
nebst diesen zweien noch vier hierauf bezügliche Beschlüße der sächs.
Nationsuniversität von den Jahren 1544, 1545, 1546 und 1550
sammt Landesgesetzen vom J. 1544—1680 und Fürstenbriefen vom
J. 1539—1693 in Religionssachen, mitgetheilt[2]).

Eine alte deutsche Uebersetzung der Ausgabe vom J. 1543
(in welcher der letzte Absatz „de libertate christiana" abgeht), welche
Honterus, ohne Zweifel in Folge von dessen Ersuchen, nach der Weisung
Luthers an Ramaschi (im Ungr. Mag. IV. 206) nach Hermannstadt
mittheilte, befindet sich unter der Bezeichnung C. P. 1300 im sächsischen Nationalarchiv (S. Schafers Gesch. des Hermannstädter
Kapitels S. 13) Das ebendas. S. 15 von Schafer erwähnte Honterus'sche Antwortschreiben an den Hermannstädter Bürgermeister
Martin Weiß vom Freitag nach Mathiä 1547 ist vollständig abgedruckt in meinen Beiträgen und Aktenstücken zur Reformationsgesch.
von Kronstadt S. 59—61.

Die deutsche Ausgabe der „Kirchenordnung aller Deutschen in
Siebenbürgen" wurde wieder gedruckt a) in Hornyansky's Protest.
Jahrbüchern 4. Jahrg. 1857, S. 580—608 mit einem Vorworte von
Sam. Schiel, und b) in Dr. G. Teutsch's Urkundenbuch der evangelischen Landeskirche A. B. S. 36—71 mit Hinzufügung 6 hieher

---

[2]) Vgl. die sogenannten Dionysianischen Artikel vom J. 1572 in
Haner's Hist. eccl S. 293 p. 9 und Dr. G. D. Teutsch's Urkundenbuch der ev.
Landeskirche I. S. 202, p. V. und S. 207—209 wie auch Dück's Gesch. des
Kronst. Gymn. Zugabe S. 48—50.

gehöriger Beschlüsse der sächs. Nationsuniversität von den Jahren 1552, 1554, 1555, 1557, 1572, sowie des 1. und 6. Tit. des zweiten Buchs und des 7. Tit. des vierten Buchs des sächs. Statutar-Gesetzbuches vom J. 1583.

Nach der Erklärung des Bistritzer Kapitels in seiner an den Bischof Paul Bornemisza im November des J. 1554 gerichteten Rechtfertigungsschrift wurde die Honterus'sche Reformatio ecclesiarum etc. im J. 1547 zufolge eigenem Beschluß der siebenbürgischen Landesstände durch den Druck veröffentlicht (s. Archiv des Vereins für siebenb. Landeskunde N. F. I. 385). In der Folge stellte die sächs. Nationsuniversität am 26. Jan. 1708 das Verlangen an die sächs. Synode, dieses Buch mit einigen (vermeintlich zeitgemäßen) Aenderungen wieder auflegen zu lassen; wozu sich die Synode im Febr. 1708 auch bereit erklärte, wenn an dem Buch keine Verstümmelung vorgenommen würde. Hiernach forderte die Synode die Universität im Jahre 1712 auch selbst zur Veranstaltung einer neuen Auflage, jedoch ohne Erfolg, auf.

20. Apologia Reformationis a Mag. Joh. Hontero conscripta anno domini MDXLIII. Coronae, ad Comitia generalia data. (Seivert hat anstatt den letzten 4 Worten: „et in Comitiis Isabellae Reginae oblata", mit der Bemerkung: „Sehr ausführlich, aber, soviel ich weiß, nie gedruckt".)

Tr. Gedruckt in meinen Beiträgen und Aktenstücken zur Reform.-Gesch. von Kronst. S. 43—59.

Seiv. Isabella berief eine allgemeine Landesversammlung nach Weißenburg, und es war dem Kronstädter Rathe und dem Honterus, ihrem Reformator besonders anbefohlen, persönlich zu erscheinen. Die Haupttriebfeder dazu war der berufene Georg Martinusius. Honterus war auch sogleich bereit, die Wahrheit seiner Lehre persönlich vor der Königin und den Landesständen zu vertheidigen. Allein, das Leben dieses Mannes war den Kronstädtern viel zu schätzbar, als daß sie es so drohender Gefahr ausgesetzt hätten. Sie wollten ihn nicht hinreisen lassen, und der muthige Mathias Glatz (Kalvinus) erbot sich selbst, dessen Stelle zu vertreten, er that es auch mit dem vollkommensten Beifalle seiner Mitbrüder. So reisten denn Joh. Fuchs, Richter nebst zwei Rechtsgeschwornen, der Dechant des Kapitels, Jeremias Jeckel, Pfarrer zu Kronstadt, Nikolaus Stephani Pfarrer zu Rosenau, Valentin zu Heldsdorf, nebst Glatz auf den Landtag. Hier überreichten sie diese Apologie ihrer Glaubenslehre der Königin, und vertheidigten ihre Sache so gut, daß sie den

Beifall verschiedener Personen vom ersten Range, erhielten und allen
Fallstricken des Wardeiner Bischofs glücklich entgingen. Unter
jenen waren insonderheit, **Urban Bathyani**, ein Liebling der
Königin und **Michael Tschaki**.

21. Phil. Melanchtonis de Controversiis Stancari Scripta. Coronae 1543.
8-vo. 38 S.[1])

22. Compendium Juris Civilis, in usum Civitatum ac Sedium Saxonicarum
in Transylvania collectum. Ebend. 1544 in 8-vo 208 S. Voran
steht Valentini Wagneri, ad prudentes ac circumspectos Dominos,
Magistros Civium, Judices, Juratosque Senatores Civitatum, ac Sedium
Saxonicarum, Coloniarum Germanici Imperii in Transylvania, in
Compendium Juris civilis Carmen. Das Werk selbst besteht aus
4 Theilen und fand allgemeinen Beifall, ward auch bei verschiedenen
Gerichtsstühlen gebraucht, bis endlich **Markus Fronius** sein Mu-
nizipalrecht der siebenbürgischen Sachsen bekannt machte.

Tr.   Sowie einst Reuchlin für Eberhard I., Fürsten der Württem-
berger, gegen Ende des 15. Jahrhunderts ein Handbuch des bürgerlichen Rechtes, wornach der Fürst, wenn er zu Gericht saß, seine
Urtheile abfaßte, schreiben mußte (s. Keysers Reformationsalmanach
3. Jahrg. Erfurt 1821 8-vo. S. LXXV.), und auch Joh. Calvin zu
einem ähnlichen Werke den Auftrag zu Genf erhielt, zeuge den Genfer
Staatsprotokollen, wo man unterm 21. November 1541 liest: „Il fut
chargé avec trois Conseillers de compiler les édicts pour gouverner les
peuples" (Keyser Ref. Alman. 3. Jahrg. S. XLIII.) — ebenso befriedigte
Honterus durch sein Compendium Juris den Wunsch der Obrigkeiten aller
sächs. Kreise und Colonien seines Vaterlandes und an diese richtete auch
M. Val. Wagner sein diesem Compendium vorgesetztes Gedicht[2]) in
welchem er zu ihnen sagt:

---

[1]) Offenbar ist hier weder das Jahr richtig, da Melanthons Schriften über
diesen Gegenstand erst im J. 1553 verfaßt wurden*), Stancarus aber 1543 erst 22
Jahre alt, nur 1553 zu Bartfeld sein Colloquium hatte, woher er sich nach Klausenburg begeben mußte, — noch aber kann unter diesen Umständen der im J. 1549
verstorbene Honterus Herausgeber dieser Melanthonischen Schriften sein. S. den
Art. Val. Wagner.

[2]) Eine gute deutsche Uebersetzung dieses Gedichtes steht in Hein. Schmidts
Siebenbürger Quartalschrift 1860 S. 39—40.

*) Die Responsio ist von Melanthon batirt in die festo Joannis Bapti-
stae in arce Dessaënsi Anno MDLIII". Das in der Kronstädter Schulbibliothek
befindliche Exemplar hat ausdrücklich auf dem Titelblatt den Zusatz: „Scripta an.
1553 impressa anno 1554. Coronae".

„Mox vobis firmis Legum compagibus urbes,
Ut munirentur secula cura fuit.
Formamque optastis Juris civilis habere,
Quae foret a nostra non aliena fide.
Scilicet ut possent septem communibus arces
Legibus atque una religione frui."

Der 21. Titel des IV. Buchs dieses Compendii: De Privilegiis municipalibus ist nicht gedruckt worden. Jedoch findet man diesen Titel in der Handschrift eines Kronstädters der Thuroczischen Chronologia Regni Hungariae, welche in der bischöflichen Bibliothek zu Karlsburg lit. Z. 4 III. Nr. 11 befindlich ist, angehängt¹). Im J. 1545 am Samstag vor dem Andreastage beschloß

---

¹) Darnach und nach einer andern gleichzeitigen Handschrift lautet der am Schluße des Index titulorum des Compendiums etc. angeführte jedoch abgängige 21. oder letzte Titel des 4. Buchs:

De privilegiis Municipalibus.

Municipes proprie appellantur muneris participes recepti in civitate ut munera nobiscum facerent. Sed nunc abusive Municipes dicimus suae cujusque Civitatis cives. Honor municipalis est administratio Reipublicae cum dignitatis gradu sive cum sumtu sive sine erogatione contingens.

Municipes intelliguntur scire, quod scirant hi quibus summa Reipublicae commissa est. Si in municipio Magistratum aut Sacerdotium aliquis petivit per Senatus consultum in centum aureis cum infamia puniatur. Qua lege damnatus si alium commiserit, in integrum restituitur, non tamen pecuniam recipit.

Simile privilegium Fisco nulla Civitas habet in bonis Debitoris nisi nominatim id a Principe datum sit. Sola domus possessio, quae in aliena Civitate comparatur, domicilium non facit. Qui ex viro est ortus, eam propriam intelligitur habere, Cui Reipublicae vicus ille respondet. Mulier quamdiu nupta est, incola ejusdem civitatis videtur, cujus maritus ejus est Imperatores rescripserunt, non minus eos, qui compulsi Magistratu funguntur, cavere debere, quam qui sponte officium agnoverunt. Magistratus Reipublicae non dolum solummodo, sed et latam negligentiam hoc amplius et diligentiam dent.

Qui perforaverit muros, vel inde aliquid abstulerit, peculatus actione tenetur. Muros autem et portas civitatis ideo sanctos dicimus, quia poena capitis constituta est in eos, qui aliquid in muros deliquerint.

Quod ad certam speciem Civitatis relinquitur in alios usus convertere non licet.

die sächsische Universität, den Honterus zur Uebersetzung seines Compendiums in die deutsche Sprache zu vermögen. Eder Advers. 494 und Transsilvania II. 101. Im Jahre 1550 wurde das Buch von der Universität geprüft und beschlossen, den Kardinal Martinusius im nächsten Landtag zu ersuchen, die Processe der Sachsen hiernach zu richten und sie bei diesen Gesetzen zu schützen. Eder ebend. 496.

23. Disticha Novi testamenti, materiam et ordinem Capitulorum cujusque Libri, per literas initiales iudicantia. Coronae 1545 in 8-vo. 24 S.

24. Agenda, für die Seelsorger und Kirchenbiener in Siebenbürgen. Ebend. 1547 in 8-vo. 55 S. Darinnen wird gehandelt: 1. von der öffentlichen und Nothtaufe S. 3—23. 2. Wie man die kranken Leut berichten und trösten soll S. 25—40. 3. Bräutigam und Braut zu trauen und segnen S. 41—52. 4. Von den sondern Feiertagen, so man im Jahre halten soll. S. 53—55.

25. Odae cum Harmoniis ex diversis Poetis in usum Ludi literarii Coronensis decerptae. Ebend. 1548. 80 S.

26. Libellus graecae Gramaticae Philippi Melanchtonis adjectis Tabulis flexionum quarundam. Coronae ohne Angabe des Jahres in zwei Oktavbändchen.

27. P. Terentii Aphri Comediae sex cum argumentis Philippi Melanchtonis. Coronae ohne Jahreszahl (c. 1545.) 1 Alphab. und 8 Bögen. Wieber: P. Terentii Aphri Comediae sex. Post omnes omnium editiones summa vigilantia recognitae Acceserunt succincta scholia et argumenta in singulas Scenas. Coronae 1557. Cum gratia et Privilegio ad octennium ff. 8-vo LXXII. 460 S.

28. Approbatio Reformationis Ecclesiae Coronensis ac totius Barcensis Provinciae a Clariss. D. Martino Luthero, Philippo Melanthone et Joanne Pomerano Viteberga Cibiniensi Pastori, suae Ecclesiae reformationem petenti transmissa, ex autographo sive originali descripta. Coronae ohne Jahreszahl 8-vo. 8 S. Es sind 3 Antwortschreiben

---

Legatam municipio pecuniam in aliam rem, quam defunctus voluit, convertere citra principis auctoritatem non licet.

Lege Julia de Annona statuitur poena adversus eum, qui contra Annonam fecerit, societatemque coierit, quo annona rarior fuerit. Non est jus ordini cujusque civitatis pretium grani, quod invelitur, statuere.

von Luther, Melanchton und Bugenhagen an den Hermannstädter Pléban Matthias Ramaschi im J. 1543 überschickt.

Tr. Wieder gedruckt: a) in den Nov. Antiquis Tom. XIX. p. 1137 bis 1141.

b) in den Unschuldigen Nachrichten von alten und neuen theologischen Sachen ꝛc. auf das Jahr 1718. Leipzig J. F. Braun 8-vo. S. 1137 — 1141 mit der Schlußbemerkung: „Libellus in his tribus literis commendatus recensetur in hiis notitiis An. 1707, pg. 892, Nr. IV.

c) in dem Ungarischen Magazin, herausgegeben von K. G. Windisch, Preßburg 1787, 8-vo. 4. Bd. 206—209.

d) in Dück's Geschichte des Kronstädter Gymnasiums, Kronst. 1845, 8-vo. Zugaben S. 25—28.

e) in J. Trausch's Beiträgen und Aktenstücken zur Reformationsgeschichte von Kronstadt. Kronstadt 1865, 8-vo. S. 62—65[1]).

29. Συνοψεως γραμματικης βιβλια δυο   J. H. C. (b. i. Johannis Honteri Coron.) MDXXXIX. H. 8-vo. 92 Seiten. Hinten steht: Ετυπωθη εν Κορωνη της Τρανσυλβανιας, ετει τ. Θεογονιας.— α φ. λ. θ.

30. D. O. M. Constitutio Scholae Coronensis a b. M. Johanne Hontero Primo Reformatore Ecclesiae Coronensis, consentiente et approbante Amplissimo Senatu a. 1543 lata et promulgata. 2 Folioseiten.

Diese Constitutio enthält: 1. Ordinatio Studii Coronensis. 2. Leges Scholasticae[2]). 3. Ordo Magistratum constituendi, eligendique in Schola Coronensi et ejusdem Officia. 4. Juramentum praestandum iis, qui Matriculae, sive libro vitae, ut vocant, Scholae Coronensis sua dant nomina, inque numerum Studiosorum recipiuntur. (Vergl. Siebenb. Prov.-Bl. I. 166, 167. Wieder gedruckt in Dück's Gesch. des Kronst. Gymn. S. 123—130.)

---

[1]) Von dem Briefe Luthers an Honterus selbst vom J. 1544 s. d. Art. Schmelzel.

[2]) Von Sebald Heyden (Jöcher II. 1582) vom J. 1530. Sie sind auch in Joannis Rivii (Jöcher III. 2128) Instit. grammat. Angustae. Vindel. 1578. S. 734 und Raumers Gesch. der Pädagogik, Stuttgart 1857. 1 Th. S. 438 bis 439 gedruckt.

31. Tabula chorographica Sedium Saxonicalium in Transylvania Basileae. Laut Brief des Anton Verantius an Christ. Pomarius vom 15. Juli 1549 bei Katona Hist. crit. Regum Hung. XXI. 831.

Laut dem Taschenbuch für die vaterländische Geschichte herausgegeben von Hormahr und Mednyansky 2. Jahrg. Wien 1821, S. 343, Nr. 3 befindet sich eine (ohnfehlbar die vorerwähnte) von Honterus zwischen den J. 1530 — 1545 herausgegebene gestochene Charte von Siebenbürgen unter den Kupfer und Holzstichen der nun zum Ungarischen National - Museum gehörigen Jankovich'schen Kunstsammlung in Pest. Laut Scheint's Land und Volk der Szekler. Pest 1833. I. 9. — Dies ist die älteste Specialkarte von Siebenbürgen, welche in gedachter Sammlung auf die erste nemlich die zu Nürnberg 1493 herausgebene Charte von Ungarn folgt.

32. Annales Templi Coronensis. S. den Artikel Paul Kerzer (Kerzius.)
33. Kalender mit beigefügter Chronik. Die ersten Kalender in Siebenbürgen gingen aus Honterus Druckerei hervor. S. Ungr. Mag. IV. 451. Die Kalender-Chronik wurde in den Kronstädter Kalendern bis zum Schluß des 18. Jahrhunderts mit manchen, nach und nach gemachten Aenderungen, aufgenommen und fortgesetzt.

Schriften Anderer, welche Honterus noch herausgab:

34. Das Augsburgische Glaubensbekenntniß, nebst Dr. Martin Luther's Katechismus und anderen Schriften desselben. I. Haner's Hist. Eccl. Trans. S. 193. Ungr. Mag. IV. 451 u. a. m. Die Erstlinge der Honterus'schen Presse. Luther's Katechismus erschien wieder: „der kleine Katechismus für die Pfarrherrn und Hausväter. Martin Luther. Hinten steht: „Gedruckt zu Cron in Sybenbürgen 1548." 8-vo. 48 S.

35. Επιτομη της του Αριςοτελους Διαλεκτικῆς, Επιτομη της του αυτȣ Ρητορικῆς. MDXXXIX. Kl. 8 - vo. 43 S. Hinten steht: Ετυποϑη εν κορωνη etc. wie bei der Griechischen Grammatik.

Dieses griechische Werkchen ist ganz verschieden von dem lateinischen, welches Seivert oben, Nr. 9 u. 10 anführt.

36. Πλατωτος Οροι. Αριςοτελης περι Κόσμȣ. MDXLI. Kl. 8 - vo. 16. S.

NB. Die Schrift von Aristoteles ist jedoch nicht dabei, sondern kömmt für sich abgesondert unter folgendem Titel vor:

37. Αριςοτελης περι Κοσμου MDXLI. Kl. 8-vo. 37 S. Hinten steht: Ετυποϑη εν Κορωνη etc. wie bei der Griech. Grammat.

38. 'Ησιοδȣ τοȣ ασκρ. Εργα και ημεραι και Θεογονια. MDXLIII. Kl. 8-vo. Hinten: Ετυποϑη εν Κορωνη etc. wie oben.

39. Catonis Disticha moralia. Sententiae septem sapientum ex Ausonio. Ex eodem Opusculum de Monosyllabis Coronae 1539, kl. 8-vo.

Tr.   **Honterus Johann j.,**

Magister der freien Künste und der Philosophie, geboren in Kronstadt am 7. März 1633. Sein Vater Johann Honterus, starb als Kronstädter Senator am 20. Jänner 1642, und sein Großvater gleichen Namens, (der ein Sohn des Petersberger Pfarrers Calixtus Honterus (gest. 26. April 1571), und Enkel des im J. 1549 verstorbenen Refor=Mag. Johann Honterus war) ging ebenfalls als Senator im J. 1614 mit Tod ab[1]).

Johann Honterus j. studirte am Gymnasium zu Kronstadt 1650 und an den Hochschulen zu Wittenberg 1653 9. Juli ꝛc. und zu Gießen bis zum J. 1657, wurde sofort im J. 1659 Lector und 1660 Rector des Gymnasiums seiner Vaterstadt, und bewährte sich in diesem achtzehn Jahre hindurch rühmlich geführten Dienste als ein würdiger Nachfolger des M. Martin Albrich und tüchtiger Sprachkenner[2]), welchem 196 Studenten ihre Bildung zu danken hatten. Seine Verdienste belohnten seine Mitbürger, indem sie ihn am 20. August 1678 zu ihrem Stadtpfarrer erwählten. Auch diese Würde bekleidete Honterus mit großer Geschicklichkeit und Berufstreue, bis er am 31. August 1691 sein Leben beschloß.

Von seinen Druckschriften sind mir bekannt:

1. C. D. Disputatio Ethica de Modestia et Magnanimitate. Praeside M. Friderico Viccio, Sil. D. 13. December. Wittebergae, typis Joh. Vilh. Fincelii Anno MDCLIV. 4-to. II. 20 S.

---

[1]) Die männliche Nachkommenschaft der Familie ist mit dem am 4. Oct. 1824 verstorbenen Kronstädter Apotheker Johann Honterus erloschen.

[2]) S. Dück's Geschichte des Kronst. Gymn. S. 62 und die gedruckte Matrikel des Kronstädter Gymnasiums S. 75.

2. Disputatio politica: De Republica Hebraeorum Praes. Mich. Wendelero, Doct. et Prof. publ. Die 20. Junii. Wittebergae, typis Fincelii Anno MDCLV. 4-to. 22 S. (Dem Kronstädter Arzt Trostfried Hegeniteus zugeeignet.)

3. De Necessario et Contingenti, Praeside M. Joh. Hontero Rect. Coron. disputavit Casparus Rauss, Stud. Cor. die 24. Mart. 1661. Coronae 4-to.

4. Schriftmäßiger Wegweiser zur seligen Sterbkunst. Kronstadt 1683. 12-mo. 12 Bögen.

(Ein Auszug aus Dr. Ludv. Bailes Praxis Pietatis bestehend in 13 Betrachtungen sammt Gebeten, und 5 geistlichen Liedern, nebst Vorrede des Herausgebers M. Joh. Honterus.)

T r. **Hoßmann Johann,**

von Roseln (Vallis rosarum) im Großschenker Stuhle, studirte zu Danzig um das Jahr 1622. Nach seiner Heimkehr wurde er am 26. Juni 1626 zum Reichersdorfer Prediger ordinirt, dann zum Pfarrer in Roseln erwählt 1636, kam als Koßder Kapitelsdechant nach Hundertbücheln 1646. (S. die Synodal=Akten vom Jahre 1647) und starb in beiden Würten 1654.

Er ist der Stammvater der nunmehr mit mehreren berühmten sächsischen Familien erloschenen Hoßmann[1]) von **Rothenfels'schen** Familie. Sein würdiger Sohn, gleiches Namens, ward Rektor, dann 1654 Prediger in Großschenk, 1660 Pfarrer in Roseln, 1666 in Baranykut, 1669 in Reps und starb daselbst 1675. Der Sohn dieses letzteren war der im Jahre 1716 verstorbene k. siebenbürgische Hofrath und Hermannstädter Bürgermeister Johann Hoßmann v. Rothenfels[2]) mit dessen Sohne, dem Szelister Dominalgerichts=Sekretär Daniel die männliche Linie der Familie von Rothenfes am 23. April 1771 ausstarb. Denn Daniel

---

[1]) Der Name Hoßmann scheint aus Erasmi entstanden zu sein, denn im Repser Stuhl wird um das Jahr 1710 ein David Erasmi auch Osmen genannt, und der erstgenannte Johann Hoßmann wird in einer Casualquittung auch Oßmann geschrieben.

[2]) Mit dem angeführten Prädikate geadelt als Provincial-Notär vom Kaiser Leopold I. den 7. April 1698 (s. Chronicon. Fuchs. etc. II. 275.)

hinterließ eine einzige Tochter Namens Christine verehelichte Marestalchi, welche sich auf mehreren Bühnen in und außer Siebenbürgen als Opernsängerin berühmt gemacht hat und am 14. September 1830 in ihrem 64. Lebensjahre zu Hermannstadt kinderlos gestorben ist.

Seiv. Vom Stammvater Johann Hoßmann hat man:
1. Hypothesis Augustae Confessionis γνησιως. De persona Jesu Christi Disp. Praeside Andrea Hojer d. 20. April 1622. Dantisci 4-to.
   (Sie ist die 9. der Hojerischen Streitschriften.)
2. Disputatio extraordinaria, de Electione Filiorum Dei ad vitam aeternam (autore Hoszmann) die 21. April. 1623. Dantisci 4-to. 40 S.

Tr. **Huber Samuel,**

ein Siebenbürger, von welchem ich nichts anderes in Erfahrung gebracht habe, als, daß derselbe — laut Katalog der Schmeizel'schen Bibliothek — im J. 1744 veröffentlicht hat:

Dissertatio inaug. medica de ipecacuanha Americana. Halae 1744, 4.

Seiv. **Hübner oder Hiebner Israel,**

ein Arzt, Mathematiker und Astrolog von Schneeberg in Meißen gebürtig[1]), der im Tollhause der Gelehrten einen vorzüglichen Rang verdient. Seine astrologische Gelehrsamkeit machte ihn zu einem vollkommenen Narren. Um die Mitte des 17. Jahrhunderts lebte er zu Erfurt, kam darauf nach Siebenbürgen und Hermannstadt, machte hier viel Aufsehen mit seinen Weissagungen, und starb den 28. Juli 1668. Valentin Frank, in Hecat. Sentent. Ovid. beehrt ihn mit folgender Grabschrift:

Israel Hübnerus non fausto sydere natus,
   Sydera contemplans incidit in foveam.
Quando etenim extremum tempus praedixerat orbi,
   Augur erat factus funeris ipse sui.

---

[1]) Die österreichischen Blätter für Literatur und Kunst. Jahrgang 1856 Wien 4-to. Seite 285 enthalten ebenfalls (bekannte) Nachrichten über Israel Hübner.   Tr.

Denn Hübner verkündigte wegen der großen Sonnenfinsterniß des J. 1654, nicht nur die schrecklichsten Schicksale dem menschlichen Geschlechte, sondern auch das Ende der Welt auf das Jahr 1666. Er lebte aber doch noch so lang, daß er die lächerliche Thorheit seiner eingebildeten Weisheit erkennen konnte. Ob er es aber gethan, zweifele ich sehr, denn 1668 that er noch sehr stolz und forderte die Welt auf, ihm nur ein Beispiel eines rechten Thematis coeli, von irgend einem Verfasser, ohne was er geschrieben, darzustellen. Er ist auch der Erfinder eines Weltsystems, das er 1667 in Kupfer stechen lassen. Vielleicht ist es auf dem Schauplatze der Gelehrten so bekannt nicht, als die Ptolomäische, Kopernikanische und des Tycho Brahe Weltordnung. Ich will es also hier mit beifügen. Hübner vergönnt weder der Sonne, noch der Erde die Ehre, im Mittelpunkte der Welt zu stehen. Nein, diesen läßt er leer und gibt der Sonne und der Erde eine Laufbahn. Um die Erde wandelt der Mond, um die Sonne der Merkur und die Venus, um Sonne und Erde zugleich alsdann Mars, Jupiter und Saturn. Die Laufbahn aller dieser Weltkörper ist oval. — Von seinen Schriften in Siebenbürgen sind mir bekannt geworden:

1. Kalendarisches Prognosticon auf die große Sonnenfinsterniß des 1654. Jahres.

2. Kalender aufs große Veränderungsjahr 1666.

3. Ephemerides. Cibinii 1653.

    Hievon schreibt David Hermann in seiner Wiederlegung, 1656, Prodiere nuper typis Cibiniensibus Ephemerides Israelis cujusdam Hübneri, in quibus autor ob universalem Solis Eclipsin, sub initium Mensis Augusti anni sequentis 1654, calculo Astronomico observatam, funestissima quaeque mortalibus minatur; idque, ut facilius incautis persuaderet, missa in alienam messem falce, allegatis oraculis divinis, annum extremi judicii 1666, temerario calculo praefinit, quem alias, velut palam est, ex sententia Spiritus S. omnis generis calamitates excipient. — Eben diese Schrift hat auch Georg Hutter widerlegt s. Hutter.

4. Propositiones XIII. Astronomiae Transylvanicae Israelis Hiebneri de Schneberg, contra judicia temeraria An. secundo post numerum corruptum 666. Anno mundi 5636, Incarnationis anni completi 1668 die Juliani 13. Maii, Gregoriani 23. ejusdem, Naturae tertia die ☿ Mensis tertii.

Unter andern verwirft der Verfasser hierin die Fundamenta aller Kalenderschreiber, da deren Rechnungen von den Finsternissen, mit dem Erfolge, gar nicht übereinstimmten; behauptet, die Kometen hätten gleich den Planeten, ihren Lauf in einer Ellipsi oder ablänglichten Peripherie; sie bedeuteten nicht allezeit Böses, da sie auf gute Constollationes de natura Jovis, Veneris und Mercurii, sich dirigirend präsentiren; desgleichen drohen nicht alle sichtbaren Finsternisse Krieg, Pest oder andere Unfälle, deren Directiones ein Grad einen Monat austrägt. Kepler's Motus Lunae habe noch gute Correktur von Nöthen u. dgl.

Von seinen in Deutschland gedruckten Schriften macht er selbst folgende bekannt:

5. Hamburgischer Kalender 1647. Lüneburg.
6. Practica reformata. Frankfurt am Main 1648.
7. Mysterium Metallorum, Herbarum et Lapidum, i. e. Vollkommene Kur und Heilung aller Leibes und Gemüthskrankheiten ohne Einnehmung der Arznei. Erfurt und Jena 1641 in 4-to. mit Kupfern. Dieses seltene Werk hat ein Erfurter Buchhändler, Christ. Weinmann, 1732 wieder auflegen lassen, doch ohne Kupferstiche. Vogt in Catal. Libr. rar. S. 343, schreibt von diesem Hübner'schen Werke: Opus infrequens, singulare, paradoxum et ob ingentem figurarum aeri incisarum cumulum, satis sumtuosum. — Den Titel aber führt er etwas verändert an: Mysterium Sigillorum, Herbarum et Metallorum.
8. Apologia wider Abdiam Trew, Werve und Freund. Leipzig bei Timoth. Ritzschen 1653.
9. Calendarium Philosophicum.
10. Calendarium Naturale perpetuum.
11. Mysterii Sigillorum, herbarum et lapidum continuatio. Leipzig 1653 in 4-to. Deutsch.

8civ. Huet[1] (latein. Pileus, ungr. Süvegh) Albert,

k. k. Rath bei der siebenbürgischen Kammer, Graf der sächsischen Natlon und Königsrichter zu Hermannstadt. Einer der größten Männer der

---

[1] Huet schrieb seinen Namen Huell und befand sich bereits im Jahre 1558 in Wien. Beides beweist ein in der Kronstädter Schul-Bibliothek aufbewahrtes

sächs. Völkerschaft, von ausgebreiteter Gelehrsamkeit und vielen Sprachen, dessen Leben eine Reihe der schönsten Thaten für das Vaterland ist. Georg Huet, Graf der Nation und Barbara geborne Armbruster, waren seine glücklichen Eltern. Als ihr jüngster Sohn, war er den 2. Hornung 1537 zu Hermannstadt geboren, studirte nachgehends zu Hermannstadt und Wien und wählte sehr frühzeitig auf Anrathen seiner Gönner, das Hofleben, aus welchen Diensten er sich nicht eher herauswickeln konnte, als bis er sich bei vier Kaisern Achtung und Gnade erworben hatte¹). 1574 kam

Büchelchen: „Precationes bibliae. Tiguri 1555" 12-mo., in welches Huett, nebst seinem Namen, ein Gebet eigenhändig eingeschrieben hat.

Wer über Huett mehr zu lesen wünscht, lese Johann Seiverts Abhandlung: „Von den Grafen der sächsischen Nation im Großfürstenthum Siebenbürgen" in Ungr. Magazin III. S. 137—157.

Denkwürdigkeiten aus dem Leben des Albert Huet Hermanstädter Königsrichters. Ein Beitrag zur Geschichte seiner Zeit. Von J. G. Schaser. In der Zeitschrift „Transsilvania" 8-vo. 2. Band S. 97—165.

Bruchstücke aus Huets Privatleben, gefunden in einem alten Buche aus der Armbrusterischen Büchersammlung, werden mitgetheilt in der „Transsilvania" (Beiblatt zum „Siebenb. Boten") vom J. 1843, Nr. 50.

Ebendieselben, nebst den Aufzeichnungen des Georg Huett (Vaters des Albert) in einer Postille der Freih. Sam. v. Bruckenthal'schen Sammlung befindlich, hat nachher 1847 auch der Dobringer Pfarrer Daniel Heinrich in den „Errinnerungen an Albrecht Huett, aus seinem eigenhändigen Tagebuche und aus sicheren Quellen geschöpft" S. 28—31 und S. 9—10 bekannt gemacht. Die andern Nachrichten Heinrichs über Huett hat Heinrich selbst zusammengesetzt und im Anhang S. 81—93 einige Urkunden beigefügt.

Die Erinnerung an Huet wurde in neuerer Zeit auch bei dem Theaterpublikum geweckt durch das auf der Hermannstädter Bühne zuerst im J. 1832, dann wieder am 14. August 1848 zur Vorstellung gebrachte Stück:

„Albert Hut, oder drei Bilder aus Siebenbürgens Vorzeit. Historisch-romantisches Nationalschauspiel in 3 Abtheilungen von Josef Kurt und Karl Haffner; — mit einer gemüthlichen Scene im sächsischen Volksdialekt ausgestattet."

(Laut Transsilvania vom 11. August 1848 Nr. 74, S. 256. Tr.

¹) Ich will dieses mit seinen eigenen Worten bestätigen: Quippe, qui jam olim relicta schola cum Cibiniensi, tum Austriaca, aulicae vitae, Magnatibus ita suadentibus, adhaescrim, neque inde me extricare potuerim, donec quator Imperatorum aulas familiariter ex officio frequentarim, quorum priori Carolo V. Rom. Caesari, cujus exequiarum pompae seu celebrationi, interfui et fratri ejus, tunc Regi Romanorum, Ferdinando, deinde filio ejus Maximiliano, ultimo praesenti Rudolpho, Maximiliani primogenito filio, sedulam gratamque locavi operam, diplomatibus testatam. Sed illinc quoque, ut emericus miles, atque rude donatus, in patriam reversus.

er in sein Vaterland zurück, wurde den 1. Februar 1577 Rathsherr zu Hermannstadt und bald darauf Graf der Nation und Königsrichter. Den 24. März überbrachten ihm die fürstlichen Abgeordneten Gregorius Apafi und Alexander Kendi die feierliche Bestätigung.

Dieses wichtige Amt verwaltete Huet bei dem verwirrtesten Zustande seines Vaterlandes, mit Ehre und unsterblichen Ruhm. Fürst Sigmund Báthori liebte ihn vorzüglich, besonders, weil sie von Staatsgeheimnissen in italienischer Sprache miteinander reden konnten. Huet machte sich auch dieser Vertraulichkeit des Fürsten vollkommen würdig. Hätte derselbe allezeit seinen Plänen gefolget, o! so würde er und Siebenbürgen nie so unglücklich geworden sein. Durch seine Klugheit und Treue erfuhr Sigmund die giftigen Geheimnisse seiner heimlichen Feinde und hätte Huet auf dem Landtage zu Klausenburg 1594, nicht alles für ihn gewagt, so wäre er ohne Hoffnung verloren gewesen. Sein Vetter Balthasar Báthori war schon von den Mißvergnügten zum Fürsten von Siebenbürgen erwählt, er selbst aber befand sich zu Kövár unbekannt und verlassen. Nur Huet hatte hiebei Muth genug, sich im Namen seiner Nation öffentlich zu erklären: so lang sein natürlicher Fürst lebe und gesund wäre, würde er nie eidbrüchig in eine fremde Wahl willigen. Die Kriegsvölker traten bald auf seine Seite, die Verschwornen erschracken, und so ward Sigmund wieder zurückberufen.

Mit dem Kardinale und Fürsten, Andreas Báthori, konnte Huet und seine Nation aus wichtigen Ursachen gar nicht zufrieden sein; doch fehlt es der merkwürdigen Begebenheit, die uns Kinder [1]) erzählet, an dem Siegel gleichzeitiger Geschichtschreiber. Es ist diese: Andreas Báthori, beschloß entweder die Religionsveränderung, oder den Untergang der sächsischen Nation. In diesen Absichten ließ er auf dem Landtage zu Weißenburg sieben Spieße für die sieben sächsischen Richter aufrichten. Sobald aber Huet dieses Geheimniß entdeckte, suchte er bei dem berüchtigten Hospodar der Walachei, Michael, Hilfe; zugleich schrieb er einen Brief, den ein vertrauter Stadtreiter, den folgenden Morgen in größter Angst und Eilfertigkeit, wie von Hermannstadt nach Weißenburg bringen mußte. Der Enhalt war, daß Michael plötzlich in das Land gefallen sei. — Sogleich ward der Spieße vergessen, jedermann dachte nur auf Sicherheit und flüchtete. Zwar machte auch der Fürst Gabriel Báthori der

---

¹) In seinem Werkchen: de Comitibus.

sächsischen Nation den Vorwurf, sie habe den Waywoden angereizt, in das Land zu kommen; allein was kann man nicht von einem Fürsten erwarten, der Ursachen zum Verderben eines Volkes sucht? In den folgenden kriegerischen Zeiten erwies Huet gegen das Allerdurchlauchtigste Haus Oesterreich solche unüberwindliche Treue, daß ihn Kaiser Rudolf 1604, nebst dem Johann Rehner, zum königlichen Rathe der siebenbürgischen Kammer erklärte.

Welche Dienste leistete Huet seiner Nation und Vaterstadt! 1582 den 30. December reiste er selbst nach Polen, um von dem würdigen Könige, Stephan Báthori die Bestätigung des Landrechts seiner Nation zu erhalten. Auf dem Landtage zu Weißenburg 1591 den 10. Juni vertheidigte er in Gegenwart des Fürsten Sigmund Báthori die angefochtene Ehre, die Vorrechte und Freiheiten der sächsischen Völkerschaft, mit solchem Nachdrucke, daß er das drohende Ungewitter glücklich abwendete. Hermannstadt in einen besseren Vertheidigungsstand zu setzen, ließ er die Stadt vor dem Heltauer Thore 1578 und dem Burger Thore 1604, mit wichtigen Außenwerken befestigen. Nicht weniger sorgte er für die Aufnahme der dasigen Schule. Denn 1592 richtete er ihre Bibliothek an, ließ sie mit vielen Mauergemälden auszieren, und weihete ihr seine reiche Büchersammlung. Bei der Schule selbst veranstaltete er 1598 eine bessere Einrichtung und neue Gesetze für Lehrer und Lernende. Das Gedächtniß dieser edlen Handlungen erhalten noch zwei Aufschriften in der Bibliothek, woselbst auch sein Bildniß in Kalk gemalt, zu sehen ist.

Die erste:

INSTAURATUM
CONSULE
D. JOANNE BAVARO.
JUDICIBUS:
REGIO D. ALBERTO HUTTERO.
SEDIS. D. LUCA ENGETER.
PASTORE. R. D. PETRO LUPINO.
RECTORE, M. GEORGIO DEIDRICIO.
ANNO S.
M. D. XCII.

Die zweite:

INSTAURATORI
SCHOLAE CIBINIENSIS.
DOMINO
ALBERTO HUTTERO.
JUDICE REGIO
CIBINIENSI
PRUDENTISS.
NOBILISSIMOQ. VIRO.
LITERARUM
LITERATORUMQ.
AMANTISSIMO.
MECAENATI SUO
COLENDO.
M. GEORGIUS DEIDRITIUS-

In allem sonst glücklich, war Huet ein unglücklicher Vater und Ehemann. 1575, den 6. Februar heiratete er Margaretha, eine geborne Ofner; allein er verlor sie und seine Kinder sehr frühzeitig. Nachgehends vermählte er sich mit einem jungen Frauenzimmer, das ihm zwar seine Hand, nicht aber das Herz schenkte. Er sah sich daher genöthigt, das Band seiner Ehe 1605 den 1. November trennen zu lassen. — Seine ruhmwürdige Laufbahn vollendete er 1607 den 23. April in einem Alter von 70 Jahren, 2 Monaten und 21 Tagen, nachdem er in der Königsrichterwürde etwas über 30 Jahre, die Ehre und Stütze seiner Nation gewesen. Mit ihm verlosch das Huetische Geschlecht. Hierauf bezieht sich seine Grabschrift:

Hic Pileata domus carissima condidit ossa,
Vindicat interitu hanc nescia fama mori.

Weil sich Huet lateinisch nicht Huthius, sondern Hutterus nannte: so verwechseln viele das Huetische Geschlecht mit dem Hutterischen, welches gleichfalls alt und berühmt ist, und noch blüht. Gedruckte Schriften unsers Huets, habe ich niemals gesehen, in der Handschrift aber:

1. Oratio de origine et meritis Saxonum anno 1591 d. 10. Julii Albae Juliae recitata coram Illustrissimo Principe Sigismundo Báthori ed Somlyo et Consobrino ejus Stephano Báthori, Capitaneo Varadiensi et Consiliario, item D. Stephano Botskai, Patruo et Generoso ac Magnifico D. Volfgango Kovaczioczii Cancellario et Consiliario, qui

*

et finita oratione atque propositione Libellorum supplicum et querelarum, diserte ad omnia nomine Ill. Principis respondit, annuente Principe, Astantibus quoque Petro Litterato, Curiae propinquioris Moderatore, D. Stephano Josika, Stephano Bodoni, item Janitoribus et aliis Famulis Camerae Ill. Principis[1]).

2. Oratiuncula recitata 1601 die 30. Martii Claudiopoli coram Sigismundo Bathoreo Principe Transylvaniae et Consiliariis suis. Handschrift.

3. Schola est Seminarium Reipublicae. Oratio publice habita anno 1602 d. 29. Martii in Gymnasio Cibiniensi academico.

---

[1]) Von dieser Rede hatte man bis zum J. 1785 — in welchem dieselbe in Johann Seiverts Nachrichten S. 190—204 in der lateinischen Originalsprache mitgetheilt wurde, — im Druck nur eine deutsche Uebersetzung von Matthias Miles im Siebenbürgischen Würgengel S. 152—163, in Bezug auf welche Dr. Gottfried Schwarz, in Originum et occasuum Transylvaniae, auctore Laur. Toppeltino Recensio critica etc." S. 11 sagt: Orationem Hutteri germanice exhibet M. Miles — quam vellem latinam dedisset originalem".

Da der lateinische Text der Rede neuerlich als Anhang zum Chronicon Fuschio-Lupino-Oltardinum 2. Bd. S. 288—300 wieder gedruckt worden ist, so bleibt dieselbe aus diesen Denkblättern zur Ersparung des Raumes aus. Doch dürfte es nicht überflüßig erscheinen, auf Schlözers Urtheil über dieselbe in dessen kritischen Sammlungen ꝛc. S. 9—10 hinzuweisen, und zu der Stelle „Varga, Szöts, Szabo" (Schuster, Kürschner, Schneider) die Bemerkung beizufügen, daß sich dieser Spottruf in Neid verwandelte, wenn sich die siebenbürger Landsleute in türkischer Gefangenschaft wiedersahen. In Justus Möser's Patriotischen Phantasien 1. Theil, Berlin 1842, S. 122 heißt es: „Rousseau hat bereits die Gründe gezeigt, warum ein jeder Mensch ein Handwerk lernen solle, damit er nicht nöthig habe, fremdes Brod zu essen, wenn er eigenes haben könne. Man sah diese wichtige Wahrheit ehedem nicht deutlicher ein, als in der Türkei, wo der gefangene ungarische Magnat, weil er nichts gelernt hatte, vor dem Karren ging, und der Handwerker seine Sclaverei so leidlich als möglich hatte".

In Betreff der Bemerkung Seiverts zu jener Stelle der Huetischen Rede, wo der Schwerttänze gedacht wird: „die Schwerttänze, welche ein Vorrecht der Kürschnerzunft, sowie das Schneider-Hengstgen der Schneider sind. In vorigen Zeiten wurden sie sehr oft, und bei jeder Jahresfeier der Gesellenbrüderschaft gehalten; itzt aber nur bei außerordentlichen Feierlichkeiten", s. auch Ungr. Mag. II. 265. Siebenbürg. Quartalschrift III. 39 vgl. mit den Beschreibungen des bei den Schottländern gewöhnlichen Schwerttanzes (in Walter Scotts Seeräubern 2. Th. S. 175), — und des Waffentanzes der Dithmar'schen (in dem Leipziger Illustrirten Familien-Journal 19. Bd. 1863 S. 46—48.)   Tr.

4. „Anno Domini 1588. Medwischer Landtagsprozeß beschrieben zum Theil an die gesammte Teutsche Herren Mit Brüder, so causa postis nicht auf Medlasch zu kommen befreyet gewest, sondern zu Buß im Medlascher Stuhl ad partem gewartet, zum Theil auch Gebächtniß halber continuirt und mit jeglichem fleißigen Aufmerken beschrieben und vollendet per A. H. I. R."

(In der bei Johann Gött zu Kronstadt 1840 von A. Kurz herausgegebenen „Nachlese auf dem Felde der ungarischen und siebenbürgischen Geschichte" als das 5. Fragment S. 123—150 aufgenommen und mit einer Einleitung S. 119— 122 sammt Schlußwort S. 150—151 vom Herausgeber, welcher dafür, daß Huet der Verfasser dieser Schrift gewesen sei, zugleich mehrere Beweise anführt, begleitet.)

Sei v. **Hutter Georg,**
ein geschickter, aber unglücklicher Schulmann von Hermannstadt. Sein Vater Johann Hutter, Pfarrer zu Heltau, starb ihm sehr frühzeitig 1638. Nichts destoweniger bestimmte er sich zum Dienste der Kirche, studirte zu Wittenberg, und vertheidigte daselbst 1662, unter dem Mich. Wendeler: Nonnullae Positiones Politicae, ad caput de subditis pertinentes. In seinem Vaterlande erwarteten ihn manche Verdrüßlichkeiten, obgleich Johann Fleischer, Graf der sächsischen Nation und Königsrichter, sein großer Gönner war. Durch dessen Macht und Fürsorge mußte ihm Mag. Schnitzler 1665 Raum zum Schulrektorate machen, welches Hutter als erster Lector den 8. Oktober erhielt. Allein die feierliche Einführung und Bekräftigung konnte er eher nicht erhalten, als bis er es nicht mehr bekleiden sollte. Sie erfolgte endlich 1667, aber noch in diesem Jahre, ward er den 14. November zum Donnerstagsprediger befördert, und Schnitzler erhielt das Rektorat wieder. Welche Last von Verdrießlichkeiten muß Huttern in diesem Dienste gedrückt haben! Er beruft seine Feinde und Verläumber, wenn sie nicht nüchtern würden; sogar vor dem Richterstuhl Jesu Christi, um daselbst von ihren giftigen Verläumdungen, mit denen sie aus Neid seine Ehre zu tödten gesucht, einmal Rechenschaft zu geben! Nach anderthalb Jahren ward er zwar den 28. April 1669 zum Archidiakonus erwählt, allein ehe er noch diesen Dienst antreten konnte, starb er den 2. Mai an der Bräune. Er hinterließ:

1. Tyrocinium Logicum seu brevis et perspicua totius Logices explanatio: primo quidem privatis quorundam usibus adornata, nunc vero

publicis, juventutis scholasticae commodis donata, a G. Hutter, Rect. Cibinii, sumpt. Steph. Jüngling 1666 in 8-vo. 136 S.

2. Bedenken Georgii Hutteri, Cibin. über H. Israelis Hübner's neugestellten Kalender, Cibinii Transylvanorum 1665 den 15. Juli Mscr.

Hutter schrieb dieses auf hohen Befehl als erster Lector bei der Schule.

Hutter Georg,

Seiv.

des vorhergehenden Sohn, Dechant des Unterwälder Kapitels und Pfarrer zu Reußmarkt, woselbst er gestorben ist. Allein in der unglücklichen Periode des Kurutzenkrieges hätte er bald ein tragisches Ende genommen. Aus alter Bekanntschaft bittet er den gegenwärtigen Anführer der Rakotzischen Mißvergnügten zum Gevatter. Dieses empfand der kommandirende General in Siebenbürgen, Graf Rabutin so übel, daß er Hutteri unversehens bei der Nacht aus dem Bette ausheben und nur so im Hembde und dem Niederkleide geschlossen in das Lager bei dem jungen Walde vor Hermannstadt abführen ließ. Keine Entschuldigungen konnten ihn von dem Verdachte eines geheimen Verständnisses mit den Feinden rechtfertigen. Er ward zum Verluste des Kopfes verurtheilt. Der Tag seines Todes war schon bestimmt und der Adjutant von Acton erwartete den letzten Befehl des Generals zu Hermannstadt. Da es sich aber damit etwas verzog, besuchte ein bekanntes Frauenzimmer von Staude den Acton, er entdeckte ihr seine heutigen Geschäfte, daß nämlich der Pfarrer von Reußmarkt enthauptet werden sollte. Eine Anverwandte des unglücklichen Hutter ist dabei zugegen. Sie erschrecken über diese Nachricht und vereinigen sich beide den Adjutanten zur Rettung ihres unschuldigen Freundes zu bewegen. Er ließ sich überwinden und versprach alles Mögliche bei dem Grafen Rabutin zu versuchen. Doch sollten sie ihn von demselben wegreiten sehen, so wäre alles vergebens, würde aber sein schon gesatteltes Pferd, von dem Hause des Generals weggeführt, so könnten sie der erhaltenen Gnade gewiß sein. Mit der größten Unruhe, und zwischen Furcht und Hoffnung, sehen sie diesem entscheidenden Augenblicke entgegen. Endlich haben sie, um 12 Uhr Mittags, das Vergnügen, das Pferd leer abführen zu sehen. — So ward Hutter gerettet, dessen Unschuld sich darauf gänzlich entwickelte.

In den Jahren 1692 und 93 bekleidete er das Rectorat zu Hermannstadt, ward darauf Archidiakonus und 1697 im Januar zur

Reußmärkter Pfarre berufen. Zu Wittenberg hatte er nicht nur unter dem Johann Deutschmann 1689, eine Streitschrift: de aeterna Sanctificationis Oeconomia aus Ezech. XX. 12. 4-to. 24 S. vertheidigt; sondern auch als Verfasser geschrieben:

1. De Distinctione suppositi a Natura, praes. M. Nathanael Falk d. 12. Oct. 1689. Witeb. in 4-so. 44 S.
2. De Coss. SQ. speciatim Cibiniensium, Praeside C. S. Schurzfleisch. M. Maji 1690. Witeb. 4-to. 24 S. Hätte Hutter diese Schrift in spätern Jahren verfertigt, so würde er wohl von den Bürgermeistern und dem Rathe zu Hermannstadt mehr gesagt haben.

Hutter Jakob,

Seiv.

der Arzneikunst Doktor und Provinzialbürgermeister zu Hermannstadt. Dieser berühmte Arzneiverständige, war der zweite Sohn des Vorhergehenden, geboren 1708. Er studirte zu Halle im Magdeburgischen, und nahm daselbst 1732 die Doktorwürde an. Nach seiner Zurückkunft diente er als Garnisonsdoktor in der kais. Walachei, in welchem Dienste er 1734, Andr. Carl Groß zum Nachfolger hatte. Das folgende Jahr vermählte er sich den 9. November mit Johanna Regina, einer Tochter des damaligen Bürgermeisters, Michael Czikeli von Rosenfeld. Er ward Stadtphysikus, hernach Rathsherr, und endlich den 27. Jänner 1766 Bürgermeister, bekleidete aber diese Würde nur zwei Jahre und starb den 10. Februar 1768, an einer Brustwassersucht, in einem Alter von 59 Jahren und 11 Monaten. Er hinterließ eine einzige Tochter, aber verschiedene nützliche Arzneimittel von seiner Erfindung, die noch seinen Namen führen.

Diss. Inauguralis Medica: Senectus ipsa morbus, pro gradu Doctoratus 1732 M. Maji. Halae in 4-to.

Hutter Johann,

Tr.

Bürger in Mediasch, hat eine Chronik in Handschrift hinterlassen, welche Marienburg in den Siebenbürgischen Provinzialblättern I. 195 anführt, und deren Titel nach Lebrecht's Geschichte der Fürsten Siebenbürgens Hermannstadt 1792 II. 127 ist:

Johannis Hutter Annales Mſpt.¹)

Dagegen führt G. J. Haner in Bibliotheca Hung. et Transs. historica den Titel dieſer Chronik alſo an: „Nachrichten von den Unga-"riſchen und Siebenbürgiſchen Begebenheiten 1141—1621" was mit dem Titel der Johann Brathiſchen Chronik übereinſtimmt.

Das Original der Hans Hutter'ſchen Handſchrift ſoll der Mediaſcher Senator Samuel Gräſer beſeſſen haben. So behauptet Aubr. Brecht in ſeiner im Juni 1839 für die Kronſtädter Unterhaltungsblätter einge- geſchickten, in dieſe aber nicht aufgenommenen kurzen Biographie Hutters, welche er aus Bergler's Handſchrift: „die wahre Hiſtorie von Hun- garn und Siebenbürgen" und Aubr. Graffius Handſchrift: „die vornehmſten Doctores, Bürger und Amtsleut der Stadt Medwiſch vom J. 1453 bis heunt d. i. Jahr Chriſti 1614" entlehnt zu haben angab. Brecht erzählte da: „Marten Hutter Zinn- gießer, aus Pillitz in Sachſen gebürtig, ſei nach Mediaſch eingewandert, habe dort bei Gallus Melas als Geſell gearbeitet, die ihm vom Fürſten Zápolya empfolene Martha Maria Schuller, eine 20jährige Kirſchners- witwe 1568 geheiratet und vom Fürſten 5 Thaler, ſeine Braut aber des Fürſten Gebetbuch zum Geſchenk erhalten. Deren Sohn Hans Hutter, geboren den 28. Februar 1569 in Mediaſch, gleichfalls Zinngießer, habe gern geleſen und geſchrieben, im 30. Lebensjahr die Anna Katharina Benkner, eine Schneidersthochter geheiratet, die Kirche fleißig beſucht, einen, in Hermannſtadt als Goldſchmiedmeiſter geſtorbenen Sohn Paul hinter- laſſen, und ſei am 19. Jänner 1649 im 80. Lebensjahre mit Tod ab- gegangen". Ob dieſe Nachrichten des verunglückten Dichters Brecht (ſ. Denkbl. I. S. 172) richtig ſind? mögen Andere entſcheiden. An der rich- tigen Angabe ſeiner Quellen, beſonders der Bergleriſchen zweifle ich in- deſſen, indem ich keine Spur einer Arbeit Berglers über ungriſch-ſieben- bürgiſche Geſchichte, und auch die von Brecht namentlich erwähnten zwei Handſchriften des **Bergler** und **Graffius** unter deren Schriften nirgendwo angezeigt gefunden habe.

Seiv. ## Jakobinus Johann,

von Klauſenburg, geboren 1573 oder 74. Er ward wegen ſeiner Ge- ſchicklichkeit ſehr frühzeitig Notarius ſeiner Vaterſtadt, diente nachher als

---

¹) Vgl. den Artikel Johann Brath in dieſen Denkbl. I. 172.

Sekretär bei der fürstlichen Kanzlei, sowohl unter dem Fürsten Sigmund Báthori, als dem walachischen Wohwoden Michael. Als Moses Székel das Fürstenthum behaupten wollte, zog ihn dieser in seine Dienste und erklärte ihn zu seinem Kanzler. Diese Ehre genoß er aber nicht lange. 1603 den 22. Juli geschah die unglückliche Schlacht bei Kronstadt, mit dem kaiserlich gesinnten Wahwoden der Walachei Rabul oder Rudolf, in welcher er nebst seinem Herrn das Leben verlor. Uebrigens war er ein Mitglied der unitarischen Kirche. Wir haben von ihm eine Beschreibung des siegreichen Feldzugs des Sigmund Báthori wider die Türken in der Walachei 1595.

1. Narratio rerum a Sigismundo Bátoreo, Principe Transylv. gestarum Á. 1596, Claudiopoli, typis Heltanis in 8-vo.

    Wir finden diese Geschichte auch in Bongars und Schwandtners Collectio Scriptorum rerum Hungaricarum, in Reuschner's Exeges. Rerum memorabilium, und deren vermehrter Ausgabe von 1527 unter dem Titel: Syndromus Rerum Turcico-Pannonicarum. Sigm. Szölöschi hat sie in ungarische Verse übersetzt und unter der Aufschrift herausgegeben: Rövid Historia, mellyben meg - iratik Szenan Bassanak Török Tsászár erejével Havasal-földinek, és Erdély Országának pusztitására való ki-jövetele, 1595 Esztendöben etc. Nyomtattatott Abrugi György által 1635 Esztend in 8-vo.

2. Chorus Musarum honori nuptiarum vera nobilitate, virtuteque ornatissimi Viri, D. Stephani Cacassi[1]), Patricii Claudiopolitani et Assessoris Sedis Judiciariae serenissimi Principis Transylvaniae, ac ingenua natalium nobilitate conspicuae Virginis Susannae Romerlae, Generosi olim D. Lucae Romeri Marotschensis filiae, ad diem XII. Januar. Anni M. D. XCII. celebratarum, per Joh. Jacobinum, Notarium Urbis Claudiopolitanae, sacratus. Claudiop. typis Heltanis. Fol. 1.

Tr. **Jeckel Julius,**
geboren in Kronstadt am 11. März 1828, studirte am Kronstädter Gymnasium und an der Rechtsakademie zu Hermannstadt, nahm Dienste

---

[1]) Dieser Stephan Kakasch, ging auf Kaiser Rudolfs Befehl 1602 als Abgesandter nach Persien, starb aber auf der Hinreise den 25. Oktober 1603 zu Lanjan in Medien. Sein Sekretär Georg Tectander von der Jabel, hat diese Reisebeschreibung 1610 zum drittenmale und mit Kupfern herausgegeben.

bei der siebenbürgischen Finanz-Landes-Direktion, bei welcher er zum Finanzkoncipisten befördert wurde. Aus dem letzteren Dienste trat er aus und widmete sich einem ökonomischen Geschäfte in Gesellschaft mit seinem Vater. Da aber dasselbe den gehofften Erfolg nicht hatte, praktizirte er als concession. öffentlicher Gerichtsagent in Kronstadt bis zum J. 1865, in welchem er zum Beisitzer bei dem Hunyader Comitatsgerichte in Deva ernannt ward. Nach Auflösung dieses Gerichtes erhielt Jeckel vom Hermannstädter Obergerichte am 25. April 1868 die Befähigung zur Abvokatur, und übt diese nun mit dem Amtssitze in Kronstadt aus.

1. Das Vertretungsrecht der öffentlichen Agenten im civilgerichtlichen Verfahren. Ein Beitrag zur Berichtigung der diesfalls bestehenden und aus einer Verwechslung der Begriffe über die öffentlichen und die sogenannten Privatgeschäfts-Agenten herrührenden Zweifel und Bedenklichkeiten von Julius Jeckel, öffentlichen Agenten (gewesenen k. k. Finanz-Concipisten) in Kronstadt. Kronstadt 1864. Verlag bei Haberl & Hedwig. kl. 8-vo. 19 S.

Tr. **Jeckelius Jakob,**

aus Meschen gebürtig, studirte in Straßburg 1663 11. Juni ꝛc. sofort aber in Wittenberg und war Pfarrer in Nimesch in den Jahren 1684 bis 1686.

1. Disp. XI. de singulari et universali occurentium Praes. M. Joh. Baier Eperiessino Hung. Witeb. 1667 4-to.

Tr. **Jeremiae Johann,**

ein Hermannstädter, studirte in Wittenberg 1668 April ꝛc., in Jena 1666/7, dann wider in Wittenberg und war im J. 1679 Pfarrer in Kleinpold.

1. Disputatio theologica de Coena Domini, praes. Johann Deutschmann d. 8. Mart. 1669 Witeb. 4 16 S.

Tr. **Igel Valentin,**

Sohn des Kronstädter Senators gleichen Namens, wurde geboren am 1. Febr. 1683 und reiste, nach in seiner Vaterstadt zurückgelegten Gymnasialstudien, 1706 in Gesellschaft Lukas Colbs auf die Universität Jena.

Im J. 1710 kehrte er nach Kronstadt zurück, wurde 1719 als Ministerialadjunkt angestellt und im November des nämlichen Jahres zum Stadtprediger, am 7. September 1735 aber zum Stadtpfarrer befördert. Diese Würde bekleidete er (nebst dem Dekanat vom J. 1746—1747) mit vielem Beifall und besonderer Treue bis etwa 4 Jahre vor seinem Ende, — das am 3. Februar 1751 erfolgte, — seine Kräfte in dem Maß schwanden, daß er seine Dienstespflichten nicht mehr zu verrichten im Stande war. Er hinterließ außer 3 Töchtern von seiner Gattin Barbara, Tochter des Stadtpfarrers M. Marcus Fronius, einen einzigen Sohn Marcus, der am 14. August 1784 als Senator gestorben, und mit welchem das Igel'sche Geschlecht erloschen ist.

Dieses Geschlecht stammte aus Groß-Glogau in Niederschlesien vom österreichischen Sprinzenstein'schen Hause ab, wie der Stadtrichter Lucas Hirscher (unter dessen Amtswaltung der Stammvater Maximilian — nachdem er zuvor seine Güter daselbst verkauft und seinen Abschied vom Militär als Feldhauptmann nachgesucht und erhalten hatte, — im Jahre 1527 nach Siebenbürgen kam, und sich als Bürger in Kronstadt mit einem Vermögen von 172000 Thalern niederließ), in einer handschriftlichen Nachricht gemeldet hat. Maximilian hatte zwei Söhne, der eine Namens August Konstantin blieb 1529 bei dem Einfall des Moldauer Wajwoden Peter im Treffen bei Marienburg, und der andere Georg Maximilian hinterließ einen Sohn Johann, den Großvater des obengedachten Senators Valentin Igel, welch' letzterer aus Gram über den, während seiner amtlichen Abwesenheit als Deputirter bei dem Fürsten Apaffy, durch die am 21. April 1689 zu Kronstadt ausgebrochene große Feuersbrunst, erlittenen Verlust seines ansehnlichen Vermögens, der Armalien und sonstigen Familienurkunden, am 4. Januar 1691 sein Leben beschloß. Die Familie besaß ihre Urkunden von den Kaisern Rudolph I., Albert I. und Maximilian I. Ersterer hatte der Familie einen Igel in einer Au zum Wappen ertheilt, der zweite einen geharnischten Arm mit einem Schwert dem Wappen zugesetzt, und der dritte dem Wappen das Symbolum beigefügt: Mea ME VIRtUte InVoLVo.

Der Stadtpfarrer Valentin Igel hielt als Kronstädter Stadtprediger folgende Leichenreden:
1. Der in einen Schlaf verwandelte Tod frommer Kinder Gottes ꝛc. ſ den Artikel Markus Tartler.
2. Der nach dem Exempel Jesu Christi Gott aufgeopferte Wille eines leidenden und sterbenden Christen, bei christlicher Leichbestattung des

Hrn. Lucas Seuler v. Seulen, Communitätsorators 1733 den 15. Sept
in damaliger Leichenpredigt aus Matth. 26, 39, 42, 44. bei voll-
reicher Versammlung vorgetragen. Kronstadt 1733 Fol. 41 S.
Enthält S. 1 — 4. Immerstehende Tugend= und Ehrensäule
einer im Sinken und Fallen aufgerichteten Standes Seulen ꝛc. (Eine
Leicheneinladung des Dechanten Paul Neidel an die Kapitularen und
Gedicht über das Seuler'sche Wappen von Georg Zultner); S. 5
bis 20, Leichenpredigt von Igel Seite 21 — 22. Des Verstorbenen
Lebenslauf; S. 23 — 26. Abdankungsrede bei dem Beschluß der
Exequien von Georg Zultner, Ministerial = Adjunkten; S. 27 bis
41. Verwelkte Blumen auf Seulen's Grab gestreut von Markus
Tartler, Sam. Herberth, V. Neidel und Andr. Teutsch und andern
Academicis sowohl, als Freunden und Verwandten.

Tr. **Jikeli Friedrich,**

geboren in Hermannstadt am 12. Mai 1811, studirte am Gymnasium
seiner Vaterstadt und an der Universität in Wien, woselbst er 1838
Doktor der Medizin ward. Seit 1839 praktizirte er als Arzt in seiner
Vaterstadt bis zum 1849, wo er sich bei Gelegenheit der Eroberung
Hermannstadts durch die Insurgenten nach Rimnik in die Walachei
flüchtete und daselbst den 25. März 1849 am Nervenfieber sein Leben
beschloß.

1. Diss. inaug. med. de Inflammatione, quam in Univ. Vindob. disquisitioni submittit Fridoricus Jikeli Transsylvanus Cibiniensis, m.
Julio 1838. Vindob. typis viduae Antonii Strauss 8-vo. 31 S.

Seiv. **Johannis Erasmus,**

von Antwerpen und Prediger bei der unitarischen Gemeinde zu Klausenburg. Anfangs war er Schulrektor in seiner Vaterstadt, da aber seine
Irrthümer von der Person unseres hochgelobten Heilandes durch eine
heimlich gedruckte Schrift bekannt wurden, sah er sich, um der Ahndung
des Prinzen von Oranien auszuweichen, genöthigt, Antwerpen zu verlassen,
kam nach Polen, darauf aber nach Siebenbürgen. Weil er behauptete:
Christus habe vor Marien, seiner gebenedeiten Mutter, existirt, und sei
eine geistige Substanz gewesen, vor allen andern Geschöpfen von Gott er-

schaffen, die hernach in der Fülle der Zeit Mensch geboren worden: so hatte er wegen dieser Lehre Streitigkeit mit dem Socin, welche dieser in seinen gedruckten Werken bekannt gemacht hat. Daß der Letztere die Präexistenz Christi vor seiner Menschwerdung läugnete, ist bekannt. Sandius in Bibl. Anti Tr. S. 87, leget dem Johannis folgende Schrift bei, die ich selbst gesehen habe:

1. Anthithosis doctrinae Christi et Anti-Christi, de uno vero Deo. Anno salutis 1585 in 8-vo. Ohne Meldung des Druckorts, welcher aber Rakau ist. Zu Ende liest man: Excusum anno post incarnationem Filii Dei M. D. XXCV. sub finem annorum M. CC. LX. quibus Ecclesia juxta praedictionem Angeli, Apoc. XII. 6, latere debuit in solitudine.

2. Discours, oú l'on fait voir clairement, que le Regne de l'Antichrist commen ca á paroitre dans l'Eglise immediament après la mort des Apôtres; et par consequent, que tous les Conciles, qui se sont assemblez, et tous les Livres des Peres, qui ont été écrits depuis ce tems-la, sont infectez de plusieurs Erréurs Anti-Chretiennes, et mémo le fameux Concile de Nicéo, qui se tint l'an 318.

Ich kenne dieses Werk nur aus Vogt's Catal. Libr. Rar., der davon S. 373 schreibet: Scriptum paradoxum et publice suppressum. Er soll auch Commentarium in Apocalypsin herausgegeben haben.

§civ. Jordan Thomas,

Landesmedicus im Markgrafenthum Mähren. Er ward 1539 zu Klausenburg von sächsischen Eltern geboren, und Johann Jordan, dem Helt 1551 sein Trostbüchlein zueignete, mag wohl sein Vater gewesen sein. Aus Liebe zur Weltweisheit und der Arzneikunst besuchte er die vorzüglichsten hohen Schulen in Frankreich und Italien, studirte auch zu Paris, Padua, Bononien, Pisa und Rom. Bei seiner Zurückreise nahm er zu Wien die Doktorwürde an, wohnte im J. 1566 dem Feldzuge wider die Türken in Ungarn als Feldmedicus bei, und erwarb sich dabei durch seine glücklichen Kuren in der ungarischen Krankheit vielen Ruhm, diente auch einige Zeit bei dem Soldatenspitale zu Wien, 1570 aber ward er Landmedicus in Mähren, da er auch unter die mährische Ritterschaft aufgenommen ward. Er lebte und starb zu Brünn 1585, im 46. Jahre würdig eines längeren Lebens! Man s. Zwittinger S. 186 und Wespremi Biograph. Medic. Hung. & Trans. S. 74.

Tr. Außer den vorbenannten von Seivert angeführten Schriftstellern findet man Nachrichten über Jordan und seine Schriften in: de Carro's Almanac de Carlsbad Prague 1831, S. 60 — in der Allgemeinen Wiener medizinischen Zeitung herausg. von den Doktoren Kraus und Pichler 13. Jahrg. 1868, Nr. 29, in Dr. Wurzbachs biographischem Lexikon X. 266—267 und in vielen anderen in dem Letzteren als Quellen angeführten Werken.

Jordan begann seine akademische Laufbahn in Wittenberg 23. November 1555, begab sich nach Ihrer Beendigung nach Wien, wo er sich der besonderen Gunst des kaif. Leibarztes Crato von Kraftheim erfreute. Dieser aber im Verein mit den andern Wiener Aerzten veranlaßte seine Sendung als Lagerarzt nach Komorn im J. 1566, weil er der einzige Arzt war, welcher sich gegen die Benennung die „ungarische Krankheit (Hagymáz)" aussprach und sie für einen Petechien-Typhus mit lokalen Complikationen erklärte. Jordan fand seine Ansicht bestätigt, blieb jedoch mit derselben vereinzelt. Nach dem Erlöschen der Krankheit kehrte Jordan nach Wien zurück, und ging von da, nachdem er 1570 im 30. Lebensjahre zum Proto-Medicus in Mähren ernannt worden war, zuvor nach Prag und von da nach Karlsbad, wo er seine „Responsio ad Ioberti Paradoxon VII." schrieb. Er kam nach Brünn, seinem Berufsort, wo er sich zwar materiell wohlbefand, — wie er in seinem Werk de morbo bruno-gallico schreibt, — aber jede geistige Nahrung und anregenden Umgang sehr ungern entbehrte. Trotz dieser Unzufriedenheit mit seinem neuen Aufenthalte entwickelte Jordan für eine Lebenszeit von 45 Jahren, in welchem er am 12. Februar 1585 zu Brünn starb, in einem vielbewegten Leben einen unermüdlichen Fleiß und Schwung des Geistes. Seine Gebeine ruhen in der Minoritenkirche zu Brünn.

Er hinterließ drei Söhne Karl, Friedrich und Heinrich, welche vom Vater den, ihm von den mährischen Ständen zum Lohne für seine Arbeit über die mährischen Heilquellen ertheilten mährischen Herrenstand, mit dem Prädikate „von Klausenburg" erbten. Der erstere war Lebensgutsbesitzer von Schlappanitz, die beiden anderen waren Hofräthe. Die männliche Nachkommenschaft der Jordane von Klausenburg ist ausgestorben.

Thomas Jordan's Schriften:

1. Joh. Dubravii Olomucensis Episcopi Historia Boiemica a Cl. Viro Thoma Jordano Medico: novis Genealogiarum, Episcorum, Regum, Ducum Catalogis necessariis, quin etiam annotationibus sic ornata et

illustrata, ut nunc demum edita dici possit. Basileae 1575. Pet. Perna fol. (in welcher der böhmische Chronist, mit Zuhilfenahme böhmischer, polnischer und schlesischer Geschichten in der Chronologie 2c. wesentlich verbessert ist.) — Erschien wieder Francofurti 1687 in 8-vo.

2. Pestis Phaenomena seu de iis, quae circa febrem pestilentem apparent, Exercitatio. Accedit Bezoar lapidis Descriptio et ejusdem auctoris ad Laur. Jouberti Paradoxon VII. Decadis II. Responsio. Francofurti 1576, 8-vo. 704 S.

Die Antwort auf Joubert's Paradoxum liest man auch im zweiten Theil der Joubert'schen Werke. Frankfurt 1599 in Fol. S. 30 2c.

3. Bruno-gallicus, seu luis novae in Moravia exortae Descriptio. Francof. 1577, 8-vo. — Wieder 1580 8-xo. 104 S. unter dem Titel: Luis novae in Moravia exortae Descriptio; und nachher wieder unter dem ersten Titel Francof. 1583 8-vo. Daselbst befindet sich auf der Rückseite Jordans Porträt in Holzschnitt. Dieses Werk ist vom Professor Jeiteles im 79. Bande der Prager Vierteljahresschrift ausführlich besprochen worden.

4. Jordana z Klausenburkie Knij o wodách hogitedlnych nep teplicech Morawskych. (Aus der lateinischen in die böhmische Sprache übersetzt b. i. Von den Gesundbrunnen im Markgrafthum Mähren). Brünn 1581. Fol. 3 Theile. — nach Seivert aber auch schon 1580 zu Olmütz 4-to. 296 S. gedruckt. Der ersten lateinischen Ausgabe Commentariolus de aquis medicatis Moraviae Francofurti 1575 folgte die zweite ebendas. 1586. 4-to. Es sind darin auch interessante Notizen über in Mähren gefundene Mumien und ein bei deren Einbalsamirung verwendetes Mineral „Retinasphalt" das in Mähren vorkommt enthalten.)

Ein Separatabdruck über den Kurort Ungarisch-Teplitz ist 1752 „a quodam Termophilo Moravo" erschienen.

5. Consilia medica, welche Lorenz Scholz in seinem zu Frankfurt 1598 in fol. gedruckten Werke bekannt gemacht hat.

6. Commentariolus de aquis medicatis in genere. Eine in der Universitätsbibliothek zu Olmütz befindliche Handschrift.

Nach Christian d'Elvert's Beiträgen zur Geschichte und Statistik Mährens und Oesterreich-Schlesiens Brünn 1854, S. 292 ist auch die gegen Goldast gerichtete Schrift: „Dissertatio de Archi-Pincernatu et connexione Regni Bohemiae cum Imperio Romano - germanico, Pragae 1716 4-to. von Jordan. Doch mögen der Verfasser dieser Schrift, sowie der im J. 1830 als Appellationsrath in Brünn verstorbene Joseph Ritter von Jordan (s. d'Elvert a. a. O. S. 195) Nachkommen des Thomas Jordan sein.

Tr. **Josephi Michael Traugott,**

geboren in Mediasch am 3. Dezember 1779, studirte in Tübingen 1801, wurde Pfarrer in Bunnesdorf, dann Pfarrer in Großprobstdorf, Hermannstädter Stuhls im Juli 1813, den 4. Juli 1838 Dechant des Volkatscher Kapitels, im März 1846 plötzlich vermißt, und erst nach etlichen Wochen an der Mühlenwehre im Kokelflusse ohnweit Großprobstdorf ersäuft gefunden.

1. Entwürfe zu einigen Gemälden aus den Gefilden der Dichtkunst und der geistlichen Beredsamkeit. Mediasch 1816, 8-vo. 24 S.
2. Gedanken und Gefühle bei der feierlichen Installirung des Comes der sächs. Nation in Siebenbürgen, als ein Denkmal der tiefsten Hochachtung und Verehrung, wie gering es auch ist, gewidmet. Mediasch (1816.) Fol. 4 S.
3. Worte des Ernstes und der Kraft über verschiedene Gegenstände der Religion, der Sittenlehre und des menschlichen Lebens. Kaschau 1823 bei Otto Wigand, Buchhändler 8-vo. VIII. 152 S.
    (Dem Comes der sächsischen Nation Johann Tartler und dem evang. Superintendenten Daniel Gräser zugeeignet.)
    Zweite vermehrte und verbesserte Auflage, nebst einem Anhange enthaltend: Blüthen zur Erhebung und Erheiterung des Geistes und Gemüthes. Aus den Werken der vorzüglichsten Dichter des klassischen Alterthums und der berühmtesten deutschen, englischen, spanischen, portugiesischen, italienischen und französischen Schriftsteller. Ebendas. 1828 8-vo. VI. 293 S.
4. Frühlingsblumen auf dem Gebiete des einsamen Nachdenkens gesammelt in dem Garten der Menschheit und der Religion. Kaschau 1824. Verlag von Otto Wigand 8-vo. 208 S.
5. Neuer Siebenbürgischer Merkur oder Betrachtungen, Ansichten und Urtheile über wichtige Gegenstände des Glaubens, der Wissenschaft und des Lebens nebst einigen eingestreuten Gedichten. Wien 1828 bei Franz Ludwig 8-vo. 189 S.

6. Der Genius und der Mensch, oder Geist, Wahrheit und Leben, geschäftig und trostreich für vernünftige Bewohner des Staubes. Wien 1828 bei Franz Ludwig 8-vo. 131 S. — Die Zueignung lautet: „Der sächs. Nation in Siebenbürgen, repräsentirt durch Herrn Joh. v. Wachsmann geweihet als ein Denkmal des regwerdenden Eifers für Literatur unter den Geistlichen im Lande, und als ein Beitrag zur Schule des Lebens für Gebildete d. h. in Ansichten wichtiger Gegenstände des höheren geistigen Lebens sind diese Blätter bestimmt und als ein Vergißmeinnicht gepflanzt in den Garten des Vaterlandes mit tiefster Ehrfurcht und Hochachtung für den hochverdienten Chef der Nation, den hohen Gönner meines Lebens, den leitenden Genius dieses Buches von dem bekannten und unbekannten Verfasser".

7. Gott und der Mensch, oder apostolischer Kirchenschlüssel an Sonn- und Festtagen eines Jahres zur Befestigung der Wahrheit, des Glaubens, der Tugend und Zufriedenheit für häusliche und öffentliche Erbauung für protestantische Leser. Wien 1828. Fr. Ludwig, 8-vo. VI. 176 S.

Vortheilhaft recensirt in Hormayr's Archiv für Geschichte, Statistik ec. Jahrg. 1828, Nr. 82—83, S. 440.

Tr. **Irthell Johann,**

geboren 8. Januar 1638 gestorben 25. April 1700 und sein **Sohn gleiches Namens**, lebten beide als Bürger in Hermannstadt, und hinterließen in Handschrift ein Tagebuch, welches der Vater vom J. 1638 bis 1699 geführt, der Sohn aber bis 1710 fortgesetzt hat.

Nachdem aus diesem Tagebuche im Satelliten vom 21. Sept. 1846 eine Stelle in die Tageschronik aufgenommen worden war, erschien dasselbe mit einem Vorwort Grafen Kemény's vollständig gedruckt in den deutschen Fundgruben zur Geschichte Siebenbürgens. Neue Folge herausg. von Trauschenfels. Kronst. 1860. S. 348—378.

Tr. **Jüngling Johann,**

Sohn des von Streitford, Repser Stuhls, gebürtigen Johann Jüngling, welcher 1812 als Kronstädter Vice-Stadthauptmann starb, wurde geboren in Kronstadt am 7. Januar 1769, studirte in seiner Vaterstadt am dasigen evangelischen Gymnasium, widmete sich dann dem juridischen Stande und diente namentlich bei dem damaligen Háromßeker Comitat, woher er im April 1790 vom Registrator als Magistratual-Secretär nach Kronstadt übersetzt, dem Stadtrichter Michael Fronius zugetheilt und noch im nämlichen Jahr zum damaligen siebenbürgischen Landtag deputirt wurde, welchem er bis zum Schluß auch wirklich beiwohnte, und wo er von Seiten der sächsischen Nation zu der Commission ernannt wurde, welcher die Besorgung des Landtagsprotokolls, der Diätal-Artikel und der damit verbundenen schriftlichen Expeditionen anvertraut wurde (s. das Landtags-Protokoll von 1791, S. 670, 679).

Im Jahr 1792 resignirte er freiwillig den Magistratualdienst und wurde am 1. März 1792 als Kanzlist bei der siebenbürgischen Hofkanzlei angestellt. In der Folge erhielt er durch die Gunst des Freiherrn Joseph Alvintzi, dem er beim Siebenbürger Landtag bekannt geworden war, seine Beförderung zum Generalkommando in Ungarn, woselbst er dann zum Feldkriegs-Secretär und Kanzlei-Direktor vorrückte, und das Referat in politicis nebst der Eigenschaft eines wirklichen k. k. Rathes erhielt, im Juni 1832 aber von des Kaisers Franz I. Majestät auch in den Adelstand erhoben ward. Er starb zu Ofen am 4. September 1834, nachdem er im nemlichen Jahre auf sein Ansuchen in den Pensionsstand versetzt worden war.

Vom Jahre 1817 bis zu seinem Tode bezog Jüngling eine bedeutende Pensionszulage, welche ihm für das von ihm in Antrag gebrachte und ausgearbeitete, sofort auch genehmigte Militärbeurlaubungssystem für das Königreich Ungarn vom Kaiser Franz I. bewilligt ward.

1. Instruktion über die im Königreiche Ungarn bei Beurlaubung der Soldaten von ungarischen Regimentern und dem Fuhrwesenskorps und deren Evidenthaltung zu beobachtenden Modalitäten. (Wien in der Staatsdruckerei 1816.) Fol. 14 S. nebst 4 Bögen Formularen.

Nach der Analogie dieser Instruktion wurde vom siebenbürgischen Hofkonzipisten Michael Nyirő eine eigene Instruktion für Siebenbürgen ausgearbeitet und unterm 2. Februar 1816 ebendaselbst herausgegeben.

Vorzüglichen Antheil hat Jüngling am folgenden Werke:
Allgemeine Geographie zum Elementar- und Selbstunterricht, insbesondere für Militär-Erziehungsinstitute nach den neuesten Lehr-

büchern mit 4 Kupfertafeln. Pest 1818. 8-vo. bei Trattner. Dem Vorbericht III—IV. folgt eine Uebersicht der Haupt- und Nebenabtheilungen der Länder V.—XVI. dann die Einleitung von den Hilfsmitteln zur Erlernung der Erdbeschreibung ıc. XVII.—LXXXIV. ferner die Erdbeschreibung selbst S. 1—174 endlich ein topographisches Inhaltsregister 8 S.

Tr. **Junk Michael,**

Sohn des Johann Junk, Pfarrers zu Probstdorf, Großschenker Stuhls, studirte zu Königsberg, wurde Rector des Schäßburger Gymnasiums 1645 und Nachfolger seines Vaters im Pfarramte zu Probstdorf 17. Juli 1645, wo er im J. 1654 sein Leben beschloß.

1. Diss. II. de necessitate cognitionis satisfactionis Christi meritoriae, ex Esa LIII. 11 et Jer. XXIII. 6 praes. Abrah. Calovio. M. Dec. 1642. Regiomonti 4.

Tr. **Kästner Johann Daniel,**

geboren in Hermannstadt am 30. Jänner 1790 absolvirte das Gymnasium daselbst im J. 1813, studirte an der Universität Jena 1814 bis 1816, wurde nach seiner Heimkehr zweiter Bibliothekar im Bruckenthal'schen Museum 1816, ferner Lehrer der Homiletik am Hermannstädter Gymnasium 25. Februar 1819, Pfarrer zu Kerz am 4. November 1826, dann in Neudorf im Juni 1849, und starb am 6. März 1867 78 J. alt.

1. De Scriptoribus rerum Transsylvanicarum Saxonicis Dissertatio. Historiae Civilis Fasciculus II. Cibinii. Barth 1819. 8-vo. II. 52 S.

Tr. **Kästner Victor,**

Sohn des Kerzer, nachmaligen Neudorfer Pfarrers Johann Daniel Kästner, studirte zuerst am evang. Gymnasium zu Hermannstadt, und dann vom J. 1845—1847 an der juridischen Fakultät ebendaselbst. Sofort praktizirte er als Kanzlist bei dem sächsischen National-Comitiat, bis er im

J. 1851 bei der k. k. Finanz-Landes-Direction für Siebenbürgen Dienste nahm, wo er bald zum Konzipisten und Finanz-Bezirks-Commissär vorrückte, und, nachdem er eben zum k. k. Finanz-Secretär vorgeschlagen und bestens empfohlen, die Dienstgeschäfte eines solchen in der letzten Zeit als substituirter Präsidial-Secretär verrichtet hatte, — nach 14=tägiger Nackengeschwulst (Anthrax) den 29. August 1857 im 31. Lebensjahre sein Dasein vollendete.

Nebst den unten angeführten Gedichten hinterließ er in Handschrift eine Sammlung sächsischer Sprüche, Redensarten und Volkslieder.

Ein biographisches Denkmal setzte ihm sein junger Freund Eugen v. Trauschenfels (unter dem Namen Joh. Rohrmüller) nach Mittheilungen Prof. Schuler=Libloy in den Blättern für Geist, Gemüth und Vaterlandskunde vom 16. u. 23. Sept. 1857 Nr. 37 u. 38, S. 253—254 u. 261—265.

1. Gedichte in siebenbürgisch=sächsischer Mundart, nebst freier metrischer Uebersetzung in das Hochdeutsche von Viktor Kästner. Hermannstadt 1862. Druck u. Verlag von Th. Steinhaußen. 12-mo. XVIII. 275 S.

Vorausgeschickt ist S. V.—XII. ein Aufsatz: „Ueber Volkssprache und Mundarten, namentlich die siebenbürglsch=sächsische und deren Eignung für Poesie", mit welchem der Verfasser im J. 1851 sein erstes sächsisches Gedicht „Bräutigam's Tod" veröffentlichte. Darauf folgt S. XIII.—XVI. ein Artikel über die sächsische „Schreibart", nach der Monatsschrift Dr. Frommanns „die deutschen Mundarten", in welcher einige Gedichte Kästner's 1857 nach dessen Tode abgedruckt erschienen sind.

Angezeigt und gelobt in der (Wiener) Donauzeitung im Monate Oktober 1862 und daraus in dem Siebenbürger Boten vom 7. November 1862, Nr. 221, S. 892. Umständlicher in der „Transsilvania" Beiblatt zum Siebenbürger Boten Jahrg. 1863, Nr. 1, S. 10—19, wo die Biographie Kästners von Eugen von Trauschenfels aus dem Oesterreichischen Morgenblatte für Kunst, Wissenschaft, Literatur und geselliges Leben S. 10—12 und dann weiter Seite 12—19 der Inhalt des oben angeführten Buches von Josephi, Gymnasiallehrer in Mediasch, umständlich angeführt ist.

T r. **Kayser Gustav A.,**

Apotheker in Hermannstadt, geboren daselbst am 29. September 1817, studirte Technik und Pharmacie in Wien 1838—1842, dann Philosophie in Berlin 1842/3 und in Gießen 1843/4, wo er in letzterem Jahre Doktor der Philosophie ward, nachdem er im J. 1843 in Wien zum Magister Pharmaciae promovirt worden war.

1. Chemische Untersuchung des Jalappenharzes. (Separatabdruck aus den Annalen der Chemie und Pharmacie. Herausgegeben von Friedr. Wöhler und Justus Liebig. Heidelberg 1844. 8 - vo. S. 81 bis 105.)

Seiv.   **Kelp Johann,**

der freien Künste und Weltweisheit Doktor. Sein glücklicher Vater Georg Kelp, starb den 25. Februar 1685, als Pfarrer zu Denndorf im Schäßburger Stuhle. Kelp wählte sich außerhalb seines Vaterlandes, die hohe Schule zu Tübingen[1]), allein die kriegerischen Unruhen bewegten ihn nach Altdorf zu gehen. Hier erwarb er sich 1689 die Magisterwürde und machte sich durch seine Schriften der gelehrten Welt auf eine vortheilhafte Weise bekannt. Nachgehends reiste er nach Pensilvanien und sein Vaterland hat nichts mehr von ihm gehört. Seine Brüder waren **Martin**, dessen ich im Folgenden gedenken werde, und **Georg**, Bürgermeister zu Schäßburg, dessen Söhne den Adel mit dem Beinamen von **Sternburg**[2]) erhalten haben. Von seinen Schriften kenne ich:

1. Theologiae Naturalis seu Metaphysicae Metamorphosin, sub moderamine Viri — M. Dan. Guilh. Molleri, pro summis honoribus et

---

[1]) Joh. Kelp studirte in Tübingen im J. 1687 und im nämlichen Jahre in Leipzig.   Tr.

[2]) Die männliche Linie der von der Kaiserin und Königin Maria Theresia am 4. August 1742 geadelten Familie Kelp von Sternburg ist mit **Martin**, der als Assistent des siebenbürgischen Oberlandes-Commissariats am 4. Dezember 1773 und **Johann**, welcher als k. k. Grenz-Infanterie-Hauptmann gestorben, erloschen, da beide nur Töchter hinterließen.

Dem Vater des Ersteren, gleichfalls **Martin** genannt, (der im Okt. 1716 ꝛc. in Halle und sofort 18. Okt. 1718 ꝛc. in Wittenberg studirte, im J. 1719 Rektor des Schäßburger Gymnasiums und im J. 1722, Pfarrer in Erked wurde, wo er am 6. Jänner 1770 starb) schreibt zwar Seivert in dem handschriftlichen „Specimen Transs. lit." das Manuskript: „Chronicon Schaessburgense" zu; übergeht aber denselben mit Stillschweigen in seinen „Nachrichten von siebenbürgischen Gelehrten" und führt vielmehr den Verfasser der offenbar identischen „Chronica civitatis Schaesburgensis" daselbst S. 453) unter den Ungenannten (s. den Artikel in diesen Denkblättern) an.

Privilegiis Philosophicis legitime obtinendis, die 15. Jun. 1689. Altdorfii, in 4-o. 24 S. und noch in demselben Jahre auch in 8-o. 32 S.

2. Scylla Theologiae, aliquot exemplis Patrum et Doctorum Ecclesiae,
qui cum alios refutare laborarent, fervore disputationis abrepti, in
contrarios errores misere inciderunt, ostensa, atque in materiam disputationis proposita, a Joh. Fabricio, S. Theol. P. P. et. M. Joh.
Kelpio. Ebend. 1690 in 8-vo.

Dieses Werkchen von 6½ Bogen, handelt in 18 Hauptstücken:
de Tertulliano, de Stephano Ep. R. de Gregorio Thaumaturgo, de
Ario, de Marcello, de Joviniano, de Hieronymo, de Augustino, de
Pelagio, de Fausto Rheginensi Episc. de Eutyche, de Berengario,
de Amsdorfio, de Flacio Illyrico, de Stancaro, de Hubero. Das
18. Kap. handelt aber de via regia inter Scyllam et Charybdin.

3. Inquisitio, an Ethicus Ethnicus aptus sit Christianae Juventutis
Hodegus? sive: An juvenis christianus sit idoneus auditor Ethices
Aristotelicae? — Resp. Balthas. Blosio, Norimb. Ebendas. 1690
in 8-vo. 96 S. und 4-to. 64 S.

Eine wichtige Abhandlung, welcher die poetischen Glückwünsche
auf seine Magisterwürde beigefügt sind. Bei einigen Exemplaren
ist die Zueignungsschrift an seine vaterländischen Gönner, den Valentin Frank, Grafen der sächsischen Nation, Michael Deli,
Bürgermeister zu Schäßburg und M. Johann Zabanius, Pro-
vinzialnotarius zu Hermannstadt, bei andern aber mit einiger Ver-
änderung, an seine Nürnberger Mäcenen, Paul Baumgartner, Karl
Welser von Neunhoff, J. Paul Ebner von Eschenbach und Johann
Christoph Tucher gerichtet.

Seiv. **Kelp Martin,**

der freien Künste und Weltweisheit Magister, Pfarrer zu Meschen und
Generalsynbikus, ein leiblicher Bruder des Vorhergehenden. Er ward
1659 zu Halvelagen im Schäßburger Stuhle geboren, woselbst sein Vater
Georg Kelp, damals als Pfarrer lebte. Schon in der Blüthe seines
Lebens zeigte er einen Geist, der sehr viel versprach. Im zehnten Jahre
schrieb er lateinische Gedichte, die seinem Alter Ehre machten. Das beste
Genie wird oft durch Mangel geschickter Lehrer verdorben. Unser Tele-
mach aber war so glücklich, auch seine Mentors zu finden. Elias

Lablver und Mag. Schnitzler, berühmte Schullehrer, bildeten seinen Geist auf den Schulen zu Schäßburg und Hermannstadt. Nach glücklich gelegter Grundlage zu einem schönen Gebäude der Wissenschaften begab sich Kelp 1679 nach Wittenberg. Hier verweilte er aber nicht ganze zwei Jahre, denn seine Liebe zur hebräischen Sprache und der große Ruf des berühmten Edzard bewegte ihn nach Hamburg zu reisen, woselbst er über drei Jahre dessen Unterricht im Hebräischen und Rabbinischen benützte. Hierauf besuchte er Leipzig und nahm daselbst 1684 die Magisterwürde an. Bei der öffentlichen Prüfung ward ihm und den übrigen Kandidaten, der bekannte Wahlspruch des großen August's: Festina lente zur Ausarbeitung gegeben. Sie hatten hiezu von sieben bis zehn Uhr Zeit. Kelp that mehr als seine Pflicht erforderte. Er handelte seinen Satz nicht nur im asiatischen und lakonischen Style ab, sondern zugleich auch in lateinischen Versen und in der hebräischen und griechischen Sprache.

In seinem Vaterlande erhielt er zur großen Aufnahme der Schäßburger Schule 1684 das Rektorat derselben, ward aber nach drei Jahren 1687, den 23. Juni zur Bodendorfer Pfarre befördert. Von hier berief ihn die Gemeinde Meschen im Mediascher Stuhle 1692, allein, wie weniger Jahre konnte sie seiner Seelsorge genießen! Die Vorsehung hatte Kelp eine kurze Laufbahn gezeichnet, die er nach einem langen Quartanfieber, den Tag vor dem Feste der heiligen Dreieinigkeit 1694, in seinen 35. Lebensjahre sanft vollendete. Es sind noch verschiedene Merkmale von seinem Briefwechsel mit Gelehrten aus Leipzig, Hamburg und Thoren übrig.

Tr. Auf Anordnung des Superintendenten hielt Kelp im J. 1690 dem verstorbenen Fürsten Michael Apafi eine hebräische Leichenrede. — Alles, was in den Aufzeichnungen des Schäßburger Gymnasiums von und über Kelp enthalten ist, kennzeichnet ihn als einen Mann voll Feuereifer und nie ruhender Thätigkeit für das Gedeihen der (ihm als Rektor anvertrauten Schäßburger) Lehranstalt. Seinen rastlosen opferwilligen Bemühungen verdankt das Schäßburger Gymnasium die Gründung einer Bibliothek, wozu er, nebst verschiedenen Büchern, 30 Gulden beitrug, und die Patrone bestätigten das von ihm vorgeschlagene Gesetz, daß fortan jeder Schüler der ersten Klasse an die Bibliothek 3 Denar gebe. In der Folge wurde der Betrag auf 6, auf 12, später auf 60, endlich auf 120 Denar erhöht 2c. Dies meldet D. G. Teutsch in dem Programm des Schäßburger Gymnasiums vom J. 1852/3 S. 11.

Kelp's Schriften:

1. Natales Saxonum Transylvaniae, Aposciasmato Historico collustrati. Resp. Joach. Christiano Westphal., Neo-Rupin. die 22. Mart. 1684. Lipsiae in 4-to. 32 S.

Tr. Den drei Freiherren Christian August, Johann Adolph und Nikolaus Friedrich von Kielmannsegge, Söhnen des Lübecker ersten Domherrn und kais. Rathes Friedrich Christian von Kielmannsegge und Erbherrn in Kohört zugeeignet. — In dem Exemplar, welches ich besitze, ist die Zueignung gerichtet an Mag. Isaak Zabanius, Rektor in Hermannstabt. — Michael Deli, Senator in Schäßburg, Samuel Schnitzler, Pfarrer in Neudorf bei Hermannstabt, — Johann Rösner, Pfarrer in Bodendorf, — Elias Ladiver, Rektor in Schäßburg, — Georg Seraphin, Pfarrer in Hundertbücheln, — Barthol. Filleni, Pfarrer in Trapold, — Andreas Gunesch, Pfarrer in Kelneck, und Martin Maurer, Prediger in Birthälm.

Seiv. Diese Abhandlung enthält drei Hauptstücke. Im ersten handelt der Verfasser von den sächsischen Stühlen in Siebenbürgen; im zweiten vom Ursprunge der Sachsen. Hier ist Kelp ein Schüler des Trösters, Töpelt und Miles, und behauptet §. 12: sie wären Ueberbleibsel der alten Dacier und Gothen, die nachgehends theils von den Gepiden und Longobarden, theils in späteren Jahrhunderten von deutschen Pflanzvölkern, besonders von Sachsen, verstärkt worden. Man finde auch Spuren der alten Gallier und Schwaben. — Vielleicht haben die französischen Lilien, die man noch an manchen alten Thürmen und Kirchen nebst anderen Reichswappen findet, den Verfasser bewogen, das erstere zu behaupten. Allein sie erweisen nichts mehr, als daß solche Gebäude seit den Zeiten des ungrischen Königs Karl Robert errichtet worden. Im dritten Kapitel widerlegt er das Kircherische Mährchen von den Hammelischen Kindern, und daß der Name der Deutschen erst unter Kaiser Karl dem Großen und den folgenden Zeiten im Lande eingeführt worden sein soll. — Wäre Kelp mit den echten Quellen seiner vaterländischen Geschichte bekannter gewesen, so würden wir gewiß von seiner Gelehrsamkeit andere Natales erhalten haben.

2. Positiones Theol. ex Articulo de Ministerio Ecclesiastico — Resp. Joanne Kelp 1685, die 25. Septem. Keresdini. per Mich. P. Székesi in 4-to. 8 S.

Die 14, 15, 26, 45 und 51 Thesen findet man bei D. G. Teutsch a. a. O. S. 27.

3. Posit. Theol. ex Articulo de Magistratu Politico. — Resp. Steph. Frank. Schaesb. 1585 die 29. Oct. Ebend. in 4-to. 4 S.

Tr. Die 4., 15., 18., 21., 23., 24., 30., 31., 37., 48., 54., 61. und 64. Thesen s. bei D. G. Teutsch a. a. O. S. 26—27.

4. Positiones Theol. depromptae ex Disp. Inaugurali — Esdrae Edzardi, Rostochii, An. 1656 habita — Resp. Joh. Langio 1656. Cibinii, in Fol. 4 S.

Dergleichen Schulübungen mag Kelp wohl mehrere herausgegeben haben; wie er denn auch vortreffliche Handschriften von vaterländischen Merkwürdigkeiten hinterlassen hat, die Hanern, bei der Ausarbeitung seiner Hist. Eccles. Trans. sehr nützlich gewesen sein sollen.

Tr. **Kelp Stephan,**

geboren am 18. März 1812 studirte in Preßburg, war Rektor des evang. Gymnasiums in Bistritz vom 5. März 1845 bis zum Juli 1849, wo er diesem Beruf freiwillig entsagte, doch übernahm er wieder das Rektorat im Jahre 1851 und verwaltete dasselbe bis zum Ende des Schuljahres 1853. — Am 5. Mai 1853 zum Pfarrer der Gemeinde Heidendorf gewählt, ward er in diesem Amte sofort den 15. Juni installirt, und ist nun zugleich Dechant des Bistritzer Kirchenbezirks.

1. Erstes Programm des evang. Gymnasiums zu Bistritz in Siebenbürgen enthaltend die Geschichte und statistische Uebersicht der Lehr-Anstalt. Herausgegeben am Schlusse des Schuljahres 1852 (Bistritz) 4-to. 50 S. nebst 2 tabellarischen Uebersichten. (Inhalt S. 1—13. Kurzer Abriß der Geschichte des Bistritzer Gymnasiums von Heinr. Wittstock. S. 32—50. Anhang in welchem die Series Rectorum Scholae Bistriciensis vom J. 1538 bis 1852 sich befindet S. 35—39.

2. Programm des evang. Gymnasiums zu Bistritz in Siebenbürgen. Herausgegeben am Schlusse des Schuljahres 1853. II. Jahrgang. Kronstadt, gedruckt bei Johann Gött 1853. Im Selbstverlag des Bistritzer Gymnasiums. 4-to. 24 S. und 2 Tafeln. (Inhalt S. 3—8. Einige Bemerkungen über die Methode des Unterrichts

in der lateinischen Sprache im Untergymnasium von Stephan Kelp. S. 9—19. Leges scholae bistricianae circa docentes notandae. Anno salutis 1596. Clariss. Viro D. Andreae Schulero oblatae et a venerando Capitulo approbatae. S. 21—24. Schulnachrichten und 2 Tafeln: Lehrplan des Gymnasiums für das Jahr 1852/3.)

T r.   **Kenzeli Joseph,**

geboren in Hermannstadt den 1. März 1769, studirte in Jena 1792 ꝛc. Prediger in Hermannstadt, dann am 28. Oktober 1806 erwählter Pfarrer in Hahnenbach, stirbt daselbst im April 1838.

De Trinitate Divina Dissertatio. Cibinii, Hochmeister 1798. 8-vo. 16 S.

Seiv.   **Kerzer (Kerzius) Paul,**

ein gelehrter Arzt des 16. Jahrhunderts, von Kronstadt gebürtig. Als Lektor bei der dasigen Schule las er über des Homers Odysse, und über Melanthons Dialektik und Physik. Seine übrigen Dienste sind mir unbekannt. Im Jahre 1585 mischte er sich in die theologische Streitigkeit von der Allgegenwart Christi nach seiner menschlichen Natur, die Daniel Neipchius veranlaßte, worüber er einmal in Gefahr gerieth, von dem erzürnten Pöbel gesteinigt zu werden. Man sehe hierüber Hauer's Kirchengeschichte von Siebenbürgen.

Tr. Kerzer war wahrscheinlich der Sohn des Laurentius Kertsch, (welches der eigentliche Familienname war), der im Jahre 1569 und 1570 die Stadthannenwürde in Kronstadt bekleidete. Nach dem Bericht des Georg Mathiä in einer Note zur Fuchsischen Chronik zum J. 1600 wurde Dr. Paul Kerzius am 2. Juni 1561 in Kronstadt geboren, und starb im Oktober 1600. Die letztere Angabe mag richtig sein, das Geburtsjahr aber ist falsch. Denn laut Thomas Tartlers Nachricht in den Collect. zur Partik.-Historie von Kronstadt S. 228, kehrte Paul Kerzius im J. 1562 von Wittenberg, wo er seine akademische Laufbahn am 26. Oktober 1558 begonnen hatte, als Magister nach Kronstadt zurück wurde hier 1572 Lector Gymnasii, dankte aber nach dem mit Neipchius gehabten theologischen Streit¹) ab, und reiste wieder auf Akademien, woher er als Doctor Medicinae zurückkehrte und Leibarzt des Fürsten von Siebenbürgen ward. Als solcher befand er sich 1588 am Hof des Fürsten Sigism. Báthori in Weißenburg, Zeuge eines noch vorhandenen Schreibens des Moldauer Wojwoden Petrus an ihn. Er hinterließ einen Sohn Johann, welcher als Senator im J. 1656 starb, sowie zwei Töchter Anna, verehl. Paul Benkner und Margaretha, verehl. Mathias Fronius.

Im Jahre 1599 den 21. Oktober ward Kerzius mit Matthias Fronius, Johann Hirscher und etlichen Hundertmännern von den Kronstädtern zum wallachischen Wojwoden Michael nach Zeiden deputirt. Es gelang ihm die Erfüllung der Drohung desselben abzuwenden. Fuchs Chron. I. 147.

Seiv. **Bongars** rühmt seine Leutseligkeit, Gelehrsamkeit und wahre Gottesfurcht, berichtet auch in Collect. Script. R. Hung., daß er von ihm erhalten habe:

1. Quadraginta sex Inscriptiones Romanas et alia monumenta antiqua.
2. Annales, qui in templo cathedrali apud Coronenses parietibus inscripti erant.

Man findet sie auch in Schwandtners Ausgabe, Tom. I. S. 874. Von diesen berufenen chronologischen Tafeln muß ich anmerken, daß sie nicht in einer Reihe fortgeschrieben sind, sondern über der Loge der Schneiderzunft liest man sie von 1143—1510, über der Loge der Goldschmide von 1514—1541, in dem Chor über der Sakristei in der ersten Kolumne, von 1541—1560 und in der zweiten von 1561—1571. Wie könnte denn Honterus Urheber davon sein? — wenigstens nicht von der ganzen Chronik.

Tr. Die Annales Templi Coronensis sind auch der 1606 zu Hanau in Fol. von Joh. Sambucus herausgegebene Geschichte von Bonfinius, sowie Bongarsii Scriptoribus rerum hungaricarum Francof. 1600 S. 626 von Lenormantius Trunianus beigefügt, sowie vom Letztern auch absonderlich unterm Titel: Transsylvanicae Inscriptiones veteres nonnullae et Annales de templis Leutschoviensi et Coronensi exscripti bereits 1597 in 4-to. ohne Druckort (Haner Advers. I. S. 252) herausgegeben worden. Letzlich habe ich eine deutsche

---

¹) S. Haner Hist. Eccl. p. 305 Schmeizel de Statu Eccl. p. 63. Vgl. den Art. Math. Fronius. Denkbl. I. 366.

Uebersetzung dieser Wandchronik unter dem Titel: „Kurze Chronik Daciens, welche an den Wänden der Kathedralkirche zu Kronstadt geschrieben stand" dem Kronstädter Unterhaltungsblatt für. Geist, Gemüth ꝛc. 1837. S. 145—146, 160, 182—183, nebst einer Fortsetzung von 1572 — 1583, S. 223 — 224 eingeschaltet. Den lateinischen Text hat endlich auch Hofrath Bedeus aus einer Abschrift Martin Oltards nebst der Fortsetzung bis 1590 in das Vereins-Archiv IV. 1. Heft S. 115—120 aufgenommen und aus derselben Abschrift auch die Hermannstädter Kirchen-Wandchronik a. a. O. S. 112—114 vorausgeschickt, von der Kronstädter Wandchronik aber verschiedene Varianten geliefert. Als man 1761—1772 das Gewölbe der Kronstädter großen Pfarrkirche neu baute und die großen Spalten und Ritzen der Wände im Chor, an denen die Annalen in gothischer Schrift standen, ausflickte und ausweißte, wurden dieselben mit ausgelöscht. Doch haben sowohl Martin Ziegler im April 1691 als auch Markus Tartler beiläufig 1745 genauere Abschriften, als der gedruckte Text in obigen Büchern ist, verfertigt und hinterlassen. — Ob aber Honterus diese Chronik an die Kirchenwände habe anschreiben lassen, wie Haner in Hist. Eccl. Trans. p. 93, ohne die Quelle anzugeben, sondern nur mit Berufung auf Tröster und Kreckwitz, (welche jedoch jene Nachricht nicht ertheilen, sondern blos 5 Stellen der Wandchronik ersterer S. 398, letzterer S. 312 anführen), berichtet, — ist ungewiß, ja vielmehr sehr zweifelhaft. Die gedruckten Honterus'schen Kalender mit der angehängten Chronik sind nichtmehr vorhanden, aus denen man allenfalls den Beweis erhalten könnte, und wenn es richtig wäre, wie Seivert (s. diese Denkblätter I. S. 160) berichtet, daß die Wandchronik 1535 geschrieben worden, in welchem Jahr Lukas Plecker Stadtpfarrer, Honterus aber noch ohne ein öffentliches Amt war, so sind die Daten in Honterus Kalender ohne Zweifel von der Wandchronik genommen und letztere nicht Honterus Werk. Wäre dieselbe nicht übertüncht, so würde man wenigstens abnehmen können, ob solche auf einmal oder nur nach und nach geschrieben wurde. Im ersten Fall kann Honterus wieder nicht der Verfasser sein, wie Seivert hier oben richtig bemerkt, es müßte denn die Wandchronik aus Honterus Kalender abgeschrieben worden sein, was aber nicht der Fall ist. Die Kronstädter Chronologen geben keine Nachrichten hierüber bis auf Filstich, welcher in seiner Kirchengeschichte 9. Kap. §. 27 schreibt, daß die Wandchronik in der Art, wie in vielen Städten Deutschlands unter dem Pabstthum vor Erfindung der Buchdruckerei geschehen wäre, um wichtige Ereignisse vor Vergessenheit zu bewahren, auch hier zu Stande gekommen sei, die Meinungen der Geschichtsschreiber aber über den Urheber zwischen Honterus und seinem würdigen Schüler Mathias Fronius getheilt seien. Da die Wandchronik Ereignisse bis zum J. 1571 erzählt und Fronius 1588 starb, so ist es nicht unwahrscheinlich, daß wenigstens die Fortsetzung von Fronius war. Bei dieser Ungewißheit müßte daher Schlözer's hartes Urtheil über Honterus als Verfasser der Wandchronik (in Krit. Samml. S. 698) gemildert werden, wenn man auch zugibt, was ebenderselbe im 3. Stück S. IV. von den Chroniken auf Kirchenwänden, überhaupt als Kritiker neuer Zeit erklärt.

Tr. **Keßler Johann Georg,**

aus Hermannstadt, studirte am Gymnasium seiner Vaterstadt, wurde am 5. Juni 1753 in die Zahl der akademischen Studenten an der Jenenser Akademie aufgenommen, nach seiner Rückkehr als Lehrer am erwähnten Gymnasium angestellt, und starb als Stadtprediger daselbst am 2. März 1772.

Eine Rede, welche er am Gymnasium, vor seinem Abgang auf die Universität, zu Ehren des kommandirenden Generalen Wallis hielt, ist enthalten in:

1. Pietas Exc. Duo. Francisco Wenceslav S. R. J. Com. a Wallis Sacr. Cae. Regiaoquo Majestatis Generali Transilvaniae Commendanti sub auspicatissimum in Transilvaniam adventum tenui Minerva Anno 1752 ineunto testata a Gymn. Cibiniensi. Cibinii in typographia publica excudit Sam. Sárdi. 4-to. 28 Seiten. Continet: a) Orationem Kesslori p. 1—10. b) Carmen heroicum Andreae Stock, Cib. Transs. pag. 11—17, et c) Ode von Johann Anbr. Wieland S. 19—27.

Bevor Keßler die Akademie in Jena verließ, vertheidigte er daselbst folgende Streitschrift:

2. Dissertatio, quae inquirit in quaestionem: quonam sensu Omnipraesentia Deo ante mundum conditum sit tribuenda. Praeside M. Just. Christ. Hennings. Jenae, Litteris Tennemannianis 1757, 4-to. 23 S.

Keßler Johann Michael,

<small>Seiv.</small>

ein Hermannstädter von bürgerlichen Eltern geboren, stubirte Medizin in Halle und 1743 in Leipzig, dann wieder in Halle, wo er den 5. Sept. 1744 die Doktorwürde annahm, davon er aber in seinem Vaterlande wenig Gebrauch machte. Hier heiratete er eine Oberstwachtmeisters Tochter, bekannte sich zur römisch-katholischen Kirche und ward endlich Rathsherr, auch nachgehends Stadthann, ein Amt, welches unsere Väter das mühselige nannten. Er hat für die Straßen, Thore, Mühlen und das Gebiet der Stadt zu sorgen, und die Zigeuner, Walachen und alle, welche vor der Stadt wohnen, stehen unter seiner Gerichtsbarkeit. Keßler starb im Jahre 1772.

Diss. inauguralis Medica, de Morbis hyemalibus feliciter avertendis. — ad d. 5. Sept. 1744.— Halae Magdeb. in 4-to. 40 S.

Keßler Johann Samuel,

<small>Tr.</small>

geboren in Hermannstadt, ward in seiner Jugend aus freier Wahl Soldat und zwar zuerst bei dem wallachischen Grenz-Regiment, in der Folge aber kam er durch Vorschub des kommandirenden Generalen in Siebenbürgen Grafen Mitrovski als Fähnrich zum Infanterie-Regimente Mitrovski. Er lag einige Zeitlang krank an Wunden in Erbesbidesheim im Oberamte Alzey, machte Bekanntschaft und knüpfte als Dichter Freundschaft mit einem jungen Mann aus Alzey le Pique, einem churpfälzischen reformirten Kandidaten, übergab ihm seine Papiere, und dieser gab, nachdem Keßler nochmals zwischen Würzburg und Bamberg verwundet worden und im Kloster Eberach in seinem 24. Jahre an seinen Wunden gestorben war, diese Papiere mit einer Vorrede unter nachfolgendem Titel heraus:

„Papiere aus dem Nachlasse eines kaiserlichen Offiziers. Wien bei Christoph Peter Rehm 1797. 8-vo. 106 S."

Der Herausgeber bemerkt S. 17 der Vorrede, nach Vorausschickung der obenerzählten Umstände, daß „Keßler als Dichter sehr „viel melancholische Verwandtschaft mit Hölty habe, wenn er schon „als Gesellschafter als sehr lustig und aufgeräumt geschätzt worden „sei. Seine Schwester die Susanna, verwittwete Fr. Friedrich

„Salmen¹) in Hermannstadt, lerne man durch die S. 71 bis
„106 eingeschalteten Briefe derselben als eine durch ein eben so
„gefühlvolles Herz, als feinen Verstand und Ausdruck schätzbare
„Frau hinlänglich kennen".

Diese Wittwe Salmen hat in der Folge den Andr. Christoph
Capesius, Pfarrer in Werd, später in Schönberg geheiratet, welcher
im J. 1832 zu Schönberg gestorben ist.

Der Inhalt des Buches ist:

I. **Rhapsodien** über Einsamkeit S. 23. Hoffnung S. 26. An
die Ruhe S. 30. Dem Gedächtnisse Laudons S. 32. Ein Ge-
sicht S. 35. Trostlosigkeit S. 37. Gebet S. 39.
II. **Gedichte**. Das Begräbniß Christi S. 43. An die Weisheit
S. 48. Bei Hannchens Grabe S. 50. Der Bach S. 53. An
den Mond S. 55. Das letzte Veilchen S. 57. An die Krieger
S. 59. Das Veilchen S. 61. Klage S. 63. Die Saat S. 65.
Das befreite Vaterland Fragment S. 66. Erinnerung S. 68.
III. **Aus Briefen von seiner Schwester** (Auszüge) S. 71—106.

Tr. ## Keßler Stephan,

aus Großschenk, studirte in Wittenberg 3. November 1700 ꝛc. wurde
1709 Conrektor zu Freistadt in Schlesien²), von da 1721 als Rektor
nach Großschenk, im J. 1724 aber als Pfarrer nach Groß-Kopisch und
schon 1725 nach Varanykut berufen, wo er am 24. Oktober 1745 als
Dechant im Alter von 70 Jahren starb.

Schmeizel in dem Entwurf der vornehmsten Begebenheiten ꝛc. schreibt
z. J. 1721. Es habe damals der Großschenker Stuhl zur Hebung seines
Schulwesens gute Anstalten gemacht und Keßlern, nach vieljähriger Abwesen-
heit aus seinem Vaterlande, am 20. Januar 1721 zum Direktor der Stuhls-
(Prätorialorts)schule, mit Bestimmung eines ansehnlichen Gehaltes, berufen.
Keßler habe daselbst das Schulwesen in der Art, wie zu Freistadt in
Schlesien, bis zur Logik, mit Einschluß der Rhetorik und Theologie ein-

---

¹) Friedrich Salmen starb als Steuereinnehmer im Großschenker Stuhl im
J. 1793. Seine Wittwe Susanna, geb. Keßler starb am 9. April 1831.
²) S. Altes und Neues von Schulsachen, gesammelt von M. Joh. Gottl.
Biedermann. Halle 1752—1755 8-vo. 5. Th. S. 259 fg.

gerichtet, und man habe die Errichtung eines Alumnats beabsichtigt, wozu der Superintendent und Generaldechant ihre Aufforderungen zur Unterstützung an die benachbarten Pfarrer hätten ergehen lassen. Obwohl auch beträchtliche Beiträge, die Interessen von 5—6000 fl. Capital erreichend, eingegangen seien, so sei doch das Ganze durch den lahmen und neidischen Großschenker Pfarrer Hermann vereitelt worden, dadurch Keßler's Anstalten schon bis zum J. 1724 zu Grunde gegangen und Keßler in diesem Jahr, wegen dem ihm durch Hermann verursachten vielen Verdruß, als Pfarrer nach Groß-Kopisch abgegangen.

Man hat von ihm:

Gaudia et vota patriae, quum divinis auspiciis et communibus suffragiis Sereniss. Academiae Jenensis Nutritorum Vir Clar. Doct. Dominus Mart. Schmeizel, Corona Transs. Saxo, Ampl. Facultatis phil. hactenus Adjunctus Professionem philosophiae publicam ut et Inspectionem Bibliothecae Ducalis Academicae A. O. R. 1722 d. 18. Novomb. adipisceretur testata fecit, honoresque gratulatus est amicus ex animo Steph. Kessler, Gymnasii Grosschenkensis in Transylvania Director. fol. 8 S.

Andere Gedichte Keßlers befanden sich in der Bibliothek des Prof. Mart. Schmeizel, laut dem Index dieser Bibliothek S. 16.

S 614. **Kinder v. Friedenberg Johann,**

Provinzialbürgermeister zu Hermannstadt, ein gelehrter Herr, merkwürdig wegen der Schicksale seiner jungen Jahre. Er ward daselbst den 16. Dezember 1672 von bürgerlichen Eltern geboren, begab sich 1693 auf die hohe Schule zu Wittenberg, machte der gelehrten Welt diese Reise in elegischen Versen bekannt, und legte sich auf die theologischen Wissenschaften. Allein ein unglücklicher Zweikampf[1]), in welchem er seinen Gegner tödlich ver-

---

[1]) In dem Wittenbergischen Universitätsalbum heißt es: „1693 d. 30. Junii (sc. receptus) Joh. Kinder Saxo Cibin. Transs. mucrone interfecit Georgium Wendelinum Variscum". — Zu gleicher Zeit mit Kinder studirte daselbst Georg Solerius (s. d. Art.) der im J. 1728 als Pfarrer in Deutsch-Kreuz starb. — In Wittenberg waren eigene Bursen für die Studirenden Siebenbürgens gestiftet von wohlhabenden Patriziern aus Siebenbürgen. Die Siebenbürger Sachsen galten in Wittenberg für rüstige Jungen, die den Schläger mit Geschick zu führen wußten. Eine Duellgeschichte, welche gegen das Ende des 17. Jahrhunderts ganz Norddeutsch-

wundete, nöthigte ihn, die Rechtsgelehrtheit zu ergreifen. In seinem Vaterlande fand er einen großen Freund an dem nachmals unglücklichen Königsrichter Sachs von Harteneck, und dieser würdigte ihn seiner ganzen Vertraulichkeit. Kinder verdiente sie auch wohl, aber eben dadurch stürzte er sich mit in das Verderben, welches sich über Sachs ausgoß. Da dieser unschlüßig war, was mit dem Kammerdiener des Generaladjutanten von Acton, der sich zu ihm geflüchtet hatte, anzufangen wäre, sagte Kinder „todte Hunde bellen nicht". Worauf derselbe heimlich ermordet und begraben ward. Als nun die göttliche Gerechtigkeit dieses Geheimniß aufdeckte und Sachs sterben sollte, ward Kinder gleichfalls des Kopfes verlustig erklärt. Ohne Hoffnung ging er mit hin auf den Richtplatz, sah das blutige Ende seines Gönners und nun sollte auch er sterben. Allein die Fürbitte einer schwangeren Standesperson, die einen Fußfall vor dem kommandirenden Generalen Grafen Rabutin that, rettete ihm noch das Leben und er erhielt Gnade.

Doch, warum sage ich nicht lieber, die göttliche Vorsehung rettete ihn? Die ihm ihr unausbleibliches Vergeltungsrecht zwar zeigen, aber ihn dennoch dem Vaterlande zu wichtigen Diensten in die Zukunft aufbehalten wollte. Kinder erwarb sich nachgehends nicht nur die Hochachtung seiner Nation, sondern auch die Gnade des glorwürdigsten Kaisers Karl VI. so sehr, daß er ihn und sein Haus in den Adelstand erhob, und Kinder sehr oft in wichtigen Angelegenheiten, bald nach Wien, bald nach Siebenbürgen reisen mußte. Den 4. Jänner 1734, erhielt er die Stuhlrichterwürde, ob er gleich zu Wien abwesend war. Er kam zwar dieses Jahr zurück, und brachte den 21. Juli fünf und vierzig Familien als die ersten Transmigranten aus dem Lande ob der Enns mit nach Hermannstadt, allein nach einem kurzen Aufenthalte begab er sich wieder an den Hof,

---

land in Aufregung versetzte, hatte zum Helden Johann Kinder, der dem „Voigtländer Handel, so zu handeln fast geboren worden" den Degen durch den Leib rannte, so daß er des andern Tages starb*). In diese Geschichte wurde auch Soterius verwickelt und fälschlich als Kinders Sekundant genannt; die Nachricht davon drang bis ins ferne Vaterland und erregte nicht geringen Unwillen bei seinen Verwandten; Dadurch ward ihm der Aufenthalt auf der Hochschule verleidet, zugleich aber der Wunsch in ihm rege, sein Glück anderswo zu versuchen, bis die Sache eingeschlafen oder vergessen wäre. Sein Geschick führte ihn nach Neuhausen in Liefland ꝛc. s. das Weitere im Art. Soterius.

*) S. Benigni und Neugeboren's Transsilv. II. 204.

von wo er im J. 1738 wieder zurückkehrte. Hierauf erwählten ihn seine dankbaren Mitbürger den 12. October 1739 zum Provinzialbürgermeister; er starb aber bald hernach den 30. April 1740, in einem Alter von 67 Jahren, 4 Monaten und 14 Tagen.

Bei so vielen Staatsgeschäften[1]) haben wir doch von seinem unermüdeten Fleiße verschiedene Schriften erhalten:

1. Hodoeporicum Topographicum: seu Diarium Itinerale, quod itineris Cibinio, per Transylvaniam, Hungariam, Silesiam, Lusatiam, Misniam et Saxoniam, Witebergam, Academici, Insigniorum locorum, urbium, civitatum, Pagorum, fluviorum, fontium et montium situs, appellationes et descriptiones, aliasque promiscuas, notatu tamen dignas, observationes continet. Inter itinerales ocupationes mille versibus conscriptum a Joh. Kinder, Cib. Trans. An. 1693. Wittebergae in 8-vo. 51 S.

Tr. 2. Mercurius in curis suis incuriosior, seu Fama tarda et Post Festivitates Nuptiales, Quas Friga Maximorum in Transylvania Virorum, utpote Vir Magnificus — D. Valentinus Frank a Frankenstein — Nat. Sax. Comes — —, Vir summe venerabilis — D. Lucas Herrmannus — Eccl. Sax. Superintendens —, Vir Summe Reverendus — D. Daniel Femgerus in Civitate Sabesiensi Pastor meritissimus —, solenniter instituerunt: Ille dum suum viduatum thalamum cum Vidua Vaidiana — instauraret: hic dum majorem natu filium — D. Danielem Femgerum — cum istius minoris natu filia — Sara Herrmanniana ritu christiano copularet, Die 27. Decembris Viteborgam appellens, In Dialogo cum Musis Cibinio Vittebergensibus in debitae observantiae testificationem

---

1) Umständlicher handelt von Kinder's Verdiensten Johann Seivert in seiner Geschichte der Hermannstädter Bürgermeister (Siebenb. Quartalschrift II. 243—244 aus welcher Kinders Name im Enkel desselben Johann Andreas im Jahre 1785 erloschen ist.

Lesenswerth sind a) die an Kinder gerichteten Briefe seines Schwiegersohnes Peter Binder von Sachsenfels und seiner Gattin, welche dieselben in den Jahren 1726 und 1727 an den zu Wien abwesenden Kinder geschrieben haben, im Auszuge in Johann Karl Schullers Schrift: „Aus vergilbten Papieren" rc. Sylvestergabe. Hermannstadt 1863". b) die Mittheilung von K. Fabritius aus dem Hermannstädter Rathsprotokoll vom Jahre 1739 über die Umstände bei der Erwählung Kinders zum Hermannstädter Bürgermeister, — in dem Archiv des Vereins für siebenb. Landeskunde N. F. VI. 17—21.

dopicta et descripta a Johanne Kinder S. S. S. St. Anno 1693. die 29. Decembr. 8-vo. 18 S.

Seiv. Die folgenden sind lauter handschriftliche Werke:

3. De Comititibus Romanis, Germanis et Hungaris antiquis, in specie vero et ex professo: de origine, officio et dignitate Comitis Saxonum, seu Judicis Regii Cibinensis in Transylvania, cum brevissima eorundem (quotquot potuerunt ex scriptis haberi) vitae et gestorum Historia, tractat aliquot his pagellis, etc. cum eorum Iconibus.

Diese Abhandlung hat V. Abschnitte. Der I. handelt de Comitibus Romanis, II. de Comit. Germanis, III. de Comit. Hungaris, IV. de Comite Saxonum, seu Judice Regio Cibiniensi, und der V. de eorum vita et rebus gestis. Das Diplom, welches die Sächsische Völkerschaft vom Könige Andreas dem II. im Jahre 1224 erhielt; erklärte Hermannstadt zum Haupt der sächsischen Provinz, und den dasigen Königsrichter, zu dem höchsten Richter der Nation, außer dem Könige. Kinder aber fängt seine Reihe, nur von dem Markus Pemflinger an, der die Würde eines Grafen der Nation und Königsrichters zu Hermannstadt, 1521 erhielt, und schließt mit dem Valentin Frank von Frankenstein, der 1697 starb. — Die mancherlei chronologischen Fehler dieses Werkchens und seine Behauptung, daß die Königsrichter vor dem Pemflinger so unbekannt wären, als hätten sie gar nicht existirt, entdecken genugsam, wie wenig dem Kinder damals das Archiv seiner Vaterstadt bekannt war. Das Verzeichniß dieser Grafen der Nation, das ich beifügen will, soll mich rechtfertigen. Zwar kann ich sie nicht in ununterbrochener Reihe, der undurchbringlichen Nacht der Vergeßenheit entreißen. Sollten wir noch hinlängliche Urkunden hievon besitzen? Sollte ich auch alle kennen? Dieses aber knüpfet den Gordischen Knoten nicht allein: sondern, daß auch alle diejenigen von Hermannstadt, die gerichtliche Sachen zu entscheiden hatten, Comites de Cibinio in alten Urkunden heißen; und geschah es auf königl. Befehl: Judices Regii oder Regiae Majestatis.

Die Bildnisse der Königsrichter mag Kinder wohl aus dem Frankenstein'schen Hause entlehnt haben, denn daselbst sieht man sie noch[1],

---

[1] Nemlich zu Lebzeiten Johann Seiverts. Das Frankensteinische Haus am großen Ring ist in neuerer Zeit ganz neu gebaut worden und jene Bildniße da nicht

nebst den Brustbildern der siebenbürgischen Fürsten, im Kalk gemalt.

4. Centuria Epigrammatum promiscuorum.
5. De caussis obscuritatis Historiae Transylvanicae.
6. De Lingua Saxonum in Transylvania.
7. Idea Principum Transylvaniae duorum SSeculorum, incipiendo ab anno 1538. An. 1734, die 25. Jun.
8. Historia Cibiniensis, ab exstructione ad nostra tempora.

Zum Theile wichtige Abhandlungen, allein von allen diesen habe ich keine entdecken können.

9. Ruina Transylvaniae: seu, brevis et Diplomatica Descriptio Nationis Saxonicae in Transylvania, ab origine et sanguine, introitu, Privilegiis, rebus praeclare gestis, antiqua libertate, perpetuaque in Domum austriacum devotione et fidelitate, mutatione pristini sui status et caussis modernae ruinae et desolationis, fere vel vere irreparabilis, nisi ejusdem Deus et Imperator misereantur. Es verdient gelesen zu werden und ist im Namen der ganzen Nation abgefaßt worden.
10. Religiosa Nationis Saxonicae in Transylvania, juxta suum ordinem et diversitatem Actorum; sex omnino Capitibus comprehensa et distincta.

Diese Schrift ist dem Pietismus entgegengesetzt; worauf der Königsrichter Teutsch in zwei Briefen an einen guten Freund 1726 antwortete.

Die Grafen der sächsischen Nation und Königsrichter zu Hermannstadt aus Urkunden und Rathsprotokollen.

Blauus, Graf der Nation und Königsrichter zu Hermannstadt 1317, in welchem Jahre er nebst dem Richter zu Petersdorf im Bistritzer Kreis, im Namen der ganzen Nation, die Bestätigung des Andreanischen Privilegiums, vom Könige Karl Robert erhielt.

Martinus, Comes de Cibinio 1346 ungewiß.

Michael, Nikolaus, Abraham, Konrad, Comites et Judices Cibinienses 1349, ungewiß welcher. Konrad oder Kunzel Kall, war Stadthann. (Villicus).

---

mehr zu sehen. Dieses Haus ist nun Eigenthum des Hermannstädter Sparkassa-Vereines. S. die Stadt Hermannstadt v. Gustav Seivert S. 91.

Martin, Konrad, Comites de Cibinio 1357, ungewiß welcher. Gerlach war Stabthann, jetzt nennen sich die Hermannstädter, Burgenses de Cibinio.

Michael, Nikolaus und Martinus, Comites ac Judices Cibinienses, per Majestatem Regiam Judices Provincialium constituti 1372. Da Michael Nunennkleppel, in diesem Jahre Bürgermeister war, und diese ihre Namen, in Urkunden den Namen der Königsrichter vorsetzen: so könnte Nikolaus, Königrichter gewesen sein. Andreas Franz, Stabthann.

Johann und Servatius, Comites de Cibinio 1372. Vielleicht nur abgeordnete Richter, wie noch heut zu Tage nicht selten Rathsherrn zu Richtern in besondern Fällen bestellt werden.

Johann Agnethler (Agatha), Graf der Nation 1376—87.

Jakob Sachs, Comes de Cibinio 1383 in der Bestätigung des Andreanischen Privilegiums der Königin Maria, vielleicht Bürgermeister.

Jakobus und Nikolaus, Comites Sedis Cibiniensis 1387 in der Bestätigung desselben Privilegiums vom Kaiser Sigmund. Wahrscheinlich war Nikolaus, Königsrichter, Jakobus und vielleicht Sachs, Bürgermeister.

Johann v. Jeel, Comes de Cibinio 1406. Ungewiß.

Andreas, Graf und Königsrichter 1411—21.

Antonius Trautenberger, 1432 und 1441 zugleich Bürgermeister.

Johann Sachs (Szász) 1446.

Sigmund Maurizius, Vice-Königsrichter 1449. Jakobus, Bürgermeister, Johann Trausch, ein Wagner, Stabthann, Rebnoldus, Judex Civitatis Cibiniensis. Ungewiß, ob er Stuhlrichter gewesen oder Königsrichter, dessen Stelle nur Maurizius in diesem Geschäfte vertreten hat.

Johann Lemmel, zugleich königlicher Hofjunker, ungewiß 1444; sicher von 1452—1460.

Nikolaus Jngleur (Siegler), Vice-Königsrichter 1464, wirklicher 1465.

Benediktus Roth (Veresch, Rufus), 1466, die Triebfeder der bekannten Empörung wider den König Mathias Korvin; flüchtet 1467 nach Polen. Der Bürgermeister Petrus Gräf (Petrus Gereb de Veresmárth) wird nebst acht andern Personen zu Hermannstadt, auf königlichen Befehl enthauptet.

Nikolaus Russe auch Aurifaber, vielleicht ein Goldschmied, Vice-Königsrichter bis 1469.

Ladislaus Hahn (Hähnlein, Kakas), Königsrichter 1469.

Petrus Gräf (Gereb), Königsrichter 1480, nach einer alten Chronik. Schlägt in diesem Jahre mit den Stuhlbauern die Türken bei dem Passe des rothen Thurmes.

Thomas Altemberger, Bürgermeister und königl. Kammergraf, nennt sich 1481 zugleich Königsrichter. Er starb zu Ofen 1491.

Laurentius Hahn, ward es 1488, starb 1506 oder 1507.

Johann Lulai oder von Lula, erwählt 1507, starb den 12. April 1521.

Andreas, der Arzneikunst Doktor und Stadtphysikus, Vice-Königsrichter nach des Lulai Tode.

Markus Pemflinger, 1521, wird vom König Johann I. seiner Würde verlustig erklärt, stirbt 1536.

Michael Knoll, Königsrichter nach dem Vertrag der Stadt Hermannstadt mit dem Könige Johann vom 2. November 1534. Ob ihn der König dazu erklärt, oder ob er Pemflingers Stelle vertreten habe, weiß ich nicht. Das Rathsprotokoll hat seinen Namen gar nicht.

Matthias Armbrüster von 1537 — 1539. Bekleidete alsdann diese Würde nicht mehr und starb im December 1542.

Georg Huet (Süveg, Pileus). Von 1539—1543 stirbt im Maimonde.

Johann Roth (Veres, Rubeus, Rufus) von 1543, wird den 1. April 1556 von den erbitterten Bürgern erschossen.

Petrus Haller v. Hallerstein, wird von Kaiser Ferdinand 1555 den 4. Juni zum Grafen und Königsrichter erklärt, bediente sich aber dieser Würde, so lang Roth lebte, nicht; starb den 12. Dezember 1569.

Augustin Hedwig gemeiniglich Szöts oder Pellio, weil er ein Kürschner war, von 1570—1577, starb den 1. Februar.

Albert Huet (Süveg, Hutterus) erwählt 1577, starb 1607, den 23. April.

Daniel Melmer (Deák, Literatus). Bestätigt den 20. Mai 1607 scheint zu Ende des Jahres 1612 gestorben zu sein.

David Weyhrauch, Königsrichter zu Reps, wird vom Fürsten Gabriel Báthori zum Grafen der Nation bestimmt. Das einzige Beispiel, daß die Grafen der Nation nicht zugleich Königsrichter zu Hermannstadt gewesen sind. Mit dem Tode des Fürsten 1613, hatte auch seine Würde ein Ende.

Kollman Gotzmeister von 1613—1633, starb den 14. Oktober.

Valentin Seraphin, erwählt den 10. März 1634, starb den 20. Juni 1639.

Michael Agnethler oder Lang von 1639—1645, starb den 18. Mai.

Valentin Frank, bestätigt den 26. Juli 1645, starb zu Leschkirch den 9. Mai 1648.

Johann Lutsch, 1650, stirbt als Geisel zu Konstantinopel den 17. November 1661.

Michael Arzt, Vice-Königsrichter während Lutsch's Abwesenheit.

Andreas Fleischer, 1662, starb den 5. Februar 1676.

Mathias Semriger, bestätigt den 16. Februar 1676, starb den 3. April 1680.

Georg Armbrüster, den 17. April 1680, starb den 7. Januar 1685.

Johann Haupt, 1685, starb aber das folgende Jahr den 9. Februar im hohen Alter.

Valentin Frank von Frankenstein, erwählt den 14. Februar 1686, starb den 27. September 1697. Er war zugleich wirklicher geheimer Rath des königlichen Regierungsraths im Fürstenthume Siebenbürgen, so wie alle folgenden Grafen der Nation und Königsrichter zu Hermannstadt.

Johann Babanius des h. R. R. Ritter Sachs von Harteneck, erwählt 1700, bestätigt den 4. Januar 1702, öffentlich enthauptet den 5. Dezember 1703.

Peter Weber von Hermansburg, erwählt den 6. Juni 1704, starb den 26. Mai 1710.

Andreas Teutsch, der Arzneikunst Doktor, erwählt den 16. Juni 1710, starb den 18. August 1730.

Simon Edler von Baußnern, erwählt den 24. August 1730, bestätigt den 11. Dezember 1732 und feierlich eingeführt den 10. Juni 1733, starb den 30. September 1742.

Stephan Waldhütter von Adlerhaus, bestätigt 1745 und eingeführt den 25. Februar, starb den 13. November 1761. Nach dessen Tode, blieb die Königsrichterwürde 7 Jahre unbesetzt.

Samuel Edler von Baußnern, königl. Vice-Truchses im Großfürstenthume Siebenbürgen, erwählt 1768 und den 12. December mit gewöhnlichen Feierlichkeiten eingeführt. Stirbt den 3. Januar 1780, nachdem er seit 1774, den 22. Heumond in der Ruhe lebte. Seine Würde ist bis 1781 unbesetzt geblieben.

Johann Cloos von Kronenthal, siebenbürgischer Hofrath zu Wien, sah seine Verdienste mit dieser Würde belohnt und ward den 26 November desselben Jahres feierlich eingeführt.

Tr.   Als Kaiser Joseph II. eine neue Landesverwaltung einführte und die sächsische Nation für erloschen erklärte, hörte im Jahr 1784 auch das Amt eines Hermannstädter Königsrichters und sächsischen Nations-Comes auf. Zu dem Amte eines wirklichen Gubernialrathes, welches Kronenthal sonach weiterhin bekleidete, erhielt derselbe zugleich den

Dienst als Gubernial-Kanzlei-Direktor. Nach Wiedereinführung aber der alten Landesverwaltung, ging Kronenthal im Jahr 1791 nach Wien zurück, diente bis zum Jahr 1805 als wirklicher Hofrath bei der siebürgischen Hofkanzlei, und starb in Pension 25. Februar 1809.

Michael von Bruckenthal wurde, nach Herstellung der Landesverfassung und Wiederauflebung der sächsischen Nation, am 4. März 1790 zum Hermannstädter Königsrichter gewählt, und von König Leopold II. zum Nationskomes bestätigt, sowie 1791 den 18. November in den erbländischen Freiherrnstand erhoben. Durch ein a. h. kön. Reskript vom 18. Januar 1796 wurde die Königsrichters- von der Comeswürde getrennt, jedoch nie absonderlich besetzt. Im Jahre 1805 führte Baron Michael Bruckenthal mit dem Hofrathe Stephan v. Ghyürky die Regulation in der sächsischen Nation und deren Kreisen ein, wurde 1810 Commandeur des k. k. Leopold-Ordens, und starb am Schlagfluß den 18. Dezember 1813.

Johann Tartler aus Kronstadt, k. siebenb. Gubernialrath und Ritter des k. k. Leopoldordens, ernannt 8. März 1816 stirbt 26. März 1825.

Johann Wachsmann aus Mediasch, k. Gubernialrath ernannt 5. Febr. 1826, stirbt 7. Mai 1845.

Franz von Salmen aus Hermannstadt, Gubernial-Sekretär. Nach dem Vorschlag der sächsischen Nationsuniversität genehmigte Kaiser Ferdinand durch k. Reskript vom 31. Dezember 1845 die Wahlart dreier Kandidaten durch die Hermannstädter Stadtkommunität zum Königsrichter, aus 6, durch alle sächsiche Kreise gewählten Kandidaten, und bestätigte am 9. April 1848 aus den in solcher Weise gewählten 3 Kandidaten Franz von Salmen zum Hermannstädter Königsrichter und Comes der sächsischen Nation, welche Würden nebst dem damit verbundenen Gubernialrathsdienste derselbe demnach seit seiner am 26. August 1846 erfolgten feierlichen Installation bis zum 15. März 1852 bekleidete, wornach er nach Auflösung der Wirksamkeit des sächsischen Nationsgrafen, als k. k. Hofrath zum k. k. obersten Gerichts- und Cassationshof nach Wien abreiste. Noch am 21. August 1850 wurde Salmen mit dem Commandeurkreuz des hohen k. k. Leopoldordens betheilt und im Mai 1854 in den Freiherrnstand erhoben, im Jahre 1861 mit der Reorganisation der sächsischen Kreise bei hergestellter Landes- und National-Verfassung in seiner früheren Eigenschaft betraut, und nach deren Vollzug mit dem vollen Gehalte eines älteren Hofrathes in den Ruhestand versetzt.

Conrad Schmidt von Aguethlen, in gleicher Weise, wie sein Vorgänger zum Hermannstädter Königsrichter und Comes der sächs. Nation gewählt und mittelst allerhöchsten königl. Reskriptes vom 14. Juli 1863 dazu bestätigt, wurde mittelst allerh. Handschreiben vom 10. Juli 1864 „in Anerkennung seiner hervorragenden, um den Staat erworbenen Verdienste" mit dem Commandeurkreuz des hohen k. k. Leopoldordens ausgezeichnet, und am 8. Februar 1868 pensionirt; — unterm nemlichen Tage wurde

Moriz Conrad von Reps, königl. ungar. Justizministerial-Sektionsrath zum provisorischen und am 14 Februar 1869 zum wirklichen Nationscomes Allerhöchst ernannt[1]).

Tr. **Rinn Johann,**

evangelischer Pfarrer in Sächsisch-Reen seit 1853, wurde im Juni 1806 daselbst geboren, absolvirte das evang. Gymnasium zu Mediasch im Jahre 1826, studirte im Jahre 1826 und 1827 an der Wiener protestantisch-theologischen Fakultät, und wurde im Herbst des J. 1827 zum Conrektor, 1829 zum Rektor der Schulen in Reen, im Dezember 1830 aber zum Prediger und 1853 zum Pfarrer daselbst erwählt. Als Prediger versah er längere Zeit auch den Conrektorsdienst, und vom J. 1849—1853 auch den Dienst als Lehrer der ungarischen Sprache. Im J. 1860 zum Reener Capitels- und Bezirksdechanten erwählt bekleidet er diese Würden bis gegenwärtig.

Gedächtnißrede auf den am 8. April 1860 verstorbenen Grafen Stephan Széchenyi gehalten am 23. Mai 1860 in der evangelischen

---

1) S. „Die Grafen der sächsischen Nation und Hermannstädtischen Königsrichter von Johann Seivert" in dem Ungarischen Magazin II. 261—302, III. 129 bis 163 und 393—432. „Das Recht der Comeswahl von J Mannicher" in Kurz's Magazin für Gesch. ec. Siebenbürgens III. 131 180. 509. „Kapitulation und Eid des Comes" in dem historisch-politischen Journal der k. k. Erblande 1792 I. 75 bis 90. „Installationsfeier" s. Denkbl. 183. „Centralaufsicht und Aktivität des Comes" in den Siebenbürgischen Provinzialblättern IV. 156—159. „Leichenfeier" ebendas. V. 233—237.

Hier sei noch bemerkt, daß der Königsrichter und der Bürgermeister von Hermannstadt von den Siebenbürgischen Landesständen zu den Magnaten des Landes gezählt zu werden pflegten. S. Szász Sylloge Tractatunm S 354.

Kirche A. B. in Sächsisch-Regen von Johann Kinn evangelischen Pfarrer daselbst. (Ins Ungarische übersetzt von Mark. Békessi). Gedruckt in Maros-Vásárhely 1860, 8-vo. 11 Seiten. Gegenüber die ungarische Uebersetzung des Titels und Textes, deren ersterer lautet: Emlékbeszéd, melyet Grof Széchenyi István végtisztességére a' Szászregéni ágost. hitv. templomban mondott Kinn János, szászregéni ev. luth. lelkész Szász-Régenben 1860 Majus 23-án (Magyarra forditotta Békessi Márk). Nyomatott Maros-Vásárhelyen, az ev. ref. főtanoda betűivel 1860.

Tr. **Kirchner Johann Karl,**

geboren in Broos 9. April 1821, starb als Lieutenant des 23. k. k. Jägerbataillons am 1. März 1850 in Maros-Vásárhely. Er war ein Sohn des Brooser Hutmachers und Communitäts-Orators Johann Gottfried Kirchner, erhielt seine Bildung in der Grammatikalschule und dem ungarischen reformirten Collegium seines Geburtsortes und bezog im J. 1838 das evang. Gymnasium zu Hermannstadt. In die Zeit seines Hermannstädter Gymnasiallebens fallen seine ersten unter dem angenommenen Namen Karl Holm für das Theater und die Liedertafel daselbst bestimmten gedruckten Gedichte. Nach absolvirtem Gymnasium, studirte er an der Rechtsakademie in Hermannstadt 1844. Einen Theil seiner Gedichte nahm sein Freund Friedrich Geltch (s. Denkbl. II. S. 2) in das Liederbuch der Siebenbürger Deutschen auf. Ein Zug der Wehmuth, der durch die Gedichte weht, wird durch den Tod seiner geliebten Mutter und seiner Schwester erklärlich. Nach beendigten Fakultätsstudien schwor er im Jahre 1846 als Magistratskanzellist in Broos ein, und praktizirte bei der kgl. Gerichtstafel. Anfangs, so lange der Landtag dauerte, in Klausenburg, dann in Maros-Vasarhely. Da seine juridischen Studien hier im Frühling des Jahres 1848 durch den Ausbruch der bekannten Revolution unterbrochen wurden, so kehrte er in seine Vaterstadt zurück. Doch nirgends im Sachsenlande entbrannte der Wort- und Demonstrationskampf über die Frage der Union Siebenbürgens mit Ungarn heftiger, als unter der gemischten Bevölkerung von Broos, wobei der junge Kirchner auf Seiten der sächsischen Nation aufs Eifrigste mitkämpfte. Als hierauf der kommandirende General Baron Puchner, um die an Kopfzahl geringe österreichische treugebliebene bewaffnete Macht zu verstärken, einen Aufruf an die sächsische Nation zur Bildung eines Jägerkorps, zum Schutz der Kaiserkrone und des Gesammtstaates erließ, stellten sich in wenigen Tagen 1200 junge Freiwillige dem Generalen zur Verfügung. Besonders waren auch viele Studenten in ihren Reihen. Kirchner mit vielen seiner Schulfreunde und Standesgenossen, — darunter die bei Salzburg, Piski und Zeiden gefallenen hoffnungsvollen Juristen Thallmayer, Theodor Fabini und Gustav Henrich, — strömten zur kaiserlichen Fahne. Das Jägerbataillon, welches gegen Ende November 1848 organisirt bestand, rückte im Jänner 1849 gegen Bem's Armee. Die Division (zwei Compagnien) sächsischer Jäger, welcher der zum Unterlieutenant ernannte Kirchner zugetheilt war, nahm ihrer Bestimmung zufolge den thätigsten Antheil an der standhaften und muthigen Vertheidigung der, zumal durch Bem und später durch Stein bombardirten Festung Karlsburg, (während die andern zwei Divisionen des sächsischen Jägerbataillons die Schlachten bei Hermannstadt, Salzburg, Broos, Piski, Mediasch und Zeiden kämpften und sofort die Mühseligkeiten des Marsches durch die Walachei bestanden.) Zwei schöne Gedichte entflossen seiner von ungrischen Kugeln umschwirrten Feder während der Belagerung Karlsburgs. Doch bald nach dem Entsatz der Feste überfiel Kirchner ein hartnäckiges kaltes Fieber, von dem er erst im November 1849 genas. Noch in Karlsburg war er bereits zum Premier-Lieutenant befördert worden. Nun lag er der Erwerbung der militärischen Fachkenntnisse eifrig ob. Allein bald ergriff auch ihn, wie soviele andere Krieger, die alle Fatiguen des Krieges glücklich überstanden hatten, der nach beendigtem Krieg in allen Garnisonen Oesterreichs epidemisch hervortretende Typhus, welchem er nach kurzem Krankenlager, am obenangezeigten Tage erlag.

Einige seiner Freunde und Kriegsgefährten veranstalteten aus seinem schriftlichen Nachlasse eine Sammlung seiner Gedichte, aus welchen bereits der Verfasser seinen Freunden und Freundinen ein Sträußchen zum Andenken zu übergeben willens war. Einer dieser Freunde Sternheim schrieb dazu ein, S. 1—6 gedrucktes Vorwort in schöner und begeisterter Sprache, worinnen die hier vorausgeschickte biographische Skizze, unter näherer Besprechung der 1848/9-ger Landeswirren, umständlicher ausgeführt, von der Entstehung und dem Werth der Gedichte gehandelt, und am Schluß über den Körperbau und festen Charakter Kirchner's den Lesern Nachricht gegeben wird.

Gedichte von Karl Kirchner. Kronstadt, Druck und Verlag von Johann Gött 1852. 8-vo. II. 87 S. mit einem lithographirten

Bilde: „Erstürmung der Strellbrücke in der Schlacht bei Piski durch die sächsischen Jäger."

Tr. **Kisch Johann Daniel,**

Sohn des Burgberger Pfarrers Daniel Kisch, geboren in Hermannstadt den 12. Mai 1793, studirte in den Jahren 1813—1816 an den Hochschulen in Wien und Göttingen, diente als Gymnasiallehrer in Hermannstadt, weiter aber als Stadtprediger in Hermannstadt, wurde Pfarrer in Heltau 13. Dezember 1833 und trat in den Ruhestand im J. 1869.

Dissertatio theologica de veteris et novi Testamenti Sacramentis Cibinii Hochmeister 1819. 8-vo. 46 S.

Tr. **Kisch Johann Georg,**

geboren in Hermannstadt 1. April 1800, studirte an der Wiener protestantisch-theologischen Fakultät 1821 ꝛc., wurde Gymnasiallehrer und darauf Prediger in Hermannstadt, und im Jahre 1849 Pfarrer in Rothberg.

Epitome vitae, epistolarum et dogmatum Pauli Apostoli. Cibinii 1834. 8-vo. 46 S.

Tr. **Kißling Johann,**

Sohn des Schellenberger Pfarrers und Hermannstädter Capitularbechanten Valentin Kißling, geboren 1676, — studirte an der Universität in Jena 1696/7, wurde nach seiner Heimkehr Prediger in Hermannstadt, sofort aber Pfarrer in Kerz 13. März 1706, Pfarrer in Hahnebach 1716, Pfarrer in Neudorf 1733 und starb daselbst 25. November 1733.

Illustrissimo ac Generosissimo Domino Joanni Sachse de Harteneck S. R. Imp. Equiti et Exc. R. Gubernii in Transilvania Consiliario Intimo, Nationis Sax. Comiti Confirmato ac Judici Regio Cib. Patrono Litterarum maximo humillime ac suppliciter gratulatur Joannes Kissling, Phil. et Theologiae cultor. Jenae litteris Nisianis MDCXCIX. Kalend. Octob. in 4-to. 12 S.

Kläger Justus.

Seiv.

Unter diesem wahrscheinlich erdichteten Namen, sollen 1646 verschiedene giftige Schmähschriften zu Hermannstadt gedruckt worden sein, als:
1. Beschreibung der geistlosen Geistlichen, Hermannstadt 1646 in 12.
2. Beschreibung des jetzigen unlautern Lutherthums. Ebend.
3. Ungeistliches Disputirgeschwätz.
4. Satans Synagoga, oder Beschreibung Lutherischer hoher und niederer Schulen.
5. Nabals Haus 2c.

Diese Schriften kenne ich nur aus Schmeitzels Stat. Ecclesiae Luth. in Transylv. S. 65 — der sie aus dem Röschel anführet und muthmaßet: Fröhlich ziele auf selbige, wann er im Viator. S. 311, berichtet: daß in der Buchdruckerei zu Hermannstadt ehemals verschiedene Schmähschriften von einem Linzer aus Nachsicht des dasigen Raths, wären gedruckt worden. — So schreibt er auch in seiner Medulla Geograph. Pract. S. 372. Typographiam hujus civitatis (Cibiniensis) superioribus annis turpiter prostituit alastor Marcus Pistorius injuriosus, quandoque chartas impuno in ea imprimendo. — Nun war dieser Pistorius noch 1650 Buchdrucker zu Hermannstadt, welches aus des Andreas Oltards gedruckter Reformationspredigt erhellet; er kann also wohl die angeführten Schriften 1646 gedruckt haben. Wie aber Fröhlich diese meinen könne, sehe ich gar nicht ein, da seine Medulla Geogr. 1639 und das Viatorium oder Bibliotheca Cynosurae Peregrinantium 1644, herausgekommen ist.

Alle meine Mühe einige dieser Schriften, oder auch nur die Gewißheit ihrer ehemaligen Existenz zu entdecken, ist bisher vergebens gewesen. Doch, ist es nicht ganz unwahrscheinlich, daß damals dergleichen Mißgeburten der Bosheit ausgebrütet worden. Alles war Aufruhr in Hermannstadt. Der Haß der wüthenden Bürger war gegen ihre weltliche und geistliche Obrigkeit gleich groß. Peter Rihelius, damaliger Stadtpfarrer, hatte sich der verhaßten Gotzmeisterischen Gemahlin auf öffentlicher Kanzel angenommen, und sie sogar eine keusche Susanna genannt. Da sie nun als eine überwiesene Kindermörderin von den Bürgern den 1. September 1645 gesäcket und ersäuft wurde, mußte auch Rihelius für seine Schutzrede büßen. Kaum konnte er noch in seinem eigenen Hause Sicherheit finden, und die Bürger drangen mit größter Heftigkeit auf seine Absetzung. Allein, die sächsische Geistlichkeit nahm sich ihres bedrängten Mitbrubers so ernstlich an, daß ihn die Bürger auf hohen fürstlichen Besehl 1646, um Vergebung bitten, und den 20. Febr. feierlich in sein Amt und die Pfarreswohnung einführen mußten. — Welcher reiche Stoff zu dergleichen Schriften! doch werde ich nie glauben, daß der Rath dabei einer Nachsicht zu beschuldigen sei. Er befand sich selbst in der gefährlichsten Lage und mußte froh sein, daß er nicht ein Schlachtopfer des wüthenden Pöbels ward. Mehreres von diesen tragischen Auftritten habe ich in den „Grafen der Sächsischen Nation", welche in dem Ungrischen Magazine III. 396 erschienen sind, angemerkt.

Tr. **Klein Johann,**

von Bistritz gebürtig und Prediger daselbst, starb als Pfarrer in Klein-Bistritz im Jahre 1717, wozu er 1715 gewählt worden war.

> I. I. Exercitatione Juridica inofficiosi Testamenti querelam, praeside Joh. Casparo Brendel publico examini sistit J. K. ad diem Febr. A. 1686 Wittenborgae, Typis Joannis Borckardi, Acad. Typr. 4-to. 36 S.

Dem Superintenbenten Christian Haas u. a. m. zugeeignet.

Tr. **Klein Joseph Traugott,**

geboren in Heidendorf im Jahre 1783, studirte an der Universität in Jena 1802 ꝛc., Rektor des Bistritzer Gymnasiums 25. November 1809, wurde Pfarrer in Heidendorf aus dem Rektorat 8. Mai 1817, im Jänner 1827 zum Stadtpfarrer in Bistritz erwählt, nachdem Michael Nirescher am 21. Dezember 1826 gestorben war, starb aber schon am 1. April 1827 im 47. Lebensjahre am Typhus.

Er brachte als Rektor das Bistritzer Gymnasium zu neuer Blüthe und erwarb sich in dieser Zeit viele Verdienste, welche der dasige Professor Heinrich Wittstock in dem Bistritzer Gymnasial = Programm vom Jahre 1852, Seite 20 bis 25 wahrheitsgetreu geschildert und gerühmt hat.

> 1. Geschichte der Deutschen im Norden von Siebenbürgen, nach Urkunden des Bistritzer Archivs verfaßt. Manuscript. 4-to. 141 Seiten oder 122 §§. und außerdem 51 Urkunden auf 78 S.

(S. 1—87 Politische Geschichte; — S. 88—120. Kirchen- und Kulturgeschichte; — S. 121—141 Zehntgeschichte.)
2. Geschichte des Visritzer Kapitels verbunden mit der Zehntgeschichte desselben, aus Urkunden des Kapitular-Archivs zusammengetragen. Handschrift.

Tr. **Klein Michael,**

geboren in Hermannstadt 26. Februar 1776, studirte an der Hochschule in Jena 1800 ec., wurde Lector am Hermannstädter Gymnasium, dann Prediger in Hermannstadt, sofort aber Pfarrer in Heltau 23. Juni 1810 und letztlich in Stolzenburg 21. November 1833, wo er am 9. September 1854 mit Tod abging.

Indicis Fossilium Musei Gymn. Cib. Aug. Conf. Fasciculus II. Classem 1, 2 et 3 complectens. Cibinii Barth 1805. 8-vo. 19 S.

Tr. **Klein Valentin,**

geboren zu Wallendorf in der Zips am 14. Februar 1643, studirte in Eperies unter Magister Isaak Zabanius, Elias Ladiver u. a. und folgte dem Erstern nach Hermannstadt, wo er dessen und des Magisters Johann Fabricius Unterricht neun Jahre hindurch genoß. Nach Ungarn zu seinem Bruder Barthol. Klein, Prediger in Wagendrüssel im Jahre 1681 zurückgekehrt, wurde er 1683 als Prediger nach Palmsdorf in der Zips, und von hier im Jahre 1690 nach Einsiedl ebenda berufen, wo er auch mit Tod abging[*]).

Während er in Hermannstadt studirte, gab er heraus:

Drei neue Pestlieder aus der Sinn- und Lehrreichen, wie auch höchst beweglichen Pestpredigt, welche aus recht theologischem Eifer in der Hauptkirche zu Hermannstadt, von Dero obersten Hauptpfarr den vierten Adventsonntag 1677 (ex Num. 14) gehalten wurde. (In welcher sich billig, als in einem Spiegel ein jeder frommer Christ täglich spiegeln sollte.) Allen bußfertigen und Gott

---

*) S. Klein's Nachrichten von evangelischen Predigern in Ungarn I 145 bis 152 und Hornyansky's Beiträge zur Geschichte evangelischer Gemeinden in Ungarn S. 45 und 162.

liebenden Christen zum Besten in schlechte Reimen gebracht, und aus liebreichem Herzen zum neuen Jahr 1678 in tiefster Demuth verehrt von — Druckt Stephan Jüngling 8-vo. 16 S.

Nebst Anhang: Ein neu Wehhnachtslied, seinen lieben Discipulis etc. 1677 d. 24. Dec.

Tr. **Kleinrath Joseph,**

geboren 12. Januar 1810, studirte 1831 an der theologischen Fakultät in Wien, ward evangelischer Pfarrer in Karlsburg 1836, erhielt den Ruf nach Großprobstdorf am 10. Mai 1846, nach Reußen aber 1856 und an Stelle Ackners im September 1862 als Pfarrer nach Hammersdorf[1]).

Die evang. Kirche A. C. in Karlsburg. Zum Besten des evang. Frauenvereines. Kronstadt 1844. Gedruckt bei J. Gött. 8-vo. 28 S.

Die evang. Kirchengemeinde in Karlsburg war ihrem Erlöschen nahe, als sich im J. 1843 auf die Einladung der Frau Friederike verehel. Hauptmann Karl v. Ziegler, geborenen Paul aus Kronstadt, ein Frauenverein bildete, um zur Subsistenz des Pfarrers und Lehrers ihrer Gemeinde ein Kapital zu Stande zu bringen. Nachricht von diesem Verein sammt Statuten desselben enthält die Transsilvania, Beiblatt zum Siebenbürger Boten vom 19. Jänner 1844 Nr. 6, S. 25—26. Weiteren Bericht gibt die vorbenannte kleine Schrift.

Seiv. **Klingsfor (Clynsor) Nicolaus,**

ein berühmter Weltweiser, Astrolog und Dichter des 13. Jahrhunderts. Er lebte unter der Regierung des Königs Andreas von Jerusalem, und war ein siebenbürgischer Sachse von Adel und großen Reichthümern[2]).

---

[1]) Lobend gedenkt seiner der gelehrte englische Reisende Karl Boner in seinem Werke: Siebenbürgen Land und Leute, Leipzig 1868, S. 58.

[2]) In Theodorici de Thuringia, Vita S. Elisabethae C. I. S. 40 nach der Pratzischen Ausgabe, finden wir folgende Nachricht von dem Klingsor: In hujus (Hermanni Landgravii Thuringiac) palatio et familia fuerunt sex viri milites natalitiis non infimi, ingenio excellentes, honestate morum virtuosi, cantilenarum confectores summi, sua certatim studia offerentes. Habitabat tunc in partibus Hungariac, in terra, quae septem Castra vocatur, nobilis quidam et

Insonderheit erwarb ihm seine deutsche Muse solchen Ruhm, denn in 62 poetischen Feldzügen erhielt er den Sieg. Er schien unüberwindlich zu sein, allein zu Eisenach erfuhr er das Gegentheil. Seine Nekromantie unterlag, denn der Teufel hatte ihn gegen die Pfeile heiliger Gesänge nicht fest gemacht. O Zeiten! Er kam aber durch einen besondern Zufall nach Thüringen. Landgraf Hermann, ein großer Liebhaber der Meistersängerkunst, unterhielt verschiedene berühmte Dichter an seinem Hofe zu Eisenach. Von diesen war Heinrich v. Osterdingen, ein Bürger von Eisenach, mit den andern in einen Dichterkrieg verwickelt. Auferzogen am Hofe des Herzogs Leopold von Oesterreich, weihte er dankbar alle seine Gesänge dem Lobe desselben, zog ihn allen Fürsten des Reichs vor, und verglich ihn mit der Sonne. Dieses war den übrigen Sängern ein Aergerniß. Sie lobten dagegen ihren Landgrafen Hermann und verglichen ihn mit dem Tage. Diese Lieder hießen der Krieg von Wartburg. Denn sie sangen immer wider einander und so heftig, daß sie gar den ehrlichen Heinrich bei dem Landgrafen in Ungnade zu bringen suchten. In diesem Gedränge berief sich Heinrich auf Klingsor's Urtheil und Entscheidung. Er reiste also mit Empfehlungsschreiben des Landgrafen nach Siebenbürgen und bewegte den Klingsor nach Thüringen zu kommen. Ehe dieser noch zu Eisenach den Landgrafen zu sprechen die Gnade hatte, soll er einmal bei der Nacht in der Thürschwelle seiner Wohnung gesessen sein, und mit großer Aufmerksamkeit die Gestirne betrachtet haben. Als er hier befragt ward, ob er eine wichtige Entdeckung mache, antwortete er: diese Nacht wird dem Könige von Ungarn eine Prinzessin geboren werden, sie wird den Namen

---

dives trium millium marcarum annuum censum habens, vir Philosophus, literis et studiis saecularibus optime (die Canisianische Ausgabe setzet hinzu: a primaevo aetatis) imbutus, nigromantiae, astronomiae scientiis nihilominus eruditus. Hic Magister, nomine Klynsor, ad dijudicandas praedictorum virorum causationes (Canisius cantiones) in Thuringiam per voluntatem et beneplacitum Principum est ductus; qui ante, quam ad Landgravium introisset, nocte quadam in Isenacho sedens in janua hospitii sui, astra diligentius est intuitus; tunc rogatus ab his, qui aderant, ut si qua secreta perspexisset, ediceret; respondit: noveritis, quod in hac nocte nascitur Regi Ungariae filia, quae Elisabeth nuncupabitur et erit sancta, tradeturque hujus Principis filio in uxorem, de cujus sanctitatis praeconio exultabit et exaltabitur omnis terra. Ecce! qui per Balaam ariolum incarnationis suae praenunciavit mysterium, ipse per hunc praeelectae suae Elisabeth benedixit (Canisius praedixit) nomen et ortum.

18 II.

Elisabeth erhalten, eine Heilige sein und die Gemahlin des Prinzen des Landgrafen werden[1]).

Wolfram von Eschenbach freute sich einen so berühmten Meister der Kunst kennen zu lernen, besuchte ihn in seiner Herberge, empfing ihn mit einem Verse im schwarzen Tone, und begehrte, Klingsor sollte ihm in eben dem Tone antworten. Weil aber solches dem Klingsor verächtlich vorkam, und er dem Wolfram, als einen ungelehrten Laien antwortete, beschuldigte ihn dieser der schwarzen Kunst, und erbot sich, mit ihm um die Meisterschaft zu singen, jedoch von nichts anders, als von Gott und Christo. Klingsor band mit ihm an, und weil er nichts gewinnen konnte, gestand er endlich, daß er ein Schwarzkünstler sei, drohte aber dem Wolfram, in der künftigen Nacht seinen Boten zu senden, mit dem er disputiren sollte. Wolfram erwartete diesen unerschrocken, triumphirte auch über den höllischen Dichter, und also auch über den Klingsor. Dieser entschied hernach den oben gedachten Streit zu Heinrichs Vortheil, nicht ohne Verdacht, es geschähe dem Wolfram zum Verdrusse[2]). Als nun Landgraf Hermann 1211 Gesandte nach Ungarn schickte, um die seinem Prinzen Ludwig zur Gemahlin bestimmte vierjährige Prinzessin Elisabeth abzuholen, damit sie in Thüringen aufgezogen würde: so begleitete unter andern Gefährten auch Klingsor dieselbe. Ob er nachgehends wieder nach Siebenbürgen gekommen, ist mir unbekannt.

Proben der Klingsorischen Muse befinden sich im zweiten Theile der Zürichschen Sammlung von Minnesängern aus dem schwäbischen Zeitpunkte. CXL. Dichter enthaltend. 1759 in 4-to.

Von S. 1—16. Das Gedicht führet die Ueberschrift: „Klingesor von Ungerland." Nach dem Berichte meines Freundes, wird in der Vorrede des ersten Theils dieser Sammlung, S. 8 folgendes Urtheil von unserm Dichter gefällt. „Aus dem zu urtheilen, was wir in dem sogenannten Kriege, d. i. Wettstreite der Poeten von Wartburg, unter der Person des Klinsor lesen: so war er stark in dunkeln Allegorien in geistlichen Legenden und einem astronomischen Mischmasche, der in seinen Zeiten für ächte Sternkunde genommen ward und einen Menschen, der ihn fertig redete, leicht in den Ruf eines Zauberers bringen konnte. Das sind die Materien, über die er Eschilbachen

---

[1]) Welches auch 1207 eintraf.
[2]) Tenzels Monatl. Unterred. 1691, S. 915, 16.

ansticht, der sich in denselben nicht schwächer zeiget. Andere Poesien haben wir von Klingsor nicht. In dem Jena'schen Kodex werden etliche Strophen mehr zwischen diesen beiden gewechselt, welche der Manessische nicht hat, wiewohl sonst weit mehrere in dem Manessischen sind, die in dem Jena'schen ganz mangeln. Diese Strophen haben eine dramatische Gestalt; zuerst kömmt der von Ostertingen zum Vorscheine, der den Fürsten von Oesterreich über alle andern erhebet; ein anderer gibt dem Könige von Frankreich den Vorzug; ein anderer dem Landgrafen von Düringen. Als Ostertingen mit ihm in's Gedränge kommt, beruft er sich auf Klinsore und gebt nach Ungarn ihn zu holen. Er bringt ihn wirklich nach Wartburg und dann kommt der Streit zwischen Klinsor und Eschilbach, die an den Streit wegen Oesterreichs Vorzügen kaum mehr denken und nur für den Ruhm ihrer eigenen Spitzfindigkeit streiten. Die Rolle, die der Teufel Nasian da beköm̃t, könnte uns auf den Gedanken führen, daß die Rollen, die Klynsorn und den andern Poeten aufgegeben werden, eben so wohl als diese des dramatischen Poeten und nicht ihre eigene Arbeit wären."

Da diese Sammlung unsern Landsleuten ziemlich unbekannt ist; so wird es hoffentlich vielen nicht unangenehm sein, hier eine Dichterprobe ihres alten Landsmannes zu lesen. Eine Parabel von einem Vater, der sich alle mögliche Mühe gibt, sein an dem Damme eines stürmischen See's schlafendes Kind aufzuwecken und zu retten. Allein vergebens! Auf einmal bricht die See den Damm durch und ergießt sich mit großem Getöse: S. 6 „Klynsor und Eschilbach singen wider einander. Jener fängt an, und singet disû brü Lieder din hie nach geschrieben stant:

Ein Vater seinem Kinde rief,
Vor enes Sewes (Sees) Tamme lag es une sllef:
Nu wache Kint, ja wecke ich dich durch Trüwe (Treue).
Diesen Se den tribet Wint,
So kumt dü Nacht gar vinster, wache liebes Kint,
Verlüre ich dich; so wirt min Jamer nilve.
Dannoch das Kint des Slafes pflag,
Hoerent wie der Vater tete.
Er sleich hin naher da es lac,
Mit seiner Hant gab er im einem Besmen (Ruthen) slac,
Er sprach: nu wache Kint, es wird zu spete.

Klingsor.

Der Vater wart von schulden Zorn,
Us sinem Mund erschalt er da ein helles Horn,
Er sprach, nu wache noch ein tumber Tore,
Davon sin Zorn im wohl gezam (geziemte),
Das Klut er bi sim selben valwen Hare nam
Er gab im einen Baggenschlag aus Ore,
Er sprach: din Herze ist dir vermoset, ich mus mich din enziehen
Kan dich min Horn niht für getragen,
Und ouch der Besme, damit ich dich habe geslagen,
Noch hilf ich dir, wilt du dem Wage (der Woge) entsliehen.

Klingsor.

Clynsor us Ungerlant mir iach, (bejahte)
Der Vater witer zuo dem lieben Kinde sach,
Mit Jamer er bü Ougen gegen im wante,
Davon wart sin Gemuete scharf,
Mit einem Slegel er zu dem lieben Kinde warf.
Er sprach: nim war den Botten ich dir sante,
Ezyremon, ein Tier bin pflac, das war gar sunder Galle,
Dafür nem du eines Luchses Rat,
Der dich in disen valschen Slaf gedrungen hat.
Sus! brach der Tam, und kam der Se mit Schalle.

Hierauf singet von Eschelbach und löset den Knoten also auf:
Gott sei es, der dem Kinde rief. Jeglicher Sünder sei dieses Kind,
und die weisen Meister und Pfaffen das Horn Gottes. — Klingsor
gibt ihm Beifall, und ladet ihn nach Siebenbürgen ein, woselbst er
3000 Mark reich wäre.

Tr. Nach den neueren Untersuchungen und Urtheilen deutscher Gelehrten ist Klingsor keine geschichtliche, sondern blos dramatische und mythische Person im Wartburger Dichterkriege. Demnach hätte derselbe, weil die ihm zugeschriebenen dichterischen Weisen nicht für seine eigene, sondern für die Arbeit des dramatischen Dichters angenommen werden müssen (wie schon in der Vorrede zur Zürichschen Sammlung von Minnesängern (s. oben) für möglich erklärt worden ist) — in dem gegenwärtigen Schriftsteller-Lexikon, zufolge den Warnungsrufe in der Transs. herausg. von Bielz 1861 S. 199.

„Lasset sie ruhen die Todten," —
stillschweigend übergangen werden sollen. In Erwägung aber, daß

eine mythische Person im Todesschlafe nicht gestört werden kann, und daß manche Leser an diesem Orte den vorausgehenden Seivertschen Artikel ungerne vermissen dürften, glaubt der Herausgeber nicht zu fehlen, wenn er diesen Artikel auch in diese Denkblätter aufnimmt und demselben folgende Bemerkungen hinzufügt:

Es ist richtig, daß die alten ungarischen Geschichtsquellen Klingsors nicht gedenken, es müßte denn derselbe unter dem ungarischen Namen „Miklos (d. i. Nikolaus) Kinga", Lehrers der Prinzessin Margaretha, Tochter des ungarischen Königs Bela's IV., sowie Hofmeisters des Waiwoden von Siebenbürgen Mathäus und des Königs Ladislaus III.[1]) verstanden werden, was sich aber mit der Zeitrechnung wohl schwerlich vereinigen ließe.

Um so mehr wissen hingegen neuere vaterländische Schriftsteller von Klingsor außer dem, was uns schon Seivert mitgetheilt hat, zu erzählen, z. B.

Paul Wallaßky in Conspectus Reipublicae litterariae in Hungaria. Budae 1808, S. 79. Daß Klingsor nicht mehr in das Vaterland zurückgekehrt, sondern als eine Celebrität in Deutschland gelebt, alt geworden und da gestorben sei.

J. C. Engel in der Gesch. des ungr. Reiches I. 288, daß Meister Nikolaus Klingsor zu Krakau, Paris und Rom studirt, in Arabien und Babylon Reisen gemacht, sich den Ruf eines Astrologen und Schwarzkünstlers erworben, und daß König Andreas II., in dessen Solde er gestanden, vorzüglich Bergbaukenntnisse an ihm geschätzt habe.

Kölesy und Melzer in dem ungarischen Plutarch, Pest 1816 IV. 3—12 melden, daß Klingsor als er seinen Schulkurs beendigt habe, sich nach Arabien und Babylon begeben und in Bagdad mit vielen arabischen Gelehrten Bekanntschaft gemacht, und bis an sein Ende mit ihnen literarischen Verkehr gehabt hätte. Nach seiner Rückkehr aus Thüringen (1207) habe Klingsor (wie ein Chronikograph Noste

---

[1]) S. Acta Sanctorum Ungariae mensis Julii 1230 p. 80 und Vita S. Elisabethae viduae et b. Margaritae virginis etc. autore G. Pray Tyrnaviae 1770 worauf sich in Magyar tudós Társaság Érkönyvei. Budán 1835, 4. S. 197 bezogen wird.

Vgl. damit vor allen andern über die Gesch. der heil. Elisabeth von Thüringen, die Quellen ihrer Gesch. v. Franz X. Wegele in „Sybels histor. Zeitschr." III. Jahrg. München 1861, S. 351—397.

Rothe sage) einen Hofstaat wie ein Bischof geführt, solange die Königin Gertrud gelebt, sich stets an ihrer Seite aufgehalten, und als die Prinzessin Elisabeth, nach ihrer Verlobung mit dem Landgrafen Ludwig von Hessen, auf die Wartburg geführt worden (1211), die sie begleitenden ungrischen Gesandten Gr. Meinhard v. Mohlburg und Walther v. Wargel, sowie die Bertha, Witwe des Ritters Eglof v. Beubeleben angeführt. Zum zweitenmale an den königlichen Hof zurückgekehrt, habe sich Klingsor nach dem Tode der Königin Gertrud († 1214) an den Hessischen Hof verfügt, wo er in hohem Alter gegen die Mitte des 13. Jahrhunderts gestorben sei.

Dr. Karl Rumy in seinen „Biographischen Nachrichten von Klingsor dem höchstmuthmaßlichen Verfasser des Nibelungen‑Liedes" in dem „Literarischen Anzeiger, Wien 1822, Nr. 79, S. 625—630" meistens wie Kölesy und Melzer.

Graf Johann Majláth in seiner Geschichte der Maghyaren Wien 1829 III. 83 und 223 erklärt Klingsor „den gelehrten Pfaffen genannt, ebenfalls für den wahrscheinlichen Verfasser des Nibelungen‑liedes, und verspricht, sich hierüber ausführlich zu erklären" (was jedoch meines Wissens nicht geschehen ist).

Joseph Freiherr v. Hormayr in „Wiens Geschichte und Denkwürdigkeiten", 2.Bd. 3. Heft S.93—100 und in dem „Taschenbuch für die vaterländische Geschichte", 29. Jahrg. Leipzig 1840. S. 299 bis 303.

Endlich sagt A. W. Schlegel: „für den Dichter der Nibelungen können wir nur Heinrich von Osterdingen oder den Ungar Klingsor halten. Mehrere Gründe jedoch vereinigen sich für den Letzteren und es treten hierin fast täglich neue Bestätigungen und Aufhellungen ein."

Gegen die Meinung der Vorgenannten bemühte sich

Anton Ritter v. Spaun das Nibelungenlied dem Dichter Heinrich von Osterdingen und das Epos für Oesterreich zu vindiciren (Linz 1840, 8-vo. 132 S.), wobei er zugleich S. 6—14) den Wartburgkrieg weitläufig erzählte und den Unterschied zwischen Klinsor des Parzival und Titurel gegenüber dem „nicht blos der Mythe angehörenden Siebenbürger Klinsor", mit dem Stammbaume des Letzteren, wie ihn dieser selbst angegeben, zu beweisen suchte (S. 12, 14, 23 und 28.)

Die mir bekannten nach der Manesseschen oder Zürcher erschienenen neueren Ausgaben des Gedichtes sind von Zeune aus der Jena'schen Handschrift der Minnesänger 1818. — Ettmüller „der Singerkrieg uf Wartburc, mit Notes Gedicht über den Wartburgkrieg". Ilmenau 1830, 8-vo. CII., 204 S. — Karl Simrock „der Wartburgkrieg". Stuttgart und Tübingen 1858.

Beurtheilungen des Gedichtes rc. von Koberstein über das wahrscheinliche Alter und die historische und poetische Bedeutung des Gedichtes vom Wartburgkrieg 1823 und die Recension darüber in der Jenaer Lit. Zeitung 1823 Oktober und 1820 Nr. 95, 96. Lucas „über den Krieg auf der Wartburg 1838". H. Plötz „über den Sängerkrieg auf Wartburg 1851". — „Gervinus, Geschichte der deutschen Dichtung", Leipzig 1853, II. 31 (wo es heißt: „Wir können nicht unterscheiden, ob Klinsor ein wirklicher deutscher Meister, oder blos eine mythische Figur ist"). — Simrock a. o. O. besonders §. 14, S. 271 fg. — Franz X. Wegele's „die heilige Elisabeth von Thüringen", enthalten in Sybels hist. Zeitschr. V. München 1861 S. 359—362 — nach der letzteren: Transsilvania herausg. von Bielz 1861, S. 199 (f. oben).

An diesem Orte habe ich nur noch zu bemerken, daß in Friedr. Müller's Siebenb. Sagen, Kronstadt 1857 auch die Sage von Klingsor, nach Jak. Grimm's deutschen Sagen II. 34. Seivert's Nachrichten (f. oben); Transsilvania 1844, S. 169 und den Blättern für Geist, Gemüth rc. Kronst. 1838, S. 67 zu finden ist, — und daß, laut einer mir vom bekannten Sammler Nicolaus von Jankovics zu Pest im J. 1834 gemachten Mittheilung an einem hinter dem Altar der Kirche zur Marburg befindlichen alten Monumente, nebst dem Bilde der heil. Elisabeth von Thüringen, auch das Bild Klingsors in Bildhauerarbeit zu sehen sein soll.

Alutsch Nikolaus,

T r.

aus Tartlau gebürtig, studirte am Kronstädter Gymnasium 1605 rc. an der Akademie zu Wittenberg im J. 1610, starb aber schon am 2. August 1613 als Stadtprediger in Kronstadt[1]).

---

[1]) Ziegler Vita Virorum Coronae illustrium ; J. 1613.

1. Disp. V. de discrimine Ciborum contra quintum Pontificiorum abusum ab Augustana Confessione notatum praes. Wolfg. Franzio. Witeb. 1610 1. Decemb. 4-to. 24 S.

Den Kronstädter Rathsverwandten Michael Weiß, Georg Heltner und Johann Honterus zugeeignet.

T r. **Knall Samuel,**

ein Hermannstädter, wurde als Präfekt des dasigen Gymnasiums zum Pfarrer in Neußdörfchen erwählt den 22. April 1778 (Prov.-Bl. II. 124) und starb daselbst am 7. Februar 1810.

SaLeLe pokUrárILor en arDIaLU LUnge SIKrIIV MaItsII TheresII b. i. Klage der Hirten in Siebenbürgen bei dem Sarg der Mutter Theresia. Ein bukolisches Gedicht, wovon der Titel das Chronostichon 1780 enthält.

(Von Sulzer in die Geschichte des transalpinischen Daciens III. 26—28 aufgenommen.)

T r. **Knöpfler Wilhelm,**

gebürtig aus Boitza, Hermannstädter Stuhls, wurde 1840 an der Wiener Hochschule zum Doktor der Medizin graduirt.

Diss. de influxu Musicae in corpus et animum. Viennae 1840.

T r. **Koch Thomas,**

ein Enkel des, mit seinen dreizehn Kindern am 22. Juli 1582 von K. Stephan Báthori in den Adelstand erhobenen Mediascher Bürgermeisters Joachim Koch[1]). Er war der Sohn des Thomas Koch d. ä., welcher von den Türken bei Erlau gefangen und nach Konstantinopel geführt, daselbst starb, und der, während ihres Gatten dasiger Abwesenheit, am 28. Februar 1598 in Mediasch verstorbenen Barbara Braun.

---

[1]) Ueber den am 19 Febr. 1586 verstorbenen Joachim Koch und dessen Vater, den aus Reichesdorf gebürtig gewesenen Notarius apostolicus Nikolaus Koch s. Siebenb. Quartalschr. VII. 104—105 und II. 184.

Er studirte im J. 1637 in Straßburg, wurde um das J. 1644 Pfarrer in Großpold, war in den Jahren 1649 und 1650 Dechant des Unterwälder Kapitels und starb in Großpold am 29. Dezember 1652 (Siebenb. Prov.=Bl. III. 140.)

Ein Bruder, Namens Nicolaus war laut einer Urkunde vom 3. April 1569 Inspector des Schloßes Kokelburg; — ein anderer Bruder Franz dagegen war Stadtrichter in Bistritz 1615, nahm Antheil an der Verschwörung wider den Fürsten Gabriel Bethlen und flüchtete im Jahre 1616 nach Polen¹). Seine männlichen Nachkommen, deren einer mehrere, zum Theil die ehemals im Besitz seines Vorfahren befindlich gewesenen 6 adelichen Güter Kösarka — Pjátra etc. im inneren Szolnoker Comitat betreffenden Urkunden bewahrt, — leben unter dem veränderten Familien=namen Naßwetter in der Bistritzer Distriktsgemeinde Klein=Bistritz.

Der nachmalige Pfarrer Thomas Koch vertheidigte während seiner akademischen Laufbahn zu Straßburg die Streitschrift:

Collegii decalogici Disputatio XVI. De Praecepti septimi Parte I., praeside Dannhauero. Argentorati A. 1637. 4-to. 28 S.

Seiv. **Köleschéri v. Keresch-Eer Samuel,**

wirklicher Rath und Sekretär des kön. geheimen Regierungsrathes im Großfürstenthum Siebenbürgen²), Doktor der Gotteslehre, Weltweisheit und Arzneikunst, Magister der freien Künste. Dieser durch gute und böse Gerüchte bekannte Gelehrte, war ein Sohn des Samuel Köleschéri, der

---

¹) Siebenb. Quartalschr. II. 250.

²) Als im August 1727 der Gubernialrath und Mediascher Bürgermeister Conrad von Herbendorf mit Tod abging, bewarb sich Köleschéri, — obwohl helve=tischer Glaubensverwandter, um diese Stelle, welche er laut Diplom vom 15. Mai 1727 an, bereits wegen Herbendorfs fortwährender Krankheit und Schwäche als überzähliger Gubernialrath seit 1727 M Mai bekleidete, und wenngleich solche ge=setzmäßig einem evangelischen Sachsen gebührte, so erhielt er dieselbe endlich haupt=sächlich auf Verwendung seines Gönners, des Prinzen Eugen von Savoyen dennoch, und wurde auf eignen Hofbefehl am 22. Juni 1729 unverhofft im Landtag zu Her=mannstadt installirt, der Sächsischen Nation blieb daher nur übrig, durch eine Pro=testation, welche das Gubernium und der kommandirende General bereitwillig an=nahmen und für billig erkannten, ihre Rechte zu wahren.

zuletzt die Pfarre zu Debreczin verwaltete, geboren den 18. Novem. 1663[1]). Schon in seinem 11. Jahre vertheidigte er 1674 zu Debreczin unter dem Professor Georg Mártonfalvi eine Streitschrift: de Evangelio (4-to. 24 S. mit Beifall[2]), und in seinem 17. Jahre besuchte er die Niederländischen Akademien, sich zum Dienste der Kirche vorzubereiten. Zu Leyden erhielt er den 30. Juni 1681 die höchste Würde in der Weltweisheit, und zu Franeker 1683 in der Gotteslehre. Reich an gelehrten Schätzen kehrte er 1685 nach Debreczin zurück, aber bei seiner ersten Kanzelrede hatte er den Unfall, im Gebet des Vater Unsers irre zu werden. Dieses fiel ihm so empfindlich, daß er sich sogleich zur Arzneikunst entschloß und nach Leyden zurückeilte. Nach erlangtem Doktorhute, suchte er sein Glück in Siebenbürgen.

Er ward Generalats- und Gubernial-Doktor[3]), Oberaufseher über die siebenbürgischen Bergwerke, Gubernial-Secretär und 1729 zugleich wirklicher geheimer Gubernialrath. In die kaiserliche Akademie der Naturforscher ward er schon den 18. Oktober 1719 unter dem Namen Chrysippus aufgenommen.

Im Ehestande war Köleschéri nicht sonderlich glücklich. Seine erste Gemahlin ist mir unbekannt; von seiner zweiten Asnat Mederus aber, ließ er sich ihrer stolzen Verschwendung und Unfruchtbarkeit wegen, den 2. Jänner 1715 trennen. Ein kleines muntres Weibchen, das man gemeiniglich nur die hoffärtige Martha nannte. Sie that sehr groß, wodurch Köleschéri sein Vermögen bis zum Aergernisse geschwächt sah. Uebrigens aber gehörte sie unter die Zahl gelehrter Frauenzimmer. Ehe sie noch mit ihrer Ehescheidung zufrieden war, heiratete Köleschéri die Mutter des gelehrten Grafen Lázárs. Dadurch sah er sich jedoch in Streitigkeiten verwickelt, die ihm zuletzt den Verhaft zuzogen und noch weit mehr vom allerhöchsten kaiserlichen Hofe befürchten ließen[4]).- Allein der

---

[1]) Er wurde geboren in Szendrö, Borsoder Comitats. Der Vater — zuerst Professor der Theologie zu Warbein, war damals Pfarrer in Szendrö, darauf zu Tokay und letzlich zu Debreczin, die Mutter Anna aus der adelichen Familie Damian.

[2]) Als Köleschéri im J. 1679 die Debrecziner Schule verließ, um die Akademie zu beziehen, hielt er erst 15 Jahre alt, vor einer zahlreichen Versammlung eine hebräische Trauerrede (Weszpremi Cent. II. P. II. p. 134.)

[3]) Köleschéri wurde bevor als Stadtarzt in Hermannstadt angestellt.

[4]) Asnath war die Tochter des Kronstädter Stadtpfarrers Peter Mederus (s. d. Art.) geboren in Kronstadt am 19. Juli 1663. Von ihrem ersten Ehegatten

Tod entriß ihn allen weiteren Verdrießlichkeiten, indem er nach einem bösartigen Katharalfieber an einem Schlagflusse den 24. Dezember 1732 plötzlich starb. Sein jäher Tod und die starke Anschwellung seines Leibes

---

Johann Chrestels († als Magistratssecretär in Kronstadt 16. Juni 1680) hatte sie zwei Söhne, vom zweiten Ehegatten Paul Waldhütter in Hermannstadt († 1692) oder einen Sohn, welche insgesammt sehr jung vor ihrer Mutter starben. Sie hatte als Mädchen, die öffentlichen Vorlesungen am Kronstädter Gymnasium besucht, sich im Sprechen und Schreiben der lateinischen Sprache Uebung verschafft, heirathete Kóleschéri im J. 1695 und lebte mit ihm 13 Jahre hindurch in friedlicher Ehe. Da sah sie sich nach 7jährigen Widerwärtigkeiten veranlaßt, ihren Gatten im Mai 1715 zu verlassen, und wider denselben bei dem kommandirenden Generalen Gr. Steinville Klage zu führen. Dadurch erbittert, verlangte Kóleschéri bei dem Hermannstädter Kapitel mit erwirkten Mandatum praeceptorium gerichtliche Ehescheidung, auf welche denn auch, ohne vorhergegangenen ordentlichen Prozeß, am 19. Juni 1715 wirklich erkannt wurde, worauf Kóleschéri bald seinen dritten Ehebund mit Judith Gräfin Bthlen verwittweten Gräfin Georg Lázár von Ghalakuta schloß. Asnath aber legte den Namen ihres Gatten K. nicht ab, und, da ihr dieser ihr ererbtes Vermögen vorenthielt, so brachte sie ihn in so übeln Ruf, daß er durch seinen Einfluß bei dem Magistrat zu Hermannstadt und selbst bei dem Landesgouverneur die ernstlichsten Verwarnungen an sie erwirkte. (S. Archiv des Vereins für Landeskunde. N. F. VII. S. 301—302.) Allein vergeblich! Sie beschwerte sich über das Ehescheidungsverfahren bei dem allerh. k. Hof, und erwirkte den Befehl zur Einsendung aller Akten und der Meinung des Superintendenten und Synode in diesem Prozeß und begab sich auch selbst an das allerh. Hoflager in Wien, beides im J. 1717. In Wien ging sie in ihrer siebenbürgisch-sächsischen Tracht einher, trat zur römisch-katholischen Religion über, erlangte durch ihre Geschicklichkeit die Gunst der Kaiserin, und wurde vom K. Karl VI. mit einer goldnen Gnadenkette nebst Gnadenbild beschenkt. Inzwischen starb Kóleschéris dritte Gattin, geb. Gräfin Bethlen im J. 1720 und Kóleschéri schloß, trotz des von Hof an ihn erlassenen Verbotes und bevor noch von da eine Entscheidung über Asnaths Beschwerde erfolgt war, ein viertes Ehekündniß. Endlich erfolgte die allerh. Entscheidung mit k. Reskript vom 12 Dezember 1731 mittelst welcher sowohl die Ehetrennung der Asnath, als auch Kóleschéris dritte und vierte Ehe für ungiltig erklärt, und auf Herausgabe ihres beigebrachten Vermögens, Ersatz der Prozeßkosten, und Alimentation seit ihrer Trennung erkannt wurde. Das auf gerieth K. sogar in Haft und starb plötzlich, und ohne Testament wie schon Seivert meldet, am 24. Dezember 1732. Den Verlauf der sofort über Kóleschéris Nachlaß durch Vergleich mit dem k. Fiscus und Kóleschéris Stiefsohn Gr. Johann Lázár j. in Wien am 23. März 1736 von Asnath beendeten. — sowie nachher, (als dieselbe im Mai 1736 nach langer 18jähriger Abwesenheit nach Hermannstadt zurückgekehrt, daselbst am 29. Juli 1737 ein Testament zu Gunsten der 3 Töchter ihres Halbbruders, Mag. Val. Greissing, und einer Tochter ihrer Halbschwester Margaretha Ziegler errichtet, darauf aber sich wieder nach Kronstadt begeben hatte, und hier am

verbreitete großen Argwohn einer vorhergegangenen Vergiftung. Allein der Gubernialbericht an Seine kaiserliche Majestät, vom 19. Februar 1733, meldet nichts davon¹). Sein Leichnam ward in die evangelischen Kathedralkirche zu Hermannstadt beigesetzt.

Die Urtheile der Welt von diesem gelehrten Manne sind sehr widersprechend. Beide aber, Lobredner und Feinde, verfallen in Ausschweifungen. Unter jenen besonders Doktor Gorgias, von Heilsberg, der zu Köleschéri's Ehre Epigramme drucken ließ, und der gelehrte Abenteurer, Schendo Ritter Vanderbech, welcher ihm bei jeder Gelegenheit Weihrauch streute, ja gar bei seiner Abreise von Amsterdam nach Petersburg, nebst dem Oberberg, Postsecretär zu Augsburg, zu seinem Erben auf den Fall seines Todes erklärte. — Wesentliche Freundschaft! da Vanderbech bei seinem Aufenthalte in Hermannstadt, nach sicheren Augenzeugen 60,000 Dukaten reich war. Unter Köleschéri's Feinden ist wohl sein

---

11. November 1737 kinderlos gestorben war) über Asnaths Verlassenschaft gegen ihre Testamentserben, theils vom k. Fiskus, theils von den väterlichen Mederuschen Seitenverwandten (meist aus Zeiden) erhobenen Prozesse zu erzählen, ist hier nicht der Ort. Ich bemerke blos, daß die Testamentserben erst durch das letzte Urtheil d. i. die Hofentscheidung vom 23. April 1774 in den ruhigen Besitz der ganzen Erbschaft gelangten und dieselbe am 15. Januar 1778 unter sich vertheilten, die nun meist in veralteten und unerheblichen Activforderungen bestand. Für die ihnen zugesprochene und im J. 1776 zu Hermannstadt verkaufte Köleschérische mehr als 2000 Bände zählende Bibliothek mußten aus der Verlassenschaft 653 fl. 20 kr. Hauszins auf die Zeit vom J. 1739—1771 an den Hauseigenthümer Michael Sillmann Pfarrer in Urwegen bezahlt werden.

Nie hat ein Verlassenschafts-Prozeß in der sächsischen Nation so lange wie dieser gedauert! und es wäre eine richtige Geschichte desselben, und dessen, was damit im Zusammenhange steht, ein nicht unerheblicher Beitrag zur siebenbürgischen Rechtsgeschichte. Es müßten aber zur richtigen Lösung dieser Aufgabe weit mehr Urkunden ihrem Verfasser zu Gebote stehen und durch denselben mit juridischer Umsicht benützt werden, als es im zweiten Exkurse des vor Kurzem veröffentlichten Werkes: „Die Stiftung des kath. Theresianischen Waisenhauses in Hermannstadt von W. Schmidt S. 124 ec. geschehen ist, indem dieser Exkurs sehr vieler wesentlichen Ergänzungen und Berichtigungen bedarf.

¹) Er lautet: Gravibus primum ex harri et acutae febris infirmitatibus correptus, expost vero apoplexia superveniente, generosus Samuel Köleseri de Keresér, Mattis Vrac Sacrmae dum communi frueretur aura, in hocce haereditario sibi Transylvaniae Principatu Consiliarius, simul et Secretarius Gubernialis, die 24-ta Mensis Decembr. 1732. jam praeterito finem vivendi invenit.

Stiefsohn Graf Johann Lázár (†26. November 1772 nach Kőváris Erdőly Családai S. 171 durch Mäuse, nach Andern aber an Phtiriasis) einer der beissendsten.

1776, ward endlich auf allerhöchste Erlaubniß seine kostbare Büchersammlung, aber Schade! sehr durch Näße und Schimmel verdorben, öffentlich zu Hermannstadt verkauft. Die fremden Anforderungen an selbige habe ich gesehen; doch nur als Dichter kann Graf Lázár, den Köleschéri davon sagen lassen:

Pars promissa fui, pars credita, pars violenta,
Tollite quisque suum, theca manet vacua.

Das dabei befindliche Münzkabinet enthielt nicht viel über tausend griechische und römische Münzen und darunter gar keine seltenen. Allein, wie manche Verehrer hatten vorher schon diese Reliquien besucht! — Köleschéri's Grabschrift, die Herr Veszprémi in seiner Biogr. Medic. Cont. I. bekannt macht, legt ihm ein Alter von 72 Jahren bei; muß aber nicht diese oder sein Geburtsjahr 1663 unrichtig sein? So viel ist gewiß, sein Grabstein weiß von dieser Aufschrift nichts. Er ruht in einem fremden Grabe, auf dessen Deckstein man einen Engel mit einem ausgebreiteten Felle in den Händen sieht, und darunter steht: Ich weiß, daß mein Erlöser lebt und er wird mich am jüngsten Tage wieder auferwecken. Die Randschrift heißt: HIR. LEIT. HANNES. STEINHEISER. DER. ERBAR. VND. BLINDER. MAN. DER. DA. 63 IAHR. GELEBET. HAT. KIRSCHNER. HANDVERKER. IST. SEIN. HANDTIERUNG. GEVEST. DADURCH. IN. GOTT. ERHALTEN. UND. ERNEHRET. HAT. 1593.

Von Köleschéri's Schriften sind mir bekannt, aber sicher nicht alle:
1. Disp. Philosophica, de existentia Divinitatis, Praeside Mart. Szilágyi, Prof. Philos. LL. OO. die 15. Mart. 1679. Debrecini, 4. 16 S.
2. Disp. Mathematico-Physica de lumine, Praeside Voldero, Pars I. et II. Lugd. Batav. 1681 in 4. 24 S.
3. Disp. Philos. contra Atheos, praes. Voldero. ibid. eod. in 4. 12 S.
4. Disp. Inauguralis Philosophica, de systemate mundi, pro gradu doctoris in Philosoph. et LL. AA. Magisterio ibid. eod. 4. 24 S.
5. Dissertationis Philosophico-Theologicae, de Sacrificiis, Pars I. sub praesidio Joh. van der Vaegen. Francquerae 1682, Pars II. et III. 1683. 4. 160 S. Voszprémi gedenkt ihrer unter der Aufschrift: Diss. Academica de Sacrificiis.

6. Disp. Theolog. de Benedictione gentium Abrahamo promissa, ex Genes. XXII. 18. pro gradu Doctoris in' Theologia. Franequerae 1684. 4.

7. Consiliarius Principe dignus, in funeralibus exequiis Illustr. — Domini Samuelis Keresztesi de Nagy-Megyer, S. C. Regiaeque Majest. in inclyto Transylv. Gubernio Consiliarii intimi, Comitatus Albae-Juliacensis Comitis Supremi — familiae ultimi, praesentatus a S. K. de K. Cibinio 1707 in 4. 36 S.

8. Diss. de Scorbuto Mediterraneo, ad normam Philosophiae Mechanicae. Cibinii typis Mich. Helzdörfer 1707 in 12. 3 Bögen.

9. Pestis Dacicae, anni MDCCIX. scrutinium et cura. Ebendaſ. 1709 in 12. XII. 120 S.

10. Theologia pacifica seu comparativa. Ebendaſ. 1709 in 12. mit des Köleschéri Vorrede an den friedliebenden Christen. Der Verfasser ist Jakob Garbenius.

11. Auraria Romano-Dacica. Cibinii typis publicis MDCCXVII. in kl. 8. 237 S. mit einer Zueignungsschrift an den Kaiser Carl VI. glorwürtigsten Andenkens, die eine Denkmünze mit der Umschrift: OPTIMI PRINCIPI RESTITUTORI DACIAE MDCCXVII. an der Stirne führt. — Gar nicht nach antikem Geschmacke und vielleicht nie ausgeprägt.

Bei Veszprémi — nach dessen Berichte Cent. II. P. II. p. 130. Köleschéri für die Zueignung dieses Buches an Kaiser Carl VI. von diesem Monarchen mit der goldenen Gnadenkette belohnt ward — mag das Jahr der Ausgabe 1719 wohl ein Druckfehler sein. Der Verfasser handelt in 6 Hauptstücken: de Historia Aurariarum Romano Dacicarum. II. De labore auri metallico. III. De labore auri monetario. IV. De Constitutionibus provincialibus, de re metallica et monetaria. V. De Origine, generatione et proprietate auri. VI. De labore auri medico. Sein vorgesetztes Bildniß von Elias Schaffhauſer zu Wien gestochen, schmückt der berühmte Doktor Parizpapai mit folgender Unterschrift:

Hunnia plantavit, Brito, Belga et Teuto rigavit,
Dacia post civem, ceu proprium coluit.
Atque auxit Magnus, quem Caesar honoribus, hujus
Effigiem, tanta cerne sub effigie.

Prächtig ist die Unterschrift seines Bildnisses, das Vanderbech, sein Bewunderer, zu Augsburg von Johann Heinr. Störklin stechen ließ:

  Asclepias, Phoebus, Musae Pallasque, Themisque,
   Pingi ore unius, dum voluere viri:
  Quaeque suum novit, clara hac sub imagine, vultum
   Agnoscit patrium, Dacia grata, decus.

Auch findet man sein Bildniß beim 59. Theile der deutschen Act. Erudit. 1718 vorgesetzt, zugleich S. 845 — seine Auraria recensirt. Die Lateinischen dieses Jahres, reden im Hornungsmonde davon. — Köleschéri ließ dieses Werkchen auf eigene Unkosten drucken, und wann sind solche Schriften gemein? Noch mehr, bei der Untersuchung seiner Büchersammlung fand ich eine beträchtliche Menge von eingebundenen Exemplaren ganz vermodert. Selbst unter uns hatte es also wichtige Ansprüche auf eine Stelle unter seltenen Büchern. Eine Ursache mit, warum ich eine neue Auflage veranstaltete mit einigen Anmerkungen und numismatischen Zusätzen, deren Schicksal ich aber bedauern muß. Das gleich seltene Werkchen nebst der Biographie seines Freundes Vanderbech, wenigstens in unsern Gegenden, habe ich beigefügt. Die Aufschrift:

12. Samuelis Köleseri de Keres-Eer, Auraria Romano-Dacica, una cum Valachiae Cis-Alutanae subterraneae Descriptione, Mich. Schendo, R. C. Equ. Vanderbech. Iterum edita curis Joannis Seivert. Posonii et Cassoviae. Sumptibus Joann. Michaelis Landerer Typographi et Bibliopolae 1780. 8-vo. XX. 303 S. Darauf folgt auf 23. S: „Historico-physico-topographica Valachiae Austriacae subterraneae Descriptio, ad samigoratissimum Daciae Secretarium Samuelem Kölesérium de Kereseer virum dignitate ac litteris illustrissimum, epistolari stilo exarata a Michaele Schendo R. C. Equ. Vanderbech AA. LL. Philos. ac V. Medic laureato Doctore. Beigefügt ist eine Karte: „Valachia cis-alutana in suos quinque Districtus divisa. F. Asner sculp. Sie ist das Werk des k. k. Hauptmanns und nachmaligen Oberstlieutenants Friedrich Schwanz von Springfels (s. Ungr. Mag. III. 180.)

Der verdienstvolle k. k. Historiograph, Herr Abbé Pray, verehrungswürdiger Name! hatte die Güte, sie mit einer Vorrede in die gelehrte Welt zu begleiten. In meinen Zusätzen wird man einige Unordnungen finden. Ihre Quelle: meine Handschrift war schon längst nicht mehr in meinen Händen; bei der Ueberschickung beträchtlicher Zusätze, war ich also außer Stande, so wohl etwas darinnen zu ändern, als den letztern ihre Rangordnung zu geben. Sollte meine Sammlung von siebenbürgischen Münzen jemals das Glück haben, auf öffentlichem Schauplatze zu erscheinen: so würden die unglücklichen Druckfehler in den Umschriften der angeführten Münzen gewiß nicht unverbessert bleiben[1]).

13. Epistola Apologetica contra objectiones Belgarum in Republ. der Geleerden, 1718. M. Martii, in den Novis Actis Lipsiensibus. Anno 1719, S. 131. — Darin vertheidigt sich Köleschéri gegen den gemachten Einwurf: Es wäre unglaublich, daß die Römer aus den Dacischen Goldbergwerken, so reiche Schätze als er behauptet, hätten erhalten können. — Welche angemessene Zugabe zu einer neuen Auflage der Auraria! Allein, warum lebe ich in einer solchen unfruchtbaren Gegend für die Literatur?

14. Monita Anti-Loimica, occasione Pestis A. MDCCXIX. Claudiopoli recrudescentis et passim per Principatum Transylvaniae grassantis, ex amore boni publici communicata. Claudiopoli, excud. Samuel Pap. Telegdi 1719 in 12. 12 S. Nach Herrn Veszprémi sind sie 1718, ebendaselbst in einem ungarischen Kleide in 12. erschienen. Damals herrschte die Pestseuche wieder im Lande; allein, sollte es nicht ein neuer Abdruck des folgenden sein?

15. Tanáts adása. Mellyet az 1719 Esztendöben Kolosváratt meg-újúltt, és az Erdélyi Fejedelemségben széllyel uralkodó Pestisnek alkalmatosságával, a' közönséges jóhoz kész indúlattal viseltetvén, Deákúl közönségesétött. Azutan pedig Magyarúl-is ki-nyomtatott Kolosvárat, Telegdi Pap. Samuel, ugyanazon Estendöben. 12.

26. Protous febrilis novissima Virmondiana affligens. Cibinii 1722, typis Barthianis. 4. 44 S. handelt von letzter Krankheit des kommandirenden Generals in Siebenbürgen, Damian Hugo, des h. R. R. Grafen von Viermont, der gegen den 21. April 1722 starb.

17. Enchiridion Mathematicum Scheuchzorianum, Protographiam universae Matheseos complectens, usui Transylvanorum accomodatum, cum praefatione Sam. Köleséri. Claudiopoli 1723 in 8. 48 S.

---

[1]) Man sehe hievon den 3. Band des Ungrischen Magazins auf der 208. bis 211. Seite.

18. Axiomata Juris Naturae de officiis justi, honesti et decori, cum introductione paraenetica. Cibinii 1723 in 8-vo. 64 S. mit einer Zueignungsschrift an den kommandirenden Generalen in Siebenbürgen und der österreichischen Walachei, Lothar Joseph Grafen von Königsegg.
19. Summarium Philosophiae, Excellentiss. Nomini Königseggiano dicatum. Recusum Claudiopoli 1723. 8 - vo. Sätze, die Köleschéri 1719. den 24. Heumond zu Löwen in Brabant, unter dem Joseph Franz Foppe, vertheidigt und herausgegeben hat. 32 Seiten.
20. Primum pietatis erga Deum officium. Recusum 1724 in 12. Ihm ist beigefügt: Via ad vitam beatam. 2 Bögen.
21. De litteratura Tangutana, in Act. Erudit. Lips. 1726. S. 327.
22. Tibullus Corvinianus. Seu Albii Tibulli, Triumviri, Poetices, quae supersunt. E Codice Msto. Mathiae Regis Hungariae, recensuit — Claudiopoli. Impres. Samuel Pap Telegdi 1727 in 8-vo. 72 S. Mit einer Zueignungsschrift an den Fürsten Joseph Wenzeslaus v. Lichtenstein, Obersten eines k. k. Dragonerregiments. In der Vorrede verheißet Köleschéri auch den Catull und Properz aus seiner Handschrift gemeinnützig zu machen. Es ist aber nie geschehen, und ich glaube es auch nicht, daß er es jemals Willens gewesen sei. Denn kaum existirt eine schlechtere Handschrift von diesen Dichtern, als diese sogenannte Corvinische. Wollte man sie aus gedruckten Ausgaben verbessern, so würde man reichen Stoff dazu finden, nicht aber umgekehrt. Im Catull ist keine einzige Lücke ergänzt, manche Gedichte zerrissen und andern angeflickt. Nur wundert es mich, wie Tibull allein die Vorzüge gehabt hat, welche wir in dieser Ausgabe finden. Ganze Verse, ganze Distichen, welche wir in andern Ausgaben vermissen.

Sonst glaubte man, der Corvinische Codex Mscr. dieser Dichter befände sich in der berühmten Wolfenbüttel'schen Bibliothek, sowie der Catalogus Bibliothecae Mathiae R. H. Allein Köleschéri will ihn auch besessen haben. Denn in seiner hinterlassenen Abschrift schreibt er: Codex hicce Manuscriptus Catulli, Tibulli et Propertii, Romanorum Poëtarum Carmina, quae extant, continens, jussu Matthiae Regis Hungariae descriptus, e bibliotheca ejusdem Budensi, tempore Exregis Joannis de Zapolya, in Transylvaniam delatus, e supellectili subhastata Principis Michaelis Apafi, Bibliothecae Serenlss.

Ducis, Eugenii de Sabaudia, demisso adscriptus, a Sam. Kölesori de Keres-Eer, Consil. Gubern. Transyl.

Beim Verkaufe der Köleschórischen Büchersammlung, erstand Alexander Kovasznai, Professor zu Neumark an der Marosch diese Abschrift, und verehrte sie den 15. Jänner 1776, dem gelehrten Reichsgrafen und siebenbürgischen Gubernialrath Samuel Teleki. S. Catal. Biblioth. Sam. Teleki I. 108.

23. Epistola de vetustis Romanorum ruderibus Albae-Juliae occasione valli erecti detectis, ad amicum. Nova literaria Lips. 1727. S. 97 ꝛc. (Deutsch unter dem Titel: „Von den zu Karlsburg in Siebenbürgen gefundenen vielen Römischen Numis auf Leichensteinen mit lateinischen Inschriften, darunter eine von Achat zu 200 Pfund schwer von Kundmann 1723". Enthalten in der „Sammlung von Natur und Medizin, wie auch hiezu gehörigen Kunst= und Literaturgeschichten, so sich in Schlesien und andern Ländern begeben. Von einigen Breslauischen Medicis. Leipzig und Erfurt 1718—1736. 4-to. V. 1551—1552.)

24. Animi grati et ingrati character, e majori opere Paschaliano. Cibin. 1729 in 8-vo. 48 S.

25. Rationabilium hujus seculi dubitationum Elenchus. S. Acta Phys. Med. Nat. Curiosor. Vol. I. append. S. 131.

26. Folgende Bemerkungen der X. Centurie in Ephemer. Academiae Imper. Naturae Curiosorum:

Observat. 88 de Apostemate hepatis curato S. 416—421.
— 89 de vomica pectoris. S. 421 — die letzte Krankheit des in Siebenbürgen kommandirenden Generals Stephan Grafen Stainville, eines berühmten Chemisten. Er starb zu Deva 1720 den 21. des Weinmondes.
— 90. Intestini pars extra abdomen pendulum, S. 224.
— 91. De Transmutatione ferri in cuprum, S. 225.
— 92. Achates etc. Transylvaniae, S. 426.
— 93. Mures agrestes. S. 427 von Klausenburg den 1. März 1721 überschickt.

27. De ratione recte emendateque scribendi. Dieses orthographischen Werkchens gedenken Bob und D. Veszpremi. Mir ist es unbekannt.

28. A rendes orvoslásnak közönséges Regulái. Stückweise in dem Klausenburger Kalender von 1723—1730.

Tr. Köleschéris Schriften sind zuzuzählen:
29. Disertatio philologica, qua quaedam s. Scripturae loca illustrantur Praes. D. Campegio Vitringa defendit Sam. Colesérius Ung. Phil. Doct. Franequ anno 1682 4. 16 S.
30. Chronostica diversi generis:
   1. a VIa et InVIa, DeVIa per VIa, regIa fIt IaM Ipsa Vsa arX VIX, at CaroLUs Ista parat.
   2. teVtonICVs strassbVrg arX aVIa DICta LatInIs faXIt Vt et rVrsVM stet reserata VIa.
   3. CaroLVs ILLa IVbet arX aVIa De VIa fiat, reX regVM VoLet hoC, CaroLVs Ista parat.
31. Phaenomeni arcuati cum rubedine Stellis illuminata in coelo die 23. Decembr. a. 1719 apparentis descriptio. In der obenangeführten Breslau'schen Sammlung X. Th. S. 711.
32. De turbinosa, procellosa, grandinosa frequentibus fulminibus mixta tempestate a.1721 d. 24. Maji totam Transilvaniam pervadente. Ebend. XVI. Th. S. 510. ff.
33. Neue durch Felsen angelegte Landstraße in Siebenbürgen von Fried. Schwanz von Springfels unweit des Rothenthurmer Passes. Ebend. V. Th. S. 1551—1552.
34. Kurzer historischer Bericht von der zu Kronstadt in Siebenbürgen grassirenden Contagion vom 30. November 1718 sammt D. Joh. Karold's kurzer Reflexion über die Pest und sonderlich über den Ursprung und Kur. (Ebend. VI. Th. S. 1816—1832 und III. Th. S. 533—534). Vgl. Denkbl. I. 22.
35. Desgleichen vom Jahr 1719. (Ebend. VII. Th. S. 46—48.)
36. Spezial-Relation von der Pest in Siebenbürgen und andern Seuchen 1721 seu Epistola ad amicum de statu Transylvaniae epidemico. Ebend. X. Th. S. 678—683.)
37. Monitorum antiloimicorum (vergl. oben Nr. 14). Recensio (Ebend. X. Th. S. 764—766.)
38. Von der merkwürdigen Krankheit des kais. Oratoris und Plenipotentiarii bei der Ottomanischen Pforte, Damian Hugo Grafen von Virmondt Relation, nebst Beschreibung der nach dem Tode vorgenommenen Sektion. Ein Auszug aus Köleschéri's Proteo febrili novissima Virmondtiana afflig. (Vgl. oben Nr. 16.) Cibinii 1722, 4-to. (Ebend. XX. Th. S. 381—389 und 645—647.)

39. Relation von Witterung, Seuchen ⁊c. in Siebenbürgen 1722. (Ebd. XXI. 158—162.)
40. Samuelis Köleséri Equitis Transylvani Dissertatio juridica de expensis litis, Actori a Reo subministrandis. Halae M. typis Christ. Andr. Zeitler 1712. 4-to. 40 S.

Nach Veszpremi's Biogr. Cent. I. S. 87 war Köleschéri der Herausgeber der in Leipzig (1717) ohne Angabe der Zeit und des Ortes auf Kosten der Gräfin Katharina Bánfi gedruckten ungrischen Uebersetzung des neuen Testamentes 12-mo. vielleicht auch der Leichenreden auf seine dritte Gattin: „Halotti Beszédek Gr. Betlen Judit, Köleséri Samuel hitvese felett. Irták és mondották Nádudvari Péter, Szatmári Mihály és Lázár János, Kolosvár 1720". 4-to.

Sciv. Handschriftliche und versprochene Werke:
1. Compendium Juris Transylvanici, juxta approbatas compilatasque constitutiones, in capita redactum 1729. Der I. Theil handelt: de statu Religionum in Transylvania, annexisque rebus ecclesiasticis. Der II. de negotiis Principis, Statuum et Fisci. Der III. de rebus et negotiis regnicolas concernentibus, und der IV. Theil de modalitate et forma juridici Processus.

Dieses Werk ist von Daniel Süllyei fortgesetzt worden, l. Catal. Bibl. Sam. C. Teleki III. 213.

2. Cogitationes de emendandis studiorum defectibus et studiorum emolumentis. 4 Bogen.
3. Gorgonea venena, eorumque antidota, seu labyrinthus scholasticus, perversusque studiorum acquirendorum, ac ritu filiorum Theseo-Ariadneorum compendiosior scholarum emergendi, ac eluctandi in Transylvania Modus propinatus auctore S. K. d. K. Pastor Weidenfelber zu Michelsberg, hat diese Abhandlung 1746 mit verschiedenen Anmerkungen vermehrt.
4. Analecta antiquitatum Dacicarum. Eine bloße Sammlung von Abrissen römischer Denkmäler mit ihren Inschriften. Sie verdienten durch den Druck bekannter gemacht zu werden.
5. Hecathene, seu descriptio et explicatio critica omnium lapidum Dacicorum. Der Verfasser und Doktor Vauderbech reden sehr viel von diesem Werke. Des letztern Thrasonische Muse sang auch schon auf den Verfasser:

Debueras Hunnis, qui te genuere, Camoenas
Has, quarum ad Dacos transvehis omne decus.

> Tot tantisque tuis titulis dum Dacia fulget,
> Quod de te semper grata loquatur habet.
> Si tamen auctoris calamo decorata taceret,
> Marmora, quae nomen grande loquantur erunt.

Nach Köleschéri's Tode aber fand man gar nichts davon. Den 13. März 1723 schreibet er seinem Freunde Weidenfelder: utinam vero reculae luculenter alias coacervatae, Generalis Steinvillii essent in salvo; non esset tanti laboris Hecathena mea. — Wobei der letztere anmerket: de qua vero in revisione bibliothecae suae ne vola, ne vestignum quidem. Vielleicht hat es Köleschéri selbst aus guten Gründen vernichtet, denn aus seinen Handschriften erhellet, daß ihn seine Arbeiten erstaunliche Mühe gekostet haben.

6. Thermo-Acrena Dacica. Köleschéri schreibt dem Vauderbech, den 25. Heumond: daß er dessen Valachia subterranea, mit diesem Werke herauszugeben gedenke, welches aber meines Wissens nie geschehen ist. Da ich nur das erste Stück von der Galleria di Minerva, Venetiae 1724 besitze, so kann ich nicht sagen, ob nicht Vauderbech den folgenden Stücken einige Köleschérische Schriften eingerückt habe, wie hier dessen Aufschrift auf den Karolinischen Weg in die Walachei bei dem Passe des rothen Thurmes[1]), und dessen Brief an ihn wegen seiner Beschreibung der österreichischen Walachei. Wenigstens schreibt er ihm den 5. September 1723, unter dem Namen Conradi: ego modo occupor in exornandis Albrizzianis novalibus — experiaris me tuum nomen, aeque ac meum, in hoc Diario tueri et licet per Anonymum animadvertet Italia, quanti sint Kölescheriana pendenda.

---

[1]) Die Inschrift Kölesféri's auf den Karolinischen Weg ist in der Folge auch in Felmers Primae Lineae Historiae Transs. S. 279—280, ferner in Veszpremi's Biogr. Cent. II. P. I. pag. 16 und P. II. pag. 271 — und in Lebrechts Geographie von Siebenbürgen S. 184—185 aufgenommen worden. Von der Galleria di Minerva Girolami Abrizzii hat man 6. in Venedig 1696—1708 und den 7. ebend. 1717 gedruckten Band in folio, deren Fortsetzung die 1724 ıc. ebenfalls in Venedig, jedoch in 8-vo. gedruckte „Galleria di Minerva riaperta" ist. Ob außer dem ersten Stücke dieser letzteren wo S. 3 ıc. Schendos Beschreibung der österreichischen Walachei, und S. 15 die Karolinische Inschrift stehen, mehrere Stücke erschienen seien? habe ich nicht erforschen können. Tr.

7. Dacia Romana, Hunno Dacia et hodierna Dacia Augusta. Auch dieses Werk habe ich nirgends entdecken können¹).
8. Elementa Jurisprudentiae Civilis. Hievon schreibt er einem Freunde Et ego Elementa Jurisprudentiae Civilis, ignarae juventuti nostrae et inter rabulas legulejorum, ne quidem terminorum technicorum auditui assuetae, in minori, eaque quartali forma in lucem dare cogitaram, si tempus et nitor caracterum Leutschovianorum animum volenti adderet. Ob sie aber gedruckt worden, oder sich irgend wo in der Handschrift befinden, ist mir unbekannt.
8. In Absicht der Naturgeschichte Siebenbürgens, berichtet er einem Freunde in der Schweiz: Curiosa Helvetiae, nec non Musei Damiani fragmenta, e Dacia nostra mediterranea insigniter locupletari posse, si vel unicus oculus Scheuchzerianus hic esset, vel genius huc transmearet, non dubito. Mihi quidem nec otium, nec studium succolandis Scheuchzerianis laboribus suppetere, spero tamen in opere meo, quod post Romano-Daciam sequitur, nonnulla Historiam naturalem Transylvaniae seu Hunno-Daciae illustrantia suggesturum, nec trita, neque injucunda. Memorabuntur v. c. Gallina ovis incubans petraefacta, in montanis Györgyiensibus Siculiae inventa. — Lepus agrestis totus salso-petraeus in fodina salis inventus. — Conchilia, cochleae striatae turbinatae, Chamae pyramides etc. Nummi lapidei diversae formae et figurae, per longos tractus sparsi, Trabes in puteis salinariis, 80 orgyarum, ex partibus vivi salis excisae.—Nuper in lapicidina amici non procul Cibinio, ramus virgulti Corylini instar in carbonem conversus, lapidem vivum perforans, inventus. — Arborum rami et folia circa thermas Gyogyienses petrificata. — Imbribus et eluvionibus detecta cornua Ammonis, — grandes animalium maxillae, dentes et ossa pariter in speluncis insolitae magnitudinis. Et quae non alia subinde obvia naturae portenta, ab ignaris nihili aestimata? Aquas soterias minerales Thermo-Acrene mea Dacica proxime dabit. — In einem andern Briefe an ebendenselben berichtet er folgende Seltenheit:

Dum haec scribo, adferuntur mihi e fluvio Transylvanico extracta cornua cum cranio, pendentia XVIII. libras Viennenses, ani-

---

¹) Ueber diese und die vorhergehenden zwei Handschriften Köleschéri's Hecathene und Thermoc-Acrena Dacica vergl. Veszpremi's Biogr. Cent. I. pag. 88 und 89.

malis certe peregrini, in lapidem mutata. Cranium cervino majus, jugulum longius, cornua lata, alaria referentia. Sed quod me plus ambiguum reddit, dens est incurvus elephanti similis, cum lato alveo et longitudine unius spithamae viri adulti, dentis longitudo IV est spithamarum, diameter maximae crassitiei, 3½ pollicis. Quomodo haec et in quonam genere animalis combinabilia sint, fateor me ignorare. Dens et cornua in uno fluvii alveo inventa simul.

Diesen Auszügen will ich noch drei Kölescherische Briefe an ausländische Gelehrte von vorzüglichem Range, wegen ihres literarischen Inhalts beifügen:

Erster Brief. An Professor Peter Burmann zu Leiden.

Amplissimo Viro, D. Petro Burmanno,
Litteratori summo,
S. P. D.
Samuel Köleserius a Keres-Eer.

Die VIII. praeteriti anni ad me exaratas litteras XX-mo hujus mensis et anni, singulari voluptate accepi, legi et relegi. Optarem ingenio Tuo Auraria mea Romano-Dacica vel tantillum satisfactum esse. Opusculum quidem tumultuaria opera in lucem protusum est: index tamen antiquitatis Romanae in Dacia nostra et majoris operis, si Deus vitam et vires largiatur, prodromus. Pretium quidem his litteris hic nullum: me tamen delectant et tam Inscriptionum, quam Numismatum, his in terris erutorum, congestio, pascit in dies oculos et animum. Dum haec scribo, obvenit inscriptio graeca hujus fere moduli:

ΓΕΓΟΝΕ ΕϹΑΘΗΝΑϹ ΟΜΟΙΩϹ
ΒΛΕΙΠϹ ΤΑΥΤΑ.

Sub hac inscriptione alabastro incisa, decumbit ad latus sinistrum vir pede dextro nudus, cubitui innixus. In sinu jacet stolata mulier, pomum manu sinistra tenens; ad latera lecti utrinque Delphini, erectis caudis. Jovem et Venerem esse opinatus sum ex symbolis. Sed Venerem cur Hecathenam dicas? Curiositatem, vel dubium nova inscriptio Romana non longe ab hac eruta, sed lucunosa:

D. D. O.
HECATENI. PATRES.
EX DE. ARAM POSIERVNT
C. CAST - - PVLC —
DVETRINAREI —
TITANE-RVF —
PRO. SALVT. SV —
MILT. Q. LEG. XII —

In Gruteriano-Graevianis praeter Hecaten, mulieris nomen et Hecataeum nihil deprehendo, nec in aliis antiquariis, quos curta supellex litteraria suggerit. Labor in similibus vetustatis vestigiis legendis, hic taediosior ex defectu subsidiorum. Insignia Genii Tui litterarii documenta, quorum paucissima, quae vidi, amorem Tui accenderunt, quantocyus afferi percupio, cumprimis Quintilianum tuum ac Petronium. Si quid delectamenti pro litteris tuis hic adesse, tibique impertiri posse, cognoscerem, haberes me ad obsequia. In auraria mea Romano-Dacica plura videris, quae hactenus nec lucem viderunt; vel multa vitiosa credita sunt. Vale, Vir Eruditissime! et iis qui te e longinquo amant, fave! Cibinii Transyl. XXI. Jan. 1720.

Kölescheri wollte nur unter Hekathena, eine Gottheit entdecken und Vanberbech trompetete schon:

Hecathena piis Dacorum exorcita votis,
   Obscuro latuit nomine spreta Divae.
Qui vetus illustrant aevum, patrumque tenebras,
   In scriptis nomen vix tetigere suis.
At modo, qui Dacos decorat, Kolescherius illam
   Vindicat, antiquum restituitque decus.
Ille dedit vitam Hecathenae, sed dabit ista,
   Excidat ut nullo tempore fama viri.

Um mehreres Licht hierin zu erhalten, schrieb er auch an den berühmten Burchard Menken:

Zweiter Brief. An Johann Burchard Menken zu Leipzig.

Pro luculentissimis officiis, quibus non merentem, tibi plurimum devinxisti, vereor, ne dignas rependere. queam grates: interea totum me in aere tuo esse, lubens gratusque profiteor. Accepi nova litteraria, tum germanica, tum latina. Nunc supplementa Mensium, nec non volumina III. Indicis generalis Actorum Lipsiensium, una cum nonnullis aliis per hujates mercatores adferenda, avide exspecto, studia vestra et assidui labores merito admirationi sunt. Nuper admodum, ubi vallum fortalitii Carolini-Albensis, quod antea Alba Julia (Weißenburg) dictum est, erigeretur et fossis circumductis terra verteretur, detecta non pauca antiquitatis Romanae rudera, sub binis trinisque terrae incumbentis orgiis. — Hic evoluti sunt non tantum quadrati paralogiani; sed et quadrati elegantissimis inscriptionibus et figuris hactenus ignotis lapides: grandiores lateres Legionum et officialium praefatorum nominibus insigniti, gemmae affabre caelatae, annuli, icunculae Deorum Dearumque; nummi e triplici metallo diversi moduli; statuae, inter quas una Nympharum, altera procera habitu imperatorio, nisi quod capite carens, quisnam esset dignosci non potuit; aquae ductus subterranei; urnae sepulchrales; balnea, aedium sacrarum bases, columnae et nonnulla religionis simulacra. — Haec subinde lustranti, memorabile mihi occurit simulacrum Hecatenes e marmore alabastrino bipedali sculptum. Jacent hic juxta se mutuo supra lectum romano more stratum, binae effigies, una viri barbati sagati, pede dextro genu tenus erecto, nudi, cubito dextro pulvinari nixus, in hujus gremio altera mulieris stolatae, pariter pulvinari nixae et manu sinistra pomum tenentis. Delphini erectis caudis superne et inferne lectum ornant; latus vero parietinum inscriptio graeca in hunc modum:

ΓΕΓΟΝΕ ΕϹΑΘΗΝΑϹ ΟΜΟΙΩϹ ΒΛΕΠΙΕ ΤΑΥΤΑ.

Paullo post obvenit alius lapis quadratus, in quo litteris uncialibus expressum fuit: HECATENI PATRES EX DE. ARAM POSIERUNT. — Cum haec utrinque contemplarer, occurit mihi illud Lipsianum in fragmento Senecae: quidam vero mixto sensu, diversis corporibus induunt; numina vocant, mixto sensu, inquit Lipsius, quasi ex mari et foemina compositi quidam Divi, ut Hermathenae, Hermeracles etc., sacrum Hecathenorum patrum ministerium hic fuisse, templumque erectum, in quo ara posita et supra aram statuam hanc locatam, combinatae, quae hic adsunt, circumstantiae clarissime evincunt, uti olim aedem, in qua statua Mercurii et Minervae locata erat, Hermathenam; ita hanc Hecathenam eandem ob rationem conjunctionis dictam esse. Hecathis nomine triplices virtutes exprimere voluisse gentilium superstitionem et illarum intuitu, tres Deas appellasse et vulgo notum. Symbola tamen Delphini et pomi in posteriores non quadrant.

Jovem sub variis titulis in Daciis cultum esse, diversae ostendunt inscriptiones proxime ad hunc lapidem effossae. Sunt bases columnarum cum inscriptionibus: IOVI OPTIMO MAX. SOLI INVICTO. IOVI AETERNO, INVICTO MITRAE. — Item combinatae aliae: IOVI IVNONI REGINAE DEO DEAE. — Quo et lapides procul abhinc inventi, inscriptio in auraria Romano-Dacica allegata: IOVI INVENTORI. DITI PATRI. TERRAE MATRI — alludit. Forte non fallar, cum Romanorum prima cura fuerit labor metallicus, ejusdemque sedula continuatione proventuum, a divitae terrae Daciae penu eruendorum avida consectio, metallis foecundam hujus terrae impraegnationem Solis et Lunae efficaci in haec inferiora cooperationi adscribentes, virtutem hanc indigitari et simulacro Hecathenes ritu patrio Jovem et Junonem, Deum Deamque omnium potentiarum et virtutum fontes, Romanos coluisse. Quod autem in memorata lapidis inscriptione patres Hecateni, Duetrinarei, dicantur, nondum mihi satisfactum esse fateor. Sed de his et his similibus in Dacia Romana, quam molior, uberius. — Perplacuit Celsis. Principi Maurocordato, recensio libri graeco idiomate, de officiis scripti, promittitque eundem latino idiomate luci publicae, ut eruditorum limam subeat, brevi daturum. Interea, vir illustris! plurimum vale, ut par meritis felicitas Tibi obtingat. Iterum vale, tui nominis assiduo cultori fave, vestrorumque laborum notitia sitim e longinquo releva.

Die Antworten dieser berühmten Gelehrten sind mir zwar unbekannt, mich aber deucht, Köleschéri fände wenig Trost in den zusammengesetzten Bildsäulen Merkurs mit andern Gottheiten: Herm-Athena, Herm-Eras, Herm-Harpokrates, Herm-Herakles, — zur Erläuterung seiner Hekathena, in dem griechischen Monumente, wenn er auch gleich recht gelesen hätte; denn diese Bildsäulen stellen verschiedene Gottheiten unter einer Figur vor. Allein in diesem Apulischen Denkmale sieht man eine bärtige Mannsperson und in deren Schooße ein gleichfalls liegendes Frauenzimmer in langen Kleidern, mit einem Apfel in der linken Hand. — Und wie könnten diese den Jupiter und die Juno vorstellen, da Hekathena, nothwendig das Bild der Hekate und der Minerva vorstellen müsse? — In Absicht der Hecatenorum Patrum, finde ich noch keine Ursache, meine Meinung, in Inscript. Mon. Rom. in Dac. S. 131 zu ändern. Duetrinarei bezieht sich auch gar nicht auf die Patres Hecatheni, sondern auch auf den vorgehenden Namen, und möchte vielleicht: Duetrinarei filius zu ergänzen sein.

Dritter Brief. An den berühmten englischen Arzt Johann Woodward.

Vir Illustris!

Miraberis forte, hominem Tibi ignotum quidnam moverit, ut e remotissimis oris Angliae tamen Tuae, cujus aliquando sesquiannii accola fui, non sine voluptate grateque memorem Tuas interpellarem curas. Claritas eruditionis Tuae, et diffusa rerum naturalium scientiae existimatio, mare, quo continetur patria, quam ornas, diu transgressa, penetravit ad ultimam litterati orbis Thulen, meque inter ceteros in Tui venerationem non invitum excivit. Si ausus hic culpam meretur, eam in se sumet, suamque esse agnoscet Vir ingenuus, Helvetorum non solum suorum, verum litterati orbis societatumque scientiarum praeclarum decus, Joannes Jacobus Scheuchzerus, cujus praeconio non solum allectus; sed et humanitatis Tuae, Tibi a gente et litteris nativae, securus redditus, ad has, quibus et cultus Tui et cupiditatis, quae me licet a publicis negotiis districtissimum, erga litteras meliores tenet, cum consolatione redundans darem testimonium, movebar. Exaruit quidem apud me usus linguae vestrae et distantia loci, quae nos distinguit, ut et commoditatum difficultas, quid litterata Anglia agat, me notitia destituat, ut ne quidem acta societatis Regiae, quousque prosecta sint, et an in latinum idioma translata; multo minus (ni paucissimos excipiam) privatorum sagacitate in scientia rerum naturalium, ac antiquariae, quousque promota, scire datum sit. Salivam quidem subinde movent, quae ex Ephemeridibus novis litterariis ad me perveniunt; sed famem sitimque per ea implere, spes nulla. Cetera praetereo: Historiam tamen naturalem Insulae Jamaicae, te auctore contextam, et Pembrochiani Numophilacii descriptionem, ita in oculis habeo, ut vel solis, dum adhuc vivo, perfrui posse, avide anhelem, simulque scire, in quonam nunc labore te Musae tuae detineant. Si importunitati meae veniam dederis, a Tua, Vir illustris! humanitate, precibus contendo, ut quod maxime Tu potes, fidam mihi dederis explanationem quaenam gentis Valliam vestram incolentis origo? qui progressus? quae lingua antiqua et in quantum illa ab antiquo idiomate descivit? — Appetitum haec plenius scisse civit liber, Londini, An. 1700 impressus, sub titulo: „Oratio dominica." Quem dum volverem, incidi in orationem dominicam duarum gentium a se mutuo distantissimarum, lingua iisdem communi immo eadem familiari descriptam. Miratus Wallicorum et Moldavorum linguas adeo cognatas esse; ut dum Wallicam legerem, ab illis suam esse adserentibus, intelligerem. Quis mihi scrupulum hujus rei eximet, an vera sit illa Walliae vestrae dialectus, quam auctor praefati libri testimonio allegatorum, unde orationem istam exscripserit, sub titulo: „Linguae Wallicae" recensuit. Ingenti beneficio cumulatum me sentiam; si Tua fida ac genuina informatione nixus Valachorum origines pro complemento Daciae nostrae antiquae, quam sub manibus teneo, ex collatione desiderata illustrare valuero. Reciprocis officiis pro viribus facultatum mearum, ad jussa Tua promtum paratumve me Tibi offero, ac quantocyus ut responso tuo me digneris, enixe contendo, qui omnem Tibi incolumitatem, ac boni publici, litterarumque causa indevexas aetatis vires apprecor. Vale, Vir illustris! viveque Deo, Regi, Regno, bonisque litteris et me honori tuo assurgentem redama. —

Gewiß bin ich nicht der einzige von den Freunden unserer vaterländischen Geschichte, der nicht die Woodwardische Antwort von der alten wallischen Sprache zu wissen wünschte. Warum sind nicht lieber dergleichen Briefe an unsere Gelehrte, der Nachwelt aufbewahrt worden, als die Thrasonischen des Vanderbechs?

Tr.   Zu den Handschriften Kölescheri's gehören noch:
10. Compendium Decreti tripartiti Hung.;
11. Jus criminale practico-transsilvanicum;
12. Protocollum Expeditionum Gubernii, sämmtlich in Fol. und in der Gr. Sam. Telekl'schen Bibliothek befindlich laut Catalog derselben III. 209—216 u. 190.

Seiv.   **Kölsch Martin,**

ein Schäßburger, der zu Wittenberg die Arzneikunst studirte und 1668 darin die höchste Würde erhielt.

   Er vertheidigte unter dem Vorsitze des Johann Fridels von Preßburg, der Weltweisheit und Arzneikunst Doktor, folgende medizinische Streitschriften als Verfasser:
1. De Hydrope. 1668. Witebergae 4-to.   66 S.
2. De Pleuritide, ebendaselbst in 4-to. ohne Meldung des Jahres: doch ist diese jünger, als die erstere, welche Kölsch in seiner Zueignungsschrift an den Fürsten Michael Apafi, die Erstlinge seines gelehrten Fleißes nennt.

Königer Marcus,

Tr.

Sohn des Hermannstädter Bürgers und Handelsmannes gleichen Namens starb als Klosterprediger in seiner Vaterstadt am 30. Juni 1692.

Τριαδογνωσιαν primorum N.T. fidelium ante publicum Christi praeconium ex navitatis Christi meditatione, Luc. II. Praes. Joh. Deutschmann S. S. Theol. D. et P. P. Vitebergae 1685 in 4-to. 16 Seiten.

Auch in Deutschmann's Theosophia S. 81—96.

Körner Daniel,

Tr.

aus Bistritz, studirte die Rechtswissenschaften in Jena 1714—1716 und war der Sohn des Andreas Körner, Pfarrers in Heidendorf[1]) und Dechanten des Bistritzer Kapitels, wie er selbst in seinem hier nachbenannten Sendschreiben bestätigt:

Epistola ad Collectorem Actorum litterariorum de statu Transsilvaniae ecclesiastico, ddto. Jenae ipsis Nonis Novembris A. O. R. MDCCLXV.

Der Verfasser handelt darin von dem damaligen Zustand des Kirchenwesens in Siebenbürgen, zählt die geistlichen Dekanate unter den Evangelischen A. B. auf und gibt auch statistische Daten über den katholischen und griechischen Clerus in Siebenbürgen.

Dieses an Burkard Gotth. Struve gerichtete Schreiben ist enthalten in dem Sammelwerke: Acta litteraria ex Manuscriptis eruta atque collecta cura B. G. Struvii. Tomi 2-di Fasc. II. Jenae apud Jo. Felicem Bielkium 1717. Nr. VII. pag. 175—195.

Korodi Franz Ludwig,

Tr.

Sohn des Apatzaer Pfarrers Paul Korodi, wurde in Kronstadt geboren am 12. Februar 1834, absolvirte seine Gymnasialstudien in der Vaterstadt

---

¹) Nach den siebenb. Provinzialblättern IV. 197, 201 u. 213 war Andr. Körner Pfarrer in Heidendorf vom J. 1688-1693 und Johann Klein (bis dahin Pfarrer in Wallendorf) dessen Nachfolger. Andr. Körner dagegen im letztgedachten Jahre zum Pfarrer in Treppen berufen, kehrte von da im J. 1614 zu seiner frühern Pfarre Heidendorf zurück. — Von Daniel Körner selbst ist mir weiter nichts bekannt.

und studirte sofort 1853—1857 an den Hochschulen zu Berlin und Tübingen. Nach einem halbjährigen Aufenthalte an der protestantisch-theologischen Fakultät in Wien, kehrte er im August 1857 nach Kronstadt zurück und wurde im Oktober 1857 als Lehrer am Kronstädter Untergymnasium A. B. angestellt.

1. Nausikaa, sechster Gesang der Odyssee des Homer, in freie Stanzen übersetzt von L. K. (Kronstadt bei J. Gött 1863) 8-vo. IV. 18 S. (Separatabbruck aus dem Programm des evangelischen Gymnasiums zu Kronstadt 1863 f. Friedrich Schiel.)
2. Gedichte von Johann Arany. Aus dem Ungarischen von L. K. Die Hälfte des Reinertrags ist dem Kronstädter sächs. Schützenvereine gewidmet. Kronstadt, Verlag von Haberl & Studel 1863 12-mo. 112 Seiten.

Tr. **Kräger Johann Michael,**

Sohn des Mediascher Notarius und nachmaligen k. k. Obergerichtsrathen Michael Kräger, geboren in Mediasch 13. Januar 1818, praktizirte als Doktor der Medizin, wozu er 1843 an der k. ungarischen Landesuniversität zu Pest befördert worden war, in seiner Vaterstadt Mediasch und starb daselbst als Stadtphysikus in 40. Lebensjahre den 1. Mai 1857.

Dissertatio inaug. medico-therapevtica de Epilepsia in Universitate Pestiensi disquisitioni submissa. Budae typis Joannis Gyurián et Martini Bagó 1843, 8-vo. 24 S.

Tr. **Krafft Johann Georg,**

geboren in Kronstadt am 4. Juni 1794, bezog im Jahre 1816, nachdem er auf dem Gymnasium seiner Vaterstadt seine Studien absolvirt hatte, die Universität in Wien, woselbst er im August 1822 zum Doktor der Medizin promovirt wurde.

Er praktizirte als Arzt in Wien 1834, nachher aber zu Bukarest in der Walachei. Er erwarb durch seine Praxis ein ansehnliches Vermögen, wurde aber eines großen Theiles desselben durch einige junge Bojaren, während er vom Hause abwesend war, mittelst Einbruch beraubt. Da es der k. k. Agentie nicht gelang, ihm zur Entschädigung zu verhelfen, so fand er sich veranlaßt, nach Wien zu gehen und daselbst wegen

Schonung der Diebe durch die Behörden und aus Rücksichten für angesehene Bojarenfamilien unterlassener angemessener behördlicher Assistenz sich zu beschweren. Er erlebte aber das Ende dieser in die Länge gezogenen Sache nicht, sondern starb unverehlicht in Wien am Schlagflusse den 11. März 1857.

  Dissertatio inaug. medica de Hygiene, quam in Universitate Vindob. publicae disquisitioni submittit J. G. Krafft. d. Augusti 1822. Vindob. ex tipogr. Ferdinandi Ullrich. 8-vo. 67 S. Dem Haromßéker Oberkönigsrichter und Vicepräsidenten der k. k. Einlösungs= und Tilgungs=Deputation Grafen Adam Nemes v. Hidvég zugeeignet.

T r. **Kramer Friedrich,**

nun Gymnasiallehrer in Bistritz, studirte 1862—1865 an der protestantisch-theologischen Fakultät in Wien, und schrieb

  aus der Gegenwart und Vergangenheit der königl. Freistadt Bistritz. Festgabe für die Mitglieder der am 5., 6. und 7. August 1868 in Bistritz tagenden Vereine. Hermannstadt 1868. Buchdruckerei des Josef Drotleff. 8-vo. 34 S. mit einer lithograph. Ansicht der innern Stadt Bistritz von der südwestlichen Zufahrt.

T r. **Krasser David,**

geboren in Mühlbach am 11. Juni 1821, studirte an der Universität in Leipzig 1841 ꝛc., und in Berlin 1842—1843, war Lehrer am evang. Untergymnasium zu Mühlbach seit 1843, dann Rektor daselbst 1849 bis 1852, weiter Prediger ebendaselbst 1853—1859, sofort aber Pfarrer in Petersdorf 1859—1867 und endlich in Großpold seit 1867.

1. Geschichte des Mühlbächer Untergymnasiums A. B. (in dem Programm des evang. Untergymnasiums in Mühlbach. Kronstadt 1857 s. F. W. Schuster).
2. Denkschrift des Mühlbächer Bezirkskonsistoriums A. B. zur Beleuchtung des Candidations= und Promotionsrechtes innerhalb des Unterwälder Kapitels. Kronstadt 1862. Druck und Verlag von Johann Gött. 8-vo. 121 S.

  Wurde durch den Streit, der zwischen Hermannstadt und dem Unterwalde (namentlich dessen kirchlichem Vororte Mühlbach) seit dem

Jahre 1850 bei der Besetzung der Pfarreien im Reußmärkter Promotionskreise geführt ward, veranlaßt, und sollte zur Information der Deputirten zur Landeskirchenversammlung bei Schaffung der neuen Kirchenverfassung dienen. Die Abhandlung handelt, nach kurzer Einleitung, vom historischen, dann vom positiven Recht und vom Recht der Billigkeit, worauf ein Anhang folgt, welcher Auszüge aus siebenbürgisch=deutschen Zeitungsblättern vom J. 1847 u. 1848 enthält, und darnach die Großpolder Pfarrerswahl vom Jahre 1860 bespricht.

Tr. **Krasser Friedrich,**

geboren in Mühlbach am 28. April 1818, studirte auf dem Gymnasium in Hermannstadt, sofort aber an der Wiener Universität, wo er im Jahre 1844 die medizinische Doktorwürde erlangte, im Jahre 1846 aber auch zum Doctor Chyrurgiae graduirt wurde (Siebenb. Wochenbl. 1846 Nr. 89, S. 371). Er übt nun die medizinische und wundärztliche Praxis in Hermannstadt.

1. De Coxalgia, Diss. inauguralis. Vindobonae, typis Caroli Ueberreuter, 8-vo. 41 S.

Dem Rektor des Hermannstädter Gymnasiums Friedrich Phleps zugeeignet.

2. Offenes Visir. Zeitgedichte. Hamburg bei Otto Meißner 1869. Kl. 8-vo. I. 108 S.

Eine Sammlung von Gedichten des Verfassers für Denkfreiheit naturgemäße Erziehung, Atheismus gegen Tyrannei, Aberglauben, Schulzopf, Dogmenunsinn und Pfaffenfanatismus. Rec. in der Hermannstädter Zeitung Nr. 39 vom 15. Februar 1869.

Tr. **Kraus Andreas,**

ein Kronstädter, studirte 1686 ꝛc. am dasigen Gymnasium, 2. April 1688 ꝛc. in Wittenberg, wurde nach der Rückkehr in die Heimat im J. 1696 Lector am Gymnasium seiner Vaterstadt, 1704 Oberprediger zu Bartholomä, 1706 aber Stadtprediger und im J. 1712 Pfarrer in Petersberg, als welcher er zugleich vom April 1738 bis dahin 1741 die Würde des Dechanten des Burzenländer Kapitels verwaltete, und am

14. November 1751 in einem Alter von 83 Jahren sein Leben beschloß. Während er in Wittenberg studirte, vertheidigte er die Streitschrift:
Dissertatio de aeterna Justificationis Oeconomia ex Esa XLV. 20—25 praeside Io. Deutschmann. Witeb. 29. April. 1689. 4-to.

Tr.   **Krauß Georg d. ä.,**

Notarius in Schäßburg, Sohn des reichen Hermannstädter Handelsmannes Adam Krauß geboren in Hermannstadt am 17. Sept. 1607 begab sich nach (in Klausenburg [seit 1622] und in Hermannstadt [seit 1624]) vollendetem Schulstudium, und unter dem fürstlich Gabr. Bethlen'schen Proto=Notär Steph. Kassai zurückgelegten Kanzlei = Jahren, 1626 auf die Akademie zu Straßburg, verweilte ein halbes Jahr in Wien 1627 und reiste sofort durch Treviso und Venedig bis Padua, woselbst er 1½ Jahre (1628) auf der Akademie die Rechte studirte. Weiter begab er sich wieder nach Venedig, Ferrara, Florenz, Siena, Viterbo bis Rom, von da aber nach einem sechs= monatlichen Aufenthalt, auf der Tiber nach Ostia, schiffte sich nach Neapel, Puteolis, Baja, durch Scylla und Charybdis nach Calabrien gegen Rhegium ein, begab sich ferner nach Sicilien, Messina, Palermo, Syracus, Trapano, Catania unter dem Aetna und auf die Insel Malta. Von da wollte er nach Jerusalem reisen, wurde aber nahe bei Csaka, einer damals von den Maltheser Rittern belagerten Stadt in Barbaria, am Weiterreisen verhindert. Er kehrte demnach durch Sicilien, Calabrien, Neapel und Campanien nach Rom, von da aber über Narini, Tceni, Spolito, Reccanati, Fuligno, Loreto und Amuria, wie auch Venedig nach Padua zurück. Aus Mangel an Geld kam er von hier zu Wasser nach Dalmatien, und mit List nach Rußinopolis, dann aber durch Krain, Steiermark und Kärnthen im Jahre 1631 nach Wien, und endlich, als eben der Palatin Niklas Esterházy mit Georg Rakozi bei Rakomos sich schlug, nach Kaschau und weiter zu Ostern desselben Jahres auch wieder nach Hermannstadt, wo er als Kaufmann Handel in die Walachei trieb. Im Jahre 1646 wurde er zum Ordinarius Notarius nach Schäßburg be= rufen, bekleidete diese Stelle in Ermangelung Subjectorum literatorum unter betrübten Zeitumständen ganzer 36 Jahre und wurde in dieser Zeit häu= fig als Deputirter an den fürstlichen Hof, in Landtäge und Versamm= lungen der sächsischen Nationsuniversität entsendet. Den Rang aber im Magistrat hatte er vor dem damals fungirenden Bürgermeister und starb am 26. Jänner 1679.

Die nachbenannten Handschriften haben ihn, nicht aber den Sohn G. Kraus d. j. — welch' letzterm Seivert dieselben unrichtig zuschreibt, — zum Verfasser:

1. Ausführliche Verzeichnung des Elendes und der Noth, welche von 1599—1605 Schäßburg und andere umliegende Oerter erlitten.

Das Original davon ist lange Zeit hindurch auf dem Schäßburger Rathhause aufbewahrt worden, nach der Zeit aber von da abhanden gekommen.

Diese nämliche Schrift, aber unter dem lateinischen Titel: „Tractatus rerum tam bellicarum, quam etiam aliarum ab anno „1599 usque 1606 inclusive in Transylvania interventarum per „Georgium Krauss 1646 fungentem Civitatis Schaessburgensis „Notarium conscriptus" ist in der Folge auch gedruckt worden in des Grafen Josef Kemény Fundgruben der Geschichte Siebenbürgens, Klausenburg 1839 I. S. 164—217.

2. Im Jahre 1780 als der Schäßburger große Stadtthurm neu eingedeckt und der Knopf herabgenommen ward, fand man darinnen eine Handschrift unter folgendem Titel:

„Memorial und kurzer wahrer Bericht, was über diese unsere Stadt Schäßburg, als in der Ordnung der sächsischen königl. Städte in Siebenbürgen, nach der Hauptstadt Hermannstadt die Erste, innerhalb 485 Jahren ihrer Erbauung bis in dieses unglückselige 1676. Jahr, in Belagerungen der Stadt, Feuersbrünsten, andern zufälligen Unglücksfällen und Pestzeiten, bei unseren, unserer Eltern und Voreltern Gedenkzeiten ergangen gewesen, auf Befehl eines Hochweisen Raths und der Löbl. Hundertmannschaft durch mich Georgium Krauss 31jährigen Juratum Notarium aufgesetzt und verzeichnet."

Eine Abschrift davon steht in Mich. v. Heydendorfs Collect. Tom. VI. S. 743—813 sammt der Fortsetzung bis zum J. 1775 von Martin Schech S. 813—836. Vgl. den Art. „Ungenannte Nr. II."

3. Codex Krausio-Kelpianus oder merkwürdige Geschichten in Siebenbürgen und dessen umliegenden benachbarten Ländern von 1608 bis 1665 mit vielen Urkunden."

Unter dem hier angeführten Titel in Seiverts Nachrichten S. 259 mit den Beifügen, daß der „verdiente Professor Martin Kelp diese „Handschrift seit 1612 fortgesetzt, und Krauß auch ein viertes Werk: „Annales sui temporis in deutscher Sprache hinterlassen habe", angezeigt. Die vermeinten Kraus'schen Annales sui temporis sind ein und dasselbe Werk mit dem Codex Krausio-Kelpianus, welchen Seivert blos aus Haner's Bibliotheca Hung. et Transs. historica, wo derselbe unter dem Titel: „Siebenbürgische Geschichten vom Jahr 1606—1665" erwähnt wird, und nicht aus eigener Anschauung gekannt hat. Auch ist Seivert's Angabe: daß Martin Kelp diesen Codex seit 1612 fortgesetzt habe, unrichtig.

Ein Auszug aus dem Codex Krausio-Kelpianus, der sich in der Urschrift im Superintendentialarchiv zu Birthälm befindet, ist unter dem Titel: Bruchstücke aus dem Leben des Fürsten Gabriel Bathori 1610 — in der Blättern für Geist ꝛc. 1846 Nr. 21 ff. veröffentlicht worden. — Andere Auszüge hat Georg Binder mitgetheilt in Kurz's Magazin für Geschichte ꝛc. Siebenbürgens, Kronst. 1846. 2. Bd. S. 209—230 und 430—461 wo auch die Beschreibung dieses Codex (S. 209—210) und Nachrichten über die Kraußische Familie zu finden sind (S. 211 ff.)

Dadurch auf den Werth dieser Handschrift für die vaterländische Geschichte aufmerksam gemacht, beschloß der Verein für siebenbürgische Landeskunde in seiner General-Versammlung zu Broos im Jahr 1852, dieselbe vollständig durch den Druck zu veröffentlichen. Dieser Beschluß wurde durch Unterstützung der kaiserlichen Akademie der Wissenschaften in Wien in Ausführung gebracht, und es erschien sonach das Werk in der Reihe der: „Fontes rerum austriacarum, herausgegeben von der historischen Commission der kais. Akademie der Wissenschaften in Wien, als 3. und 4. Band der ersten Abtheilung ihrer Scriptores" unter folgenden eigenem Titel:

„Siebenbürgische Chronik des Schäßburger Stadtschreibers Georg Kraus 1608—1665. Herausgegeben vom Ausschusse des Vereins für siebenbürgische Landeskunde. Wien aus der k. k. Hof= und Staats-Druckerei. 8-vo. 1. Theil 1862. VII. 385 S. 2. Th. 1864. 415 S.

Der Vereinsausschuß begleitete dieses Werk mit einem Vorwort (zum ersten Theil S. V—VII) aus Hermannstadt 4. Aug. 1858 — ferner einer Erklärung der in der Chronik häufig vorkommenden mundartlichen Ausdrücke (zum zweiten Theil S. 417 und 418) — und einem von Karl Fabritius verfaßten Index über das Ganze (am Ende des zweiten Theils S. 419—443), — sowie mit einer schätzbaren Abhandlung: „Die Schäßburger Chronisten des 17. Jahrhunderts von Karl Fabritius" (s. d. Art.) als Einleitung, nebst Inhaltsverzeichniß dazu auf CIII Seiten.

Seiv. **Kraus Georg d. j.,**

Superintendent der sächsischen Kirchen und Pfarrer zu Birthälm. Ein unermüdeter Mann für die vaterländische Geschichte, dessen schöne Handschriften aber höchst selten sind, und ein großer Theil davon, selbst von einem seiner Enkel, aus Gleichgiltigkeit für die Geschichtskunde, als Makulatur verbraucht worden. Trauriges, aber sehr gemeines Schicksal unter uns! — Schäßburg war sein Geburtsort, woselbst sein Vater gleichen Namens, als Notarius starb. Seine akademischen Jahre begann er zu Preßburg, wo er um das Jahr 1668 lebte[1]). Als Prediger in seiner Vaterstadt, erhielt er 1678 die Pfarre Schaas; allein nach dem Tode des Stadtpfarrers Georg Schobel erwählten ihn die Schäßburger 1684 zu dessen Nachfolger. Nachgehends war er Superintendent. Bei der Wahl der versammelten geistlichen Universität zu Medwisch den 19. Jan. 1711, hatte er und Lukas Grafius, Stadtpfarrer zu Medwisch, gleiche Stimmen ein seltener Fall! das Loos sollte entscheiden und dieses bestimmte Krausen. Allein schon alt und abgelebt, ging er den 5. August 1712 in die Ewigkeit über. Von seinen Schriften sind mir bekannt worden:

Hagar Sarae, hoc est: Philosophia prima Theologiae ancilla se se submittens, quae partem Mataphisicae generalem, sectione exegetica brevi praemissa, porismaticam exhibet, principiorum omnium et singulorum theologicum usum uberrimum aperiendo et nefandissimum abusum detegendo, cujus disputationem praesentem, praeside — Joanne Faustio — solenniter sistit — Argentorati. typ. Joh. Pastorii an. 1668 in 8-vo.[2]) 148 S.

---

[1]) Im J. 1669 ꝛc. aber studirte er an der Universität zu Leipzig. Tr.

[2]) In der Vorrede fordert der Verfasser die Verächter der Metaphysik auf, namentlich den bekannten Schilling und Amesius, und will den Nutzen derselben in der Gotteslehre zeigen. Die Abhandlung enthält drei Hauptstücke, deren jedes zwei Abschnitte hat; einen exegetischen und porismatischen. — Der Grund des Widerspruchs: Impossibile est, idem simul esse et non esse, ist sein höchstes Prinzipium; das zweite: quodlibet est, vel non est. Die exegetischen Abschnitte handeln de Constitutione Metaphysicae, ejusque subjecto; seu Ente in genere; de Actu et Potentia und de Principio et Principiato, Caussa et Caussato in genere et in specie. Jeder Kanon wird 1. erklärt, 2. bewiesen, 3. angewendet. In den Anwendungen wird der Mißbrauch gezeigt, den die verschiedenen Religionsparteien zur Behauptung ihrer Lehrsätze davon machen, und dabei die Ehre der Metaphysik gerettet. — Dieses Werkchen ist vergessen und wie viele Metaphysiken würden fruchtbarer sein, wann sie so abgehandelt wären!

Tr. **Kraus Honorius Ludwig,**

ein Kronstädter, starb in Wien am 5. Juli 1851. Kraus war Kirchen- und Schulkatechet an der Dozheimischen Mädchen-Lehr- und Erziehungs-Anstalt der Josepha Knoblich und an der Stiftspfarrkirche zu den Schotten vom 1. November 1799 bis zum November 1807. In letzterer Eigenschaft führte Kraus in Verbindung mit Steph. Scheroll die Sonntagsschule daselbst, zum unentgeltlichen Unterricht der nichtmehr Schulpflichtigen, als: Lehrjungen, Handwerksgesellen u. s. w. an Sonntagen von 8 bis 10 Uhr im Lesen, Schreiben, Rechnen und schriftlichen Aufsätzen; und von 10—11 Uhr in der Religion ein, (wie dieß die damals zu Brünn erschienenen vaterländischen Blätter erwähnen), und wirkte an dieser Anstalt vom 1. März 1802 bis Ende August 1807 in welchem Jahre er zum k. k. Professor der zweiten Humanitätsklasse am Schotten-Gymnasium ernannt wurde. (Dieselbe Schule ward späterhin allgemein eingeführt.) Zugleich lehrte er als approbirter Professor Kirchengeschichte am theologischen Studium desselben Stiftes, und war Novizenmeister und Kurat an der Stiftspfarre. Den 22. Oktober 1821 wurde Kraus, als Pfarrer bei der Kirche zu St. Laurenz in Wien und als Kapitular des Schottenstiftes, welche Würde er vom 1. November 1811 bis zu seinem Tode bekleidete, — von Sr. Majestät Kaiser Franz I. mit der goldenen Verdienstmedaille ausgezeichnet. Als Pfarrer der genannten Gemeinde bildete er:

1. einen Armenverein im Jahr 1819, worüber der jährliche Ausweis über in den Empfang und die Verwendung der durch die Mitglieder dieses Instituts aus den Hausbüchsen eingehobenen Almosen im Jahre 1819 auf 4 S. dann 1820 auf 12 S. ferner 1821 auf 7 S. 1822 auf 20 S. und 1823 auf 15 S. in 4-to. in Wien im Druck erschienen ist.

2. einen Leichenverein. Die Grundsätze sind unterm Titel: Genau zu befolgende Vorschriften für die Mitglieder der in der Pfarre St. Laurenz im Schottenfelde bewilligten Leichen-Vereines. Wien, den 1. Jänner 1821 auf 4 Seiten in 8-vo; gedruckt worden, welchen ein Formular für die beiträgenden Mitglieder beiliegt. Neue Ausgabe 1. Juli 1825 ebenso. Dieses Institut bestand vom 17. Mai 1819 ist aber im März 1829 eingegangen. Ueber die verstorbenen Vereinsmitglieder und Verausgabungen der Leichengeldbeträge gab Kraus jährlich einen gedruckten Ausweis heraus.

Die Idee zum Armen- und Leichenverein scheint Kraus aus seiner Vaterstadt, wo ganz ähnliche 2 Institute bei der evangel. Gemeinde

seit langer Zeit bestehen, entlehnt zu haben, wie auch dem Beispiel der Pfarre bei Lichtenthal bei Wien ꝛc.
3. den ersten organisirten Kirchen=Musikverein Wiens: Die Beschreibung davon erschien unterm Titel: Kirchen=Musikverein. Gebildet in der Pfarre zum heiligen Laurenz im Schottenfelde im Jahre 1823 von Hon. Kraus, Pfarrer. Wien 1823 bei B. Ph. Bauer. 10 S. in 4-to. wozu als 2. Heft das Verzeichniß der Mitglieder dieses Vereines und nähere Bestimmungen desselben, ebendaselbst gleichfalls 1823 auf 24 S. in 4-to. herausgekommen sind.

Außerdem ist von ihm erschienen:
4. Die Pfarre und Kirche im Schottenfelde. Als Beitrag zur kirchlichen Topographie und als Ehrenbuch der vorzüglichern Wohlthäter dieser Kirche. Neueste mit einem Anhange vermehrte Auflage, Wien 1822 bei Bauer. Mit des Verfassers Porträt und dem Plan der benannten Pfarre. 92 S. in 8-vo. 3. berichtigte und vermehrte Auflage. Wien 1826. Gedruckt bei Anton Strauß 149 S. 8-vo. Mit der Abbildung der Kirche und des Pfarrhauses zu St. Laurenz, dann dem Situationsplan der Pfarre Schottenfeld.

Erschien wieder vermehrt unter dem Titel: Denkbuch der Pfarre und Kirche zum heiligen Laurenz im Schottenfelde. Als Beitrag zur kirchlichen Topographie und als Ehrenbuch der vorzüglichen Wohlthäter dieser Kirche. Mit einem Anhange: Das Stift Schotten. Wien 1839. Gedruckt bei den P. P. Mechitaristen. 8-vo. 236 S. Mit dem Porträt des Kraus und 7 Kupf.

Seiv. **Kraus Johann,**
ein Großschenker, mir sonst unbekannt. Sollte es vielleicht derjenige sein, der in seinen Universitätsjahren zu Jena, ein fürchterlicher Renomist war, auch daselbst heiratete und eine Zeitlang als Fechtmeister bei der Universität diente, hernach aber in seinem Vaterlande eine Pfarre erhielt[1]), so gratulirte ich ihm zu folgendem Werkchen:

Das himmlisch gesinnte Herz vom zukünftigen Leben oder glaubensvolle, heilige, nothwendige Gedanken, ewig selig zu werden, in Frag und Antwort kürzlich abgefaßt, und mit Approbation Sr. Hochwürden H. Jesaiä Friedrich Weißenborn's — der gottesfürchtigen Jugend

---

[1]) Nemlich in Tartlau, Großschenker Stuhls. Er starb im J. 1781. Tr.

zur seligen Aufmunterung vorgestellt von Johann Krausen — Jena und Leipzig. 1733 in 8-vo. 64 S.

Tr. **Krauß Andreas,**

aus Schäßburg, studirte in Jena 1696 ꝛc. wurde im Jahre 1699 zum Rektor nach Schäßburg, am 16. Juni 1705 aber als Pfarrer nach Schaas und im Jahre 1705 als Pfarrer nach Trapold berufen, wo er am 25. November 1729 starb.

1. Logica memorialis Dichotomica, Methodo gaudens planissima, et hoc novitatis involvente, ut illae Logices Doctrinae, quae propter alias ejusdem doctrinas sunt, ad illas, propter quas sunt, proxime referantur, atque sic statim, quo eaedem conducant, perspici possit, praeside M. Io. Philippo Treibor L. P. LL. C. d. Aug. 1698. Jenae Folio. 18 S.

    Dem Superintendenten Lucas Hermann, Bürgermeister Michael Deli, Proconsul Johann Schuller und Steph. Göldner, Königsrichter, in Schäßburg zugeeignet.

2. Diss. de summis rerum generibus tertia, in qua paradoxon hoc Logicum: Accidens praedicabile et praedicamentale plane non differunt, praes. M. Io. Philippo Treibor d. V. Apr. 1699. Jenae 4-to. 24 S.

Tr. **Kreckwitz Georg,**

Obwohl die groben Fehler, welche in den Schriften Kreckwitzens vorkommen, für die Richtigkeit dessen sprechen, daß Kreckwitz, wie Seivert sagt (in diesen Denkblättern 1. Bande S. XVI.) von keinem Siebenbürger für seinen Landsmann erkannt werde[1]) und dieses Schriftstellers Lebensumstände (welche, wenn man davon wüßte, die Sache aufklären würden) in keiner vaterländischen literärischen Schrift erzählt sind, so scheint es doch nicht überflüssig, weil von ihm in den Büchern über die Literatur anderer Länder nichts vorkommt, wenigstens dessen Schriften hier anzuführen.

---

[1]) Friedrich Kreckwitz, welcher als Gesandter des Kaisers Rudolph sammt seiner Familie auf Befehl des türkischen Kaisers Amurath III. wider alles Völkerrecht ermordet wurde, war ein geborner Schlesier nach dem Berichte Menonis in seiner Abhandlung de Monarchia et Corona Hung. in Schwandtners Script. rerum hung. Tomo II. Lipsiae 1746 S. 757.

1. Totius Regni Hungariae superioris et inferioris accurata Descriptio b. i. richtige Beschreibung des Königreichs Ungarn, sammt allem, was am Donaustrom liegt und befindlich ist, mit Landkarte und andern Kupfern der vorzüglichen Städte und Schlösser. Frankfurt und Nürnberg 1685 in 8-vo. 1110 S. 2. Auflage 1686 8-vo. 1074 S.

S. Haner Adv. de Script. rerum hung. II. 829.

2. Totius principatus Transylvaniae accurata Descriptio b. i. Ausführliche Beschreibung des ganzen Fürstenthums Siebenbürgen, seinen Ursprung, Aufnahm und Wachsthum, Abtheilung, Flüsse, Berge, Fruchtbarkeit, Einwohner, Religion, Regierungsform, Städte, Schlösser, Vestungen und Kriegshandlungen bis auf diese Zeit betreffend. Alles aus den bewährtesten Scribenten zusammengesucht und mit den neuesten Vorfällen und accuratesten Kupfern sowohl der Regenten als der vornehmsten Städte, wie auch einer Landkarte versehen. Nürnberg und Frankfurth 1688 12-mo. II. 400 S.

S. Haner a. a. O. S. 331 und Ungr. Magazin II. 311[1]).

Krempes Johann,

Seiv.

von Hermannstadt, der freien Künste Magister, Doktor der Weltweisheit und Pfarrer zu Agnethlen im Großschenker Stuhle. Ein guter Sohn aber unglücklicher Vater! Sein Vater gleichen Namens, Pfarrer zu Talmesch, ließ ihn zu Hermannstadt auf höhere Schulen vorbereiten. Von hier reiste er nach Wittenberg, erhielt den 27. April 1682 die Magisterwürde und blieb 5 Jahre daselbst. Nicht wie jetzt — o Zeiten, o Sitten! Doch auch damit begnügte sich seine warme Lernbegierde nicht. Er besuchte darauf die Niederländischen Akademien zu Franecker, Gröningen, Utrecht und Leiden, benützte die berühmtesten Büchersäle und dachte nun auf eine gelehrte Reise nach England, allein ein rührender Brief seines immer kränklichen Vaters bewegte ihn, seinen Vorsatz zu ändern, und so kam er 1684 im Frühlinge glücklich durch Polen in sein Vaterland zu-

---

[1]) Ein anderer Kreckwitz hat herausgegeben:

Sylvula politico-historica. Lustwäldlein, allerhand politische Gnomen und Historien, meistens aus dem Latein und Französischen transferirt von A. von Kreckwitz. Leipzig 1654. 4-to. 720 Seiten und Register.

rück. Hier fand Krempes an **Valentin Frank**, Königsrichter zu Hermannstadt, alles was er sich wünschen konnte. Durch dessen Gnade erhielt er 1686, das Schulkonrektorat mit einer erhöhten Besoldung von 100 Gulden. Für die damaligen Zeiten eine sehr gute. Den 17. April des folgenden Jahres folgte er dem Isaak Zabanius im Rektorate.

Die erste Pflicht, die er sich in diesem Dienste vorschrieb, war, die lernende Jugend zu einer wahren Gottseligkeit anzuführen. „Weil ich nun wußte, schrieb er, daß die Gottseligkeit in zwei Stücken besteht: in der Erkenntniß und in der rechten Verehrung Gottes, so erklärte ich meiner anvertrauten Jugend solche Schriftsteller, die zu diesem erhabenen Zwecke stimmten. Dabei versäumte ich auch nichts, wodurch sie zu andern höhern Wissenschaften zubereitet werden konnten; besonders suchte ich die lateinische Sprache in ihrem goldenen Zeitalter unter sie auszubreiten". — Zu dieser Absicht ließ er durch Frankensteins milde Unterstützung, seine Schüler die Komödien des christlichen Terenz öffentlich aufführen. Es geschah mit großem Beifalle; allein mit Krempes Schuldiensten hatten auch diese theatralischen Schulübungen ein Ende. Er ward Archidiakonus und nach einem halben Jahre, im Mai 1691, Pfarrer in Neudorf. Seine Schuldienste müssen doch auch nicht die angenehmsten für ihn gewesen sein, denn seinen Lebenslauf in der Schulmatrikel begleitet er mit Crauser's Versen:

    Pro tam difficili plenaque labore palaestra,
      Hi sunt thesauri divitiaeque meae:
    Pulveris absorpti drachmarum pondere centum,
      Pedorum et bilis mixta selibra duum:
    Laesa valetudo, macies cum tusse, catarrhus
      Cum peripnevmonia, pallor in ore gravis;
    Ira, odium, invidia et livor, contentio, pugnae,
      Nilque nisi in vacua, bibliotheca domo;
    Aere crumena carens, perpauca, aut gratia nulla,
      Grandia magnifici lucra magisterii!
    Ergo sceptra scholae sterilesque valete cathedrae,
      Functio me gravior cumque quiete manet.

Von Neudorf erhielt er 1693 den Beruf nach dem volkreichen Marktflecken Agnetheln, und hier starb er 1708, ganz plötzlich an einem Schlagflusse. Seine Söhne lebten seinem Namen nur zur Schande, die nun aber mit ihnen vergessen ist. — Ehe Krempes zu Wittenberg magistrirte, vertheidigte er unter Johann Deutschmann, dessen 11. Streitschrift über die Augsb. Confession de bonis operibus 4. 16 S.; unter Balthasar

Stollberger aber 1681 : Exercitat. Philolog. de soloecismis Graecae N. Foederis dictioni, falso tributis.

Von seinen eigenen Arbeiten sind mir nur bekannt:
1. Quaestio pnevmatica: an detur Praecursus Dei, omnia agentia creata ad agendum irresistibiliter praedeterminans? Resp. Andr. Malberthi, Agatho-Transylv. d. 11. Oct. 1682. Witeb. 4-to. 17 S.
2. Theses Philosophicae. Resp. Andrea Brenner, Cibin. d. 25. Jul. 1690. Cibinii 4-to.
3. Simplicitas columbina 1690, nebst andern kleinen Gedichten auf den Königsrichter Frankenstein, befinden sich im Roseto Frankiano. Viennae 1692 in 12-mo.

T r.   **Kropffen Johann Franz Leopold,**
war in den Jahren 1710 und 1722 kaif. Münz- und Bergwesens-Inspektor (Praefectus Caesareus Monetalis per Transsylvaniam) und in letzteren Jahre, nach dem Tode des Ignaz Haan, provisorischer Kameral-Direktor in Siebenbürgen.

Bergmännisch-Traktatlein, wie man Frühlingszeit neue Bergwerk suchen und Kluft und Gänge außgehen könne. Hermannstadt 1710 in 12-mo.

T r.   **Kurz Anton,**
soll eigentlich Schreiner geheißen, in seinem Geburtsorte Wien mit Auszeichnung studirt, und darauf als Advokat daselbst practizirt, nach einigen Jahren aber, wegen Verfolgung von der Polizei[1]), sich nach Hamburg geflüchtet und den Namen Kurz angenommen haben. Soviel ist ganz richtig, daß er beiläufig 1838 nach Siebenbürgen kam, vom Grafen Josef Kemény gastfreundlich aufgenommen, und vom Jahre 1840 an, seit welchem er sich den Winter hindurch in Kronstadt und im Sommer zu Gerend, auf des Grafen Kemény adelichem Gute, aufzuhalten pflegte, bis 1848 literarisch unterstützt, mit rühmlichen Erfolge Studien über siebenbürgische

---

[1]) Nach der Auskunft eines Universitätsfreundes Schreiners, hatte Letzterer beiläufig im J. 1829/30 das Josefstädter Theater in Wien in Pacht, gerieth durch bedeutende Verluste in Schulden und entfernte sich, weil er selbe nicht bezahlen konnte und Personalarrest befürchtete, heimlich von Wien.

Landeskunde trieb. Bei dem Ausbruch der Landeswirren im J. 1848 gesellte er sich, für die Union Siebenbürgens mit Ungarn gestimmt und streitend, der Insurgenten=Partei zu, ward Adjutant des Insurgenten=Häuptlings Joseph Bem, den er auf seinen Heereszügen in Siebenbürgen und bei dem Einfall in die Moldau 1849 begleitete, und fiel als Insurgenten=Major an Bems Seite in der Schlacht wider die Russen bei Schäßburg am 31. Juli 1849 in einem Alter von beiläufig 50 Jahren. (l. Egressy Gábor Török Orszagi Naphija. Pesten 1851, S. 7.)

Ganz ungegründet ist, was Johann Czetz in seinem Buch: „Bems Feldzug in Siebenbürgen in den Jahren 1848 und 1849. Hamburg 1850". S. 344—345 wie folgt, berichtet:

„Bei Gelegenheit, als die Russen am 6. August 1849 in die Stadt Hermannstadt rückten, versäumten die hinterlistigen Sachsen auch hier nicht, auf die fliehenden Honvéds aus den Fenstern zu schießen[1]), wobei der als Schriftsteller berühmte Freiheitskämpfer, zugleich ehemaliger Abgott der Sachsen, nunmehr Adjutant Bems, Anton Kurz, in Bems eigenem Wagen erschossen wurde".

1. Nachlese auf dem Felde der ungarischen und siebenbürgischen Geschichte, nach authentischen, bis jetzt unbekannten oder unbenützen Quellen und Urkunden bearbeitet. Kronstadt, gedruckt in Johann Götts Buchdruckerei 1840. 8-vo. VII. 151 S.

Enthält S. 1—50. Fragment zur Geschichte der Literatur in Ungarn und Siebenbürgen während und kurz vor und nach der Regierungsepoche des Königs Mathias Corvinus. (Vergl. dagegen Eders Apologie von Benigni in Schullers Archiv für die Kenntniß Siebürgens. Hermannstadt 1840 I. 131—146). S. 53—59. Fragment zur Geschichte der ungarischen Sprachkultur unter Mathias Corvinus (Mit einem lithogr. Facsimile). S. 63—78. Fragment über das Alter, die letzte Krankheit und den Todestag des Polenkönigs Steph. Bathori v. Somlio. S. 81—95. Dissertatio diplomatico critica de Exemplari Calendarii Eberiani, cui Diarium mspetum Steph. Báthori de Somlyo continetur, auctore Jos. C. Kemény. S. 96 bis 103. Connotationes historicae Stephani Báthori, Supr. Comitis Cottus

---

[1]) Wie konnte das sein, da ja die Insurgenten gleich nach der Besetzung von Hermannstadt und Kronstadt den Inwohnern alle Waffen und Schießgewehre abgenommen hatten.

Kraszna, in eodem Calendario. S. 109—115. Uebersetzung dieser Aufschreibungen Bathoris nach dem Julianischen Kalender. S. 119 bis 150. Der Mediascher Landtag im Dezember 1588. Beschrieben von Albert Huet, Grafen der sächs. Nation.

2. Borszék, Siebenbürgens berühmtester Kurort, nebst einem kurzen Anhange über Bolbor. Kronstadt, Druck und Verlag von Johann Gött 1844 8-vo. 198 S.

Dem Grafen Joseph Teleki, siebenbürgischen Landes-Gouveneur zugeeignet.

3. Magazin für Geschichte, Literatur und alle Denk- und Merkwürdigkeiten Siebenbürgens. Im Verein mit mehren Vaterlandsfreunden herausgegeben. Kronstadt 1844. Druck und Verlag von Johann Gött. Gr. 8-vo. 1. Band. X. 446 S. Mit lithographirten Tafeln und Facsimile's. 2. B. 512 S. Die einzelnen Abhandlungen sind aus der Feder theils des gelehrten Gr. Joseph Komony, theils des Herausgebers Kurz hervorgegangen, und befinden sich in dieser Sammlung außerdem nur noch Aufsätze von:

Georg Binder I. 251—284, II. 209—230 und 430—461.

Jakob Rannicher II. 131—180.

August v. Roth I. 422—432.

Franz Joseph Sulzer II. 239—243.

Joseph Trausch II. 340—356.

Eine Recension des 1. Heftes lieferte Jos. Chmel in den Oesterreichischen Blättern für Literatur und Kunst 1845 Nr. 54. S. 419 bis 421, sowie eine Recension der ersten 3 Hefte und der Nachlese von Kurz der Preßburger Senator Georg Gyurikovits. Ebendaselbst 1846 Nr. 22. S. 169—173.

Ebenso eine Recension der drei ersten Hefte Selig Cassel in Adolf Schmidts Allg. Zeitschrift für Geschichte. Berlin 1846. 5. Band. S. 574—578.

4. Die ältesten deutschen Sprachdenkmale und die bis jetzt bekannte älteste Handschrift der Sachsen in Siebenbürgen. Mitgetheilt aus dem Originalfragment einer auf Pergament geschriebenen Hermannstädter Kirchenmatrikel des 14. und späterer Jahrhunderte von A. K. Redakteur des Magazins für siebenbürgische Geschichte, und Ausschuß-Mitglied des Vereins für sieb. Landeskunde. Mit 1 lithographirten Tafel. (Aus dem Serapeum besonders abgedruckt). T. O. Weigel 1848. 8-vo. 46 S.)

5. Geschichte der Hora'schen Unruhen in Siebenbürgen im Jahre 1784. Ein Druckbogen o. O. u. J.

Kurz wollte aus dem 3. Bande der Handschrift des k. Raths Georg Mich. v. Herrmann: „Das alte und neue Kronstadt" diesen aus amtlichen Quellen geschöpften Abschnitt drucken lassen, wozu er eine Einleitung gab. Die 1848—49ger Revolution verhinderte die Erscheinung dieser Monographie. S. Gr. Joseph Kemény's Bericht darüber in Uj. Magyar Muzeum 1856 VI. 340—341.

6. Ueber deutsche Schriftstellerei in Siebenbürgen auf dem Felde der Geschichte zur Lenkung der Aufmerksamkeit auf das verlassene Siebenbürgen und sein deutsches Element. Eine Handschrift, welche der Verfasser zur Aufnahme in Dr. W. A. Schmidts Zeitschrift für Geschichtswissenschaft nach Berlin schickte. Da aber vor deren Anfangung bereits Selig Cassels Abhandlung: „die historische Thätigkeit in Siebenbürgen" (im 2. Bde. jener Zeitschr. S. 357 bis 377) gedruckt war, so begnügte sich Schmidt, von der Kurz'schen Arbeit blos einen Auszug (S. 94—96 des 3. Bandes der Zeitschr.) dessen zu liefern, „was in der Cassel'schen Arbeit „nicht berührt „wurde, oder bei der Langsamkeit des buchhändlerischen Vertriebes „auch nicht berührt werden konnte".

7. Deutsche Fundgruben für die Geschichte Siebenbürgens. Der neuen Folge I. Band. Herausg. von Anton Kurz. Mspt. 4-to. Enthält in der Vorrede „Joseph Teutsch's Siebenbürgische Schriftsteller, deren Nachrichten in Manuscripten liegen", — dann

 I. Album Oltardianum von 1526—1659.
 II. Andr. Hegyes's Chronik von 1562—1570.
 III. Sim. Nösner res actae etc. 1570—1619.
 IV. Sim. Czauck Ephemeris Libellus v. 1590—1609.
 V. Mich. Weiss Liber Annalium 1590—1612.
 VI. Tagebuch des Peter Bánfi 1599—1616.
 VII. Andr. Hegyes Auszug einer fremden Chronik 1603—1612.
 VIII. Ebendess. Diarium 1613—1617.
 IX. Historische Anmerkungen eines Kronstädters 1631—1660.
 X. Tagebuch Johann Irthels s. u. j. von 1638—1710.
 XI. Wahrhaftige Beschreibung, was sich in Hermannstadt unter der Rakotzianischen Belagerung zugetragen im J. 1659 und angehalten bis anno 1660 im Mai (von P. Preßlug.)
 XII. Nota pro anno 1660 von Trostfr. Hegenitius.

Diese Handschrift gelangte nach der Revolution vom J. 1849 aus den Händen des Verlegers J. Gött an Schäßburger Geschichts=freunde, und von ihnen, nach mehreren Jahren, an den Ausschuß des Vereins für siebenb. Landeskunde, jedoch ohne die Vorrede von Kurz und ohne die darin aufgenommene Arbeit Joseph Teutsch's, — worauf Dr. Eugen v. Trauschenfels (s. d. Art.) im Auftrag des Ausschusses, die Herausgabe dieses Sammelwerkes im J. 1859 bis 1860 besorgte.

Tr.   **Kusch Lorenz,**

Mitglied des äußern Rathes in Kronstadt, von Schäßburg herstammend[1]), starb zu Kronstadt am 28. Juni 1670 beiläufig 48 Jahre alt und hin=terließ in Handschrift ein

Tagebuch von 1653—1661, welches dadurch Werth hat, weil der Verfasser an den erzählten Begebenheiten, in wie weit sie auf dem Rathhause verhandelt wurden, mit Antheil hatte.

Seiv.u.Tr.   **Kyr Paulus,**

war ein gelehrter Arzt zu Kronstadt seinem Geburtsorte, im 16. Jahr=hunderte. Längst würde sein Andenken vergessen sein, hätte er nicht hin=terlassen:

Sanitatis studium, ad imitationem Aphorismorum compositum, item: Alimentorum vires breviter & ordine alphabetico positae. Coronae 1551 in 8-vo. 84 S.

Tr. Nach Herrmanns „altem und neuem Kronstadt" I. 437 wurde Dr. Kyr gemeinhin Kirres genannt (die zwei Kronstädter Studenten Job und Ezechiel Kyr, deren der erste 1554 der zweite 1559 auf dem Kronstädter Gymnasium studirten, mögen dessen Söhne gewesen sein) war, laut Veszprémi Biogr. Medicor. Hung. Cent. II. P. I. pag. 119 öffentlicher Lehrer der Philosophie und wahrscheinlich auch

---

[1]) Lorenz Kusch aus Schäßburg, welcher im J. 1574 am Kronstädter Gymnasium studirte und im J. 1598 als Pfarrer in Deutschkreuz starb, scheint dessen Großvater und Leonhard Kusch, welcher im J. 1640 in Kronstadt studirte und 1653 als Prediger in Schäßburg starb, dessen Vater gewesen zu sein.

der Medizin und soll der Kronstädter studirenden Jugend sein Werk: Sanitatis studium etc. bevor dasselbe gedruckt wurde, diktirt haben, sowie er solches derselben alsdann auch zugeeignet hat. Veszprémi a. a. O. gibt einen Auszug daraus.

Seiv. **Ladiwer Elias,**
ein geschickter Schulmann von Silein (Solna) in der Trentschiner Gespannschaft, woselbst sein Vater gleiches Namens, etliche dreißig Jahre, die Pfarre verwaltete. Um das Jahr 1655, bekleidete er das Schulrektorat in seinem Geburtsorte und hierauf 1662 zu Bartfeld. Von hier ward er nach Teplitz zum Pfarrer berufen, wählte aber nachgehends abermals die Schuldienste und kam als öffentlicher Lehrer der Logik nach Eperies. Als das dasige berühmte Kollegium aufgehoben wurde, lebte er etliche Jahre zu Danzig, Königsberg und in Polen. Endlich nahm er, wie viele andere, seine Zuflucht nach Siebenbürgen und Hermannstadt. Hier veranstaltete der Rath den 8. März 1673 eine öffentliche Disputation, unter dem Vorsitze Georg Femgers, zweiten Lektors des Gymnasiums, wozu Ladiwer und Fabrizius eingeladen wurden, um diese unglücklichen Fremdlinge kennen zu lernen. Beide zeigten sich von einer vortheilhaften Seite, darauf Ladiwer zum außerordentlichen Lektor bei der Schule erklärt wurde. Nachgehends wurde er zum Schulrektorate nach Schäßburg (nicht Regen[1]) berufen. Hier erneuerte er und Zabanius ihre alten Streitigkeiten über die Atomen, und dieses mit so vieler Bitterkeit, daß ihnen die Synode 1679 den Geist des Friedens, und beiderseitiges Stillschweigen anbefehlen mußte. Im Jahre 1682, verließ Ladiwer Siebenbürgen wieder, und begab sich als Rektor abermals nach Eperies. Hier beschloß er sein mühsames Leben 1686 und ward am Gründonnerstag begraben.

Tr. In dem Programm des Schäßburger Gymnasiums vom Schuljahr 1852—3 meldet G. D. Teutsch (S. 9—10), daß Ladiver am 26. Sept. 1678 aus Hermannstadt zum Rektor des Schäßburger Gymnasiums berufen, dieses Amt drei Jahre bekleidet, und der Wiederhersteller dieser Anstalt geworden sei. Von ihm seien die ersten geschriebenen Schulgesetze veranlaßt und am 22. Februar 1680 verkündet, und die Schulmatrikel

---

[1] Wie Johann Burius meint in seinem handschriftlichen Werke: Mikae Historico-Chronologicae Evangelico-Pannonicae 1685.

auf Grundlage der Aufzeichnungen des Rektors Georg Seraphin (von den Jahren 1669—1677) angelegt worden. Dafür hätten ihn Pfarrer und Rath der Stadt nach Verdienst geehrt und ihn Begünstigungen zukommen lassen, welche sofort auch an die Nachkommen übergangen seien u. s. w.
Seiv. Nach Czwittinger, hat er viele Streitschriften und andere Werke herausgegeben, er führt aber nur das erste von den folgenden an:

1. Versus memorabiles et differentiales diversorum auctorum, ad Etymologiam et Prosodiam maxime spectantes; de generibus nominum, de Praeteritis et Supiuis Verborum, de quantitate Syllabarum, et de discrimine vocum cognitarum. Leutschoviae 1672 in 8-vo.
2. Symperasmata Philosophiae rationalis, ex prima mentis operatione deducta et elicita, Praeside Elia Ladivero, Coll. Eper. P. P. Scholae Schaessburgensis Rectore, Respond. Petro Cramero, Bonodorfiensi 1679 in 4-to. Ebendas. 4 S.
3. Controversiarum Metaphysicarum Disp. I. de Natura Ontologiae et Ente ut sic, indeque manente usu Theologico, Ethico, Physico et Logico. Defendente Dan. Schobelio, Lapidensi Mense Marti 1679. Cibinii, per Steph. Jüngling in 4-to. 8 S.
4. Disputatio II. de Analogia entis et affectionibus ut sic, Entis quatenus, Entis, indeque manente usu Theologico, Ethico, Physico Logico. Respond. Martino Kelp, Holdvilagiensi d. 11. Oct. 1679. Ebendas. in 4-to. 8 S.
5. Disputatio III. de Affectionibus Entis in specie, nempe uno et vero. Respond. Martino Textoris, Gymnas. Stud. d. — Iunii 1680. Cibinii in 4-to. Ob Ladiver diese nützlichen Schulübungen weiter fortgesetzt, ist mir unbekannt. Die Hermannstädter Schulbibliothek zeigt von ihm noch in der Handschrift:
6. Praelectiones Theologicae in Pericopas Evangeliorum et Epistolarum Dominicalium et Festivalium.

Tr. 7. Assertio immota ex littera institutionis immobili 4. testium veritatis concordi testimonio conscripta, desumta, quod caro Christi in pane sacramentali proprie et indistanter sit praesens et a comunicantibus ore accipiatur. Respondente Stephano Szirmay, nobili Hungaro. Bartfae 1662 in 4-to.

8. Summulae Logicae universae. Solnae 1671 8-vo.
9. Summa Metaphysicae Aristotelicae. Cassoviae 1685. 8-vo.

S. Kleins Nachrichten von evang. Predigern in Ungarn. Leipzig und Ofen 1789. I. 150—153 in der Note und Wallászky Conspect. Reipubl. lit. pag. 239.

Tr. **Lamásch Joseph,**

Sohn des Kronstädter Maurerpoliers gleichen Namens († als Kommunitätsverwandter 10. Februar 1788), wurde geboren in Kronstadt den 8. März 1753, studirte in den Grammatikalschulen zu Karlsburg, Humaniora aber und Philosophie im Convikt zu Klausenburg, Theologie zu Tyrnau und Ofen, und wurde am 29. Oktober 1774 zum Clericus in Siebenbürgen aufgenommen, dann, nach erhaltener priesterlicher Weihe, als Kaplan in seiner Vaterstadt, weiter als Pfarrer zu Teckendorf angestellt, von Teckendorf aber zum Karlsburger Vice-Archidiaconus und kath. Pfarrer nach Nagy-Ág, sofort zum Karlsburger Plebau und wirklichen Archidiakonus, wie auch zum Assessor des Consistoriums, Normalschulen-Direktor und Spitalskurator befördert. Hierauf wurde er Stadtpfarrer in Kronstadt den 20. Januar 1805 und zugleich Dechant zu Kronstadt, Sepsi und Miklosvár, dann als Titulardomherr 1825 den 10. April zu Karlsburg feierlich eingeführt, und feierte den 12. Mai 1831 im Beisein des kath. Bischofs Nicolaus Kováts, sowie der Domherrn Henne, Kováts und Knechtel zu Kronstadt, als neu ernannter Abt von St. Katharina sein 50jähriges Priesterjubiläum.

Er berichtete, die Existenz einer Abtei von St. Katharina zu Kronstadt in ältern Zeiten, entdeckt zu haben, (was sich aber laut dem Schematismus Cleri Dioecesis Transs. Catholic. pro a. 1832 S. 11 blos auf etliche Worte in einem Appellationsinstrument vom J. 1512 gründet, welches in Benkös Milkovia I. 195—201 gefunden wird), und ward vom Kaiser Franz I. unterm 17. Januar 1831 zum ersten Abt der Titular-Abtei S. Catharinae virginis et Martyris de Brassovia ernannt.

Im Jahr 1825 schenkte er (l. M. Z. 3727/1825) zum Unterhalt für zwei Jünglinge im Klausenburger adelichen Convikt einen Betrag von 3509 Rfl. W. W. aus seinem Vermögen in Obligationen bestehend.

Er starb in Kronstadt am 30. Oktober 1835.

Durch seine Bemühungen und zum Theil eigene Kosten kamen zwei neue Wohngebäude mit Gewölben an — und die Einrichtung eines astronomischen Thurmes in einer Stadtbastei hinter — der kathol. Kirche zu Staube, und er verhalf der Gemeinde zu wohlthätigen Legaten z. E. zur Errichtung des kathol. Armenspitals. Im Jahr 1830 ließ er auf eigene Kosten eine Thurmuhr verfertigen, welche er nach Nagy-Ág schickte und an die dasige Kirche schenkte.

1. Anagraphe Sacrae Barciae cum eidem posterius canonice unitis Archi-Diaconatibus Incl. Sedium Siculicalium Sepsi et Miklosvár ab anno partus virginei 1351 usque 1815. 4-to. 409 S. Cum Indice notabiliorum personarum et rerum. Mspt.
2. Historia Antichristi seu Narratio literalis Novissimorum Mundi ex Apocalypsi. 8-vo. 101 §. Mspt.

Tr. **Lang Georg,**

aus Schönberg, studirte in den Jahren 1577—1584 am Gymnasium zu Kronstadt und veröffentlichte in dem letztern Jahre:

Elegia in nuptias generosi et nobilis viri Dni Valentini Hirscheri Patricii Coron. et pudicissimae Virginis Annae, Ampl. et virtute praestantiss. viri Ioannis Waydae Consul. Cibin. filiae quarum solennitas celebrabitur d. 16. Febr. anno Christi 1584. Scripta a Georgio Laugio Schönbergero. Cibinii in officina typographica Georgii Greus. 4-o. 12 S.

Tr. **Lang Johann,**

aus Reps gebürtig, studirte an der Universität zu Wittenberg 1687, wurde im Oktober 1699 Pfarrer in Seyburg und starb in dieser Eigenschaft am 2. Dezember 1730, nachdem er das Dekanat dreimal bekleidet hatte.

1. De versione, quam vocant LXX. Viralem ιστορυμενα Isaaco Vossio potissimum opposita, praeside M. Gerardo Meier Fac. Philos. Adj. d. 8. Febr. 1690. Witeb. 4-to. 32 S.
2. Diss. theologica de aeterna Judicii Divini Oeconomia, ex Gen. III. 8—24 praes. Joh. Deutschmann. d. 8. Febr. 1689 4-to. 16 S.

Tr. **Lang Johann,**

ein Kronstädter, studirte in Kronstadt 1686 ꝛc. und in Wittenberg 1691 ꝛc. war Lehrer am Kronstädter Untergymnasium 1701 am Obergymnasium 1707 und im nemlichen Jahre Spitals= dann aber Stadtprediger, worauf er im Jahre 1720 zum Pfarrer in Brenndorf berufen, daselbst am 11. Oktober 1741 mit Tod abging.

1. Disputatio de speciali Orationis Dominicae Oeconomia, praes. Joh. Deutschmann Witeb. 1694 in 4-to. 32 S.
2. Disp. Pnevmatica ex Theologia Naturali de Intellectu, Voluntate ac Libertate Divinae Essentiae, praeside M. Abrah. Henr. Deutschmann d. 8. Apr. 1693. Witeb. 4-to. 16 S.

Tr. **Lang Michael,**

aus Schönberg gebürtig, studirte 1682 am Gymnasium in Kronstadt, trat, von Hilfsmitteln entblößt, im Jänner 1683 die Reise nach Deutschland an, und bildete sich an den Universitäten in Jena, Straßburg und Wittenberg für den geistlichen Stand aus. Im Jänner 1689 heimgekehrt, wurde er 1691 der Nachfolger des Mag. Johann Krempes im Hermannstädter Schulrektorat, doch schon am 9. November 1692 Klosterprediger und am 6. Mai 1693 Stadtprediger in Hermannstadt und in den letzteren Jahren zum Pfarrer in Hamlesch, von da aber im Jahre 1704 zum Stadtpfarrer in Mühlbach gewählt, wo er am 28. December 1729 starb. Er hat Mehreres von sich in der Hermannstädter Schulmatrikel aufgezeichnet und mußte während der Rakoczischen Rebellion viele Drangsale erdulden.

In Straßburg vertheidigte er die Streitschrift:
Disputatio theologica de benedictione sacerdotali ex Num. cap. VI. v. 22 seqv. Praeside Sebastiano Schmid. Anno 1687. m. Aprili. Argentorati. 4-to. 28 S.

Tr. **Lange Johann,**

geboren in Kronstadt am 10. März 1745 studirte am Gymnasium seiner Vaterstadt, dann an der Universität zu Göttingen 1769, wurde 1776 Lector am Kronstädter Gymnasium, dann jüngerer und 1787 wirklicher Stadtprediger und starb in letzterer Eigenschaft am 10. Januar 1790.

Als Mitglied der churfürstlich-sächsischen Bienengesellschaft in Oberlausitz theilte er dem Secretär der Societät Adam Gottl. Schirach in Klein-Bautzen eine Entdeckung mit, welche dieser durch den wörtlichen Abdruck seines Schreibens bekannt machte unter dem Titel:

„Neue physische Entdeckung, daß die Bienenkönigin bis in die „dritte Generation fruchtbar gewesen: nebst einer Erzählung das Ab„legen dortiger Gegend (Kronstadt) betreffend"

Durch Schirach eingerückt in die Gemeinnützigen Arbeiten der Churf. sächs. Bienengesellschaft in Oberlausitz. Berlin und Leipzig 1773. 1. Band. S, 60—63.

Der Herausgeber meldet von Langen S. 59. „daß derselbe nach vollendeten akademischen Studien in Göttingen, wo er sich durch seinen Fleiß und Geschicklichkeit die Liebe Kästners, Beckmanns ꝛc. zuwege gebracht, sich eine geraume Zeit 1769 in Klein-Bautzen aus Liebe zu den Bienen aufgehalten und durch seinen liebenswürdigen Charakter das ganze Vertrauen seines Wirthes und der übrigen Mitglieder erhalten habe. Als ein Pyrohonist in der Sache der Weyselerzeugung sei er angekommen und als der geübteste Schüler habe er Oberlausitz verlassen. Ueberzeugt vom System derselben sei er der Lehrer seiner Landsleute geworden. Mit welchem Erfolge ihm im Jahre 1771 das Ablegen gerathen, zeige dessen Erzählung. Allenthalben blicke ein redlicher Sinn hervor, indem er auch das Mißrathen nicht verschweige" ꝛc.

Mit welchem Erfolg Lange's Brüder, die durch seine und ihre zu Wien und in der Lausitz erworbenen Kenntnisse veredelte Bienenwirthschaft und in welchem Umfange solche zu Kronstadt betrieben, davon gibt die zu Klausenburg im Jahre 1795 in Folio gedruckte: Opinio Deputationis Regnicolaris systematicae in Commercialibus ordinatae in einem eigenen Absatz Part. 1. Sectione 2 § 22 umständliche und genaue Auskunft, woselbst diese Langeische Bienenwirthschaft nach Gebühr gelobt und der adelischen Grundherrschaft zur Nachahmung empfohlen wird.

Tr. **Lange Martin**[1],

Doktor der Medizin, geboren in Kronstadt am 12. Sept. 1753. Während er am Gymnasium seiner Vaterstadt studirte, besuchte er öfter die dasigen

---

[1] Siebenbürgische Quartalschrift III. 312—350.

Apotheken, um sich Kenntnisse in der Botanik und Pharmazeutik zu erwerben, und begab sich im J. 1773, nach abgelegter Maturitätsprüfung, auf die Akademie zu Göttingen, wo er als Studirender der Rechte aufgenommen wurde. Doch wandte er sich bald zur Arzneikunst und erwarb sich die Zuneigung des berühmten Hofraths Richter und die Freundschaft seines Landsmannes Professor Michael Hißmann, mit welchem er zusammenwohnte. Nach zwei Jahren kam Lange mit Empfehlungen von Richter nach Wien, studirte auch an der dasigen Akademie zwei Jahre hindurch und besuchte die dasigen bürgerlichen und Militärspitäler fleißig. Darauf ging er nach Tyrnau, wo er gegen Ende des Jahres 1777 über die Augenkrankheiten disputirte, und erwarb die medizinische Doktorwürde von der Erlanger Akademie, weil damals noch kein Protestant auf einer österreichischen Akademie zu dieser Ehre gelangen konnte. Nach seiner Heimkehr erhielt er den Ruf zum Physikus in Fogarasch, blieb aber in seiner Vaterstadt, wo er die Arzneikunst mit Glück ausübte, und nach drei Jahren die Anstellung als zweiter Physikus erhielt, und bei der neuen Landeseintheilung Siebenbürgens in 11 Comitate, zum Physikus des Háromszéker Comitats ernannt wurde. Von seiner in dieser Eigenschaft geübten ausgebreiteten Praxis zeugen seine handschriftlichen anni medici, in welchen er jede von ihm behandelte Krankheit genau zu beschreiben pflegte. Nebstbei trat er als Schriftsteller auf, und wurde mittelst Diplom ddto. 7. April 1789 in die k. Akademie der Naturforscher unter dem Namen Antiphanes aufgenommen. Bei Wiederherstellung der Landesverfassung nach König Leopolds II. Regierungsantritt, erhielt Lange das Burzenländische Distriktsphysikat, nachdem er im Jahre 1789 mit Anna Elisabetha v. Drauth[1]) den Bund der Ehe geschlossen hatte. Indessen war sein eheliches Glück nicht von langer Dauer, denn, von zunehmenden gichtischen Leiden besonders in den Füßen befallen, sah er sich genöthigt schon im Jahre 1791 bei ihm befreundeten Aerzten in Wien Rath und Hilfe zu suchen. Allein statt Heilung zu finden, kam er kränker, als er abgereist war, ja sogar an Händen und Füßen gelähmt und der Sprachwerkzeuge kaum mehr mächtig, in die Heimath zurück, und suchte Linderung seiner Leiden im Kurorte Bodok, Háromszéker Stuhls, starb aber daselbst vom Schlag gerührt, schon am 17. Juni 1792. Dort ruhen seine Gebeine.

---

[1]) Sie heirathete nach Lange's Tode den Gubernialsekretär und nachmaligen Gubernialrath und sächsischen Nationskomes Johann Tartler, und starb in Hermannstadt kinderlos am 16. April 1818.

Ueber seine Verlassenschaft entstand zwischen seinen Brüdern und seiner Witwe ein Prozeß, welcher mehrere Jahre dauerte und durch die darüber am 26. Mai 1801 erfolgte Hofentscheidung, berühmt geworden ist seit welcher Heirats-Contrakte, — die sonst in der sächsischen Nation, weil mit dem Sinn der Munizipalgesetze nicht wohl vereinbarlich, ungewöhnlich waren, — auch als Disposition für den Todesfall und selbst im größern Maß, als diese gesetzlich beschränkt sind, geachtet und befolgt werden.

An schriftstellerischen Arbeiten hat man von Lange außer den in Handschrift hinterlassenen schon erwähnten „anni medici" die nachbenannten Druckschriften:

1. De opthalmia Commentatio medico-chirurgica. Typis Tyrnaviensibus anno 1777 ff. 8-vo. 89 S.
2. Rudimenta Doctrinae de Peste. Viennae apud Rudolphum Graeffer 1784 ff. 8-vo. VIII. 96 S. Darauf: Rudimenta Doctrinae de Peste, quibus additae sunt Observationes Pestis Transilvanicae anni 1786. Editio altera, priori auctior et emendatior. Offenbach in Officina U. Weiss et C. L. Brede 1791, ff. 8-vo. 124 S. (Beide Ausgaben sind dem ehemaligen Landesgouverneur Samuel Freiherrn v. Bruckenthal zugeeignet. — S. Siebenb. Quartalschrift II. 221 bis 223.)
3. Recensio Remediorum praecipuorum Transylvanis domesticorum. Offenbach ex officina U. Weiss et C. L. Brede 1788 ff. 8-vo. XII 54 S. (Den Hofräthen Dr. Gottl. Richter in Göttingen und Dr. Joseph Jakob Plenk zugeeignet. — S. Allg. Lit. Zeitung 1794 II. Nr. 182 S. 584).
4. Geschichte und Beschreibung eines polypenartigen Wurms. Im Blumenbachs medizinischer Bibliothek III. Bd. 1. Stück Göttingen 1788. (S. Siebenb. Quartalschrift III. 348—349.)
5. Historia Baryocoiae haereditariae, binis familiis illustratae. In den Novis Actis physico-medicis Academiae Naturae curiosorum 8. Bd. vom J. 1791.
6. Historia Icterorum epidemicorum. Ebendas. (von der 1784 in Kronstadt epidemisch herrschenden Gelbsucht und ihrer Kurart).
7. Auf Dr. Lange's besondere Veranlassung und Veranstaltung erschien im Druck: „Marschal Heinrich Dr. a' Nötelen és Nehézkéseknek, „az az Anyáknak és gyermekeknek az ő Különös Nyavalyájokban „és változásaikban valo gyogyitásokrol és gondviselésekrol szolo ok-

„tatás, vagy a' köz és falu-helyt lakó számára iratott Könyv. Német-
„ből Magyarra forditotta Gödri János. Kolosv. és Szebenben 1791
„8-vo." Vom Herausgeber Dr. Lange dem Landesgouverneur Grafen
Bánffi zugeeignet. Vgl. Quartalschr. II. 431—433.

8. Ueber die häufigen Viehseuchen in Siebenbürgen und von den vorzüglichsten Mitteln, solchen abzuhelfen. Hermannstadt 1790 8-vo. 20 S. (auch in die Quartalschr. I. 417—434 eingerückt) führt in der Uebersetzung den Titel: „Az Erdély Országban gyakorta ural-
„kodo marha dögéről és annak el-távoztatásának jelesebb eszközeiről.
„Forditotta Gödri János. Kolosv. 1791. 8-vo. 24 S."

9. Ueber die Lebensordnung zur Zeit epidemisch grassirender Faulfieber und besonders der Pest. Hermannstadt 1786 8-vo. 24 S. Dem Dr. Ferro, Stadt- und Landesgerichtsarzt in Wien zugeeignet.

10. Von der Glaubwürdigkeit der meisten Pestberichte aus der Moldau und Wallachei (und Beurtheilung der bisherigen Contumazen.) Beigefügt Dr. Ferro's näherer Untersuchung der Pestansteckung. Wien 1787. S. 149—176 und mit wenigen Veränderungen wieder gedruckt in der Siebenb. Quartalschr. III. 143—170.

11. Plan zur Verbesserung der Hebammenanstalten im Burzenländischen Distrikte, übergeben dem Kronstädter Magistrat 1791 den 12. Febr. Eingerückt in die Siebenb. Quartalschr. III. 114—119.

12. Etwas über den Gebrauch der Schminke. Wien bei Kurzbeck 1785. 8-vo. 52 S. (Verfasser des medicinischen Theiles S. 5—18 ist Lange und des moralischen S. 19—52 Johann Teutsch, nachmaliger Stadtpfarrer in Kronstadt.)

Tr. **Lange v. Burgenkron Peter Traugott,**

geboren in Kronstadt am 2. Jänner 1797, studirte zu Kronstadt, und vom J. 1816—1818 am k. Lyceum in Klausenburg, diente alsdann als Honorärkanzlist vom 12. September 1819—1820 bei dem k. Gubernium vom 15. Juni 1821 an aber bis 1837 als Kanzlist mit Gehalt bei der k. siebenbürgischen Hofkanzlei, und wurde im letzteren Jahr von der Kronstädter Stadtkommunität zum wirklichen Mitgliede der Kommunität selbst, und am 16. Jänner 1837 auch des Magistrats mittelst Stimmenmehrheit erwählt.

Während seinem Aufenthalte in Wien, forderte er mich auf, einem durch ihn zur Errichtung einer Sparkasse in Kronstadt entworfenen Plane Eingang zu verschaffen und dessen Ausführung zu bewirken. Im Verein mit den jüngern Magistratsbeamten, wurde der Vorschlag mit Vergleichung der Statuten theils der Wiener, theils aber und hauptsächlich der Nürnberger Sparkasse-Anstalt mit Berücksichtigung der Landes- und örtlichen Verhältnisse eingerichtet und zur Durchführung die Zustimmung des Kronstädter Magistrats sowohl, als auch die höchste königliche Genehmigung eingeholt. Der Magistrat machte die Statuten dieser Anstalt im J. 1836 durch den Druck bekannt[1]), ein Fond wurde im nemlichen Jahre durch die Beiträge derjenigen Kronstädter, welche für die Ausführung durch uns gewonnen wurden, gegründet, und Lange hatte im Jahr 1837, als er in seine Vaterstadt zurückkehrte, das Vergnügen, diese Anstalt — die erste in Ungarn und Siebenbürgen — bereits ausgeführt und im besten Gange zu finden. Sofort machte sich Lange schon nach seinem Eintritt in den Magistratsdienst durch die Leitung derselben als Kurator, die er während seiner Anwesenheit in Kronstadt bis zum J. 1863 in Folge der einmüthigen Wahl zu diesem Berufe führte, um die Beförderung der gemeinnützigen Institutszwecke sehr verdient.

Nach dem Muster der Kronstädter — bildete sich im J. 1840 auch der Hermannstädter Sparkassaverein und veröffentlichte seine Statuten im J. 1841.

Als im J. 1842 eine Gesellschaft von Kronstädter Gewerbstreibenden sich zur Erwerbung mehrer technischen Kenntnisse und Veredlung ihrer Gewerbe vereinte, entwarf nach ihrem Wunsch Lange den Plan zu einem ordentlichen Verein derselben. Dieser erhielt im folgenden Jahre die

---

[1]) Unter dem Titel: „Statuten der allg. Kronstädter Sparkasse hervorgegangen aus der Vergleichung ähnlicher Institute des In- und Auslandes, mit Beabsichtigung einer möglichst einfachen und leichten Manipulation, verbunden mit der wünschenswerthen Bequemlichkeit und Sicherheit des Publikums und mit stetem Hinblick auf die örtlichen Eigenthümlichkeiten und Verhältnisse. Kronstadt, gedruckt bei Joh. Gött 1835 8-vo. 40 S.

Dazu ist ein Nachtrag gekommen vom 20. März 1839. Ebb. 3 S. und zweiter Nachtrag vom 29. November 1843. Eb. 2 S.

Verändert und gegenwärtig maßgebend: „Neue Statuten der Kronstädter allgemeinen Sparkasse". Druck von Joh. Gött und Sohn Heinrich in Kronstadt 1868. 8-vo. 20 S.

höchste Billigung und die dankbaren Mitglieder wählten Lange zu ihrem Ehren=Mitgliede.

Ferner haben schon zahlreiche Theilnehmer jedes Standes und Alters in und außerhalb Siebenbürgen die Wohlthaten der nach Lange's Plan in Kronstadt errichteten und durch ihn als Oberkurator bis zum J. 1869[1]) mit ununterbrochener Thätigkeit geleiteten, Allgemeinen Pensionsanstalt, in Gemäßheit ihrer im J. 1845 allerhöchst genehmigten und veröffentlichten Statuten, dankbar genossen; — und werden, in soweit die in den öffentlichen Blättern angezeigten jährlichen Resultate sich für die Zukunft immer günstiger gestalten, nebst den jetzigen, auch die künftigen Theilnehmer die Früchte dieser gemeinnützigen Anstalt je länger je mehr genießen.

Endlich gebührt Lange'n das Verdienst der, nach dem Wunsch gleichzeitiger Kronstädter Patrioten ausgeführten mühsamen Ausarbeitung der Grundsätze, Tabellen u. s. w. zur Errichtung eines Leihhauses oder Versatzamtes in Kronstadt, welches auf Grund eines für die Stadtgemeinde erwirkten und im J. 1847 im siebenbürgischen Landtage gesetzlich publizirten Privilegiums vom 17. Januar 1846 ins Leben getreten ist, — nachdem auch die sächsische Nationsuniversität mit Privilegium vom 20. Dezember 1844 ein sächsisches Nationalversatzamt zu Hermannstadt ins Leben gerufen hatte [2]). Das letztere ist jedoch im Jahre 1868 auf die Hermannstädter Sparkasse und den dasigen Vorschußverein übergegangen.

---

[1]) S. die Abschiedsadressen Lange's an den Pensionsverein und die darauf gegebene Antwort des Vereinsausschusses in der Kronstädter Zeitung Nr. 53 und 59 vom J. 1869.

[2]) Das erste Leihhaus in Siebenbürgen errichtete im Jahre 1716 zu Hermannstadt Andreas Wachsmann von Byrthmannsthal mit k. Privilegium vom 25. Oktober 1715. Dieses in dem siebenbürgischen Landtag am 4. Februar 1716. (Siebenb. Quartalschrift III. 192) publizirte, dem zugleich zum Präfekten der Anstalt unter der Aufsicht des Hermannstädter Rathes ernannten Wachsmann und seinen Erben auf 16 Jahre ertheilte Privilegium wurde auch gedruckt unter folgendem Titel: „Copia Privilegii Sacrae Caes. Regiaeque Majestatis et Principis haer. Transylvaniae Caroli VI. super officina pignorum sub praefectura Andreae Wachsmanni Nobilis de Byrthmannsthal Cibinii in Transylvania erecta et hujusdem anni 1716 d . . . mensis adaperienda. Cibinii excudit Johannes Barth et Michael Helczdörfer Anno 1716. Auf 6 Folioseiten. Eine deutsche Uebersetzung erschien im nemlichen Jahre ebendaselbst Fol. 6 S.

Nach dem Klausenburger Landtag vom J. 1847 wurde Lange nebst dem Superintendenten G. P. Binder, Dr. Joseph Wächter und Professor Joseph Zimmermann von der versammelten sächsischen Nationsuniversität in der Angelegenheit der Union Siebenbürgens mit Ungarn an das Allerh. Hoflager in Wien, und dann nach Innsbruck entsendet, ohne daß jedoch diese Sendung den von den Sendern gewünschten Erfolg hatte.

In der Zeit, der siebenbürgischen Wirren, als die Stadt Kronstadt von den ungarischen Insurgenten occupirt war, trat Lange am 26. April 1849 aus dem Kronstädter Magistratsdienste freiwillig aus, nach Abzug der Insurgenten im Juni 1849 aber wieder ein.

Er erhielt vermöge allerh. Entschließung vom 21. August 1850 für sein Verhalten während der Revolution in den Jahren 1848 und 1849 das Ritterkreuz des K. Franz Josephs-Ordens.

Am 25. Oktober 1849 wurde Lange vom Nationscomes Salmen in einen engeren Ausschuß von Vertrauensmännern nach Hermannstadt berufen, um verschiedene Vorarbeiten zur Vereinbarung mit dem dahin Allerhöchst zu entsendenden kais. Commissär vorbereiten zu helfen, und sofort vom Ersteren längere Zeit zu den Berathungen über ämtliche Angelegenheiten zugezogen.

Ferner wurde Lange mittelst Schreiben des kaiserl. Kommissärs Eduard Bach aus Wien vom 6. Jänner 1851 zur Berathung des Entwurfs eines neuen österreichischen Zolltarifs, als Vertreter der landwirthschaftlichen Interessen des Kronlandes Siebenbürgen, nach Wien berufen.

Am 26. Juni 1851 wurde Lange vom Militär- und Civilgouverneur Fürsten v. Schwarzenberg zum Gouvernementsreferenten in Commercialsachen in Hermannstadt, am 26. November 1852 aber in Folge der unterm 27. Oktober 1352. Allerhöchst angeordneten provis. Einführung von landesfürstlichen politischen Aemtern, zum Distriktskommissär für den Hermannstädter Distrikt, — und endlich vermöge Allerh. Handschreiben vom 18. Februar 1854 zum Statthaltereirathe für Siebenbürgen ernannt.

Diesen Dienst bekleidete nun Lange bis zum Anfang des J. 1861, in welchem er, wenn auch nicht am Geist, doch am Körper durch ein chronisches Leiden geschwächt, seine ämtliche Thätigkeit einzustellen und um Versetzung in den bleibenden Ruhestand anzusuchen sich genöthigt sah. Seinem Ansuchen wurde von Sr. k. k. apost. Majestät Franz Josef I.

mit allerh. Entschließung vom 23. April 1861 willfahrt, und ihm nicht nur der zuletzt bezogene Statthaltereirathsgehalt jährlicher 2525 Gulden ö. W. als Pension bewilligt, sondern auch ihm und seinen gesetzlichen Nachkommen der österr. Adel mit Nachsicht der Taxen und dem Prädikate von Burgenkron verliehen.

Seine Schriften sind:

1. Das sich selbst tilgende Staatsanlehen, oder das allgemeine Pensionat. Allen hohen Regierungen und jedem Menschenfreunde zur geneigten Würdigung vorgelegt. Auf Kosten des Verfassers. Wien bei Karl Gerold 1839. 4-to. 110 S.

   Im Jahr 1837 reichte der Verfasser der k. siebenbürgischen Hofkanzlei einen auf gleiche, im vorhergehenden Werk nur allgemeiner ausgeführte, Grundsätze gebauten Vorschlag zu einem allgemeinen Pensionate in Siebenbürgen, mit Berücksichtigung der Verhältnisse dieses Landes und zu einem dadurch herbeizuführenden besseren Zustande der Provinzialkasse, ein, welchen dieselbe dem k. Gubernium und den Verwaltern der Provinzialkasse zur Beurtheilung mittheilte.

   Dieses Buch ist vortheilhaft recensirt worden in der Wiener kais. priv. Zeitung vom 14. Mai 1840 S. 911 — 912 Nr. 134 von Dr. Chr. Ant. Geißler.

2. Kronstädter Gewerbs-Vereinsstatuten. Kronstadt gedruckt in Johann Gött's Buchdruckerei 1843 8-vo. 16 S.

3. Az eleven gyepü galagonyából (fejér tövisből) vagy világos Utmutatás, miképpen lehessen kevés költséggel, 150 esztendőnél tovább tarto eleven galagonya gyepüt ültetni, gyarapitni és felnevelni, 's az altal valamint a' kerti és mezei, de különösen az erdei gazdaságnak nagyon ártalmas, szint ugy a szemet is sértő száraz vesszős, palánk és drága léczes Kerteket, Kivált falun örökre elmellőzni. Kiadta 1834ben császári Királyi pensios Kapitány Nemes Schenk György Ur, egyik tagja a' közönséges gyakorlati kertmivelő Frauendorfi társaságnak Bavariában, és kevés rövidetésekkel magyarra forditotta Lange Péter, Brassó Szabad Királyi Városi és Vidéki Tanátsos, szintugy a' tisztelt Frauendorfi Kertmivellő Társaságnak egyik tagja 1839ben. Kronstadt, Druck und Verlag von J. Gött 1843 8-vo. 71 S. Mit 5 lithogr. Abbildungen.

   Der ungar. Uebersetzung steht der deutsche Titel: „der lebende Weißdorn-Spalierzaun", und der ganze Urtext gegenüber S. 15 gibt der Uebersetzer die Anwendbarkeit des vom Verfasser für Galizien Gesagten auf Siebenbürgen und Ungarn, den drohenden Holzmangel und die Verhinderung der Verbreitung der Feuersbrünste durch Anlegung lebender Zäune bei Häusern und Scheunen als die Absicht seiner Uebersetzung mit dem Wunsche ihrer möglichsten Verbreitung im ungarischen Vaterlande an.

Nachdem der Uebersetzer dieses Buch dem k. Gubernium unterlegt hatte, verordnete dasselbe am 9. Oktober l. J. Z. 10668, unter Bekanntmachung des Zwecks und Inhalts dieses Buches, alle Bewohner und Oekonomen des Landes darauf aufmerksam zu machen, und ihnen nach der darin enthaltenen Anweisung die Anwendung lebendiger Hecken auf ihren Grundstücken zu empfehlen.

4. Statuten der Kronstädter allgemeinen Pensionsanstalt. Kronstadt 1845. Gedruckt bei Johann Gött. 8-vo. 22 S.

In ungarischer Uebersetzung: A' Brassoi Közönséges nyugpénz-intézet rendszabályai. Brassóban 1845. Nyomatott Gött János betüivel. 8-vo. 22 S.

In wallachischer Uebersetzung: Statutele obstescului institut de pension din Brashov. Brashov tiparit in tipografia lui Ioan Gött 1846. 8-vo. 23 S.

Lesenswerth ist die Beurtheilung der Grundsätze dieser Anstalt in zwei Artikeln der Kronstädter Zeitung vom 4. Oktober 1861, Nr. 157 und vom 29. Jänner 1862 Nr. 15 und 16 S. 93—94 unter dem Titel: „Im Interesse derjenigen, die bei der Kronstädter „Pensionsanstalt betheiligt sind;" — sowie die Brochüre: „Wie lange kann die allg. Kronstädter Pensionsanstalt noch bestehen?" von Th. J. Leitner (s. den Art.), gegen welch' letztere „die Direktion der Kronstädter allgemeinen Pensionsanstalt" die nachbenannte von Peter Lange verfaßte, Schrift veröffentlichte:

Bemerkungen zu Th. J. Leitners: „Wie lange kann die allgemeine Kronstädter Pensionsanstalt noch bestehen? Kronstadt bei Römer und Kamner 1862". Kronstadt 1863. Buchdruckerei von Johann Gött. 8-vo. 28 S.

Diese Bemerkungen haben jedoch nicht gehindert, daß auch im Jahre 1869 eine Revision der Statuten dieser Anstalt von einem Ungenannten (H. H.) in ausführlichen Auseinandersetzungen in der Kronstädter Zeitung Nr. 50, 51, 55 und 57 vom J. 1869 für höchst nothwendig erklärt wurde, die noch zu gewärtigen ist.

5. Belehrungen und Aufschlüsse über die Kronstädter allgemeine Pensionsanstalt. Herausgegeben und allen Menschenfreunden gewidmet von P. T. Lange. Kronstadt, gedruckt bei J. Gött 1852. Im Verlag der Kronstädter allg. Pensionsanstalt 8-vo. 57 S.
6. Die Seidenkultur in Siebenbürgen, oder: Was geschah, um diesen nützlichen Culturzweig hier Landes ins Leben zu rufen? Wie geschah es? — und welches waren die Erfolge? (Lithogr. in Hermannstadt unter Statthalterei-Zahl 1336/1856 Fol. 20 S.)
7. Kurze Darstellung dessen, was im Zwecke der Einführung der Seidenkultur in Siebenbürgen bis gegenwärtig geschehen ist. Hermannstadt 1859. Druck von Theodor Steinhaußen. 8-vo. 20 S.
8. Radikale Steuerreform. Eine Anregung. Möge dieselbe von den hohen und höchsten Faktoren der Gesetzgebung auf beiden Seiten der Leitha eines Durchblickes und geneigter Erwägung gewürdigt werden. Von einem Freunde des Vaterlandes und der Menschheit. Wien 1868. Kommissionsverlag von Ferdinand Klemm 8-vo. 67 S.

Tr. **Lange Theodor,**

geboren in Kronstadt am 26. September 1739 studirte in Kronstadt, begab sich am 28. Mai 1760 nach Preßburg, im Juli desselben Jahres nach Jena, kehrte von da nach Kronstadt zurück im Juli 1763 heiratete im Juli 1764, ward im nemlichen Jahre Abjunkt, dann Lektor am Kronstädter Gymnasium 1768, befand sich als Deputirter des Burzenländer Kapitels, dessen Zehntprozesses wegen von 1772—1773 in Wien, (wohin er als Aktuar mit dem Nationaldeputirten Provinzialbürgermeister Johann G. v. Honnamann und Provinzialnotär Dr. Seivert, dann Superintendenten Hauer und Pfarrer Michael Müller im Mai 1772 abreiste, die ihn im Mai 1773 daselbst zurückließen); dann beim Foro Productionali ebendeswegen im Mai 1773 sowie im Juni bis 3. Oktober 1774 wieder in Wien. Nach seiner Rückkehr gefiel ihm der Conrektorsdienst in Kronstadt nicht. Daher machte er von besseren Hoffnungen für die Zukunft gelockt, im Jänner 1776 zum bekannten Verfasser der Geschichte des transalpinischen Daciens, dem Auditor Sulzer eine Reise nach Bukarest in die Wallachei. Lange selbst berichtet darüber in seiner Schrift: „Einige merkwürdige Vorfälle aus meinem Leben" nachfolgendes: „Bei Ypsilanti war es nicht möglich, die Güter des (Bojaren) Korbeskul oder des Magurán zu kaufen, noch konnte ich mich entschließen, in Compagnie mit dem Fürsten und Sulzer¹) zu treten, und einen Handel mit Kronstädter Fabrikaten anzulegen. Nach einem überstandenen colikalischen Brechsieber trat ich meine Rückreise nach Kronstadt an, entsagte der Reise nach Konstantinopel zum Legationsprediger im schwedischen Palais zu gehen und noch anderen Träumen. Ich war vom Januar bis zum Oktober in der Wallachei gewesen. In Kronstadt lebte ich 1½ Jahr ohne Amt in meinem Hause und predigte am Himmelfahrtstage in der Stadtkirche mit solchem Beifall, daß man mich vor Tartlern, Webern und Servatius den 2. Sept. 1778 in das Ministerium zog. Den 10. September vom Herrn Roth in Rosenau ordinirt, insinuirte ich mich den 18. September als Prediger in Kronstadt."

Als Stadtprediger wurde Lange durch die Gemeinde zu Petersberg zu ihrem Pfarrer berufen am 13. Mai 1787, als welcher er daselbst am 8. Jänner 1814 sein Leben beschloß, nachdem er vom April 1805 bis zum 25. Juni 1811 dem Burzenländer Kapitul als Dechant vorgestanden war. In letzterer Eigenschaft gerieth er mit dem Superintendenten Neugeboren dadurch in Streit, daß dieser auf geschehenes Ansuchen, einen Prediger Namens Goldschmidt im Burzenland zu ordiniren zwar erlaubte, jedoch diese mit Bewilligung des jedesmaligen Superintendenten sonst nur vom Dechanten verrichtete feierliche Handlung, eigens einem der jüngsten Kapitularen auftrug, und weil Lange die Ordination sofort nicht durch diesen vornehmen ließ, die im Auftrag des erkrankten Lange durch einen andern Kapitularen geschehene Ordination nicht nur kassirte, sondern dem durch ihn bestimmten Kapitularen in Kronstadt übertrug, wodurch der Dechant vor dem Kapitul und den Gemeinden der ihm untergeordneten Kirchen kompromittirt ward. Das Kapitul nahm sich seines Dechanten an, und that dar, daß der Dechant vor der Reformation bischöfliche Rechte gehabt, und nach der Zeit mit Begünstigung des Superintendenten, in dringenden und besonderen Fällen selbst ordinirt habe. Die Distriktskommunität von Burzenland aber suchte beim Oberkonsistorium die Bewilligung an, daß wegen der Entfernung von Birthälm, die Burzenländer Geistlichen von ihrem Dechanten ordinirt werden dürften. Neugeboren zitirte Lange'n zur persönlichen Erscheinung und Verantwortung, die dieser

---

¹) An Lange sind die drei Briefe Sulzers, die ein Ungenannter unterm Titel: J. F. S. Altes und neues oder literalische Reise durch Siebenbürgen ꝛc. 1782 drucken ließ, — gerichtet.

aber ablehnte. Nun drohte jener mit Geldstrafen, von denen Lange ebenso wenig wissen wollte. Endlich mäßigte Neugeboren seinen Zorn, wozu besonders der Comes Baron Bruckenthal gerathen hatte. Nach Lange's Tod gab das Burzenländer Kapitul eine dem Superintendenten Neugeboren ganz gefällige schriftliche Erklärung, mittelst welcher dasselbe von seiner Remonstration zurücktrat. Diese unterlegte Neugeboren dem Oberkonsistorium und das letztere übermachte dieselbe dem Kronstädter Magistrat, um auch die Distriktskommunität von ihrem Verlangen abzubringen, die dann auch weiter keine Bewegung machte. Vergl. den Art. **Marienburg**.

Als Mitglied der churfürstlich sächsischen Bienengesellschaft in Oberlausitz lieferte Lange folgende Beiträge zu den: „Gemeinnützigen Arbeiten „der churf. sächs. Bienengesellschaft in Oberlausitz, die Physik und Oeko„nomie der Bienen betreffend, nebst andern dahin einschlagenden natür„lichen Dingen. Berlin und Leipzig bei G. Jac. Deker 8-vo. 1. Band „1773 XX. 430 S. und 2. Band XX. 139 S. Eb. 1776."

1. Beschaffenheit der Bienenwartung in Siebenbürgen. Im 1. Band, S. 171—174.

2. Von der Zubereitung des berühmten hungarischen und siebenbürgischen Meths. Im 1. Band, S. 211 — 217.

Vergl. Krünitz Oekon. Encyclopädie. Brünn 1810. 90. Band S. 21.

3. Beschreibung der Bienenzucht in der Wallachei und Moldau. Im 2. Band, S. 28—33.

(Dieser Aufsatz steht im 2. und nicht wie Engel in der Geschichte der Wallachei, Halle 1804 im 1. Band S. 102 berichtet, im 1. Band der obengedachten gemeinnützigen Arbeiten ec. Er ist im Jahr 1787 unter dem Titel: „Von der jetzigen Bienenwirthschaft in der „Wallachei und Moldau, welche an die Waldbienenzucht gränzet" auch in der zu Brünn gedruckten ökonomischen Encyclopädie von Krünitz 4. Band S. 461—464 aufgenommen worden.)

Bei der Nachricht, daß seinen Ausstand (der Bienen) im Herbst in der dreifachen Zahl zu sehen, für ein schlechtes, — in der **zehnten** für ein mittelmäßiges Bienenjahr gehalten werde, hat der Verfasser Lange statt dem Worte **zehnten** das Wort **fünften** gemeint und in seinem Exemplare hiernach die Erzählung berichtiget.

Tr. **Langer Stephan,**

von Kronstadt, Doktor der Medizin und Chirurgie, Magister der Augenheilkunde und Geburtshilfe, k. k. Oberarzt des Baron Bianchi 63. Lin.-Infant.-Regiments und Chefarzt im Kronstädter Militär-Garnisonsspital, starb am Typhus den 1. Dezember 1849 in seinem 29. Lebensjahre.

  Tractatus de Haemorrhagiis partium genitalium muliebrium sub graviditate, partu et puerperio. Dissertatio inauguralis. Vindobonae typis Caroli Ueberreuter (1846) 8-vo. 36 S.

Tr. **Laranus Michael,**

Pfarrer (wahrscheinlicher aber Prediger) in Meschen.

  Von ihm führt Hauer in Historia Ecclesiarum Transs. Francof. 1694 pag. 72 an:

  „Michaelis Larani Presbyteri[1]) Muschuensis Manuscriptum antiquissimum."

Tr. **Lassel Franz d. ä.,**

geboren in Kronstadt am 24. Jänner 1796 studirte bis 1813 am Gymnasium zu Kronstadt, lebte dann einige Monate hindurch als Privatlehrer in Bukarest, und weil er, des damaligen russisch-französischen Krieges wegen, eine deutsche Universität nicht beziehen konnte, begab er sich im Herbst 1813 nach Klausenburg, woselbst er bis zum Frühjahr 1814 die rechtswissenschaftlichen Vorlesungen der Professoren Fortini und Winkler am k. Lyceum anhörte, dann nach Deutschland reiste, und nach zurückgelegtem Studium an der Leipziger Universität im J. 1816 in seine Vaterstadt zurückkehrte. Hier ward er nun im nemlichen Jahre bei den evangelischen Gymnasialschulen als Kollega, 1823 als Lector, 1829 als Blumenauer, und im Oktober des letztern Jahres als Stadtprediger angestellt, und bekleidet seit dem Jahre 1842 das Pfarramt zu Petersberg.

  Poetische Kleinigkeiten von F. L. Nebst einer Zugabe von einigen wenig bekannten kleinen Gedichten anderer Verfasser. Kronstadt bei J. Gött 1840. 12-mo. II. 44 S. (und zwar Gedichte S. 1 bis 30 und Pränumeranten-Verzeichniß S. 31—44.)

  Den Ertrag bestimmte Lassel zum Besten der durch eine Feuersbrunst in der Nacht gegen den 9. Dezember 1839 verunglückten Inwohner des Dorfs Weidenbach bei Kronstadt.

---

[1]) Presbiteri Capellani hießen vor, — und Diaconi nach der Reformation die Sächsischen Prediger. S. Archiv des Vereins I. Bd. 3. Heft, S. 82.

Tr. ## Lassel Franz d. j.,

geboren in Kronstadt am 8. März 1824 und studirte am dasigen Gymnasium vom 3. November 1841 bis 17. Jänner 1844 an der Universität zu Berlin. Er diente sofort als öffentlicher Lehrer und seit 1. Februar 1869, als Rektor des Kronstädter Gymnasiums.

Programm des evangelischen Gymnasiums A. B. zu Kronstadt und der damit verbundenen Lehranstalten. Zum Schluße des Schuljahres 1868—9 veröffentlicht vom Rector F. L. Inhalt: A. Versuch eines Leitfadens der Geometrie für Untergymnasien von Eduard Keßler, Gymnasiallehrer (39 S.) B. Schulnachrichten vom Rektor (44 S.) Kronstadt, gedruckt bei Johann Gött & Sohn Heinrich. 1869. 8-vo.

(Die erste Auflage des Leitfadens rc. von Keßler erschien selbstständig unter dem Titel: „Geometrie von E. K. I. Heft. Mit 40 lithographirten Figuren. Kronstadt, Druck und Verlag von Römer & Kamner 8-vo. 16 S.)

Soiv. ## Lebel Johann,

Nach den wenigen Nachrichten, die ich von diesem fleißigen Manne habe auffinden können, war er von Rösen oder Bistritz, Bakalaur der freien Künste und um das Jahr 1527, Presbyter und Prediger zu Hermannstadt. Er wandte sich nachgehends zur evangelischen Kirche und verwaltete 1542, die Pfarre zu Talmatsch. Dieses bezeugt er selbst; die dasige Kirchenmatrikel[1]) aber gedenkt seiner gar nicht, sondern nur des Richards, der 1527, und des Petrus Medwisch, der 1560 Pfarrer war.

---

[1]) In der Reihe der Talmatscher Pfarrer erscheint Lebel allerdings im J. 1542 laut Provinzlalblättern III. 11. Er war, ehe er Talmatscher Pfarrer wurde, der Nachfolger des im J. 1528 nach Mettersdorf berufenen Pfarrers Christianus in Walthersdorf, dankte jedoch hier freiwillig ab. Provinzlalblätter IV. 220. Vom Jahre 1545—1557 war Lebel Pfarrer zu Budak, Bistritzer Distrikts, und der Nachfolger des Peter Helner, welcher das Budaker Pfarramt 35 Jahre hindurch bekleidet hatte. Lebel starb zu Gensdorf am 3. Oktober 1566. Dieß meldet sein unmittelbaren Nachfolger im Budaker Pfarramte Andreas Friedsmann (s. Denkbl. I. 347) in seinem Eberischen Geschichtskalender mit den Worten: „III. Octob. Johannes Lebelius, pius senex antecessor meus moritur in Gensdorff 1566." Tr.

Daher kann ich weder den Anfang, noch das Ende dieser seiner Amts=
führung bestimmen, doch soll er nachgehends eine Pfarre im Bistritz'schen
Gebiete erhalten haben, woran ich aber wegen seines hohen Alters sehr
zweifle. Auch finde ich ihn im Verzeichnisse der Pfarrer des Bistritz'schen
Kapitels gar nicht. — Meiner Kenntniß nach, ist Lebel unser ältester
sächsischer Geschichtsschreiber; seine Nachrichten enthalten aber soviel Neues
und Sonderbares, daß er mir ein gleich großer Dichter und Geschichts=
kundiger zu sein scheint. Meine Leser mögen es aus den Proben, die ich
geben werde entscheiden. Sein erstes historisches Werk führt die Auf=
schrift:

1. Joannes Lebelius in nomine Domini, Amen! de oppido Thalmud,
alio nomine Thalmus et illarum partium Cis-Oltham districtu, versus alpes Mysiae Inferioris infra Cibinium, (alias Hermannopolita-
nam urbem Regalem, Transylvaniaeque regni Metropolim) unde sibi
nomenclaturam hanc contraxerit, quidque inde ab initio constructio-
nis fuerit, sequentibus qualibusque versiculis, veteranus Presbyter,
Joannes Lebelius, illius urbis in spiritualibus Pastor immeritus. Anno
ab incarnatione Domini nostri Jesu Christi 1542.

Ne candidis lectoribus taedium faceret, quanto Dei beneficio
ejusque adjutorio potuit, breviori compendio instar Rhapsodiarum, e
variis longinquisque historiis, manu propria haec consequenter conscripsit, ut illius loci coloni, fluitimarumque partium accolae, (praesertim prudentes circumspectique Domini Cibinienses, Domini patroni
mei, multis nominibus mihi semper observandi) Historiam veluti notatu dignam memorabilemque prae omnibus manibus, dum eam et
aliis recensere velint, habeant; ne oblivione ab humana memoria
perire contingat. — Quae Scripta Joh. Lebelii denuo revisa et ple-
risque in locis aucta sunt Mense Martio, anno 1559.

Dieses handschriftliche Werkchen habe ich wegen seiner Seltenheit unter
dem Titel: Joh. Lebelii, de oppido Thalmus, carmen historicum 1779 mit
Barthischen Schriften zu Hermannstadt in 8. 24 S. drucken lassen, und
einige Anmerkungen beigefügt. Zur Probe der Lebelischen Dichtkunst mag
seine Vorrede an den Leser dienen:

Ne cures, his versibus Musarum si plectra non servo,
Tu phrasin nota, rerumque seriem omnem,
Ut docet historia. Sicuti veritas habet,
Sic tibi rusticitas, lectori, simplex hic narrat.
Nam scriptor haud poterat, grandaevus aetate, aegerque,

>Servare vatum modos, ac numeros pedum,
>Ipse impotens gressibus, calamo sed impiger albo
>Conscribere Dacica atro colore gesta.
>Sat tibi sit labiis promptis balbutisse vera,
>Et pedibus claudis rectum attigisse scopum.

Talmatsch, ist ein sächsisches Dorf nicht weit von dem Passe des Rothenthurmes, hat seinen eigenen Stuhl, Burggrafen und Gerichtsbarkeit. Diesen Ort läßt Lebel von jüdischen Flüchtlingen erbauen, und leitet seinen Namen vom jüdischen Talmud her. — Nach der Zerstörung Jerusalems nach Titus, kam ein reicher Jude nebst andern Flüchtigen nach Dacien. König Decebalus nahm sie wegen ihrer Reichthümer willig auf, und erlaubte ihnen an diesem Orte eine Pflanzstätte zu errichten, welche sie nach ihrem Gesetzbuche, Talmud nannten. Da sich viele Armenier, Griechen, Thracier und Mösier hinzogen, ward sie bald eine der volkreichsten und befestigtesten Handelsstädte. Nach Decebals Untergang, bepflanzte Trajan Dacien mit Walachen und Römern, deren Ueberbleibsel noch im Lande wohnen, sich von der Viehzucht nähren und nichts Römisches mehr, als den Namen haben. Die Regierung aber Siebenbürgens vertraute er Tetrarchen an.

In Absicht der Hunnen und Scythen, verweiset er seine Leser auf die ungrischen Geschichtschreiber, und kehrt zu seinem Talmud zurück, dessen alten Glanz er aus dem großen Umfange, und der Festigkeit der hin und her befindlichen Bruchstücke von Mauern zeiget. — Ueber den Ursprunge der Teutschen in Siebenbürgen stimmen die Schriftsteller nicht überein. Nach einigen sind sie unter Kaiser Karl dem Großen, in das Land gekommen, nach andern unter den Ottonen, nach andern unter Geisa, dem Vater des heil. Königs Stephan. Es sei aber, wie es wolle, schreibt unser Verfasser, genug, diese Völkerschaft erweiset, daß seit den Eroberungen des Attila, Völker von dreierlei Sprachen Siebenbürgen bewohnt haben. Im Kriege wider den heidnischen Herzog Gyula, bediente sich König Stephan dieser deutschen Hilfsvölker, die nachgehends im Lande verblieben und Pflanzstätten errichteten. Ihre Mundarten bezeugen, daß sie theils Schweizer, Windelicier, Schwaben, Steiermärker, Baiern ꝛc. gewesen. Unter diesen Deutschen befanden sich drei vorzügliche Kriegsobersten Hermann, Gerhard und Heltanus, welchen Hermannstadt am Zibinsflusse, Gierels oder Gerhardsau am Altflusse und der obstreiche Flecken Heltau, ihren Ursprung und Namen zu danken haben. Dieses ist recht poetisch, denn dieser Gerhard und Heltanus hat wohl nie außer Lebels Gehirn existirt, obgleich es auch zu unsern Zeiten noch einige behaupten wollen, ja noch einen Christian und Schelfer hinzufügen, um den lateinischen und walachischen Namen von dem Dorfe Großau und den Marktflecken Mark und Klein-Schelken zu erörtern. Gerhardsau heißt in alten Urkunden allezeit Insula St. Gerhardi, also führt es seinen Namen von diesem Heiligen, sowie Neppendorf bei Hermannstadt vom heil. Eppo. Heltau nennen unsere Sachsen Hiélt. Dieses alte Wort bedeutet eine Schweinsheerde, die in Wäldern, oder auf Feldern weidet. Da nun die waldigen Gegenden von Heltau dazu gebraucht wurden, so hat der Ort davon den Namen erhalten, wie ihn denn auch die Ungarn Disznód und mit Rücksicht auf das benachbarte Dorf Michelsberg, Nagy-Disznód nennen. Ob auch Hermannstadt, von dem Nürnbergischen Hermann oder vom heil. Hermann, den Namen führt, ist noch die Frage. Denn welcher alte Geschichtsschreiber saget uns, daß der Erstere nach Siebenbürgen gekommen? Doch ich kehre zu Lebeln zurück.

Um diese Zeiten war Talmatsch eine mächtige Handelsstadt, allein unter dem unglücklichen König Bela dem IV. wurde sie von den alles verwüstenden Tartaren zerstört. Hier hätte dieser König einen Eidam gehabt, der vormals ein Müller und Wagnermeister gewesen, wie noch alte Denkmäler sein Wappen, ein halbes goldenes Rad, zeigten. Die hievon Mehreres wissen wollen, weiset Lebel zu andern Schriftstellern, nennt aber keinen einzigen. — Nun vom tatarischen Kriege. Drei tapfere Helden: Templarius, den er auch Latinus nennet, Kolmann, Bruder des Königs und Hugrinus, Erzbischof von Kolocza, suchten zwar das Vaterland gegen die Barbaren zu vertheidigen, erlitten aber eine gänzliche Niederlage. Kaum konnte sich Bela und Kolomann retten. Der flüchtige König suchte sowohl bei dem Despoten, als Oesterreich, Baiern und Sachsen vergebens Hilfe. Sein Reich blieb 7 Jahre ein trauriger Raub der wilden Tartaren. Gar bald überschwemmten sie auch Siebenbürgen, das sie mit Feuer und Schwert zur Einöde machten.

Die Sachsen bei Hermannstadt versammelt, suchten zwar ihre Sicherheit im festen Thurme des Neppo [1]) und im Kloster zum heiligen

---

[1]) In ältesten Urkunden: Turris S. Epponis, daraus nachgehends Neponis und Neppendorf entstanden sind. Die Ueberbleibsel dieses Thurmes sind jetzt das Schiff der dasigen Kirche, das überaus dicke und von großen Steinen verfertigte Mauern hat. Vor etlichen Jahren hat man den ganzen Grund der ehemaligen Kirche nebst einem Brunnen in demselben gefunden, bis jetzt aber ist sie nicht wieder

Kreuze¹) allein auch diese konnten sie nicht wider die überwiegende Macht der Feinde beschützen. Das übrige Volk verschanzte sich auf den Bergen jenseits der Zibin, mit Wällen und hölzernen Brustwehren, entschlossen entweder zu siegen oder zu sterben. Bei dem Dorfe Kastenholz befanden sich noch Ueberbleibsel.

Endlich erschien die sehnlich erwartete Hilfe. Kolmann kam unterstützt von den Tempelherrn, die viele Schlösser und Güter in Siebenbürgen besaßen, als: zu Schellenberg, Kerz, Talmatsch, Münzdorf, Kronstadt und Kolosmonostor. Die zerstreuten Tartaren wurden muthig angegriffen und da sie im Zurückziehen auf die verschanzten Sachsen bei Kastenholz, stießen, erlitten sie eine völlige Niederlage. — Vielleicht erhält dieses noch einige Wahrscheinlichkeit, da ein Berg jenseits des Zibins, bis jetzt noch aber nur aus unbekannten Ursachen, der Siegbüchel (Sieghügel) heißt, und nicht weit davon auf dem Hammersdorfer Gebiete führt eine Gegend den Namen Altkastenholz. Vor etlichen Jahren suchte man daselbst Schätze, fand aber nichts als steinerne Grundmauern. Vielleicht haben auch hier blos die Namen des Berges und Dorfes, Lebeln Stoff zu seiner Erzählung gegeben. Zur Lage des jetzigen Dorfs Kastenholz, stimmt seine Nachricht gar nicht und was er vom Prinz Kolomann behauptet ist nichts als ein Mährchen.

Hildebrand, Abt zu Kerz²), hatte großen Antheil an diesem Siege, wodurch die Feinde den Muth so sehr verloren, daß sie überall geschlagen wurden und Siebenbürgen mit Hinterlassung unermeßlicher Beute verlassen mußten. Hierauf wurden die Tempelherren mächtiger im Lande und von dem zurückgekommenen Könige reichlich beschenkt. Sie besaßen

---

aufgebaut. Die Walachen nennen dieses Dorf Turneschor (der kleine Thurm) vielleicht ist noch ein anderer und größerer in diesen Gegenden gewesen, von dem man jetzt nichts weiß.

1) Dieses Kloster vor dem Elisabeththore gehörte ehemals den Dominikanermönchen. Diese aber überließen es 1674 dem Hermannstädter Rathe, dafür sie die Freiheit erhielten, sich in der Stadt anzubauen. Die Klosterkirche ward erst 1659 den 28. Dezember von den Bürgern wegen der Rakotzischen Belagerung vom Grunde aus zerstört.

2) Die Abtei Kerz gehörte dem Cisterzienserorden und heißt in Urkunden: Abbatia B. Mariae Virginis a Candelis. Daher hat das Dorf und die benachbarten hohen Gebirge den Namen.

auch die verwüstete Burg bei Talmatsch¹), um die feindlichen Einfälle durch die dasigen Gebirge zu verhüten. Als aber dieser Orden unter Pabst Klemens dem Fünften ausgetilgt wurde, kamen ihre Klöster und Schlösser endlich in gänzlichen Verfall. — Talmatsch, von den Tartaren zerstört und den Einfällen der Türken immer ausgesetzt, sah sich zuletzt in ein geringes Dorf verwandelt. Die dasigen Einwohner zogen sich nach Hermannsdorf (Villa Hermanni), dadurch solches ein vorzüglicher Flecken und endlich eine Stadt ward.

Wie viel wäre nicht wider diese romantischen Nachrichten zu erinnern! Daß Lebel diese traurige Geschichte in Absicht Ungarns nicht gekannt, ist durch die Nachrichten des gleichzeitigen Rogerius entschieden. In Ansehung Siebenbürgens sind sie theils sicher falsch, theils sehr zweifelhaft. Sollten die Sachsen dem Beispiele der Robnaer bei Bistritz gefolgt haben; so haben sie gewiß so vieles nicht erlitten. Nach der unglücklichen Schlacht beim Flusse Sajo 1241, schickte König Bela den Woiwoden Laurentius nach Siebenbürgen, um die zerstreuten Völker wieder zu sammeln und zum Besten des Königs nöthige Verordnungen im Lande zu machen. Wobei der Woiwode die treuen Dienste des Comes Lentenck und seines Bruders Hermann, welche Sachsen waren, mit 3 Dörfern in der Dobokaer Gespannschaft belohnte. König Bela bestätigte diese Schenkung den 27. Jänner 1243.

2. Memorabilia Transylvaniae. Gleichfalls nur Handschrift.

Lebel handelt darinnen 1. von den verschiedenen Benennungen Siebenbürgens, seiner Fruchtbarkeit und den römischen Kolonien. 2. Vom Ursprunge der Deutschen oder Sachsen in Siebenbürgen und ihren ersten errichteten Flecken. Hier sagt er uns wieder Neuigkeiten. Die Deutschen, welche König Stephan I. im eroberten Siebenbürgen zurückließ, erbauten zuerst Neumark Novum Forum, Engeten Enyedinum, Donnerstagsmarkt Monora, Reußmarkt und Marktschelken. — Schade! daß er keinen Ort mehr mit Mark ge-

---

¹) Diese Burg heißt Landskron. Wie hätten sie die Tempelherrn besitzen können, da sie unter König Ludwig dem Großen erbaut worden und 1370 noch nicht ganz ausgebaut war? Die Sachsen verwüsteten sie nach einem Befehle des Königs Latislaus des V. vom J. 1453, zugleich wurde von ihm der Talmatscher Stuhl der sächsischen Universität mit allen oberherrschaftlichen Vorrechten überlassen, doch sollte sie zugleich den rothen Thurm und Latorwar, in besten Vertheidigungsstand setzen. Beides erweisen die Urkunden dieser Könige von gemeldeten Jahren.

funden hat, sonst hätte uns Lebel die sieben ersten Pflanzstädte der Deutschen, davon das Land den Namen führt, mit der größten Unwahrscheinlichkeit richtig entdeckt. — Der sächsische Marktflecken Reen (Regen) scheinet ihm römischen Ursprungs zu sein, dem ein Tetrarch, tanquam rogulus den Namen gegeben. Der zweite Tetrarch hatte seinen Sitz im Burzenlande, in der Gegend von Törzburg; der dritte, wo jetzt Klausenburg ist, und der vierte in der Gegend des Bergschlosses Hunyad. Den Flecken Talmatsch bauten jüdische Flüchtlinge. 3. Von Robna, einem Flecken bei Bistritz. 4. Von Bistritz oder Nösen. 5. Von der Grausamkeit der dasigen Burggrafen im Schlosse Flestenthurm gegen die Bistritzer. Diese fangen 1459 an, ihre Stadt mit Mauern zu umgeben. Vorher hatte sie nur einen hohen Zaun mit Thonerde beschmissen. 6. Vom jetzigen Zustand Nösens und dann 7. von Hermannstadt.

3. Volumen scriptorum in emolumentum Capituli Bistriciensis. Dies Mscr. befindet sich in der Hanerischen Bibliothek.

Tr. Lebrecht Michael[1],

wurde am 16. November 1757 in Hermannstadt geboren. Durch Talent und Fleiß überwand er die Hindernisse, die ihm im Studiren in den Weg gelegt wurden, absolvirte das Hermannstädter Gymnasium, und bezog, nachdem er ein Jahr lang die Stelle eines Hauslehrers bei einem ungarischen Edelman im Hunyader Comitat bekleidet hatte, im J. 1779 die Universität zu Erlangen. Nach der Rückkehr besorgte er einige Jahre hindurch die Redaktion der Hermannstädter Zeitung mit Lerchenfeld und Eder, und wurde am 25. Februar 1784 öffentlicher Lehrer am Gymnasium. Vom Jahre 1789 weiter ging Lebrecht alle evang. Diakonatsdienste in Hermannstadt durch, bis er am 11. Febr. 1796 durch einstimmige Wahl zum Pfarrer in Kleinscheuern berufen wurde. Obwohl am Podagra und Chiragra leidend, war Lebrecht dennoch in der Erfüllung seiner Pflichten als Pfarrer, gleichwie als Mitglied des Hermannstädter Kapitels, sehr fleißig. Das Andenken an seine Gattin Agnetha Susanna, Tochter des Stozenburger Pfarrers Thomas Filtsch, als Verfasserin von populären Gedichten in sächsischer Mundart, die jedoch nicht im Druck erschienen sind, hat sich unter ihren Landsleuten bis auf unsere Zeit erhalten.

---

[1] Siebenb. Provinzialblätter III. 156–160.

Von Lebrecht selbst hat man, außer einer handschriftlichen „Geschichte der Wahwoden von Siebenbürgen" folgende Druckschriften:

1. Das unerkannte Verbrechen oder die Merkwürdigkeiten Samuel Hirtenborns. Klausenburg, auf Kosten Joseph Franz Kollmann 8-vo. 1. Band 1778. 196 S. und 2. Band 1780 VI. 134 S.

2. Versuch einer Erdbeschreibung des Großfürstenthums Siebenbürgen. Hermannstadt gedruckt bei Martin Hofmeister, k. k. priv. Buchdrucker und Buchhändler. 1789. 8-vo. VIII. 167. — Die zweite, durchaus veränderte, vermehrte und verbesserte Auflage. Mit einer kleinen Generalcharte von Siebenbürgen. Ebendas. 1804. 8-vo. VIII. 195 S.

(S. Siebenbürgische Quartalschrift I. 329—333.)

3. Antrittsrede, gehalten am 7. Sonntag nach Trinitatis über das ordentliche Sonntagsevangelium. Hermannstadt bei J. G. Mühlsteffen. 1789. 8-vo. 16 S.

4. Die Geschichte der Sachsen. Eine Ballade zur Volksfeier der Installation Sr. Excellenz des Hochgebornen Herrn Michaels Edlen v. Bruckenthal, des neu erwählten Comes der Nation. Hermannstadt, gedruckt bei Joh. Gottl. Mühlsteffen 1790. 8-vo. 24 S. Lebrecht schrieb den Text, welchen Samuel Mohr (Buchhalter in der Hochmeisterischen Buchhandlung) in Reime brachte.

5. Anleitung zu kleinern, im gemeinen Leben üblichen schriftlichen Aufsätzen. Hermannstadt, gedruckt bei Johann Gottlieb Mühlsteffen 1790. 8-vo.

6. Geschichte der aboriginen dazischen Völker in Abendunterhaltungen. Hermannstadt im Verlag bei Martin Hochmeister, k. k. priv. Buchdrucker und Buchhändler 1791 8-vo. X. 416 S. Sie kam noch im Jahr 1784 mit folgendem allgemeinen Titelblatt heraus: Die Geschichte von Siebenbürgen in Abend-Unterhaltungen vor's Volk 1. Theil. Vom Anfang der Bevölkerung Siebenbürgens bis auf die Gründung des ungarischen Reichs (997 J.) Oder: der allerältesten Völkergeschichte, welche in diesem und den angränzenden Ländern abgewechselt haben. Hermannstadt 1784.

7. Siebenbürgens Fürsten, eine statistische Zeitschrift. Hermannstadt gedruckt und im Verlag bei Martin Hochmeister, k. k. privilegirten Buchdrucker und Buchhändler. 8-vo. 1. Theil 1791. XII. 374 Seiten und Register 31 S. 2. Theil 1792. VI. 377 S. und Register 34 S.

8. Ueber den Nationalcharakter der in Siebenbürgen befindlichen Nationen. Wien bei Joh. Dav. Hörling 1792. 8-vo. 111 S. (Siebenb. Quartalschrift IV. 196—199.)

9. Leben Johann Corvinus. In der Siebenbürgischen Quartalschrift I. 28—61.

Tr. **Leitner v. Leitentreu Theodor Ignaz,**

geboren zu Leipnik in Mähren am 24. Juli 1809. Er war der Sohn des gleichfalls aus Leipnik gebürtigen und nachher als Hauptmann im Pensionsstande zu Klagenfurt verstorbenen Ignaz Leitner, welcher für seine Verdienste vom Kaiser Franz I. mit dem Prädikate „von Leitentreu" in den österreichischen Adelstand erhoben worden war. Der junge Leitner trat als absolvirter Zögling der Wiener-Neustädter Akademie, wo er die Zeit vom 1. November 1821 bis 30. September 1829 zugebracht hatte, in k. k. Militärdienste, und wurde am 1. Oktober 1829 Fähndrich bei dem Infanterie-Regimente Nr. 60. In diesem Regimente avancirte er im J. 1835 zum k. k. Oberlieutenant, wurde Adjutant des damaligen Kommandanten der Wiener-Neustädter Akademie, bekleidete sofort die Stelle eines Professors der Mathmatik an dieser Lehranstalt, bis er als Hauptmann wieder in den aktiven Militärdienst übertrat, endlich aber zum Oberstwachtmeister in dem k. k. Infanterie-Regimente Erzherzog Karl Ferdinand (1850) befördert, am 27. Jänner 1852 pensionirt wurde. Vor seiner Pensionirung heiratete er in Kronstadt, wählte darnach diese Stadt zu seinem bleibenden Aufenthalt, beschäftigte sich mit Landwirthschaft und Lösung mathematischer Aufgaben, und starb daselbst kinderlos am 21. Januar 1868.

1. Ausführliche Geschichte der Wiener-Neustädter Militärakademie, nebst einem Anhange über die Leistungen derselben durch ihre Zöglinge in der Armee und vor dem Feinde von Th. J. Leitner v. Leitentreu, k. k. Major. Hermannstadt 1852. Druck und Verlag von Theodor Steinhaussen 8-vo. 480 S.

2. Geschichte der Wiener-Neustädter Militärakademie von Th. Jg. Leitner v. Leitentreu, k. k. Major. 2. Theil. Kronstadt 1853. Druck und Verlag von Römer & Kamner 8-vo. 363 S.

(Der 2. Theil ist dem k. k. Erzherzog Johann Baptist gewidmet.)

3. **Die Minuten-Sonnenuhr.** Das einfachste und für das praktische Leben zweckmäßigste Bestimmungsmittel der wahren Zeit für Uhrmacher und Uhrenbesitzer, denen an Conservation und am richtigen Gange ihrer Uhren gelegen ist. Von Th. J. L. Kronstadt, Druck und Verlag von Römer & Kamner 1859. 8-vo. 24 S.

Dem Museum des Kronstädter evang. Gymnasiums gewidmet, welchem der Verfasser die nach seiner Construktion verfertigte Minuten-Sonnenuhr überließ.

4. **Wie lange kann die allgemeine Kronstädter Pensionsanstalt noch bestehen?** Eine beherzigenswerthe Lectüre, besonders für die Mitglieder dieser Anstalt von Th. J. Leitner. Kronstadt, Druck und Verlag Römer & Kamner 1862. 8-vo. 26 S.

Aufsätze ähnlichen Inhalts hatte der Verfasser in die Kronstädter Zeitung vom 4. Oktober 1861 Nr. 157 und vom 29. Jänner 1862, Nr. 16 eingeschickt. Da jedoch der Herausgeber der Kronstädter Zeitung die Aufnahme des vorangezeigten dritten Aufsatzes in die Zeitung verweigerte, so sah sich der Verfasser zur Veröffentlichung desselben in der vorstehenden Brochure veranlaßt.

Tr. ## Lenk v. Treuimfeld Ignaz,

k. k. Generalmajor und Festungskommandant in Karlsburg (1814), trat im J. 1835 als Feldmarschall-Lieutenant in Pension und starb zu Wien am 12. April 1842. Er hinterließ eine einzige Tochter, welche die Gattin des Siebenb. Hofagenten Ludw. Janka war.

Er war 1787 Unterlieutenant bei dem 1. walachischen Gränz-Inf.-Regiment, früher ein Zögling der Wiener-Neustädter k. k. Militärakademie, dann 1799 Hauptmann beim componirten walachischen Bataillon, und wurde bei Blockirung der Festung Philippsburg wegen Wohlverhaltes gerühmt. Er zeichnete sich auch bei Stockach aus. 1809 wurde er Oberst bei dem 2. Walachen-Grenz-Regiment.

1. Siebenbürgens geographisch-topographisch-statistisch-hydrographisch- und orographisches Lexicon, mittelst eines Versuchs seiner Landkartenbeschreibung bearbeitet und alphabetisch geordnet, in welcher alle Städte, Märkte, Dörfer, Prädien, Pässe, die politische Landeseintheilung, die Gespannschaften, Distrikte, Stühle, Filialstühle und Bezirke; aus der Orographie: alle Höhenzüge, Höhenarme, Höhenzweige, Segmental-

Höhenzweige alle einzelnen Berge und Gebirge; aus der Hydrographie: alle Haupt= und Filialflüsse, alle Segmentalwässer, alle Filialbäche, jeder einzelne kleinste Bach; die geographische Lage und Größe des Landes; alle resultirenden geographischen und trigonometrischen Berechnungen: die Flächeninhalte des Landes überhaupt, und getheilt in das Land der Ungarn, der Szekler und der Sachsen, der Gespannschaften, Distrikte und Stühle, der Haupt= und Segmentalflußgebiete; die im Lande gelieferten Schlachten, überhaupt alle in einer guten Landkarte erscheinenden Zeichen; endlich in statistischer Hinsicht auch alles dasjenige davon auf, das umständlichste erklärt zu finden, was die Länderkarten nicht zu enthalten pflegen, worunter auch die örtlichgeschichtlichen und mineralogischen Merkwürdigkeiten aufgenommen sind. Von Ignaz Lenk v. Treuenfeld, k. k. Generalfeldmarschall=Lieutenant im Pensionsstande. Wien gedruckt bei Anton Strauß sel. Witwe 1839 gr. 8. 4 Bände.

    1. Bd. XIV. 392 S. A—F. 2. Bd. 456 S. G—L. 3. Bd. 423 S. M—R. 4. Bd. 482 S. S—Z.

2. Erklärung des Stammbaums von 32 Königen von Ungarn. Wien 1840.

    Lenk soll die richtigste und vollständigste Charte von Siebenbürgen besessen haben, und willens gewesen sein, solche zugleich mit seinem vollständigen Repertorium über die Ortschaften, Prädien ꝛc. Siebenbürgens und deren Eintheilung in politischer, mathematischer, kirchlicher ꝛc. Hinsicht (ohne Zweifel dem vorangeführten Lexikon) durch den Druck zu veröffentlichen. Diese Charte hat nach Scheints Land und Volk der Szekler I. 11 den Titel: „Spezialkarte Sieben=„bürgens in 81 Sektionen. Nebst einem Versuch zu einer Land=„kartenbeschreibung, angewandt auf jene des Großfürstenthums Sieben=„bürgen" in Handschrift. Hiezu soll den Text ebenderselbe Scheint verfaßt, und im Dezember 1834 dem Ingenieur Blaschneck (Herausgeber der großen Charte von Ungarn und Siebenbürgen) die Ueberlassung der Charte und des Textes, gegen die Verbindlichkeit, solche herauszugeben, verheißen haben.

Tr. **Leonhard Martin Friedrich,**

Sohn des Rothberger Pfarrers Paul Gottlieb Leonhard, geboren in Hermannstadt 24. April 1778, studirte an der Universität zu Jena 1800 ꝛc.

wurde evangelischer Pfarrer in Klausenburg im J. 1804, dann in Großpold 1815 im Mai und starb daselbst 30. August 1836.

1. Praecipuorum vitae Lutheri, Melanchtonis et Erasmi momentorum comparationem defendet etc. Cibinii 1804. 8-vo. 15 S.
2. Predigt bei dem feierlichen Leichenbegängniß des weiland Wohlgeb. Herrn Joachim Bedeus v. Schaarberg, Sekretarius bei dem Hochlbl. k. Siebenb. Landesgubernium gehalten am 29. Mai 1810 in dem Bethause der evang. Gemeinde zu Klausenburg. Hermannstadt bei Barth 1810 8. 14 S.

Tr. **Leonhard Daniel Joseph,**

Sohn des im J. 1791 verstorbenen sächsischen Provinzialnotärs Andreas Leonhard, geboren in Hermannstadt 23. Mai 1786, studirte auf dem Gymnasium in Hermannstadt, dann auf der Universität in Göttingen 1810 2c., wurde nach seiner Rückkehr als Lehrer am Hermannstädter Gymnasium, dann als Prediger an der dasigen Spitalskirche angestellt und im J. 1819 zum Pfarrer in Broos erwählt. 1829 wurde er Dechant des Brooser Kapitels. Er starb in Broos am 1. Juni 1853, als ein geachteter und überall, wo er wirkte, überaus nützlicher Mann und Vater einer zahlreichen Familie.

1. Systematica Mammalium ac avium Transsylvanicarum enumeratio. Pro loco inter Profess. Gym. Cibin. obtinendo exhibita 26. Febr. 1812. Cibinii typis Io. Barth 1812. 8. 46 S.
2. Lehrbuch zur Beförderung der Kenntniß von Siebenbürgen. Hermannstadt gedruckt bei Joh. Barth 1818. 8. XIV. 398 S. Nebst einer Charte von Siebenbürgen, nach der Lipskyischen Charte gezeichnet.

    Das Buch ist in 3 Theile getheilt. Der erste S. 1—108 enthält die Erdbeschreibung, der zweite S. 109—302 die Naturgeschichte, und der dritte S. 303—361 die Geschichte von Siebenbürgen. Hierauf folgt S. 368—398 ein Anhang über Maße, Gewichte und Münzen von Oesterreich, Ungarn, Siebenbürgen, Wallachei, Moldau und Bukovina, nebst Anweisung darüber anzustellender Berechnungen.

    Ein besonders für Bürger- und Landschulen nützliches Buch.
3. Szászváros mit seiner Umgebung geschichtlich dargestellt von der Gründung bis zu der merkwürdigen Schlacht am Brotfelde 1480. (In der Transsil. Zeitschr. v. Benigni I. 236—252.)

4. Denkwürdigkeiten von dem alten Város und dem gegenwärtigen Broos. Für den am 7. Juni 1862 daselbst versammelten Verein für siebenbürgische Landeskunde gesammelt von D. J. L. Hermannstadt 1852. Gedruckt bei Josef Drotleff. 8-vo. 30 S.

5. Idiotikon der siebenbürgisch-sächsischen Sprache, nebst einer Etymologie der meisten Wörter. Mspt. 22 Bögen.

(Mit Berücksichtigung eines Nieder-Angel-Sächsischen und Holländischen Wörterbuchs, Adelungs und anderer Quellen ausgearbeitet.)

6. Fortsetzung des Versuchs über das siebenbürgische Kostum (wovon 2 Hefte von Benigni im J. 1807 zu Hermannstadt im Druck erschienen), nebst colorirten Zeichnungen. Mspt. Auch unter dem Titel: „Bewohner Siebenbürgens".

7. Möglichst vollständige Chronik der evangelischen Szászvároser Gemeinde". Mspt.

(Diese Arbeit für die Gemeinde und die Nachfolger verfertigte der Verf. auf Veranlassung einer Aufforderung an alle evang. Geistlichen, welche in der Kirchenzeitung 1826 erschien.)

8. Eine Sammlung von Siegeln und Facsimils von den wichtigsten Originalurkunden aus unserm Nationalarchiv, der Zeitfolge nach, durch Dan. Joseph Leonhard, Vesperprediger in Hermannstadt treu copirt 1819. 51 Folioseiten.

Enthält nebst einigen Urkundenabschriften, die Facsimile's der Namensunterschriften und Abbildungen alter Siegel in Federzeichnungen, zum Theil nach einer ähnlichen Sammlung des (als Gubernialrath 1836 verstorbenen) Karl von Sonnenstein auf 41 Folioseiten, welche der selige Geheimrath und Oberlandeskommissär Br. Joseph Bedeus von Scharberg besaß.

Durch den Sammler der juridischen Lehranstalt in Hermannstadt gewidmet im J. 1845.

Diese Sammlung bildet einen Anhang zu J. G. Wenrichs Grundlinien der Diplomatik s. den Artikel Wenrich.

Tr. **Leonhard Johann Andreas,**

geboren zu Hermannstadt am 12. Februar 1743 und daselbst als Senator und Notarius gestorben im J. 1791, war der Sohn des dasigen Senators

Martin Friedrich Leonhard, welcher im J. 1744 zum siebenbürgischen Insurgenten-Major ernannt, 1745 im Mai sein Vaterland verließ und in den Krieg wider die Preußen zog, im Jänner 1746 aber zu Görlitz mit Tod abging.
1. Collectio Privilegiorum. 2 Bände.
2. Historia Comitum Nationis Saxonicae simul ac Judicum Regiorum Cibiniensium inde ab anno 1236 ad nostra usque tempora constitutorum diplomatica, cum brevi historica Deductione nomenclaturae Comitum apud Romanos, Germanos, Hungaros et Transylvanos celebrium pro majori dignitatis hujus officii illustratione praemissa, figuris item aeri incisis, icones, insignia item nobilitaria plurimorum Comitum Nationis Saxonicae ad vivum repraesentantibus, opera et studio J. A. L. Folio-Handschrift.

Dieses für den Druck bestimmte, aber nicht vollendete Werk legte der Verfasser nach Kinders (s. Denkbl. II. S. 259) Beispiel an wie er in dem Vorworte an den Leser schreibt, wo er seinen Plan in folgenden Worten angibt: „Pro majori nominis et officii Comitis dilucidatione in

Parte Ima nonnulla de nomenclatione et rationibus veterum Comitum apud Romanos, Germanos, Hungaros et Transylvanos hoc nomine venientium, plura vero de jure et modalitate eligendi Comitem Nationis Saxonicae et in specie Judicem Regium ejusdemque officio et praerogativa disserenda et ex geminis fontibus alleganda;

Parte II-da vero ipsam Comitum seriem ordine chronologico exponendam, vitam ac res gestas, item omnia illa durante eorum officio occurrentia majoris momenti negotia, ipsam Nationem tangentia, fidedigne et circumstantialiter enarrandas adjiciendaque esse duxi."

Leider hat der Verfasser sein Versprechen nur zum Theil erfüllt, und die Abbildungen seinem Werke nicht beigefügt, von dem Werke aber weder den ersten, noch den zweiten Theil ganz ausgeführt, wie aus dem hier bezeichneten Inhalte erhellt. Er handelt in Pars I. De nomenclatura, officio et praerogativis Comitum, et quidem Cap. 1. apud Romanos in 9 §. Cap. 2 apud Germanos in den §§. 10—18. Cap. 3 apud Hungaros in den §§. 19—21. (Das 4. u. 5. Cap. fehlen). Soweit der erste Theil auf 43 Seiten. Der zweite Theil hat folgenden besondern Titel:

Consignatio Comitum Inclytae Nationis in Transilvania Saxonicae, Judicum item Regiorum Cibiniensium inde a vetustioribus temporibus per Clariss. et Doctiss. dominum Martinum Felmer, Pastorem t. t. Heltensem A. O. R. MDCCLXV. collectorum, a J. A. L. Cancellista t. t. Guberniali vero A. O. R. MDCCLXVIII. elaborata magisque illustrata. Fol. V. 157 S. Endet mit der Geschichte des Königsrichters Val. Frank, welcher am 27. September 1697 starb. Der Verfasser ertheilt über jeden Königsrichter und Comes in meist kurzen Absätzen biographische, geschichtliche und genealogische Nachrichten, von welchen die letzteren meist bis auf des Verfassers Zeit reichen. Seine Zueignung dieses zweiten Theiles (oder Consignatio etc.) lautet: „Illustrissimo domino Samueli Baussner nobili de Baussnern, Exc. R. in M. Transilvaniae Principatu Gubernii Consiliario actualiintimo, I. Nationis Saxonicae Comite, L. Regno civitatis Cibiniensis Judici Regio neo confirmato, Vice item Dapiferorum Regalium per Transilvaniam Magistro, Domino sibi gratiosissimo exiguum hocce Scriptum summa cum submissione dedicat J. A. L. Cibin. m. p. Canc. t. t. Gublis."

Auf eine kurze Zueignungsschrift folgen nachstehende Prolegomena.

I. monumentis antiquissimis plures notati reperiuntur Comites Cibinienses seu de Cibinio, neque tamen illos omnes pro Comitibus Sax. Nationis et Judicibus Regiis Cibiniensibus habere possumus, cum uno eodemque anno in uno eodemque Monumento duo, vel plures etiam occurrant. Sic conjecturae locus sit, fuerint illi vel 1. Primarii Senatores urbis seu jurati Seniores, qui olim et Consules dicebantur, vel 2. Primores exstantioribus officiis jam defuncti, e. gr. qui Judices terrestres, aut etiam Magistri civium, aut villici fuerunt. Ita in Monumento 1412. nominati a) Comes Andreas Iudex Regius Sedis Cibiniensis, b) Post Judicem Regium Leschkirchensem et Kozdensem Comes Bartholomaeus Cybiniensis Judex terestris etc.

II. Quibusdam Comitibus de Cibinio titulus adjectus est Judicum Regiae Majestatis. Nec hi pro Comitibus Nationis omnes haberi possunt, quia etiam plures eodem tempore notati reperiuntur. Fuerint itaque Senatores ad Judicium speciale per Mandatum Regium delegati et constituti. Confirmant hanc sententiam Monumentum Heltense anno 1428 die festo b. Andreae Apostoli datum, ubi haec legas verba: „quod compositionem . . anno dni 1411 per famosum virum dnum Conradum castellanum de Thalmach, nomine et persona regiae Serenitatis Judicem constitutum, et per Circumspectos ac Prudentes viros Comitem Andream Judicem Regium Cibiniensem et Comitem Laurentium de Ruffomonte etc. factam et conclusam etc.

III. Hinc patet, seriem Judicum Regiorum civitatis et Sedis Cibiniensis, qui secundum Privilegium Andreae II. ab anno 1224. Comites Provinciae Cibiniensis i. e. Sedium, immo totius Nationis Saxonicae esse debent, in temporibus vetustissimis liquido continuari vix posse. Quare nos etiam 1. Comites de Cibinio et Judices Regiae Mattis separatim indicabimus. 2. Ipsos Regios Judices Cibinienses, qui Comites Provinciales fuerunt, quotquot eorum nobis innotuerunt, subjiciemus, testimonioque fidedigno firmabimus, Nota. Comites provinciae aut provinciales dicti tempore etiam Caroli in Monumentis Kertzensibus annorum 1322, 1329 etc. Judices Sedis olim dicti Vice-Judices Regii i. e. Judices terrestres, item provinciales etc. ut ex Monumentis patet.

IV. De Comitibus I. Nationis Saxonicae commentati sunt:

1. B. Georg Soterius Pastor olim Crucensis Ecclesiae evang. Vir de Historia Patriae meritissimus, peculiari Scripto.

2. B. Johannes Kinder de Friedenberg, Consul quondam Provincialis civitatis Cibiniensis, qui circa finem Seculi praecedentis Comites Saxonum inde a tempore Reformationis enumeravit Libello qui inscribitur:

„De Comitibus Romanis, germanicis et Hungaricis antiquis, in specie vero et ex professo de origine, officio et dignitate Comitis Saxonum, seu Judicis Regii Cibiniensis in Transilvania, cum brevissima eorundem, quotquot potuerunt ex Scriptis haberi, vita, gestis et historia, tractat aliquot his pagellis Joh. Kinder Cibinio Transilvanus".

Dedicavit opusculum Johanni Zabanio, et Consuli Provinciali et I. Gubernii Transilvanici Consiliario.

3. B. Mart. Folmer in rebus historicis praesertim quoad Transilvaniam versatissimus, qui Seriem Comitum per praelaudatum mox authorem specificatorum secutus, quamplurimos item, qui huic nec nomine quidem noti fuerant, adjiciendo, errores denique per illum commissos emendando, concinnavit opusculum, cui est titulus:

„Catalogus Judicum Regiorum civitatis Cibiniensis et Comitum Saxonicae Nationis in Transilvania, inde a vetustioribus, quod fieri licuit, deductus A. O. R. MDCCLXV. M. F. C. P. II.

S. auch den Art. Johann Seivert.

Tr. **Lerchenfeld Joseph v. Raditschnig,**

Oberaufseher der siebenbürgischen Normalschulen seit 8. November 1786 und Mitglied der herzogl. mineralogischen Gesellschaft in Jena. In den siebenbürgischen Provinzialblättern II. 287 wird derselbe der erste Botaniker Siebenbürgens, und ebendas IV. 53 ein verdienstvoller großer Gelehrter genannt. Er wurde am 19. Februar 1753 in Klagenfurt geboren, erhielt seine Anstellung als Lehrer an der katholischen Normalschule zu Hermannstadt, an welcher er zum Direktor ernannt, in dieser Eigenschaft und besonders seit seiner Beförderung zum Oberinspektor aller siebenbürgischen Normalschulen für die Verbreitung des Unterrichts- und Schulwesens unter dem Volke, wie auch für die bessere Subsistenz der ihm untergeordneten Schullehrer sehr thätig wirkte. In Nebenstunden war Botanik seine Lieblingsbeschäftigung, in welche er sich aber erst in reiferen Jahren einstudirt hatte[1]). Er starb in Hermannstadt am 16. Jänner 1812. Von seiner (am 17. Oktober 1810 dahingeschiedenen) Gattin Magdalena, einer Tochter des Hermannstädter Bürgermeisters Johann Georg v. Honnamann hinterließ er drei Töchter und einen Sohn, Namens Karl, welcher als Forstrath und Kameral-Waldschaffer am 19. Februar 1860 in Topánfalva kinderlos mit Tod abging.

Seine Schriften und botanische Sammlung sind:

1. Rede auf Marien Theresien, in der Hermannstädter Normalschule verlesen den 16. Jänner 1781. Hermannstadt 1781 8-vo. 33 S.
2. Unsere Erwartungen oder Peter Leopold. Eine Rede gehalten den 22. März 1790 in der Freimaurerloge zu Hermannstadt von Br. L. (d. i. Bruder Lerchenfeld) Hermannstadt bei Hochmeister 8-vo. 49 S. Beigefügt ist S. 51—52 eine lateinische Ode von Eder.
   Auch in der siebenbürgischen Quartalschrift aufgenommen I. Bd. S. 140—170 jedoch ohne die Ederische Ode.
3. Catalogus arborum et fruticum in Transsilvania sponte crescentium. In Joh. Theoph. Ziegler's Dissertatio de ro sylvestri, habita inprimis ad M. Transsilvaniae Principatum refloxione Cibinii 1806. 8-vo. S. 25—30 abgedruckt.

---

[1]) Hallesche allg. Lit. Zeig. vom Juni des J. 1812 Nr. 137 S. 247 und Intelligenzblatt zu den österr. Annalen vom März 1812 S. 421—422, laut welchen Lerchenfeld eine „Flora Transsilvaniae" in der Handschrift beinahe ganz vollendet hat.

4. Herbarium vivum Transsilvanicum. Den Rest der Lerchenfeldischen Pflanzen- und Mineraliensammlung besitzt nun der siebenb. Verein für Naturwissenschaften. S. Archiv des Vereins für siebenb. Landeskunde N. F. VII. 378 und diese Denkblätter I, 5.

Lerchenfeld erhielt zusammt Sigerus im Jahre 1810 von den siebenbürgischen Landesständen die Freiheit, im ganzen Lande mit Vorspann umherzureisen, um eine vollständige Flora zu Stande zu bringen und gemeinnützig zu machen. Diesen, auch in den siebenbürgischen Provinzialblättern II. 287 und IV. 53 geäußerten Wunsch haben jedoch beide, aus der im Artikel Sigerus angeführten Ursache, unerfüllt gelassen. Indessen ist wenigstens das Verzeichniß der Pflanzen in dem bis 1794 von Lerchenfeld gesammelten Herbarium vivum durch der Protomedicus Neustädter bekannt geworden. S. Neustädter.

Dr. Ferdinand Schur, der Verfasser 1. eines „Berichtes über eine botanische Rundreise durch Siebenbürgen", welcher von Michael Fuß in den Verhandlungen und Mittheilungen des naturwissenschaftlichen Vereins zu Hermannstadt 10. Jahrg. 1859 im Auszuge veröffentlicht worden ist; — sowie auch 2. der: „Enumeratio Plantarum Transsilvaniae, exhibens stirpes phomerogamas sponte crescentes atque frequentius cultas, cryptogamas, vasculares, characeas etiam muscas hepaticasque. Viennae apud Wilh. Braumüller 1866 (fast 1000 gr. 8. S.), — hat über den botanischen Nachlaß Lerchenfelds und ein dazu gehöriges Manuscript desselben, wie sie im J. 1853 noch vorhanden waren, in den „Verhandlungen und Mittheilungen des naturwissenschaftlichen Vereins in Hermannstadt." 4. Jahrg. 1853 S. 88—96 berichtet, und ein Verzeichniß der vorgefundenen Abbildungen siebenbürgischer Schwämme und Phanerogamen mitgetheilt.

Tr. Letz Martin,

aus Mediasch, studirte in Wittenberg 1699 ꝛc. bekleidete das Schulrektorat seiner Vaterstadt 1707—1715 und vom Jahre 1715—1718 das Pfarramt in Waldhütten, wo er im Dezember 1718 starb.

Disputatio Mathematica de Puncti Mathematici fluxu et inde resultantibus figuris praes Alberto Henrico Ranolf. Witeb. 1701 in 4.

Leydecker Adam,

Tr.

In Engels Geschichte des ungarischen Reichs 1. Band, S. 27 wird die Handschrift dieses Verfassers erwähnt unter dem Titel:

„Adami Leydecker, Coronensis, Fata ecclesiae Lutheranae et reformatae anno 1690 descripta," — und auf die in Göttingen gedruckte Geschichte der protestantischen Kirche in Ungarn (jedoch ohne Angabe der Seitenzahl) sich berufen, — in welcher ich jedoch keine Spur davon finde.

Daß Leydecker ein Kronstädter gewesen sei, ist mir ganz unwahrscheinlich, denn weder um das Jahr 1690 noch sonst kommt dieser Name in Kronstadt vor.

Christian Ziegler, evang. Stadtpfarrer zu Hermannstadt, berichtet in seiner Fortsetzung des handschriftlichen Martin Schmeizelschen „Entwurfs der vornehmsten Begebenheiten in Siebenbürgen" zum Jahre 1748: Andreas Hintzel, Schwager des Ziegler, sei in Gesellschaft des Adolf v. Leidecker, eines niederländischen Kavaliers von Aachen gebürtig, reformirter Religion, aus Siebenbürgen, wo Leydecker viel Geld gelassen habe, über Temesvár in das Clevische nach Duisburg auf Akademien gereist, ohnweit Szegedin aber nebst noch zwei Siebenbürgern verhaftet, nach Déva gebracht und ihm bald nachher zur Weiterreise, statt des gehabten Gubernialpasses, ein neuer Paß ertheilt worden." Ein mehres schreibt Ziegler von Leidecker nicht. Wäre aber dieser Leydecker eine und dieselbe Person mit dem in Engels Geschichte Erwähnten, so fände hier offenbar eine Verwechslung theils des Taufnamens Adam und Adolf, theils des Geburtsortes Kronstadt und Aachen statt.

Lieb (Amicinus) Emerich,

Seiv.

Pfarrer zu Minarken (Malomarka) Bistritzer Distrikts vom 11. März 1562 bis zum Jahre 1602, Notarius der geistlichen Universität, Dechant und Senior des Bistritzer Kapitels. Im J. 1522 wurde Bistritz sein Geburtsort, woselbst sein Vater Leonhard Lieb, Bürger und Lederermeister war. Ob und wo er sich auf ausländischen Schulen zum Dienste der Kirche vorbereitet, ist mir unbekannt. Anfangs verwaltete er das Kantorat zu Rösen, darauf ward er Diakonus zu Mettersdorf, und nachgehends Pfarrer zu Minarken. Mit Ruhm und Segen diente er 38 Jahre bei dieser Kirche; in seinem hohen Alter aber sah er sich durch kriegerische Unruhen genöthigt, seine Sicherheit in Bistritz zu suchen. Wie mancher lebt nur zu einem unvermutheten Tode lange! Da ward er 1602, während der Belagerung des kaiserlichen Feldherrn Basta, im 80. Jahre seines Alters, ein Opfer der ungarischen Seuche oder Haghmás, die damals das unglückliche Bistritz gleich einer Pest verwüstete. Gleiches Schicksal hatten seine zwei Söhne, und eine Tochter lebte ihm nur zur Schande. Nach seinem Tode blieb seine Pfarre wegen Mangel der Einwohner bis 1612 unbesetzt. Von seinen nicht wenigen Schriften, sind die meisten bei diesen traurigen Scenen verloren gegangen. In der Handschrift haben wir noch übrig:

1. Tractatus de Conjugio et de gradibus ac variis casibus matrimonialibus. Ap. 1577.
2. Orationes in Capitulo Bistriciensi habitae.
3. Monumenta vetera et recentia Jurium ac Privilegiorum Capituli Bistriciensis in unum Librum hunc fideliter congesta 1599. Wird im Bistritzer Kapitulararchiv aufbewahrt. Im Auszug Joh. Zieglers (s. d. Art.) in der Hanerischen Handschriften-Sammlung.)

Tr. **Liedemann Martin,**

aus Iglo gebürtig, wurde als Professor in Leutschau, wo er eine Erziehungs- und Unterrichtsanstalt errichtete (Quartalschrift VI. 94) deren Plan er unterm Titel: „Nachricht von dem in Leutschau befindlichen Erziehungsinstitut für protestantische Jünglinge 1803 im 4. Bande der Zeitschrift von und für Ungarn S. 187—200 veröffentlichte, zum Pfarrer der Augsb. Konfessions-Verwandten in Klausenburg erwählt im J 1815, machte sich um den Bau der neuen evang. Kirche der A. C.-B. daselbst verdient, und starb an den Folgen des Schlagflusses zu Marosvásárhely am 14. April 1837 69 Jahre alt.

Seine mir bekannten Druckschriften sind folgende:
1. Versuch einer Lösung der Aufgabe: Wie lassen sich frühzeitige Todesfälle edler und gemeinnütziger Menschen mit der Güte und Weisheit der göttlichen Weltregierung vereinigen. Von M. L. Rektor am Leutschauer evang. L.-Gymnasium und Mitglied der beiden Jenaer naturforschenden Gesellschaften. Leutschau bei Podhoranßky 1812 8. 32 S.

(Eine am Charfreitag 1812 in Käsmark gehaltene Predigt; recens. in den österr. Annalen vom November 1812, S. 182—185.)

2. Literärischer Nachlaß des ehemaligen ersten Professors und Rektors am Leutschauer ev. Gymnasium A. C. und jetzigen Oberseelenhirten an der Klausenburger evang. Kirchengemeine M. L. seinen geliebten Leutschauern zum Andenken gewidmet bei seinem Abschied im Monate Juli 1816. Leutschau bei Mayer 8-vo. 88 S.

Enthält S. 3—34 Geschichte der Leutschauer Gemeine und ihrer Kirche; — S. 35—44 des Verf. Resignation des Rektorats an das Patronat; — S. 45—49. Antwort des Convents; — S. 50 bis 88. Abschiedspredigt des Verf. vom 10. Juli 1815.

3. Zwo Predigten in Bezug auf den Bau eines neuen Bethauses für die evangelische Kirchengemeinde der A. C.-V. zu Klausenburg gehalten im Jahr 1816 am Neujahrstag und am 2. Sonntag nach Epiphanias. (Klausenburg). Mit k. Lycealschriften 8-vo. VIII. 39 S.

Vom Jahr 1802 an wurden in und außerhalb Siebenbürgen zu diesen Kirchenbau Almosen gesammelt, und doch waren zu Ende 1815 nicht mehr als 3488 Rfl. 6 kr. im Fond. Durch Lietemanns betriebsame Aufforderung stieg der Fond in 10 Tagen 1816 beinahe auf 30.000 Rfl. und nun wurde bald der Grund zu einer neuen Kirche gelegt, allein nach einem Anfang der wieder die Kräfte der Gemeine überstieg, so daß, ohngeachtet ungewöhnlich oft wiederholter Almosensammlungen in der sächs. Nation und zahlreichen Beiträgen aus den sächsischen Allodialkassen, die Beendigung des Baues und Einweihung der Kirche erst im Oktober 1829 zu Stande kam.

4. Jubelrede am 28. Dezember 1817 vor der evang. Gemeinde A. C. zu Klausenburg in Siebenbürgen gehalten. (In der Sammlung einiger Jubelpredigten gehalten bei der Feier des dritten Jubelfestes der Reformation. Herausg. von Jak. Glatz. Wien 1818. 8-vo. S. 97—109 enthalten.)

In dieser über den Text Kolosser III. 12—15 gehaltenen Rede führt der Redner einen seiner Lieblingsgegenstände, den Satz nemlich, aus, daß die würdigste Feier des Sekularfestes der Reformation darin bestehe; das Band christlicher Vollkommenheit in Einer Gemeinde zu knüpfen, oder an eine künftige Vereinigung aller christlichen Religionsparteien in eine Gottesfamilie, als Zweck des Christenthums, zu denken.

5. Reden für Beförderung richtiger Ansichten über die erhabenen Zwecke

des heiligen Fürstenbundes, vor der Klausenburger evang. Gemeinde gehalten an den beiden ersten Tagen des J. 1820 (Klausenburg.) Mit k. Lycealschriften 8-vo. XII. 36 S.

Der Ertrag war zum Klausenburger evangelischen Kirchenbau gewidmet.

6. Trauerrede bei Gelegenheit der Todtenfeier unseres allverehrtesten k. Landesgouverneurs Sr. Excellenz des Hochgeb. Herrn Grafen Georg Bánffy, Freiherrn v. Losoncz in der Klausenburger ev. Kirche A. C. gehalten am 21. Juli 1822. Gedruckt mit k. Lycealschriften. 8-vo. 22 Seiten.

7. Ueber einige Mängel des öffentlichen Unterrichts, nebst Angabe der Mittel zu ihrer Beseitigung. Leutschau 1823. 8-vo.

8. Predigt in Bezug auf die neue größere Glocke der Klausenburger evang. Gemeinde A. C. gehalten am 5. Sonntag nach Epiphanias 1827, herausgegeben von einigen Verehrern des öffentlichen Gottesdienstes zur Begründung eines harmonischen Geläutes. Klausenb. in der ref. Schulbuchdruckerei 1827. 8-vo. 14 S.

8. Todtenfeier bei Gelegenheit der Beerdigung der weil. Wohlgeb. Frau Karoline v. Méhes, gebor. Benkner in der Kirche unserer evang.-ref. Brüder zu Klausenburg gehalten. Beigefügt S. 81—100 der Brochüre: A' szeretet végtisztelete két jó Feleségnek és derék anyának Koporsójak felett három Elmélkedésekben. Kolosv. 1828. 8-vo.

10. Agnes, die standhafte Dulderin oder die Kraft der Religion und des Gebets, schwere Leiden zu lindern. Nach einer wahren Begebenheit zur Erläuterung einer philosophischen Theorie bearbeitet. Leutschau, bei Johann Werthmüller 1828. 8-vo. XX. und 246 S. (Den Frauenvereinen gewidmet.)

11. Briefe über die Freiheit des menschlichen Willens. Ein Versuch, der Freiheit mit der sich überall aufbringenden Naturnothwendigkeit in Einklang zu bringen. Als Erläuterung zu Agnes, die seltene Dulderin. Neustadt an der Orla 1833 8-vo. VI. 170 S. nebst einer lithographirten Tabelle, welche den Titel hat: „Charaktere der Entelechieen oder der Grundkräfte der verschiedenen Klassen von Geschöpfen auf unserem Planeten".

Tr. **Linczing Stefan,**

von Kleinschelken gebürtig, studirte im Jahre 1625 und darauf an der Akademie zu Wittenberg. Er bekleidete das Pfarramt zu Wurmloch vom Jahre 1629—1657.

  Collegii tertii Theorematum theologicorum Disputatio XVII. de Carne Christi vivifica et salvifica. Praes. Jacobo Martini SS. Theol. Doct. Witteb. 1626 4-to. 32 S.

  Dem Superintendenten Franz Graffius u. a. m. zugeeignet.

Tr. **Lintzing** richtiger **Lintzigh Johann,**

Stadtrichter in Klausenburg, von Geburt ein Sachse[1]), welchen Aranka A' Magyar Nyelv mivelö Társaság Munkáinak 1-sö. Darabjában Szebenben 1796 pag. 182 wegen seiner Standhaftigkeit bei Gelegenheit, als er im J. 1660 in der Gewalt des Anführers eines vor Klausenburg liegenden türkischen Corps, unter der augenscheinlichsten Gefahr den Kopf zu verlieren, doch nicht Befehl zur Oeffnung der Stadtthore geben wollte, mit Regulus vergleicht.

Die Geschichte des rühmlichen Benehmens Lintzighs im J. 1660, als die Türken unter ihrem Anführer Seid Pascha von Ofen, Klausenburg belagerten, erzählt umständlich Stefan Kováts von Nagh-Ajta in der von ihm herausgegebenen Beilage zur Klausenburger ungarischen Zeitung Nemzeti Társalkodó vom 14. August 1840 Nr. 7 S. 49—55. Die Uebersetzung in deutscher Sprache steht in der Transsilvania, Beiblatt zum Siebenbürger Boten, Jahrgang. 1840 Nr. 74 und 75 S. 294—296, 298 woher die nemliche Uebersetzung auch in Benigni's Siebenbürgischen Volkskalender mit Bildern für 1845 S. 53—58 aufgenommen worden ist.

Einige Nachrichten über Lintzigh und das von ihm hinterlassene Tagebuch haben geliefert: Kovachich in Serie chronologica Diariorum etc. S. 49 — ferner Stefan Kovács in dem Nemzeti Társalkodó (Beilage zur Klausenburger Zeitung „Erdélyi Hiradó" 2. Semester 1837 Nr. 7 S. 100— und Joh. Luczenbacher in: A magyar tudós Társaság Évkönyvei II. 17.

---

  [1]) Sein Großvater, ein Klausenburger Bürger, gleichen Namens, war aus Linz in Oberösterreich gebürtig.

Die umständliche richtigste Nachricht aber ist folgende:

Am 2. Oktober 1854 legte Sekretär Franz Tolby der ungarischen Akademie in Pest das vom Ludwig Pákei aus Klausenburg der Akademie zum Geschenk gesendete Original-Tagebuch mit folgendem Berichte vor: Dasselbe habe Johann Adam aus Klausenburg in deutscher Sprach vom Jahre 1592 bis 1620 geführt. Dieser war der Sohn des Johann Adam und der Anna Beck, reiste im Ausland und wurde von seinen Mitbürgern und von Landesfürsten ausgezeichnet. Georg Basta befreite sein Haus von Gemeinlasten. Seine erste Gattin war Anna, Tochter des sächsischen Klausenburger Stadtrichters Stefan Puellacher, welche bald starb, die zweite Barbara Breibert, welche nach seinem Tode den Martin Temesi heirathete. Von ersterer hinterließ er einen Sohn Johann, von der zweiten eine Tochter Anna, und schrieb Gedichte in ungarischer Sprache, woven eines auf den Tod seiner ersten Gattin, durch Stef. Kovács in der Zeitschrift Nemzeti Társalkodó 1840. 2. Semester Nr. 4 und 5 veröffentlicht worden ist. Sein Tagebuch enthält blos häusliche und wirthschaftliche Aufzeichnungen und ging auf seinen Schwiegersohn Thomas Borsos von Ozd über, welcher 1638 die Beschreibung seines Lebens nebst einigen geschichtlichen Bemerkungen beifügte bis zum J. 1647. Borsos hatte in Padua Medizin und Philosophie studirt, wurde nach seiner Rückkehr von der Universität unitarischer Professor und Rektor zu Klausenburg, und heiratete 1638, die Anna Adam, Witwe des Stefan Schuler (Deák). Am 4. April 1663 kam das Tagebuch in die Hände des Klausenburger Stadtrichters Johann Lintzigh; dieser schrieb seine Biographie und die Klausenburger Ereignisse aus der Zeit seines Richteramtes sammt Familiennachrichten vom J. 1660—1675 ein. Dieser letztere, Sohn des Johann Lintzigh und der Katharina Kontz, geboren 30. Mai 1606, wurde Kürschnerlehrling 1621, wanderte in das Ausland 1627, kehrte nach zweijährigem Aufenthalt zu Wien im J. 1630 nach Klausenburg zurück und heiratete die Barbara Tochter des Johann Tousy, nach ihrem im J. 1642 erfolgten Tode aber im J. 1643 die Katharina, Tochter des Thomas Hosszu. Von seinen Kindern erreichten nur die zwei Söhne zweiter Ehe Johann und Franz Lintzigh, das männliche Alter. 1632 wurde er in die Zahl der Hundertmänner sächsischer Nation gewählt, und bekleidete von da an verschiedene städtische Aemter, bis er auch Königsrichter (1660) und zuletzt Stadtrichter (1663) wurde. In dem 1663 geschriebenen und dann weiter fortgesetzten Tagebuch beschrieb er die Geschichte des Landes und der Stadt Klausenburg, hauptsächlich jene des J. 1660, welche ihn als Helden, bereit sein Leben für die Vaterstadt zu opfern, verewigt hat. Er nahm in sein Tagebuch auch ältere und aus seiner Zeit erflossene Urkunden, nebst Familiennachrichten auf, welche zur Kenntniß der damaligen Haushaltungsweise und Gebräuche dienliche Daten gewähren. Er starb am 8. Juli 1679. Seine Söhne Johann, obwohl verehelicht und Franz hinterließen keine männlichen Erben, — seine weibliche Nachkommenschaft aber erlosch 1794 mit Katharina Lintzigh, Gattin des Franz Nagy von Aranyos Rákos.

(Aus Toldy's obenangeführtem Vortrag in der Zeitschrift Uj Magyar Muzeum, Kiadja Toldy Ferencz Peston 1854 Oktoberheft S. 334—340.)

Seiv. **Listh Johann,**

Bischof zu Raab und königlicher Kanzler, ein Hermannstädter, über dessen Vaterland und Nationalität ältere Biographen nicht übereingestimmt haben[1]). Darüber waltet aber nun kein Zweifel ob. Die in der Pfarrkirche zu Hermannstadt befindliche Grabschrift seines Bruders Andreas der am 9. Oktober 1561 starb, gedenkt seines Bruders am kaiserlich Ferdinandischen Hofe ausdrücklich[2]). Daraus erhellet, daß sich Andreas Listh zur evangelischen Kirche, so wie der Vater, bekannt habe. Also muß Johann entweder nie das Augsburgische Glaubensbekenntniß angenommen oder sich wieder zur römischen Kirche gewendet haben. Nach seinen eigenen Nachrichten war er geheimer Sekretär bei der Königin Isabella, als diese 1551 Siebenbürgen an Kaiser Ferdinand abtrat. Da sie das Fürstenthum verließ und nach Polen abreiste, trat Listh mit gleichem Charakter in König Ferdinands Dienste. Den 22. November 1554, verlobte er sich mit Lukretia, einer Nichte des berühmten Erzbischofs von Gran, Nikolaus Olahus; allein die hochzeitlichen Feierlichkeiten geschahen erst den 14. Heumonds 1555 zu Preßburg, dazu er das ganze Hermannstädter Kapitel einlud[3]). Im folgenden Jahre den 18. Brachmond erfreute ihn

---

[1]) Horányi Memoria etc. II. 496 Haner Adversaria 1. 166. Tr.

[2]) S. dieselbe in Möckesch "die Pfarrkirche der Augsb. C.-V. in Hermannstadt" S. 29—30. Tr.

[3]) Das Schreiben befindet sich noch in der Urschrift, im Kapitular-Archive und ist folgenden Inhalts:

Reverendis Dominis, Decano ceterisque Pastoribus Capituli Ecclesiae Cibiniensis etc. Dominis et amicis suis honorandis.

ein junger Sohn, dem gleichfalls der Name Johann beigelegt wurde. Der Tod seiner Gemahlin ist mir unbekannt, so viel aber ist sicher, daß Listh darauf, zufrieden mit seinem Sohne, in den geistlichen Stand trat. Im Jahre 1568, erhielt er als Vicehofkanzler das Bisthum Wesprim, und zugleich 1569 die Probstei Thuri. In der Folgezeit ward er nicht nur oberster Kanzler¹), sondern auch 1573 den 21. Jänner Bischof zu Raab. Denn die Reichsstände wollten dieses Bisthum nur mit einer inländischen verdienten Person besetzt haben.

Den 2. April 1577 war Listh schon nicht mehr unter den Lebenden. Dieses erweiset ein Schreiben des Erzherzogs Ernst an die k. Kammer in Preßburg von demselben Tage ²), darin er Befehl ertheilt, das

---

  Reverendi Domini et Amici observandissimi! salutem et servitiorum meorum commendationem Quoniam unicuique mortalium consultum esse videtur, ut quo quisque vitae instituto. aevum traducturus sit. de eo mature sibi prospiciat, eique soli se addicat. Nullum vitae genus matrimonio convenientius mihi inveni. Ordinatione itaque divina, generosam virginem, Dominam Lucretiam, Reverendissimi Domini mei. Domini Archiepiscopi Strigoniensis neptim, mihi more et ritu sacrosanctae Ecclesiae, in uxorem legitimam copulavi, ac nuptias ipsas die dominico post Festum S. Margarethae Virginis proximo, Posonii, Deo adjuvante, celebrare decrevi. Idcirco Dominationes Vestras oro, velint inter alios dominos et amicos meos intuitu servitiorum meorum paratissimorum, solennitati dictarum nuptiarum mearum, ad diem et locum praedictum interesse, suaque praesentia illas condecorare Quod ego Dominationibus Vestris officium, omni serviendi promptitudine, quoad vivam, rependere contendam. Quas felicissime valere cupio. Viennae, 24. Maji 1555. Dominationum Vestrarum deditissimus

           JOANNES LISTIUS,
             Secretarius Regius.

¹) Daß Listh erst nach dem Jahr 1569 oberster königl. Kanzler geworden sei, ist unrichtig. Denn er unterfertigte in dieser Eigenschaft schon eine Urkunde des K. Maximilianus vom 2. September 1564, welche sich ihrem ganzen Inhalt nach in Joh. Ribini's Memorabilibus Ecclesiae A. C. in Regno Hung. a Ferdin. I. usque ad III Posonii 1787 S. 197—199 befindet. Doch war er eine Zeitlang Procancellarius bis er wirklicher Kanzler ward.   Tr.

²) Ernestus etc. Reverende, Egregii e'c. Quomodo defuncti episcopi Iauriensis filius Joannes Listius pro confirmatione testamenti patris sui, humillime rogaverit S. C. ac Regiam Majestatem, id ex litteris Suae Majest. plenius cognoscetis. Quapropter mandamus vobis Majestatis suae nomine, ut quam primum Directore causarum, aliisque jurisperitis ad vos advocatis, testamentum diligenter excutiatis. et, quatenus illud confirmandum sit, nec ne — — nos

Testament des Verstorbenen zum Vortheil seines Sohnes genau zu prüfen: in wie weit es zu bestätigen sei oder nicht?

Tr. Niklas Olah's Empfehlung hatte es Listh vorzüglich zu danken, daß er als Sekretär, sowie sein Bruder Sebastian, rücksichtlich der ihnen beiden eigenen wissenschaftlichen Bildung und Kalligraphie, als Kanzellist bei der ungrischen Kanzlei in Wien angestellt wurde.

Im Jahre 1576 wurde ihm die Herrschaft Köpcsény, (Kittsee, Preßburger Komitats) von welcher seine Nachkommen ihr Prädikat geführt haben, auf beide Geschlechter erblich mittelst einer neuen königlichen Schenkung verliehen. Er starb in Prag zu Anfang des Jahres 1577[1].

---

primo quoque tempore certiores reddatis etc. Datum Viennae, die 2. Aprilis 1577". (Aus dem Index librorum rarior. Bibl. Budensis II. 461.) Ebendas. II. 460 berichtet der Herausgeber Pray: „Cum regi carus esset, appulit animum ad nuptias cum Lucretia Olahi Archiepiscopi Strigoniensis ex sorore nepte ineundas. Obstabat tamen ignobilitas generis. Itaque anno 1554, ut Timon Epit. chronol. testatur, a Ferdinando in ordinem Nobilium cooptatus est. Sublato hoc obice facile obtinuit, ut cum Lucretia sponsionem iniret, ut Olahus in MSS. suis ephemeridibus ad annum 1554 his verbis indicat: 22. Novembr. desponsatio Lucretiae pro Listio". Die Armales für Johann Listh und seine Brüder sind datirt vom 1. Februar 1554. Tr.

[1] Zeuge des von mir in der vorhergehenden Note angeführten glaubwürdigen Schreibens des Erzh. Ernst. Dies bezeugt auch das Schreiben des Rektors des Wiener Archigymnasiums, welches fol. 66 in des kais. Bibliothekars Hugo Blotius Adversariis, in der Wiener k. k. Hofbibliothek unter den Handschriften Nr. 7958 befindlich, anzutreffen ist, und mittelst welchem „alle Universitätsglieder zum Begräbniß „des um die Universität verdienten ungrischen Kanzlers, Bischofs Listhius, eingeladen „werden", laut Jos Chmels Handschriften der k. k. Hofbibliothek in Wien. Wien 1840. S. 184.

Dasselbe lautet: Rector archigymnasii Viennensis cum supremum suum hujus vitae mortalis diem obierit reverendissimus dominus et vir amplissimus Joannes Listhius Episcopus Ecclesiae suae et comes ditionis Iauriensis summus regni Ungariae cancellarius etc. homo et ipse litteratissimus et literatorum fautor beneque de communibus huius nostrae academiae studiis meritus, mandamus omnibus doctoribus magistris baccalaureis reliquisque literarum studiosis supremum in album nostrae academiae asscriptis, ut huic tanto viro pietatis officium praestaturi hora a meridie 2-da ad portam carinthiorum, adsint, et funus a pago*) Nicoleto adducendum ad sacram domini Michaelis aedem officiose deducant atque usibus (?) justis rite soluendis et funebri orationi

*) Vormals Nickelsdorf, später mit Matzleinsdorf vereinigt, nun völlig vergessen.

und hatte zwei Söhne Johann und Stefan, sowie eine Tochter Agnetha verehel. an Johann Szunyogh von Jeszenitze und nach dessen Tode an Stanislaus Orlik. Ueber deren Nachkommenschaft und das Ende des Ladislaus Listh gegen das Jahr 1662, mit welchem die Familie erloschen ist, und deren Güter, unter denen auch die vom Nikolaus Olah auf die Gattin des Johann Listh und von dieser weiter vererbten adelichen Besitzungen sich befanden und vom k. Fiskus in Besitz genommen worden sind, s. Vagners Collectanea geneal. Posonii III. 58 ⁊c. und I. 123.

Ueber die vom Dr. Rumy durch eine Nachricht von unserem Listh S. 40 in Nr. 10 des Pester Tageblattes vom J. 1840 veranlaßte Verwechslung der Person Lisths habe ich im Satelitten des Siebenbürger Wochenblattes vom 12. April 1840 Nr. 26 S. 77 und 78 nach den hier vorausgeschickten Nachrichten aufklärende Auskunft gegeben, wozu ich blos noch bemerke, daß die letzten Sprößlinge dieser Familie Johann Listh (dessen Vagner a. a. O. III. S. 60 61 gedenkt) und Ladislaus Listh, (welchen ebenderselbe ebend. S. 62 erwähnt) ersterer im J. 1664 und letzterer im J. 1655 in den Grafenstand erhoben worden waren, (Zeuge Lehotzky Stemmatographia Nobilium Familiarum Regni Hung. Posonii 1795 I. 169), und daß in eben diesem Lehotzky'schen Werke II. 227 der obenerwähnte Ladislaus Listh auch Freiherr v. Köpcsén und Jánoshaza genannt wird.

Wer mehr über die Listh'sche Familie wissen will, lese die erschöpfende Monographie: „A Nagy-Köpcsényi Listi Család eredete, növekedése és hanyatlása. Nemzéki érelkezés Gróf Kemény Jozseftöl" in Uj Magyar Muzeum Kiadja Toldy Ferencz, Poston 1854. Juniheft S. 489—511.

Von Johann Listh haben wir:
1. Commentariolus de coronatione Maximiliani II. den der berühmte

---

.qua ejus viri vita et laudes recensebuntur, adsint; cras item mane hora octava rei divinae hujus funeris causa peragendae intersint: quod facientes, rem et pia consuetudine receptam, et deo gratam, et homine pio humanaeque conditionis memore dignam, praestabunt**)

**) Dieser Partezettel des Wiener Rektors hat leider kein Datum. Nach dessen Inhalt scheint aber Listh doch in Wien gestorben zu sein; denn wäre die Leiche zur feierlichen Bestattung aus Prag gekommen, so würde die Einladung anders gelautet und außerdem die Leiche nicht aus einem südlichen Vorwerke Wiens in die Stadt gelangt sein. Nickelsdorf war vermuthlich der Landsitz des Verstorbenen.
Tr.

Bel in seinem Adparat. ad Histor. Hung. Dec. I. Monument VI. S. 303 öffentlich bekannt gemacht hat Vorgedachter Abbé Pray dessen Namen ich nie ohne Hochachtung gedenken werde, berichtet mich: der Verfasser habe Vieles bei diesen Feierlichkeiten zu Preßburg, den 8. September 1563 übergangen, welches Wirre, Pritschmeister von Linz und Hofnarr bei dieser Gelegenheit in deutschen Knittelversen erzählt¹).

Tr. Das nemliche Werkchen ist auch in Io. Cuspiniani Diario de Congressu Caes. Maximiliani et 3. Regum Hungariae, Poloniae et Bohemiae in Vienna 1515 facti. 4. ohne Jahr und Druckort (Wien 1515), nicht minder in M. G. Kovachich's Werk: Solennia inauguralia Sereniss. Principum utriusque Sexus in Reges Hung. etc. fol. Pestini 1790 Nr. II. S. 12—21. wieder aufgelegt worden. Kovachich berichtet in seinem Anhang zu seinen Scriptoribus rerum Hungaricarum minoribus p. 32: „Habetur etiam inter Mss. Hevenessiana T. IX. p. 90 sed minus exacte descriptus et utrobique exordio truncatus, prout et a me in Solennibus inaug. N. II. p. 12 editus. Sed accessit serius e Mss. Iankovitsiano-Aczélyianis Grammatophylacio Instit. Dipl. hist. Apographum cum exordio hactenus inedito integrum. Potest autem inter Diaria jure reputari: siquidem Acta ab ultima mensis Augusti ad 8. Septembris ordine complectatur".

2. Adnotationes Joannis Listii Episcopi Vesprimiensis in exemplari Bonfinii, quod ei Joannes Sambucus dono misit Anno 1568 10. Iunii. Diese hat Kovachich dem ersten Band seiner Scriptorum minorum rerum Hungaricarum. Budae 1798 S. 332—338 einverleibt.

3. Annales Patrii. Diese sind leider nach dem Bericht des Johann Sambucus (in des letztern Ausgabe der Schriften des Janus Panonius Wien 1569 dedicirt an Johann Listh) schon um das jetztgedachte Jahr in Wien verloren gegangen oder unterdrückt worden. Prays mehrerwähnter Index I. S. 532.

4. Lobgedicht auf Johann Sambucus in dessen Ausgabe der Epitome rerum Ungar. Petri Ranzoni. Cum Privilegio ad Sexennium 1558. Viennae fol. 17.

---

¹) Wirres Knittelverse sind in Wien 1563 in 4. herauskommen und sowohl deren Titel als Inhalt in Prays erwähntem Index II. 458 461 angeführt. Tr.

Tr. **Listh Sebastian,**

aus Hermannstadt, Bruder des Vorhergehenden, suchte sein Glück außerhalb seinem Vaterlande, und fand in Ungarn, gleich seinem Bruder, mächtige Unterstützung vom Bischof Nikolaus Olah, dessen Empfehlung ihm in Wien die Stelle eines Kanzlisten bei der k. ungarischen Kanzlei verschaffte. Als Erzbischof von Gran ernannte ihn dieser Gönner am 18. Mai 1559 zum Komthur oder Kreuzherrn (Praeceptor seu Crucifer) zu Raab, und verhalf ihm im folgenden Jahre zum adelichen Sitze in der Herrschaft Mülei im Zalader Comitat, und aller zu derselben gehörigen Güter, mittelst Schenkung des K. Ferdinand I. vom 19. Jänner 1560. Beides genoß aber Listh sehr kurze Zeit, indem er schon am 24. Juni 1560 in Wien vom Tode ereilt wurde. S. Wagner's Collectanea geneal. Posonii 1802 III. 57.

Von Sebastian Listh hat man:

Seiv. 1. Evangelia dominicalia, ex tempore versa per Sebastianum Listhium Transylvanum Cibiniensem. Viennae Austriae excudebat Michael Zimmermannius A. MDLIII. 4.

Die Zueignungsschrift ist an seinen Bruder gerichtet: „Joh. Listhio Transylvano Cibiniensi, Secretario et Conservatori Hungaricae Cancellariae. — Unter seinen Lehrern lobt er den Fleiß D. Ludovici Pannonii Szegedini. — Die versifizirten Evangelien gehen von Trinitatis bis Pfingsten. — Den Schluß macht ein Carmen ad Zoilum und „Impensis D. Joannis Listhii Transylvani Cibiniensis et Conservatoris Hungaricae Cancellariae".

Tr. Ueber dieses Buch enthält Denis Buchdruckergeschichte Wiens bis 1560. Wien 1782, S. 505—506 und 563 folgende Nachrichten:

Aus der Zuschrift an seinen Bruder Johann Listh ersieht man, daß dieser seine Studien unterstützte. Die Veranlassung der gegenwärtigen Schrift war: Cum nuper Magistrum Lucam (Gutenfelder, Agathopädius) virum integrae pietatis et summa eruditione clarum — convenissem, — ad extremum mihi commisit et quasi injunxit, quo aliquid componerem, ut meam in dicendo facultatem sibi notam habere possit, quod ego (ipsi enim me parere convenit), me facturum promisi ꝛc. Viennae Idibus Augusti a. 1553. Es folgt auch wirklich noch ein Brief an den alten Lehrer, wo er ihn um die Kritik seiner Paraphrasen anspricht Viennae pridie calendis Sept. a. 1553. Ein griechisches Tetrastichon unterzeichnet Dioni Pub. glaublich fehlerhaft für Dionyf. Puelerus ein und lateinisches Hexastichon mit M. L. Ag. d. i. Magister Luk. Agathopädius. Beide zur Empfehlung. Endlich die versifizirten Evangelien von Trinitatis bis Pfingsten. Alles verräth einen Jüngling.

Auf der windhag. Bibliothek. Vom k. Sekretär Johann Listhy aus Siebenbürgen findet man einen phaläcischen Applausus an Peter Ranzan in des letzteren Epitome rerum Hung etc. Viennae Austriae excudebat Rafael Hofhalter. A. MDLVIII. fol. Ueber diesen Joh. Listhy f. man Hauers Advers. I. p. 166 und Horányi Mem. Hung. P. II. p. 496. In Benkös Transsylvania mangelt er.

Ferner schreibt Denis a. a. O. S. 566: Im Breviarium secundum usum almae et metropolitanae Ecclesiae Strigoniensis, in promotionem divini cultus et ministerii denuo impensis Rev. D. Nic. Olahi, ejusd. Ecclesiae Archiepiscopi impressum. Viennae 1558 8-vo. befinden sich, nebst dem Bild des Erzbischofs Olahus, elegische Applaufe von Georg Bona, des Olahus Neffen, Sebastian Listhius und Nik. Istwanfius, und Chronik von 1464—1558 von Olahus.

Endlich berichtet Denis ebendaselbst S. 679: Nicht minder stehen in den auf des Primas Nik. Olahus gedruckten Fructus, quibus dinoscuntur Haeretici, eorum quoque nomina, ex Philastro, Epiphanio, Augustino, Eusebio etc. et quibus armis devincendi. Per F. Joannem Fabri ab Hailbrun, Cathedr. Ecclesiae Augustanae a sacris concionibus, Viennae 1558. 8-vo. zwei elegische Empfehlungen Seb. Listii und Wolfgangi Bywdii (Bödi.)

2. Stilus Cancellariae Hungariae per Sebastianum Listhium Cibiniensem sub Reverendissimo in Christo Patre Nicolao Olaho, Archiepiscopo Strigoniensi, locique ejusdem Comiti Cancellario; Secretario vero ac Conservatore Egregio Domino Joanne Listhio Viennae foeliciter inchoatus. Anno Domini MDLIII. 132 Blätter in Kleinfolio.

Die Urschrift wird in der kaif. Hofbibliothek in Wien inter Codices Mss. Juris civ. Nr. 156 aufbewahrt.

Das Register der in diesem Mspt. enthaltenen Urkunden, nebst einem Auszug aus einigen derselben findet man in Kovachich's Formulae solennes Styli in Cancellaria Regni Hungariae olim usitati. Pesthini 1799 4-to. S. XXXIX. bis LVIII. Man f. auch Engel's Gesch. von Serwien und Bosnien Halle 1801 S. 369.

Tr. **Löw Wilhelm,**

der ältere Sohn des als Königsrichter zu Neußmarkt im Jahre 1852 verstorbenen Johann Löw[1]) wurde am 12. Juli 1812 in Neußmarkt geboren, absolvirte das Hermannstädter Gymnasium im J. 1832, studirte die Rechtswissenschaften vom J. 1832—1834 am reformirten Collegium zu Groß-Enyed, und praktizirte während dem siebenbürgischen Landtage des Jahres 1834 als Kanzlist bei der k. Gerichtstafel. Vom August des Jahres 1835 diente er als Gerichtssekretär und darauf bis zum J. 1852 als Stuhlsnotär bei dem Neußmärkter Stuhlsamte, weiter vom November 1852 bis zum November 1854 in der Eigenschaft eines Ober-Landesgerichts-Sekretärs zu Hermannstadt, und vom November 1854 bis zum Mai 1861 als k. k. Oberstaatsanwaltssubstitut.

Nach erfolgter Auflösung der bis dahin bestandenen k. k. Verwaltungs- und Gerichtsbehörden disponibel geworden, wurde Löw auf Grund des Hofkanzleidekrets vom 18. September 1862 Z. 3556 bei der sächsischen Nationsuniversität, bis zur Aktivirung des Hermannstädter Obergerichts (Ende Juni 1863) mit den Funktionen des Oberstaatsanwaltes betraut, und war vom Oktober 1863 bis zum Oktober 1865 Leiter des Neußmärkter Stuhlsgerichtes. Gegenwärtig verwaltet derselbe seit Dezember 1865 das Neußmärkter Stuhlsfiskalsamt.

Von seinen theoretischen und praktischen gründlichen Kenntnissen in der Landwirthschaft geben seine nachbenannten Schriften Beweis:

1. Ansichten über die landwirthschaftlichen Zustände der Sachsen in Siebenbürgen. Von einem Sachsen. Kronstadt 1837. Druck und Verlag von Johann Gött. Kl. 8-vo. VI. 102 S.
2. Das von einer gewissen Gränze herab untheilbare sächsische Bauerngut von rein nationalem Standpunkte betrachtet. Hermannstadt 1863. Druck von Theodor Steinhaußen, kl. 8-vo. 16 S.

Tr. **Loy Simon,**

ein Kronstädter, hinterließ ein Tagebuch vom J. 1613—1616, welches der Honigberger Pfarrer Josef Teutsch in seinen Jahresgeschichten benützt

---

[1]) Der jüngere, sowohl seinem Vater, als auch seinem Bruder an Solidität ebenbürtige Sohn Mathias Löw, starb als Student an der Universität zu Berlin im J. 1835.

hat. Mir ist es nie vorgekommen, wohl aber Armales des Fürsten Sig. Báthori vom 2. Jänner 1596 zu Weißenburg an Lucas Loy aus Kronstadt „ob fidelia servitia, quae cum alias semper, tum etiam in proxima expeditione nostra Transalpinensi bellica Serenitati Nostrae et huic Regno nostro impendit etc." ertheilt. Vielleicht war Simon Loy dessen Sohn.

Ueber Simon Loy selbst finde ich im Diarium des Andreas Hegyesch die Nachricht: daß derselbe nebst dem Johann Benkner und Hegyesch am 9. September 1613 von den Kronstädtern in das türkische Lager zum Magyarogli bei den Walkmühlen, und mit ebendenselben am 6. Oktober 1613 zum Skender Bassa und Gabriel Bethlen nach Weißenburg geschickt wurde, von wo er sich den 13. Oktober mit Benkner nach Klausenburg begab. Da ich ihn unter den Rathsverwandten nirgends aufgezeichnet finde, so mag er ein Communitätsmitglied gewesen sein.

Tr. Lupini Daniel Martin,

Doktor der Medizin, geboren in Almen, wo sein Vater Pfarrer war, am 13. Sept. 1751, starb im Dorfe Buzd, den 15. Juni 1816.

Dissertatio inauguralis medica de Lichene. Budae, Typis R. Universit. 1778. 8-vo. 16 S.

Sciv. Lupinus oder Wolf Christian,

Stadtpfarrer zu Hermannstadt und zu verschiedenenmalen Dechant des Kapitels. Die Geschichte seines jüngern Alters hat das gewöhnliche Schicksal unserer Gelehrten, unbekannt und vergessen zu sein. Kaum habe ich entdecken können, daß Großschenk sein Geburtsort gewesen. Im Jahre 1592, wurde er Pfarrer zu Großschenern, und von hier ward er nach dem Tode des Stadtpfarrers, Petrus Lupinus, den 20. November 1597 nach Hermannstadt berufen. Eben damals war er Dechant des Hermannstädter Kapitels. Sobald er nach Hermannstadt kam, sorgte er für eine bessere Einrichtung der Schule, entwarf neue Gesetze für Lehrer und Lernende, welche von dem Kapitel und Senate bestätigt auch 1598 unter dem Rektor, Magister Leonhard Hermann, feierlich bekannt gemacht wurden. Zugleich veranstaltete er eine Schulmatrikel, darin diese Schulgesetze eingetragen, jedem angehenden Schüler vorgelesen und von demselben beschworen werden sollten, auch sollten die Namen der Rektoren,

Kollegen und Schüler darin bezeichnet werden. Diese Gesetze¹) sind aber nunmehr ein abgelebter Greis, der seine jugendliche Hitze und Stärke verloren hat.

Lupinus vermählte sich 1605 den 20. des Heumonds zum zweitenmale. Eine Hochzeit, die bald eine Parisische geworden wäre. Johann Rener, kais. Rath und Provinzial-Bürgermeister war dabei Brautführer. Ein Mann von unbändigem Ehrgeize, der sogar auf die fürstliche Hoheit Absichten hatte und nur deswegen seiner Treue gegen das allerdurchlauchtigste Erzhaus Oesterreich so hellen Glanz gab²). Unter ihrer Larve glaubte er die schändlichsten Streiche ungestraft ausüben zu können und die Feinde seiner stolzen Entwürfe aus dem Wege zu räumen. Zu einem so tragischen Tage, hatte er das Freudenfest der Lupinischen Vermählung bestimmt. Den 21. Heumond sollte Georg Rätz, der berüchtigte Anführer der Haiduken, die der walachische Hospodar Radul Scherban, als Bundesgenosse des Kaisers Rudolf in Siebenbürgen unterhielt, heimlich in die Stadt gelassen werden, und die Stadtwache, nebst allen verdächtigen Gästen ohne Unterschied des Standes auf der Hochzeit niederhauen. Zum Glück aber wurde dieses Geheimniß der Bosheit vor seiner Entwicklung entdeckt und vereitelt. Lupinus starb den 17. Septem. 1612 im 49. Jahre.

Wir haben von ihm:

1. Evangelia et Epistolae Dominicorum ac Festorum dierum, graece et latine. Cum gratia et Privilegio Sereniss. Principis Transylv. 1598. Cibinii, imprim. Joh. Fabricius in 8-vo. In der Handschrift aber:
2. Protocollum Ven. Capituli Cibiniensis.

Ob einige Abschriften hievon irgendwo vorhanden seien, weiß ich nicht, zu wünschen wäre es. Denn es enthält sehr schöne Nachrichten

---

¹) Diese Gesetze sind, — mit Ausnahme der denselben vorhergehenden Juramentsformeln, — gedruckt in dem Programm des Hermannstädter evang. Gymnasiums für das Jahr 1860—1 S. 49–61 (s. d. Art. Joseph Schneider Nr. 11). Die Lücken sind also zu ergänzen. S. 55 Nr. XII quot Rectori placuerit, — quam extra scholae parietes, praecipue vero in templo, et publicis processionibus judicii tempore accusare. — S. 56 Nr. XV. Singulis etiam mensibus libros a pulvere excuti per adolescentes curet, arcam Bibliothecae interim verri per mendicantes Aedili procuranto. Tr.

²) Vergleiche über Johann Rehner das Chronicon Fuchsio-Lupino-Oltardinum Ed. Trausch I. 297—298 und der Siebenb. Quartalschrift II. 249—251.
Tr.

und viele alte Urkunden, die ich im Originale noch nie entdeckt habe. Lupinus eigene Handschrift entdeckte ich im 100jährigen Staube, aber Schade! sehr übel von den Mäusen behandelt.

8. Chronicon, sive Annales rerum Hungaricarum et Transylvanicarum, a Marco Fuchsio Coronensi, Christiano Lupino et Joanne Ottardo Cibiniensibus[1]).

Lurtz Franz Eduard,

Professor am evang. Gymnasium in Kronstadt, geboren in Kronstadt am 3. Dezember 1825, studirte in Kronstadt und weiter vom November 1845 bis April 1847 in Berlin, darauf ein halbes Jahr in Leipzig, und letzlich ein Jahr hindurch am Wiener k. k. polytechnischen Institut.

Nach seiner Heimkehr wurde er als Lehrer am Kronstädter evang. Gymnasium angestellt im Jahre 1849 und wirkt fortwährend in dieser Eigenschaft.

1. Das Höhenmessen mit dem Barometer und Thermometer. In dem Programm des evang. Gymnasiums zu Kronstadt für 1854—5 S. 3—17. s. Denkbl. I. 335.
2. Die Temperatur der Quellen bei Kronstadt. In dem Programm des evang. Gymnasiums zu Kronstadt für 1855—6. S. 1—15 s. Sam. Schiel.

   Aufgenommen in die „Verhandlungen und Mittheilungen des siebenbürgischen Vereins für Naturwissenschaften" zu Hermannstadt 8. Jahrg. 1857 S. 139—147.
3. Tafeln zur Bestimmung der Zeit aus der Sonnenhöhe mittelst des Sextanten für die Polhöhe von Kronstadt = 45 Grad 40 Minuten berechnet von F. E. L. In dem Programm des evang. Gymnasiums zu Kronstadt für 1858—9. S. 1—51 s. Sam. Schiel.
4. Berechnung der Logarithmen der natürlichen Zahlen und der trigonometrischen Funktionen. In dem Programm des evang. Gymnasiums zu Kronstadt für 1866—7. S. 1—27 s. Friedr. Schiel.
4. Die neuen Münzen. Für Real- und Handelsschulen, sowie für Jeden, der sich mit dem Werthe der neuen Münzen und mit den Rechenvortheilen der neuen Währung bekannt machen will, leichtfaßlich dar-

---

[1]) S. Denkbl. I. 387.

Tr.

gestellt. Kronstadt 1858. Druck und Verlag von Römer und Kamner. 8-vo. 24 S.

6. Die kaufmännische Rechenkunst und Buchführung für Real- und Handelsschulen. Kronstadt 1858. Druck und Verlag von Römer und Kamner. 8-vo. II. 125 S.

Dem Direktor der Kronstädter Handelsschule und Präsidenten der Kronstädter Handels- und Gewerbekammer Carl Maager zugeeignet.

7. Rechenschule für Elementar-, Unterreal- und Gymnasialklassen von F. E. L., Gymnasiallehrer. Der dem Verfasser zufallende Antheil am Reinertrage dieser Auflage ist dem Burzenländer Wittwen- und Waisen-Pensionsinstitute für das Kirchen- und Schulpersonal gewidmet. Kronstadt 1861. Druck und Verlag von Römer und Kamner. 8. VIII. 96 S.

8. Rechenschule. Eine systematisch geordnete Sammlung von Aufgaben aus der Arithmetik, Algebra und Geometrie, nebst einer praktischen Anweisung zur gewerblichen Buchführung für Elementar-, Unterreal- und Gymnasialklassen, sowie für Gewerbeschulen bearbeitet. 2. sehr verm. Aufl. Kronstadt, Druck und Verlag von Römer & Kamner 1862. 8. enthält:

a) Rechenschule. Eine systematisch geordnete Sammlung von Aufgaben aus der Arithmetik. Für Elementarklassen bearbeitet. Erster Theil. Die vier Grundrechnungsarten mit unbenannten ein- und mehrnamigen ganzen Zahlen. 2. sehr vermehrte Auflage 65 S.

b) Rechenschule. Eine systematisch geordnete Sammlung von Aufgaben aus der Arithmetik. Für Elementar-, Unterreal- und Gymnasialclassen bearbeitet. Zweiter Theil. Gemeine Brüche, Decimalbrüche und wälsche Praktik. 2. sehr verm. Aufl. 52 S.

c) Rechenschule. Eine systematisch geordnete Sammlung von Aufgaben aus der Arithmetik, Algebra und Geometrie, nebst einer praktischen Anweisung zur gewerblichen Buchführung. Für Elementar-, Unterreal- und Gymnasialklassen, sowie für Gewerbeschulen bearbeitet. Dritter Theil. Einfache und zusammengesetzte Verhältnisse. Gewerbliche Buchführung. Aufgaben aus der Algebra und Geometrie. 2. sehr verm. Aufl. 116 S.

9. Aufgaben zum Kopfrechnen. Für Elementarschulen. Kronstadt 1865. 8-vo. 80 S.

10. Die neuesten Untersuchungen über die Genauigkeit barometrischer Höhenmessungen von Fr. Ed. Lurz. (Aus den Verhandlungen und Mittheilungen des siebenb. Vereins für Naturwissenschaften zu Hermannstadt Nr. 1, 1868. Hermannstadt, gedruckt in der Buchdruckerei der v. Closius'schen Erbin 1868 8-vo. 14 S.

Tr. Lutsch v. Luchsenstein Stephan,

war der Sohn des Stephan Lutsch, Pfarrers in Blutroth und darauf zu Gergischdorf, und wurde von dem k. k. Oberstlieutenant Johann Conrad v. Weiß[1]) als ein talentirter Knabe in dem ohnweit Karlsburg gelegenen Orte Blutroth kennen gelernt und liebgewonnen. Weiß war Festungs-Kommandant in Karlsburg, und besuchte als Lutheraner mehrmals die Kirche in Blutroth. Er unterrichtete den jungen Lutsch in der Mathematik und setzte ihn zum Erben seiner Bibliothek und geometrischen Instrumente ein.

Lutsch trat in kaiserliche Militärdienste und avancirte bis zum Hauptmann, verkaufte seine Charge für 1000 Dukaten, nahm wieder Militärdienste und verkaufte dann seine Majorscharge für 6000 Gulden. Als Major wurde Lutsch mit dem Prädikate „von Luchsenstein" von der Kaiserin Maria Theresia geadelt, und zum drittenmale unter der Bedingung in den Militärdienst aufgenommen, die Charge nicht zu verkaufen. Im Jahre 1773 begleitete er, mit der geographischen Beschaffenheit Siebenbürgens vertraut, Josef II., als dieser Siebenbürgen durchreiste, und trat aus dem Militärdienst als wirklicher Oberstlieutenant, mit Oberstens Charakter aus. Von einer in Baiern geheiratheten Bürgermeisterswaise hatte er einen Sohn, der zum Zögling in dem k. k. Theresianum bestimmt, auf der Reise dahin in früher Jugend starb, und zwei Töchter, deren eine an den k. k. Rittmeister Tömmelmeier, die andere an den k. k. Major Holbein von Holbeinsberg verheiratet war. Luchsenstein lebte, nachdem er aus dem aktiven Militärdienst ausgetreten war, in Hermannstadt[2]), war oft in Gesellschaft des Freiherrn Samuel v. Brucken-

---

[1] S. Benkö's Transylvania I. 550.
[2]) Er besaß ein ansehnliches Vermögen und auch das sogenannte Landhaus, (nachmals Füllet-Müllerische, nun sächsische Nationalhaus) am großen Ring in Hermannstadt.

thal, und starb als pensionirter Oberst und Präses des siebenbürgischen k. k. Judicii delegati militaris in Hermannstadt am 9. Februar 1792 in dem Lebensalter von 85 Jahren.

Lange Jahre hindurch galt die in der siebenbürgischen Oberlandes-Kommissariatskanzlei aufbewahrte, in großem Maßstab gezeichneten Landkarte, welche den Titel hat: „Nova Magni Principatus Transsylvaniae Tabula, ex authographo Luchsensteiniano desumta A. 1771" für die beste Karte von Siebenbürgen[1]), und diente zur Richtschnur bei der Anweisung

---

[1]) S. Seiverts Schlußbemerkung zu Nr. 1 des Artikels Tröster und meine Nachrichten in dem Artikel Zultner in diesen Denkblättern. Der Schwarz v. Springfels'schen Karte ging voraus die: „Mappa della Transilvania e Provintie contigue nella quale si Vedano li Confini dell' Ongaria. e li Campanti fatti dell'Armate Cesaree in queste ultime guere. Dedicata all Aug ra: Regia Maesta di Gioseppe I. Re de Romani, ed'Ongaria da Gio. Morando Visconti supmo Ingegniere per S. M. Ces. in Transilvania. In Hermanstadt ann. 1699." Ganz unten rechts stehen die Worte: Gio. Mdo Vati Inven. links: Stephanus Welzer de Corona fecit. Auf 11½ Regalbogen. Dazu gehören 4 Regalblätter. Ansichten von Nissa und Belgrad, — von Bistritz, Mediasch, Szamos-Ujvár, Peterwardein, von Schäßburg, Déva, Görgeny, Udvarhely, Kronstadt, Fogaras; — Klausenburg und Hermannstadt.

S. Schesaei Ruinae Pannonicae ed. Eder p. 284.

Hievon sind die Ansichten von Déva und Görgeny auf den Titelblättern der Marienburgischen Geographie von Siebenbürgen nachgedruckt, und ein Abdruck des Planes der Stadt Hermannstadt Gustav Seiverts historischer Skizze: „Die Stadt Hermannstadt" gedruckt im J. 1859 beigefügt.

Der kais. Ingenieur und Oberstlieutenant Joh. Morando Visconti hat auch den Anfang der Erbauung der Festung Karlsburg im J 1714 geleitet, und der Plan zu der im J. 1702 geschehenen Errichtung der Citadelle bei Hermannstadt verfertigt. Die Karte wurde seinen Erben für 6000 Gulden von der k. k. Hofkammer abgekauft. (S. Windisch's Geogr. von Siebenbürgen S. 8, 74, 153 Chronicon Fuchsio-Lupino Oltard. ed. Trausch II. 285—286 Ungr. Mag. III. 422) und es gelangten anfangs nur wenige Abdrücke davon nach Hof und an einige Privatbesitzer in Hermannstadt, — bis der Landesgouverneur B. Samuel Bruckenthal die Kupfertafeln, welche gegenwärtig in dem Museum desselben zu Hermannstadt aufbewahrt werden, an sich brachte, und davon etliche wenige Abdrücke verfertigen ließ. So gehört auch der zweite Abdruck zu den Seltenheiten.

Auffallenderweise erscheint die geographische Lage der Ortschaften Siebenbürgens, — anstatt auf den Kupferplatten, — auf den Abdrücken der Karte verkehrt, nemlich links, was sich rechts darstellen sollte.

Stephan Welzer zu Kronstadt im J. 1671 geboren, war Goldschmied und wurde 1702 Mitglied des äußeren, am 30. Juli 1722 aber des innern Rathes

der Vorspanns-Wechselstationen und Militärdislokationen. Zwar war der Original-Brouillon derselben auf vier Regalbogen nach Wien geschickt worden; doch hatte man mehrere Copien im Lande, und selbst die in „Fichtels Beitrag zur Mineralgeschichte von Siebenbürgen" (Denkbl. I. 304) eingeschaltete Karte ist eine durch Karl Wapler in verjüngtem Maßstab gezeichnete Kopie der Luchsensteinischen Karte.

Im der Baron Samuel v. Bruckenthalischen Manuskriptensammlung (Nr. LXXXV.) befindet sich auch eine Handschrift unter dem Titel:

La manière de fortifier une place reguliére ou irreguliére a la methode de Mr. de Vauban, designée par S. Lutch 1721. Albae Carolinae delineatum tempore hyemali. Arte et Marte. Zeichnungen auf 20 Kleinfolio-Seiten.

Lutsch Andreas,

Tr.

ein Bistritzer, studirte in Thorn und wurde als Mettersdorfer Prediger im J. 1639 zum Pfarrer in Lechnitz berufen, wo er im J. 1655 mit Tod abging.

Disp. ex Ethicis Nicomacheis V. de Libertate, Magnificentia, Magnanimitate, Modestia et Mansvetudine, virtutibus in externorum bonorum appetitu nos dirigentibus, praeside Conrado Graser, Rectore Gymnasii Thorun. Thoruni 1627 4. 28 S.

Lutsch Georg,

Tr.

ein Hermannstädter aus altem sächsischem Geschlechte, war der Sohn des Kastenholzer Pfarrers gleichen Namens († 1654) und Urenkel des Hermannstädter Bürgermeisters Peter Lutsch († 4. Mai 1578). Er weihte

---

seiner Vaterstadt, wo er am 20. Juli 1734 sein Leben vollendete. Laut Joseph Trutsch's Jahresgeschichten S. 517 hat Welzer auch eine Karte von Burzenland vermuthlich nach der Aufnahme des k. k. Ingenieur-Hauptmannes Jakob Zultner (s. d. Art.), seines Landsmannes in Kupfer gestochen.

Alle älteren Karten Siebenbürgens sind übrigens in der neuesten Zeit durch viele bessere Spezialkarten dieses Landes, welche man in den statistischen und geographischen Schriften über Siebenbürgen verzeichnet findet, und unter welchen diejenigen, welche der k. k. Generalstab veröffentlicht hat, obenanstehen, entbehrlich geworden.

sich dem geistlichen Stande, bezog im J. 1662 die Universität zu Wittenberg, wurde Pfarrer in Hamlesch 1681, und im Juli 1686 in Großscheuern, darnach aber 1691 in Großau, wo er am 6. Februar 1707 starb.

Disputatio metaphysica de objecto Metaphysicae. Praeside M. Christiano Wolf Pirnensi d. 22. Febr. Wittebergae 1665. 4-to. 12 S

Tr. **Lutsch Johann,**

geboren am 28. April 1607, studirte in Tübingen 1625 und in Straßburg 1626 wurde Stadthann in Hermannstadt 1643 und 1644, verwaltete nach Valentin Franks Tode († 9. Mai 1648) als Konsul, wozu er 1647 oder 1648 erwählt ward, zugleich die Königsrichterswürde bis 1650 und wurde in diesem Jahre durch fürstliche Bestätigung wirklicher Hermannstädter Königsrichter und Graf der sächsischen Nation. 1656 zog er im Auftrag der siebenbürgischen Stände mit Achatius Bartsai und Franz Daniel zum türkischen Großvezier gegen Jenö, und nachher als Abgesandter nach Konstantinopel, wo er nach dreijährigen Aufenthalte den 17. November 1661 starb.

Das von ihm in Handschrift hinterlassene Tagebuch hat sein, als Senator zu Hermannstadt 1703 verstorbener Sohn Johann Lutsch abgeschrieben und mit der Bemerkung versehen, „daß Lutsch für das ganze Siebenbürgen (in Konstantinopel) habe Bürg seyn müssen vor 500,000 Thaler, so aber bey Leben seiner nicht völlig erleget worden."

Dieß meldet Graf Josef Kemény, welcher Lutschs Tagebuch seinen „Deutschen Fundgruben zur Geschichte Siebenbürgens" 1. Bd. Klausenburg 1839, S. 281—336 einverleibt hat, unter nachstehendem Titel:

„Diarium dessen in dem Herrn ruhenden N. V. W. W. Herrn Johannes Lutsch, vormals gewesenen treuen Königsrichter unserer Hauptstadt Hermannstadt, so aus seinen eigenen Manuscriptis von Worten zu Worten herausgezogen 1607—1661".

Graf Josef Kemény meldet ferner a. a. O. S. 279, daß Lutschs gedrängte und unvollständige Biographie durch Johann Seivert in den Provinzialbürgermeistern zu Hermannstadt, Siebenb. Quartalschrift II. 273 beschrieben worden sei". — Mehreres hatte Seivert schon in seiner Geschichte der Grafen der sächsischen Nation und Hermannstädter Königsrichter, im ungarischen Magazin III. S. 403—407 von Lutsch berichtet, und darum in der Geschichte der Provinzialbürgermeister nicht wiederholt

weil er solches auch bei anderen Königsrichtern, welche früher Provinzial=
bürgermeister waren, nicht gethan hat. Uebrigens ist die Hauptquelle über
des Königsrichters Lutsch Leben dessen vorangeführtes Diarium selbst.

Tr. ## Carl Maager,[1])

Kaufmannssohn aus Kronstadt, wo er am 18. März 1813 geboren
wurde. Nachdem er in den dasigen Gymnasialklassen studirt hatte, erlernte
er von seinem Vater die Handlung, und führte nach dessen Tode, gemein=
schaftlich mit seinem älteren Bruder, und nach des Letzteren frühzeitigem
Hinscheiden, mit Friedrich Nußbächer das väterliche Handelsgeschäft fort.
Am 2. Juli 1844 in die Hundertmannschaft gewählt, erhielt er Gelegen=
heit, über öffentliche Angelegenheiten mitzusprechen und, bei leichter Auf=
fassung, durch klaren und muthigen Vortrag seiner Meinungen sich hervor=
zuthun. Im Jahre 1848/9 sprach er sich öffentlich für die Union Sieben=
bürgens mit Ungarn aus, und wurde im Juni 1848 mit anderen Deputirten
zum Mitgliede eines in dieser Angelegenheit nach Hermannstadt zusammen=
berufenen außerordentlichen National=Confluxes (unter dem Namen verstärkte
oder Vertrauens=Universität) von der Kronstädter Distrikts=Kommunität
erwählt. Im Anfange des Jahres 1849 flüchtete Maager der immer
mehr zunehmenden Landeswirren wegen mit seiner Familie in die benach=
barte Walachei, kehrte von da, nach der ersten Besetzung Kronstadts durch
die russischen Truppen, zurück und blieb nun in seiner Vaterstadt, wo er
nach hergestellter Ruhe bei Errichtung der neuen Kronstädter Handels= und
Gewerbekammer nicht nur zum Präsidenten derselben von dem Kronstädter
Bezirke gewählt, sondern auch mit allerhöchster Entschließung vom 22. April
1854 durch Ertheilung des goldenen Verdienstkreuzes mit der Krone aller=
gnädigst ausgezeichnet wurde. Maager war der thätigste Theilnehmer, und
Beförderer der durch den k. k. Ministerialsekretär Gustav Mannlicher für
Eisen= und Kohlenbergbau im Jahre 1857 in Kronstadt zu Stande ge=
brachten und mit Erhöhung der Einlagskapitalien in schwindelnder Weise
errichteten Aktien=Gesellschaft, durch deren Mißlingen die Theilnehmer und
unter ihnen Maager selbst, die größten Verluste erlitten. Im Juni des
nämlichen Jahres 1857 wurde Maager von der k. k. privilegirten öster=

---

[1]) S. Wurzbach's biograph. Lexikon ꝛc. 16. Theil. Seite 185—187 und die
darin angeführten Quellen Seite 187—188.

reichischen Kreditanstalt für Handel und Gewerbe zum Direktor der in Kronstadt gegründeten und den 1. Juli 1857 eröffneten Filiale dieser Anstalt mit einem Jahresgehalte von 6000 fl. ö. W. ernannt, — worauf er sein Geschäft als Kaufmann gänzlich seinem Kompagnon Nußbächer überließ. Als jedoch auch die auf die Kreditanstalts-Filiale gesetzten Erwartungen nicht erfüllt wurden, und sich die Direktion zur Aufhebung der Filiale und Enthebung der dabei verwendeten Beamten von diesem Geschäfte bewogen fand, — sah sich Maager genöthigt, die unbesoldete Stelle als Handels- und Gewerbekammer-Präsident, welche er durch alle fortgesetzten Wahlen ununterbrochen behauptet hatte, niederzulegen und um die mit 1470 fl. ö. W. jährlichem Gehalt versehene erledigte Stelle als Handels- und Gewerbekammer-Sekretär zu bewerben, welche er durch die freie Wahl des Kronstädter Bezirks vom 26. November 1864 auch erhielt. — Als mit kaiserlichem Patente vom 5. März 1860 eine Verstärkung des österreichischen Reichsrathes durch außerordentliche Reichsräthe angeordnet worden war, wurde Maager von Sr. Majestät Kaiser Franz Joseph am 29. April 1860 zum zeitweiligen k. k. Reichsrath in Wien ernannt. Diese Stelle gewährte Maager die Gelegenheit, über die wichtigsten, die Monarchie betreffenden Fragen mitzusprechen, was er denn auch mit männlichem Muthe und in so beredter Weise that [1]), und selbst die Nothwendigkeit eine

---

1) Die Reden, welche Maager in dem verstärkten Reichsrathe gehalten hat, sind in den „Verhandlungen des österr. Reichsrathes 1860. Wien, 1860. Verl. von Friedr. Manz. kl. 8.", wie folgt, enthalten:

1860, 4. Juni. (1. Band Seite 29.) Kurze Erklärung über seine Stellung als außerordentl. Reichsrath im österr. Reichsrathe.

1860, 10. Sept (1. Bd. S. 147—153 und 170—171. insbesondere Siebenbürgen betreffend S. 183—185.) Drei Reden über die Stellung der Protestanten.

1860, 10. Sept. (1. Bd. S. 191.) Ueber die Subvention für das Bisthum Chur.

1860, 11. Sept. (1. Bd. S. 204-206.) Ueber Militärpensionen.

1860, 11. Sept. (1. Bd. S. 208-210. 213.) Ueber Militär-Bildungsanstalten und Verwendung des Militärs zu öffentlichen Arbeiten.

1860, 11. Sept. (1. Bd. S. 224—226.) Ueber die Presse. Wieder: 1860, 22. Sept. (2. Bd. S. 10.)

1860, 11. Sept. (1. Bd. S. 233—234.) Ueber die Kosten der „Wiener Zeitung".

1860, 12. Sept. (1. Bd. S. 250.) Ueber Sammlung statistischer Daten.

1860, 14. Sept. (1. Bd. S. 287-288.) Ueber Berichtigung einiger Protokollstellen.

Reichsverfassung für den österreichischen Staat (in der Sitzung vom 24. September 1860) in einfacher und überzeugender Rede auseinandersetzte, daß er der Volksthümlichste unter den Reichsräthen, und daß ihm nicht nur die Presse, sondern auch durch viele Zuschriften von Privaten und politischen sowie kirchlichen Körperschaften ꝛc. öffentliche Danksagungen und Beweise besonderer Hochachtung dargebracht wurden. Insbesondere wurde er von mehreren Städten, wie Znaim, Brünn, Salzburg ꝛc. zum Ehrenbürger aufgenommen und erfuhr in Wien selbst zahllose persönliche Huldigungen, neugierige Menschen aus allen Ständen suchten in Gasthäusern, Theatern und anderen Orten, wohin er sich begab, Gelegenheit, ihn zu sehen, in allen Auslagen der Kunst- und Buchhandlungen hingen Maager-Porträte; selbst die Mode bemächtigte sich seines Namens, es gab Maager-Hüte, Maager-Anzüge und zu einem Ehrengeschenk für den Mann des Tages wurde der erhebliche Betrag von mehr denn 13.000 Gulden gespendet.[1]) Bei seiner Rückkehr in die Heimat wurde ihm in verschiedenen sächsischen Städten und Ortschaften, besonders in Kronstadt der feierlichste Empfang zu Theil und Festtafeln zu seiner Ehre gegeben ꝛc.

Der Beifall, welchen sich Maager durch seine freimüthige Reden im verstärkten Reichsrath erworben, und durch welche er die Aufmerksamkeit der höchsten Behörden des Reiches auf sich gelenkt hatte, veranlaßte einige Finanzkundige, ihm ein Finanzprojekt, welches die Herstellung des Gleich-

---

1860, 14. Sept. (1. Bd. S. 345—346.) Ueber die Urbarial-Gerichte

1860, 15. Sept. (1. Bd. S. 363.) Ueber Wiedererrichtung des Handelsministeriums.

1860, 17. Sept. (1 Bd. S 473—475.) Ueber das Konkordat

1860, 17. Sept. (1. Bd. S. 509.) Ueber die Kopfsteuer in Siebenbürgen.

1860, 18 Sept. (1. Bd. S. 582—584.) Ueber Zölle.

1860, 18 Sept (1. Bd S 591—593 und 595 596.) Ueber Kontumaz-Anstalten.

1860, 18. Sept. (1. Bd. S. 613.) Ueber das Salzgefälle.

1860, 21. Sept. (1. Bd. S. 715—718 und

1860, 22 Sept (2. Bd. S. 295—800) Ueber die Nothwendigkeit einer Reichs-Verfassung.

1860, 21. Sept. (1 Bd. S. 757—759.) Ueber den Bau einer Eisenbahn für Siebenbürgen.

1860, 24. Sept. (2. Bd. S. 122—126) Ueber die Organisation des Reiches

[1]) Wurzbach a. a. O. S. 187. — Nach Zang's Zeitung „Die Presse", Nr. 320 vom 30. November 1860 aber 13.202 fl. 66 kr. ö. W.

gewichtes im österreichischen Staatshaushalte, nebst der Herstellung der Valuta und die Rückzahlung der fast 3000 Millionen betragenden Staatsschuld binnen 56 Jahren versprach, als ihr angebliches Geheimniß anzuvertrauen, und, nachdem sie ihn für ihre Vorschläge gewonnen hatten, ihn für die Vorlegung und Unterstützung derselben im eigenen Namen bei der höchsten Finanzbehörde zu vermögen. Nach geschöpfter persönlicher Ueberzeugung entsprach sonach Maager wirklich ihrem Ansinnen. Allein das mühsam verfaßte Projekt fand den gehofften Anklang nicht.[1]) In der „Ostdeutschen Post" Nr. 23 vom 24. Jänner 1862 heißt es: „Der Finanzplan des Herrn Maager, welchen er dem Finanz-Ausschusse des Reichsrathes mitgetheilt hatte, hat hier wenig überrascht. Er ist seinem Inhalte nach größtentheils in der Brochüre: „Der Realbesitz" gegeben, welche im Jahre 1861 erschien und den Freiherrn v. Dobrensky zum Verfasser hat. Der hiesige (Wiener) Advokat Dr. Ehrenfels hat die Idee des Freiherrn in den hiesigen Blättern vielfach ventilirt."

Vom Jahre 1857—1863 bekleidete Maager nebenbei das Amt eines Kirchenvaters (oder Kirchenmeisters) der Kronstädter evangelischen Stadtgemeinde, wiewohl mit häufiger durch mehrmalige Abwesenheit in der Angelegenheit der siebenbürgischen Eisenbahn verursachten Unterbrechung, und da er in dem letzteren Jahre zum Kronstädter Deputirten bei dem Landtage zu Hermannstadt gewählt wurde und jenes Amt niederlegte, so wandte er weiter seine ganze Thätigkeit dem Interesse der Stadt und des Distriktes Kronstadt in der obenerwähnten Angelegenheit zu. Mit gewohnter Energie kämpfte nämlich Maager von dem Zeitpunkte angefangen, als die siebenbürgische Eisenbahnfrage auftauchte, für die Siebenbürger Kronstädter und gegen die Rothenthurmer projektirte Eisenbahn, sowohl als Mandatar des dieserwegen in Kronstadt zusammengesetzten Komités, als welcher er mehrere Reisen nach Pest und Wien machte, als auch als

---

[1]) Das dieserwegen von Maager an den Finanz-Ausschuß des österreichischen Abgeordnetenhauses des Reichsrathes am 15. Jänner 1862 gerichtete Schreiben, in welchem er die Wirkungen und Vortheile des besagten Projektes entwickelt, hat die „Morgenpost" (Wien, 21. Jänner 1862, Nr. 20) vollinhaltlich mitgetheilt und in ihrer Einleitung dazu berichtet, daß „beim k. k. Finanzministerium nicht weniger als 200 Denkschriften, Vorschläge und Pläne eingereicht worden seien, die alle die große Frage lösen wollten, wie man die zahlreichen Uebel und Schäden der österreichischen Finanzen heilen könne."

Deputirter in dem gedachten Landtage selbst[1]) und veröffentlichte in den beiden Jahren 1863 und 1864 zwei Flugschriften unter dem Titel: „Offenes Schreiben an den hohen Reichsrath. Wien, 1863. 8." und „Zweites offenes Schreiben an den hohen Reichsrath in Angelegenheit der Siebenbürger Eisenbahn. Wien, 1864"[2]) durch den Druck.

Auch nach der Zeit, seit das Kronstädter Eisenbahn-Komité die Aussendung eines Mandatars nicht mehr nöthig fand, wandte Maager dieser Sache seine volle Aufmerksamkeit zu, und war in dem weitergeführten Berufe als Sekretär der Kronstädter Handels- und Gewerbekammer unablässig bemüht, nicht nur durch diese in' mittelbarer, sondern auch durch persönliche Verwendung bei Stellen und einflußreichen Personen, mit welchen er in der nächstvergangenen Zeit bekannt geworden war, in unmittelbarer Weise zu Gunsten seiner Vaterstadt nach Kräften zu wirken.

Endlich vom hohen königlichen ungarischen Ministerium nach Pest berufen, verließ Maager Kronstadt im Sommer des Jahres 1869 und übernahm die Leitung der in Eisenbahn-Rechnungssachen bestellten königlich ungarischen Ministerial-Buchhaltung, welcher er gegenwärtig vorsteht.

Maager gab ferner heraus:

1) Zur siebenbürgischen Eisenbahnfrage. Beleuchtung der projektirten siebenbürgischen Eisenbahnlinie Hermannstadt-Rothenthurm-Bukarest und Kronstadt-Bodzau-Galatz vom national-ökonomischen Standpunkte. (Als Manuskript gedruckt.) Wien, 1862. Druck von Friedr. Förster und Brüder. 8. Vorwort von Karl Maager, S. III.—V. und Text von F. C. Becke, k. k. Sektionsrath, Konsul in Galatz, österreichischer Delegirter zur europäischen Donau-Kommission S. 7—40.

Gegen ein, über Aufforderung des Verwaltungsrathes (in Wien) des Kronstädter-Banater-Bergbau- und Hütten-Aktien-Vereines, über die in Siebenbürgen zu bauende Eisenbahn vom k. k. Ingenieur

---

[1]) Auch in dem Protokoll der Kronstädter Handels- und Gewerbekammer vom 8. November 1864, S. 12--16

[2]) Landtagssitzung vom 1. Juli 1864, Protokoll S. 223-224 und Stenographischer Tagesbericht S. 875 fg. — S. auch die Denkschrift der Kronstädter Handels- und Gewerbekammer. Kronstadt 1855. 8. 108 S. Protok. der Kronst. Handels- und Gewerbekammer vom 5. Oktober 1858 S. 154—159 — und vom 15. Oktober 1867 S. 148-158. — „Kronst. Zeitung" vom 28. Oktober und 8. November 1867, Nr. 171 und 177 — und die Meinung des englischen Gelehrten Carl Boner in desselben: „Siebenbürgen Land und Leute". S. 649-656

Schimke erstattetes (in Eile lithographirtes) Gutachten, gerichtet, worinnen der Rothenthurmer Linie der Vorzug gegeben werden war, — beweist die Becke'sche Denkschrift den Vorzug der Kronstadt-Bodzau-Galatzer Linie. — Durch die Anstrengungen der Hermannstädter und ihrer Organe bei dem Reichsrathe in Wien, die Zinsengarantie für die Eisenbahn in der Richtung über den Rothenthurmer Paß zu bewirken, veranlaßt, gab Maager nach Vertagung des Reichsraths das Schriftchen heraus: „Die Siebenbürger Eisenbahnfrage aus dem Gesichtspunkte des österreichischen auswärtigen Handels von C. F. v. Becke, k. k. Hofrath und Vizepräses der Centralbehörde in Triest. Kronstadt, gedruckt und im Verlag bei J. Gött, 1864. 8. 9 Seiten." Es ist die **Beilage** zu folgender Druckschrift K. Maager's:

2) Bericht über den Stand der siebenbürgischen Eisenbahn-Angelegenheit, seinen Vollmachtgebern erstattet von K. Maager. Kronstadt, gedruckt und im Verlag bei J. Gött. 1864. 8. 17 S.

3) Bericht über die Pariser Weltausstellung. Der Kronstädter Handels- und Gewerbekammer erstattet von Karl Maager. Kronstadt, Druck von Römer und Kamner, 1867. 8. 24 Seiten.

4) Verhandlungen der Handels- und Gewerbekammer für den Kronstädter Kammerbezirk in Siebenbürgen. (Im Anschluß an die früheren Jahrgänge des Vereins-Sekretärs Franz Voß, s. den Art. blos unter dem Titel:) „Protokoll der Sitzungen vom 25. April. — 13. Juni. — 19. Juli. — 6. September. — 14. November und 19. Dezember 1865". (Ohne Titelbl. Eb.) 8. 78 S.

5) Protokoll der Sitzungen rc. im Jahre 1866. (Ohne Titelbl. Eb.) 8. 169 S.

6) Protokoll der Sitzungen rc. im Jahre 1867. (Ohne Titelbl. Eb.) 8. 184 S.

7) Protokoll der Sitzungen rc. im Jahre 1868. (Ohne Titelbl. Eb.) 8. 67 S.

8) Protokoll der Sitzungen rc. im Jahre 1869. (Ohne Titelbl. Eb.) 8. 44 S.

Tr. Mägest Hans,

Prior des Benediktiner-Klosters zu Mölk in Niederösterreich. Er selbst nennt sich in dem Chronicon Mellicense bei Pez S. S. rerum Austriacarum

I. 262 (vgl. ebendaf. zum Jahre 1476, Spalte 265.): „Ego Johannes de Megies, alias de septem Castris, professus Monachus Venerabilis Monasterii Mellicensis 1474", war mithin nicht blos höchst wahrscheinlich — wie J. K. Schuller in der Wochenschrift „Transsilvania", redigirt von E. A. Bielz, 1862, S. 152—156 sagt — sondern unbezweifelt ein Siebenbürger Sachse aus Mediasch.

In dem Buche: „Quellen und Forschungen zur vaterländischen Geschichte, Literatur und Kunst. 1849. Wien. 4." (f. Ende der Inhaltsanzeige desselben Seite V.) befinden sich S. 1—65 zehn Gedichte Michael Beheim's zur Geschichte Oesterreichs und Ungarns, mit Erläuterungen von Th. G. Karajan S. 1—65. Unter diesen enthält das Gedicht Nr. V. S. 35—46 „Von dem Kung plabislau wy der mit den türken strait) (Jahr 1444) in 950 Versen die Geschichte des Königs Wladislaus und der unglücklichen Schlacht bei Varna, nach dem Berichte des obengenannten Augenzeugen, laut Beheim's letzten Versen 944—950.

        „Dy lietlin ich getichtet hab
           als mirs hans mägest füre gab,
   der selb waz in dem streite.
        Wol auf sechezehen jare
        er der türken genangen waz.
        ich michel päham kund euch daz,
        als mir ist affenpare".

In der Einleitung S. 7 schreibt Karajan von Mägest, der die Schlacht von Varna 10. November 1444 selbst mitgemacht hatte und durch sechzehn Jahre in türkischer Gefangenschaft schmachten mußte: „Wer Hans Mägest war, vielleicht ein Unger, wenigstens klingt sein Name so, weiß ich nicht; die Art seines Berichtes läßt aber erkennen, daß er, obwohl Augenzeuge der Ereignisse, doch nur für ihre Außenseite Augen hatte, wenigstens wäre nicht zu begreifen, warum Beheim, — gab ihm seine Quelle den inneren Zusammenhang der Ereignisse, die Beweggründe der einzelnen Handelnden, — diese absichtlich sollte unterdrückt haben. Irre ich nicht, so wird Mägest wohl zu Jenen gehört haben, die am Tage der Schlacht durch Verlust ihres Pferdes in die Hände der Feinde fielen, wenigstens scheint die ausdrückliche Erwähnung solchen Mißgeschicks Z. 855 ff. die Annahme zu begünstigen; nach Z. 883 aber muß er zu Jenen gezählt werden, die beim Abschlachten der Gefangenen sich auf geschickte Weise unsichtbar zu machen wußten. Auf keinen Fall dürfen wir ihn unter den von Murad zum Geschenke für den Sultan von Aegypten, den Fürsten von Karaman, oder seinen Schwager bestimmten Rittern suchen, weil sonst Beheim an jener Stelle, wo er Zahl und Bestimmung der in die Ferne Verschickten angibt, ohne Zweifel Mägest nicht unerwähnt gelassen hätte, wenn er zu ihnen zählte. Aber auch die Natur seines Berichtes gestattet nicht wohl, in ihm einen Ritter anzunehmen.": (Soweit Karajan.)

Ich füge noch hinzu: Mägest war um das Jahr 1424 zu Mediasch geboren, kam, nachdem er in seiner Vaterstadt studirt hatte, nach Mölk in Niederösterreich und machte daselbst sein Glück. In der Bibliotheca Mellicensis, seu vita et Scripta Benedictinorum Mellicensium etc. a. Mart. Kropff. Vindobonae 1747. 4. S. 584—847 wird seiner gedacht und aus dem alten Index Professorum Mellicensium von ihm angeführt: „1460 Joannes de septem Castris, Michael de septem Castris Adolescenter Baccalarii artium, jugo Christi colla subjiciunt". Er machte große Fortschritte in Wissenschaften und Pietät, so daß er in der Folge zum Prior des Benediktiner-Klosters in Mölk befördert ward. Ferner durchwanderte er einen großen Theil von Teutschland, begab sich 1474 zum päpstlichen Legaten nach Augsburg, sowie 1476 zu Sixtus IV. nach Rom, ließ die Mölker Klosterkirche herstellen, und starb gegen Ende des 15. oder Anfang des 16. Jahrhunderts.[1])

In den Pertzischen Monumentis Germaniae historicis. Tom. IX. Hannov. 1851 sind enthalten: Annales Austriae Ed. W. Wattenbach, und beschreibt der Herausgeber in der Vorrede zu denselben S. 480 den Inhalt des „Codex autographus Mellicensis Nr. 383, pag. 13. Mspt. in fol." mit Berufung auf die Vergleichung dieser mit anderen Handschriften im X. Bande (Jahrbuch der Gesellschaft zur Herausgabe der Monum. Germ. hist.), wobei er unsern Mägest den Verfassern des „Chronicon Mellicense" mit dem beigefügten Berichte zuzählt: „Postea anno 1476 Johannes de Megies (Mediasch) urbs Saxonum Traussilvanorum) nomen suum ipse indicat cujus manus usque ad annum 1481 manet et fortasse jam ab anno 1452 incipit. Certe res his annis gestae non ipso, quo acciderunt, tempore in Annales relatae sunt; plurimos enim ibi errores commissos esse, intuitu facile patet. Frequens autem rerum Ungaricarum et Ultrasilvaniae mentio Johannis patriam indicare videtur."

---

[1]) Ein anderer Joannes de septem Castris war im Jahre 1469 laut Necrolog. Mariae Cell. „9. Cal. Junii Presbiter et Monachus Congregationis Mellicensis." (Ebendaselbst S. 488.)

Mägeſt ſelbſt erzählt (Seite 522) zum Jahr 1474 unter Anderem: „Hoc anno Turci maximis Copiis effusi in Moldav. per Stephanum Mold. Wayvodam, cum assistentia Septem Castrensium et Siculorum prosternuntur ultra centum millia etc."

Zu dieſem Jahr bemerkt Wattenbach in der Note a: „Pezius hic inseruit Relationem Joh. de Megies alias de Septem castris, Monachi Mellicensis, de gratia sibi a Patriarcha Aquilegiensi A. S. L. pro Monasterio Mellicensi Augustae concessa; item anno 1476 de indulgentia a Sixto IV. Papa Romae sibi concessa, e Cod. nostro p. 178, 179."

Zum Jahr 1476 erwähnt der Chroniſt des Aufenthaltes des aus dem gelobten Lande heimkehrenden Herzogs Albert von Sachſen am St. Martinstag in Melk und fügt bei: „Hic pro Monasterio Mellicensi me, qui haec scripsi, sollicitante, Jubilaeum impetravit, ut infra loco patet", wozu Wattenbach in Note 42 bemerkt: „Scil. in Cod. nostro p. 179 quae hoc loco Pezius dedit. Scriptor est Joh. de Megies cf. a. 1474."

Seite 523 Note c. ſagt Wattenbach: „anno 1479—1481 manu, ut videtur, Johannis scripta sunt."

Das Jahr 1481 endet mit einem unvollendeten Satze: „et hunc ut primum . . ."

Malmer Martin,

Tr.

geboren in Bolkáts am 25. Oktober 1823, ſtudirte am Gymnaſium zu Schäßburg, ferner vom 24. November 1849 weiter an der proteſtantiſch-theologiſchen Lehranſtalt in Wien, und bis 1852 in Tübingen, und diente dann als Lehrer am Hermannſtädter Gymnaſium. Er wurde als Hermannſtädter Prediger zum Stolzenburger Pfarramts-Subſtituten gewählt am 27. Auguſt 1863.

Außer der „evangeliſchen Kirchen- und Schulzeitung," herausgegeben und redigirt von M. Malmer, evangeliſchem Prediger in Hermannſtadt, vom Jahr 1862, 4., wöchentlich ein Bogen, oder 52 Nummern, hat derſelbe durch den Druck veröffentlicht:

1. Liederbuch für Schule und Haus. Erſtes Heft, 75 zweiſtimmige Lieder für die Volksſchulen Siebenbürgens geſammelt und herausgegeben von Martin Malmer, Seminar-Oberlehrer am evangeliſchen Gymnaſium zu Hermannſtadt, und Hugo Krüger, Muſik-

lehrer am evangelischen Gymnasium zu Hermannstadt. Hermannstadt, Verlag von Theodor Steinhaußen. 12. VIII. 48 S. Druck von Breitkopf und Härtel in Leipzig.

2. Brosamen vom Tische des Herrn. Sechs Predigten über: 1) Die Geistigtodten und ihre Auferweckung. 2) Das Amt der Mütter. 3) Das Amt der Väter im Reiche Gottes. 4) Das Mahl des Herrn. 5) Der Himmel auf der Erde. 6) Die Hindernisse der Seligkeit. Anhang: Ein Königsrichter von Reußmarkt (diese Sage von dem aus Bolkáts gebürtig gewesenen Reußmärkter Königsrichter Martin Reber erschien zuerst in Hornyansky's Zeitschrift: „Der Glaubensbote". Pest 1859. Nr. 23 und 24, S. 382—384 und 395—398), von M. M., Seminar- und Religionslehrer am Obergymnasium zu Hermannstadt. Der Reinertrag ist zur Gründung eines Fondes für Errichtung einer Gesellen-Lesebibliothek in Hermannstadt bestimmt. Hermannstadt 1860. Druck und Verlag der Georg v. Closius'schen Buchdruckerei. 8. VI. 80 S.

3. Predigt, gehalten am Feste Mariä Verkündigung 1860 in der evangelischen Pfarrkirche in Hermannstadt. Thema: Der wahre Schmuck christlicher Jungfrauen, oder über weibliche Erziehung. Preis: 20 kr. ö. W. Der Gesammtertrag ist für die Abgebrannten in Bolkáts bestimmt. Hermannstadt, gedruckt bei Joseph Drotleff, 1860. 8. 14 S.

4. Rede zur Präsentationsfeier Sr. Hochehrwürden des Herrn Karl Fuß, neuerwählten Stadtpfarrers der Gemeinde zu Hermannstadt gehalten am 19. September 1866 von M. M., Pfarr-Substitut in Stolzenburg. Hermannstadt, Druck von Th. Steinhaußen. 1866. 8. 16 S. (Die Hälfte des Reinertrages ist für die Abgebrannten in Neppendorf, die andere zur Gründung einer Dorf-Lesebibliothek in Stolzenburg bestimmt.)

Tr. ## Mankesch Johann,

ein Kronstädter, studirte in Wittenberg 1683 und starb nach seiner Rückkehr von der Universität in seiner Vaterstadt am 17. August 1690.

Dissertatio de Mysterio SS. Trinitatis a primis N. T. fidelibus cognito, ex Angelica Conceptionis Christi Salv. annunciatione. Luc. I. v. 26, praeside Joh. Deutschmann. Witeb. 1685. 4. 16 S. Wieder gedruckt in Deutschmann's Theosophia Seite 33—48.

Marienburg Georg Friedrich,

Tr.

geboren in Mühlbach 1820 am 11. Juni, war der Sohn des dasigen Senators Friedrich Marienburg, studirte 1839—1841 an der Universität in Berlin, wurde Collaborator an der Schule seiner Vaterstadt 1843 und sofort Lehrer am evangelischen Gymnasium in Schäßburg 1844, alsdann Pfarrer in Radosch, Bogeschdörfer Kapitels, 1848.

Außer seinen schätzbaren Arbeiten, welche in dem Archiv des Vereins für siebenbürgische Landeskunde I. Bd., 3. Heft, S. 45—70 und Neue Folge II. Bd. S. 329—380 aufgenommen worden sind, lieferte er:

Ueber die frühere und jetzige Ausbreitung und Dichtheit des deutschen Volksstammes in Siebenbürgen.

Diese verdienstliche Arbeit hatte der Verfasser im Jahre 1848 dem Ausschuß des Vereins für siebenbürgische Landeskunde eingeschickt, welcher dieselbe zur Aufnahme in das Vereinsarchiv bestimmte. Durch die zu Ende des Jahres 1848 ausgebrochenen Landeswirren unterblieb der Druck und als im Jahre 1853 sieben Bögen (als 2. Heft des 1. Bandes der Neuen Folge, oder S. 135—246), schon gedruckt worden waren, nahm der Vereins-Ausschuß wegen mehreren in dieser Abhandlung vorkommenden, die anderen Nationen des Landes und die katholische Religion betreffenden Stellen Anstand an der Veröffentlichung. Diese hätte indessen nach Umänderung und Weglassung jener Stellen dennoch geschehen können, wobei freilich die Auflage umgedruckt werden mußte. Da das aber unterblieb, so nahm nachher der Buchdrucker Gött diese Arbeit, mit Weglassung der bedenklichen Stellen und leider auch der zu diesem Werke gehörigen schätzbaren Urkunden, in den Sächsischen Hausfreund, Kalender zur Unterhaltung und Belehrung. 8. 19. Jahrgang, 1857. S. 1—34. — 20. Jahrg., 1858, S. 3—37 und 21. Jahrg., 1859, S. 2—8, auf.

Marienburg Lukas Joseph,

Tr.

geboren am 4. Juli 1770 in der Kronstädter Vorstadt Blumenau, wo sein Vater, Christian Marienburg, damals Prediger war. Seine Mutter war Anna Maria, geborene Rauß. Nach absolvirten philosophischen Wissenschaften begab er sich vom Kronstädter Gymnasium auf die Universität Jena im Jahre 1789, wo er bis 1791 fortstudirte. Nach seiner

Zurückkunft wurde er bei den Kronstädter Schulen Kollega im November 1791, Lektor 1793 und im Jahre 1801 zum provisorischen Rektor, nach der Enthebung J. P. Roth's (s. den Art.) an dessen Stelle bestellt, am 9. August 1801 aber zum wirklichen Rektor ernannt. Der letztere Dienst wurde ihm durch einen seiner Mitlehrer sehr verleidet, wozu sich dann auch Hypochonder gesellte, der ihn nie ganz verließ. Am 24. Juni 1810 wurde Marienburg als Pfarrer nach Rothbach, den 12. Januar 1812 nach Weidenbach und den 25. Juli 1813 nach Marienburg berufen. Allein schon nach fünf in Marienburg zugebrachten Jahren, nämlich im Sommer 1818, wurde er in seiner Thätigkeit durch einen Schlagfluß gehemmt, der nicht nur seine Körpers-, sondern auch seine Geisteskräfte schwächte, und nach zweimaliger Wiederholung am 8. August 1821 zu Marienburg seinem Leben selbst ein Ende machte. Selbst zu der ebengedachten Zeit, in den letzten Lebensjahren verließ ihn der Trieb nicht, seine Forschungen über vaterländische Gegenstände und besonders Geschichte fortzusetzen, und die Resultate davon gemeinnützig zu machen, und er schrieb unter Anderem eine Geschichte der siebenbürgischen Fürsten, deren Bildnisse er dem Buch aus seinen Copien beizufügen gesonnen war. Der Text verrieth aber sehr die eingetretene Geistesschwäche des Verfassers. Dem ohngeachtet schickte der Verleger Hochmeister, weil die siebenbürgische Bücher-Revisionskommission die Handschrift zum Druck nicht zuließ, dieselbe an die Hofcensur, von welcher indessen das nämliche Resultat erfolgte, wonach das Manuscript den Erben des Verfassers im Wege des Guberniums und Kronstädter Magistrats zurückgesendet wurde.

Marienburg hatte über die Kirchengeschichte, Hermeneutik und Dogmatik Grießbach, über Pastoraltheologie und Exegese Döderlein und über den deutschen Styl Adelung angehört.

Mit seiner, am 26. Februar 1866 in dem hohen Alter von 90 Jahren verstorbenen Gattin Johanna Elisabetha, geborene Clompe, lebte er durch dreiundzwanzig Jahre in einer zufriedenen Ehe und hinterließ zwei Söhne [1] und vier Töchter.

Endlich ist zu bemerken, daß Marienburg Mitglied und auswärtiger Beisitzer der herzoglich mineralogischen Gesellschaft zu Jena war.

---

[1] Der ältere Sohn Adolph, welcher als Vice-Notair des Magistrates zu Kronstadt am 28. Dezember 1841 in dem Alter von 40 Jahren starb, lieferte Beiträge zu den Blättern für Geist, Gemüth ꝛc. und zu anderen Zeitschriften.

1. Versuch einer Staats- und Religionsgeschichte von Siebenbürgen. Herausgegeben von einem Siebenbürger Sachsen. Erster Theil. Politische Geschichte. Auch unter dem besonderen Titel: Uebersicht der politischen Geschichte von Siebenbürgen. Ein Versuch von einem Siebenbürger Sachsen. Leipzig und Gera bei Wilhelm Heinsius. 1796. 8. 180 S.
2. Anweisung zum deutschen Styl. Ein Leitfaden für Lehrende und Lernende. Vier Bändchen mit folgenden absonderlichen Titeln:
    1. Bändchen: Grundlinien der deutschen Sprachlehre und Rhetorik. Leipzig bei Joh. Sam. Heinsius. 1796. 8. 132 S.
    2. Bändchen: Grundlinien einer Anweisung zu kleineren im gemeinen Leben üblichen schriftlichen Aufsätzen, als: Erzählungen, Briefen, Obligationen, Quittungen, Scheinen, Testamenten ꝛc. Ebendas. 1796. 8. 118 S.
    3. Bändchen: Anweisung zur Redekunst. Erfurt bei Wilh. Hennings. 1797. 8. X. 165 S.
    4. Bändchen: Anweisung zur Dichtkunst. Ebend. 1797. 8. 228 S.

    Nach den Grundzügen in den ersten drei Bändchen arbeitete Marienburg auch eine Anweisung zur Beredsamkeit oder Rhetorik aus, welche zwar im Manuscript geblieben ist, jedoch als Handbuch auf dem Kronstädter Gymnasium viele Jahre lang gebraucht wurde, sowie eine Geschichte der Beredsamkeit.
3. Lehrbuch der christlichen Religion, nach Anleitung des Katechismus Lutheri entworfen von M. Joh. Christian Förster. Kronstadt, in der Schobeln'schen Buchdruckerei. 1802. 8. VIII. 300 S.

    Dieses Lehrbuch gab Marienburg mit seiner Vorrede S. III—VI begleitet zum Gebrauch der Kronstädter Schulen heraus.
4. ABC-Buch für die Schulen im Burzenland. Kronstadt, in der Schobeln'schen Buchdruckerei. 1803. 8. 112 S.

    Ausgearbeitet von Marienburg und an Stelle des veralteten früheren ABC-Buches in den Schulen in Kronstadt und Burzenland eingeführt, einmal in Hermannstadt, 1812, auf 96 S., 8., dann aber in Kronstadt öfter: 1809, 1816, 1821 und 1828 mit und ohne Marienburg's Namen nachgedruckt. Letztlich unter dem Titel: ABC-Buch, oder erster Unterricht im Lesenlernen der deutschen und lateinischen Sprache. Zum Gebrauche der Schulen im Burzenland. Kronstadt 1828. 8.

5. Auswahl verschiedener Gedichte. In Musik gesetzt von Martin Schneider. Herausgegeben von L. J. Marienburg. Hermannstadt, bei Hochmeister. 1801. Querfolio. II. 27 S.

Die Gedichte, zwölf an der Zahl, hat Marienburg gewählt und das Ganze mit einer Vorrede auf zwei Seiten begleitet.

6. Kleine siebenbürgische Geschichte zur Unterhaltung und Belehrung. Pest, bei Hartleben, 1806. 8. 238 S.

Die eigentliche Geschichte S. 7—155 ist beigegeben S. 157—238 ein „Historisch-kritischer Apparat, enthaltend Hauptquellen und ein„zelne Citate und Belege des in der kleinen siebenbürgischen Geschichte „Angeführten." — Die Geschichte von Siebenbürgen, welche Marienburg 1801—1802 den Kronstädter Studenten in §. 458 über das Felmerische Compendium diktirte, ist von größerem Werth als der Text dieser gedruckten kleinen Geschichte.

7. Geographie des Großfürstenthums Siebenbürgen. Hermannstadt 1813, bei Hochmeister. 8. Erster Band: Statistik oder Allgemeine Geographie von Siebenbürgen. VIII. 248 S. Zweiter Band: Chorographie und Topographie von Siebenbürgen. 392 S. und 2 Register, nämlich Sachen- und Ortschafts-Register S. 393—450.

Einer unter Z. 3995 1813 erlassenen Verordnung des k. Guberniums an sämmtliche Konsistorien in Siebenbürgen zufolge, wurden von letzteren Bemerkungen eingesendet und dem Verfasser den 2. Juni 1814, Z. 5311 zugeschickt, um darnach eine zweite berichtigte Ausgabe und sofort auch eine Uebersetzung in die ungarische Sprache zu veranstalten. Diese Recensionen sind von den Professoren Borosnyai in Maros-Vasárhely, Fabini in Mediasch, dann jene des Enyeder Collegiums und des Hermannstädter Gymnasiums, im Namen des Unitarischen Consistoriums und vom katholischen Bischof Mártonfi verfaßt. Die meisten Berichtigungen enthält die der Enyeder Professoren.

8. Oekonomischer Universal-Kalender, enthaltend einen Feld-, Wiesen-, Forst-, Weinberg-, Blumen-, Küchen-, Obstgarten-, Bienen-, Fischzucht-, Federviehzucht-, Schafzucht-, Schweinezucht-, Rindviehzucht-, Pferdezucht-, Jagd-, Hausgeschäfts-, Witterungs- und Gesundheits-Kalender, nach den neuesten Grundsätzen und Erfahrungen im Gebiete der zur Haushaltung gehörigen Pflanzen, Thiere und Menschen. Hermannstadt, bei Hochmeister. 1816. 448 S. und Register 4 S. in 8.

9. Taschen-Agende für unvermuthete Prediger-Funktionen. Oedenburg 1817, bei Wigand. 12. IV. 137 S.

10. Die Jubelfeier Sr. Hochwürden des Herrn Georg Preidt, Dechanten des Burzenländer Kapitels und Stadtpfarrers in Kronstadt. Ein Denkmal von einigen mit patriotischer Freude bei der rührenden Feier Anwesenden. (Hermannstadt, bei Hochmeister.) 1802. 8. VIII. 15 S. — 2. Aufl. Ebendas. 8. 20 S.

11. Reise durch Bulgarien und Romanien (gemacht von einem Arzt, dem Kronstädter Apotheker Johann Ludwig v. Langendorf, welcher auf Veranlassung des siebenbürger kommandirenden Generalen Grafen Mitrowsky, unter dem Namen eines Arztes als Kundschafter reiste im September 1796 und aus dessen Bemerkungen ausgeschrieben). Beschrieben von L. J. Marienburg. In Lübeck's ungrischen Miscellen. Pest 1805. 2. Heft S. 13—43 und 4. Heft S. 3—17.

12. Den Kronstädter Kalender vom Jahre 1801—1810 redigirte Marienburg mit Weglassung der Kalender-Chronik, und machte manchen gemeinnützigen Anhang dazu, wovon wir nur das, was vaterländisch war, anführen, als:

   a) Gedichte in kronstädtisch-sächsischer Sprache, nämlich: 1. Lied für Frohe und 2. Des Lebens Glück. 1809. Nebst einer Parodie auf die Opernarie: Ihr Männer nehmt euch mit den Weibern in Acht ꝛc. abgedruckt auch in: Rumi's Musen-Almanach von und für Ungarn. Leutschau 1808. 8. S. 50—55.

   b) Auszug aus der alten Geschichte unseres Vaterlandes Siebenbürgen (unter den Daciern und Römern). 16 S. 1804.

   c) Merkwürdigkeiten aus der burzenländischen Geschichte. Schlacht bei Kronstadt (1603, 17. Juli) zwischen Siebenbürgens Fürstlinge Moses Szekely von Szemenyfalva und dem Hospodaren Rádul. 10 S. 1805. Den letzteren Artikeln hatte der Verfasser mit mehreren Zusätzen auch der Zeitschrift von und für Ungarn, Pest 1803. IV. 103—109 eingeschaltet.

13. Verwüstungen des Erdbebens vom 26. Oktober 1802 im Burzenland. In Schedius Zeitschrift von und für Ungarn. Pest 1802. II. 251—255 und III. 341.

14. Kriegsscenen aus Burzenland. Ebendas. IV. 102—109. (Die bereits oben Nr. 12, lit. c angedeutete Geschichte der Szekelischen Schlacht mit einigen Zusätzen.)

15. Etwas zur Berichtigung geographischer Schriften über Siebenbürgen. Ebendas. IV. 157—166.

16. Das Kronstädter Gymnasium im Jahre 1803. Ein Beitrag zur

Geschichte des Schulwesens im Großfürstenthum Siebenbürgen. Ebendas. V. 217—227 und 279—289. Nachgedruckt in den Annalen der Literatur und Kunst in den österreichischen Staaten. 4. Jahrgang. II. Intell.-Bl. S. 6—16 oder Stück 9.

17. Beobachtung der Sonnenfinsterniß am 11. Februar 1804 zu Kronstadt. In ebenderseben Schedius'schen Zeitschrift. VI. 70—71.
18. Historische Merkwürdigkeiten aus Burzenland. A. Von dem Burzenländer Wappen, und B. die Heldenbürg in Burzenland oder das Castrum Holtven. In der siebenbürgischen Quartalschrift VII. 225 bis 245 der Aufsatz lit. B. ist auch in Sartori's Länder- und Völkermerkwürdigkeiten des österreichischen Kaiserthums, Wien 1811. III. Nr. 5 aufgenommen.
19. Braschovia's Burg. In den siebenbürgischen Provinzialblättern I. 1—11.
20. Ueber die Verdienste der burzenländischen Reformatoren um das Schulwesen in Burzenland. Ebendas. I. 161—172. (Aus der Insinuationsrede, welche Marienburg den 8. März 1804 im großen Hörsaal des Kronstädter Gymnasiums als Rektor hielt, weiter bearbeitet.)
21. Das Kronstädter (und alte burzenländer) Wappen. Ebendas. I. 193 bis 214. II. 53—55 und 180—190.
22. Auszug aus einem Tagebuche über die Tökölischen Unruhen im Jahre 1690 Juli bis 1691 Mai. Ebendas. I. 217—240. (Das Tagebuch selbst befindet sich in der Johann Albrichischen Manuscripten-Sammlung Nr. 13 unterm Titel: Des Gr. Töckeli Einfall in Burzenland, dessen Schlacht bei Zernest und Tohán und Abmarsch aus Siebenbürgen. Vgl. Benkö Transsilvania II. 623.)
23. Die Oberbeamten zu Kronstadt in Siebenbürgen. Ein Beitrag zur Geschichte dieses Landes. In den Provinzialblättern II. 21—45.
24. Merkwürdiger Barometerstand vor zwei zu Kronstadt in Siebenbürgen empfundenen Erdbeben. Ebendas. II. 95—98.
25. Konstantin Brankowan's, Fürsten der Walachei, Lebensbeschreibung von Rádul Gretscháu, aus dem Walachischen übersetzt ums Jahr 1727 von Joh. Filstich, und mit historischer Treue wiedergegeben von L. J. M. Mspt. 64 Oktavseiten. (Vgl. den Artikel Filstich und Engel's Geschichte der Walachei. I. 84.)

(Von Engel seiner Geschichte der Moldau und Walachei mit einigen Abänderungen einverleibt worden. Das Manuscript hat Engel in die Szechenyische Reichsbibliothek in Pest abgegeben. Laut Schedius

Zeitschrift von und für Ungarn. VI. 200, und Catal. Manuscriptorum Biblioth. Szechóny etc. II. 535—536. Was laut diesem Katalog dazu beigefügt worden, rührt von J. Christian Engel her.)
26. Notizen über die neuesten Fürsten der Walachei (einer Liste der Woiwoden der Walachei von Hammer bis 1802, 8. 7 Seiten beibeigefügt). Mscpt. Laut Schedius Zeitschrift von und für Ungarn. VI. 202.
27. Versuch eines diplomatisch genauen Urkundenbuches für Burzenland in Siebenbürgen. Mscpt. 8.

Das Original ist in der Sam. Telekiischen Bibliothek in Maros-Vásárhely, laut Catal. III. 191, befindlich und dem Siebenbürger Hofkanzler Gr. Teleki zugeeignet. Es enthält nebst der Dedikation und Vorrede Abschriften von den im Kronstädter Stadtarchiv befindlichen zwölf ältesten (mit Archiv-Nr. 1—12 bezeichneten) Privilegien, und die Beschreibung jeder von diesen Urkunden. — Die Fortsetzung davon (Archiv-Nr. 13—28) steht in dem 20. Bande des unter Nr. 33 angeführten Manuscripten-Archives S. 16—424.
28. Kriegsverfassung von Kronstadt, oder der alten Kronstädter Bürgerwehre. Mscpt. 1809. Von des Verfassers Sohne umgearbeitet herausgegeben in den Blättern für Geist, Gemüth 2c. Kronstadt 1838. 4. Nr. 52. S. 418—420.
29. Burzenländisches gelehrtes Pantheon. Für die Ersch- und Gruberische Encyclopädie bestimmt, darinnen aber nicht aufgenommen.
30. Das Blumenkörbchen aus den Karpathen. 8. 36 Seiten. Mscpt. (Enthält meist Kronstädter Gelegenheits-Gedichte.)
31. Geschichte einiger Schlösser oder Burgen in Burzenland. 8. Mscpt.

(Die drei letzteren Stücke sind in den letzten Lebensjahren des Verfassers, also in derselben Periode wie die Geschichte der Fürsten Siebenbürgens geschrieben, wovon zu Anfang der Schriften Marienburgs erwähnt wurde, und ohne Bedeutung.)
32. Historische siebenbürgische Handschriften. 7 Bände. 4. I. 596, II. 952, III. 602, IV. 655, V. 380, VI. 460 und VII. 464 Seiten.
33. Manuscripten-Archiv. 25 Bde. in 8. I. 458, II. 358, III. 366, IV. 400, V. 417, VI. 410, VII. 392, VIII. 394. IX. 416, X. 462, XI. 398, XII. 468, XIII. 307, XIV. 298, XV. 558, XVI. 446, XVII. 413, XVIII. 823, XIX. 524, XX. 397, XXI. 521, XXII. 291, XXIII. 296, XXIV. 466, XXV. 244 Seiten.

(Nr. 32 und 33 befinden sich in der Szechényischen Reichs-

Bibliothek zu Pest und ist deren Inhalt im: Catalogus Manuscriptorum Bibliothecae Nationalis Hungaricae Szechényiano Regnicolaris. Sopronii 1815. Vol. V. pag. 220—225 und 530—535 einzeln und umumständlich angeführt.)

34. Historische und statistische Miscellen von Siebenbürgen. Mscpt. 120 Folioseiten.

(In der Szechényischen Reichsbibliothek laut Catal. in 2. Bd. S. 536.)

Endlich hat Marienburg einige Beiträge zu den durch And're seit 1811 in Prag herausgegebenen Oekonomischen Neuigkeiten und Verhandlungen geliefert.

35. Ueber das Ordinationsrecht des burzenländischen Kapitels und dessen Dechanten. 1813. Mscpt.

(Im Auftrag des burzenländischen Kapitels verfaßt und mit acht dazu gehörigen Urkunden dem Ober-Konsistorium vom Kapitel 1813 eingeschickt. Dagegen schrieb der Superintendent Neugeboren eine Beleuchtung ꝛc. gegen welche Marienburg eine Rechtfertigung des Kapitels wegen etlichen darinen enthaltenen Punkten verfaßte, die das Kapitel im August 1824 dem Superintendenten unterlegte. Vgl. die Artikel Lange und Neugeboren.)

Tr. **Marlin Joseph,**[1)]

Sohn des Mühlbächer königlichen Steuer-Einnehmers gleichen Namens, wurde am 27. August 1824 in Mühlbach geboren. Er studirte am evangelischen Gymnasium in Hermannstadt, wurde im September 1845 als ordentlicher Zuhörer an der protestantisch-theologischen Fakultät angenommen, und betrat, mit Dr. Ab. Schmidl, dem Herausgeber der österreichischen Blätter für Literatur und Kunst, bekannt geworden, — mit einer in dieselben aufgenommenen Abhandlung „Ueber den Ursprung und die Literatur der walachischen Sprache"[2)], die literarische Laufbahn. Dem Wunsche

---

[1)] Nach Wurzbach's biogr. Lexikon, 16. Theil. Wien 1867: S. 473–474 und den daselbst angeführten Quellen. Neuer Nekrolog der Deutschen. Weimar. B. F. Voigt. 27. Jahrgang. 1849. S. 392, und J. Meyer's großem Conversations-Lexikon. Hildburghausen. 4. Supplementband. S. 554.

[2)] Dritter Jahrg. 1846. S. 1003–1006 und Vierter Jahrg. 1847. S. 49–51. Vgl. Jenaische Lit. Zeitung, 1801, Intelligenzblatt Nr. 25. — 1803, Int.-Bl. Nr. 37 und Sartori's hist.-ethnogr. Uebersicht der Literatur ꝛc. des österr. Kaiserthums. Wien, 1830. 1. Bd. S. 150–179.

des Vaters folgend, verließ Marlin Wien bald und kehrte nach Mühlbach zu den Seinigen zurück, fühlte sich jedoch in den beschränkten Verhältnissen der Kleinstadt beengt und begab sich schon zu Anfang des Jahres 1847 nach Pest, wo er eine Hauslehrerstelle annahm. Indessen fehlte es ihm an Ausdauer, in dieser Stellung auszuharren. Es drängte ihn der Wunsch, auf dem Felde der Literatur fortzuschreiten. Große Hoffnungen, die er auf ein von ihm verfaßtes Drama setzte, wurden vereitelt, als ein Brand das Pester Theater und das schon zur Aufführung bestimmte Drama vernichtete. Mittlerweile erschien eine Sammlung seiner Gedichte, deren günstige Aufnahme den Pester Buchhändler Gustav Heckenast bewog, des Verfassers Roman „Attila" in Verlag zu nehmen und dafür ein anständiges Honorar zu zahlen. Auch honorirte ihm dieser alle Aufsätze, welche Marlin für die „Pester Zeitung" schrieb, unter denen die anonym erschienenen „Briefe aus Siebenbürgen" die bemerkenswerthesten sind. Während sich Marlin mit ähnlichen ferneren Arbeiten beschäftigte, traten die März-Ereignisse des Jahres 1848 ein, die seine reizbare Phantasie dermaßen erregten, daß er sich mit Leib und Seele der Revolution anschloß, in der „Pester Zeitung" dafür plaidirte und als Rottenführer in die ungarische Nationalgarde eintrat. In einer jener Zeitungsnummern erließ er einen Aufruf an die siebenbürgisch-sächsische Nation, sich der ungarischen Revolution mitanzuschließen.¹) Doch nicht genug, daß dieser Aufruf bei denen, an die er gerichtet war, die entgegengesetzte Wirkung hervorbrachte, trat sein eigener Vater öffentlich gegen ihn auf und bekämpfte seine Ansichten in dem „Satelliten zum Kronstädter Wochenblatt."²) Dazu kam der gräßliche Fall der Ermordung Lamberg's in Pest, und nun zog er es bei ruhigerer Ueberlegung vor, dem väterlichen Rufe zur Heimkehr zu folgen. In der Heimat änderte er seine Anschauungen³), nahm im Oktober 1848 die zweite Redakteurstelle der „Pester Zeitung" an, verließ jedoch Pest, als im Jahre 1849 die Insurgenten dahin

---

¹) S. Satellit zum Siebenbürgischen Wochenblatt Nr. 34 vom 27. April 1848, S. 171.

²) Ebendas. S 172.

³) Nach Wurzbach a. a. O. wurde Marlin nicht wieder abtrünnig. Dagegen meldete der Siebenbürger Bote Nr. 77 vom 23. Juni 1849, S 283 nach der Pester Zeitung: „M. habe mit jedem Standwechsel der Dinge seine Meinung geändert ꝛc. Die Wiener Zeitung vom 8. Juni 1849 aber halte seinem „Märtyrerthum" eine große Eloge."

vorrückten und ging nach Wien, wo er einige Zeit an der Redaktion des „Wanderer" sich betheiligte. Auch schickte er von Wien aus in die „Augsburger Allgemeine Zeitung" Berichte über den Gang des Bürgerkriegs in Ungarn. Später folgte er der kaiserlichen Armee auf die Insel Schütt, begab sich von da nach Preßburg, wurde aber daselbst am 30. Mai von der Cholera befallen und erlag derselben dort schon nach wenigen Stunden, als ein Talent, von welchem bei längerem Leben Marlin's und bei gewonnener rechten und festen Richtung vorzügliche Leistungen im belletristischen Fache mit Recht zu erwarten gewesen wären.

Selbständige Schriften Marlin's sind im Druck erschienen:
1. Politische Kreuzzüge im Sachsenlande von Josi. Hermannstadt. Druck und Verlag von Theodor Steinhaußen. 1847. 12. 74 S.
2. Attila. Zuchtruthe Gottes, Leben der Welt. Pest 1847. Verlag von Gustav Heckenast. Leipzig bei Georg Wigand. 8. 3 Bände. I. 232, II. 216, III. 224 S.

Hat auch den Titel: „Geschichte des Ostens". 1.—3. Theil, und ist vom Verfasser seinen Eltern und Geschwistern gewidmet.
3. Sulamith. 2 Bände. Pest 1848. Verlag von G. Heckenast. 8. Zus. 380 S.

(Als Geschichte des Ostens der 4. und 5. Theil.)
4. Jenseits der Wälder. Siebenbürgische Erzählungen. Pest 1850. 8. 2 Bde. Endlich
5. Magister Jeremias Zwieblein. Eine siebenbürgische Geschichte aus dem 17. Jahrhundert. (In dem Kronstädter Kalender „Sächsischer Hausfreund auf das Jahr 1869." S. 1—24.

Martini Martin

Tr.

starb als Physikus in Schäßburg am 28. Juni 1800.

Dissertatio inaug. med. practica de Doemonomania et ejus variis speciebus. Viennae 1782. 73 Seiten.

Marzloff Lorenz,

Tr.

geboren in Bistritz am 9. Jänner 1800, wurde an Dr. Connert's Stelle 1850 Physikus in Bistritz und erhielt zufolge allerhöchster Entschließung vom 21. August 1850 das goldene Verdienstkreuz mit der Krone.

Diss. inaug. medico-pharmacologica de Bromio. Vindob. m. Julio 1833. 8. 23 S.

Massa Simon,

Seiv. u. Tr.

von Kronstadt, und Stadtpfarrer daselbst. Im Jahre 1563 den 9. October erhielt er das dasige Schulrektorat, in welchem ihm der bekannte Dichter Johann Sommer (s. d. Art.) folgte. Als sein Vater Christian Massa am 18. Februar 1578 als Pfarrer zu Rosenau gestorben und der an dessen Stelle berufene Georg Melas[1]) am 8. Juli 1580 zum Pfarrer nach Großau gewählt worden und dahin abgegangen war, wurde Simon Massa am 14. Juli 1580 deren Nachfolger im Rosenauer Pfarramte. Von da am 29. August 1591 zum Stadtpfarrer nach Kronstadt berufen, vollendete er hier des Philippismus verdächtigt, am 8. November 1605 seine irdische Laufbahn. Weiß in seinen Annalen nennt ihn einen Phönix seiner Zeiten. Er hinterließ in der Handschrift:

Chronicon Transilvaniae.

Diese chronologischen Tafeln sind von Verschiedenen vermehrt und fortgesetzt worden, so, daß Massa, ihr erster Verfasser, dabei fast gänzlich vergessen worden. Zuerst vermehrte sie Markus Fuchs, von 1586 und setzte sie bis zu seinem Tode fort; ein Gleiches that Christian Lupinus, Stadtpfarrer zu Hermannstadt, und nach ihm Johann Oltard, der sie zugleich bis 1630 fortsetzte. Meine Handschrift hat folgenden Titel: Chronicon Fuchsio, Lupino-Oltardinum, sive Annales Hungarici & Transilvanici, opera & studio Clariss. Doctissimorumque virorum Marci Fuchsii, Pastoris Coronensis, Christiani Lupini, Pastoris Cibiniensis, & Joannis Oltardi, Pastoris itidem Cibiniensis, concinnati, quibus ex lucubrationibus Guneschianis, aliisque Mstis fide dignis quaedam adjecit Joh. Ziegler, Schenkensis, Pastor Neovillensis, in Districtu Bistriciensi. Sie fangen von dem Jahre 997 an, und sind von Ziegler bis zum Jahre 1699 fortgesetzt worden.[2]) In der älteren Geschichte haben diese Tafeln keinen Werth, indem sie nur ein Auszug aus bekannten Geschichtschreibern sind; in der neueren Geschichte aber ertheilen sie uns

---

[1]) Siebenb. Prov.-Blätter II. 119. 110.
[2]) S. den Art. Trausch.

manche Merkwürdigkeiten, die man sonst vergebens sucht. In Absicht des Ursprungs der siebenbürgischen Sachsen vermehrt Massa die Zahl derer, die sie für deutsche Pflanzvölker halten, welche König Geisa der Zweite in das Land berufen; doch meint er, daß sie sich mit den älteren Einwohnern, den Gothen, vereinigt hätten. Wer aber kannte damals Gothen in Siebenbürgen? Das Andreanische Nationalprivilegium gedenkt ihrer gar nicht, und hätte doch nothwendig ihrer gedenken müssen. So fand auch Tuhutum, als er im Jahre 893 Siebenbürgen eroberte, keine anderen Einwohner, als Walachen und Slaven im Lande; davon die ersteren herrschten. — Den berühmten Johann Korvin erklärte er gleichfalls für einen natürlichen Sohn des Königs Siegmund. Anno 1392, schreibt er: Sigismundus suscepit Janculam ex Marina Boieri ex Corbain, Valachiae vico, filia, quae tandem nubit Vlaik Buto. Der unglückliche Bürgermeister zu Reps, Arz, der zu Wien seinen Tod fand, berichtet den Hofrath Schmeitzel in Halle: als der Hauptmann Friedrich Schwanz nebst den sächsischen Feldmessern Zoltner und Lutsch, Siebenbürgen durchreist hatte, eine Landkarte davon zu verfertigen, haben sie Einen von Abel gefunden, der ihnen die Freiheitsbriefe gezeigt, die König Mathias Korvin seinem Geschlechte wegen der Anverwandtschaft mit dem walachischen Mädchen, das König Siegmund zur Mutter gemacht, ertheilt hatte; auch ihnen den Ort gezeigt, wo bei dieser Scene der Venus, das Siegmundische Zelt gestanden. S. Denkblätter II. 110.

Tr. **Matthiä Georg,**

geboren zu Heldsdorf den 27. März 1719. Sein Vater gleichen Namens war Schulmeister zu Weidenbach. Er aber wurde Student den 14. October 1730, reiste nach Deutschland 28. Februar 1763, namentlich bis Jena 1739, wo er bis Ende des Jahres 1741 studirte, kehrte zurück 3. Januar 1742, wurde Adjunkt der vierten Klasse und am 21. September desselben Jahres der zweiten Klasse, wurde Collega der zweiten Klasse 16. October 1743, Spitalsprediger 1751 13. Mai, Stadtprediger 23. September 1751, Pfarrer in Brenndorf 9. Mai 1756 und starb am 1. November 1768.

Er war ein Mann von ausgebreiteter Belesenheit und hatte ein Gedächtniß von ungewöhnlicher Treue. Von seiner besonderen Vorliebe für die vaterländische Geschichte zeugen sein Briefwechsel mit Martin Felmer und seine zerstreuten Handschriften:

1. Barcia erudita 1761. Fol. 1¼ Bogen. Diese fängt mit der letzten Hälfte des vierzehnten Jahrhunderts an und geht nicht weiter, als bis in die Mitte des sechszehnten. Ihr Inhalt besteht größtentheils blos in einem chronologischen Namensverzeichniß der burzenländer Plebane. — Befriedigender ist der neunte Abschnitt von Herrmanns a. u. u. Kronstadt. 1. Bd.: Von den merkwürdigsten Männern in Kronstadt.
2. Notae in Chronicon Marci Fuchsii. 4.
3. Recensio Manuscriptorum, Historiam Patriae illustrantium, quae ad manus meas pervenerunt ab a. 1753 m. Martio. (Etliche Blätter von weniger Bedeutung.)
4. Collectanea ex Diario Anonymi, nec non Thoma Tartleriano, sive Continuatio Collectaneorum historicorum Martini Ziegler ab a. 1691 bis 1749. Siehe Mart. Ziegler Virorum Coronae eximiorum vita etc.
5. Chronika von Dacien, gesammelt 1761. Mskpt. (Vom Jahr der Welt 1788 bis 378 nach Christi Geburt.)
6. Index historicus Articulorum elaborandorum. Fol. Ob der Verfasser dieses angefangene Werk, Auszüge aus älteren gedruckten historischen Schriften über Siebenbürgen enthaltend, auch beendigt hat, ist mir nicht bekannt.
7. Syllabus Eruditorum Transilvaniae. Ein bloßes Namensverzeichniß in alphabetischer Ordnung, in welcher er viele Personen aufgenommen hat, welchen kein anderer Anspruch auf den Ruhm gelehrter Männer zukömmt, als daß sie irgendwo ein geistliches Amt bekleidet haben.

Fast alle erwähnten Schriften tragen das Gepräge mangelnder Vollendung an sich.

Maurer Martin,

Tr.

aus Kleinschenk gebürtig, studirte im Jahre 1666 ꝛc. unter dem Namen Muratoris zu Wittenberg und wird vom Magister Martin Kelp in den Natal Saxonum gelobt. Nach seiner Heimkehr wurde er Rektor der eines guten Rufes genießenden Schule zu Großschenk. Wann und wo er starb? ist mir nicht bekannt.

1. Disp. theol. Anti-Crociana, ex Articulo XVII. et XVIII. August. Confessionis: de extremo Judicio et Libero Arbitrio, sub praesidio Joh. Deutschmann m. Majo 1567 Witeb. 4. 16 S.
2. Exercitatio theologica de Sessione Christi ad Dextram Dei Patris Quaest. L. et LI. Catechismi Palatini examinans. Praeside Joanne Meisnero. Anno, quem sequens exprimit votum:

FLoreat, et VIreat WItebergae aCaDeMIa! Papae
Ipsa et CalVInI DogMata Vana fUgat.

Typis Michaelis Wendt, in 4. 40 S.

Tr. ## Mederus Afarela,

Sekretär zu Kronstadt, ein würdiger Sohn des berühmten Kronstädter Stadtpfarrers Peter Mederus. Er wurde am 28. Juli 1660 geboren, studirte am Kronstädter Gymnasium 1676 ꝛc. und nachher zu Wittenberg 1682 ꝛc. und anderen deutschen und italienischen Universitäten, besonders aber zu Padua¹) Nach seiner Zurückkunft heirathete er 1687 den 13. April Annen, eine Tochter des bekannten Lorenz Töppelt²), lebte aber nicht lange, indem er am 18. Dezember 1689 ein Opfer der Sterblichkeit ward.

Er hinterließ folgende Handschriften:
1. Traktat von den Kriegeshändeln in Ungarn und Siebenbürgen.
2. Fragmente, welche die Kronstädter Begebenheiten vom 8. März 1688 bis zum 21. April 1689 erzählen³).

Seiv. ## Mederus Petrus,

Doktor der Philosophie, kaiserlicher, gekrönter Dichter u. s. w., wurde im Jahre 1602 von armen Eltern in Zeiden geboren⁴). Doch sorgte die

---

¹) Darauf machte er zu seiner weiteren Ausbildung eine fünfjährige Reise nicht nur durch England und Italien, wie Schurzfleisch in Epistolis arcanis 1. Bd. S. 437 sagt, sondern auch nach Ungarn, Polen, Deutschland, Holland, Frankreich und in die Türkei. Tr.

²) S. Denkblätter I. 261 u. den Art. Töppelt. Tr.

³) Die Oratio etc. u. Continuatio Historiae etc. von den Jahren 1658 bis 1661 sind nicht, wie Seivert meldet, von Afarela, sondern von seinem Vater Peter Mederus (s. d. Art). Tr.

⁴) S. Bentö's Transsilvania II. 431—433 und Hermann a. u. n. Kronstadt I. 451—452. Tr.

göttliche Vorsehung so wohl für ihn, daß er seinen Neigungen zu den Wissenschaften folgen und auch ausländische Akademien besuchen konnte. Zuerst begab er sich durch Polen nach Thorn, dann nach Danzig, wo er einige Monate zubrachte und zuletzt nach Rostock. Nach Ueberstehung einer Augenkrankheit studirte er hier mit so glücklichem Erfolge, daß er nicht nur die höchste Würde in der Weltweisheit, sondern auch den 25. April 1638 von dem Pfalzgrafen Hadrian von Mynsicht den Dichterkranz mit vielem Lobe erhielt. Hierauf kehrte er nach siebenjähriger Abwesenheit in sein Vaterland zurück.

Nach seiner Zurückkunft erhielt er 1638 das Lektorat an der Kronstädter Schule und 1640 das Rektorat, welches er mit allgemeinem Beifalle vier Jahre verwaltete. Im Jahre 1649 ward er nach Honigberg zum Pfarrer berufen, und 1653 nach Zeiden, seinem Geburtsorte. Doch auch hier blieb er nicht lange; denn das folgende Jahr starb der Stadtpfarrer Simon Albelius und bald darauf Johann Plecker, der an seine Stelle berufen worden, also erhielt Mederus den Beruf nach Kronstadt den 19. November. Nachdem er auch das Dekanat des burzenländer Kapitels bis 17 Jahre bekleidet hatte, beschloß er sein ruhmvolles Leben den 11. Januar 1678 in einem Alter von sechsundsiebenzig Jahren. Von seiner Gemahlin Margaretha Forgátsch hinterließ er einen Sohn, den vorhingedachten Asarela Mederus, und eine gelehrte Tochter Asnath, welche als Wittwe des Gubernialraths Samuel Kölescheri (Denkbl. II. 282) im Jahre 1738 starb.[1]

Von Mederus Schriften sind mir folgende bekannt geworden:
1. Carmen ad Mart. Nessolium Moravum, Mindensis Scholae Rectorem, welches in Nessel's Gedichten S. 459 zu lesen ist.

---

[1] Der zweite Sohn Peters Mederius, Namens Theodor, ein Zwillingsbruder der Asnath, studirte in Kronstadt 1678 ꝛc, dann in Enyed, Hermannstadt (1682) und endlich auf der Universität zu Leipzig, wo er schon am 16. Juni 1688 nach einem nicht ganz 14monatlichen Aufenthalt zu Leipzig an der Auszehrung sein Leben endete. Die auf seinen Tod gehaltenen Reden und erschienenen Gedichte von Professoren, Freunden, Landsleuten ꝛc. sind unter folgendem Titel gedruckt worden:

Jesus Christus als der herrschende Herr im Himmel, bei christlicher Leichenbestattung des Herrn Theodori Mederi von Kronstadt aus Siebenbürgen, der H. Schrift-Stud. auf der Universität Leipzig, am 10. Juni (a. St) 1688 in damaliger Leichpredigt aus dem Spruch Phil. III. 20, 21 in der Akademischen Pauliner Kirchen, woselbst sein Leichnam mit christlichen Ceremonien beigesetzt worden, vorgestellt von Joh. Bened. Carpzov der H. Schrift Dr. und Prof. publ. des größeren Fürsten-

2. Anagrammatum Libri tres, in quibus partim vitia hujus Saeculi ut belli caussae breviter perstringuntur, partim Encomia & laudes, generosi, magnifici ac nobilissimi viri, Dn. Gulielmi a Calchheim,

---

Collegii Praeposito und zu S. Thomas Pastore. Leipzig, bei Christian Scholvien. Fol. 68 Seiten nebst zwei Kupfern von C Romstet, d. i. dem Bildniß des Verstorbenen *) und dem Monument desselben.

Dem Theodor Mederus ging ein Stiefenkel seiner Mutter aus ihrer ersten Ehe, Namens Christoph Greissing, am 2. April 1686 zu Wittenberg in die Ewigkeit voraus. Sein Andenken wurde durch folgende Leichenrede und Gedichte gefeiert:

Im Namen Jesu Christi! Die glücklich vollbrachte Reise nach der himmlischen Akademie des Weiland Edlen, Ehrenvesten und Wohlgelahrten Herrn Christophori Greissings, der Weltweisheit und heiligen Schrift Beflissenen, des WohlEdlen HochEhrwürdigen und Hochgelahrten Herrn Pauli Greissings, jetziger Zeit Hochverdienten und Treufleißigen Oberpfarrers in dem Königlichen Markt Honigberg in Siebenbürgen, eheleiblichen Sohns, welche er nach abgelegter weiter und gefährlicher Reise aus Siebenbürgen, als er in Wittenberg den 29. Martii, Montags in der Marterwochen ankommen, den 2. April darauf am Charfreytage seelig geendet, im 22. Jahre seines Alters. In einer Ihm zu Ehren am dritten Osterfeiertage gehaltenen Leichenpredigt bey Hochansehnlicher Versammlung in der Pfarrkirchen allhier, aus denen am Charfreytage von Christo selbst geführten Trostworten: Warlich ich sage Dir, heute wirst Du mit mir im Paradyß seyn, bei dem Luca am XXIII. cap. 43. Zum rühmlichen Andenken fürgestellt und auf Begehren zum Druck befördert von M. Joanne Fabricio, bey der Pfarrkirche in Wittenberg Archi Diacono. Wittenberg, druckts Martin Schultze. (1686.) Fol. 48 Seiten; dann die Leichengedichte von Professoren, Freunden und Landsleuten. 20 Seiten in Fol.

Dem Vater des Verstorbenen, Paul Greissing zugeeignet vom Herausgeber J. Fabricius. Der am 2. April 1686 im 22. Lebensjahre verstorbene Christoph Greissing hatte anfangs in den Kronstädter Schulen, dann in Maros-Vásárhely, ferner unter der Leitung des Isaac Zabanius in Hermannstadt, 20. Dezember 1681, sowie zwei Jahre hindurch auf dem Collegium in Enyed studirt und absolvirte seine Studien unter dem M. Valentin Greissing auf dem Kronstädter Gymnasium. Er trat seine Reise nach Wittenberg am 8. Januar 1686 an, erkrankte aber, nachdem er in Görlitz an einigen Speisen geekelt hatte, in Camentz, gelangte jedoch noch bis Wittenberg und starb hier am obenangeführten Tage an einem hitzigen Fieber und der Angina. Tr.

*) Dieses Bildniß dürfte Soterius in Transilvania celebri meinen, wo er von Peter Mederus sagt: „man findet bei Einigen sein Conterfait in Kupfer", wobei Soterius sonach den Vater mit dem Sohne verwechselt hätte. Indessen bewahrt das Kronstädter Kapitel A. B. in seinem Sitzungssaale zu Kronstadt ein großes Oelgemälde, auf welchem Mederus und seine Gattin nebst ihrem Kinde Asnath in Lebensgröße dargestellt sind.

cognomento Lohausen, delineantur. Rostochii, e bibliopolio Hallervordiano, M. DC. XXXVIII. in 12. 120 S.

In eben biefem Formate hat man: Gratulationes in lauream Poeticam, M. Petri Mederi, Saxonis Transylvani, quae ei Rostochii in aedibus Petr. Laurembergii, Anno 1638, d. 25. Aprilis, St. Vet. est collata, a Maecenate, Patronis, Fautoribus, & amicis deproperatae. Quibus omnibus praefixum est Poeticum Privilegium. Rostochii, literis Nicolai Kilii, Acad. Typog. A. M. DC. XXXVIII. Hier schreibt Mynsicht von Meberus: Cum igitur praestantiss. & doctiss. — cujus excellens ingenium, & exquisita in arte poetica scientia, quasi Jaspis, aut Pyropus in auro elucesc:t, a me insignia illa honoris peterct; honestissimae ejus petitioni denegare nolui: varia enim carminum genera, passim divulgata, satis evincunt, illum in poetica facultate, multis aliis antecellere.

3. Ecloga in tristem quidem, at beatum obitum Pauli Spökelli, Pastoris Ecclesiae Ceidensis. Coronae, 1641 in 4. 24 S.
4. Lessus in Luctuosum — discessum Dn. Martini Clausemburgeri, Mediensis Consulis — Coronae, typis Mich. Hermanni, 1644. in 4. 28 Seiten.

Klausenburger ſtarb den 24. September 1643.

5. Lacrimae super tristem at beatum obitum Ill. ac Celsissimi Transylvaniae Principis ac Domini, Dn. Georgii Rákocii, P. R. H. Domini & Sic. Comitis — die V. Iduum Qctober 1648. Coronae. in 4. 16 S.

Unter dieſen Thränen befindet ſich vom Meberus eine lange Elegie nebſt anderen kleinen Gedichten. Sein erſtes Epigramm iſt:

Principis heic recubant exsanguia membra Rákoci,
    Spiritus aetherei fugit ad astra poli.
Regnavit placide, placide decessit, ut ergo
    Dormiat & placide, post sua fata, precor.

Bisterfeld in ſeiner Leichenrede, merkt von dieſem Fürſten an, er habe ſiebenundzwanzigmal ſeine Bibel durchgeleſen. Wie ganz anders war die Denkungsart ſeines Enkels Franz Rákozi! dieſer ließ die großväterliche Bibel, an einen Spieß geſteckt, braten und verbrennen.

6. Responsum ad Epistolam Facultatis Theologicae Academiae Witebergensis, ad Ministerium Ecclesiae Cibinionsis. A. 1663. Mscpt.

Die Hermannſtädter Geiſtlichkeit erhielt den 12. März 1662

eine Zuschrift von der Wittenberger Universität, darinnen ihr von dem Religionsgespräche der Rintelischen und Marburgischen Theologen zu Kassel Nachricht gegeben und sie um ihr Gutachten darüber ersucht wurde. Die Sache wurde dem Superintendenten Lukas Hermann mitgetheilt und darauf beschlossen, daß Mederus im Namen der ganzen geistlichen Universität antworten sollte. Dieses that er in angezeigter Schrift, die ziemlich weitläufig ist.

7. Ein gemeines Gebet um den allgemeinen Frieden, Erhaltung des lieben Vaterlandes, Beschirmung der Kirchen und Schulen und Wiederbringung Ihrer fürstlichen Gnaden[1]) mit Gesundheit und wohlausgerichteter Sachen, nachdem dieselbige Anno 1657 aus Siebenbürgen nach Polen gezogen und seithero nicht wieder kompt, und man auch keine gewisse Bottschafft, wie es mit Ihr. Fürstl. Gn. ergehe, haben kann. Welches in der burzenländischen Kirche, so wohl nach gehaltener Predigt, als zur Vesperzeit, bevoraus in Cronstadt, mit herzlicher Andacht gebetet worden. Anno 1657. 8. 16 Seiten.

Tr. 8. Oratiuncula de Corona Transylvaniae urbe habita 1628. Handschr.

Eine Rede, welche Peter Mederus als Student am Kronstädter Gymnasium unter dem Rektor Martin Draudt gehalten hat. Die deutsche Uebersetzung s. im Feuilleton der Kronstädter Zeitung vom Jahre 1869, Nr. 65 und 66.

Hier wird erzählt, daß 1198 Zeiden mit Kronstadt um die Stadtrechte konkurrirt habe, sodann aber die Sache dahin entschieden worden sei, daß, da bei einem in Kronstadt und einem andern in Zeiden abgehaltenen Markt die meisten Menschen sich in Kronstadt eingefunden, der letztere Ort den Vorzug erhalten habe. Davon erwähnt auch Marienburg in der siebenbürgischen Geographie II. 360.

9. Oratio seu Narratio historica eorum, quae in Hungaria ac Transylvania annis 1658 et 1659 gesta publice sunt.

10. Continuatio Historiae de Transylvaniae ac Hungariae vastatione per Turcum 1660 et 1661 facta.

11. De uno argumento, quo Ecclesia romana se jactat, quod nimirum non concedat, ut unusquisque secundum proprium arbitrium malum operetur, sed sanctitatem ac pietatem studiose colat 1669 30. April.

---

[1]) Georg Rákóczy, der Zweite.

12. Contra eandem romanam Ecclesiam, quae jactat Apostolicam fidem toto orbe receptam se omnibus temporibus incorruptam ad hodiernum usque diem conservasse, ideoque se unam esse veram Ecclesiam defenditur 1670 23. April.

Die ungedruckt gebliebenen vier Reden (Nr. 9—12) hat Mederus als Dechant in öffentlicher Versammlung des burzenländer Kapitels gehalten.

In Erwägung, wie höchstselten siebenbürgische Kalender aus dem 17. Jahrhundert heut zu Tage noch vorkommen, dürfte manchen Lesern die Erwähnung des folgenden, unserm Mederus zugeeigneten Kalenders nicht uninteressant sein:

„Siebenbürgischer Kalender auff das Jahr nach der Gnadenreichen Geburt Jesu Christi 1659 durch Georgium Rohdium Mathematicum et h. t. Scholae Schaessburgensis Rectorem. Gedruckt zu Cronstadt." In Duodez. Mit folgender Zueignung: „Viro plurimum Reverendo, Clarissimo et Pereximio Dn. M. Petro Medero P. L. C. Ecclesiae Coronensis Pastori et Inspectori vigilantissimo, dignissimo, ut et Decano Fautori et Amico suo candido, in perpetuam gratitudinis, amoris et observantiae tesseram Diarium hocce nuncupat Author."

Beigefügt ist: „Prognosticon von der Würkung des Himmels und zufälligen Dingen in diesem 1659sten Jahre. Auff Siebenbürgen und benachbarte Länder kalkuliret durch Georgium Rohdium Phil. Pract. et Rect. Scholae Schaessburg. Gedruckt zu Cronstadt." In Duodez. 8 S. Hierauf folgt: „Verzeichniß der Jahrmärkte, so in Siebenbürgen gehalten werden" (und zwar: „Agnethlen 2, Birthälm 2, Broß 3, Bachnen 2, Bekokten 1, Birk 1, Clausenburg 1, Cronstadt 2, Creutz 2, Closdorf 1, Deckendorf 3, Does 4, Donnersmark 2, Enyeten 3, Förmenyes 4, Fogaras 4, Hermannstadt 4, Hetzeldorf 3, Hundertbücheln 1, Hunyhab 1, Kleinschelk 1, Keißd 2, Kockelburg 3, Koplsch 1, Leschkirch 2, Marktschelken 1, Mediasch 3, Mühlbach 2, Meschen 1, Rösen 1, Neumarkt (Maros-Vásárhely) 3, Reußmarkt 2, Reps 4, Rabnot 2, Reen 1, Reichesdorf 1, Schäßburg 3, Udvarhely 2, (Szamos-)Ujvár 1, Weißenburg 2, (Al-)Wintz 2 Jahrmärkte"). 6 S. (Vgl. die zwei Schlußnoten zum Artikel: „David Clausenburger" in den Denkblättern I. 217, und hinsichtlich der jetzigen vermehrten Zahl der siebenbürgischen Jahrmärkte und der zu ihrer

Abhaltung seither fakultirten Ortschaften, die neuesten siebenbürgischen Kalender. Den Schluß macht: „Kurze Chronica (vom Jahre 373—1658). 12 S.

Tr. **Meilmer Johann,**

von Kronstadt, starb auf der Universität in Jena, welche er im Jahre 1744 bezogen hatte, am 27. Mai 1746, kurz ehe er noch folgende Streitschrift vertheidigen sollte:

Q. D. B. V. Dissertatio Philosophica de prima parte Ethicae Principum scilicet de virtutibus intellectualibus futuri Principis, quarum scientiam ad Theoriam refero, ex qua potest intelligi, quomodo Princeps futurus et educari et institui rite debeat. Praeside Christiano Frider Polzio, die Maji 1747 Jenae, litteris Schillianis. 4. VIII. 36 S.

Tr. **Ritter v. Meißner Karl Ludwig,**

Sohn des ehemaligen Kronstädter Apothekers, dann Professors am k. k. polytechnischen Institut in Wien und Erfinders der nach ihm benannten Meißnerischen Heizung, Paul Traugott Meißner, wurde am 7. Juni 1809 in Kronstadt geboren. Mit seinem Vater kam er im Jahre 1815 nach Wien, wo er die technischen und philosophischen Studien beendete. Im Jahre 1828 — erst 19 Jahre alt — trat er als Ingenieur zu Kronstadt in's praktische Leben. Im Jahre 1830 wurde er zur k. k. Baudirektion nach Wien übersetzt, und als im Jahre 1836 die Bewilligung zum Baue der österreichischen Lokomotiv-Eisenbahn, nämlich der nachherigen Kaiser Ferdinand-Nordbahn ertheilt worden, war Meißner einer der ersten österreichischen Techniker, welche sich an diesem Unternehmen betheiligten. Nach einer längeren Reise durch Belgien und England wurde er zum Oberingenieurs-Adjunkten ernannt, und leitete in dieser Eigenschaft zum Theile die Tracirung der Linien Wien-Brünn und Lundenburg-Prerau. Im Jahre 1841 folgte Meißner einem wiederholt an ihn ergangenen Rufe als Professor der Bauwissenschaften am herzoglich braunschweigischen Kollegium Carolinum und wurde zugleich zum technischen Direktor der zu erbauenden Staatseisenbahnen Braunschweig-Aschersleben, Braunschweig-Lehrte und Wolfenbüttel-Harzburg ernannt. Diese Bahnen wurden nach seinen Plänen unter seiner speziellen Leitung und Kontrole ausgeführt und auch unter ihm zum ersten Male auf der Harzburger Bahn Berg-Lokomotive auf Gebirgsbahnen von $1/_{40}$ Steigung mit besonderem Erfolge eingeführt. Im Jahre 1851 berief der damalige Handelsminister Bruck den noch in Braunschweig lehrenden Professor Meißner nach Wien zum General-Direktor für Kommunikationen. Dort fungirte er zuerst als k. k. Ministerial-Kommissär erster Klasse und zuletzt als technischer Inspektor erster Klasse auf den Staatsbahnen von Mürzzuschlag nach Laibach, und von Gänserndorf nach Pest-Szolnok, ferner auf den Privatbahnen der Gloggnitzer Gesellschaft von Wien bis Bruck, und von Wien bis Gloggnitz-Oedenburg. Als im Jahre 1859 die ganze Südbahn mit allen Nebenlinien an die französische Gesellschaft überging, wurde Meißner zuerst zum General-Inspektor, und im Jahre 1860 zum Verkehrs-Direktor ernannt und leitete sofort den ganzen Bahnkomplex zwischen Wien, Laxenburg, Oedenburg, Villach, Szöny, Ofen, Sissek, Karlstadt und Triest. So hat Meißner seit dem Jahre 1830, mit Unterbrechung eines Decenniums (1841—1851), welches er in braunschweigischen Diensten verlebte, — in Oesterreich im Eisenbahndienste auf das Ersprießlichste gewirkt und mehrfache Einrichtungen und Einleitungen zur Verbesserung und Ausbildung des Eisenbahnbau- und Betriebswesens in erfolgreicher Weise getroffen. Dabei hat er Tausende in diesem Zweige an allen unter seiner Leitung stehenden Linien im Erzherzogthum, in Steiermark, Kärnthen, Krain, im Küstenlande, in Ungarn und Kroatien herangebildet. Meißners Verdienste um Förderung und Sicherung des Kommunikationswesens wurden zu öfteren Malen in ehrenvoller Weise gewürdigt. Indem er früher schon mit dem Ritterkreuze des Franz Joseph-Ordens ausgezeichnet worden, erhielt er mit kaiserlichem Kabinetsschreiben vom 3. Jänner 1866 das Ritterkreuz des Ordens der eisernen Krone und wurde den Statuten gemäß mit Diplom vom 10. März 1866 in den erbländischen Ritterstand erhoben. Außerdem erhielt er vom Kaiser Maximilian von Mexiko das Offizierkreuz des Guadeloupe-Ordens und vom König von Preußen den rothen Adler- und den Kron-Orden[1]).

Im Winter 1856 auf 1857 leitete Meißner die Tracirungen der Arad-Kronstädter Bahnlinie im Auftrage Rothschilds. Noch im

---

[1]) Aus Wurzbach's Biographischem Lexikon des Kaiserthums Oesterreich, 17. Theil. Wien 1867. S. 312, wo Seite 313 eine umständliche Beschreibung des Wappens des Ritters v. Meißner mit der Devise: „Treu und wahr" zu finden ist.

Jahre 1865 besaß er aus dieser Zeit eine äußerst interessante Korrespondenz, deren Verlust für die Geschichte des Kampfes der Linien Rothenthurm und Kronstadt, und mehr noch für die Charakteristik einzelner für die Rothenthurmer Linie thätiger Persönlichkeiten unersetzlich ist.

Meißner starb als Inspektor bei der General-Inspektion für österreichische Eisenbahnen nach längerem Leiden am 19. Juni 1868 in Reichenau.

Meißner hinterließ drei Söhne: Emil, Doktor der Medizin und praktischer Arzt in Wien, Karl, Wirthschaftsbeamter beim Fürsten Lichtenstein und Franz, Studierender. Seine Gattin war ihm schon vor Jahren im Tode vorausgegangen.

1. Die Korrespondenz in Chiffern für Regierungen, Aemter, Kaufleute und Privatiers, welche sich der elektro-magnetischen Telegraphen zur Beförderung ihrer Mittheilungen bedienen wollen. Braunschweig, bei Ramdohr. 1848. Fol. 46 Seiten mit einer Tabelle.

2. Die Dampfschifffahrt von Dresden nach Meißen und Riesa. Ein Führer für Reisende. Von Karl Meißner[1]) Mit drei lithographirten und colorirten Bildern und einer lithographirten Karte in Queroktav. Meißen, Göbsche's Buchhandlung. 8. 79 S.

Tr. **Meißner Paul Traugott,**[2])

Magister der Pharmacie, ordentlicher und öffentlicher Professor der technischen Chemie am k. k. polytechnischen Institute in Wien, und ordentliches Mitglied der Gesellschaft zur Beförderung der gesammten Naturwissenschaften in Marburg und mehrerer anderen gelehrten Gesellschaften ꝛc., wurde am 23. März 1778 in Mediasch geboren. Sein Vater starb frühzeitig als dasiger Stadt-Wundarzt. Dessen Stelle ersetzte sein Stiefvater Johann Wagner, (gestorben als Stadtpfarrer in Mediasch am 11. Januar 1830), der für seinen ersten Unterricht die gehörige Sorge trug, und auf dessen Empfehlung Meißner im Jahre 1793 als Lehrling in die Misselbacher'sche Apotheke zu Schäßburg aufgenommen ward. Nach vier Jahren, binnen

---

[1]) Ob Karl Ludwig Meißner? ist mir zwar nicht gewiß, aber wahrscheinlich.

[2]) S. Wurzbach's biograph. Lexikon des Kaiserthums Oest.rreich. 17. Theil. S. 309—311 und die daselbst S. 311—312 angeführten Quellenschriften.

welchen Meißner bereits mehrere chemische Operationen ausgeführt hatte, begab er sich nach Wien, wo er nach Anhörung der Vorträge des Freiherrn v. Jaquin im Studienjahre 1797/8, längere Zeit mit Studien an der Universität zubrachte.¹) Darauf machte er eine Fußreise durch Deutschland, versah zwei Jahre lang die Stelle eines Provisors in der Apotheke des k. k. Salz-Oberamtes zu Aussee in Steiermark und kehrte sofort in die Heimath zurück, nachdem er sich noch auf der Heimreise in Pest das Diplom als Magister der Pharmacie erworben hatte. In Siebenbürgen angekommen, übernahm er die Leitung einer Apotheke, und verheiratete dieselbe mit Sara Elisabetha, Tochter ihres Eigenthümers, Ludwig v. Langendorf,²) entschloß sich aber schon im Jahre 1811 die Apotheke zu verkaufen und nebst der Gattin, einem Stiefsohn und zwei Kindern nach Wien zu übersiedeln. Daselbst wurde Meißner im Jahre 1815 über Vorschlag des Freiherrn v. Stifft zum Adjunkten und später zum Professor der technischen Chemie an dem eben damals neuerrichteten k. k. polytechnischen Institute ernannt. Im Jahre 1835 erhielt Meißner in Rücksicht seiner vieljährigen ausgezeichneten Verwendung eine Gehaltszulage von jährlichen 500 Gulden C.-M., — wurde mit allerhöchster Entschließung vom 29. Januar 1842 (nachdem er bis dahin die Professur der speziellen technischen Chemie bekleidet hatte), zum Professor der allgemeinen Chemie am k. k. polytechnischen Institut definitiv ernannt; — und beschloß seine Vorlesungen am 31. Januar 1845 (f. Transilvania 1845, S. 67). — (Doch eröffnete

---

¹) Wie Meißner Chemiker wurde, erfahren wir aus dem Vorbericht zu seinem Erstem der Heilkunde S VIII Vgl. Ueber seine chemischen Arbeiten vom Jahre 1800—1803 zu Aussee, dann vom 1804—1811 zu Kronstadt und vom Jahre 1815—1820 in Wien, Siebenbürger Intelligenzblatt vom Jahre 1805. S. 103 und 104, ferner Meißner's Streitschrift: „Justus Liebig ɩc.", analisirt von P. T. Meißner, Frankfurt 1844, S. 28—29, und Oesterr. Wochenschrift für Wissenschaft 1864. 4. Band, Nr. 35, S 1109—1111.

²) L. v. Langendorf stammte aus einer am 14. September 1632 vom Kaiser Ferdinand II. in den Reichsritterstand erhobenen Familie in Schlesien, war Apotheker und Mitglied des äußeren Rathes, wie auch Grundbuchs-Verwalter in Kronstadt, unternahm wiederholte Reisen in die türkischen Provinzen, wo er ärztliche Praxis übte, besonders im Jahre 1796, in welchem er aus Anlaß eines k. k. hofkriegsräthlichen Beschlusses vom Kommand. Generalen Grafen Mitrovsky als Kundschafter in die Türkei bis Sophia geschickt wurde, (f. seinen von L. J. Marienburg unter dem Titel: „Reise durch Bulgarien und Romanien" in Lübeck's ungrischen Miscellen, Pest 1805. II. 13—43 und IV. 3—17 veröffentlichten Reisebericht), — und starb als Senator in Kronstadt im 82. Lebensjahre am 11. Dezember 1825.

er noch am 15. Januar 1850 am nämlichen Institut außerordentliche Vorlesungen über die Wärme. In der ersten derselben waren viele Notabilitäten des Wiener Lehrkörpers anwesend und alle Räume mit Zuhörern überfüllt. Kronstädter Zeitung 1850. S. 44.) Diese Stelle bekleidete er bis zu seiner im Jahre 1845 erfolgten Pensionirung in der ersprießlichsten Weise und erwarb sich während dieser Zeit die Liebe und Achtung seiner Zuhörer in hohem Grade. Er starb nach einem ziemlich langen Ruhestande am 9. Juli 1864 im 87. Lebensjahre.

Meißner war Selbstdenker und Selbstforscher, und seine Arbeiten, Entdeckungen und Anregungen in dem Gebiete der Chemie von höchster Bedeutung, in der Aräometrie insbesondere aber bahnbrechend. Er war es, der zuerst den innigen Zusammenhang der Imponderabilien und ihre gegenseitigen Uebergänge richtig erkannte, welchen sofort die Beobachter viel späterer Zeit mehr und mehr bestätigt haben, — und viele seiner von anderen Gelehrten bestrittenen, von ihm standhaft vertheidigten, Ansichten sind zuletzt als richtig erkannt worden. Seine Wärmetheorie, seine Atomenlehre, seine Aräometrie, vor Allem aber sein „Neues System der Chemie" werden unvergängliche Denkmäler seiner Forschungen bleiben. Am weitesten ist sein Name verbreitet worden durch seine wichtige Erfindung einer vollkommenen Heizungsart mit erwärmter Luft, welche gleich in den meisten öffentlichen und vielen Privatgebäuden der Stadt Wien und darauf auch an unzähligen anderen Orten des In- und Auslandes mit vielem Vortheil eingeführt worden ist.[1]) Im Jahre 1828 am 14. November erließ der k. k. Hofkriegsrath an alle k. k. Generalkommandos die Verordnung, die Meißnerischen Mantelöfen mit der von Meißner vorgeschlagenen Ventilationsvorrichtung einzuführen.[2]) Eine nicht geringe Aufmerksamkeit erweckte Meißner's im Jahre 1850 gemachte Erfindung zur Heizung der Eisenbahn-Waggons, die ohne Aufwendung von Brennmaterial durch die aus den

---

[1]) S. die Abhandlung: „Erfolge der Heizung mit erwärmter Luft" in André's Hesperus 1822, S. 460, 1823, S. 1135—1136 und 1139—1140, wo es unter Anderm heißt: „Daß die Meißnerische Heizung unter allen bekannten Heizmethode die allervortheilhafteste sei"

[2]) S. die Sammlung der im Fache der Militärverwaltung ergangenen Gesetze und Normal-Verordnungen, 11. Jahrgang, Wien 1828, 4., S. 183, woselbst S. 184 bis 187 auch die „Vorschrift über die Konstruktion, den Gebrauch und die Vortheile eines Mantelofens für Krankenzimmer in Spitälern, mit der damit in Verbindung gesetzten Vorrichtung zum Luftwechsel, mit Bezug auf den (S. 186 lithographisch abgebildeten) Plan" enthalten ist.

Lokomotiven strömende Hitze bewerkstelligt werden kann.¹) Auf diese Erfindung eines Heiz- und Ventilations-Apparates sowohl für Eisenbahnwägen, als auch für geschlossene Räume auf Dampf- und Segelschiffen, — welcher Apparat die gedachten Räume zweckmäßig erwärme, durch seine Ventilationsvorrichtung die Luft in denselben stets rein erhalte, äußerlich immer kalt bleibe und nur den Sitz einer einzigen Person, oder eine Fläche von 14 Quadratzoll im Wagen ꝛc. einnehme, ferner jede Feuergefahr ganz beseitige, sehr wenig Brennmaterialien benöthige und von Jedermann leicht zu handhaben sei, — wurde Meißner vom k. k. Handelsministerium am 12. August 1850 ein ausschließendes Privilegium auf ein Jahr verliehen.²)

Zu Meißner's Erfindungen gehören ferner zwei **Theilungs-Instrumente** für gerade Linien, behufs der Verfertigung genauer Aräometer, Thermometer, welche auf Befehl des Kaisers Franz ausgeführt und zu Jedermanns Einsicht in einem besonderen Zimmer des polytechnischen Instituts aufgestellt wurden. Für deren Erfindung erhielt Meißner zufolge allerhöchster Entschließung vom 23. Januar 1819 eine Belohnung von 4000 Gulden W. W.³)

Meißner's im Druck erschienene Schriften sind folgende:
1. Vorschläge zu einigen neuen Verbesserungen pharmaceutischer Operationen und dazugehöriger Apparate, auf dem Wege der Erfahrung bearbeitet und als Beiträge zur Begründung einer zweckmäßigen und vortheilhaften Apothekerpraxis, herausgegeben von P. T. Meißner, Apotheker zu Kronstadt in Siebenbürgen. Wien bei Kupfer und Wimmer 1814. 8. X. 294 Seiten und 8 Kupfertafeln.

Dieses Werk ist sehr vortheilhaft recensirt in der Wiener Allgemeinen Literatur-Zeitung, Jahrgang 1814, Nr. 79, S. 1257 bis

---

¹) S. die Wiener Zeitung: Lloyd vom 21. Juli 1850, Nr. 222, S. 3.

²) Aus dem Allg. Reichs-Gesetz- und Regierungs-Blatt für das Kaiserthum Oesterreich, CXLII. Stück, Nr. 405, S. 1820. — Eine Uebersicht der nach Meißner's Belehrung bis zum Jahre 1823 eingeführten Luftheizungs-Anstalten brachte Hormayr's Archiv für Geschichte, Statistik ꝛc. Wien 1823. S 789—794 wo es unter Anderm heißt: „daß diese einzige Erfindung Professor Meißner's den zur Errichtung und Erhaltung des polytechnischen Institutes in Wien nöthigen Aufwand (da nämlich bei dieser Anstalt blos in Wien jährlich 70.000 bis 80.000 Klafter Brennholz erspart werden könnten) für immer mit reichen Zinsen abzutragen vermöge."

³) Ofener Zeitung vom 7. März 1819, Nr. 19.

1271. Laut dieser Recension S. 1257 hatte sich Meißner bis zum Jahre 1814 durch einige in Tromsdorff's Journal der Pharmacie befindliche Aufsätze, sowie durch seine vortrefflichen aräometrischen Instrumente dem Publikum bereits vortheilhaft angekündigt.

2. Aräometrie in ihrer Anwendung auf Chemie und Technik, von P. T. Meißner, Professor der speziellen technischen Chemie am k. k. polytechnischen Institute in Wien. Wien 1816, auf Kosten des Verfassers gedruckt bei den P. P. Mochitaristen. Folio. I. Theil. XVI. 160 S. (Dem Freiherrn und ersten k. k. Leibarzt Andreas Joseph von Stifft gewidmet.) II. Theil. 66 S. Dieser zweite Theil besteht in 33 Tabellen und 5 Kupfertafeln.

(Im Dezemberheft des Jahrganges 1816 der „Vaterländischen Blätter für den österreichischen Kaiserstaat" wird über dieses Werk gesagt: Dasselbe sei so vortrefflich und mit solchem Fleiß ausgearbeitet, daß es nichts mehr zu wünschen übrig lasse.)

3. Handbuch der allgemeinen und technischen Chemie. Auch unterm Titel: Anfangsgründe der Naturwissenschaft. Von P. T. Meißner. Fünf Bände in zehn Abtheilungen.

a) Erster Band: System der Chemie. Beschreibung der chemikalischen Apparate. Tabellarische Uebersicht der chemischen Zusammensetzungen. Mit 4 Kupfertafeln. Wien 1819. Gedruckt und im Verlage bei Karl Gerold. gr.-8. XX. 491 S.

Der erste Band ist recensirt im Augustheft der Chronik der österreichischen Literatur S. 267—269 und 271—272, welche den Erneuerten vaterländischen Blättern für den österreichischen Kaiserstaat, Jahrgang 1819, beigefügt ist.

b) Zweiter Band: Chemie der nichtmetallischen Stoffe, mit 2 Kupfertafeln. Wien 1820. gr.-8. Hat auch den Titel: Anfangsgründe des chemischen Theils der Naturwissenschaft. In zwei Abtheilungen. XXII. 874 S.

Diese zwei ersten Bände sind recensirt in der Haller Allgemeinen Literatur-Zeitung, Jahrg. 1821, Februarheft, Nr. 43 u. 46, S. 353—363. Auch in der Chronik der österreichischen Literatur, d. i. Beilage zu den Erneuerten vaterländischen Blättern. Wien 1820. Nr. 81, 82, S. 321—322 und 325—327.

c) Dritter Band: Chemie der Metalloide. Mit einer Kupfertafel. Auch unterm Titel: Anfangsgründe der Naturwissenschaft. Ebendas. 1821. 875 S. Zweite Abtheil. Ebendas. 1821. XX. 583 S.

d) **Vierter Bandes erste Abtheilung:** Chemie der säurefähigen Metalle. Eb. 1822. XX. 408 S. Zweite Abtheilung: Chemie der oxydbildenden Metalle. Eb. 1822. XXIX. 409—1111 S.
e) **Vierten Bandes dritte Abtheilung:** Fortsetzung der Chemie der oxydbildenden Metalle, oder: Anfangsgründe des chemischen Theiles der Naturwissenschaft. Mit einer Kupfertafel. Eb. 1824. 400 Seiten.
f) **Fünften Bandes erste Abtheilung:** Chemie der näheren Bestandtheile organischer Reste. (Azotfreie organische Substanzen.) Eb. 1827. XVI. 777 S.
g) **Fünften Bandes zweite Abtheilung.** Chemie der nähern Bestandtheile organischer Reste. (Azothältige organische Substanzen.) Eb. 1829. X. 723 S.
h) **Fünften Bandes dritte Abtheilung:** Chemie der nähern Bestandtheile organischer Reste. (Noch nicht näher untersuchte und problematische Substanzen.) Eb. 1831. XXII. 936 S.
i) **Fünften Bandes dritte Abtheilung:** Desgleichen. (Beschluß.) Eb. 1833. XII. und 937—1784, nebst dem (alphabetischen) Sachregister 1785—1890. Seite.

(Im Vorberichte zu dieser letzten Abtheilung gibt der Verfasser Auskunft: wie das nur auf fünf kleine Bände angetragene Werk so voluminös geworden sei, und wodurch sich dessen Herausgabe von 1819 bis 1832 verzögert habe. Zur Ergänzung der ersten Bände, hinsichtlich der darin nicht enthaltenen bis zum Jahre 1832 gemachten Entdeckungen, enthält der letzte Band S. 1529—1784 Nachträge, und der Verfasser verspricht, im ferneren Verlauf der Zeit die nöthig werdenden „Nachträge von Zeit zu Zeit fortzusetzen, „damit sein Werk nicht vor der Zeit veralte, und die Besitzer des- „selben fortwährend mit den neuen Eroberungen der Wissenschaft, „nach der Ansicht des Verfassers dargestellt, bekannt werden möchten.")

4. Die Heizung mit erwärmter Luft, als das wohlfeilste, bequemste und zugleich die Feuersgefahr am meisten entfernende Mittel zur Erwärmung größerer Räume. Mit 6 Kupfertafeln. gr.-8. Wien, bei Karl Gerold, 1821. gr.-8. 41 S. Recens. in der Haller Allg. Literatur-Zeitung, Jahrgang 1823, Nr. 238, S. 164—166.

Die zweite Auflage erschien mit dem veränderten Titel: Die Heizung mit erwärmter Luft, durch eine neue Erfindung anwendbar gemacht und als das wohlfeilste, bequemste, der Gesundheit zuträglichste, und zugleich die Feuersgefahr am meisten entfernende Mittel zur Erwärmung größerer oder mehrer Räume, als: der öffentlichen Gebäude, der Herrschaftswohnungen, Fabriken ꝛc. dargestellt. Zweite sehr vermehrte und bis auf die Anleitung zur Erwärmung selbst der kleinsten Wohnungen und zur zweckmäßigen Einrichtung der Trockenanstalten ꝛc. erweiterte Auflage. Mit 20 Kupfertafeln. Ebend. 1823. gr.-8. XXII, 143 S. Recensirt in der Halleer Allgem. Literatur-Zeitung, Jahrgang 1824. April. Ergänzungsblätter Nr. 38, S. 304.

Die dritte sehr vermehrte und gänzlich umgearbeitete Auflage ist in Wien 1827, 8., erschienen und enthält XII, 318 S. nebst 6 Tabellen und 22 Kupfertafeln.

5. Fabrikation des Zuckers aus Runkelrüben. Betrachtungen über die Wirkungsart der diesfällig angewendeten Klärmittel und Beantwortung der Frage: ob Krystallisirgefäße oder Zuckerhutformen in der Anwendung den Vorzug verdienen? von J. S. Clemandot. Aus dem Französischen übersetzt, mit Anmerkungen von J. Seitz, ehemaligen Assistenten des Lehrfaches der Chemie am k. k. polytechnischen Institute in Wien. Begleitet mit einer Vorrede von P. T. Meißner. Wien, bei Gerold, 1830. gr.-8.

6. System der Heilkunde aus den allgemeinsten Naturgesetzen gefolgert. Wien 1832. gr.-8. XVIII, 149 S. Dem Staatsrath Freiherrn v. Stifft zugeeignet.

7. Chemische Aequivalenten- oder Atomenlehre zum Gebrauche für Chemiker, Pharmaceuten und Techniker gemeinfaßlich dargestellt. Wien, bei Mösle's Wittwe. gr.-8. 2 Bde. $43^{3}/_{4}$ Bogen und 1 Bogen Tabellen.

Neue unveränderte Auflage. 2 Bde. Ebend. 1838. gr.-8. Wien, bei J. G. Ritter v. Mösle's Wittwe und Braumüller. 1. Bd. X., 385 S. 2. Bd. VI, 329 S. (mit Inbegriff des alphabetischen Registers).

8. Neues System der Chemie. Zum Leitfaden eines geregelten Studiums dieser Wissenschaft bearbeitet, nebst einem Anhange, enthaltend ein alphabetisch geordnetes Repertorium der neuesten Entdeckungen und Fortschritte der Chemie. Wien 1835. Lexikon-8. 3 Bde. (wovon der 1. 1835 erschien, enthaltend: System der Chemie. Chemie der nichtmetallischen Stoffe. $48^{1}/_{4}$ Bogen und 1 Bogen Tabellen. 2. Bd.: Chemie der metallischen Stoffe. 49 Bogen und eine lith. Tafel. Eb. 1836. 3. Bd.: Chemie der organischen Natur. Eb. 1836. 16 Bogen.

In der Allgem. Augsburger Zeitung, Beilage Nr. 304, vom 31. Oktober 1841, S. 2430, ist dieses Werk mit folgender Empfehlung angezeigt: „Deutsche Ideen und Erfindungen mußten von jeher nach Frankreich oder England wandern, um von dort erst in Teutschland Geltung zu gewinnen; und wie es so vielen Genies Deutschlands erging, so auch Meißner, dem ideen= und erfindungsreichen Chemiker unserer Heimat, dessen Schriften England, Frankreich, Italien und Rußland mit Eifer studiren und als Resultate derselben mit der überraschenden Darstellung der Daguerréotypen, mit den glänzendsten Verbesserungen der Dampfapparate und der Färbereien, mit dem erfolgreichsten galvanoelektrischen Versuchen uns auch gerade jetzt wieder voraneilen, geschweige der inhaltschweren Ideen, die noch unbenützt in den Werken Meißner's niedergelegt ruhen. Offenbar ist es der große Reichthum an Originalität und die strenge Konsequenz, welche seine Chemie vor Allen auszeichnet, allen Ständen und allen Klassen zugänglich und ersprießlich machte, darum zieht das praktische Ausland ihn allen deutschen Chemikern vor, und nur den Früchten seines, Wissenschaften, Künste und Gewerbe gleichmäßig umfassenden, Strebens mag es Deutschland zuschreiben, wenn Meißner's deutscher Name und seine deutschen Geistesprodukte binnen Kurzem nicht blos europäischen Ruf, sondern — wo Naturwissenschaften und Chemie kultivirt werden — auf dem gesammten Erdball ruhmvolle Geltung gewinnen."

Der dritte Band ist auch für sich erschienen unter dem Titel: „Neues System der Chemie organischer Körper. Mit steter Berücksichtigung der Funktionen in der organischen Natur und der Medizin bearbeitet. Wien 1838. gr.=8.

Eine neue, unveränderte Ausgabe erschien 1841 in drei Großoktavbänden zu Wien bei Braumüller und Seidel. 149 Bogen.

9. Justus Liebig, Doktor der Medizin und Philosophie, Professor der Chemie an der Ludwigs=Universität zu Gießen ꝛc., analysirt von von P. T. Meißner. Frankfurt am Main. Verlag von Joh. David Sauerländer. 1844. 8. X, 144 S.

Hat auch den Titel: „In wiefern ist Justus Liebig befähigt, über die organische Chemie und Naturwissenschaft überhaupt, insbesondere aber über die naturwissenschaftlichen Leistungen Anderer ein kompetentes Urtheil zu fällen?" und beantwortet die großen Anschuldigungen, welche sich Liebig in den Annalen der Pharmac. XXV.

S. 340—342 in einer Schmähschrift über den Zustand der Chemie in Oesterreich 1837 — sowie S. 5 im Buch: „Ueber die Studien der Naturwissenschaft und über den Zustand der Chemie in Preußen. Braunschweig 1840", erlaubte, als ob Meißner seinem Amte (als Professor der Chemie) nicht gewachsen sei, eben darum in seinem Wirkungskreise großen Schaden anrichte u. s. w.

10. Des alten Schulmeisters Glossen über die neuen Verfassungs-Experimente. Letzte Epistel an seine ehemaligen Schüler von P. T. Meißner, ehedem Professor der Chemie am k. k. polytechnischen Institute in Wien, seither ein strenger Kommunist. Wien, Verlag von Tendler und Comp. 1848. 8. I, 183 S.
11. Vorträge über Pyrotechnik. Mit 72 lithogr. Tafeln. Wien 1852. 4.
12. Die Ventilation und Erwärmung der Kinderstube und des Krankenzimmers mit Berücksichtigung der Feuerwirthschaft kleiner Wohnungen und des Sparherdes. Der mütterlichen Liebe gewidmet. Mit 30 Illustrationen. Wien, C. Förster, 1852. VII, 84 S.
13. Beiträge zur Kenntniß der Cholera, und zwar Nachweis der Ursache ihres Entstehens, sowie ihr Verlauf, Bedingung ihrer Heilung und Mittel gegen ihre Ausbreitung auf der Basis primitiver Naturgesetze. Aus den Beobachtungen und Erfahrungen der im Jahre 1830 ausgebrochenen verheerenden Seuche gefolgert von P. T. Meißner, k. k. emerit. Professor. Wien 1864, in Selbstverlage des Verfassers. In Kommission bei Franz Selch. 8. XI. 48 S.

Tr. **Melas Bartholomäus,**

Sohn des am 19. Juli 1734 verstorbenen Schäßburger Stadtpfarrers und Dechanten gleichen Namens, studirte im Jahre 1714 ıc. an der Akademie zu Wittenberg, wurde schon am 4. April 1719 zum Pfarrer nach Schweischer, den 31. Jänner 1720 nach Radeln, 1730 nach Keißd, und am 22. Februar 1741 zum Stadtpfarrer nach Schäßburg berufen, wo er als Dechant des Schäßburger Kapitels (seit 1741) am 21. Mai 1759 starb.[1]

---

[1] Er war der Vater des während seiner Pfarramtsverwaltung zu Radeln 1729 gebornen und zeuge der dasigen Kirchenmatrikel I. Bd., S. 70,
Michael Benedikt Melas,
getauften berühmten k. k. Generals der Kavallerie Freiherrn v. Melas, welcher am 31. Mai 1806 zu Elbe Trinitz in Böhmen gestorben ist.

Dissertatio sistens Θεομαχιαν, ea consilio Gamalielis cavendam, ad Act. V. 39. Pres. Martino Chladenio d. 8. Oct. 1715. Witebergae. 4. 28 S.

Tr. ### Melas Lukas Christian,

aus Schäßburg, studirte an der Universität in Wittenberg 1718 und in Jena 1720, wurde 1736 als Pfarrer nach Groß=Alisch und dann zum Pfarrer in Keißb am 14. April 1741 berufen, und starb daselbst den 24. März 1767.

Ganz unrichtig wird in einigen der mehreren Biographien dieses Generalen, welche in Wurzbach's biogr. Lexikon des Kaiserthums Oesterreich 17. Thl. Seite 328 angeführt sind, Mähren als dessen Vaterland genannt, während doch derselbe sich nie als Siebenbürger verläugnet hat, was seine eigenen, noch vorhandenen Briefe an Verwandte und den Magistrat in Schäßburg bestätigen. (S. Archiv des Vereins für siebenbürgische Landeskunde N. F. II. 437--439 und Siebenb. Provinzialblätter III. 255 und IV. 99.)

Ebenso unrichtig und verschieden sind viele Meinungen über seine Schuld oder Nichtschuld am unglücklichen Ausgang der Schlacht bei Marengo 14. Juni 1800, welchen ich das Urtheil von zwei Autoritäten hier beizufügen mir erlaube, und zwar:

1. Erhielt Melas nach der Schlacht bei Marengo von Bonaparte, dem französischen Heerführer, einen prächtigen Säbel zum Geschenk, nebst der seinem damaligen Gegner so ehrenvollen Erklärung: „daß das Glück nicht immer dem Muth und der Klugheit folge!" — (Lübeck's Ungr. Miscellen. Pest, 1805. I, 79,) und noch nach mehreren Jahren hörten Graf Emerich Teleki und sein Erzieher Stephan Konnert auf einem Balle in Brüssel die Aeußerung des anwesenden Kaisers Napoleon über ihren Landsmann: „Melas c'est un brave General." —

2. Der am 31. Mai 1799 zum k. k. Oberstlieutenant und General=Adjutanten des B. Melas beförderte (nachmalige berühmte k. k. Feldmarschall) Graf Radetzky kannte die Umstände, welche in Bezug auf die durch Zufall und Glück für Bonaparte entschiedene Schlacht noch manches Dunkel umhüllt, sehr genau, und äußerte sich in vertrauten Kreisen darüber. Sein Biograph hat dieselben nicht aufdecken wollen, und schließt mit den Worten: „Seine (des Melas) Zeitgenossen und selbst spätere Schriftsteller haben ihn verschieden beurtheilt. Nur wenige sind ihm wahrhaft gerecht geworden. Bei manchen Fehlern besaß er viele treffliche Eigenschaften, eine lange Kriegserfahrung und gute Kenntnisse. Sein Kopf war besser, als seine Füße, Radetzky wenigstens sprach nie anders als mit besonderer Hochachtung von diesem leider so unglücklichen Feldherrn" S. der k. k. österreichische Feldmarschall Graf Radetzky, eine biographische Skizze, nach den eigenen Diktaten und der Korrespondenz des Feldmarschalls von einem österreichischen Veteranen. Stuttgart und Augsburg 1858. S 30, 48, 54.

Groß-Szölöscher Fast-Sabbathischer Buß-Wecker, oder Gott geheiligte Buß-Andachten, bestehend in drei Piecen Geistreicher nach beweglichen und anmüthigen Melodien, sammt doucon und pathetisch-energetischem Instrumental-accompagnement abgefaßter, wie auch mit auserlesenen emphatischen Biblischen Sprüchen harmonirender Choral- und Figural-Gesänge, welche zur erbaulichen Aufmunterung des Gottesdienstes an dem im Fürstenthum Siebenbürgen zu Anfang des 1738. Jahres, wegen gefährlichen Kriegs- und Sterbens-Läufften angeordneten allgemeinen Buß-Bet-Fast-Sabbath, der Christ-Evangelischen Groß-Aylischer Kirchen durch den Druck mitgetheilt LaCryMans, (d. i. Lucas Christian Melas). Im Jahre da wir seufzen: HILf DeIneM VoLk Herr IesV ChrIst, ErfreVe VVas In ZIon traVrIg Ist. (1738.) Ohne Angabe des Druckortes. 8. 24 S.

Dem Texte geht eine lateinische Widmung an den Comes Baußner und Superintendenten Hauer vor, worinnen per Anagramma: Es Urbanus auf Bausnerus, und Egregius Ahron auf Georgius Hauer gedeutet ist. Dieser folgt ein Pindarisches Madrigal Sonnet und kann die Vorrede, nach derselben aber verschiedene vom Prediger, Rektor, Organisten, Kantor und einem Studirenden (wahrscheinlich dem Sohne des Melas) ihrem Pfarrer gewidmete lateinische Distichen. Die „Gottgeheiligten Buß-Andachten" in III Piecen bestehend, nehmen etwas über 9 Seiten ein, und den Schluß macht ein „Kriegs- und Pest-Gebet" sammt einer Kollekte.

Ebendieser Melas hat ein Wörterbuch und Sprachlehre über die Zigeuner Sprache verfaßt und beide seinen Freunden in Schäßburg hinterlassen. (Laut einem Briefe des Andr. Jonas Czirbes, Pfarrers zu Neudorf in der Zips, an Johann Seivert in Hammersdorf, vom 5. November 1774.)

Tr. ## Melchior Nikolaus,

ein Hermannstädter, dessen Ludwig Combach in der Vorrede zu den chemischen Schriften des Georg Ripläus, eines englischen Domherrn, welche im Jahre 1649, 8., zu Kassel herausgekommen sind[1]), unter den anderen,

---

[1]) Jöcher I. 2033 und III. 2110.

vom Vorredner angeführten, Schriftstellern über Chemie und Alchymie gedenkt, ohne die Schriften desselben zu nennen.

Tr.
Meltzer Thomas,

aus Großschenk gebürtig, studirte im Jahre 1692 ꝛc. an der Universität zu Wittenberg, wurde im Jahre 1698 Rektor und sofort Prediger in seinem Geburtsorte, darauf aber im Jahre 1702 Pfarrer zu Schönberg, wo er am 5. März 1730 als Dechant mit Tod abging.

>Positionum Philosophicarum altera Semicenturia de Sectis Philosophorum et usu Philosophiae in Theologia, praeside Deutschmann 1693. Witeb. 4. 16 S.

Tr.
Meschendörfer Josef T.,

geboren in Petersberg, Kronstädter Distrikts, am 30. März 1832, studirte am evangelischen Gymnasium in Kronstadt, dann aber 1851 in Tübingen und vom Jahre 1853—1854 an der Universität zu Berlin. Er ist seit seiner Rückkehr von der Akademie öffentlicher Lehrer am vorgedachten Gymnasium und der damit verbundenen Realschule, sowie seit 1863 Aktuar des Kronstädter evangelischen Presbyteriums.

1. Anfangsgründe der Chemie für Unterreal= und Bürgerschulen von J. T. Meschendörfer, Reallehrer. Kronstadt, gedruckt und im Verlag bei Johann Gött. 8. XII, 100 S. S. auch den Art. Fried. Schiel.
2. Lehrbuch der Naturgeschichte für die untern Klassen der Gymnasien und Realschulen, wie auch für gehobene Volksschulen, nach Lübenischen Grundsätzen bearbeitet von J. T. Meschendörfer, Reallehrer. Kronstadt 1867. Druck von Johann Gött und Sohn Heinrich. 8. IX, 189 S.

Tr.
Meyr Ignaz,

Doktor der Medizin, gebürtig aus Steyer in Ober=Oesterreich, war Kreisarzt in Kronstadt vom Jahr 1853—1861, in welch' letzterem Jahr, bei Wiederherstellung der früheren Verwaltung, und somit auch der Wirksamkeit des Kronstädter Stadt- und Distrikts-Magistrats und dessen Unterpersonals, seine und des bestandenen k. k. Kreisamtes Wirksamkeit aufhörte. In Disponibilität übte er sofort bis zum Februar 1864 Privatpraxis in Kronstadt und erwarb sich viele Verdienste um die Heilung zahlreicher Augenkranken. Darauf erhielt er wieder eine kaiserliche Anstellung in seiner Vaterstadt Steyer, wohin er sich zur angeführten Zeit begab.

1. Traité des eaux minérales d'Elöpatak. Vienne 1862. Guillaume Braumüller Libraire de la cour J. R. kl. 8. 72 S.
2. Abhandlung über die Mineralwässer zu Elöpatak in Siebenbürgen. Kronstadt 1863. Gedruckt bei Römer und Kamner. 8.
3. Die Heilquellen von Borßék in Siebenbürgen. In naturhistorischer und therapeutischer Beziehung dargestellt. Kronstadt 1863. Druck und Verlag von Römer und Kamner. 8. 70 S.
4. Borszék gyogy vizei. Természet tudományi szempontból le-irta Dr. M. J. Németböl forditotta Dr. Otrobán Nándor. Brasso 1863. Nyomaték es kiadták Römer es Kamner. 8.
5. Inviatiune spre a intribuintia cu folosu ápele minerále de lá Borszék in Transilvania de Dr. J. M. Brassoviu 1863. Römer si Kamner Tipograf si Provezutori. 8.

Tr. **Michaelis Johann,**

geboren zu Hermannstadt am 9. November 1813 studirte daselbst am evangelischen Gymnasium, und sodann an der protestantisch-theologischen Lehranstalt in Wien 1832 ꝛc., wurde Gymnasiallehrer in Hermannstadt 1838, Prediger 1849 und bekleidete seit 1837 auch die Stelle als Lehrer, seit 1853 aber als Direktor an den evangelischen Mädchenschulen seiner Vaterstadt, bis er am 8. April 1861 zum Pfarrer in Alzen erwählt wurde.

Michaelis errichtete im Jahre 1835 zu Hermannstadt eine „Höhere Lehranstalt für die weibliche Jugend ohne Unterschied des Glaubensbekenntnisses" mit dreijährigen Lehrkurs, den fünf akademische Lehrer und eine Lehrerin ertheilte.[1]) Er erweiterte diese Privatanstalt und verband damit vom Jahre 1845 an die Uebernahme von Mädchen in Kost und Erziehung. Die Anstalt fand immer mehr Aufnahme, hörte aber im

---

1) S. über diese Anstalt den Satellit ꝛc. vom Jahr 1847, Nr. 29, Seite 126—127.

Jahre 1849, als der Gründer mit seiner Familie, der Revolution zu entgehen, in die Walachei flüchtete, gänzlich auf, wobei der Unternehmer durch den Verlust der in Hermannstadt zurückgelassenen Einrichtungsgegenstände u. s. w. großen Schaden erlitt.

Ebenso und aus der nemlichen Ursache hörte im März 1849 der seit dem 7. Juni 1844 von Michaelis in Hermannstadt herausgegebene „Siebenbürgische Volksfreund" auf. — Mit diesem, nach einem im Jahre 1843 veröffentlichten Vorschlag des damaligen Nimescher Pfarrers Stephan Ludwig Roth, einmal, vom 28. März 1848 weiter aber zweimal wöchentlich bei S. Filtsch in Hermannstadt in Quart gedruckten und ausgeschickten, zur Belehrung und Unterhaltung hauptsächlich für den Gewerbs- und Landmann bestimmten Blatte — wurde von Zeit zu Zeit auch ein Auszug aus der Naturgeschichte, nebst lithographirten Abbildungen von Maschinen, Werkzeugen und anderen Gegenständen herausgegeben.

Endlich betheiligte sich Michaelis, als ein ebenso eifriger Freund und Beförderer ächter Religiosität, wie des Unterrichts und der Erziehung, sowohl in theoretischer als praktischer Beziehung an der Redaktion der beiden Jahrgänge der in den Jahren 1851 und 1852 bei Johann Gött in Kronstadt gedruckten „Schul- und Kirchen-Zeitung für die evangelischen Glaubensgenossen in Siebenbürgen". (Denkbl. II. 2.)

Michaelis Schriften sind:

1. Kleine deutsche Sprachlehre, nach Becker und Wurst bearbeitet, für Volksschulen. Hermannstadt, bei Samuel Filtsch. 1840. 8. 136 S.

Darauf: Deutsche Sprachlehre für Volksschulen. Herausgegeben von Johann Michaelis. 1867. 8. I. 48 S.

2. Anleitung zur Verfassung der im bürgerlichen Leben gewöhnlicher vorkommenden Aufsätze, mit besonderer Rücksicht auf das siebenbürgisch-sächsische Privatrecht. Ein Handbuch für Schule und Haus. Hermannstadt 1841, bei Samuel Filtsch. 8. X. 246 S.

Dieses Buch wurde zum Unterrichte der Jugend in vielen siebenbürgisch-sächsischen Stadt- und Landschulen eingeführt. Der Verfasser hat in dem praktischen Theile auf die sächsische Verfassung Rücksicht genommen, um durch dieses Werkchen zugleich auch dem sächsischen Gewerbsmann ein Handbuch für dessen Bedürfnisse zu liefern; indem er meint, daß „Johann K. Albrich's Handbuch für Dorfs-Notäre in „den sächsischen Kreisen 2c." (Denkbl. I. 18), dessen Werth der Verfasser anerkennt, nur für solche geeignet sei, welche in Verfassung eines schriftlichen Aufsatzes überhaupt schon geübt seien. — Behufs der Vorübung zur Verfassung eigentlicher Aufsätze, nemlich zur Uebung im Sätzebilden aber verweist der Verfasser auf Wurst's Sprachdenklehre oder die nach denselben Grundsätzen bearbeitete: Deutsche Sprachlehre für Anfänger, mit Aufgaben. Hermannstadt, bei Sam. Filtsch. 1832. 8. 162 S.

Die zweite Auflage erschien 1847 unter dem Titel: „Aufsatz„lehre, mit besonderer Rücksicht auf das siebenbürgisch-sächsische Privat„recht. Ein Handbuch für Schule und Haus. Von Johann Michaelis, „öffentlicher Lehrer am Gymnasium A. C. und Vorsteher einer „höheren Lehr- und Erziehungsanstalt für die weibliche Jugend in „Hermannstadt." Zweite verb. Aufl. Hermannstadt, bei Sam. Filtsch. 1847. 8. IV. 218 S.

Der erste Abschnitt handelt von Beschreibungen und Erzählungen, der zweite von Geschäfts-Aufsätzen, der dritte von Briefen. Als Hilfsmittel benützte der Verfasser laut seinem Vorworte vornemlich die Schriften von Falkmann, Hartmann und Albrich.

Die dritte Auflage erschien 1863. „Aufsatzlehre. Handbuch für Schule und Haus von J. Michaelis, Pfarrer in Alzen. Zweiter Theil.[1]) Geschäfts-Aufsätze und Briefe. Dritte verb. Aufl. Hermannstadt, Druck und Verlag von Samuel Filtsch. 8. 182 S.

3. Michaelis besorgte die Herausgabe des Buches:

Der deutsche Kinderfreund. Ein Lesebuch für Volksschulen von F. P. Wilmsen. Neue zum Gebrauche für siebenbürgische Volksschulen eingerichtete Ausgabe. Hermannstadt bei Samuel Filtsch. 1847. 8. II, 256 S.

Unterscheidet sich von der ersten vaterländischen Ausgabe durch einige Aenderungen und Zusätze in der Erdbeschreibung und Vertauschung einiger Lieder.

4. Leitfaden zum Unterrichte in der Geographie für Anfänger. Hermannstadt, bei S. Filtsch. 1847. 8. 72 S. nebst einer Abbildung der Halbkugeln der Erde und einem Kärtchen von Siebenbürgen.

Enthält eine kurze Beschreibung Siebenbürgens und einen Grundriß der allgemeinen Erdbeschreibung.

5. Leitfaden zum Unterrichte in der Naturlehre für Anfänger. Hermannstadt, bei S. Filtsch. 1848. 8. 18 S. Wieder unter dem Titel:

---

[1]) Vom ersten Theile erschien keine dritte Auflage.

Naturlehre für Volksschulen, herausgegeben von J. M. Hermannstadt, Verlag von Franz Michaelis. 1868. 8. 32 S.

6. Leitfaden zum Unterrichte in der Naturgeschichte für Anfänger. Hermannstädt, bei S. Filtsch. 1847. 8. 26 S.[1])

7. Soldatenlieder. Gesammelt und herausgegeben von J. Michaelis, Hermannstadt, gedruckt mit v. Closius'schen Schriften 1849. 16. II, 60 S.

8. Konfirmandenbüchlein. Ein Leitfaden bei dem Unterrichte evangelisch-lutherischer Konfirmanden von Johann Michaelis, Prediger in Hermannstadt. Hermannstadt 1851, gedruckt bei G. v. Closius. 12. 64 Seiten.

Diesem folgte: Konfirmandenbüchlein. Ein Leitfaden für den Religionsunterricht in den Oberklassen der Volksschulen, und insbesondere für den Unterricht der Konfirmanden Augsb. Konf. Zweite völlig umgearbeitete und bedeutend vermehrte Auflage. Hermanst. 1853, bei Samuel Filtsch. Groß-12. II, 108 S. Dem Superintendenten A. C. Georg Paul Binder zugeeignet.

Neuer Titel: „Konfirmandenbüchlein das kleinere, von J. Michaelis, Pfarrer in Alzen". 2. Aufl. Ebendas.

Ferner erschien: Das größere Konfirmandenbüchlein, das ist christliche Religionslehre für die evangelische Jugend A. K. in den Oberklassen der Volksschulen, sowie im Untergymnasium und in der Realschule, und für Konfirmanden von J. M., Prediger und Direktor der Mädchenschulen A. K. in Hermannstadt. Dritte verbesserte und vermehrte Auflage. Hermannstadt, Verlag von Samuel Filtsch. 1859. kl. 8. VIII, 144 S.

Gleichfalls dem Superintendenten G. P. Binder zugeeignet. In dieser Auflage hat der Verfasser den betreffenden Stellen die Beziehung auf die dazu passenden Lieder des Hermannstädter und Kronstädter Gesangbuchs und eine kurze Belehrung über das Kirchenjahr beigefügt. Vierte verbesserte und vermehrte Auflage. Hermannstadt, gedruckt und im Verlag von Samuel Filtsch 1860. 8. 152 S.

---

[1]) Die letzteren drei Werkchen wurden nach ihrer Erscheinung im Jahre 1847 angezeigt in dem Siebenbürger Volksfreund vom 13. Oktober 1847, Nr. 42, und ein Leitfaden zum Unterricht in der Geschichte, sowie ein Leitfaden zum Unterricht in der Landwirthschaftslehre versprochen.

Viktor Molnár, Pfarrer in Hoßufalu bei Kronstadt, hat dieses Buch in die ungarische Sprache übersetzt und herausgegeben unter dem Titel: „Dr. Luther Márton Kiskatéja Michaelis Jánosnak evang. Népiskolák és Konfirmálandók számára Készült Vezérfonalával a Keresztyén Vallásban. Brasso Römer és Kamner Nyomdászok sajtója. 1861. 8. 78 S.

Davon ist die 2. Aufl. im Jahre 1851 ebendaselbst erschienen.

Das kleinere Konfirmandenbüchlein, d. i. Kurzer Unterricht in der christlichen Religion für die evangelische Jugend A. K. in den Volksschulen und für Konfirmanden, von Johann Michaelis, Prediger und Direktor der Mädchenschulen in Hermannstadt. Hermannstadt 1859. Druck und Verlag von S. Filtsch. 12. 127 S.

Das größere Konfirmandenbüchlein, d. i. christliche Religionslehre für die evangelische Jugend A. K. in den Oberklassen der Volksschulen, sowie am Untergymnasium und in der Realschule, und für Konfirmanden von Johann Michaelis, Pfarrer in Alzen. Fünfte verbesserte Auflage. Hermannstadt, gedruckt und im Verlage von S. Filtsch. 1865. 8. 156 S.

9. Predigt am ersten Advent-Sonntage 1858, welcher in Hermannstadt zugleich als Reformationsfest gefeiert wird, in der evangelischen Pfarrkirche A. K. zu Hermannstadt gehalten von Johann Michaelis. (Zum Besten des Unterstützungsfondes für Gewerbtreibende.) Hermannstadt, gedruckt bei Joseph Drottleff. 1858. 8. 16 S.

10. Oesterreichische Vaterlandskunde, mit besonderer Rücksicht auf das Kronland Siebenbürgen. Zum Gebrauche in den Siebenbürgischen Volksschulen von einem praktischen Schulmanne. Zweite Auflage. Mit einer Karte der österreichischen Monarchie. Das Recht der Uebersetzung wird sich vom Verleger vorbehalten. Hermannstadt 1858. Druck und Verlag von S. Filtsch. 8. 64 S.

11. Festgebet zur Geburtsfeier Sr. kais. Hoheit des durchl. Kronprinzen von Oesterreich Rudolph Franz Karl Joseph. Ohne Glauben gibt es keinen Frieden. Predigt. (Die eine Hälfte des Ertrages ist dem Mädchen-Schulfonde A. K., die andere Hälfte der Unterstützung einer armen Waise gewidmet.) Hermannstadt 1858, gedruckt und in Kommission bei S. Filtsch. 8. 20 S.

12. Von unsern Lieben in der andern Welt. Eine Gabe der Liebe für trauernde Herzen. Druck von S. Filtsch in Hermannstadt. (1859.) 8. 8 S.

13. Predigt, gehalten am Feste Mariä Verkündigung 1860 in der evangelischen Pfarrkirche in Hermannstadt. Thema: Der wahre Schmuck christlicher Jungfrauen, oder Ueber weibliche Erziehung. Der Gesammtertrag ist für die Abgebrannten in Bolkatsch bestimmt. Hermannstadt, gedruckt bei Joseph Drotleff. 1860. 8. 14 S.
14. Anleitung zur Benützung der neuen Handfibel nach der Schreib-Lese-Methode. Zum Gebrauch in den siebenbürgischen Volksschulen. Zweite verbesserte und vermehrte Auflage. Von Johann Michaelis, Pfarrer in Alzen. Hermannstadt, Druck und Verlag von Samuel Filtsch, 1864. 8. 15 S.

Diese Handfibel erschien unter dem Titel: „Neue Handfibel nach der Schreibmethode. Zum Gebrauche in den siebenbürgischen Volksschulen. Zweite verbesserte und vermehrte Auflage. Hermannstadt, Druck und Verlag von Samuel Filtsch. 1863." 8.

Eine vierte Auflage ist unter dem Titel: „Neue Handfibel nach der Schreib-Lese-Methode. Hermannstadt, Verlag von Franz Michaelis. 1869." erschienen.
15. Rede zur Eröffnung der dritten Hauptvereins-Versammlung der Gustav Adolph-Stiftung für Siebenbürgen am 2. August 1865. Gehalten in der evangelischen Pfarrkirche A. K. zu Kronstadt von Joh. Michaelis, Pfarrer in Alzen. Der Ertrag ist dem Alzener Schulbaufonde gewidmet. Hermannstadt, Druck und Verlag von Samuel Filtsch. 1865. 8. 15 S.
16. Handbuch für Volksschulen, herausgegeben von Johann Michaelis. Erstes Heft: Die Sprachlehre. Hermannstadt. Verlag von Franz Michaelis. 1867. 8.
17. Die christliche Religion für Kinder auf Grund biblischer Erzählungen. Hermannstadt. Verlag von Franz Michaelis. 1869. 12. VIII. 104 Seiten.

Mild Johann Gottlieb,

Tr.

geboren in Schäßburg am 21. Juli 1757, studirte abwechselnd in Schäßburg und Maros-Vásárhely, sowie in Klausenburg, an der Universität in Tübingen 1779—1782, war öffentlicher Lehrer (seit 1784) und sofort Rektor des Schäßburger Gymnasiums vom 10. Juni 1788 bis 6. November 1791, ferner Stadtprediger in Schäßburg, wurde sofort am 15. Oktober

1792 zum Pfarrer nach Rabeln, von da aber nach Erked den 26. August 1806 berufen und zum Dechanten des Schäßburger (Kißdenser) Kapitels gewählt, welche Würde er vom Jahre 1810—1835 bekleidete. Er starb 1840 8. Juli.

Mehreres über ihn, — seine Studien im Vaterlande und in Tübingen, — und über seine Mitwirkung bei den Vorbereitungen zum Bau der neuen Schule in Schäßburg berichtet G. Bell in der Fortsetzung der Geschichte des Schäßburger Gymnasiums, welche das Programm dieses Gymnasiums für 1863/4, herausgegeben vom Direktor Friedrich Müller, enthält, Seite 8—11.

1. Auch ein Wort zur Ehre an der Urne Eines seinen Staaten nur allzufrüh entrissenen glorwürdigsten Fürsten Sr. k. k. Majestät Joseph des Zweiten. Von Johann Gottlieb Milb, Rektor der evangelischen Schule zu Schäßburg in Siebenbürgen.

Quando ullum invenient parem? Horat. Tübingen, bei Jakob Friedrich Heerbrandt, 1790. kl.-8. 56 S.

Eine in der Schäßburger evangelischen Hauptkirche kurz nach dem Tode des Kaisers Joseph gehaltene Gedächtnißrede, welche im 93. Stück der Göttinger gelehrten Anzeigen Seite 737 angezeigt und gelobt wurde.

2. Beiträge zur Geschichte der Schäßburger Wüste oder sogenannten Woßleng. Mscpt.

Seiv. **Miles (Milles) Mathias,**

ein gelehrter Rathsherr zu Hermannstadt[1]), aus einem alten konsularischen Geschlechte und ein Mann von vielen Verdiensten. Schon im fünfzehnten

---

[1]) Der alte sächsische Familienname hieß: Moser — sächsisch: Muöser. Im Album Oltardianum (in Trauschenfels Fundgruben N. F. S. 33) heißt es: „1597 den 17. Februar moritur D. Johannes Milles alias Moser etc." So sprachen die Alten mit den beliebten Doppellautern im sächsischen (z. B Muöß: Moß, — Luös: Loos, — Muöst: Most, — Ruöß: Roß, — Nuös: Nase, — Schuöt: Schaar u. a. m.) den Namen Muöser statt Moser noch im 16. Jahrhundert aus, mit welchem sie die deutschen (aber auch nur diese) Soldaten und ihre im Lande gebliebenen Nachkommen und in der Folge mitunter auch nachgewanderte Deutsche bezeichneten. Ein Muöser Hannes in Kronstadt nannte sich im acht-

Jahrhunderte blühten seine Ahnen. Sein Urgroßvater, Simon Miles, starb als Bürgermeister zu Hermannstadt den 18. November 1576 und hatte Johann den Zweiten 1566 auf seiner Reise zum Kaiser Soleyman nach Belgrad begleitet. Sein Großvater, Simon Miles, starb als ältester Rathsherr zu Medwisch. Dessen Sohn, Mathias Miles[1]), Stadtpfarrer zu Medwisch, und Sophia, eine Tochter des dasigen Bürgermeisters, Franz Rentsch, dreijährigen Gesandten an der Pforte, waren die Eltern unsres Miles, der 1639 den 21. Februar geboren ward. Der wüthenden Pestseuche in seiner Vaterstadt wich er zwar 1649 nach Eibesdorf zum Pfarrer Johann Zekeli glücklich aus; allein sein Vater wurde den 30. November ein trauriges Opfer derselben. Hierauf begab er sich nach Probstdorf, die Tonkunst zu erlernen, kehrte aber nach einem halben Jahre nach Medwisch zurück, woselbst er auch bis 1651 verblieb und darnach unter dem Michael Kököschi, einem berühmten Schulmanne zu Schárosch, sich in der ungrischen Sprache übte. Den 15. Februar 1654 wurde er Student zu Medwisch, begleitete aber 1655 den 5. Februar den berühmten Magister Martin Albrich, außerordentlichen Professor an der Schule, nach Kronstadt. Hier verblieb er bis 1658, da er dann den 20. Mai seine akademische Reise nach Wittenberg antrat. Kaum aber war ein Jahr verflossen, so erhielt er den Beruf zum Rektorate der Medwischer Schule, welches ihm den 10. des Christmonats 1659 feierlich übergeben wurde. Doch die Vorsehung hatte ihn nicht zum Dienste der Kirche bestimmt. 1661 ließ er sich auf dem Landtage zu Medwisch vom Fürsten Johann Kemény bewegen, als geheimer Sekretär in seine Dienste zu gehen. Hierauf ward er im Brachmonde nebst dem Dionysius Bánfi und Michael Teleki an den kaiserlichen Hof nach Wien abgeordnet, unter welcher Abwesenheit er sowohl seine Mutter als Schwester an der Pestseuche verlor.

---

zehnten Jahrhundert Johannes Teutsch, und studirte. Sachsen verwandelten im sechszehnten Jahrhundert ihre deutschen Namen in lateinische, wie Miles, Sartorius, Sutoris, Textoris ꝛc., ohne daß der sächsische Name vor dem Ende des siebenzehnten Jahrhunderts von Jemanden für einen Spottnamen gehalten wurde — S. hierüber u. a. N. Ungr. Magaz. I. 368 und besonders J. K. Schullers: „Das siebenbürgisch-sächsische Wort Muoser oder Mooser" in Trauschenfels Magazin I. 131—144.

Tr.

[1] Dieser hat seinen akademischen Lebenslauf zu Königsberg in elegischen Versen, doch unvollkommen, unter folgender Aufschrift hinterlassen: Vita academica, seu opera et dies in alma Borussorum, quae est Regiomonti, Universitate consumptae, ab ipso authore A 1633, a. d. 25. Jun. usque ad diem consum. M. M. M. T. S. (Matthias Miles Mediensis, Theologiae Studiosus.)

Im Jahre 1662 kam er mit den kaiserlichen Hilfsvölkern, die der berühmte Montecucoli nach Siebenbürgen führte, glücklich zurück. Indessen hatte Kemény in der Schlacht mit den Türken bei Groß-Alisch den 22. Januar Feld und Leben verloren. Dieses setzte ihn in keine geringe Verlegenheit; allein der gütige Fürst Apafi begnadigte ihn und sandte ihn im November an den walachischen Hospodaren Gligorasch Gjike, wie auch das folgende Jahr mit dem Kanzler Ladislaus Szellepschi und Bogislaus Kopp, Generalen der vereinigten Ungern, nach Ungarn, den Grafen Thomas Thekel und Franz Botschkai das Reichsdiplom zu überbringen, worauf sich viele Schlösser und Dörfer dem Fürsten unterwarfen. Nach seiner Zurückkunft vermählte sich Miles den 30. Januar 1664 mit Susanna Hutter, Witwe des Agnethler Pfarrers, Andreas Malbert, und ließ sich zu Hermannstadt häuslich nieder[1]), woselbst er bald ein Mitglied der Hundertmannschaft und endlich Rathsherr ward. Als solcher befehligte er nebst dem Johann Pankratius, Rathsherrn zu Mühlenbach, die sächsischen Truppen, da Apafi 1682 einen Feldzug nach Ungarn thun mußte, um sich mit dem Pascha von Ofen und dem Grafen Tököli zu vereinigen. Allein nach fünfzehn Wochen kamen sie glücklich in ihr Vaterland zurück. 1685 sah er sich zu einer neuen Reise verbunden. Da ein kaiserlicher Gesandter sehr auf den Fürsten und die Landesstände drang, dem glorreichen Kaiser Leopold zu huldigen, ward im Weinmonate ein Landtag zu Weißenburg gehalten. Man sagte es dem Abgesandten unter der Bedingung zu, wenn die siegreichen kaiserlichen Waffen auch Ofen, Waradein und Griechischweißenburg würden erobert haben. Als der Gesandte hiezu bald Hoffnung machte: so wurde die Sache sehr geheim behandelt, alle gegenwärtigen Stände mußten den Eid der Verschwiegenheit ablegen und die Abwesenden wurden von allem Antheile an den Rathsversammlungen ausgeschlossen. Hierauf beschlossen sie eine Gesandschaft an den kaiserlichen Hof. Unter dieser befand sich auch Miles[2]), der den 4. September 1686 von Wien wieder zu Hermannstadt anlangte, aber sogleich in eine tödtliche Krankheit verfiel, daran er den 1. des Weinmonats sein Leben im achtundvierzigsten Jahre beschloß. Weil er ohne Erben starb, hinterließ er eine schöne Büchersammlung nebst seinem in Lebensgröße gemalten

---

[1]) Bis auf diesen Zeitpunkt hat Miles selbst seinen Lebenslauf entworfen.
[2]) Gunesch in Suppl. ad Lib. IV Rerum Transs. Jo. Bethlenii. in Fuchsii Chronica, Ed. Trausch II. 204, 222.

Bildnisse, der dasigen Schulbibliothek. Auf der letztern befindet sich unter seinem Geschlechtswappen, folgende Aufschrift:

AD CAESAR. ROMAN. IMPERAT.
MATEM. LEOPOLDUM.
CELSISSI. TRANSNIAE.
PRINCIPIS DNI. MICHA.
APAFI AC TRIVM EIVSDEM
REGNI STATVVM
LEGATVS. MATTHIAS
MILES. SENATOR
CONSVLARIS METROP.
CIBINIENS. VIENNAE.
1686. MENS. MARTII.

Der Name Miles klingt ganz römisch, allein unsere Väter sprachen ihn Milles aus.

1. Siebenbürgischer Würg-Engel, oder Chronikalischer Anhang des 15. Seculi nach Christi Geburt, aller theils in Siebenbürgen, theils Ungarn und sonst Siebenbürgen angränzenden Ländern fürgelauffene Geschichten. Worauß nicht nur allein die greuligst=bluttige Anschläge, Kriege und Zeitungen, deßen vielfältiger Feinde, sondern auch die gehaimbsten Raht-Schlüße beyder Kaiser, Könige, Fürsten und Wahrwoben zu erkündigen, durch welche dieß bedrängte Vaterland theils wohl regieret, theils vollends in Abgrund des Verderbens gestürzt worden: auch welcher Gestalt nebenst der Augspurgischen Confession, die übrige im Lande angenommene Religionen drinnen erwachsen sein. Nebenst der Ober-Regenten Sächsischer Nation, bevorauß der Haupt-Hermanstadt, löbligen Magistrats, ordentlicher Erzehlung, wie Selbige nehmlich ihre Amptsgeschäften versehen haben. Welches kurz doch wahrhaft und ordentlich abgebildet und herausgegeben, Matthias Miles, Medicus. Jurisprudentiae Cultor. Hermanstadt, in Verlegung H. Andreä Fleischers: gedruckt bei Stephano Jüngling. 1670. in 4. 259 S.

Miles hat dieses Werk seinem Mäcen, dem Hermannstädter Königsrichter Andreas Fleischer zugeschrieben, auf dessen Unkosten es auch gedruckt worden. Es enthält die Geschichte des sechszehnten Jahrhunderts von 1501 bis 1600, da der walachische Fürst Michael aus dem Lande geschlagen ward, und ist nur eine Probe und ein Theil seines großen chronologischen Werkes. Schmeizel in seiner

Biblioth. Hungar. Soct. II. Cap. V. §. 2 fällt darüber das Urtheil: Bonus ille Senator, tenui revera eruditione tinctus, patet id ipsum inter alia, et ex titulo in quo saeculi XV. res se conscripsisse dicit — stylum adhibuit dialecto Saxonum suorum attemperato, utiturque formulis loquendi, quas exteri Germani vix intelligent. In chronologicis hallucinatur plus vice simplici, et contrarius subinde est exterorum Scriptorum relationibus. Interim ex debito laudanda est authoris opera, quam pro modulo virium suarum patriae suae, hac in parte praestare voluit, congerendo videlicet res et facta saeculi oppido momentosi. — Welches Urtheil ich in Absicht unseres Miles gern unterschreibe, überhaupt aber es einem vaterländischen Geschichtschreiber nie zu einem Fehler rechnen würde, wenn seine Nachrichten von ausländischen Schriftstellern abweichen. Denn welcher verdient in diesem Falle mehr Beifall? Ich merke noch an, daß Miles gleichfalls unsere Sachsen für Nachkommen der alten Gethen und Gothen hält.

2. Sacra Deo et Principi — Vni Ter Opt. Max. Pacis Largitori. — Heroi pacifico, Domino Augusto. Ill. ac Celsiss. Dno., Michaeli Apafi, D. G. Princ. Trans. etc. Eucharistica, dum inter arduas administrationum Reipublicae Regni Transylvaniae curas, Illustriss. Celsit. Principalis, tertium ejusdem Provinciae statum, inclytam Saxonicae Nationis Uuiversitatem, clementissimo dignata gratia, Numine supremo sanctos conatus felicissimo successu coronante, vacantiam loci suppletura, eandem gentem denuo Comite suo confirmato bearet, antesignano ad vota exornaret, nempe Generoso, Ampl. Prud. ac Circumspecto Domino, Matthia Semrigero, sextum hactenus annum curuleis Consulatus Cibiniensis fascibus, laudabili virtutis trophaeo defuncto: Jam vero Metropolitanae ejusdem electo Judice Regio, ac investito jam dictae Nationis Saxonicae Comite pio, religioso — Anno 1676, die 22. Febr. locabat Matthias Miles, C. Cibin. Cibinii per Stephan. Jüngling. in 4. 28 S.

Zwei Lobgedichte, ein lateinisches auf den Fürsten und ein deutsches auf den Königsrichter Semringer in Alexandrinischen Versen, deren Abschnitt allezeit weiblich ist.

3. Utriusque Universitatis Saxonicae Nationis Transactio perpetua. 1660.

Miles gedenkt derselben im Würg-Engel S. 75 mit dem Beisatze, daß er sie anderswo herausgegeben. Vielleicht ist dieses im gemeldeten Jahre geschehen, denn dieser Vergleich zwischen der weltlichen und geistlichen Universität geschah nach seinem eigenen Berichte 1560. Nach dem David Hermann aber, der diese zwölf Artikel in seinem Protokoll auch anführt, ungewiß 1559 oder 1561. Allein Siegler in seiner Chronol. R. V. setzet auch das Jahr 1560.

Es sind folgende:

I. Die Blutfreundschaft in ehelichen Sachen und die Ehescheidung soll dem Decano eines jeden Orts nach dem Wort Gottes und Ehre zu urtheilen gebühren.

II. Der Freiheit halben, Asylum genannt, soll an allen Oertern gehalten werden nach Königlicher Majestät Freitum und Inhalt der Reformation.

III. Was am Pfarrhof und Kirchendiener Häuser zu bauen ist, soll die Gemeine bauen und darnach durch die Pfarre erhalten werden. Was sonst zu anderer Bau nöthig sein wird, soll die Gemeine eines jeden Orts schuldig sein, Holz zu geben.

IV. Die Gemeinen sollen die nächsten bleiben im Kauff des Zehendes, doch also, daß er dem Pfarrer soll nach seinen Werth bezahlt werden.

V. Die Verächter der Ceremonien sollen erstlich durch das Wort Gottes ermahnet werden; wo sie aber nicht folgen, noch von ihrer Bosheit abstehen, sollen sie durch den Pfarrer und Obrigkeit gestraft werden, und die Strafe soll zu gemeinem Nutz gewendet werden.

VI. Jedermann soll vor seinem ordentlichen Richter gesucht werden; ausgenommen was Zehnden, Feiertag, Kirchenfreitum und des Pfarrern Gesinde betrift, das soll in das geistliche Urtheil gehören; so fern sie das Leben nicht verwirket haben.

VII. Nachdem der Schulmeister untereins[1]) soll angenommen werden, soll man sie auch untereins ihres Unfleißes halben strafen. Wo aber der Pfarrer und die Gemeine sich des Schulmeisters halben nicht könnten vertragen; so soll der Dekanus desselben Orts mit dem Richter darzusehen.

VIII. Die Visitation soll nach dem Inhalt der Reformation gehalten werden, und die Strafe der Ungehorsamen soll von der Obrigkeit nicht unterlassen werden.

---

[1]) Mit Einwilligung des Pfarrers und der Gemeine.

IX. Ein jeder soll mit des Richters Zeichen citirt werden, bei welchem er zu thun hat.

X. Was zu den Witthöfen oder Kirchen gehört, soll jedes an dem gelassen werden, dahin es gehört.

XI. Was von der Gemeine verboten ist und im Verbo. ist, soll den Pfarrern auch verboten sein. Mit dem Weinschenken soll es nach dem Exempel der ehrbarn Herrn in Burzelland gehalten werden.

XII. Wo es die Proventus ertragen, soll man einen Ministrum[1]) oder wie viele die Noth erfordert, halten.

4. Opus Chronologicum. Eine Geschichte Siebenbürgens von der Geburt Christi an bis auf seine Zeiten. Miles gedenkt desselben in der Vorrede seines Würg-Engels, davon dieser ein Auszug war. Ich aber habe bisher vergebens gesucht. Mscpt.

Von den Epigrammen, die Miles mit Valentin Frank 1677 herausgegeben hat, siehe den Frank von Frankenstein.

5. Arcanum Reipublicae. Er soll darin auch der alten Besoldungen gedenken. Gesehen habe ich es nie. Mscpt.

6. Collectio historica, concernens rationes Transilvaniae varias, ac minus contemnendas. Von diesem handschriftlichen Werke, wofern es nicht eines mit dem Vorhergehenden ist, hat uns Lorenz Weidenfelder excerpta hinterlassen, welche nicht wenige Briefe, Privilegien und andere Urkunden enthalten. Unter andern ein Schreiben des Fürsten Apafi an den König von Frankreich, Kurfürsten von Brandenburg und den brandenburgischen Rath Jakob Nagy von Harschány, 1672, welche sich auf den damaligen Religionszustand in Ungarn beziehen.

Tr. Bemerkungen hiezu, und zwar:

zu 4. Opus chronologicum. Das Original hat folgenden Titel: „Chronologia rerum Ungarico-Transilvanicarum a nato Salvatore Christo notatu dignarum et continua, qua per res gestas fieri potuit, annorum serie ad hoc praesens temporis momentum deductarum et ultima lima caren. collectarum." In fol. 37 S.

Die Erzählung läuft bis zum Jahre 1500 in lateinischer Sprache fort. Hierauf:

---

[1]) Diakonus, die man gemeiniglich Prediger nennt und deren im Hermannstädter Kapitel nur zu Stolzenburg, Großau und Heltau zwei sind.

„folget das andere Theil dieser Chronik, deutsch beschrieben," (b. i. Siebenbürgischer Würg=Engel), S. 38—145, ebenfalls in Folio. Am Schluß liest man: „Ende der 1500jährigen Historie die 26. Jul. 1668 hora 6 vesper."

Die eigenhändige Handschrift des Verfassers befindet sich gegenwärtig im ungrischen National-Museum zu Pest unter der Sammlung Eberischer Manuscripte in einem Foliobande, welchem Eber den Titel: Mathiae Militis Adversaria historico statistica vorgesetzt und ein kurzes Inhalts=Verzeichniß beigefügt hat. In dem nämlichen Bande befindet sich auch die

6 angeführte Collectio historica concernens rationes Transilvaniae varias etc. und vermuthlich auch das

5 erwähnte Arcanum Reipublicae, wenngleich diese Titel nicht, wohl aber die Gegenstände selbst darinen vorkommen. Einige Stücke hat Eber in seinem Handschriften=Verzeichniß Nr. 66 (aber noch unvollständiger als das Inhalts=Verzeichniß verfaßt ist) angegeben.

Eine Fortsetzung der Milesischen Chronologie vom Jahr 1600 herwärts soll sich in der Bibliothek des Enyeder reformirten Kollegiums befinden. Miles selbst hat diese Fortsetzung versprochen im Würg=Engel S. 259.

7. Diarium Expeditionis Anno 1682 cum Principe Apafi in Ungariam susceptae. Mscpt. in deutscher Sprache.

Das Original befindet sich in der Eberischen Handschriften Sammlung laut Katalog Nr. 38 zu Pest im ungarischen National=Museum.

Den literärischen Streit des Töppelt mit Miles beschreiben Agnethler im Katalog der Schmeizelischen Bibliothek S. 35 und Haner in der handschriftlichen Geschichte von Siebenbürgen, sowie Seivert in dem Artikel: „Töppelt, in welchem unter des Letzteren Schriften auch seine Apologie wider Mathias Miles (nicht David Hermann) angeführt wird.

Tr. **Miller Johann Clem. Ferdinand,**

war der Sohn des Joseph Miller aus Kronstadt, welcher als Hauptmann des Babocsaischen Regiments im Jahre 1717 bei der Einnahme von Bukarest, durch einen Schuß verwundet, auf der Wahlstatt blieb, und der Eleonora Bélbi, geboren in Kronstadt im Jahre 1716.

Seine Mutter, welche sich nach des Vaters Tode mit ihm nach Ofen begab, verlor er schon nach einem dreijährigen Aufenthalte daselbst. Demnach bereits im vierten Lebensjahre völlig verwaiset, gerieth er in die Hände der Jesuiten, welche ihn im achten Jahre zur katholischen Religion hinüberzutreten vermochten und für seine Erziehung und wissenschaftliche Ausbildung sorgten. Nachdem er sofort auf höheren inländischen Lehranstalten sich zum Dienste des Vaterlandes als Jurist gehörig vorbereitet hatte, wurde er Advokat in Ofen, in der Folge der Zeit städtischer Obernotair und endlich Magistratsrath. Im Jahr 1751 und 1764 wurde er als Deputirter zu den damaligen ungrischen Landtägen geschickt, bei welcher Gelegenheit seine Talente und Verdienste von der Königin Marie Theresia durch eine Gedächtnißmünze, 56 Dukaten im Gewicht, belohnt wurden. Auch wurde er mit dem ungrischen Adel und Prädikat de Brasso begnadigt, nachdem bereits sein Urgroßvater Samuel Miller als Sekretär des Fürsten Stephan Botskai in Siebenbürgen im Jahre 1604 in den Adelstand erhoben worden war. In der Ehe lebte er mit Elisabeth Mayerberg von Mayerbergshofen, Tochter des Karl v. Mayerberg, Majoren des Prinz Eugen von Savoyen'schen Kürassier-Regiments und nachmaligen Senators in Ofen. Er zeugte mit ihr zwei Kinder, nämlich: Jakob Ferdinand Miller, k. k. Rath und Direktor des ungrischen National-Museums in Pest (geb. 15. Dezember 1749), mit dessen Tode den 22. November 1823 die Familie erloschen ist[1]), und Franziska Josepha, verehelichte Ignaz Mészáros, — und starb 1766.

---

[1]) Eine Biographie und das Verzeichniß der vielen Schriften dieses verdienstvollen Mannes lieferten im Tudományos Gyüjtemény, Peston 1824, 7. Heft S. 36—58, der Probst Georg Fejér (I., seinem Index, Codicis diplomatici etc., Budae 1830, S. 383) und darnach Danielik im L. Bande der Magyar Irók, Pest 1858, S. 201—203, sowie Wurzbach im Biographischen Lexikon des Kaiserthums Oesterreich, 18. Thl. Wien 1868, S. 324—326. Aus der Reihe der Schriften, durch deren Herausgabe der k. k. Rath Miller sich auch die Freunde der siebenbürgischen Geschichte und Literatur zu großem Danke verpflichtet hat, mögen hier bezeichnet werden:

1. Epistolae Lupp. Ferdinandi I. et. Max. II. ad Oratores suos Ottomanicos. Pestini 1808. 8.
2. Dissertatio Critica de Collectionibus Manuscriptorum corumque usu et utilitate. Pestini 1811. 8. LXIII. S.
3. Catalogus Manuscriptorum Bibliothecae Nationalis hungaricae Szechenyano regnicolaris. Sopronii 1815. 8. Vol. I. 749, Vol. II. 607, Vol. III. 489 Seiten.

Er hat geschrieben:

1. Epitome Vicissitudinum et rerum memorabilium de L. R. ac Metropolitana urbe Budensi ab ejus nativitate anno quippe 1242 ad praesentem usque annum 1760. Budac. 4. Cum Mappis. 210 S.
2. Tractatus de Processu cridali seu concursu Creditorum ex praejudiciis, Mandatis, Regiis et ordinariorum J. Regni Hungariae Judicum, aliisque observationibus compilatus. Budae 1764. 4. 128 S.
3. Historia de Ecclesiarum tum Parochialium, cum Religiosorum, Sacellorum, Colossorum et piarum Fundationum in L. R. ac Metropolitana Civitate Budensi, numero, loco, ortu, progressu et moderno statu; cum adjecta visitationis Canonicae a. 1757 hac in urbe peractae serie. Mscptr. in Folio 1020 Seiten.
4. Dissertatio de jure Asyli. Mscpt.

Tr. **Möckesch Friedrich,**

Sohn des Johann Michael Möckesch, Pfarrers in Neußdörfchen, geboren in Hermannstadt am 10. Juni 1803, studirte am Gymnasium in Her-

---

4. Gabrielis Bethlen Principatus Transilvaniae, coaevis documentis illustratus, Autore G. Pray. Edidit J. F. M. Pestini, typis Trattnerianis 1816. 1. Thl. XXVIII, 311 S. 2. Thl. XVII, 229 S.

Recensirt in der Wiener Allg. Lit. Zeitung Nr. 33 vom 23. April 1816, S. 522—527, wo ein vollständiger Dokumenten-Auszug zu finden ist. Laut S. 523 sollte der 3. Band eine zweite (d. i. des Herausgebers Miller's) Urkunden-Sammlung aus den Schätzen des Ungarischen National-Museums nebst Gabr. Bethlen's Testament zur Oeffentlichkeit bringen. (S. auch vaterländische Blätter 1816, S. 244.) Die Ausgabe des 2. Thls. wurde lange Zeit hindurch von der Censur gehindert, und der Druck des dritten Theiles von derselben nicht zugelassen. Doch dürfte wenigstens ein Theil der für den 3. Theil bestimmt gewesenen Urkunden in den nach der Zeit durch Miller zu Ofen 1822 herausgegebenen 2 Bänden Epistolae Cardinalis Pázmány vorkommen.

5. Epistolae Procerum Regni Hungariae, quas G. Pray collegit. Posonii, ap. Belnay 1806. 8. Partes III. Pars I. VIII, 342 S. P. II. 438 S. P. III. 616 S.
6. Epistolae, quae haberi poterant S. R. E. Cardinalis, Archi Episcopi Strigoniensis et Hungariae Primatis Petri Pázmány ad Pontifices, Imperatores, Reges, Principes, Cardinales, aliosque illustres aevi sui viros tatae et vicissim ab illis acceptae, quas collegid et edidit J. F. M. de B. Budae typis R. Univers. Hung. 1822 Tomulus 1. XXVIII. 250 S. Tomulus 2. 280 S.

mannstabt und in den Schulen zu Bizakna und Groß-Enyed, dann wieder in Hermannstadt von 1817—1825, trat in die Zahl der Studirenden an der protestantisch-theologischen Lehranstalt in Wien ein im September 1826 ꝛc., wurde als Gymnasiallehrer angestellt zu Hermannstadt im Dezember 1833, wo er bis zum Jahre 1838, dann aber vom 7. Jänner 1838 bis 29. September 1840 diente. Er wurde zum Pfarrer in Reußen 1840 29. September und darauf am 27. Februar 1856 zum Pfarrer nach Kleinscheuern berufen, wo er jetzt lebt.

Historiam Reformationis Capituli Cibiniensis inde ab anno 1526 usque ad annum 1545 succinctam scripsit F. M. Cibinii typis Sam. Filtsch 1834. 8. 26 S.

Tr. **Möckesch Johann Michael,**

Pfarrer in Reußdörfchen, Hermannstädter Stuhls, war früher Prediger in Szakadat, wohin er als Student des Hermannstädter Gymnasiums berufen worden war.

Preátenul szau Voitoriul de bine ál Pruntsilor schi a tinerimii Romaneschti, o Kárte de Csetire foarte foloszitoare, káre pre számá Schkoalelor schi á Norodului Romaneszk din Nemtzie szpre Romanie oau traduszo J. M. Mokeschi, Paroch evangelitsesk de a Reztsorio. Szibii tiperite en Tipographia Mostenilor lui M. de Hochmeister. 8. VI. 328 S.

(D. i. Walachische Uebersetzung des Wilmsen'schen Teutschen Kinderfreundes [angezeigt in der Beilage zur Kronstädter walachischen Zeitung: Fóae pentru minte, inima schi Literatura. 1839. Nr. 7, S. 56], eingerichtet nach der in Hermannstadt erschienenen, für die sächsischen Volksschulen in Siebenbürgen bearbeiteten deutschen Ausgabe Wilmsens. — Die Vorrede ist datirt aus Reußdörfchen im Monat August 1837.)

Tr. **Möckesch Martin Samuel,**

Pfarrerssohn von Reußdörfchen, geboren in Reußdörfchen am 11. November 1813, absolvirte das Gymnasium zu Hermannstadt 1835, diente als Schullehrer in Großau vom 30. Juli 1835 bis 12. Oktober 1836, studirte in Berlin 1836—1838. Von der Berliner Hochschule zurückgekehrt, wurde M. im Oktober 1840 als Elementarlehrer und im April 1842 als zweiter Lehrer an der neuerrichteten Gewerbeschule in Hermannstadt angestellt, darauf Pfarrer in Baumgarten 1845 am 5. März, in Fogarasch 1850 11. März und in Groß-Probstdorf 1856 24. April, endlich in Marpod 8. Jänner 1864.

Möckesch wurde ausgezeichnet:

a) durch Verleihung des goldenen Verdienstkreuzes von Sr. Majestät Kaiser Franz Joseph I. mittelst allerhöchster Entschließung dd. Csik-Szereda den 29. Juli 1852;

b) durch seine, über Antrag der k. k. Central-Kommission zur Erforschung und Erhaltung der Baudenkmale im österreichischen Kaiserstaat erfolgte Ernennung zum Konservator von Seiten des k. k. Ministers Freiherrn v. Baumgarten vom 30. Juni 1854.

Außer vielen Aufsätzen in in= und ausländischen Zeitschriften und Kalendern hat Möckesch durch den Druck veröffentlicht:

1. Die Pfarrkirche der Augsb. Conf. Verwandten zu Hermannstadt. Mit einer lithographirten Ansicht der Pfarrkirche. Hermannstadt (gedr. bei Sam Filtsch,) 1839. 8. XVI, 134 S.

2. Historiam aedis sacrae Paroeciae Cibiniensis A. C. add. Composuit, nec non structurae genus, secundum quod aedes sacra exstructa, definivit S. M. Cand. Theol. Cibinii typis Sam. Filtsch. 1839. 8. 16 Seiten.

3. Geistliche Lieder in walachischer Sprache, theils aus dem Deutschen übersetzt, theils gedichtet von S. M. Der Ertrag ist zur Anschaffung einer Orgel für die Baumgartner evangelische Kirche bestimmt. Hermannstadt 1846. gedr. bei Samuel Filtsch. 8. 15 Seiten.

4. Romänische Dichtungen. In's Deutsche übersetzt von S. M. Hermannstadt 1851. Druck und Verlag von Theodor Steinhaußen. 8. VI. 94. S.

5. Des höchsten Alters Loos. Eine siebenbürgisch-sächsische Erzählung von M. S. M. Hermannstadt, gedruckt und in Kommission bei S. Filtsch. 1862. 12. 16 S.

Auch unter dem Titel: „Des höchsten Alters Loos, oder Peter Schun's Lebensende". Seite 1 in der ersten Anmerkung sagt der Verfasser dieser poetischen Geschichte: „Peter Schun war einer von den 70.000 Gefangenen, welche die Türken im Julius 1438 durch den Törzburger Paß aus dem Lande führten"; — und in der dritten Anmerkung: „1508 war das Jahr, in welchem Peter Schun aus der Gefangenschaft zurückkehrte".

6. Beweise für die celtische Abstammung der Walachen oder Romänen, besonders derer, welche im Großfürstenthume Siebenbürgen leben. Von M. S. M., ev. Pfarrer A. K. in Marpod in Siebenbürgen. Hermannstadt 1867. Druck von Theodor Steinhaußen. 8. 70 S.

In Baumgarten hat Möckesch zum Gebrauche des dasigen evangelischen Pfarrers und seiner Gemeinde verfaßt und in Handschrift zurückgelassen:

7. Eine walachische Agende.
8. Die Uebersetzung der Leidensgeschichte Jesu, wie sie im neuen württembergischen Gesangbuch von Seite 483—498 enthalten ist, — und
9. Eine Uebersetzung des kleinen Lutherischen Katechismus in die walachische Sprache.
10. Ernst und Scherz, Gedichte von M. S. M. Hermannstadt. Samuel Filtsch's Buchdruckerei. (W. Krafft.) 1869. 12. 61 S.

Tr. **Möß Michael,**

Magistrats-Protokollist in Hermannstadt, dann Advokat daselbst.

Anleitung, die Citate für das Statutar-Gesetzbuch der Sachsen in Siebenbürgen binnen kurzer Zeit dem Gedächtniß auf eine leichtfaßliche Art einzuprägen, nach Karl Otto Reventlow's Methode eingerichtet. Hermannstadt 1846. Im Verlage der W. H. Thierfelder'schen Buchhandlung. 8. 108 S.

Tr. **Mohr M. Kaspar.**

Neuer und verbesserter Volkskalender für das Jahr 1715 ꝛc. durch M. Casparum Mohr, Philos. et Math. Cultorem. Nürnberg. 4.

Gr. Joseph Kemény, welcher diesen Kalender besaß, bemerkt darüber in seinem handschriftlichen Index historicus, dipl. etc. sub voce: Calendarium: „1715 confecit Saxo Transilvanus M. Casp. Mohr Calendarium cujus titulus: Neuer ꝛc." (wie oben). Mir ist weder dieser Kalender, noch der Name des Verfassers bekannt.

Mohr Friedrich Samuel,

Tr.

Buchhalter in der Hochmeisterischen Buchhandlung zu Hermannstadt vom Jahre 1789 bis an sein Lebensende, war ein Mitglied der Lesegesellschaft und der Freimaurer Loge daselbst (Quartalschr. I. 140 und 403), und betheiligte sich an der Redaktion des Siebenbürger Boten, der einzigen damals in Siebenbürgen erscheinenden Zeitung. Er starb in Hermannstadt am 26. Februar 1805 in dem Lebensalter von 44 Jahren.

1. Die Geschichte der Sachsen. Eine Ballade zur Volksfeier der Installation Seiner Excellenz des Hochgeborenen Herrn Herrn Michaels Edlen von Bruckenthal, des neuerwählten Comes der Nation. Hermannstadt, gedruckt bei Johann Gottlieb Mühlsteffen 1790. 8. 24 S. (Denkbl. I. 184 u. II. 344.)

2. Gesundheitslehre für die Jugend, nebst einigen pädagogischen Winken. Hermannstadt, bei Martin Hochmeister 1804. 8. 72 S.

(Laut den Siebenb. Provinzialblättern I. 188 aus den besten Schriften dieser Art zusammengestellt und herausgegeben von Mohr. Am a. O. wird zugleich gesagt: „Herr Mohr, der so manches heilsame exotische Gewächs auf siebenbürgischen Boden verpflanzt, verdient auch für dieses den Dank unserer Landsleute".)

Moldner Andreas,

Tr.

evangelischer Prediger in Kronstadt. Sein Andenken hat folgendes Buch erhalten:

Geistliche Lieder durch H. Andream Moldner gemacht. MDXLIII. U. 8. 23 S. (Druck, Papier, Format und das Kronstädter Wappen auf dem Titelblatt lassen keinen Zweifel übrig, daß dieses Buch in Kronstadt gedruckt worden ist.) Das Buch ist ganz mit lateinischen Lettern gedruckt und enthält folgende Lieder:

1. Danksagung H. Andreä Moldner, Prediger zu Cron.
2. Ein anders.
3. Ein anders.
4. Ein anders.
5. Im Ton des Seqventz Cougaudent ang. cho.
6. Ein Klag zu Gott.
7. Vom reichen Mann und Lazaro. And. Moldner.
8. Von der Hochzeit in Cana Galiläa.

Johann Moldner, aus Honigberg gebürtig, der im Jahre 1528 zum Pfarrer in Zeiden erwählt wurde, scheint dessen Vater gewesen zu sein.

In Wittstock's Beiträgen zur Reformationsgeschichte des Nösnergaues Seite 34 wird berichtet, daß sich ehemals in der Bistritzer Gymnasial-Bibliothek ein Buch befand: "Cautionale Andreae Moldner Coronensis." Vermuthlich ist unter diesem Titel das oben angezeigte Liederbuch gemeint, da die Alten bei der Bezeichnung der Büchertitel es nicht sehr genau nahmen.

Das erste Lied: "Lob und Ehr mit stätem Dankopfer" und das fünfte Lied: "O Jesu zu aller Zeit" sind Lieder der böhmischen Brüder von Michael Weisse. Die beiden Lieder: "Willt Du bei Gott Dein Wohnung han", und: "Es war einmal ein reicher Mann" finden sich auch bei Wackernagel in dessen: "Deutschem Kirchenlied von M. Luther bis auf Nik. Hermann ıc., Stuttgart 1841, als unbekannten Dichtern (ob wohl Moldnern als Verfasser?) angehörig.

Tr. Moltke Leopold,

Buchhalter in der Buchhandlung des Wilhelm Németh in Kronstadt, seit Ende März bis 18. Juni 1849 verantwortlicher Redakteur der Kronstädter Zeitung, aus Küstrin in Preußen gebürtig, wurde im Juni 1849 Lieutenant in dem ungrischen Insurgentencorps und bei der, bald darauf erfolgten Bewältigung der Revolution in Ungarn als Kriegsgefangener in ein k. k. österreichisches Regiment eingereiht. Von der k. preußischen Gesandtschaft als königlich-preußischer Unterthan reklamirt, wurde Moltke aus dem österreichischen Militärdienste in seine Heimat entlassen und lebte sofort mit seiner in Kronstadt geheirateten Gattin in Berlin, wo er sich mit schriftstellerischen Arbeiten beschäftigte und im Jahre 1861 eine Agentur zur Vermittelung literarischer, musikalischer und anderer An- und Aufträge unter dem Titel: "Geschäftswarte für geistige Arbeit" errichtete. Gegenwärtig lebt derselbe in Leipzig mit literarischen, besonders poetischen Arbeiten beschäftigt. Mit Uebergehung der in Deutschland von Moltke veröffentlichten Schriften, z. B. die Zeitschrift: "Teutscher Sprachwart. Zeitschrift für Kunde und Kunst der Sprache, insonderheit für Hege und Pflege unserer Muttersprache in allen ihren Mundarten, für Schirm und Schutz ihrer Gerechtsame in Heimat und Fremde, für Reinheit und Richtigkeit ihres Gebrauchs in Rede und Schrift. N. F. Leipzig 1866. gr. 8. 384 S. (oder 24 Nummern), in 2 Bänden"; sowie: „Deutsche Dichterhalle. Zeitschrift für Poesie und Poetik, Leipzig 1848", und Gedichte (aus dem Jugendalter des Verfassers), von welch' letzteren vier Auflagen erschienen sind, u. a. m. mögen hier seine in Siebenbürgen gedruckten Schriften genannt werden:

1. Bühnen-Kaleidoskop für Kronstadts Theaterfreunde und Theaterliebhaber überhaupt. Herausgegeben von —tk—. (Kronstadt 1841, bei J. Gött.) 8. 28 S.

   (Enthält eine Kritik über die vom 28. Oktober bis 3. Dezember 1841 in Kronstadt aufgeführten dramatischen Vorstellungen.)

2. Ufermuscheln. Neue dichterische Versuche. Kronstadt (Leipzig) 1842. 8.

3. Monumente für Momente. Poetisches Tagebuch von Leop. Moltke. 1. Bds. 1. Heft. Leipzig 1843. Moltke's Verlags-Expedition. (Ludwig Schreck.) ll.-8. 64 S.

4. Neuere Gedichte. 1. Thl. Ufermuscheln. Leipzig, Moltke's Verlags-Expedition. 1843. 8.

   Derselben 2. Theil. Tag- und Nachtfalter. Ebend. 1843. 8.

5. Wir sind ein Volk aus deutschem Blut. Lied im Geiste der Siebenbürger Sachsen gedichtet und ihrer edlen Nation gewidmet von L. M. In Musik gesetzt und für vierstimmigen Männerchor eingerichtet von Johann Hedwig, Stadtkantor und Musikdirektor an der Kathedralkirche zu Kronstadt in Siebenbürgen. 1843. Ebend. 8.

   Dasselbe für einstimmigen Chor mit Begleitung des Pianoforte eingerichtet. Quer-4.

6. Sporn- und Stachellieder für das deutsche Volk. Den Manen Robert Blum's und ihrem Rächer Joseph Bem gewidmet. (Vor Jahren schon geschrieben, aber noch immer unerfüllt geblieben; nun zu Thatbehufen hinausgerufen!) Kronstadt in Siebenbürgen 1849. 12. 35 S.

7. Michael Weiß. Ein Trauerspiel. Handschrift.

Tr. **Monau (Monavius) Friedrich,**

Sohn des Rechtsgelehrten Jakob Monau[1]), wurde am 30. Juli 1592 in Breslau geboren. Schon am 6. Oktober 1603 starb der Vater. Der

---

[1]) S. Jöcher's Gelehrten-Lexikon III. 610. Jakob Monau's Lob f. in Melchior Adami Vita ICTorum German. S. 178—179.

frühzeitig verwaiste Sohn erhielt aber von ausgezeichneten Lehrern eine vortreffliche Ausbildung, besuchte die vorzüglichsten Hochschulen Deutschlands, Frankreichs, Spaniens, Helvetiens und Italiens, erwarb die ärztliche Doktorwürde zu Tübingen am 4. November 1622. Nach der Rückkehr in die Heimat, dem Wunsche wieder zu reisen folgend, kam er auf seiner Wanderung durch Deutschland und Polen nach Ungarn, besuchte mehrere Städte, besonders aber die Bergstädte, sammelte Pflanzen, und zu Klausenburg, wohin er im Mai 1634 gelangte, so wie zu Weißenburg auch alte römische Inschriften, — und erhielt am 30. Juni 1635 den Ruf zum Stadtarzt und öffentlichen Gymnasial-Lehrer nach Kronstadt.[1]) Doch schon im Jahre 1636 verließ er Kronstadt und nahm den Dienst als Physikus und öffentlicher Lehrer in Bistritz an. Allein auch hier überwog seine Reiselust, — er verließ Siebenbürgen, begab sich nach Danzig, wo er sich als Pestarzt verwenden ließ, sowie weiter nach Thorn und von hier nach Königsberg, wo er öffentlichen Unterricht ertheilte und übernahm endlich die Stelle eines Professors der Medizin zu Greifswald mit einem ihm von der schwedischen Königin Christine bewilligten ansehnlichen Jahresgehalte im Jahre 1649. Diese Stelle bekleidete Monau mit Beifall bis zu seinem am 6. November 1659 erfolgten Tode.

Joh. Hennius in seiner im Jahre 1668, 4., herausgegebenen Prosopographia metrica Gryphiswald. ertheilt ihm das Lob:

Philologus simul ac herbaria in arte stupendus
Cui nullum vidit Florida Flora parem.

Seine Schriften zählt Stephan Scheffel in seinem (unten zu Nr. 8) angeführten Werke vom Jahre 1756 und nach ihm auszugsweise Steph. Weßprémi a. a. O. auf, wie sie hier mit den in Weßprémi's Werke beigefügten Bemerkungen verzeichnet folgen:

1. Diss. inaug Laux satura rerum medicarum. Tubing. 1622. 4.
2. Programma, quo munus professorium Brassovii, quam Coronam vocant, auspicatus est Eidib. octobr. a. 1635 in forma patente publicatum. In fine programmatis hujus prolixe laudat Simonem Albelium Ven. Ministerii urbici Coronensis Praesidem et Pastorem primarium, Dioeceseosque Decanum a quo in Orchestram illam minorvalem productus, et novo professoris officio inaugurandus fit.

---

[1]) S. die Anstellungs-Urkunde des Kronstädter Raths in Weszpremi's Succincta medicorum Hung. et Transs. Biographia Cent. II. P. I. pag 136—137.

3. Programma Bistriciae Daco-Saxonum a 1637 feriis τῶν ἀγιῶν φώτων publicatum. Duo haec Programmata Gemellarum Dacicarum titulo conjunctim denuo edidit a. 1641 in fol. Regiomonte.
4. Hieronymi Fabricii ab Aquapendente opusculum de totius animalis integumentis edit. 1618, 4., et Regiom. 1642. 4.
5. Bronchotome i. e. gutturis artificisse aperiendi ἐγχείρησις. Regiom. 1544. 4.
6. Programma, quo ad lectiones publicas de Hippopotamo etc. habendas invitabit. Gryphiswald 1650 in forma patente.
7. Programma ad herbationes inchoandas invitatorium ipsis Kal. Maji anno eodem forma ead. editum ibid.
8. Crystallina, puta luis venereae novae species. Brunsvigae 1665. 8.

Sequentia Monavii opera inedita asservantur in Bibliotheca Helvigiana teste Stephano Scheffellio, qui vitam Monavii dedit et scripta enumeravit in vitis Proff. Medic. Gryphiswald. a. 1756. 4.:

9. Index Herbarii Monavii Tomis XII. constantis. Catalogus plantarum Hungaricarum anno 1635.
10. Itinerarii Monaviani Tomi II. — In posteriori continentur: 1. Iter Polonicum; 2. Fuga Hungarica a. 1633; 3. Iter Transilvanicum a. 1635; 4. Discessus Coronensis eod. anno; 6. Iter Hungaricum anno 1636 etc. In utroque hoc Itinerarii Tomo plurimae inveniuntur res non modo curiosae, sed scitu quam necessariae; dum loca omnia, per quae transivit, singulari cum accuratione descripsisse; plantas aliaque ex tribus Naturae regnis notatu digniora recensuisse, Inscriptiones vetustas et recentiores quascumque obvias indefessa, immo admiranda prorsus industria adnotavisse ex lectione illorum dignoscitur; dignum itaque opus esse, ut prae aliis multis itineratoribus in lucem publicam liberali Maecenatum munificentia protrahatur.
11. Hymnorum Sacrorum Volumen. Conscripsit nos in peregrinetionibus suis constitutus alios Patavii, et Sadecii in Poloniae finibus 1629 et Albae Juliae in tetro exilio, alium Bistriciae anno 1636 alios Rivuli Dominarum a. 1637 et 1638 etc.
12. „Fimbria Gruteriana Inscriptionum Dacicarum". Operi Jani Gruteri de Inscriptionibus vetustis inserere meditatus est Inscriptiones ab eo in Transilvania in primis Albae Juliae collectas numero quinquaginta nondum typis expressas.

Reliqua inedita et promissa opera recensuit laudatus Scheffelius, quae nos huc exscribere chartarum angustia jam prohibet.

Tr. **Müller Andreas,**

von Kronstadt gebürtig, starb als Kollega der Gymnasial-Schule zu Kronstadt, welche Stelle er seit 5. Februar 1828 bekleidet hatte, den 29. September 1831.

Er hatte an der protestantisch-theologischen Fakultät in Wien studirt vom März 1822 an weiter.

1. Sigmund Bathori, Fürst von Siebenbürgen. Ein Trauerspiel in vier Aufzügen. Handschrift. 4.
2. Die beiden Freunde. Eine dramatische Phantasie in drei Aufzügen. Handschrift. 4.

Tr. **Müller Freiherr v. Reichenstein Franz Joseph,**[1]

Sohn des am 25. Juli 1788 in den erbländischen Adelstand mit dem Prädikate v. Reichenstein erhobenen k. siebenbürgischen Thesaurariatsrathes Joseph Müller, geboren am 1. Juli 1740, beendete die philosophischen und juridischen Studien an der Hochschule in Wien, studirte sofort Bergbaukunde, Mechanik, Chemie und Mineralogie an der königlichen Berg-Akademie zu Schemnitz (1763 ꝛc.) und wurde im Jahre 1768 zum niederungrischen Markscheider ernannt. Als im Jahre 1770 eine Hofkommission zur Regulirung der Banater Berg- und Hüttenwerke ernannt wurde, zu welcher Müller beigezogen ward, bewies er solche Kenntnisse in den Bergwerks-Wissenschaften, daß er noch in dem nemlichen Jahr zum Oberbergmeister und Bergwerks-Direktor im Banate befördert wurde. Im Jahre 1775 kam er als Bergwerks-Direktor und wirklicher Bergrath nach Tirol und von da im Jahre 1778 als k. Thesaurariats-Rath nach Siebenbürgen. Wesentliche Verbesserungen der Manipulation und der Staatseinkünfte bahnten ihm den Weg zur weiteren Beförderung. Vom

---

[1] Oesterreichische National-Encyclopädie. Wien 1835 III. 525—526 und Wurzbach's biographisches Lexikon des Kaiserthums Oesterreich. Wien 1868. XIX. S. 345—347.

Kaiser Joseph II. im Jahre 1788 zum wirklichen Gubernialrathe ernannt und in den Erbländischen Ritterstand erhoben, wurde Müller Oberinspektor und Chef des gesammten siebenbürgischen Berg-, Hütten- und Salinenwesens und erhielt im Jahre 1795 das siebenbürgische Indigenat¹). Im Jahre 1798 wurde er wirklicher Hofrath bei dem königl. siebenbürgischen Thesaurariat²) und im Jahre 1802 zur Hofstelle nach Wien berufen. Bei derselben diente er bis zum Jahre 1818, worauf er auf sein Ansuchen in den Ruhestand versetzt, mit dem Ritterkreuz des St. Stephans-Ordens ausgezeichnet und im Jahre 1820 in den Freiherrnstand erhoben wurde. Bei seiner Versetzung in den Ruhestand ward Müller vom Referate zwar enthoben, wohnte aber den Sitzungen der Hofstellen auf Ersuchen der Obern, durch seine ausgebreiteten Kenntnisse und Erfahrungen noch ferner nützlich zu sein, noch längere Zeit bei. Er starb in Wien am 12. Oktober 1825.

Der einzige Sohn seines einzigen Sohnes Karl (gestorben in Hermannstadt als k. k. Bergrath und Buchhalter 22. Juli 1848), Namens Franz Freiherr v. Reichenstein (geboren in Hermannstadt am 3. Oktober 1819) war zuletzt Vize-Hofkanzler der k. siebenbürgischen Hofkanzlei, und lebt seit der Auflösung derselben in Disponibilität abwechselnd in Wien und in seiner Vaterstadt Hermannstadt.

Franz Joseph Müller, Freiherr v. Reichenstein war Mitglied der Gesellschaft naturforschender Freunde zu Berlin und der Societät für die gesammte Mineralogie zu Jena und machte mehrere nützliche Entdeckungen in der Mineralogie: 1778 entdeckte er in Tirol den Turmalin (einen elektrischen Schörl) — ferner im Jahre 1783 in Siebenbürgen ein neues Metall in einer goldreichen Erzart, welches später Tellur³) und von

---

¹) Siebenb. Landtags-Protokoll vom Jahr 1792, Seite 568, und 1794/5, Seite 89, 191.

²) Die erste Rathswürde bei dem ehemaligen k. Thesaurariate, mit welcher die Vertretung des k. Thesaurarius bei dessen Abgang oder in Verhinderungsfällen verbunden war.

³) Daß selbst nach dem Geständniß und Zeugniß des Berliner Gelehrten Klaproth, die Ehre das sogenannte Metallum problematicum für ein selbständiges von allen früher bekannten Metallen und Halbmetallen wesentlich verschiedenes Halbmetall vermuthet und erklärt zu haben (welche Vermuthung dann Klaproth völlig bestätigte und dem neuen Metall den Namen Tellur-Metall [Tellurium] beilegte), — dem Müller v. Reichenstein gebührt, zeigt Eder in der Zeitschrift von und für Ungarn, 1802. Pest. II. 90-93.

Einigen (als Anspielung auf den Fundort Siebenbürgen Transsilvania) Sylvan genannt wurde. Nach ihm erhielt auch der Hyalith, eine Opalart, von mehreren Mineralogen den Namen: „**Müllerisches Glas.**"

Die von ihm veröffentlichen schriftstellerischen Arbeiten sind:
1. Nachricht von den in Tirol entdeckten Turmalinen. Wien 1778.
2. Versuch über den vermeintlichen natürlichen Spießglaskönig. (In Born's physikalischen Arbeiten der einträchtigen Freunde in Wien. Wien 1783—1784, I. Jahrgang, 1. Quartal, S. 57—59.)
3. Versuche mit dem in der Grube Maria-Hilf in dem Gebirge Fazebay bei Zalathna vorkommenden vermeinten gediegenen Spießglaskönig. (Ebend. S. 63—69, sowie 2. Quart. S. 49—53 und 3. Quart. S. 34—53.)
4. Nachrichten von den Golderzen aus Nagyág in Siebenbürgen. (Ebend. 2. Quart. S. 85—87.)
5. Mineralgeschichte der Goldbergwerke in dem Böröschpataker Gebirge bei Abrudbánya im Großfürstenthume Siebenbürgen nebst einer Charte von Herrn v. Müller, k. k. Gubernialrath und Oberberg- und Salinen-Inspektor zu Zalatna in Siebenbürgen. (Gedruckt in Born und Trebra's Bergbaukunde. Leipzig, bei Göschen 1789, 4. 1 Bd., S. 37—91.)

Tr. ## Müller Friedrich,

Sohn des Schäßburger Senators gleichen Namens und Enkel des dasigen Stadtpfarrers Georg Müller[1]), geboren in Schäßburg am 15. Mai 1828, studirte am dasigen Gymnasium und in den Jahren 1846—1848 an den Universitäten zu Leipzig und Berlin.

---

[1]) Georg Müller, von Schäßburg gebürtig, hatte in Tübingen studirt 1784, diente zehn Jahre lang als Gymnasiallehrer und evangelischer Prediger in seiner Vaterstadt, ward den 14. April 1798 Pfarrer in Holdvilág, 10. Oktober 1808 Pfarrer in Zendresch, 1820 Stadtpfarrer in Schäßburg und starb daselbst 1845 den 18. Juni, 85 Jahre alt. Als Pfarrer in Zendresch war er ein verständiger und thätiger Rathgeber seiner Gemeinde und der sogenannten dreizehn Ortschaften überhaupt im Kockelburger Komitat gegen die Unterjochungs-Bestrebungen ihrer Grundherrn und trug das Meiste zur Erwirkung der günstigen, wenn auch später durch den Einfluß mächtiger Interessenten wieder geänderten Hofentscheidung bei. Als Schul-Inspektor erwarb sich Müller bleibende Verdienste um das Schäßburger Gymnasium. S. Siebenb. Wochenblatt, Nr. 53, 1845.

Nach seiner Heimkehr wurde er als öffentlicher Lehrer am Schäßburger Gymnasium angestellt, bekleidete vom Jahre 1863 bis 1869 das Rektorat dieses Gymnasiums und wurde am 20. Juni 1869 zum Pfarrer in Leschkirch erwählt.

Seine Druckschriften:

1. Beiträge zur Geschichte des Hexenglaubens und des Hexenprozesses in Siebenbürgen. Von Friedrich Müller, Gymnasiallehrer in Schäßburg. Braunschweig, C. A. Schwetschke und Sohn (M. Bruhn). 1854. 8. 77 S.

(Recensirt in Prutz's Deutschem Museum Nr. 34, 1854 17. August, S. 294—295, und in den österr. Blättern für Literatur und Kunst vom 21. Mai 1855, Nr. 21 und 22, von Arnold Ipolyi. In dieser letzteren Recension bemerkt Ipolyi, daß alle Quellen über die bis jetzt veröffentlichten Hexenprozesse Ungarns nebst den meisten Handschriften vollständig verzeichnet seien in Ipolyi's Magyar Mythologia' S. 416.)

2. Geschichte der siebenbürgischen Hospitäler bis zum Jahre 1625. In dem Programm des Schäßburger evangelischen Gymnasiums für das Jahr 1856, s. den Art. G. D. Teutsch.

Beurtheilt in dem Notizenblatt, Beilage zum Archiv für Kunde österreichischer Geschichtsquellen Jahrgang 1857, S. 18—20, von Jos. Chmel.

3. Siebenbürgische Sagen, gesammelt und mitgetheilt von F. Müller, Gymnasiallehrer in Schäßburg. Kronstadt 1857. Druck und Verlag von Johann Gött. 8. Vorrede XVII S. Inhalts-Verzeichniß S. XIX.—XXXI., dann I. Mythische Sagen S. 1—179. II. Geschichtliche Sagen S. 181—306. Nachlese S. 307—328. Anhang: S. 331—338 Literatur der Sagensammlung und Sagenforschung in Siebenbürgen. S. 338—411 Ueber die mythischen Sagen in Siebenbürgen. S. 411—424 Zur geschichtlichen Sage in Siebenbürgen.

(„Den treuesten Beförderern dieser Sammlung F. Wilhelm Schuster in Mühlbach, Joseph Haltrich und Georg D. Teutsch in Schäßburg gewidmet.")

Vergleiche den Artikel: Haltrich.

Aus dieser Sammlung erschienen vorläufig 14 Sagen in Gött's Kronstädter Kalender für 1857. in 12. S. 1—21.

Recensirt in Brockhaus' Blättern für literarische Unterhaltung. Leipzig 1858, Nr 28, S. 514—515.

4. Die kirchliche Baukunst des romanischen Styles in Siebenbürgen. Mit 3 lithogr. Tafeln, 23 Holzschnitten und 2 Facsimiles. Wien aus der k. k. Hof- und Staatsdruckerei. 1858. 4. 48 S. (Besonderer Abdruck aus dem 3. Bande des Jahrbuchs der k. k. Centralkommission zur Erforschung und Erhaltung der Baudenkmale.)

5. Deutsche Sprachdenkmäler aus Siebenbürgen. Aus schriftlichen Quellen des zwölften bis sechszehnten Jahrhunderts gesammelt von F. Müller. Herausgegeben vom Verein für siebenbürgische Landeskunde. Hermannstadt 1864. Druck und Verlag von Theodor Steinhaußen. 8. Einleitung S. I—XXVI. Inhalts-Verzeichniß Seite XXVII—XXXII. Text 236 Seiten.

In der Recension dieses Buches in der Zeitschrift „Germania, Vierteljahrsschrift für deutsche Alterthumskunde, herausgegeben von Franz Pfeiffer, 9. Jahrgang," Wien 1864, Seite 477 bis 482 wirft Recensent dem Verfasser Unbekanntschaft mit den Anfangsgründen der deutschen historischen Grammatik vor und macht die Ausstellung des Abgangs theils von Erläuterungen, die oft nur der mit der Oertlichkeit Vertraute geben kann, theils jedes Wort- und Sachregisters. (Der Recensent ist K. Schröer, Direktor der evangelischen Schulen in Wien, bekannt durch seine Schriften über die Mundarten der Deutschen in Ungarn.)

6. Die römischen Inschriften in Dacien. Gesammelt und bearbeitet von Michael J. Ackner, gestorben als evangelischer Pfarrer zu Hamersdorf, k. Rath, Besitzer des goldenen Verdienstkreuzes mit der Krone, Korrespondenten der k. k. Central-Kommission für Erforschung und Erhaltung der Baudenkmale, des archäologischen Institutes in Rom, der k. Leopold. Carol. Akademie der Naturforscher, und anderer Vereine Mitglied, — und Friedrich Müller, Gymnasialdirektor in Schäßburg, Conservator der k. k. Central-Kommission für Erforschung und Erhaltung der Baudenkmale, Ausschußmitglied des Vereines für siebenbürgische Landeskunde. Herausgegeben mit Unterstützung der kaiserlichen Akademie der Wissenschaften in Wien. Wien 1865. Verlag von Tendler u. Comp. (Carl Fromme.) 8. XXVII, 247 Seiten.

Die Vorrede enthält eine chronologische Aufzählung der diesem Buch vorhergegangenen Sammlungen römisch-dacischer Inschriften und am Schluß ein Inhalts-Verzeichniß über die Fundorte. Dem Buche sind beigefügt Indices I. zur alten Geographie; II. Gottheiten; III. Kaiser, Kaiserinnen, Prinzen; IV. Konsulen; V. Tribus; VI. Truppenkörper; VII. Kommandanten der XIII. und V. Legion; VIII. Statthalter in Dacien; IX. Die Procuratores aurariarum in Dacien; X. Sonstige Personen und Sachen. Endlich Inschriften, welche, obwohl nicht in Dacien gefunden, sich auf Dacien beziehen.

(Lobend recensirt in der österreichischen Wochenschrift vom Jahre 1865, 6. Band Seite 664 und 844—849 [von Dr. Fr. Kenner] und daraus in der Kronstädter Zeitung vom 29. Dezember 1865, Nr. 204 S. 2328—2329).

7. Programm des evangelischen Gymnasiums in Schäßburg und der damit verbundenen Lehranstalten. Zum Schlusse des Schuljahres 1862/63, veröffentlicht vom Direktor Fr. Müller. Inhalt: A. Volksthümlicher Glaube und Brauch bei Tod und Begräbniß im Siebenbürger Sachsenlande. Ein Beitrag zur Kulturgeschichte von Georg Schuller. S. 1—67. B. Schulnachrichten vom Direktor. S. 69. bis 103. Kronstadt, gedruckt und im Verlag bei Joh. Gött. 1863. 8. VIII. 103 S.

8. Programm ebendesselben Gymnasiums vom Jahre 1863/64. Herausgegeben vom Direktor des Gymnasiums Fr. Müller. Inhalt: A. Geschichte des Schäßburger Gymnasiums, fortgesetzt vom Gymnasiallehrer G. Bell. S. 1—56. B. Schulnachrichten vom Direktor. S. 57—66. Kronstadt, gedruckt bei J. Gött. 1864. 4. I. 66 S.

9. Programm ebendesselben Gymnasiums vom Jahre 1864/65, veröffentlicht vom Direktor Fr. Müller. Inhalt: A. Volksthümlicher Glaube und Brauch bei Tod und Begräbniß im Siebenbürger Sachsenlande. Ein Beitrag zur Kulturgeschichte von Georg Schuller (Seite 1—78). B. Schulnachrichten vom Direktor (S. 81—102). Hermannstadt, Buchdruckerei S. Filtsch. 1865. 8. VII. 102 S.

10. Programm ebendesselben Gymnasiums vom Jahre 1865/66, veröffentlicht vom Direktor Fr. Müller. Inhalt: A. Negative Idiotismen der siebenbürgisch-sächsischen Volkssprache von Joseph Haltrich (S. 3 bis 56). B. Schulnachrichten vom Direktor (S. 57—85). Hermannstadt, Buchdruckerei S. Filtsch. 8. 85 S.

11. Programm ebendesselben Gymnasiums vom Jahre 1866/67, veröffentlicht vom Direktor Fr. Müller. Inhalt: A. Beiträge zur klimatologischen und statistischen Kenntniß der Stadt Schäßburg von

Johann Teutſch (S. 3—80). B. Schulnachrichten vom Direktor (S. 81—96). Hermannſtadt, Buchdruckerei S. Filtſch. 1867. 8. 96 Seiten.

12. Programm ebendeſſelben Gymnaſiums vom Jahre 1867/68, veröffentlicht vom Direktor Fr. Müller. Inhalt: A. Beiträge zur klimatologiſchen und ſtatiſtiſchen Kenntniß der Stadt Schäßburg von Johann Teutſch ([Schluß] S. 3—36). B. Schulnachrichten vom Direktor (S. 37—52). Hermannſtadt, Buchdruckerei S. Filtſch. 1868. 8.

13. Programm ebendeſſelben Gymnaſiums vom Jahre 1868/69, veröffentlicht vom Direktor Fr. Müller. Inhalt: A. Algebraiſche Aufhaben von Daniel Höhr, Gymnaſiallehrer (S. 3—70). B. Schulnachrichten vom Direktor (S. 71—84). Hermannſtadt, S. Filtſch's Buchdruckerei (W. Krafft). 1869. 8. 84 S.

14. Zur Geſchichte der ſächſiſchen Goldſchmiedzünfte in den Blättern für Geiſt, Gemüth und Vaterlandskunde. Jahrgang 1858, Nr. 39, 40, 41, 42, 43, 44, 45, 46 und 47, und in dem Sächſiſchen Hausfreund (Kronſtädter Kalender). Jahrgang 1865. S. 18.—50.[1])

Müller Georg,

Seiv.

ein Kronſtädter, den ich aber nur aus folgendem Werkchen kenne:
Compendium Arithmeticae vulgaris. Coronae. 1681. in 8. 48 S.

Müller Georg Friedrich,

Tr.

geboren in Schäßburg am 29. März 1791, Sohn des Zeudrescher, dann Schäßburger Pfarrers Georg Müller, ſtudirte auf der Univerſität Tübingen 1814 ꝛc., wurde nach ſeiner Rückkehr nach Siebenbürgen Lehrer am Gymnaſium in Mediaſch, dann Prediger daſelbſt, darauf Pfarrer in Baaßen 1834, und letzlich Pfarrer in Sároſ, Mediaſcher Stuhls, im Jahre 1854.

De ritu sacro Prodromus seu Dissertatio brevis. Cibinii Barth. 1821. 8. VI. 26 S.

---

[1]) Von den älteſten Satzungen der Klausenburger Goldſchmiedzunft ſ. Erdélyi Muzeum Egylet Evkönyvei II. 1—9. — Müller's deutſche Sprachbenkmäler aus Siebenbürgen, S. 89, und Transſilvania, herausgegeben von Bielz. Jahrgang 1862, S. 2 -10.

Die Vorrede ist an das Mediascher evangelische Lokal-Konsistorium gerichtet.

Dr. Müller Gottfried,

Tr.

geboren in Broos am 28. Dezember 1796, studirte daselbst in den evangelischen Schulen und sodann am dasigen reformirten Untergymnasium bis zum Jahre 1809, sofort aber am Hermannstädter evangelischen Obergymnasium vom Jahre 1810—1817, indem er zugleich die zwei juristischen Jahrgänge mitmachte. Nach bestandener Maturitätsprüfung widmete er sich vom Ende November 1817 angefangen den rechts- und staatswissenschaftlichen Studien an der k. k. Wiener Universität, an der er, nach abgelegten strengen Prüfungen, zum Doktor der Rechte promovirt wurde. Darauf lebte er vom Sommer des Jahres 1821 an zwei Jahre hindurch an der Göttinger Universität und ein Jahr lang an den Pariser Instituten den Wissenschaften, kam am Ende des Jahres 1824 nach Ungarn, und brachte siebzehn Jahre in wissenschaftlicher Thätigkeit, und als Advokat beider Rechte, wie auch des Wechselgerichts im Königreich Ungarn und Mitglied der Rechtsfakultäten, an den Universitäten von Wien und Pest, dann der ungrischen Gesellschaft für Naturkunde in Pest zu. Am 22. November 1843 wurde Müller von der k. Universität zu Göttingen zum Doktor der Philosophie und Magister der freien Künste ernannt und am 22. Januar 1844 von dem Oberkonsistorium der A. C. V. in Siebenbürgen zum Professor an der neuerrichteten Rechtsfakultät in Hermannstadt mit einem Jahresgehalte von 800 fl. C.-M. angestellt.[1] Diese, nachher zur k. Rechtsakademie erhobene Anstalt, hat Müller seit ihrem Beginn geleitet und als Direktor mit derselben am 31. Juli 1869 ihr 25jähriges Jubiläum gefeiert, nachdem er noch am 7. Juni 1860 in Anerkennung seines unermüdlichen Fleißes und seiner Ausdauer von Sr. Majestät Kaiser Franz Joseph I. zum kaiserlichen Rath ernannt und im Jahre 1862 mit dem Ritterkreuze des k. k. Franz Joseph-Ordens ausgezeichnet worden.

---

[1] Müller lehrte an der neuen Anstalt: Juristisch-politische Literaturgeschichte und Encyclopädie, Naturrecht, Staatsrecht, Völkerrecht, Römisches Recht, Kirchenrecht, Strafrecht und Strafprozeßlehre; gegenwärtig aber ist er nicht nur Direktor, sondern auch ordentlicher Professor der Ethik, der Rechtsphilosophie und des protestantischen Kirchenrechtes der königlichen Akademie in Hermannstadt und Ehrenmitglied mehrerer literarischer und ökonomischer Vereine.

Müller hat die akademischen Ferien selbst bei zugenommenem Lebensalter mit seltener Ausdauer und Energie zu entfernten, mit manchen Beschwerlichkeiten verbundenen Reisen nach Deutschland, Frankreich, Italien, Schweiz, Spanien, Dänemark, Schweden, Rußland, England und selbst nach Nordafrika benützt, und besitzt nebst einer auch im höheren Alter noch sehr regen Phantasie[1]) einen reichen Schatz an Wissen, Erfahrungen und Sprachenkenntniß. Endlich hat er sich durch eine lange Reihe von Jahren um den Gewerbverein in Hermannstadt als dessen gewählter Vorsteher verdient gemacht.

Dr. Gottfried Müller's Schriften:

1. Magyaren Spiegel oder wahre Schilderung der Völker-Verfassung und Richtung des ungrischen Reiches neuester Zeit. Von einem Magyaren. Leipzig, Friedr. Volckmar 1844. 8. VI. 225 S. Mit einer Kupfertafel, die ungrische Krone und die Wappen Ungarns und der Nebenländer darstellend.

Enthält nach der Einleitung, S. 1—4: I. Völker-Gesellschaft des ungrischen Reichs, S. 4—72. II. Staats-Gesellschaft des ungrischen Reichs (Verfassung der ungrischen Länder), S. 72—177. III. Richtung des Völker- und Staatslebens im ungrischen Reiche, S. 177—225.

(Angezeigt und beurtheilt von Johann Csaplovics in den österreichischen Blättern für Literatur und Kunst vom 27. Januar 1844, Nr. 6 S. 41—42. Csaplovics nennt „den mißrathenen und schielenden „Titel des Buchs einen Verlegerpfiff, woran der Verfasser der sich „sonst im Ganzen genommen richtig auszudrücken verstehe, keinen „Antheil habe." Wirklich hat nicht der Verfasser, sondern der Verleger die Worte: Magyaren-Spiegel und von einem Magyaren auf den Titel hingesetzt, wie ich vom Verfasser selbst erfuhr. Auch soll der Titel, nach des Verfassers mir gegebenen Auskunft, also lauten: Wahre Schilderung der Völker, Verfassung und Richtung des ungarischen Reiches neuester Zeit. Am Schluße seiner Anzeige bedauert Csaplovics, daß es dem Verfasser nicht gefällig war, seinen Namen dem Buche voranzusetzen.)

---

[1]) Zeugniß davon geben die Embleme, welche an dem von Müller im Jahre 1868/69 in der Reispergasse zu Hermannstadt für sich und seine Nachkommen neuerbauten Wohnhause angebracht und sichtbar sind, sowie deren Erklärung, welche Müller, in Folge Aufforderung einiger Freunde, in dem Feuilleton der „Siebenbürgischen Blätter" vom 11. und 14. August 1869, Nr. 64 und 65 veröffentlicht hat.

2. **Wiedergeburt.** Ein Nachruf an die evangelische Kirchengemeinde des Augsburgischen Bekenntnisses in Hermannstadt, nach der festlichen Wiedereröffnung ihrer neuhergestellten Pfarrkirche am Pfingstfeste und 27. Maitage 1855 von einem ihrer Getreuen. Der Reinertrag der Veröffentlichung dieser Blätter ist dem Baufonde der Pfarrkirche gewidmet. Hermannstadt 1855. Gedruckt bei S. Filtsch. 8. 14 S.

3. **Besonnenes Kirchenthum.** Eine Liebesbitte an die evangelische Kirchengemeinde des Augsburger Bekenntnisses in Hermannstadt, drei Jahre nach der festlichen Wiedereröffnung ihrer neuhergestellten Pfarrkirche am Pfingstfeste und 23. Maitage 1858 von jenem ihrer Getreuen, der vor drei Jahren „Wiedergeburt" gerufen. Der Reinertrag der Veröffentlichung dieser Blätter ist dem Baufonde des Lutherdenkmals in Worms gewidmet. Hermannstadt 1858. Gedruckt bei S. Filtsch. 8. 14 S.

4. **Taschenbuch der k. k. Hermannstädter Rechtsakademie** für das Studienjahr 1858—1859. Herausgegeben vom Direktor derselben Dr. J. G. Müller. 1. Jahrg. Hermannstadt 1859. Eigenthum des Verfassers. Gedruckt bei S. Filtsch. 12.

   Vorwort und Inhalt IX S. Erster Theil: Einrichtung der k. k. Hermannstädter Rechtsakademie, S. 1—96. Zweiter Theil: Rath und Regeln für Jene, welche die k. k. Hermannstädter Rechtsakademie zu benützen gedenken, S. 1—32. Dritter Theil: Stand der k. k. Hermannstädter Rechtsakademie, S. 1—30. Anhang: Geschichte der k. k. Hermannstädter Rechtsakademie vom Direktor derselben Dr. J. G. Müller, S. 1—84.

5. **Taschenbuch** ꝛc. für 1859—1860. 2. Jahrg. Ebendas. 1860.

   Inhalt S. I—III. Erster Theil: Einrichtung der k. k. Hermannstädter Rechtsakademie, S. 1—97. Zweiter Theil: Rath und Regeln für Jene, welche die k. k. Hermannstädter Rechtsakademie zu benützen gedenken, S. 1—32. Dritter Theil: Stand der k. k. Hermannstädter Rechtsakademie, S. 1—36. Anhang: Geschichte der k. k. Hermannstädter Rechtsakademie, 2. Abtheilung, (bis 1. Oktober 1851), S. 85—184. Beilage enthält die in den Jahren 1844/45—1850/51 bekanntgemachten Lektions-Programme, Seite 185—191.

6. In verschiedenen deutschen und ungrischen Zeitschriften erschienene Artikel, z. B.

a) Statistische, philosophische und kritische Aufsätze in dem Pester Tageblatt von den Jahren 1839 und 1840.
b) Artikel kritischen Inhalts in der Augsburger Allgemeinen Zeitung vom Jahre 1840.
c) Dráma és Regény. Im zweiten Bande der Schriften der Kisfaludischen Gesellschaft. Eine von der ungarischen ästhetischen Gesellschaft in Pest des Accessits gewürdigte Preisschrift. Pesten 1842.
d) Nemzetiség és népiosség a költészetben különösen a magyarban. A Kisfaludi társaságnak 1841ben kitett szépműtani jutalmára készült koszorus Értekezés. In: A Kisfaludi Társaság által jutalmazott és kitűntetett Pályamunkák 1842 évből. Budán a magyar királyi Egyetem betűivel 1842. 3ter Bd. (Recensirt in Schmidl's österr. Blättern für Literatur ꝛc. vom Jahre 1847, Nr. 129, S. 513—514 und auch separat gedruckt.)
e) A Haszonbérnek Magyar Országban haszuálandó legjobb módjáról, ökonomischen Inhaltes. Eine von der ungarischen Landwirthschafts-Gesellschaft zu Pest des Accessits und der Wahl des Verfassers zum Mitglied der Gesellschaft gewürdigte Preisschrift. Auszugsweise gedruckt im „Magyar Gazda" vom Jahre 1843.

7. In Handschriften zum Druck vorbereitet:
   a) Verhältniß des Schauspiels zum Roman, eine philosophische Abhandlung, von der ästhetischen Gesellschaft ausgezeichnet.
   b) Historisch-statistische Darstellung des Ursprungs, der Eigenthümlichkeiten und Sitten der Ungarn gegenwärtig (1842) bewohnenden Volksstämme, mit zwei geographischen Charten und vier statistischen Tafeln. Eine von der Fürst Jablonowßky'schen Gesellschaft der Wissenschaften zu Leipzig gekrönte Preisschrift (laut Lübbe's Zeitschrift für die vergleichende Erdkunde vom Jahre 1842).
   c) Ueber das Strafrecht im Staate und besonders über die Todesstrafe. Philosophisch und historisch bearbeitet. Gelegenheitsschrift.
   d) Das Kaiserthum Oesterreich. Eine Schrift komparativer Staatskunde. Gelegenheitsschrift.
   e) Ueber das Prinzip der Erziehung im protestantischen Sinne. Gelegenheitsschrift.
   f) A szépről és feuségesről, eine von der ungarischen Akademie des zweiten Accessits gewürdigte philosophische Preisschrift.
   g) Az uj franczia drámáról. Eine von der ungarischen ästhetischen Gesellschaft zu Pest gekrönte Preisschrift.

h) A népiskolákról, philosophisch und historisch.

i) Magyar országnak azon népekről, mellyeket a magyarok országukban találtak, és mellyek az Árpádiak alatt az országba bevándoroltak; mit 7 Tafeln. 1843 Gelegenheitsschrift.

k) Az orvosoknak valamelly új rendezete körül irt eszme. 1842. Gelegenheitsschrift.

l) De studii linguarum comparativi vi et momento in studium linguae generaliter sumtum. 1843. Gelegenheitsschrift.

m) **Seit einer Reihe von Jahren Hauptgegenstand der Bearbeitung:**

Versuch eines Universalsystems, welches das gesammte Dasein und das ganze Wissen zu einem untheilbaren Gesammtgebiete der Wissenschaft zu umfassen, und im Falle des Gelingens alle Widersprüche in den bisherigen wissenschaftlichen Separatgebäuden zu heben hätte.

Tr. ### Müller Jakob Aurelius

wurde, als der älteste unter drei Brüdern, Söhnen eines Goldschmiedes, von welchen die beiden jüngeren sich dem Gewerbe des Vaters widmeten, um das Jahr 1740 in Hermannstadt geboren, studirte am Gymnasium zu Hermannstadt und 1763 ꝛc. an der Universität zu Jena, diente sofort als Lehrer und vom Jahre 1776 bis 1785 als Rektor am Hermannstädter Gymnasium, und wurde im Mai des letzteren Jahres zum Pfarrer in Hammersdorf erwählt. Hier redigirte er mit Hilfe des nachmaligen Hermannstädter Stadtpfarrers Johann Filtsch (Denkbl. I 320) auf Anordnung des Oberkonsistoriums der A. K. B. das neue Hermannstädter Gesangbuch[1]) und wurde von der sächsischen Geistlichkeit in der Angelegenheit ihres Zehndprozesses zu K. Leopold II. deputirt. Doch während Müller in Wien anwesend war, starb der Kaiser, und Müller ward inzwischen am 1. August 1792 zum Superintendenten erwählt. Darauf kehrte er in das Vaterland zurück und verwaltete diese Würde treu und rühmlich, indem er unter Andern das wichtige Werk einer verbesserten Liturgie, welches die Synode A. B. am 5. November 1789 einhellig beschlossen

---

[1]) Dasselbe wurde mit Beifall angenommen und im Jahre 1793 eingeführt. Siebenb. Quartalschrift III. 83—84. u. V. 87.

hatte, völlig zu Stande brachte. Er starb unverehelicht und kinderlos in Birthälm am 7. Oktober 1806 ¹), nachdem er aus seinem Vermögen eine Stiftung von einigen tausend Gulden für einen Studirenden und für einige tugendhafte Mädchen zu ihrer Aussteuer gemacht, jedoch durch ein veraltetes Leiden an Schwindel in letzter Lebenszeit in Geistesschwäche verfallen war, dessen Ende ein tödtlicher Schlagfluß herbeiführte.

Von ihm hat man:
1. Ode auf den Tod Mariä Theresiä Röm. K. K. ꝛc. 11 Folio-Seiten in: „Gedächtniß des Lebens und Todes Mariä Theresiä ꝛc." (Denkbl. I. 318, Nr. 6.)
2. Die Siebenbürger Sachsen. Eine Volksschrift, herausgegeben bei Auflebung der für erloschen erklärten Nation 1790. Hermannstadt, gedruckt bei Johann Gottlieb Mühlsteffen. VI. 156 S. 8.²)

Einen Auszug dieses Buches von S. 1—79 hat Schlözer im 64. Heft seiner Staatsanzeigen 1791, S. 468—507 geliefert und einige Anmerkungen beigefügt.
3. Deductio Jurisdictionis ecclesiasticae Cleri Saxonici in Transsilvania, ex diplomatibus, Patriae Legibus antiquissimoque usu adornata 1796. Handschrift.

Am 19. Jänner 1801 schrieb der Verfasser aus Birthälm an den Gubernial-Sekretär Joachim Bedeus in Bezug hierauf:

„Ueber mein Ihnen bekanntes und in Birthälm vorgelesenes „Elaborat, betreffend die uneingeschränkten Pfarrerswahlen und die „Gerichtsbarkeit der Geistlichen in Matrimonial- und Civilprozessen „hat Herr k. Kommissär v. Györky mit vieler Wärme mir erklärt, „daß er dasselbe schön und gründlich gefunden habe, und Sr. Majestät „mit seiner Gutmeinung, ja mit Unterstützung aus eigenen Gründen „ganz gewiß unterbreiten werde. Nachher habe ich erfahren, daß er „mit des Herrn Comes Excellenz die Verabredung genommen habe,

---

¹) Durch ein unliebsames Versehen des Setzers ist der Name J. A. Müller's, als des 24. Superintenden A. B. in diesen Denkblättern 1. Bd. S. 74 ausgeblieben, wo es in meiner Handschrift heißt: „J. A. M. zum Superintendenten erwählt 1. August 1792, starb 7. Oktober 1806", worauf die Nummerirung seiner Nachfolger bis Nr. 29 zu berichtigen ist.

²) Diese Schrift hatte der ehemalige Gubernialrath von Sachsenhelm entworfen, der Superintendent Müller redigirt, und Dan. Neugeboren, nachmaliger Superintendent ausgefeilt. (Laut Eder's Nachricht auf seinem Exemplar dieses Buches.)

„dieses Elaborat vorausgehen und dann die Konsistorial-Konstitution [3]) „darauf folgen zu lassen."

Den Erfolg enthalten die k. Regulations-Rescripte für die sächsische Nation vom 10. November 1803 und 11. Oktober 1805 (im 4. Abschnitt), wodurch die der sächsischen evangelischen Geistlichkeit durch das Rescript vom 13. April 1798 entzogene Ehe-Gerichtsbarkeit wieder hergestellt und näher bestimmt wurde. S. Siebenbürger Provinzial-Blätter. VI. 153—156.

Tr. **Müller Johann,**

studirte in Jena 1734 ff., ward Hermannstädter Prediger 1741, dann zum Pfarrer in Neudorf im Jahr 1749 und zum Pfarrer in Großau den 19. Februar 1772 erwählt, und starb als Hermannstädter Dechant im 61. Jahre seines Alters am 15. Juni 1774. (S. Provinzialblätter II. 208. 121.)

1. Collectanea ad historiam Transsilvaniae, praecipue ecclesiasticam. Zwei Foliobände, Mscpt., ohne Titel. Nebst Index zu jedem Bande, wie bei Nr. 2 und 3.
2. Potiora Actorum Synodalium momenta ὡς ἐν Εὐρόψει, Tomis duobus collecta per J. M. Past. Neovillanum. 4.

    Tomus I. ab anno 1545 usque ad annum 1706. Pag. 648 et Supplementa pag. 91. Item Index Contentorum alphab. pag. 47.

    Tomus II. ab anno 1708 usque ad annum 1767. Pag. 127 et 918. Item Index Contentorum alphab. pag. 45.

    Dieser Index ist alphabetisch zu beiden Bänden durch Müller sorgfältig verfaßt, und erleichtert die Benützung der Sammlung und die Aufsuchung ihres reichhaltigen Inhaltes.
3. Lit. C. Acta quarundam Synodorum p. 1—238. Privilegiorum Collectio et Rescripta quaedam p. 242—364. Extractus Appr. Const. Transs. p. 367—432. Dav. Herrmann Jurisprud. eccl. p. 435—526. Honteri Libellus reformationis p. 529—572. Scharsii Ord. Digestio p. 575—632. L. Graffii Studium concordiae p. 637—653. L. Graffii Apodixis Jurium episcopalium p. 659—709. Capituli

---

[1]) Vgl. den Art. D. G. Neugeboren.

Cibin. Responsum ad hanc p. 711—775. L. Graffii Notae in literas de conditionibus Superintendenti anno 1716 propositis p. 781—805. L. Graffii Monita ad Responsum Cibin. p. 807—985. Item Index Contentorum alphab. 43 Seiten. Endlich Taxa Rhesaria Synodalis. 3 Seiten. Ein Quartband.

Tr. **Müller Johann Gottlieb,**

Sohn des Groß-Scheuerner Pfarrers Johann Müller, studirte an der Universität zu Leipzig 1806 ꝛc. und starb als Stadtprediger in Hermannstadt 1823 am 27. Dezember.

De Origine Nationis Saxonicae in Transsilvania Dissertatio. Cibinii Hochmeister. 1810. 8. 11 S.

Tr. **Müller Karl,**

Sohn des Groß-Scheuerner Pfarrers Johann Müller, studirte an der Universität in Jena 1812 ꝛc., wurde als Gymnasiallehrer, und darauf als Prediger in Hermannstadt angestellt, sofort zum Pfarrer in Kastenholz 1828 3. August gewählt und starb in letzterer Eigenschaft 17. September 1836 in Hermannstadt, alt 48 J.

De Jure Pastorum Saxonicorum in Transsilvania Decimas Fundo Regio provenientes percipiendi Dissertatio. Cibinii, Hochmeister, 1817. 8. 32 S.

Tr. **Müller Michael Joseph,**

geboren in Schäßburg am 15. Juli 1796. Sohn des Schäßburger Stadtpfarrers Georg Müller, studirte die Arzneikunst in Wien, von wo er als Doktor der Medizin zum Physikus des Repser Stuhls berufen wurde und als sehr beliebter praktischer Arzt in Reps am 6. Oktober 1867, alt 72 Jahre, mit Tod abging.

Diss. inaug. medica de Varioloide vaccina insitorum. Pro Doctoris medici laurea rite obtinenda, disquisitioni submissa m. Junio 1823. Vindobonae. 8. 34 S.

Tr. ## Müller Michael Traugott,

geboren in Bistritz am 6. Januar 1799, studirte auf dem Gymnasium in Bistritz und auf der Universität Jena 1817 ic., verwaltete 1827 bis 1834 das Rektorat am Bistritzer Gymnasium und wurde zum Pfarrer in Baierdorf und sodann 1843 zum Stadtpfarrer in Bistritz erwählt, in die letztere Würde aber, nach vorhergegangenem Streite eines Mitkandidaten, erst zufolge höchster Entscheidung den 9. Oktober 1844 eingesetzt.

1. Ausführliche Beschreibung aller sowohl beim Grundsteinlegen zum neuen evangelischen Gymnasialgebäude in Bistritz am 4. April 1832, als auch bei dessen Einweihung am 5. Dezember 1833 stattgehabten Solennitäten, sammt den dabei gehaltenen Reden. Auf mehrfaches Verlangen herausgegeben. Der Ertrag ist zur Vermehrung der Gymnasial-Bibliothek bestimmt. Ohne Ort und Jahr. (Bistritz 1836.) 4. 23 S.
(Enthält S. 3—4. Beschreibung der Grundsteinlegung, S. 4—5 Rede des Oberrichters Dan. Gottfried Connerth, S. 5—8 des Stadtpfarrers Paul Georg Groß, und S. 8—10 des Rektors Müller; dann S. 11—12 Beschreibung der Einweihung, S. 12—15 Rede von Connerth, S. 15—18 von Groß, S. 18—21 von Müller und S. 21—22 Rede des Kommunitäts-Orators Dan. Traugott Carle, endlich S. 23 Dankgedicht, vorgetragen vom Studenten Franz Hunyadi.)

2. Rechnung über die zur Wiederherstellung des evangelischen Thurmes und der Glocken in Bistritz gespendeten Beträge. Veröffentlicht vom evangelischen Presbyterium in Bistritz. Bistritz 1860, gedruckt bei Joh. Eman. Filtsch. Kl.-4. 40 S.

3. Erster Jahresbericht des Presbyteriums der evangelischen Kirchengemeinde A. B. zu Bistritz über die Kirchen- und Schulangelegenheiten des Jahres 1866. Bistritz 1867, gedruckt bei J. E. Filtsch'schen Erben.
Zweiter Jahresbericht ic. der Jahre 1867 und 1868. Eb. 1869. 8. 14 S.

Tr. ## Müller Samuel Jakob,

geboren den 23. Juli 1788 in Hermannstadt, war der Neffe des Superintendenten Jakob Aurelius Müller, studirte an der Universität Göttingen

1810 ꝛc. Nicht lange, nachdem Müller als Professor am Hermannstädter Gymnasium angestellt worden war, beehrte ihn das siebenbürgische Ober-Konsistorium der A. K. B. mit der Ernennung zum Feldkaplan des im Jahre 1813 von der sächsischen Nation errichteten, meist aus evangelischen Individuen bestehenden, freiwilligen sächsischen Jägerbataillons.[1]) Er entsprach diesem Vertrauen vollkommen, begleitete sein Bataillon auf seinen Märschen im In- und Auslande und erntete allgemeine Achtung und Anerkennung für seine Berufsthätigkeit ein. Erst nach Beendigung der französischen Kriege, als das Bataillon aufgelöst wurde, trat auch Müller aus diesem Berufe aus, und in seinen früheren Beruf in Hermannstadt wieder ein, wurde Prediger an der evangelischen Stadtkirche in Hermannstadt, den 28. Februar 1829 Pfarrer in Rothberg und starb schon am 29. August 1838 unverehelicht im 50. Jahre seines Lebensalters. Bei seiner Wiederanstellung als Hermannstädter Gymnasialprofessor veröffentlichte Müller:

De fatis factisve Venatorum Transylvano Saxonum in bellis proxime finitis Gallicis Dissertatio. Cibinii typis Mart. nobil. de Hochmeister 1816. 8. 27 S.

Die sächsische Nation errichtete in Folge des allgemeinen Aufrufes des k. k. Erzherzogs Karl zum Vertheidigungskampfe wider die Franzosen im Jahre 1809 ein sächsisches Jägerbataillon, welches aber, weil bald nachher dieser unglückliche Krieg endete, auf dem Rückmarsch in Pest zur strengen Winterszeit aufgelöst wurde und viele der ohne gehörige Bekleidung entlassenen Jünglinge das Leben kostete.

Die Geschichte des in Folge Aufrufes der Landesregierung vom 12. August 1813 wieder errichteten und am 25. Jänner 1816 in Heltau aufgelösten sächsischen Jägerbataillons beschreibt Müller, als begleitender Augenzeuge in der vorstehenden Dissertation, womit einige einschlägige Notizen in den Siebenb. Provinzialblättern V. 237 ꝛc. und 244 ꝛc. und in den Kronstädter Blättern für Geist ꝛc. 1844, Nr. 31, S. 254 im Zusammenhange stehen.

Zum drittenmal wurde von der sächsischen Nation in den Monaten Oktober 1848 bis Jänner 1849 ein freiwilliges sächsisches Jägerbataillon in das Feld gestellt, welches nach Bewältigung der damaligen Revolution nicht aufgelöst, sondern den übrigen Jägerbataillons in

---

[1]) Siebenb. Provinzialblätter V. 238.

der k. k. Armee als 23. k. k. Jägerbataillon eingereiht wurde und sich im Mai des Jahres 1859 durch seine Tapferkeit in der Schlacht bei Valenza in Italien ausgezeichnet hat. (S. die Kronstädter Zeitung vom 23. Mai 1859, Nr. 81, S. 496.)

Tr. ### Müller Wilhelmine, geborene Maisch,

geboren in Pforzheim, war die Tochter eines aus Bistritz gebürtigen Pfarrers in Ammerhof bei Tübingen, Namens Michael Maisch, welcher im Jahre 1760 zu Tübingen studirt hatte, — Gattin des Karlsruher Buchhändlers Müller, und starb am 12. Dezember 1807.[1])

Die Entwickelung ihres dichterischen Talentes und was sie in dieser Hinsicht später dem Dichter Wilhelm Köster verdankte, erzählt sie selbst in der Vorrede zur zweiten Ausgabe ihrer Gedichte.

Mehrere Beiträge von ihr soll die Flora für Deutschlands Töchter enthalten, welche in ihren Gedichten gesammelt sein mögen. Bevor sie heiratete, lebte (1796) sie eine Zeitlang in Wien, und pflog freundschaftlichen Umgang mit den Siebenbürger Landsleuten ihres Vaters.

1. Lyrische Gedichte und Episteln. Karlsruhe 1800. 8. — Wieder unter dem Titel: Gedichte von W. Müller, geb. Maisch. 2. umgearb. Auflage. Karlsruhe, in der Müllerischen Buchhandlung. Leipzig in Kommission bei Jakobäer. Ohne Jahr. 8. 277 S. Die Vorrede der Verfasserin (VI S.) ist datirt: Karlsruhe im Mai 1806.[2])
2. Gedichte an den Erzherzog Karl von Oesterreich. Karlsruhe 1800. Groß-Oktav.
3. Schillers Andenken. Eine Kantate. Karlsruhe bei Müller.
4. Taschenbuch für edle Weiber und Mädchen, mit Beiträgen von Posselt, Pfeffel, A. Lafontaine, Buri u. A. Herausgegeben von W. Müller, geb. Maisch. VII. Jahrgänge mit 33 Kupfern. Taschenformat. Karlsruhe, bei Müller, 1801—1807. Vom Jahrgang 1806 erschien eine 2. Auflage in Stuttgart bei Sattler a. Hofmann. 12.

---

[1]) S. Meusels's Gelehrtes Deutschland X. 339 und XIV. 627, sowie Rottermund's Fortsetzung des Jöcherischen Gelehrten Lerikons V. 127.

[2]) Nicht ohne Interesse ist u. a. die S. 212—221 befindliche Epistel an den siebenbürgischen Hofkonzipisten Joh. Christian v. Engel in Wien, der ein Verächter von Gedichten war.

In dem neuesten Konversations-Lexikon, Wien 1831, 8., 12. Bd. S. 500 heißt es: „W. Müller, geb. Maisch, erwarb sich durch ihre Gedichte und Episteln Karlsruhe 1800 u. Anh. 1806, die durch ihren schwermüthigen Ton, und die darin vorherrschende traurige Ansicht des Lebens, auf eine unter dem Druck widriger Verhältnisse verlebte Jugend schließen lassen, die Achtung ihrer Zeitgenossen. Poetische Kunstwerke können diese Gedichte, für die sie von der Kaiserin von Rußland einen Brillantring zum Geschenk erhielt, zwar nicht genannt werden, aber ein echter Natursinn, ein zartes Gefühl und eine rein moralische Tendenz spricht sich doch darin nicht minder deutlich aus, als in ihrem Taschenbuche für edle Weiber und Mädchen, das sie auf das Jahr 1802 und 1806 herausgab."

Vermuthlich aus der angeführten Quelle enthält diese nemlichen Nachrichten auch Pierer's Universallexikon, Altenburg 1835. XIV. Band. Seite 199.

Tr. Mylius Bartholomäus Wolfgang,

geboren in Kronstadt am 25. August 1738. Er war der letzte praktizirende Arzt, welcher, wie in früherer Zeit auch andere Aerzte, in Kronstadt zugleich wirklicher Apotheker war, indem er die vom Großvater Wolfgang Wendelin Mylius (aus Nieder-Sachsen gebürtig, gest. 18. Februar 1726) errichtete und durch die väterliche Erbschaft auf ihn übergegangene Apotheke bis zu seinem Tode unterhielt. Er bekleidete das Stadt-Physikat nach dem Tode des Dr. Martin Mlyß, welchem er seit dem April 1779 abjungirt gewesen war, vom September 1787 bis zu seinem am 2. März 1809 erfolgten Ableben. Mit ihm, der nur eine Tochter hinterließ, und dem Sohne seines Cousins, dem verdienten Kronstädter Oberrichter Johann Jak. Mylius, welcher am 21. Mai 1832 in seinem 76. Lebensjahre unverehelicht starb, ist der Name der Mylius in Kronstadt erloschen.

Dissertatio inauguralis medica sistens Lochia praeternaturalia. Praeside D. Casim. Christoph. Schmidelio d. 9. Febr. 1763. Erlangae Literis Tezschnerianis. - 4. 55 S.

Tr. Mylius Johann Friedrich,

geboren in Kronstadt am 28. Mai 1698, studirte in Halle 1721 sowie in Straßburg und Leiden, wo er die medizinische Doktorwürde erwarb.

Er war der Vater des Vorhergehenden, ebenfalls Apotheker und vom Jahre 1738 bis 24. Oktober 1764, an welchem Tage er starb, Physikus in Kronstadt.

    Dissertatio inauguralis medica, morbos eorumque affinitatem ex incompletis motibus Haemorhagicis ortos sistens, quam ex auct. Mgn. Rectoris Franc. Fabricii, Eccl. Lugdun. Pastoris pro Gradu Doctoris subjicit — d. 24. Aug. 1724 Lugduni Batavorum. 4. 30 S.

Tr. ## Myß Martin,

wurde am 29. September 1724 in Kronstadt geboren, erlernte vom Jahre 1740 bis zum August 1748 die Apothekerkunst bei Georg Bolthosch und begab sich sofort zu seiner weiteren Ausbildung nach Sachsen, wo er ein Jahr in Dresden und ein zweites Jahr in Meißen als Apothekergehilfe zubrachte. Im Jahre 1750 2c. studirte er die Arzneikunst an der Universität zu Jena, und kehrte von da als Doktor der Medizin zurück. Darauf erwarb er sich durch ärztliche Praxis in der Vaterstadt ein ansehnliches Vermögen, wurde Stadt-Physikus im November 1770 und starb als solcher am 3. September 1787, nachdem er in den Jahren 1773 bis 1775 auch den Dienst als Vorsteher (Orator) der Hundertmannschaft bekleidet hatte.

    Dissertatio inauguralis medica, sistens viduam 30 annorum chlorosi laborantem. Praes. Carol. Frider. Kaltschmied. D. 6. Oct. 1752. Jenae. 4. 24 S.

Ende des zweiten Bandes.